URKUNDEN-REGESTEN AUS DEM ARCHIV
DER STADT BISTRITZ IN SIEBENBÜRGEN
1203–1570

II. Band

SCHRIFTEN ZUR LANDESKUNDE SIEBENBÜRGENS

ERGÄNZUNGSREIHE ZUM SIEBENBÜRGISCHEN ARCHIV

HERAUSGEGEBEN VOM
ARBEITSKREIS FÜR SIEBENBÜRGISCHE LANDESKUNDE E.V.
HEIDELBERG

Band 11/II

URKUNDEN-REGESTEN
AUS DEM ARCHIV DER STADT BISTRITZ IN SIEBENBÜRGEN
1203–1570

Von

ALBERT BERGER †

Aus dem Nachlaß herausgegeben von

ERNST WAGNER

II. Band

1986

BÖHLAU VERLAG KÖLN WIEN

Gedruckt mit Unterstützung
der Deutschen Forschungsgemeinschaft, Bonn
und des Förderungs- und Beihilfefonds Wissenschaft der VG WORT GmbH,
Goethestraße 49, 8000 München 2

CIP-Kurztitelaufnahme der Deutschen Bibliothek

Urkunden-Regesten aus dem Archiv der Stadt Bistritz in
Siebenbürgen: 1203–1570 / von Albert Berger. Aus d.
Nachlaß hrsg. von Ernst Wagner. – Köln; Wien: Böhlau
(Schriften zur Landeskunde Siebenbürgens; Bd. 11)
ISBN 3-412-00586-X
NE: Berger, Albert [Bearb.]; Wagner, Ernst [Hrsg.]; GT
Bd. 2 (1986)

Copyright © 1986 by Böhlau Verlag GmbH & Cie, Köln
Alle Rechte vorbehalten

Ohne schriftliche Genehmigung des Verlages ist es nicht gestattet, das Werk unter Verwendung mechanischer, elektronischer und anderer Systeme in irgendeiner Weise zu verarbeiten und zu verbreiten. Insbesondere vorbehalten sind die Rechte der Vervielfältigung – auch von Teilen des Werkes – auf photomechanischem oder ähnlichem Wege, der tontechnischen Wiedergabe, des Vortrags, der Funk- und Fernsehsendung, der Speicherung in Datenverarbeitungsanlagen, der Übersetzung und der literarischen oder anderweitigen Bearbeitung.

Satz: Druckerei Locher GmbH, Köln
Druck und Bindung: Hans Richarz Publikations-Service, Sankt Augustin
Printed in Germany
ISBN 3-412-00586-X

1548, 18. März, Vaslui 1867

Elias, Woiwode der Moldau, gibt seinem Boten Gregorius ein Beglaubigungsschreiben an den Bistritzer Richter Vincenz mit.

Latein. Originalpapierbrief.

Ex oppido Wazlo dominica Judica 1548.

1548, 30. März, Szamos-Újvár 1868

Paulus Bank teilt dem Bistritzer Richter Vincenz Zewch mit, daß er über die Osterfeiertage zu Hofe gehen müsse und die Dienerschaft inzwischen in den Bistritzer Distrikt sende.

Latein. Originalpapierbrief.

In Vywar die passionis 1548.

1548, 31. März, Szamos-Újvár 1869

Paul Bank ersucht den Bistritzer Richter Vincenz Zewch, das Geld dem Überbringer des Schreibens auszufolgen.

Latein. Originalpapierbrief.

In Vyuvar sabbato magno 1548.

1548, 2. April, Huși 1870

Elias, Woiwode der Moldau, ersucht den Bistritzer Richter, den Lucas (!) Lapicida zur Rückkehr in die Moldau und zur Wiederaufnahme des Kirchenbaues in Roman zu bewegen.

Latein. Originalpapierbrief.

In oppido nostro foro Hwst secundo die resurrectionis cristi 1548.

1548, 7. April, Gyalu 1871

Königin Isabella ladet den Bistritzer Rat zur Hochzeit ihres ersten

Hoffräuleins mit Johann Kynsky ein.

Latein. Originalpapierbrief.

Ex oppido Gyalw septima die mensis Aprilis Anno 1548.

1548, 23. April, Weißenburg 1872

Emerich Byka, Provisor von Weißenburg, ersucht den Bistritzer Richter Vincenz Pellio, den Wein für die Königin nach Weißenburg führen zu lassen und diese Arbeitsleistung in gerechter Weise auf die Distriktsgemeinden aufzuteilen.

Latein. Originalpapierbrief.

Datum Albae feria 2 post dominicam Jubilate Anno dom. 1548.

1548, 24. April, Bethlen 1873

Wolfgang de Bethlen meldet dem Bistritzer Rat, daß er dem Treppener das Pferd habe zurückstellen lassen.

Latein. Originalpapierbrief.

Datum in castro nostro Betthlen in festo beati Georgy martyris Anno dom. 1548.

1548, 3. Mai, Hermannstadt 1874

Der Rat von Hermannstadt teilt dem Bistritzer Rat einen Beschluß der Nationsuniversität in Zunftangelegenheiten mit.

Latein. Originalpapierbrief.

Datum Cibinii die Invencionis crucis Anno dom. 1548.

1548, 24. Mai, Hermannstadt 1875

Der Rat von Hermannstadt fordert den Bistritzer Rat auf, den Landtag in Torda zu beschicken.

Latein. Originalpapierbrief.

1548, 26. Mai, Sächsisch-Regen   1876

Der Rat von Regen legt dem Bistritzer Rat die berufene Streitsache der Regener Bürger Nicolaus Sutor und Thomas Faber zur Entscheidung vor.

Latein. Originalpapierbrief.

Datum ex Regen sabbato inter octavas pentecostes Anno dom. 1548.

1548, 1. Juni, Marmaros-Sziget   1877

Anton Zygethy, Vizecomes der Marmaros, teilt dem Bistritzer Rat mit, daß die von einem Walachen für zwei Jaader gekauften Schafe auf Befehl des Comes zurückgehalten worden seien, weil der Käufer entgegen der neulichen Abmachung kein Zertifikat vom Bistritzer Rat gehabt habe.

Latein. Originalpapierbrief.

Ex Zygeth feria 6 prox. post festum corporis christi Anno dom. 1548.

1548, 19. Juni, Marmaros-Sziget   1878

Anton Zygethy, Vizecomes der Marmaros, teilt dem Bistritzer Rat mit, daß die auf Befehl des Comes zurückbehaltenen Schafe freigegeben worden sind, bittet aber, für die Zukunft solchen Leuten, welche zu Einkäufen in die Marmarosch kommen, stets ein Schreiben mitzugeben, wie auch in der neulichen Vereinbarung festgesetzt worden sei, denn viele Leute umgehen in der angedeuteten Weise die übliche Zollzahlung, indem sie vorgeben Bistritzer zu sein.

Originalpapierbrief.

Zygeth feria 3 ante Nativitatis Johannis baptistae 1548.

1548, 19. Juni, Marmaros-Sziget   1879

Mathias Brodarycz, Präfekt von Huszt und Kämmerer der Marmarosch, teilt dem Bistritzer Rat mit, daß er die neulich zurückbehaltenen Schafe freigegeben habe, jedoch ersucht er, solchen Leuten, welche in der Marmarosch Einkäufe machen wollen, stets ein Schreiben mitzugeben, denn nur solche werden in Zukunft zollfrei passieren.

Latein. Originalpapierbrief.

Ex Zygeth ... feria 3 proxima ante festum Nativitatis divi Johannis baptistae Anno dom. 1548.

1548, 26. Juni, Szamos-Újvár   1880

Königin Isabella begnadigt den Bistritzer Bürger Bartholomaeus sive Barthos, der seine Gattin getötet hat.

Latein. Gleichzeitige Abschrift. Papier.

Datum in arce nostra Wywar feria 3 prox. post f. dive Nativitatis Beati Johannis baptistae Anno d. 1548.

1548, 2. Juli, Szucsawa   1881

Elias, Woiwode der Moldau, gibt seinen Abgesandten Johann Mochok und Theodor Bolos ein Beglaubigungsschreiben an den Bistritzer Rat mit.

Latein. Originalpapierbrief.

Datum Soczavie feria 2 post festum beatorum Petri et Pauli Anno M.D.XLVIII.

1548, 25. Juli, Deesch   1882

Der Rat von Deesch ersucht den Bistritzer Rat, sich bei Martin Bornemyzza, Provisor der Burg Ujvar, zu verwenden, daß er den gefangen gesetzten Johann Chygan von Deesch auf freien Fuß setze.

Latein. Originalpapierbrief.

Ex Dees in festo divi Jacobi apostoli 1548.

1548, 7. August, Gyalu   1883

Königin Isabella trägt dem Bistritzer Richter Vincenz Zewch auf, ihr vier Wagenpferde sofort nach Gyalu zu schicken.

Latein. Originalpapierbrief.

Ex arce nostra Gyalw 7 die mensis Augusti Anno dom. M.Q.Q. octavo.

1548, 7. August, Gyalu 1884

Melchior Margay ersucht den Bistritzer Richter Vincenz Zewch, die der Königin versprochenen vier Wagenpferde zu schicken und ihm auf seine Rechnung drei Wolfsfelle zu besorgen.

Latein. Originalpapierbrief.

Dat. in Gyalw f. 3 ante Laurency anno d. 1548.

1548, 14. August, Hermannstadt 1885

Der Rat von Hermannstadt ersucht den Bistritzer Rat, die Akten in der Streitsache der Witwe nach Michael Farkas aus Hermannstadt und Jakob Farkas aus Hermannstadt, welche durch Urteil der Universität entschieden worden sei, zurückzuschicken.

Latein. Originalpapierbrief.

Datum Cibinii feria 3 ante Assumpcionis Mariae Anno dom. M.D.xL VIII.

1548, 16. August, Sajó-Keresztur 1886

Nagy Thamas ersucht den Bistritzer Richter Zwchy Vince die beiden gefangen gesetzten Jobagyen seines Herrn auf freien Fuß zu setzen, widrigenfalls er zwei Leute vom Königsboden fangen und nach Ujvár bringen lassen werde.

Ungarisch. Originalbrief.

Datum ex Sayo Kereztwr feria quinta post festum Assumptionis Mariae Anno dom. 1548.

1548, 17. August, Hermannstadt 1887

Der Rat von Hermannstadt ersucht den Bistritzer Rat, dem Hermannstädter Johann Lulay in der Betreibung seiner Rechtssache beizustehen.

Latein. Originalpapierbrief.

Datum Cibiny f. 6 ante Stefani regis Anno d. 1548.

1548, 23. August, Gyalu   1888

Frater Georgius fordert die Bistritzer auf, den am 8. September in Klausenburg abzuhaltenden Landtag zu beschicken.

Latein. Original. Papier.

Datum in Gyalw feria quinta post festum s. regis Stefani Anno dom. 1548.

1548, 26. August, Szamos-Újvár   1889

Martin Bornemyza, Provisor der Burg von Wywar, ersucht den Bistritzer Bürger Leonard Zewch, jene Sachen in sicherer Obhut zu bewahren, die Georg Macho ihm überbringen werde.

Latein. Originalpapierbrief.

Ex castro Wywar dominica ante festum decollationis Joannis bapt. 1548.

1548, 17. September, Hermannstadt   1890

Martin Feyer, Bürgermeister von Hermannstadt, teilt dem Bistritzer Rat mit, daß er die Steuer erhalten habe, doch seien unter diesen 1.020 Gulden fast 9 Gulden falsches Geld gewesen. Diese 9 Gulden sowie 160 fl Provinzialexpensen möge der Rat sofort einsenden und die Abgeordneten zur Hochzeit bei der Königin nach Klausenburg schicken, wo sich ihnen die Hermannstädter Abgeordneten anschließen würden.

Latein. Originalpapierbrief.

Cibinii feria 2 ante Matthei Anno 1548.

1548, 17. September, Hermannstadt   1891

Martin Feyer, Bürgermeister von Hermannstadt, bekennt, vom Bistritzer Rat, vertreten durch Petrus Rener und Caspar Pellio, 160

Gulden einer außerordentlichen Steuer erhalten zu haben.

Latein. Originalpapierbrief.

<blockquote>Cibinii f. 2 post f. Exaltacionis S. crucis Anno dom. 1548.</blockquote>

1548, 17. September, Hermannstadt — 1892

Martin Feyer, Bürgermeister von Hermannstadt, bezeugt, daß die Bistritzer Bürger Petrus Regeny und Caspar Pellio 800 Gulden von der auf dem Landtag in Torda den Sachsen auferlegten Steuer von 20.000 fl gezahlt haben.

Latein. Original. Papier.

<blockquote>Cibiny f. 2 post Exaltacionis S. crucis anno d. 1548.</blockquote>

1548, 23. September, Bethlen — 1893

Wolfgang de Betthlen gibt seinem Boten Anton Nagy ein Beglaubigungsschreiben an den Bistritzer Rat mit.

Latein. Originalpapierbrief.

<blockquote>Datum in domo nostro Betthleniensi dominico die post festum beati Matthei Apostoli Anno domini 1548.</blockquote>

1548, 27. September, Gyalu — 1894

Frater Georgius ermahnt den Bistritzer Rat, vom Martinszins wenigstens 1000 Gulden sofort an die Königin zu schicken.

Latein. Originalpapierbrief.

<blockquote>Datum ex Gyalw f. 5 ante f. Mich. arch. 1548.</blockquote>

1548, 27. September, Hermannstadt — 1895

Der Rat von Hermannstadt ersucht den Bistritzer Rat, seinen Anteil am Martinszins möglichst rasch zu zahlen, da die Königin auf sofortige Bezahlung dringe.

Latein. Originalpapierbrief.

Cibiny feria 5 ante Michaelis Archangeli Anno 1548.

1548, 29. September, Torda — 1896

Franz Kewressy bestätigt, vom Bistritzer Bürger Mathias Zwchy 77 Gulden zurückerhalten zu haben, die er ihm neulich geliehen.

Ungarisch. Original. Papier.

Anno 1548.

1548, 29. September, Somkerek — 1897

Bartholomaeus Erdely bezeugt, daß er von Leonard Zewch ein Pfand u. zwar Samt im Werte von 4 Gulden ausgelöst habe.

Ungarisch. Original. Papier.

Datum in Somkerek In festo Michaelis Anno d. 1548.

1548, 30. September, Gyalu — 1898

Königin Isabella trägt dem Hermannstädter Bürgermeister Martin Feyer auf, ihr sofort 3.000 Gulden nach Gyalu zu schicken, da sie das Geld dringend benötige.

Latein. Gleichzeitige Abschrift aus der Hermannstädter Ratskanzlei; war Beilage zum Briefe des Hermannstädter Rates vom 12. Oktober 1548.

Ex arce nostra gyalw dominica proxima post festum Michael Archangeli Anno dom. 1548.

1548, 12. Oktober, Hermannstadt — 1899

Der Rat von Hermannstadt übersendet dem Bistritzer Rat ein Schreiben der Königin vom 30. Sept. 1548 in Abschrift und ersucht, die gegenwärtigen Steuern möglichst rasch einzuzahlen.

Latein. Originalpapierbrief.

Cibiny feria 6 ante Galli Anno dom. 1548.

1548, 19. Oktober, Jassy 1900

Elias, Woiwode der Moldau, teilt dem Bistritzer Richter Vincenz mit, daß er dem Rodnaer Kämmerer den Befehl erteilt habe, seine Leute von allen Ausschreitungen gegen die Bistritzer abzuhalten und alle Sachen augenblicklich zurückzugeben, die fortgenommen worden seien. Zum Schluß folgt die Bitte, das Geld des Johann Lapicida zu übersenden und den Worten des Überbringers des gegenwärtigen Schreibens vollen Glauben zu schenken.

Latein. Originalpapierbrief.

Datum ex oppido nostro In foro Jaz secundo die Lucae ewangelistae Anno dom. 1548.

1548, 30. Oktober, Gyalu 1901

Königin Isabella bestätigt, vom Bistritzer Rat 1.000 Gulden Martinszins erhalten zu haben und fordert die Restzahlung sogleich nach Erhalt dieses Schreibens.

Latein. Originalpapierbrief.

Ex arce nostro Gyalw penultima die mensis Octobris Anno M.D.xxxx VIII.

1548, 31. Oktober, Bachnen 1902

Wolfgang de Bethlen teilt dem Bistritzer Rat mit, daß er die Angelegenheit zwischen seinen Beamten und den Bistritzern am künftigen Andreastage entscheiden werde und daß er seinen Beamten streng aufgetragen habe, sich aller Behelligungen zu enthalten.

Latein. Originalpapierbrief.

Datum in domo nostro Bohnyensi feria 4 in vigilia omnium sanctorum Anno dom. 1548.

1548, 6. November, Bachnen 1903

Wolfgang de Bethlen ersucht den Bistritzer Rat, seinen Untertanen die gestohlenen Pferde, von denen man eines in Budak gefunden habe, zurückstellen zu lassen und gegen die Diebe einzuschreiten.

Latein. Originalpapierbrief.

Ex Bohnya in crastino festi sancti Emerici ducis Anno dom. 1548.

1548, 11. November, Hermannstadt   1904

Der Rat von Hermannstadt ladet die Bistritzer zur ordentlichen Universitätssitzung auf den Katharinentag nach Hermannstadt ein.

Latein. Originalpapierbrief. Eine Beilage enthält die Aufforderung, nach Möglichkeit den Streit in der Zinngießerzunft (Stannary) beizulegen.

Datum Cibiny die sancti Martini Anno dom. 1548.

1548, 13. November, Gyalu   1905

Königin Isabella bestätigt, vom Bistritzer Richter Vincenz Zewch, 2.200 Gulden als Martinszins für 1548 erhalten zu haben.

Latein. Original. Papier. Siegeldeckblättchen abgelöst. Beiliegend auf einem Papierstreifen ein Regest aus dem 18. Jahrhundert.

Datum in arce nostra Gyalw 13 die mensis Novembris Anno dom. M.Q.Q. octavo.

1548, 17. . . . . . Weißenburg   1906

Königin Isabella fordert den Bistritzer Rat auf, seinen Anteil von 4.000 Gulden an der Sachsensteuer ehebaldigst dem Hermannstädter Bürgermeister Martin Feyer zu zahlen.

Latein. Originalpapierbrief, von Mäusen stark beschädigt.

Datum Albae Juliae 17 die . . . . Anno dom. 1548.

1548, 14. November, Roman   1907

Elias, Woiwode der Moldau, ersucht den Bistritzer Rat, über den Überfall der Borgoer auf Moldauer Untertanen, wobei fünf der letzteren getötet wurden, eine strenge Untersuchung anzustellen und die Rädelsführer exemplarisch zu bestrafen.

Latein. Originalpapierbrief.

Datum ex Romanoforo feria 4 post Martini confessoris Anno dom. 1548.

1548, 19. November, Roman 1908

Georgius Coronensis teilt dem Bistritzer Rat mit, daß sein Herr, der Woiwode, den Mochok Wornik zur Beilegung der Streitigkeit abgeschickt hat.

Latein. Originalpapierbrief.

Datum citissime Romanoforo die beatae Elizabet viduae Anno dom. 1548.

1548, 21. November, Sächsisch-Regen 1909

Der Rat von Regen legt dem Bistritzer Rat die Streitsache der Regener Bürger Leonardt Stolcz und Simon Sarctor zur Entscheidung vor.

Latein. Originalpapierbrief.

Datum ex oppido Regen feria 4 post Elizabet Anno dom. 1548.

1548, 6. Dezember 1910

Leonard Werner und Bonaventura Theilmann stellen über die miteinander vereinbarte Erbteilung eine Urkunde aus.

Deutsch. Original. Papier.

Im Jar 1548 am tag Sand Nicolai des Bischoffs.

1548, 20. Dezember, Neamț 1911

Elias, Woiwode der Moldau, ersucht den Bistritzer Rat, seinem Boten beizustehen, das ihm (dem Woiwoden) gehörige Haus des Johann Murator möglichst günstig zu verkaufen.

Latein. Originalpapierbrief.

Ex oppido Nems in vigilia Thomae apostoli Anno dom. 1548.

1548, 28. Dezember, Klausenburg 1912

Der Rat von Klausenburg teilt dem Bistritzer Rat mit, daß sich Rat und Kommunität von Klausenburg dahin geeinigt hätten, ihren Pfarrer Kaspar Helth-Heltai zu behalten und ihn zu bitten, dem Rufe nach einem anderen Ort nicht Folge zu leisten.

Latein. Originalpapierbrief.
Teilabdruck: Wittstock, Beiträge S. 36.

Datum in civitate Coloswar feria 6. prox. post festum Nativitatis dom. Anno eiusdem 1548.

1548, 28. Dezember, Klausenburg 1913

Caspar Helth, Pfarrer von Klausenburg, dankt dem Bistritzer Rat für die ihn sehr ehrende Berufung nach Bistritz, welcher er Folge zu leisten um so weniger im Stande sei, als ihn auch Rat und Kommunität von Klausenburg zum Bleiben gebeten hätten.

Deutsch. Originalpapierbrief.
Teilabdruck: Wittstock, Beiträge S. 36.

Geben zu Klausenburg am tag der unschuldigen Kindlein Im Jar 1548.

1549, 2. Januar 1914

Schuldvertrag zwischen den Bistritzer Bürgern Johann Werner und Leonard Werner über 35 Gulden.

Deutsch. Original. Papier.

Im Jar 1549 am mittwochen nach dem Jarstag.

1549, 13. Januar, Szucsawa 1915

Elias, Woiwode der Moldau, bezeugt, daß er das in Bistritz befindliche Haus, welches früher dem Johann Muratorus gehört hatte, infolge einer Schuldforderung aber ihm (dem Woiwoden) rechtlich übertragen worden war, dem Bistritzer Bürger Paul Budeker für 260 Gulden verkauft habe.

Latein. Original. Papier. Beiliegend zwei gleichzeitige Abschriften vom Bistritzer Ratsnotarius Seraphin, von denen die eine sich in dem unter dem 11.

April 1546 erwähnten Heft befindet. – Auch eingeschaltet von der Sächsischen Universität 16. Dez. 1555. Original. Papier. Ferner in ungarischer Sprache eingeschaltet von Michael Roman 31. Dez. 1555 und auch eingeschaltet von Ferdinand I. 15. März 1556.

Datum Szoczavie octava Epiphaniarum dom. Eiusdem Anno 1549.

1549, 3. Februar, Weißenburg 1916

Frater Georgius fordert den Bistritzer Rat auf, dem Wunsch des Moldauer Woiwoden entsprechend zu bezeugen, daß derselbe das ihm gehörende Haus in Bistritz, welches früher Johann Muratorus gehört hatte, an einen Bistritzer verkauft habe.

Latein. Originalpapierbrief.

Albae Juliae 2 die purificationis Mariae Anno dom. 1549.

1549, 9. Februar, Torda 1917

Frater Georgius bezeugt, daß er den Bistritzer Zwanzigsten dem Bistritzer Rat verpachtet habe.

Latein. Original. Papier.

Datum Thordae in festo beatae Apolloniae Virginis Anno dom. 1549.

1549, 10. Februar, Szucsawa 1918

Petrus Osserul, Ostiarius des Moldauer Woiwoden Elias bestätigt, vom Bistritzer Rat 260 Gulden für das von seinem Herrn dem Bistritzer Bürger Budeker verkaufte Haus des Magister Johann Lapicida in Bistritz erhalten zu haben.

Latein. Gleichzeitige Abschrift vom Bistritzer Ratsnotarius Seraphin in dem unter dem 11. April 1546 erwähnten Heft. – Eingeschaltet von Michael Roman 31. Dez. 1555 und damit von Ferdinand I. 15. März 1556.

Actum ... Sochaw datum dominico die post festum Beate Dorothee virginis Anno 1549.

1549, 12. Februar, Torda 1919

Martin Zylagy teilt den Beamten des Dobokaer Komitates mit, daß der Herr Thesaurarius den Bistritzern die gegenwärtige Steuer für die Gemeinde Weißkirch und die beiden Borgo erlassen habe.

Latein. Originalpapierbrief.

Thordae feria 3 post Apoloniae 1549.

1549, 15. Februar, Hermannstadt 1920

Martin Feyer, Bürgermeister von Hermannstadt, ersucht den Bistritzer Richter Vincenz Pellio, bis zum kommenden Mittwoch in Klausenburg einzutreffen, damit von da aus mit den aus Hermannstadt eintreffenden sächsischen Abgesandten Petrus Haller und Christoph Lyst die Reise nach Großwardein zum Statthalter fortgesetzt werde, welcher den Wunsch ausgesprochen habe, mit dieser Deputation der Sächsischen Universität zu unterhandeln.

Latein. Originalpapierbrief.

Datum Cibiny feria 6. post Valentini Anno dom. 1549.

1549, 5. März, Hermannstadt 1921

Martin Feyer, Bürgermeister von Hermannstadt, bestätigt, von den Bistritzern 640 Gulden einer außerordentlichen Steuer erhalten zu haben.

Latein. Original. Papier.

Datum Cibiny 5 Marcy anno dom. 1549.

1549, 18. März, Szamosfalva 1922

Ladislaus Mykola de Zamosfalwa, Unterstatthalter, trägt dem Bistritzer Rat auf, seine Truppen in Kriegsbereitschaft zu setzen.

Latein. Original. Papier, am unteren Rande beschädigt.

Datum In Zamosfalwa feria 2 prox. post dominicam Reminiscere Anno dom. 1549.

1549, 21. März, Retteg   1923

Johann Varanchyan, Offizial von Csicso, bittet den Bistritzer Rat, den wegen eines Verbrechens gefangen gesetzten Sohn eines Untertanen seines Herrn frei zu geben.

Latein. Originalpapierbrief.

Datum in Retteg In die Benedicti Anno dom. 1549.

1549, 23. März, Hermannstadt   1924

Der Rat von Hermannstadt fordert den Bistritzer Rat auf, die vom Statthalter geforderte Anzahl Trabanten bereitzuhalten. Ferner möge der Rat in Stadt und Distrikt nach Falschmünzern fahnden, da eine große Menge falscher Münzen in Kurs gesetzt würden.

Latein. Originalpapierbrief.

Cibiny Sabbatho ante dominicam Oculi Anno dom. 1549.

1549, 31. März, Hermannstadt   1925

Der Rat von Hermannstat ladet den Bistritzer Rat zu der am 28. April stattfindenden Sitzung der Universität ein.

Latein. Originalpapierbrief.

Cibiny dominica Letare Anno dom. 1549.

1549, 4. April, Retteg   1926

Johann Varanczyan, Offizial von Csicso, bittet den Bistritzer Richter Vincenz, einen gefangenen Untertanen freizugeben.

Latein. Originalpapierbrief.

Dat. in Rettegh f. 5 post dominicam Letare Anno 1549.

1549, 10. April, Hermannstadt   1927

Der Rat von Hermannstadt ersucht den Bistritzer Rat, jene Bistritzer

Abgeordneten, die zum Landtag nach Vásárhely kämen, von dort gleich nach Hermannstadt zur Universitätssitzung zu schicken.

Latein. Originalpapierbrief.

Cibiny feria 4 ante Palmarum Anno dom. 1549.

1549, 8. Mai, Iassy 1928

Elias, Woiwode der Moldau, ersucht den Bistritzer Rat, jene Leute aus Borgo Maior, welche neulich fünf seiner Untertanen getötet haben, zur Erlegung der üblichen Strafe zu verhalten.

Latein. Originalpapierbrief.

Datum ex oppido foro yas In festo Stanislai Martiris Anno dom. XL IIII°.

1549, 11. Mai, Weißenburg 1929

Frater Georgius beauftragt das Weißenburger Kapitel, die im Kapitelsarchiv befindlichen, dem Edelmann Johann Thabyassy de Etzel gehörende Urkunden, welche sich auf Gemeinden, darunter auch Fwzkuth beziehen, die dem Genannten gehören, diesem in beglaubigten Abschriften auszustellen.

Latein. Eingeschaltet vom Weißenburger Kapitel 18. Mai 1549 und damit von Frater Georgius 15. April 1551. Original. Papier.

Datum Alba Gywlae sabatho proximo ante dominicam Jubilate Anno dom. 1549.

1549, 11. Mai, Weißenburg 1930

Johann Waday und Caspar Pesthiensis bestätigen Namens des „reverendissimus dominus" von den Bistritzern 1300 Gulden der vorjährigen Steuer erhalten zu haben.

Latein. Original. Papier.

Datum Albae Juliae Sabbato prox. ante dominic. Jubilate Anno 1549.

1549, 18. Mai   1931

Das Weißenburger Kapitel beglaubigt die Urkunde des Frater Georgius vom 11. Mai 1549 und seine eigene Urkunde vom 14. März 1353 betreffend die Besitzung Fwzkuth.

Latein. Eingeschaltet von Frater Georgius 15. April 1551. Original. Papier.

Datum Sabatho proximo ante dominicam Cantate Anno dom. 1549.

1549, 21. Mai, Bartfeld   1932

Leonardus Stöckel tröstet seinen Freund Michael Cuntz, Pfarrer von Schenk, über die schweren und dem wahren Glauben so feindlichen Zeiten.

Latein. Originalpapierbrief.

Bartphae XXI May Anno dom. M.D. XLIX.

1549, 28. Mai, Marmaros-Sziget   1933

Petrus de Pethrowa, Vicecomes, und die Adligenuniversität des Marmaroscher Komitates machen dem Bistritzer Rat Mitteilungen über einen Schafdiebstahl und bitten, die Räuber auszuforschen und zu bestrafen.

Latein. Originalpapierbrief.

Datum in oppido Zygeth ... feria 3 prox. ante festum Ascen. dom. Anno dom. 1549.

1549, 29. Mai, Hermannstadt   1934

Der Rat von Hermannstadt ersucht den Bistritzer Rat, Montag nach Pfingsten zwei Ratsherren nach Hermannstadt zu senden, damit man gemeinsam berate, was man dem Statthalter auf seine Wünsche antworten solle.

Latein. Originalpapierbrief.

Cibinii in vigilia ascensionis domini Anno eiusdem 1549.

1549, 12. Juni, Hermannstadt 1935

Johann Rott, Königsrichter von Hermannstadt, bestätigt, von den Bistritzern 300 Gulden an der vom Statthalter auf dem Tordaer Landtag den Sachsen auferlegten Steuer von 16.000 Gulden erhalten zu haben.

Latein. Original. Papier, von Mäusen stark beschädigt.

Dat. Cibiny die duodecimo Juny anno dom.1549.

1549, 15. Juni, Nagybánya 1936

Paul Bank bittet den Bistritzer Richter Vincenz Zewch, für den Bedarf des königlichen Kastells in Nagybánya das nötige Geschütz- und Gewehrpulver einzukaufen.

Latein. Originalpapierbrief.

Datum Rivulini 15 Juni Anno dom. 1549.

1549, 19. Juni, Huszt 1937

Johann Desewffy, Präfekt von Huszt, und Thomas Makay, Kammergraf der Marmaros, ersuchen den Bistritzer Rat, durch Abgesandte die Adligen Bartholomaeus und Stefan Erdely zur Herausgabe jener Untertanen zu bewegen, welche vor kurzem nach Verübung mehrerer Diebstähle aus der Marmarosch auf die Güter jener Adligen geflohen waren, damit sie vor Gericht gestellt würden.

Latein. Originalpapierbrief.

Ex castro Hwszt 19 Junii Anno domini 1549.

1549, 21. Juni, Szucsawa 1938

Elias, Woiwode der Moldau, schreibt erneut an den Bistritzer Rat in Angelegenheit jener fünf Untertanen, die im letzten Winter in Borgo von Borgoern getötet worden sind. Er ersucht, der Rat möge die Mörder wenigstens zur Herausgabe der Sachen zwingen, welche den Getöteten damals abgenommen worden seien.

Latein. Originalpapierbrief.

Datum Soschavie in crastino sacratissimae corporis christi Anno dom. M.D. XL VIIII.

1549, 9. Juli, Marmaros-Sziget   1939

Petrus de Pethrowa, Vicecomes und die Adligen-Universität der Marmarosch, teilen dem Bistritzer Rat mit, daß Bartholomaeus Erdely eingewilligt habe, die nach verübtem Diebstahl aus der Marmarosch zu ihm geflüchteten Untertanen vor ein Gericht auf neutralem Boden und zwar in Szalva zu stellen. Sie bitten, zu dieser Gerichtsverhandlung vier rechtschaffene und rechtskundige Bistritzer Bürger als Richter zu entsenden.

Latein. Originalpapierbrief.

Datum in oppido Zygeth . . . feria 3 prox. ante festum divae Margarethae virginis Anno 1549.

1549, 10. Juli, Hermannstadt   1940

Der Rat von Hermannstadt ersucht den Bistritzer Rat, die fällige Steuer sofort einheben und abschicken zu lassen, da der Thesaurarius schon dreimal die Zahlung angemahnt habe.

Latein. Originalpapierbrief.

Cibinii decimo Julii Anno 1549.

1549, 26. Juli, Hermannstadt   1941

Der Rat von Hermannstadt beruft auf Wunsch der Königin die Bistritzer zu einer Sitzung der Sächsischen Universität auf den 4. August ein, da dringende Angelegenheiten zu beraten seien.

Latein. Originalpapierbrief.

Cibiny die festo Annae anno dom. 1549.

1549, 1. August, Hermannstadt   1942

Martin Feyer, Bürgermeister von Hermannstadt, bestätigt, von den Bistritzern 2.546 Gulden an Türkenzins erhalten zu haben.

Latein. Original. Papier.

Dat. Cibiny die vinculorum Beati Petri apostoli Anno dom. 1549.

1549, 7. August, Szucsawa   1943

Elias, Woiwode der Moldau, ersucht den Bistritzer Rat, den Hattert von Földra nicht einzuschränken, sondern die Grenze zu wahren, die unter seinem Vater vereinbart worden sei.

Latein. Originalpapierbrief.

Datum Soczavie feria 4 post festum Transfigurationis dom. eiusdem anno 1549.

1549, 18. August, Bistritz   1944

Vertrag zwischen Hannes Werner und Lynhart Werner aus Bistritz über eine von Hannes an Lynhart zu zahlende Schuld von 50 fl.

Deutsch. Original. Papier.

Gescheen am Suntag vor Bartholmey Im Jar 1549.

1549, 20. August, Hermannstadt   1945

Martin Weys, Bürgermeister von Hermannstadt, ersucht den Bistritzer Rat, den Steuerrückstand sofort einheben und abführen zu lassen.

Latein. Originalpapierbrief.

Cibiny die festo Stephani regis Anno dom. 1549.

1549, 27. August, Iassy   1946

Elias, Woiwode der Moldau, teilt dem Bistritzer Richter Vincenz Zewch mit, daß die Grenzen des Hatterts von Földra von seinem Vater mit König Johann I. und Frater Georgius festgesetzt worden seien. Er wisse nicht, was die Bistritzer jetzt wollten, willige aber ein, sich in der Angelegenheit an Frater Georgius zu wenden.

Latein. Originalpapierbrief.

Ex oppido Ias feria 3 post festum divi Bartholomaei Anno dom. 1549.

1549, 2. September, Weißenburg 1947

Königin Isabella teilt dem Bistritzer Rat mit, daß aus der großen Kirche in Weißenburg eine silberne Büchse entwendet wurde, in der das heilige Öl verwahrt wurde. Sie befiehlt, sobald eine derartige Büchse einem Bistritzer Goldschmied zum Kauf angetragen würde, den Verkäufer sofort gefangen zu setzen.

Latein. Originalpapierbrief.

Datum Albae Juliae 2 die mensis Septembris Anno dom. 1549.

1549, 2. September, Groß-Schogen 1948

Michael Inaczi, Offizial von Groß-Schogen, bittet Mathias Literatus, Kastellan von Wecz, einen Untertanen freizugeben.

Ungarisch. Originalpapierbrief.

Ex Nagh Sayo feria 2 post dominicam Egidii 1549.

1549, 3. September, Groß-Schogen 1949

Michael Inaczi, Offizial von Groß-Schogen, schreibt dem Bistritzer Richter Vincenz in Angelegenheit einiger gefangen gesetzter Räuber.

Ungarisch. Originalpapierbrief.

Ex Nagh Sayo feria 3 post Egid Anno dom. 1549.

1549, 14. September, Hermannstadt 1950

Der Rat von Hermannstadt ersucht den Bistritzer Rat, den auf Bistritz entfallenden Anteil der Steuer von 4.000 Gulden für die Königin einzuheben und bis zum 29. September nach Hermannstadt zu schicken.

Latein. Originalpapierbrief.

Cibiny die festo Exaltacionis s. crucis Anno dom. 1549.

1549, 28. September, Hermannstadt — 1951

Martin Feyer, Bürgermeister von Hermannstadt, bestätigt, von den Bistritzern 2.560 Gulden an der auf dem Landtag in Vasarhely auferlegten Steuer erhalten zu haben.

Latein. Original. Papier.

Datum Cibiny pridie Michaelis Anno 1549.

1549, 28. September, Hermannstadt — 1952

Martin Feyer, Bürgermeister von Hermannstadt, bekennt, von den Bistritzern 640 Gulden der Steuer von 4.000 Gulden, welche die Universität der Königin gewidmet, erhalten zu haben.

Latein. Original. Papier.

Datum Cibiny pridie Michaelis anno d. 1549.

1549, 9. Oktober, Weißenburg — 1953

Königin Isabella trägt dem Bistritzer Richter Vincenz Pellio auf, für die sofortige Einzahlung des Martinszinses zu sorgen.

Latein. Originalpapierbrief.

Dat. Albae Juliae in festo beati Dionysii Anno dom. 1549.

1549, 4. November, Hermannstadt — 1954

Der Rat von Hermannstadt ersucht den Bistritzer Rat, die Teilung zwischen der Ehegattin des Sebastian Pellio aus Bistritz und deren Kindern aus erster Ehe revidieren zu lassen.

Latein. Originalpapierbrief.

Cibiny 4 Novembris anno dom. 1549.

1549, 6. November, Hermannstadt　　　　　　　　　　　1955

Der Rat von Hermannstadt ersucht den Bistritzer Rat, die berufene Streitsache zwischen dem Bistritzer Gregor Craczer und dessen Schwager nach Hermannstadt vorzulegen.

Latein. Originalpapierbrief.

Cibiny sexto Novembris anno 1549.

1549, 20. November　　　　　　　　　　　　　　　　　1956

Franz Zylahy, Offizial der Abtei von Kolosmonostor, bezeugt, vom Bistritzer Richter Vincenz Pellio 70 Eimer Wein für Frater Georgius erhalten zu haben.

Latein. Original. Papier.

Datum feria 4 prox. post festum beatae Elizabeth Anno dom. 1549.

1549, 13. Dezember, Weißenburg　　　　　　　　　　　1957

Königin Isabella bestätigt, von den Bistritzer Bürgern Petrus Regeny und Albert Sutor den Martinszins im Betrage von 2.200 Gulden erhalten zu haben.

Latein. Original. Papier.

Dat. Albae Juliae f. 6. in festo sanctae Luciae virginis Anno dom. 1549.

1549, 15. Dezember, Weißenburg　　　　　　　　　　　1958

Königin Isabella trägt dem Bistritzer Rat auf, den Landtag in Maros-Vasarhely zu beschicken.

Latein. Originalpapierbrief.

Ex Albae Juliae 15 die mensis Decembris Anno dom. 1549.

1549   **1959**

Stanislaus Beuchel bestätigt, vom Bistritzer Rat 34 Gulden für das Blei erhalten zu haben, das der Rat ihm schuldig gewesen sei.

Deutsch. Original. Papier.

Im 1549 Jar.

1550, 5. Januar, Hîrlău   **1960**

Elias, Woiwode der Moldau, ersucht den Bistritzer Rat, die Distriktuntertanen griechischen Glaubens anzuhalten, daß sie ihrem Bischof Georgius die ihm gebührenden Einkünfte zahlen sollen.

Latein. Originalpapierbrief.

Datum ex oppido Balovie In vigilia epifanie domini Anno dom. 1550.

1550, 15. Januar, Klausenburg   **1961**

Christian Baumgarthner ersucht den Bistritzer Rat, seine Rechte und die Rechte Sebastian Pulachers aus Klausenburg auf das Bistritzer Haus des Marcus Segeswariensis zu wahren, da ein Teil dieses Hauses ihnen schon vor sieben Jahren wegen ihrer Schuldforderungen an Marcus zugesprochen worden sei.

Latein. Originalpapierbrief.

Datum Coloswarini feria 4 prox. post Felicis Anno dom. 1550.

1550, 7. Februar, Nagymon   **1962**

Nicolaus Kwny, Richter und der Rat von Nagymon machen bekannt, daß mehrere Leute von Nagymon im Streit mit Kewmiwes Ianos durch den ehemaligen Bistritzer Richter Valentin Kugler keinen endgültigen Richterspruch erhalten haben.

Ungarisch. Originalpapierbrief. Auch eingeschaltet vom Bistr. Rat 30. Mai 1550. Original. Papier.

Datum ex nagmon feria 6. post festum Dorotheae virginis 1550.

1550, 18. Februar, Klausenburg 1963

Der Rat von Klausenburg ersucht den Bistritzer Rat, dem Klausenburger Andreas Azthalos in der Verfolgung seiner Rechtssache beizustehen.

Latein. Originalpapierbrief.

Datum in Civitate Coloswar feria tertia prox. ante festum Cathedre beati Petri Anno dom. 1550.

1550, 5. März 1964

Franz Zylahy bestätigt, daß der Schatzmeister dem Rat von Bistritz bezüglich der Gemeinden Weißkirch, Felsö Borgo und Also Borgo Steuernachlässe gewährt habe.

Latein. Original. Papier.

feria quarta post dominicam Reminiscere 1550.

1550, 13. März, Iklod 1965

Michael Banffy de Lossoncz ersucht den Bistritzer Rat, seinen Untertanen aus Regen bei der Verfolgung ihrer Rechtssache beizustehen.

Latein. Originalpapierbrief.

Dat. ex castro nostro Iklod f. 5. prox. post f. Gregori papae Anno dom. 1550.

1550, 15. März, Sächsisch-Regen 1966

Der Rat von Regen legt dem Bistritzer Rat die berufene Streitsache zwischen den Regenern Andreas Zechy und Petrus Takacs wegen Ehrenbeleidigung zur Entscheidung vor.

Latein. Originalpapierbrief.

Datae in oppido Regen Anno dom. 1550 die Sabbatho ante Letare.

1550, 9. April   1967

Elias, Woiwode der Moldau, ersucht den Bistritzer Rat, die Deutschen aus Rodna, welche aus Mähren eingewandert seien, in die Stadt einzulassen und dort ihre Einkäufe besorgen zu lassen.

Latein. Originalpapierbrief.

Datum 9 die mensis Aprilis Anno dom. 1550.

1550, 15. April, Klausenburg   1968

Wolfgang Forster teilt seinem Schwager Jakob Wrescher verschiedene Familienangelegenheiten mit und meldet zuletzt, daß die Deutschen mit den Türken einen Frieden auf 15 Jahre geschlossen haben.

Deutsch. Originalpapierbrief.

Geben Clausenbwrg den 15 April Ao 1550.

1550, 21. April, Szamos-Ujvár   1969

Paul Bank, Präfekt von Uj-Balvanyos, zeigt dem Bistritzer Rat an, daß die Lechnitzer mit den Einwohnern von Szent Jakab wegen einer gemeinschaftlichen Hutweide in Streit geraten seien.

Latein. Originalpapierbrief.

Datum in Vywar feria 2. ante Adalberti 1550.

1550, 28. April, Hermannstadt   1970

Petrus Haller, Bürgermeister von Hermannstadt, bestätigt, von den Bistritzern 320 Gulden als Teil der 2.000 Gulden, welche der Sächsischen Universität auferlegt wurden, und 124 Gulden, welche die Bistritzer den Hermannstädtern schuldeten, empfangen zu haben.

Latein. Original. Papier.

Dat. Cibiny die Vitalis Anno d. 1550.

1550, 30. April, Szamos-Ujvár   1971

Martin Bornemyza, Provisor von Ujvar, ersucht den Bistritzer Richter Vincenz Pellio zum Bau des Hauses „des gnädigen Herrn" sofort acht erfahrene Steinmetze zu schicken.

Latein. Originalpapierbrief.

Ex castro Novo feria 4. in profesto beatorum Philippi et Jacobi apostolorum 1550.

1550, 4. Mai, Mettersdorf   1972

Paul Coloswariensis, Pfarrer von Mettersdorf, teilt dem Bistritzer Rat mit, daß ihm sein Amtsvorgänger Christianus gesagt habe, er sei 50 Gulden der Gemeinde Mettersdorf schuldig. Diese Summe habe er dem ehemaligen Bistritzer Richter Thomas Waldorffer gegeben.

Latein. Originalpapierbrief.

Dat. in Magno demetrio dominica cantate 1550.

1550, 21. Mai, Hermannstadt   1973

Der Hermannstädter Rat übersendet dem Bistritzer Rat die Zeugenaussage des Valentin Enyedy in der Streitsache des Hermannstädter Bürgers Johann Maurer gegen die Witwe des gewesenen Bistritzer Richters Valentin Kuglar.

Latein. Originalpapierbrief. Auch eingeschaltet vom Bistritzer Rat 30. Mai 1550. Original. Papier.

Datum Cibiny die 21. May Anno 1550.

1550, 30. Mai, Bistritz   1974

Mathias Sas, stellvertretender Richter und der Rat von Bistritz, legen dem Hermannstädter Rat die Streitsache des Hermannstädter Bürgers Johann Maurer gegen die Witwe des einstigen Bistritzer Stadtrichters Valentin Kuglar zur Entscheidung vor, da Johann Maurer gegen das Urteil Berufung eingelegt hatte, wonach die Witwe vom Schadenersatz und allen Kosten freigesprochen war.

Latein. Original. Papier. Auf der Rückseite steht die Bemerkung, daß die Sächsische Universität am 23. Januar 1551 die Witwe zur Zahlung von 120 Gulden an Johann Maurer verurteilt habe, weil ihr Mann in seiner Richterzeit sich geweigert habe, den Leuten aus Zylagh Recht zu verschaffen. Auch eingeschaltet vom Hermannstädter Rat 23. Januar 1551 und damit vom Woiwoden Andreas de Bathor 8. Mai 1553.

Datum Bistritiae feria 6 post festum pentecostes Anno 1550.

1550, 3. Juni, Szamos-Újvár 1975

Martin Bornemysza, Provisor von Ujvar, teilt dem Bistritzer Richter Vincenz Zewch mit, daß er die zwei Steinmetze heimschicken werde, sobald andere kämen. Schließlich ersucht er noch, so viel Hafer zu schicken, als aufzutreiben sei.

Latein. Originalpapierbrief.

Ex castro novo feria tercia post trinitatis 1550.

1550, 16. Juni, Marmaros-Sziget 1976

Anton Zygethy bittet den Bistritzer Rat, an der Verhandlung in Retteg teilzunehmen, wo die Streitigkeiten zwischen den Marmaroschern und den Untertanen des Wolfgang de Bethlen ausgetragen werden sollen.

Latein. Originalpapierbrief.

Datum ex oppido Zygeth 16 Junii Anno dom. 1550.

1550, 23. Juni, Szamos-Újvár 1977

Mathias Nagh, Vicekastellan von Ujvar, teilt dem Bistritzer Richter mit, daß er auf seinen Wunsch die zwei Maurer nach Hause lassen werde und bittet, an die Stelle derselben zwei andere und überdies auch den Magister Adrianus zum Bau des Schlosses zu schicken.

Latein. Originalpapierbrief.

Ex Novo Castro feria 2. in vigilia Joannis baptistae Anno 1550.

1550, 23. Juni   1978

Wolf Auer bestätigt, daß Jakob Urescher auf eine Wiese im Puschental fünf Gulden entliehen habe.

Deutsch. Original. Papier.

1550 am montag Johannis batdysta.

1550, 24. Juni, Szamos-Újvár   1979

Martin Bornemysza, Provisor von Ujvar, ersucht den Bistritzer Richter, für die Pferde des „gnädigen Herrn" Hafer nach Ujvar zu schicken.

Latein. Originalpapierbrief.

Ex novo castro feria 3. in festo Johannis baptistae 1550.

1550, 27. Juni, Klausenburg   1980

Der Rat von Klausenburg ersucht den Bistritzer Rat, ihm einen erfahrenen Bäcker zu schicken, der weiße Brote (Semmel) zu backen vermag.

Latein. Originalpapierbrief.

Datum ... Coloswar f. 6. prox. post f. Nativitat. Joannis bapt. anno dom. 1550.

1550, 3. Juni, Szamos-Újvár   1981

Martin Bornemysza, Provisor von Ujvar, ersucht den Bistritzer Richter erneut, ihm Hafer zu schicken.

Latein. Originalpapierbrief, in den Bruchstellen schadhaft.

Ex novo castro feria 5 prox. post f. visitacionis Marie 1550.

1550, 3. Juli, Torda   1982

Paul Bank ersucht den Bistritzer Richter Vincenz Szwcz, für die Pferde seines Herrn in Ujvar das nötige Futter und Hafer zu senden.

Latein. Originalpapierbrief.

Dat. Thordae 3 die July anno dom. 1550.

1550, 4. Juli, Szamos-Újvár — 1983

Martin Bornemyza, Provisor von Wywar, bittet den Bistritzer Richter Vincenz Zewch zum Bau des Schlosses Maurer zu schicken, da die wenigen Maurer, welche bisher aus Bistritz da waren, heimlich entflohen seien.

Latein. Originalpapierbrief.

Ex novo castro feria 6 post festum visitationis Mariae 1550.

1550, 4. Juli, Rodna — 1984

Johann, Kämmerer von Rodna, teilt dem Bistritzer Richter Vincenz Pellio mit, daß er das zum Burgbau in Ujvar nötige Holz zu fällen gestatte, doch mögen die Bistritzer dieses Holz selbst herrichten und zuführen, da seine Leute gerade mit der Ernte beschäftigt seien und auch der Fluß zu wenig Wasser habe, um das Holz auf dem Wasserweg nach Ujvár zu bringen.

Latein. Originalpapierbrief.

Ex Rodna feria 6 post festum visitationis Mariae Anno salutis Dom. 1550.

1550, 10. Juli, Sächsisch-Regen — 1985

Stefan Sydo, Comes der Thordaer Gespanschaft, übermittelt dem Bistritzer Rat die Aussage des Johann Zabo aus Regen in der Streitsache desselben mit Kristof Lutifigulus.

Latein. Originalpapierbrief.

Datum Regheny feria 5 ante festum Margarethae Virginis Anno parte saluti feri 1550.

1550, 10. Juli, Sächsisch-Regen   1986

Stefan Sydo, Comes der Thordaer Gespanschaft, übermittelt dem Bistritzer Rat ein Zeugenverhör in der Streitsache der Regener Bürger Johann Zabo und Christoph Lutifigulus.

Latein. Originalpapierbrief.

> Actum et datum in oppido Reghen feria 5 ante festum S. Margarethae virginis ... Anno partus virginei 1550.

1550, 11. Juli, Weißenburg   1987

Königin Isabella trägt dem Bistritzer Rat auf, weder den Frater Georgius, noch den Generalkapitän von Niederungarn, Peter Petrowyth oder irgend einen Freund oder Diener derselben in die Stadt Bistritz einzulassen, bis nicht ein Gegenbefehl erfolgen werde, weil zwischen beiden ein heftiger Streit entbrannt sei.

Latein. Originalpapierbrief.

> Datum ... Albae Juliae feria 6 prox. ante festum sanctae Margarethae Anno dom. 1550.

1550, 12. Juli, Sächsisch-Regen   1988

Der Rat von Regen legt dem Bistritzer Rat die berufene Streitsache zwischen den Regener Bürgern Johann Zabo und Christof Lutifigulus über eine Ehrenbeleidigung, welche die Frau des Ersteren der Frau des Letzteren zugefügt hatte, zur Entscheidung vor.

Latein. Originalpapierbrief. Auf der Rückseite steht die Entscheidung des Bistritzer Rates, in welcher das erstrichterliche Urteil bestätigt wird mit dem Entscheid, daß die Frau des Johann Zabo verhalten werden soll, in Gegenwart von zwei rechtschaffenen Frauen der Frau des Lutifigulus in deren eigenem Hause Abbitte zu tun.

> Datum in opido Reghen die Sabbati ante festum S. Margarethae virginis Anno domini 1550.

1550, 22. Juli, Huszt 1989

Georg Body, Propst von Lelesz und Genossen ersuchen als königliche Kommissare den Bistritzer Rat, sich aller Ausschreitungen und Gewalttätigkeiten gegen die benachbarten Adligen der Marmarosch zu enthalten und mit etwaigen Klagen gegen dieselben den Rechtsweg zu beschreiten.

Latein. Originalpapierbrief.

Ex Hwzth in festo beatae Mariae Magdalenae Anno dom. 1550.

1550, 26. Juli, Marmaros-Sziget 1990

Adam Literatus de Ezyk und Gregor Literatus de Zyget, Vicegrafen der Marmarosch, versprechen dem Bistritzer Rat, seinem Wunsche zu entsprechen und dem Wischauer Richter Cosmas zu seinem Rechte zu verhelfen. Der Genannte hatte von einem gewissen Theodor Von aus Zelesth eine Stute gekauft, die, wie es sich später herausstellte, gestohlen war.

Latein. Originalpapierbrief.

Ex Zygeth Sabbato in festo Annae Anno dom. 1550.

1550, 27. Juli, Sächsisch-Regen 1991

Der Rat von Regen übersendet dem Bistritzer Rat weitere zwei Zeugenaussagen zu dem berufenen Prozeß der Regener Bürger Johann Zabo und Christof Figulus.

Latein. Originalpapierbrief.

Datum Reghen die dominica post festum S. Annae Anno partus virginei 1550.

1550, 31. Juli, Weißenburg 1992

Königin Isabella trägt dem Bistritzer Rat auf, vier angesehene Bürger nach Weißenburg zu schicken, damit man gemeinschaftlich über einige das Reich betreffende Vorschläge berate, die Mawhmuth, Sekretär des türkischen Kaisers, im Namen seines Herrn gemacht habe.

Latein. Originalpapierbrief.

Datum ... Albae Juliae feria 5. prox. ante fest. beati Petri ad vincula Anno 1550.

1550, 31. Juli, Mühlbach 1993

Frater Georgius ladet die Bistritzer zur Beschickung des Landtages in Maros-Vásárhely ein und ersucht, bis dahin die Truppen in Kriegsbereitschaft zu setzen.

Latein. Original. Papier.

Ex Zazsebes feria 5 ante festum petri ad vincula Anno dom. 1550.

1550, 13. August, Marmaros–Sziget 1994

Adam Ezeky und Gregorius Literatus de Zygeth, Vicegrafen der Marmarosch, teilen dem stellvertretenden Bistritzer Richter Mathias Zewch mit, daß sie Auftrag gegeben haben, die zurückbehaltenen Schafe herauszugeben, die Mathias Lanii von Gregor aus Visso gekauft habe.

Latein. Originalpapierbrief.

Ex Zygeth 13 Augusti Anno 1550.

1550, 14. August, Huszt 1995

Benedikt Zalay, Präfekt von Huszt und Thomas Makay, Kammergraf der Marmarosch, teilen dem Bistritzer Rat mit, daß sie keinerlei Klagen seitens ihrer Untertanen über Bedrückungen der Bistritzer erhalten haben.

Latein. Originalpapierbrief.

Ex Hwzth 14 Aug. Anno 1550.

1550, 15. August, Marmaros-Sziget 1996

Adam Ezeky und Gregor Literatus von Sziget, Vicegrafen der Marmarosch, teilen dem Bistritzer Rat mit, daß sie jenem Bistritzer volle Genugtuung verschafft haben, welchem Bewohner von Zelyste eine Stute gestohlen hatten. Sie bitten, in ähnlichen Fällen auch ihren Untertanen Recht zu verschaffen.

Latein. Originalpapierbrief.

Ex Zygeth 15 die mensis Augusti Anno 1550.

1550, 28. August, Weißenburg 1997

Königin Isabella trägt dem Hermannstädter Rat auf, für die rechtzeitige Einzahlung der Steuern zu sorgen.

Latein. Gleichzeitige Abschrift aus der Hermannstädter Ratskanzlei.

Datum... Albae Juliae f. 5. prox. post f. s. Bartholomaei Anno dom. 1550.

1550, 6. September, Weißenburg 1998

Königin Isabella trägt dem Richter Vincenz Pellio und dem Rat von Bistritz auf, die bewußten 8000 Gulden nicht dem Frater Georgius, soviel er auch drängen mag, zu zahlen, sondern bloß an sie selbst oder an ihren Sohn abführen zu lassen.

Latein. Originalpapierbrief.

Datum Albae Juliae Sabbato prox. ante f. Nativitatis beatissimae virginis Mariae anno d. 1550.

1550, 6. September, Maros-Vásárhely 1999

Der Rat von Vásárhely ersucht den Bistritzer Rat, jenem Vásárhelyer, dessen Waren bei Gelegenheit des letzten Jahrmarktes in Bistritz wegen Gebrauchs zu kleiner Maße eingezogen worden waren, diesem wieder herauszugeben und ihm zu verzeihen.

Latein. Originalpapierbrief.

Ex Zekelwasarhel die Sabbathi post octavas Bartholomaei apostoli Anno 1550.

1550, 12. September, Vécs 2000

Franz Kendy gibt seinem Abgesandten ein Beglaubigungsschreiben an den Bistritzer Rat mit.

Latein. Originalpapierbrief.

Ex . . . Wech feria 6 post f. Nativitatis Mariae A. 1550.

1550, 25. September, Deesch 2001

Johann Dobay, Präfekt der Kammer in Deesch, teilt dem Bistritzer Richter mit, daß sein Herr über die Säumigkeit der Bistritzer im Bezahlen der Steuern sehr ungehalten sei, und ersucht schließlich, den Worten seines Boten vollen Glauben zu schenken.

Latein. Originalpapierbrief.

Ex Des f. 5. an. Michaelis 1550.

1550, 26. September, Rodna 2002

Der Rodnaer Kämmerer Johann bittet den Bistritzer Richter Vincenz Pellio, sich eines armen Bergmannes anzunehmen, dem 40 Schafe abhanden gekommen sind, da von diesen Schafen 12 bei einem Mettersdorfer gefunden worden seien.

Latein. Originalpapierbrief.

Ex Rodna feria 6 ante ferias sanctorum Cosmae et Damiani Anno salutis 1550.

1550, 2. Oktober, Mediasch 2003

Johann Kowach, Villikus von Mediasch, teilt dem Bistritzer Rat mit, daß fast alle sächsischen Städte ihre Truppen schon nach Weißenburg zu

Frater Georgius geschickt haben; auch die Szekler seien bereits eingetroffen.

Latein. Originalpapierbrief.

Datum in civitate Meggyesensis feria 5 prox. post festum sancti Michaelis archangeli Anno 1550.

1550, 3. Oktober, Deesch 2004

Johann Dobay, Präfekt der Deescher Salzkammer, ersucht den Bistritzer Richter Vincenz Zewcz, die im Brief seines Herrn genannte Geldsumme seinen Dienern, den Überbringern des Schreibens, auszufolgen.

Latein. Originalpapierbrief.

Ex Dees f. 6. post f. beati Michaelis arch. 1550.

1550, 3. Oktober, Deesch 2005

Johann Dobay, Präfekt der Deescher Salzkammer, bestätigt, vom Bistritzer Rat 1145 Gulden 20 Den. von der „50 Denar-Steuer" erhalten zu haben.

Latein. Original. Papier.

In Des f. 6 prox. post festum beati Michaelis arch. anno d. 1550.

1550, 6. Oktober, Weißenburg 2006

Königin Isabella trägt dem Richter Vincenz Pellio und dem Bistritzer Rat auf, ihrem Abgesandten Andreas Myske 1280 Gulden fällige Steuern sofort auszufolgen.

Latein. Originalpapierbrief.

Datum . . . Albae Juliae feria secunda proxima post festum S. Francisci Anno dom. 1550.

1550, 29. Oktober, Aus dem Lager bei Dewa 2007

Kazwm Pascha, türkischer Statthalter von Ungarn in Ofen, teilt den

Sachsen den Befehl des Sultans mit, daß alle Sachsen in der Treue zu ihm und zur Königin verharren sollten. Er habe gehört, daß einige abgefallen seien und sei nun mit dem Heere erschienen, um dieselben auf Befehl seines Kaisers zu vernichten.

Latein. Gleichzeitige Abschrift. Papier.

Datum in Castris in planitie ex opposito Dewae circa Aranys positis feria 4 post Demetrii Anno 1550.

1550, 30. Oktober, Weißenburg 2008

Königin Isabella hält dem Bistritzer Rat die leeren Ausflüchte wegen pünktlicher Bezahlung der Steuern vor und gebietet, sofort den Teil der 8000-Gulden-Steuer sowie den Martinszins einheben und abführen zu lassen.

Latein. Originalpapierbrief.

D. Albae Juliae f. 5 ante omnium Sanctorum Anno dom. 1550.

1550, 31. Oktober, Weißenburg 2009

Königin Isabella trägt dem Bistritzer Rat auf, zu dem am 6. November in Torda abzuhaltenden Landtag vier Ratsherrn und 100 Fußsoldaten zu senden.

Latein. Originalpapierbrief.

Dat. Albae Juliae f. 6. prox. ante f. omnium sanctorum 1550.

1550, 4. November, Klausenburg 2010

Georg Hamway bittet den Bistritzer Bürger Lenart Zewch, dem den Brief überbringenden Diener einige Kleidungsstücke auszufolgen.

Ungarisch. Originalpapierbrief. Auf der Rückseite ist in deutscher Sprache angemerkt, welche Kleidungsstücke der Diener übernommen hat.

Ez level koloswarot kevlt keden Zent Simon nap utan Anno 1550.

1550, 6. November, Mediasch   2011

Nicolaus Sarctor, Richter von Mediasch, teilt dem Bistritzer Richter Vincenz Pellio mit, daß er vom Hermannstädter Bürgermeister bereits den Auftrag erhalten habe, die Hälfte des Kriegsvolkes zu rüsten und Gesandte auf den Tordaer Landtag zu schicken. Auch die Schäßburger seien mit ihrem Kriegsvolk im Abmarsch nach Torda begriffen. Von Kazum Pascha habe man einen Brief erhalten, worin derselbe namens des Sultans allen Sachsen befehle, der Königin den Eid der Treue zu leisten.

Latein. Originalpapierbrief.

Datum in Civitate Meggyesiensi feria 5 post Emerici Anno 1550.

1550, 21. November, Weißenburg   2012

Königin Isabella trägt dem Richter Vincenz Pellio und dem Bistritzer Rat auf, ihrem Abgesandten Franz Zengyely, durch den sie den Bistritzern ihre Anordnungen bezüglich des Martinszinses und der Zahlung von 1280 Gulden melden läßt, in allen Stücken Glauben zu schenken.

Latein. Originalpapierbrief.

Datum ... Albae Juliae f. 6 prox. post fest. S. Elizabeth anno dom. 1550.

1550, 13. Dezember, Weißenburg   2013

Königin Isabella gibt ihrem Abgesandten Georg Hamway, Kämmerer von Vyzakna, ein Beglaubigungsschreiben an den Bistritzer Richter Vincenz Pellio und den Rat mit.

Latein. Originalpapierbrief.

Datum ... Albae Juliae In festo S. Luciae virginis Anno dom. 1550.

1550, 13. Dezember, Szucsawa   2014

Elias, Woiwode der Moldau, gibt seinem Abgesandten Petrus, Offizial von Kykellewar, ein Beglaubigungsschreiben an den Bistritzer Richter

Vincenz Zewch mit.

Latein. Originalpapierbrief.

Datum Soschavie in festo beatae Luciae Anno dom. 1550.

1550, 18. Dezember, Groß-Schogen — 2015

Franz Kendi gibt seinem Abgesandten ein Beglaubigungsschreiben an den Bistritzer Rat mit.

Latein. Originalpapierbrief.

Ex domo nostro Nag Sayo f. 5 post f. Lucie virginis anno 1550.

1550, 30. Dezember, Szent-Iván — 2016

Franz Kendi ladet den Bistritzer Rat auf die Hochzeit des Georg Machkassy mit Barbara, der Tochter Michael Gyulays, ein.

Latein. Originalpapierbrief.

Ex Zenth Iwan f. 3. an. f. Circumcisionis dom. Anno dom. 1550.

1550 — 2017

Sebastian Zekely bezeugt im Namen seiner Herren Wolfgang und Gregor Apaffy, daß er vom Bistritzer Rat vier Gulden weniger vier Denar Zehntgeld für Also-Borgo erhalten habe.

Latein. Original. Papier.

1550 Anno.

1550, Scholten — 2018

Der Rat von Scholten übersendet dem Bistritzer und Hermannstädter Rat die Zeugenaussagen des Thomas Saphar in der Streitsache des Johann Maurer gegen die Witwe des Valentin Kugler.

Latein. Originalpapierbrief, auch eingeschaltet vom Bistr. Rat 30. Mai 1550. Original. Papier.

Datum in Zaschanad hac die 5° 1550.

1550, Marmaros-Sziget   2019

Der Rat von Sziget bittet den Bistritzer Rat, Thomas, dem Einwohner von Sziget, in der Austragung einer Rechtssache beizustehen.

Latein. Originalpapierbrief.

Ex Zygeth datae feria Tertia 1550.

1550, Schäßburg   2020

Der Rat von Schäßburg ersucht den Bistritzer Rat, den in Bistritz neuerlich gefangen gesetzten Bruder des Schäßburger Bürgers Servatius Wayda freizugeben.

Latein. Originalpapierbrief.

Datum ex eivitate Segeswariensi Ex Nundinis nostris maioribus Anno domini 1550.

1551, 7. Januar, Weißenburg   2021

Königin Isabella bestätigt, vom Bistritzer Rat durch Gaspar Pellio und Gregor Thymar den Martinszins des vorigen Jahres mit 2.200 Gulden empfangen zu haben.

Latein. Original. Papier.

Datum Albae Juliae postridie Epiphaniarum dom. Anno 1551.

1551, 9. Januar, Szász-Fülpös   2022

Ladislaus Mykola de Zamosfalwa trägt den Edelleuten Mathaeus Pestessy, Stephan, Gregorius Galaczy, Gaspar und Balthasar de Galach, Gregor Sombory, Ladislaus Sombory, Michael Strigii de Manik, Gaspar Zalay auf, die Grenzen der Gemeinde Fwzkwth des Michael Appaffy de Apanaghfalwa zu begehen, festzustellen und ihm darüber zu berichten.

Latein. Eingeschaltet von Frater Georgius 15. April 1551. Original. Papier.

Datum in Zazphilpes feria 6 proxima post festum epiphaniarum domini Anno eiusdem 1551.

1551, 19. Januar, Weißenburg 2023

Königin Isabella bestätigt, von den Bistritzern 800 Gulden an Steuern erhalten zu haben und gewährt für den Rest Nachlaß.

Latein. Original. Papier.

Dat. ... Albae Juliae f. 2. ante Agnetis anno 1551.

1551, 23. Januar, Klausenburg 2024

Der Rat von Klausenburg teilt dem Bistritzer Rat seine Entscheidung in der Streitsache des Andreas arcupar aus Bistritz gegen Johann arcupar aus Klausenburg mit.

Latein. Originalpapierbrief.

Coloswary f. 6 ante Conversionis pauli 1551.

1551, 23. Januar, Hermannstadt 2025

Bürgermeister, Richter und Geschworene der Sächsischen Universität entscheiden in zweiter Instanz die berufene Streitsache zwischen Johann Kewmywes aus Hermannstadt und Catharina, Witwe nach Valentin Kugler aus Bistritz und legen diese Streitsache dem Frater Georgius zur Entscheidung vor, weil die Witwe mit dem Urteil nicht zufrieden ist.

Latein. Eingeschaltet vom siebb. Woiwoden Andreas de Bathor 8. Mai 1553. Original. Papier.

Datae Cibinii feria 6 ante festum conversionis sancti Pauli Anno domini 1551.

1551, 24. Januar, Hermannstadt 2026

Bürgermeister, Richter und Geschworene der Sächsischen Universität ersuchen den Frater Georgius, die Streitsache der Witwe Valentin Kuglers aus Bistritz und des Johannes Kewmywes aus Hermannstadt endgültig zu entscheiden.

Latein. Originalpapierbrief.

Cibiny sabbato ante f. conversionis Pauli 1551.

1551, 27. Januar, Großwardein 2027

Frater Georgius verspricht dem Bistritzer Rat, nur unter der Bedingung Nachlaß von der gegenwärtigen Steuer zu gewähren, wenn der Rat ihm dafür Hafer liefere.

Latein. Originalpapierbrief.

Waradini 27. Januar 1551.

1551, 27. Januar, Hermannstadt 2028

Petrus Haller, Bürgermeister von Hermannstadt, bestätigt, von den Bistritzern mehrere Steuerbeträge erhalten zu haben.

Latein. Original. Papier.

Cibiny f. 3. post f. Conversionis Pauli 1551.

1551, 29. Januar, Iassy 2029

Elias, Woiwode der Moldau, ersucht den Bistritzer Richter Vincenz Zabo(!), einen Bistritzer Untertanen zur Herausgabe des empfangenen Geldes zu zwingen, weil jener Moldauer, von dem der Bistritzer wegen eines Pferdediebstahls das erwähnte Geld erhalten, gerichtlich von dem ihm zur Last gelegten Verbrechen freigesprochen worden ist.

Latein. Originalpapierbrief.

Datum ex oppido Ias valerii Martiris 1551.

1551, 29. Januar, Klausenburg 2030

Der Rat von Klausenburg ersucht den Bistritzer Rat, dem Überbringer des Schreibens Petrus Zyta beizustehen, der die Schulden des Thomas Maglas aus Bistritz einheben soll.

Latein. Originalpapierbrief.

Colowar, f. 5 post conversionis Pauli 1551.

1551, 3. Februar, Großwardein 2031

Frater Georgius ersucht den Bistritzer Richter Vincenz Zewch, ihm auf seine Rechnung 100 Faß billigen Wein zu kaufen und an Dobay nach Deesch führen zu lassen.

Latein. Originalpapierbrief.

Varadinj in crastino festi purificationis Mariae 1551.

1551, 4. Februar, Weißenburg 2032

Königin Isabella beauftragt den Bistritzer Richter Vincenz Zewch, sofort nach Weißenburg zu kommen, zu einer Beratung über die von den türkischen Gesandten Mwzthapha und Hali überbrachten Aufträge der hohen Pforte.

Latein. Originalpapierbrief. Die linke Seite vom Bruche an fehlt, auch sonst ist die Urkunde beschädigt.

Datae in... nostra Alba Julia feria quarta prox. festum purificationis beatissimae virginis... Anno dom. 1551.

1551, 5. Februar, Weißenburg 2033

Königin Isabella trägt dem Bistritzer Richter Vincenz Pellio auf, dem Bistritzer Bürger Johann Budaker das Testament der Barbara, Witwe nach Andreas Brassay sofort herauszugeben, in welchem dem Erstgenannten ein Haus in der Ungargasse vermacht wird.

Latein. Gleichzeitige Abschrift vom Bistritzer Ratsnotarius G. Seraphin.

Datae in civitate nostra Alba Julia feria 5 prox. post fest. purific. beatissimae virg. Maria Anno dom. 1551.

1551, 8. Februar, Szamos-Ujvár 2034

Johann Dobay schreibt an den Bistritzer Richter Vincenz Pellio wegen Lieferung von Wein und Ziegeln.

Latein. Originalpapierbrief.

Ex arce nova dominico die post f. dorotheae 1551.

1551, 12. Februar, Marmaros-Sziget 2035

Anton Literatus ersucht den Bistritzer Richter Vincenz Zwcz, die Bewohner von Telcs zu bestrafen, weil sie letzthin wieder Gewalttätigkeiten an Marmaroschern verübt haben.

Latein. Originalpapierbrief.

Ex oppido Zygeth 12 die februarii Anno dom. 1551.

1551, 21. Februar, Klausenburg 2036

Der Rat von Klausenburg ersucht den Bistritzer Rat, dem Klausenburger Andreas Azthalos bei der Verfolgung seiner Rechtssache beizustehen.

Latein. Originalpapierbrief.

Coloswary sabbato prox. an. dominic. Reminiscere anno dom. 1551.

1551, 21. Februar, Weißenburg 2037

Michael Chyaky, königlicher Sekretär, schreibt dem Bistritzer Rat in der Erbschaftssache des Johann Bwdaker.

Latein. Originalpapierbrief.

Datae Albae Juliae sabbatho prox. ante dominicam Reminiscere Anno dom. 1551.

1551, 23. Februar, 2038

Zeugenaussagen in der Streitsache einer Magd gegen Philipp Berthloff aus Jaad wegen Anerkennung der Vaterschaft.

Latein, teilweise Deutsch, Original. Papier, mit 2 Beilagen.

die 23 Februar Anno 1551.

1551, 28. Februar, Weißenburg 2039

Königin Isabella fordert den Bistritzer Rat auf, den Landtag in Enyed zu beschicken.

Latein. Originalpapierbrief.

Alba Julia Sabbatho ante oculi 1551.

1551, 1. März, Deesch — 2040

Johann Dobay ersucht den Bistritzer Richter Vincenz Zewch, ihm Wein und Latten zu schicken.

Latein. Originalpapierbrief.

Ex Dees dominic. oculi 1551.

1551, 2. März, Rodna — 2041

Johann Stroicz, Kämmerer von Rodna, bittet den Bistritzer Richter Vincenz Pellio, dem durch einen gewissen Craschun aus Kisrebra geschädigten Mathaeus von Szent-György zu helfen, daß er die ihm weggenommenen Sachen zurückerhalte.

Latein. Originalpapierbrief.

Ex Rodna f. 2 post dominicam Oculi Anno 1551.

1551, 8. März, Szent-Iván — 2042

Franz Kendy ersucht den Bistritzer Rat, dem Georg Zynko zu seinem Recht zu verhelfen.

Latein. Originalpapierbrief.

Ex Zentywan dominica Laetare 1551.

1551, 9. März, Új-Bálványos — 2043

Johann Dobay, Provisor von Szamos-Ujvár, schreibt an den Bistritzer Richter Vincenz Pellio wegen Wein und Hafer.

Latein. Originalpapierbrief.

Ex arce vy balvanus f. 2 letare 1551.

1551, 16. März, Buza 2044

Der Rat von Buza teilt dem Bistritzer Rat ein Zeugenverhör darüber mit, daß Anton Biro vor einigen Jahren von einigen Buzaer Einwohnern Wein erhalten habe.

Latein. Originalpapierbrief.

Datum Buzae feria 2 post dominicam Judica Anno dom. 1551.

1551, 24. März, Bistritz 2045

Vincenz Pellio, Richter und der Bistritzer Rat bezeugen, daß Katharina, Witwe nach Valentin Kugler und Barbara, ihre Tochter und Frau des Leonhard Werner, den Johann Literatus de Zechsfallwa zu ihrem Vertreter in allen ihren Rechtssachen ernannt haben.

Latein. Original. Papier.

Dat. Bistricie 24 Martii anno dom. 1551.

1551, 26. März, Wien 2046

Andreas Kugler teilt seinem Oheim, dem medicinae doctor Martin Brennius, Arzt in Hermannstadt, mit, daß er den Grad eines Baccalaureus erworben habe, und bittet, ihm öfters zu schreiben und gegenwärtigen Brief seinem Vater zu schicken und ihn zu bitten, ihm das zur Fortsetzung der Studien nötige Geld zu schicken.

Latein. Originalpapierbrief, durch Feuchtigkeit am Rande beschädigt.

Datum Viennae Austriae in aula Universitatis 26 die Martii Anno 1551.

1551, 9. April, Weißenburg 2047

Königin Isabella beauftragt den Bistritzer Richter Vincenz Pellio, dem Bistritzer Johann Budaky zu seinem Recht zu verhelfen.

Latein. Gleichzeitige Abschrift. Papier.

Ex Alba Julia f. 5 post Quasimodo 1551.

1551, 10. April, Schäßburg   2048

Frater Georgius beauftragt den Bistritzer Rat, zwölf angesehene Bürger zum 20. April nach Schäßburg zu schicken, damit man da über die Erhaltung des Vaterlandes berate. Inzwischen aber möge der Rat sein Truppenkontingent in Kriegsbereitschaft halten.

Latein. Originalpapierbrief.

Datum Segeswar f. 6 post dominicam Quasimodo 1551.

1551, 10. April, Hermannstadt   2049

Der Rat von Hermannstadt ersucht den Bistritzer Rat, dem Jüngling Christof Schaller, der in Hermannstadt das Schneiderhandwerk erlernt hat und sich nun vermählen will, einen Geburtsbrief auszustellen.

Latein. Originalpapierbrief.

Ex Cibinio 10 Aprilis Ao 1551.

1551, 11. April, Hermannstadt   2050

Der Rat von Hermannstadt ersucht den Bistritzer Rat, die rückständigen Steuern unbedingt sogleich einzuheben und abzuführen.

Latein. Originalpapierbrief.

Dat. Cibiny Sabbato prox. an. Domin. Misericord. dom. Anno eiusdem 1551.

1551, 14. April, Weißenburg   2051

Königin Isabella ermahnt den Bistritzer Rat, Steuern nur an den Hermannstädter Bürgermeister abzuliefern und der Einladung des Frater Georgius zu Besprechungen („conventicula") nicht Folge zu leisten.

Latein. Originalpapierbrief.

Ex Alba Julia f. 3 prox. post dom. Misericordia 1551.

1551, 15. April, Schäßburg   2052

Frater Georgius entscheidet den Streit zwischen Michael Apaffy de Apanaghfalwa und den Sächsisch-Sankt-Georgenern über einen strittigen Teil der Besitzung Fwzkwth.

Latein. Original. Papier, auf 3 aneinander geklebten Bogen.

Datum In Segeswar termino in praenotato (feria 4 post Misericordia) Anno dom. M.D.L.I.

1551, 17. April, Schäßburg   2053

Frater Georgius ersucht den Bistritzer Richter Vincenz Zewch, den Türkenzins bis zum 24. April einzuheben und abzuführen; außerdem für Lieferung von Holz für den Schloßbau Sorge zu tragen.

Latein. Gleichzeitige Abschrift. Papier.

Dat. ex Segeswar f. 6 post dominic. Misericordia Anno 1551.

1551, 22. April, Schäßburg   2054

Die drei Landstände tragen den Bistritzern auf, am 8. Mai nach Vasarhely auf den Landtag zu kommen, um über die Erhaltung des Landes zu beraten, sich zu erheben, wenn der Feind inzwischen einfallen sollte und die Türkensteuer bei der auf dem Enyeder Landtage festgesetzten Strafe an Niemanden sonst auszuzahlen, als an den vom Landtag dazu bestimmten Mann.

Latein. Original. Papier.

Datum ex Segeswar f. 4 ante festum divi Georgii Anno dom. 1551.

1551, 22. April, Bistritz   2055

Der Rat von Bistritz teilt seinen Abgesandten Mathias Zaz und Demetrius Lanio mit, daß er sowohl vom Statthalter, als auch von der Königin Briefe erhalten habe, in welchen jeder der beiden den Türkenzins für sich verlange. In der Streitsache der Sächsisch-St.-Georgener gegen Johann Thobyassy sei der Prothonotarius zu bitten, auf seiner

Reise zur Vasarhelyer Comitie einen Abstecher nach Bistritz zu machen, damit er da einen Streit entscheide.

Latein. Originalpapierbrief.

Datum Bistriciae feria 4 ante die b. Georgii Martiris Anno 1551.

1551, 25. April, Sárpatak — 2056

Petrus Soold, Richter und der Rat von Sárpatak übersenden dem Bistritzer Rat ein Zeugenverhör in der Streitsache eines Bürgers von Sárpatak gegen den Bistritzer Bürger Andreas Zabo.

Latein. Originalpapierbrief.

In Sarpatak Sabbato ante dominic. Cantate 1551.

1551, 26. April, Sächsisch-Regen — 2057

Der Rat von Regen legt dem Bistritzer Rat die berufene Streitsache zwischen den Bürgern Johann Pellio und Alexander, Schwiegersohn des Demetrius Kleynn, zur Entscheidung vor.

Latein. Originalpapierbrief. Auf der Rückseite steht die Entscheidung des Bistritzer Rates.

Datum Reghenii dominica Cantate Anno 1551.

1551, 26. April, Szamos-Ujvár — 2058

Johann Dobay, Provisor von Ujvár, ersucht den Bistritzer Richter Vincenz Zewcz, ihm bald Latten und Ziegeln zu senden.

Latein. Originalpapierbrief.

Ex nova arce dominica ante inventionis crucis 1551.

1551, 27. April, Hermannstadt — 2059

Der Rat von Hermannstadt ersucht den Bistritzer Rat, die fälligen Steuern unverzüglich zu zahlen und mitzuteilen, ob die Bistritzer geneigt wären, Truppen der Königin in ihrer Stadt aufzunehmen. Auf beiliegendem Zettel wird auch die Zahlung der in Enyed auferlegten 2000 Gulden verlangt.

Latein. Originalpapierbrief.

Datae Cibinii feria 2 post f. beati Georgii Anno dom. 1551.

1551, 28. April, Maros-Vásárhely 2060

Frater Georgius beruft die Bistritzer zum Landtag nach Vásárhely ein.

Latein. Originalpapierbrief. Auf beiliegendem Papierblättchen wird mitgeteilt, daß auch der Gesandte an den türkischen Kaiser mit Nachrichten heimgekehrt sei.

Ex Wasarhel f. 3 post Cantate 1551.

1551, 28. April, Szamos-Ujvár 2061

Johann Dobay teilt dem Bistritzer Richter eine Verfügung über die fällige Steuer mit.

Latein. Originalpapierbrief.

Ex nova arce f. 3 post dominicam Cantate 1551.

1551, 4. Mai, Weißenburg 2062

Königin Isabella beauftragt den Bistritzer Rat, sofort für die Einhebung der in Enyed beschlossenen Steuer Sorge zu tragen.

Latein. Originalpapierbrief, im Bruch, links, schadhaft.

Ex Alba Julia f. 2 post Philippi et Jacobi 1551.

1551, 5. Mai, Torda 2063

Frater Georgius ladet die Bistritzer auf den Landtag nach Torda ein.

Latein. Originalpapierbrief.

Datum Thordae f. 3. prox. post dominic. Rogationum 1551.

1551, 10. Mai, Szucsawa   2064

Elias, Woiwode der Moldau, ersucht den Bistritzer Richter Vincenz Zabo(!), ihm 200 Kübel Getreide zu leihen und dem Rodnaer Kämmerer auszufolgen, da das Getreide in der Umgegend von Csicso nicht geraten sei.

Latein. Originalpapierbrief.

Datum Soczavie dominica post Ascensionis dom. eiusdem anno 1551.

1551, 10. Mai, Huszt   2065

Benedikt Zalay de Bakonak, Präfekt von Huszt und Comes der Marmarosch und Thomas Makay, Kammergraf der Marmarosch, ersuchen den Bistritzer Rat, bei der Neuaufrichtung der Grenzpfähle im Gebirge die uralte Grenze einzuhalten und keine Besitzstörung zu verüben.

Latein. Originalpapierbrief.

Ex castro Hwzth 10 die mensis May Anno dom. 1551.

1551, 13. Mai, Schäßburg   2066

Der Rat von Schäßburg ersucht den Bistritzer Rat, dem Schäßburger Johann Aurifaber zu seinem Recht zu verhelfen.

Latein. Originalpapierbrief.

Ex Segeswar f. 4 prox. an. f. Pentecostes. 1551.

1551, 15. Mai, Torda   2067

Frater Georgius beauftragt den Bistritzer Rat, da er bereits morgen ins Lager ziehe, das Bistritzer Aufgebot und soviel Lebensmittel, als aufzutreiben seien, bis zum nächsten Montag ins Lager zu senden.

Latein. Originalpapierbrief.

Datum Thordae feria 6 ante Pentecosthes Anno dom. 1551.

1551, 18. Mai, Torda 2068

Frater Georgius teilt dem Bistritzer Rat mit, daß die Unruhen mit jedem Tag zunähmen, daß das Kastell Johann Kendi's neulich erobert und dessen Mutter, Frau und Kinder gefangen nach Dewa geführt worden seien. Daher befiehlt er, daß die Bistritzer ihr Kriegsvolk sofort an ihn abrücken lassen.

Latein. Original. Papier.

Datum Thordae f. 2 post pentecosthes Anno 1551.

1551, 22. Mai, Hermannstadt 2069

Petrus Haller, Bürgermeister von Hermannstadt, bestätigt, von den Bistritzern 2.350 Gulden an Steuern erhalten zu haben.

Latein. Originalpapierbrief.

Cibiny f. 6. ante f. s. Trinitatis 1551.

1551, 24. Mai, Szucsawa 2070

Stefan, Woiwode der Moldau, teilt dem Bistritzer Richter Vincenz Zewch mit, daß jener Hirte ergriffen worden sei, der mit 70 Schafen entflohen war. Die Schafe befänden sich bei Migilda Logofett, der dieselben gegen Entschädigung für die Überwinterung dem Besitzer der Schafe herauszugeben bereit sei.

Latein. Originalpapierbrief.

Datum Soczavie dominica Trinitatis Anno dom. 1551.

1551, 24. Mai, Aus dem Lager bei Weißenburg 2071

Frater Georgius trägt dem Bistritzer Rat auf, die Türkensteuer sofort zu ihm zu schicken, da ein Chaus darauf warte.

Latein. Originalpapierbrief.

Datum ex castris nostris ad Albam positis In festo Sanctae et individuae Trinitatis Anno dom. 1551.

1551, 27. Mai, Im Lager bei Weißenburg   2072

Frater Georgius schickt den Stefan Csereny mit dem Auftrag nach Bistritz, Lebensmittel einzukaufen und abzuführen.

Latein. Originalpapierbrief.

Ex castris ad Albam positis f. 4 post Trinitatis 1551.

1551, 4. Juni, Im Lager bei Weißenburg   2073

Frater Georgius ersucht den Bistritzer Rat, den Richter und vier Geschworene binnen acht Tagen zum Heer zu senden.

Latein. Originalpapierbrief.

Dat. ex castris ad Albam Juliam positis in octava festi sacrat. corporis christi 1551.

1551, 12. Juni, Im Lager bei Weißenburg   2074

Frater Georgius befiehlt dem Bistritzer Rat, sofort alle Münzarbeiter in Rodna gefangen zu setzen, da sie im Verdachte der Falschmünzerei stünden.

Latein. Originalpapierbrief.

Ex castris ad Albam positis f. 6 post octavas Corporis christi 1551.

1551, 14. Juni, Szucsawa   2075

Stefan, Woiwode der Moldau, gibt seinem Abgesandten Petrus, Offizial von Kekellewar, ein Beglaubigungsschreiben an den Bistritzer Richter Vincenz Zewch mit.

Latein. Originalpapierbrief.

Datum Szoczavie die mensis Junii XIIII Anno dom. 1551.

1551, 18. Juni, Bistritz   2076

Georg Macho, Provisor der Burg Almás, bestätigt, daß er alle Güter, die er früher dem Bistritzer Leonhard Zewch zur Aufbewahrung übergeben, in Gegenwart des stellvertretenden Richters Mathias Zaz und des Stadtnotarius Georg Seraphini zurückerhalten habe.

Latein. Originalpapierbrief.

Bistriciae f. 5 post Viti et Modesti 1551.

1551, 21. Juni, Klausenburg 2077

Nicolaus Walkay, „administrator victualinum exercitus sacratissimae regiae Majestatis Romanorum", teilt dem Bistritzer Rat mit, daß das Heer seines Herrn bereits bis Weißenburg vorgedrungen sei. Er ersucht, soviel Lebensmittel als möglich, für das Heer zu schicken.

Latein. Originalpapierbrief.

Datum Coloswarini die dominico prox. post festum Viti Anno dom. 1551.

1551, 23. Juni, Klausenburg 2078

Nicolaus Walkai, „administrator victualium exercitus sacratis. Majest. Romanorum", trägt dem Bistritzer Richter auf, für das Heer des römischen Königs ausreichend Pferdefutter zu schicken.

Latein. Originalpapierbrief.

Datum Coloswarini in vigilia Ioannis Baptistae Anno dom. 1551.

1551, 1. Juli, Weißenburg 2079

Frater Georgius ersucht den Bistritzer Richter Vincenz Zewch, die Briefe an den Hermannstädter Bürgermeister und an Petrus Gerendj sofort abschicken zu lassen.

Latein. Originalpapierbrief.

Albae Juliae f. 4 post f. Petri et Pauli 1551.

1551, 1. Juli, Szamos-Ujvár   2080

Johann Dobay ersucht den Bistritzer Richter, seine Leute Holz fällen zu lassen und dieselben beim Transport des Holzes zu unterstützen.

Latein. Originalpapierbrief.

In nova arce f. 4 post Petri und Pauli 1551.

1551, 7. Juli, Marmaros-Sziget   2081

Adam Ezeky de Hwzth und Gregor Literatus von Sziget, Vicegrafen der Marmarosch, teilen dem Bistritzer Rat mit, daß Anton Literatus de Zygeth aus dem Grunde die Güter und Waren des Presbyters Georg von Szalwa mit Beschlag belegt habe, weil dieser sich einer Übertretung der Zollgefälle schuldig gemacht habe.

Latein. Originalpapierbrief.

Ex Zygeth septima die mensis Julii Anno dom. 1551.

1551, 9. Juli, Mühlbach   2082

Frater Georgius trägt dem Bistritzer Rat auf, den in die Bistritzer Gegend entflohenen Diener des Moldauer Bojaren, Franz, zu ergreifen und seinem Herrn zurückzustellen.

Latein. Originalpapierbrief.

Ex Civitate Zaazsebes feria 5 post festum Visitationis beatae Mariae Anno dom. 1551.

1551, 9. Juli, Marmaros-Sziget   2083

Der Rat von Sziget ersucht den Bistritzer Rat, ihm durch den Abgesandten Stefan Pap aus Sziget mitzuteilen, wie die Vereinbarung laute, welche der Bistritzer Rat vor einigen Jahren mit Anton Literatus de Zighet bezüglich des Handelsverkehrs zwischen Bistritz und der Marmarosch geschlossen hat.

Latein. Originalpapierbrief.

Ex oppido Zighet feria 5 ante Margarethae 1551.

1551, 15. Juli, Mühlbach 2084

Frater Georgius ersucht den Bistritzer Rat, binnen zwölf Tagen acht angesehene Bürger nach Klausenburg zu schicken, da wichtige Verhandlungen anstünden.

Latein. Original. Papier.

Ex Zazsebes f. 4. in festo divisionis apostol. 1551.

1551, 16. Juli, Mühlbach 2085

Frater Georgius trägt dem Bistritzer Rat auf, den Bistritzer Teil jener Summe, welche die Sachsen zur Befestigung Hermannstadts bewilligt haben, sofort an den Hermannstädter Bürgermeister zu zahlen.

Latein. Originalpapierbrief.

Datum ex Zazsebes feria 5 post divisionis apostolorum Anno dom. 1551.

1551, 19. Juli, Szamos-Ujvár 2086

Johann Dobay, Präfekt der Deescher Kammer und Provisor der nova arx, ersucht den Bistritzer Rat, da das zum Bau nötige Holz auf dem Wasser nicht herangeführt werden könne, es wenigstens bis Bethlen führen zu lassen. Auf beiliegendem Zettel wird gebeten, die Preise des Holzes und der Bretter anzugeben, da sofortige Auszahlung erfolgen wird.

Latein, der Zettel ungarisch. Originalpapierbrief.

Ex nova arce dominica ante festum Mariae Magdalenae Anno dom. 1551.

1551, 27. Juli, Marmaros-Sziget 2087

Der Rat von Sziget teilt dem Bistritzer Rat mit, daß eine Versammlung aus allen Ortschaften der Marmarosch in Kürze zusammentreten werde, wo man über die Beilegung der Handelsstreitigkeiten zwischen Bistritz und der Marmarosch verhandeln werde.

Latein. Originalpapierbrief.

Datum in Zygeth 27 die Julii 1551.

1551, 27. Juli, Marmaros-Sziget 2088

Simon Haczo, Richter von Sziget, teilt dem Bistritzer Rat mit, daß die Güter und Waren des Priesters vom „Herrn Antonius" mit Beschlag belegt worden seien, weil sich der Genannte eine Zollübertretung hat zu Schulden kommen lassen.

Latein. Originalpapierbrief.

Datum In Zygeth A. 1551 27 Julii.

1551, 3. August, Klausenburg 2089

Johann Weres, Königsrichter, und Andreas Byrkner, Stuhlrichter von Hermannstadt, bestätigen, von den Bistritzern 160 Gulden zu Befestigungszwecken Hermannstadts erhalten zu haben.

Latein. Original. Papier.

Coloswarini 3. Augusti 1551.

1551, 7. August, Wien 2090

König Ferdinand I. stellt den Brüdern Hans und Balthasar Schwartzhartsperger einen Adelsbrief aus.

Deutsch. Eingeschaltet von Augustin, Propst des Stifts und Klosters Rannshoven in Niederbayern. Original. Papier.

Das geben ist in unser Stat Wienn den Sibenden tag des Monats Augusti Nach Christi unseres lieben Herrn geburte Im fünfzehnhunderten und Ainunndfunfzigisten . . . Jarn.

1551, 11. August, Nieder-Wallendorf 2091

Michael, Prediger von Niederst-Waldorf, berichtet dem Richter von Füszkugh, Stefan Stolcz, die vor Zeugen gemachte Aussage der Elisabeth über ihr uneheliches Kind.

Deutsch. Originalpapierbrief.

Gegeben czum nidersten Waldorff am Dienstag vor marientagh 1551.

1551, 14. August, Kronstadt 2092

Christof Lippensis macht den Bistritzern Mathias Szaz und Leonard Zewch Mitteilungen über seine Stellung in Kronstadt und fügt zum Schlusse Grüße an mehrere Bistritzer bei.

Latein. Originalpapierbrief.

Coronae 14 Augustii 1551.

1551, 19. August, Szamos-Ujvár 2093

Johann Dobay schreibt an den Bistritzer Richter Vincenz Pellio wegen einer Lieferung von Latten und Schindeln.

Ungarisch. Originalpapierbrief.

In Arce nova feria 4 an. Bartholomaei 1551.

1551, 28. August, Torda 2094

Frater Georgius teilt dem Bistritzer Rat den königlichen Willen mit, daß die drei Städte Hermannstadt, Mühlbach und Weißenburg befestigt werden sollen, daß für die Befestigung der beiden letzteren Städte die Adligen Sorge tragen werden, während Hermannstadt den Sachsen zufalle. Er ersucht binnen zwölf Tagen Abgeordnete nach Hermannstadt zu schicken, wo die Sächsische Universität in Gegenwart der königlichen Kommissäre darüber beraten werde.

Latein. Originalpapierbrief.

Datum Thordae feria 6 post festum beati Bartholomaei apostoli 1551.

1551, 11. September, Csombord 2095

Frater Georgius bezeugt, daß der Magister Prothonotarius nach erfolgter Grenzbegehung und Aufrichtung neuer Grenzzeichen zwischen Füzkut und Szász-Szent-György den alten Hattertstreit zwischen den Gemeinden beigelegt habe.

Latein. Original. Pergament. Siegel in gelbes Wachs vorne aufgedruckt.

Datis in possessione Chombord . . . feria 6 prox. post festum Nativitatis beatissimae Mariae virginis Anno dom. Millesimo Quingentesimo Quinquagesimo primo.

1551, 12. September, Sächsisch-Regen 2096

Der Rat von Regen legt dem Bistritzer Rat die berufene Streitsache zwischen den Regener Schmiedemeistern und Johann Sarctor, Schmiedemeister aus Regen, zur Entscheidung vor. Auf der Rückseite steht die Entscheidung des Bistritzer Rates.

Latein. Originalpapierbrief.

Datum Reghenii die Sabbati post Nativitatis Mariae Anno 1551.

1551, 17. September, Hermannstadt 2097

Frater Georgius trägt dem Bistritzer Rat auf, das Truppenkontingent, welches von den 2000 Büchsenschützen auf Bistritz entfällt, wohlausgerüstet binnen zwölf Tagen nach Mühlbach zu schicken, da Ungarn und besonders Temeswar bedroht seien.

Latein. Original. Papier.

Datum Cibinii feria 5 post exaltationis sanctae crucis Anno dom. 1551.

1551, 17. September, Hermannstadt 2098

Frater Georgius ersucht den Bistritzer Rat, ihm zu dem Feldzug nach Ungarn gegen die Türken sechs gute Pferde und einen Wagen zu geben. Er verweist im übrigen auf die Aussagen seines Abgesandten Wolfgang Harinay.

Latein. Originalpapierbrief.

Datum Cibinii feria 5 post exaltationis crucis Anno dom. 1551.

1551, 17. September, Hermannstadt 2099

Der Rat von Hermannstadt ersucht den Bistritzer Rat, dem Auftrag des Statthalters folgend, seinen Anteil an den 2000 Büchsenschützen sofort auszurüsten und nach Hermannstadt zu schicken.

Latein. Originalpapierbrief.

Datae Cibinii feria 5 post festum crucis Anno dom. 1551.

1551, 20. September, Hermannstadt 2100

Der Rat von Hermannstadt teilt dem Bistritzer Rat mit, daß es ihm durch vieles Bitten gelungen sei, beim Statthalter durchzusetzen, daß die sächsische Nation anstatt 2000 Büchsenschützen zu stellen, bis zum 24. Sept. 6000 Gulden zahle. Er ersucht nun, den auf Bistritz entfallenden Anteil an diesem Betrage sofort einzuzahlen.

Latein. Originalpapierbrief.

Datae Cibinii die dominica ante festum Matthaei apostoli Anno 1551.

1551, 20. September, Torda 2101

Magister Matheus, Prothonotarius, ersucht den Bistritzer Rat, ihm ein Wagenpferd zur Verfügung zu stellen.

Latein. Originalpapierbrief.

Ex Thorda dominica die post festum crucis 1551.

1551, 21. September, Maros-Vásárhely 2102

Michael Literatus de Wgra, Richter von Vásárhely, teilt dem Bistritzer Rat mit, daß jene Räuber, die neulich den Magister der Bistritzer Schule, Stefan Mensarius und dessen Genossen in der Nähe von Szent-György überfallen haben, nicht aus der Vásárhelyer Gegend stammten.

Latein. Originalpapierbrief.

Datum ex Wasarhel in festo b. Matthei apostoli Anno 1551.

1551, 25. September, Salzburg 2103

Frater Georgius dankt dem Bistritzer Richter Vincenz Zewch für den Eifer, mit dem er ihm auch weniger Wichtiges stets pünktlich mitteile.

Latein. Originalpapierbrief.

Ex Wizakna 25 Sept. 1551.

1551, 25. September, Vécs 2104

Franz Kendi dankt dem Bistritzer Rat für die mitgeteilten Nachrichten, und ersucht, die Moldau genau zu überwachen und Bemerkenswertes von dort sofort dem Frater Georgius mitzuteilen.

Latein. Originalpapierbrief.

Ex castro nostro Weecz feria sexta ante Michaelis Anno dom. 1551.

1551, 27. September, Aus dem Lager bei Großlogdes 2105

Frater Georgius trägt dem Bistritzer Rat bei schwerer Strafe auf, sofort den Richter mit dem wohlausgerüsteten Kriegsvolk zu ihm zu schicken.

Latein. Original. Papier.

Datum ex castris nostris ad Naghlwdas positis dominica ante Michaelis Archangeli Anno 1551.

1551, 27. September, Hermannstadt 2106

Comes Thomas de Nadasd, Generalkapitän von Ungarn, bittet den Bistritzer Rat, ihm bei der Zufuhr von Wein und Weizen aus seinen Besitzungen Tekendorf und Eidau nach Fogarasch behilflich zu sein.

Latein. Originalpapierbrief.

Datum Cibinii die 27 Sep. Anno dom. 1551.

1551, 28. September, Großlogdes 2107

Gregor Apaffy de Apanagfalwa erinnert den Bistritzer Rat an den Landtagsbeschluß, daß die sächsischen Städte die Adligen mit Weib, Kind und Gütern in ihre schützenden Mauern aufnehmen müßten. Auf Grund dieses Beschlusses bittet er, ihm und seiner Familie ein Haus einzuräumen, dessen Kosten er tragen werde.

Ungarisch. Originalpapierbrief.

Keolt Ludason szent Myhal estin 1551.

1551, 1. Oktober, Aus dem Lager bei Großlogdes 2108

Frater Georgius bestätigt, vom Bistritzer Richter Vincenz Zewcz 960 Gulden erhalten zu haben, als Bistr. Anteil an den 6000 Gulden, die die Sächsische Nation als Ablösung für die Stellung und Ausrüstung der 2000 Büchsenschützen zu zahlen hat.

Latein. Original. Papier.

Datum ex castris ad Ludas positis feria 5 post festum S. Michaelis archangeli Anno 1551.

1551, 8. Oktober, Mühlbach 2109

Frater Georgius trägt den Beamten der Dobokaer Gespanschaft bei schwerer Strafe auf, sofort das gesamte Kriegsvolk des Komitates aufzubieten, auszurüsten, zu verproviantieren, so daß je 20 Mann einen Wagen besitzen und sofort an ihn ins Lager zu senden.

Latein. Gleichzeitige Abschrift. Papier.

Datum ex Zazsebes feria 5 post beati francisci confessoris 1551.

1551, 8. Oktober, Mühlbach 2110

Frater Georgius beauftragt die Richter und Räte der sächsischen Stühle Alzen, Schenk, Reps und Bistritz, bis zum 13. Oktober ihr gesamtes Kriegsvolk unter Führung der einzelnen Richter an ihn abrükken zu lassen.

Latein. Gleichzeitige Abschrift aus der Hermannstädter Kanzlei als Beilage des Briefes des Hermannstädter Rates vom 8. Okt. 1551. Original. Papier.

Datum ex Zaazzebes feria 5 post festum francisci Anno dom. 1551.

1551, 8. Oktober, Hermannstadt   2111

Der Rat von Hermannstadt übersendet dem Bistritzer Rat den Brief des Frater Georgius vom 8. Okt. 1551 in Abschrift und ersucht, im Sinne dieses Schreibens mit dem Kriegsvolk ungesäumt abzurücken.

Latein. Originalpapierbrief.

Datae Cibinii feria 5 post francisci Anno dom. 1551.

1551, 9. Oktober, Hermannstadt   2112

Der Rat von Hermannstadt fordert den Bistritzer Rat auf, den auf Bistritz entfallenden Teil der vom letzten Landtag in Hermannstadt bewilligten Summe (8000 Gulden) zur Befestigung von Hermannstadt einzuheben und abzuführen.

Latein. Originalpapierbrief.

Dat. Cibiny f. 6 post francisci anno dom. 1551.

1551, 12. Oktober, Hermannstadt   2113

Der Rat von Hermannstadt fordert den Bistritzer Rat auf, dem Befehl des Statthalters gemäß wöchentlich 2.876 Brote und 188 Kübel Hafer ins Lager zu schicken und den Anteil an der 8000-Gulden-Steuer sofort einzusenden.

Latein. Originalpapierbrief.

Datae Cibinii feria 2 ante Galli Anno dom. 1551.

1551, 13. Oktober, Unter-Winz   2114

Frater Georgius benachrichtigt den Bistritzer Rat, daß er den Georg

Hamway nach Bistritz schicke, damit er Lebensmittel einkaufe. Für die Zusendung von Wagen und Pferden spricht er seinen Dank aus.

Latein. Originalpapierbrief.

Ex castello meo Wyncz 13 Oktober 1551.

1551, 13. Oktober, Unter-Winz 2115

Frater Georgius beauftragt den Bistritzer Rat, die ungarischen Händler an der Warenausfuhr nach Ungarn zu hindern.

Latein. Originalpapierbrief.

Ex castro Wyncz f. 3 prox. post f. Dionysii 1551.

1551, 13. Oktober, Lechnitz 2116

Walazwthy Janos Deak, Vicegespan und Ladislaus Sombori, Stuhlrichter des Dobokaer Komitates, bitten den Bistritzer Rat, doch um Gottes Willen seine Truppen in das Lager abrücken zu lassen, da sie am gleichen Tage schon im Lager hätten sein sollen.

Ungarisch. Originalpapierbrief.

Keolt Lekenchen zent gal nap eleot kedden 1551.

1551, 4. November, Klausenburg 2117

Der Rat von Klausenburg übersendet dem Bistritzer Rat über Bitten des Bistritzer Bürgers Michael Kuglar die Zeugenaussagen des Klausenburger Bürgers Georg Eyb über das auf dem Marktplatz gelegene Haus, daß er vor einiger Zeit dem Michael Kuglar verkauft habe.

Latein. Originalpapierbrief.

Datum in civitate Coloswar feria quarta prox. post festum omnium sanctorum Anno dom. 1551.

1551, 12. November, Im Lager bei Lippa 2118

Frater Georgius ersucht den Bistritzer Richter Vincenz Zewch, ihn sofort zu verständigen, wenn er durch Späher neue Nachrichten erfahre.

Latein. Originalpapierbrief.

Ex castris ad Lyppam positis secundo die festi Martini 1551.

1551, 2. Dezember, Aus dem Lager bei Lippa   2119

Frater Georgius trägt dem Bistritzer Richter auf, dem Franz Dobokay, den er mit wichtigen Nachrichten an den Moldauer Woiwoden entsende, ein Pferd und einen Mann auf seine Reise mitzugeben. Auf beiliegendem Zettel der Auftrag, falls ein Pferd nicht genüge, dem Gesandten zwei Pferde zur Verfügung zu stellen.

Latein. Originalpapierbrief.

Ex castris ad Lippam positis secunda die decembris Anno dom. 1551.

1551, 4. Dezember, Im Lager bei Lippa   2120

Frater Georgius fordert die Bistritzer auf, den am 21. Dezember in Vásárhely abzuhaltenden Landtag unbedingt zu beschicken.

Latein. Original. Papier.

Ex castris ad Lyppam positis f. 6 post Andreae 1551.

1551, 10. Dezember, Hermannstadt   2121

Der Rat von Hermannstadt ladet den Bistritzer Rat zu einer Sitzung der Sächsischen Universität auf den Sonntag nach Neujahr (3. Januar) ein.

Latein. Originalpapierbrief.

Ex Cibinio X December 1551.

1551, 14. Dezember, Bánffy-Hunyad   2122

Johann Dobay, Präfekt der Deescher Salzkammer, übersendet dem Bistritzer Richter Vincenz Zewcz einen Anzug des Caspar Pesty mit der

Bitte, denselben mit Marderfellen zu schmücken und verspricht, die Kosten dafür zu tragen.

Latein. Originalpapierbrief.

Ex Banffy-Hunyad f. 2 post f. beatae Luciae 1551.

1551, 19. Dezember, Hermannstadt — 2123

Der Rat von Hermannstadt teilt dem Bistritzer Rat mit, daß der auf den 21. Dezember nach Vásárhely zugesagte Landtag wegen des plötzlichen Todes des Frater Georgius verschoben und von Johann Baptista Castaldo auf den 1. Januar nach Vásárhely einberufen sei. Er ersucht, diesen Landtag unbedingt zu beschicken, da auf demselben der Wunsch und Willen seiner Majestät mitgeteilt werden wird. Vom Vásárhelyer Landtag aber mögen die Abgeordneten nach Hermannstadt kommen, da eine Sitzung der Sächsischen Universität abgehalten werden wird.

Latein. Originalpapierbrief.

Ex Cibinio Sabbatho ante festum Nativitatis dom. Anno dom. 1551.

1551, Bistritz — 2124

Janos Deak macht dem Fekete Ferench Mitteilungen über den Streit zwischen Michael Deak und Peter Wachy.

Ungarisch. Originalpapierbrief.

Keltt Beszterchen Anno 1551.

1551 — 2125

Ein Ungenannter teilt dem Lenhardtt Werner in Bistritz seine Pläne und Ansichten über die Aushebung und Aufstellung des sächsischen Kriegsvolkes im gegenwärtigen Feldzug mit.

Deutsch. Originalpapierbrief.

1551.

1552, 17. Januar　　　　　　　　　　　　　　　　　　　　2126

Ladislaus Mykola bestätigt, vom Bistritzer Rat die Zwanzigst-Steuer von Weißkirch, Alsó- und Felsö-Borgo erhalten zu haben.

Latein. Original. Papier.

In die sancti Antonii confessoris 1552.

1552, 25. Januar, Hermannstadt　　　　　　　　　　　　　　2127

Petrus Haller, Bürgermeister von Hermannstadt, bestätigt, vom Bistritzer Rat durch den Geschworenen Martin Thymar 600 Gulden Steuer erhalten zu haben.

Latein. Original. Papier.

Cibinii die conversionis Pauli 1552.

1552, 30. Januar, Bistritz　　　　　　　　　　　　　　　　2128

Mathias Saas, Richter und der Bistritzer Rat bestätigen die Artikel der Bistritzer Schwertfeger-, Bogner- und Sattler-Zunft.

Latein, die Artikel deutsch. Original. Pergament. Ratssiegel an rot-grüner Seidenschnur aufgehängt. Beiliegend eine Abschrift aus dem 18. Jahrhundert.

Datum Bistricie die 30 mensis Januarii Anno dom. Millesimo Quingentesimo Quinquagesimo Secundo.

1552, 5. April, Wien　　　　　　　　　　　　　　　　　　2129

König Ferdinand I. bestätigt auf Bitten der Bistritzer die Urkunden des Königs Mathias vom 21. Februar 1470 (Nr. 213) vom 3. Juni 1475 (Nr. 279), ferner die Urkunden des Königs Wladislaus II. vom 1. September 1494 (Nr. 379) und vom 24. Juni 1508 (Nr. 489).

Latein. Abschrift aus dem 18. Jahrhundert auf vier zu einem Heft zusammengenähten Papierbogen. Auf der Rückseite die Bemerkung: Coll. cum veris suis originalibus Cibinii die 21^a Xbris A° 1763.

Datum in civitate nostra Vienna quinta die mensis Aprilis Anno dom. M° Quingent° Quinquag° Secundo.

1552, 5. April, Wien 2130

König Ferdinand bestätigt die Urkunde des Königs Mathias vom 1. Sept. 1478 (Nr. 302), in der der Bistritzer Rat zur Gerichtsbehörde 1. Instanz, der Hermannstädter Rat zum Oberhof für Stadt und Distrikt Bistritz erklärt wird.

Latein. Gleichzeitige Abschrift. Papier.

Datum per manus Nicolaj Olahy . . . Vienna 5 Aprilis 1552.

1552, 10. April, Wien 2131

König Ferdinand I. trägt dem siebenbürgischen Woiwoden Andreas de Bathor auf, zu achten, daß die Besitzung Borgo gemäß der Entscheidung des Königs Ludwig II. auch in Steuerangelegenheiten stets zu Bistritz, niemals aber zum Komitatsboden gerechnet werde.

Latein. Original. Papier. Siegel, stark beschädigt, in rotes Wachs auf der Vorderseite aufgedrückt. Beiliegend zwei Abschriften aus dem 17. und 18. Jahrhundert.

Datum Viennae die 10 mensis Aprilis Anno dom. 1552.

1552, 10. April, Wien 2132

König Ferdinand I. trägt dem Woiwoden Andreas de Bathor und den Edelleuten der Dobokaer Gespanschaft auf, die Bewohner von Borgo mit Steuern nicht zu behelligen, da dieselben in Steuerangelegenheiten zum Bistritzer Distrikt gehören.

Latein. Original. Papier.

Datum Viennae die decima mensis aprilis Anno dom. 1552.

1552, 10. April, Wien 2133

König Ferdinand I. trägt den rings um den Bistritzer Distrikt wohnenden Adligen auf, die als Viehweide „Nyomas" seit alten Zeiten benutzten Gebietsteile zu diesem Zwecke frei zu lassen und das dort weidende Vieh der sächsischen Gemeinden keinesfalls forttreiben zu lassen.

Latein. Original. Papier. Siegel war in rotes Wachs vorne aufgedrückt. Beiliegend auch eine gleichzeitige Abschrift.

Datum Viennae die 10 Aprilis Anno dom. 1552.

1552, 10. April, Wien — 2134

König Ferdinand trägt dem siebenbürgischen Woiwoden Andreas de Bathor auf, darauf zu achten, daß die Sachsen von Sankt-Georgen, Dürrbach und Lechnitz vom umwohnenden Adel nicht zum Suchen gestohlenen Viehes gezwungen würden.

Latein. Original. Papier.

Viennae 10 Aprilis 1552.

1552, 10. April, Wien — 2135

König Ferdinand trägt dem Bistritzer Rat auf, keinen Untertanen auf die Güter der Adligen zu entlassen, wenn der Adel nicht auch Ansiedler von seinen Gütern auf den Königsboden kommen lassen wolle.

Latein. Gleichzeitige Abschrift. Papier. Auf der Rückseite steht die gleichzeitige Abschrift einer Urkunde vom 18. Aug. 1553 (Vgl. Nr. 2185) in der Stefan Dobo, Vicewoiwode von Siebenbürgen, den Offizialen von Soofalwa und Kentelke aufträgt, das für Viehweide freie Gebiet („Nyomas") von Soofalwa und Orozfalwa auch weiterhin zu diesem Zwecke frei zu lassen und das dort weidende Vieh der sächsischen Gemeinden nicht einzutreiben.

Viennae die 10 Aprilis 1552.

1552, 11. April, Wien — 2136

König Ferdinand verbietet dem Adel der Dobokaer Gespanschaft, die Sachsen von Sankt-Georgen, Dypse und Legnycze zum Suchen gestohlenen Viehs zu zwingen.

Latein. Original. Papier. Das vorne in rotes Wachs aufgedrückte Siegel ist abgefallen. Beiliegend eine gleichzeitige Abschrift.

Datum Viennae 11 Aprilis 1552.

1552, 11. April, Wien   2137

König Ferdinand I. trägt den Adligen der Dobokaer Gespanschaft auf, von den Bewohnern von Feyereghaz weiterhin keinerlei Steuern oder Abgaben einzutreiben, da diese Ortschaft in Steuerangelegenheiten zur Stadt Bistritz gehöre.

Latein. Gleichzeitige Abschrift vom Bistritzer Ratsnotarius G. Seraphin auf der Rückseite der Urkundenabschrift vom 29. Mai 1553.

Datum Vienne 11 Aprilis Anno dom. 1552.

1552, 6. Mai, Hermannstadt   2138

Petrus Haller, Bürgermeister von Hermannstadt, bestätigt, vom Bistritzer Rat durch Peter Rener 2.164 Gulden Martinszins für das vergangene Jahr erhalten zu haben.

Latein. Original. Papier.

Cibiny 6 May 1552.

1552, 24. Juni   2139

Der Konvent von Kolosmonostor bezeugt, daß Georgius und Michael Bethlenii de Bethlen ihre Besitzung Felsö- und Alsó-Borgo der Stadt Bistritz für 400 Gulden verkauft haben.

Latein. Original. Pergament. Siegel an blauer Seidenschnur angehängt.

Dat. in festo Johannis baptistae 1552.

1552, 28. Juni, Torda   2140

Andreas de Bathor, Woiwode von Siebenbürgen, fordert den Konvent von Kolosmonostor auf, die Bistritzer in den Besitz von Alsó- und Felsö-Borgo einzuführen.

Latein. Eingeschaltet vom Konvent von Kolosmonostor 18 Juli 1552. Original. Papier.

Datum Thordae in vigilia sanctor. Petri et Pauli apostolorum Anno dom. M.Q. 5 Q 5 Secundo.

1552, 18. Juli 2141

Der Konvent von Kolosmonostor schaltet die Urkunde des siebenbürgischen Woiwoden Andreas de Bathor vom 28. Juni 1552 ein und bezeugt die vollzogene Einführung der Bistritzer in den Besitz von Alsó-, und Felsö-Borgo.

Latein. Original. Pergament. Siegel an blauer Seidenschnut angehängt, dasselbe bis auf geringe Bruchstücke abgefallen.

Datum sedecimo die introductionis (dominica post visitationis Mariae) A.M.Q5Q5 Secundo.

1552, 26. Juli 2142

Wolfgang Farkas de Harinna bestätigt, vom Bistritzer Rat 200 Gulden Zwanzigst-Gelder erhalten zu haben.

Latein. Original. Papier.

Dat. f. 3. post Jacobi ap. 1552.

1552, 12. September, Hîrlău 2143

Alexander, Woiwode der Moldau, gibt seinem Abgesandten, dem Rodnaer Kämmerer Iwo, ein Beglaubigungsschreiben an den Bistritzer Richter Mathias Zewch mit.

Latein. Originalpapierbrief.

Datum Bachlovie feria 2 post festum Nativitatis Mariae Anno dom. 1552.

1552, 23. Oktober, Weißenburg 2144

Andreas de Bathor trägt den Offizialen von Sofalva und Kentelke auf, daß der als Viehweide „Nyomas" benutzte Gebietsteil von Sofalva, Orozfalva und anderer adligen Besitzungen zu diesem Zwecke frei zu lassen sei. Das dort weidende Vieh aus den sächsischen Gemeinden dürfe nicht eingetrieben werden.

Latein. Original. Papier. Auch gleichzeitige Abschrift. Papier.

Ex Alba Julia 23 Oktober 1552.

1552, 15. November, Szucsawa 2145

Alexander, Woiwode der Moldau, ersucht den Bistritzer Rat, die noch von seinem Vorgänger Stefan in Bistritz bestellten beiden Wagen fertig zu stellen und ihm für 20 Gulden feinen Safran zu kaufen.

Latein. Originalpapierbrief.

Ex castro nostro Suczawie die decimoquinto Mensis Novembris 1552.

1552, 21. November, Deva 2146

Peter Gerendy stellt dem Stefan Zaz und Genossen ein Dienstzeugnis aus.

Ungarisch. Original. Papier.

Dat. Dewae f. 2 post Elisabeth 1552.

1552, 24. November, Botoșani 2147

Alexander, Woiwode der Moldau, schickt an den Bistritzer Rat einige Schweine mit der Bitte, dieselben dort zu guten Preisen zu verkaufen; ferner schickt er eine kleine zerbrochene Uhr mit der Bitte um Reparatur derselben und bittet, ihm einen geschickten Uhrmacher zu senden.

Latein. Originalpapierbrief.

1552, 11. Dezember, Szamos-Ujvár 2148

Andreas de Bathor, Woiwode von Siebenbürgen, trägt den Richtern und Adligen des Inner-Szolnoker Komitates auf, die Bistritzer in ihren alten Rechten und Freiheiten nicht zu stören.

Latein. Original. Papier.

Ujvár 11. Dezember 1552.

1552 2149

Petrus Haller, Bürgermeister von Hermannstadt, bestätigt, vom

Bistritzer Rat durch den Richter Mathias Zaz 1.280 Gulden Steuer erhalten zu haben.

Latein. Original. Papier.

1552.

1552   **2150**

Christoph Possa und Laurenzius Illyes, Vicegrafen der Dobokaer Gespanschaft, bestätigen, vom Bistritzer Rat die 99-Denar-Steuer von Felsö- und Alsó-Borgo erhalten zu haben.

Latein. Original. Papier, ein Papierstreifen.

1552   **2151**

Fabianus Doby bestätigt auf drei zusammenhängenden Zetteln die Steuer von Felseo-, Also Borgo und Feyereghaz vom Bistritzer Rat erhalten zu haben.

Latein. Original. Papier.

1552.

1552   **2152**

Ladislaus Mykola bestätigt, daß die Bistritzer die 99-Denar-Steuer von Felsö-, Also-Borgo und Weißkirch gezahlt haben.

Latein. Original. Papier.

1552   **2153**

Bemerkungen über die an den Vicegrafen des Dobokaer Komitates Laurenz Illyes seitens der Bistritzer gezahlten Steuern von Felsö-, Also-Borgo und Feyereghaz.

Latein. Original. Papier.

1552.

1552   **2154**

Verrechnung über Steuerzahlungen für das Bistritzer Herrenhaus in Hermannstadt.

Deutsch. Original. Papier.

Anno 1552.

1552   **2155**

Bericht der königlichen Kommissäre Paul Bornemysza und Georg Werner über die Art der Steuerzahlung bei den drei Landständen in Siebenbürgen.

Latein. Abschrift (Papier) vom Ende des 17. Jahrhunderts.

1553, 7. Januar, Bistritz   **2156**

Valentin Literatus de Wragocz bestätigt, von den Bistritzern die Rückstände an den 50 Denaren aus den vergangenen Jahren für Michael Gywlay empfangen zu haben.

Latein. Original. Papier.

Datum In Bistrice die Sabbato proximo post festum Epiphaniarum dom. Anno 1553.

1553, 27. Januar   **2157**

Petrus Haller de Hallerstain, Thesaurarius von Siebenbürgen, bestätigt, vom Bistritzer Rat 1.000 Gulden Anteil am 24.000 Gulden-Aufschlag auf die Sächsische Nation erhalten zu haben.

Latein. Original. Papier.

Datum XXVII Januarii Anno dom. 1553.

1553, 27. Januar, Klausenburg   **2158**

Petrus Haller de Hallerstain bestätigt, vom Bistritzer Rat 600 Gulden Steuerrückstand erhalten zu haben.

Latein. Original. Papier.

Datum Coloswarini XXVII Januarii 1553.

1553, 28. Januar, Klausenburg 2159

Petrus Haller de Hallerstain, Thesaurarius von Siebenbürgen, bezeugt, dem Bistritzer Rat den Bistritzer Zwanzigsten für das laufende Jahr verpachtet und die Pachtsumme von 200 Gulden erhalten zu haben.

Latein. Originalpapierbrief.

Datum Coloswar XXVIII Januarii Anno dom. 1553.

1553, 7. Februar, Szamos-Ujvár 2160

Andreas de Bathor, Woiwode von Siebenbürgen, trägt dem siebenbürgischen Thesaurarius Petrus Haller auf, dem königlichen Befehl gemäß die Bistritzer Kolonisten in Borgo und Weißkirch in ihren alten Vorrechten und Privilegien betreffend Abgaben und Steuern zu schützen.

Latein. Original. Papier.

Datum ex arce Wywar 7 Februarii anno dom. 1553.

1553, 3. März, Klausenburg 2161

Christian Pomarius ersucht den Bistritzer Rat, in den städtischen Rechnungen des Jahres 1541 fleißig zu forschen, ob die Stadt damals dem Stefan Maylath einen Schuldschein über 3.000 fl ausgestellt habe. Es habe ihm nämlich neulich, als er beim Woiwoden in Wyvar war, irgend ein Adliger einen, vom städtischen Notarius Georgius über 3000 fl an Maylath ausgestellten Schuldschein gezeigt und gesagt, daß er diese Summe eintreiben wolle, da ⅓ davon ihm gehöre und ⅔ dem Nadasdy, der davon aber noch nichts wisse. Er habe aber diesen Adligen dazu überredet, daß er sich bloß sein Drittel auszahlen lasse und über die 2000 fl schweige, da Nadasdy reich genug sei. Der Betreffende sei darauf eingegangen, wenn sich Pomarius dafür verwenden würde, daß er ein Amt bei einer Kammer erhalte. Dieses habe ihm Pomarius vorläufig versprochen, nun müsse er aber genau wissen, wie die Sache stehe. Er ersucht daher, ihm über die ganze Angelegenheit genauen Bericht zu erstatten.

Latein. Original. Papierbrief, bestehend aus zwei Bogen.

Datum Coloswarini feria 6 ante dominicam Oculi Anno dom. 1553.

1553, 10. März, Szamos-Ujvár 2162

Andreas de Bathor, Woiwode von Siebenbürgen, trägt dem Matheus Pestessy und Genossen auf, den Leonhard Zewch und Katharina, Witwe nach Valentin Kuklar auf den 9. April vor ihn selbst vorzuladen, damit er in der Streitsache derselben mit Johann Kewmywes einen neuen Urteilsspruch fällen könne.

Latein. Gleichzeitige Abschrift vom Bistritzer Ratsnotarius Seraphin. Auf der Rückseite steht die Bemerkung, daß am 9. April Leonhard Zewch und seine Schwiegermutter Katharina erschienen waren.

Datum ex Wywar feria 6 prox. ante dominicam Letare Anno dom. 1553.

1553, 25. März, Iassy 2163

Alexander, Woiwode der Moldau, ersucht den Bistritzer Rat, Leute, die in die Moldau übersiedeln wollen, daran nicht zu hindern, da auch er jeden frei ziehen lasse, der nach Bistritz gehen wolle. Die zu reparierende Uhr bittet er möglichst bald übersenden zu wollen, wenn sie hergestellt sei. Die zwei Wagen, die noch sein Vater bestellt habe, werde er bald bezahlen.

Latein. Originalpapierbrief.

Ex castro nostro yassiensi 25 Marcii Anno dom. 1553.

1553, 6. April, Bistritz 2164

Mathias Zewch, Richter und der Bistritzer Rat bezeugen, daß Katharina, Witwe nach Valentin Kuglar und ihre Tochter Barbara, Gattin des Leonhard Zewch, in allen ihren Rechtssachen zu ihren rechtmäßigen Vertretern ernannt haben: Johann Literatus de Zewkafalwa, Paul Warkony de Pochtelke, Benedikt Literatus de Gald, Paul Brassay, Anton Literatus de Koloswar, Martin Choronk de Naghlak, Mathias Literatus de Aczeel, Stefan und Balthasar de Kemen, Laurenz Ilyes de Kyde, Ladislaus Pokay, Gaspar de Galatz, Matheus Pestessy de Galatz, Melchior, Balthasar und Stefan de Galatz, Georg, Valentin Illessy, Demeter Maylath, Michael, Valentin et Thomas Nemes de Hidweg, Lucas Makray, Johann Literatus de Fogaras, Michael Julay de Machkas, Johann Literatus Ezeky, Andreas Korody und Matheus Nagh.

Latein. Original. Papier.

Bistriciae die 6 Aprilis Anno dom. 1553.

1553, 7. April, Bistritz 2165

Mathias Zewch, Richter und der Bistritzer Rat bezeugen, daß Katharina, Witwe nach Valentin Kugler, ihren Schwiegersohn Leonhard Werner zu ihrem Vertreter in allen ihren Rechtssachen ernannt habe.

Latein. Original. Papier.

Bistriciae die 7 Aprilis 1553.

1553, 24. April, Szamos-Ujvár 2166

Andreas de Bathor, Woiwode von Siebenbürgen, bezeugt, daß Catharina, Witwe nach Valentin Kwklar, Gattin des Petrus Layos aus Bistritz, und deren Tochter Barbara, Gattin des Leonhard Zewch aus Bistritz, in allen ihren Rechtssagen zu ihren rechtmässigen Vertretern ernannt haben: Johann Literatus de Zewkefalwa, Matheus Pestessy, Iosa Literatus de Bessenyew und Andere.

Latein. Original. Papier.

Datum in Wywar In festo beati Georgii Martiris Anno dom. 1553.

1553, 25. April, Bistritz 2167

Christof Glesan, Peter Orvosy und Franz Kys bestätigen, vom Bistritzer Rat den Zigeunerzins mit zwei fl erhalten zu haben.

Latein. Original. Papier.

Datum Bistriciae In die beati Marci ewang. Anno 1553.

1553, 27. April, Hermannstadt 2168

Petrus Haller ab Hallersteyn, königlicher Rat und Theraurarius von Siebenbürgen, bestätigt, vom Bistritzer Rat durch die Geschworenen Petrus Rener und Michael Lernescher 1.200 Gulden als Bistritzer Anteil an der 10.000 Gulden-Steuer der Sächsischen Nation erhalten zu haben. In einem Nachtrag wird noch der Empfang von 400 Gulden derselben bestätigt.

Latein. Original. Papier.

Datum Cibiny 27 Aprilis Anno dom. 1553.

1553, 8. Mai, Szamos-Ujvár 2169

Andreas de Bathor, Woiwode von Siebenbürgen, bestätigt in der Streitsache des Johann Kewmywes aus Hermannstadt gegen die Witwe des Valentin Kuglar aus Bistritz das Urteil der 2. Instanz (d.i. der Sächsischen Universität), nach welchem die Witwe zur Zahlung von 120 Gulden an den Kläger verurteilt wird. Er trägt dem Bistritzer Rat auf, das Urteil zu vollziehen.

Latein. Original. Papier, bestehend aus vier aneinander geklebten Papierbogen.

Datum in arce Wywar feria 2 prox. post dictum festum Invencionis sanctae crucis Anno dom. 1553.

1553, 16. Mai, Bonczhida 2170

Josef Literatus benachrichtigt den Leonhard Zewch aus Bistritz, daß er den Johann Koemywes aus Hermannstadt und dessen Procurator, Anton Literatus de Coloswar, nicht habe besänftigen können, und rät ihm, die Sache selbst zu begleichen.

Latein. Originalpapierbrief.

Ex Bonchyda feria 3 ante Pentecostes Anno 1553.

1553, 18. Mai, Bistritz 2171

Bruchstücke einer Rechnung über Ausgaben der Bistritzer Predigermönche, besonders zur Bearbeitung der Grundstücke mit der Aufschrift: Registrum Expensarum Inceptum Anno dom. 1553 post visitationem factam per R.p. fratrem Laurentium de Bistricia praedicatorem generalem in octawa ascensionis domini.

Latein. Original. Papier.

1553, 24. Mai, Kronstadt 2172

Johann Benckner ersucht den Bistritzer Bürger Lenhardt Waldorffer, seine mit dem Diener Thar Janosch nach Bistritz geschickten Sachen in einem Gewölbe unterzubringen.

Deutsch. Originalpapierbrief.

Czu Cronen am 24 Mai 1553.

1553, 28. Mai, Wien 2173

König Ferdinand I. beauftragt den siebenbürgischen Woiwoden Andreas de Bathor, die Bewohner von Stadt und Distrikt Bistritz künftig nicht mehr zu zwingen, Dienste nach oder im Schloß Wywar zu leisten.

Latein. Original. Papier, auch gleichzeitige Abschrift vom Ratsnotarius Seraphin.

Datum in civitate nostra Viennensi die 28 May Anno dom. 1553.

1553, 28. Mai, Wien 2174

König Ferdinand I. trägt dem siebenbürgischen Woiwoden Andreas Bathor und dessen Unterbeamten auf, dafür zu sorgen, daß, sobald königliche Truppen in den Bistritzer Distrikt verlegt würden, diese für alle von den Bistritzern bezogenen Lebensmittel volle Bezahlung leisten müssen.

Latein. Original. Papier. Auch gleichzeitige Abschrift, Papier. Auf der Rückseite der vom Bistritzer Ratsnotarius Seraphin abgeschriebenen Urkunde des Königs vom 28. Mai 1553 betreffend die Befreiung der Bistritzer von Dienstleistungen für Ujvár.

Datum in civitate nostra Viennensi die 28 mensis May Anno dom. 1553.

1553, 29. Mai, Wien 2175

König Ferdinand I. verbietet den Adligen der Dobokaer Gespanschaft aus den Ortschaften Borgo und Feyereghaz weiterhin Steuern und Abgaben einzutreiben, da diese Orte auch bezüglich der Steuerzahlung dem Bistritzer Distrikt einverleibt seien.

Latein. Original. Papier. Beiliegend zwei Abschriften, die eine, gleichzeitige, stammt vom Ratsnotarius Seraphin, die andere aus dem 18. Jahrhundert.

Datum in civitate nostra Viennensi die vigesimo nono May Anno dom. 1553.

1533, 29. Mai 2176

Letztwillige Verfügung der Frau Wolfgang Riemerin.

Deutsch. Original. Papier.

Ihm Jhar 1553 am Montag Nach Trinitatis.

1553, 1. Juni, Klausenburg 2177

Anton Literatus de Coloswar und Johann Koemyves aus Hermannstadt, ersuchen den Bistritzer Rat, im Sinne des Endurteils in ihrem Prozeß, den Leonard Zoechy und die Katharyna, Witwe nach Valentin Kwklyar aus Bistritz, zur Zahlung von 120 fl zu verhalten.

Latein. Originalpapierbrief.

Ex coloswar In die Corporis christi Anno 1553.

1553, 1. Juli, Kronstadt 2178

Johann Benkner dankt dem Bistritzer Bürger Lenard Wallderffer, daß er seine Bitte von neulich erfüllt und die übersandten Güter in sein Haus aufgenommen habe. Er teilt mit, daß er seinen Diener Michel schicke, der einiges von den Gütern auf den Jahrmarkt führen und verkaufen soll.

Deutsch. Originalpapierbrief.

Laus deo Im 53sten Jor den 1 Tag Julii In der Cronsthad.

1553, 11. Juli, Retteg 2179

Michael Thomesiati, Offizial von Ciczo, ersucht im Namen seines Herrn, des Vicewoiwoden Paul Bank, den Bistritzer Bürger Leonardus Pellio ein Pferd und für sechs oder sieben Gulden Hafer und Wein zu schicken.

Latein. Originalpapierbrief.

Datum in Rettegh feria 3 ante festum Margarethae virginis Anno dom. 1553.

1553, 12. Juni, Szamos-Ujvár 2180

Andreas de Bathor Comes etc . . . gibt seinen Abgesandten Paul Bank und Georg Hamway ein Beglaubigungsschreiben an den Bistritzer Rat mit.

Latein. Gleichzeitige Abschrift auf einem halben Papierbogen mit den Urkundenabschriften vom 18. Juni und 24. Oktober 1553.

Ex castro Wywar 12 Junii 1553.

1553, 18. Juni, Szamos-Ujvár 2181

Andreas de Bathor, Comes von Szatmar und Zabolch etc., bezeugt, daß der Bistritzer Rat 32 vasa vinorum und 25 larida (Speck) auf Rechnung der nächstfälligen Steuer nach Ujvár geliefert hat.

Latein. Gleichzeitige Abschrift auf einem halben Papierbogen, vereinigt mit den Abschriften vom 18. Juni, 12. Juni und 24. Oktober 1553.

Datis in Arce Wywar dominis die prox. post festum beati Viti Martiris Anno 1553.

1553, 18. Juni, Szamos-Ujvár 2182

Andreas de Bathor, Comes etc.... trägt dem siebenbürgischen Thesaurarius Petrus Haller de Hallerstain auf, die Lieferung von 32 vasa vinorum und 25 Larida (Speck), welche die Bistritzer zur Verproviantierung der Burg Wywar geleistet haben, vom nächstfälligen Bistritzer Martinszins in Abrechnung zu bringen.

Latein. Gleichzeitige Abschrift auf einem halben Papierbogen mit den Urkunden-Abschriften vom 18. Juni, 12. Juni und 24. Oktober 1553.

Datis in arce Wywar 18 Junii 1553.

1553, 28. Juni, Hîrlău 2183

Alexander, Woiwode der Moldau, dankt dem Bistritzer Rat für die übersendeten Geschenke. Er bittet die Wagen nach Kronstadt zu senden und dieselben mit Tuch zu bespannen.

Latein. Originalpapierbrief.

Actum in Bachlovia 28 Junii Anno 1553.

1553, 12. August, Bistritz 2184

Der Rat von Bistritz teilt der Sächsischen Universität den genauen Sachverhalt der Streitsache zwischen dem Moldauer Woiwoden und Johann Murarius mit.

Latein. Eingeschaltet von der Sächsischen Universität 16. Dezember 1555 (Vgl. Nr. 2263).

Datum Bistriciae die 12 Augusti 1553.

1553, 18. August, Mediasch 2185

Stefan Dobo de Ruzka, siebenbürgischer Vicewoiwode, beauftragt auf Bitten des Bistritzer Rates die Offiziale von Soofalwa und Kentelke, das als Viehweide freigegebene Gebiet „Nyomas" von Soofalva und Orozfalva zu diesem Zwecke frei zu lassen und das darauf weidende Vieh der sächsischen Dörfer nicht einzutreiben.

Latein. Original. Papier, wie auch gleichzeitige Abschrift, Papier. Auf der Rückseite die Abschrift der Urkunde König Ferdinands vom 10. April 1552.

Ex Meggyes 18 Aug. 1553.

1553, 3. September, Szucsawa 2186

Alexander, Woiwode der Moldau, gibt seinem Abgesandten Gregor Branischar ein Beglaubigungsschreiben an den Bistritzer Richter Mathias Zaz mit.

Latein. Originalpapierbrief.

Datum Soczaviae 3 die Septembris Anno 1553.

1553, 10. September, Maros-Vásárhely 2187

Petrus Haller ab Hallerstayn bestätigt, vom Bistritzer Rat 2.240 Gulden Steuer erhalten zu haben.

Latein. Original. Papier.

Wasarhely 10 Septemb. 1553.

1553, 16. September, Szamos-Ujvár 2188

Bessenyey Iosa Deyak bezeugt, vom „Herrn Lenert" 70 Gulden für seine Vertretung in der Streitsache des Kewmewes Janos gegen die Kugler Bálintné erhalten zu haben.

Ungarisch. Original. Papier.

Wywarath zent kerezt nap utan walo zombaton enyi estendewben Ezer Ewtzaaz Ewtwen harom Estendewben.

1553, 29. September, Kolosmonostor 2189

Franz Kendi und Stefan Dobo, Vicewoiwoden von Siebenbürgen, tragen dem Bistritzer Rat auf, dem Matheus Pestessy und Nicolaus Horwath-Mykola Leute mitzugeben, die alle Wege und Pfade kennen, die über das Gebirge in die Moldau führen, damit jene Wege sofort versperrt werden.

Latein. Originalpapierbrief. Auf der Rückseite steht vom Schreiber des Briefes der Auftrag, einzelne Wächter im Gebirge aufzustellen, und darunter die Bemerkung des Notarius Seraphin, daß den oben genannten beiden Männern 300 Reiter und Fußsoldaten mitgegeben wurden, welche auf einen halben Monat 225 Gulden Sold erhielten.

Datum in Colosmonosthra in festo beati Michaelis Archangeli 1553.

1553, 8. Oktober, Im Lager bei Bethlen 2190

Stefan Dobo de Rwzka, Woiwode von Siebenbürgen, gibt seinem Boten Nicolaus Ombozdy ein Beglaubigungsschreiben an den Bistritzer Rat mit.

Latein. Originalpapierbrief, darunter von der Hand des damaligen Ratsschreibers: ad hanc legacionem ordinavimus et misimus 200 colonos cum ligonibus et conchis quibus solvimus in hebdomadam vmano singulis den 75 facit fl. 150.

Ex castris sub Bethlen 8 Oktob. 1553.

1553, 9. Oktober, Szent-Iván 2191

Franz Kendy de Zenth-Iwan und Stefan Dobo de Rwzka, Woiwoden von Siebenbürgen, bestätigen, vom Bistritzer Rat den Sold für 160 Trabanten auf einen Monat erhalten zu haben.

Ungarisch. Original. Papier.

Keolt Zent Iwanon Zent ferencz Nap utan walo hetfeon 1553.

1553, 9. Oktober, Aus dem Lager bei Bethlen 2192

Franz Kendi und Stefan Dobo, Woiwoden von Siebenbürgen, tragen dem Bistritzer Rat erneut auf, Leute mit Schaufeln, Hacken und Wagen, dann Blei und Pulver zu schicken. Sie versprechen, alles zu bezahlen.

Latein. Originalpapierbrief. Am Schluß stehen Bemerkungen über die Ausführung obiger Aufträge.

Datum ex castris ad Bethlen positis 9 octobris 1553.

1553, 9. Oktober, Aus dem Lager bei Bethlen 2193

Franz Kendi und Stefan Dobo, Woiwoden von Siebenbürgen, beauftragen den Bistritzer Rat, Nachrichten aus der Moldau sofort mitzuteilen und in gewissen Abständen Späher dorthin zu schicken.

Latein. Originalpapierbrief. Unten stehen Bemerkungen über die Erledigung dieser Aufträge.

Datum ex castris ad Bethlen positis 9 Oktobris 1553.

1553, 12. Oktober, Aus dem Lager bei Bethlen 2194

Stefan Dobo de Rwzka, Woiwode von Siebenbürgen, beauftragt den Bistritzer Rat, Zimmerleute, Pulver, Hafer und Lebensmittel zu schicken.

Latein. Originalpapierbrief. Unten stehen Bemerkungen über die Erledigung obiger Aufträge.

Datum ex castris ad Bethlen positis 12 Oktobris 1553.

1553, 14. Oktober, Aus dem Lager 2195

Stefan Dobo de Rwzka, Woiwode von Siebenbürgen, schickt seinen Geschützmeister an den Bistritzer Rat und befiehlt, die Aufträge desselben unverzüglich auszuführen.

Latein. Originalpapierbrief, unten stehen Bemerkungen über die Ausführung der Aufträge.

Datum ex castris 14 Okt. 1553.

1553, 15. Oktober, Aus dem Lager bei Bethlen 2196

Franz Kendi de Zentywan und Stefan Dobo de Rwzka, Woiwoden von Siebenbürgen, tragen dem Bistritzer Rat auf, den Leonhard Zewch und die Witwe Valentin Kuglers aus Bistritz zur Zahlung der restlichen

50 Gulden an den Hermannstädter Bürger Johann Kewmywes anzuhalten.

Latein. Gleichzeitige Abschrift vom Bistritzer Ratsnotarius G. Seraphin.

Datum in castris ad Bethlen positis die dominico proximo ante festum Galli Anno dom. 1553.

1553, 18. Oktober, Aus dem Lager — 2197

Stefan Dobo de Rwzka, Woiwode von Siebenbürgen, ersucht den Bistritzer Rat, ihm sofort für vier Gulden Eisen, eiserne Schlüssel und Wagen zum Transporte von Balken zu schicken und wachsam zu sein.

Latein. Originalpapierbrief, unten Vermerke über die Erledigung der Aufträge von Notarius Seraphin.

Datum ex castris 18 Oktobris 1553.

1553, 20. Oktober, Aus dem Lager bei Bethlen — 2198

Stefan Dobo de Rwzka, Woiwode von Siebenbürgen, fordert den Bistritzer Rat auf, 100 Arbeiter aus dem Distrikt auf vier Tage zu Schanzarbeiten zu schicken.

Latein. Originalpapierbrief, darunter vom Notarius Seraphin: Ista pro commisione executi sumus.

Ex castri ad Bethlen positis 20 Okt. 1553.

1553, 20. Oktober, Aus dem Lager bei Bethlen — 2199

Stefan Dobo de Rwzka trägt dem Bistritzer Rat auf, die Aufträge, die Adam Literatus in seinem Namen geben werde, sofort auszuführen und die Arbeiter und Zimmererleute zu schicken.

Latein. Originalpapierbrief, unten Bemerkungen über die Ausführung der Aufträge. Dem Inhalte nach, sowie nach dem auf der Rückseite vom Ratsnotarius Seraphin angegebenen Datum, ist dieser Brief aus dem Lager bei Bethlen im Jahre 1553 geschrieben worden.

Ohne Datum.

1553, 21. Oktober, Aus dem Lager bei Bethlen   2200

Stefan Dobo de Rwzka, Woiwode von Siebenbürgen, ersucht den Bistritzer Rat, an Stelle der Zimmerleute, die er auf ihre Bitten wegen dringender Geschäfte nach Hause entlasse, sofort andere Zimmerleute zu schicken.

Latein. Originalpapierbrief, darunter die Bemerkung, daß die gewünschten Zimmerleute geschickt worden seien.

Ex castris ad Bethlen positis 21 octobris Anno 1553.

1553, 24. Oktober, Hermannstadt   2201

Der Rat von Hermannstadt ersucht den Bistritzer Rat, dem königlichen Auftrag gemäß den Martinszins sofort einzusenden.

Latein. Gleichzeitige Abschrift auf einem halben Papierbogen mit den Urkundenabschriften vom 12. und 18. Juni 1553.

Ex Cibinio feria tertia ante festum beatorum Simonis et Judae apostolorum Anno dom. 1553.

1553, 27. Oktober, Aus dem Lager bei Bethlen   2202

Franz Kendy de Zenthywan und Stefan Dobo de Rwzka, Woiwoden von Siebenbürgen, tragen dem Iosa Literatus de Bessenyew auf, dem Leonard Zewch und der Witwe nach Valentin Kwklar aus Bistritz die 70 Gulden zurückzuzahlen, die er von denselben erhalten habe.

Latein. Original. Papier.

Datum ex castris ad Bethlen positis In vigilia Simonis et Judae apostolorum Anno dom. Mill.Q.Q. tertio.

1553, 27. Oktober, Aus dem Lager   2203

Stefan Dobo de Rwzka, Woiwode von Siebenbürgen, beauftragt den Bistritzer Richter, einen gewissen Gregor Barbel, der aus der Moldau gekommen sei, sofort zu ihm zu schicken und den Weg in die Moldau, den Vinzenz Zewch bezeichnen werde, ebenfalls sperren zu lassen.

Latein. Originalpapierbrief, darunter Bemerkung des Notarius Seraphin über die erfolgte Ausführung des Auftrages.

Datum ex castris 27 Octobris 1553.

1553, 2. November, Gyalu — 2204

Georg Hamway ersucht den Bistritzer Rat, mit der Zahlung seiner Schuld für bezogenen Wein noch zuzuwarten, und für seinen Herrn, den siebenbürgischen Bischof, Wein, Kälber, Hühner und Hafer nach Somkerek zu führen, wo sofortige Bezahlung erfolgen werde.

Latein. Originalpapierbrief.

Datum in gialw feria 5 post omnium sanctorum Anno 1553.

1553, 9. November, Aus dem Lager bei Bethlen — 2205

Stefan Dobo de Rwzka, Woiwode von Siebenbürgen, ersucht den Bistritzer Richter, einen Strick von 14 Klaftern Länge anfertigen zu lassen und ihm gegen sofortige Bezahlung zuzuschicken.

Ungarisch. Originalpapierbrief; unten die Bemerkung, daß der Strick im Werte von 60 Denaren geschickt, die Bezahlung aber noch nicht erfolgt sei.

Ex castris ad Bethlen positis nona die novembris Anno dom. 1553.

1553, 14. November, Aus dem Lager — 2206

Stefan Dobo de Rwzka, Woiwode von Siebenbürgen, beauftragt den Bistritzer Richter, sofort 100 Latten ins Lager zu schicken.

Latein. Originalpapierbrief; unten die Bemerkung von Notarius Seraphin, daß 144 Latten, das Stück zu 5 Denar, geschickt worden seien.

Datum ex castris 14 Nov. 1553.

1553, 23. November, Hermannstadt — 2207

Petrus Haller ab Hallerstayn, königlicher Thesaurarius von Siebenbürgen, bestätigt, vom Bistritzer Rat 316 Gulden 75 Denare auf Rechnung des diesjährigen Martinszinses erhalten zu haben.

Latein. Original. Papier.

Actum Cibinii 23 Novembris Anno dom. 1553.

1553, 25. Dezember   2208

Gaspar Kereky, Diener des siebenbürgischen Zigeunerwoiwoden Nikolaus Zelemyzy, bestätigt, vom Bistritzer Rat den Zigeunerzins von 2 fl erhalten zu haben.

Latein. Original. Papier.

1553, 26. Dezember, Klausenburg   2209

Ladislaus Was de Gyalw, Administrator der königlichen Einkünfte in Siebenbürgen und Salzkammergraf, bestätigt, vom Bistritzer Rat 1.883 Gulden 25 Denare Martinszins erhalten zu haben.

Latein. Original. Papier.

Datum Coloswarii 26 Decembr. Anno incarnationis dom. 1553.

1553   2210

Auf 12 schmalen Papierstreifen Bemerkungen der Collectoren Johann Waday, P. Waszy, Martin Chowak und Stefan Buday über die Steuer von Also- und Felsö-Borgo und Weißkirch.

Latein. Original. Papier.

1553   2211

Zunftartikel der Barbierzunft in Alt-Stettin und Pommern.

Deutsch. Eingeschaltet vom Rat von Stettin 22. April 1560. Org. Papier.

1553   2212

Augustin Kürschner Stolcz, Richter, bekennt, von Vincenz Kürschner und Kaspar Kürschner je 50 Gulden empfangen zu haben.

Deutsch. Original. Papier.

1553.

1553, Mettersdorf 2213

Mathaeus Pestesy teilt dem Bistritzer Rat den Befehl seines „gnädigen Herrn" mit, daß die Bistritzer ihr Kriegsvolk, dann Hafer, Wein und Brot zur Genüge hinausschicken mögen. In einer Nachschrift wird um sofortige Mitteilung aller neuen Nachrichten gebeten.

Ungarisch. Originalpapierbrief.

Ez lewel kevlt nagy demeteryn wasarnap 1553.

1554, 6. Januar, Klausenburg 2214

Johann Kewmives und sein Procurator Antonius Literatus ersuchen den Bistritzer Rat, den Leonard Zewch und Catharina, die Witwe nach Valentin Kwklar aus Bistritz zur Zahlung der noch schuldigen 70 Gulden zu verhalten.

Latein. Originalpapierbrief.

Ex Colosvar sabbato in festo epifaniarum domini Anno dom. 1554.

1554, 17. Februar 2215

Augustin, Propst des Stifts und Klosters Rannshoven in Niederbayern, beglaubigt den von König Ferdinand I. ausgestellten Adelsbrief der Brüder Hanns und Balthasar Schwartzhartsperger aus Braunau (vgl. Nr. 2090).

Deutsch. Original. Pergament. Siegel an Pergamentstreifen angehängt.

Geschehen den Sibenzehenden Monatstag Februarii Nach Christi etc. . . . Im Funfzehenhundert und Vierundfunfzigsten Jare.

1554, 22. März, Lechnitz   2216

Ladislaus Was de Gyalu bestätigt, vom Bistritzer Rat 1.500 Gulden einer außerordentlichen Steuer erhalten zu haben.

Latein. Original. Papier.

Datum in Lekenche 22 die Marcy 1554.

1554, 1. April, Klausenburg   2217

Antonius Literatus aus Klausenburg ersucht den Bistritzer Richter Mathias Szüch, ihn in der Sache des Johann Kewmywes gegen Leonard Szücs nach dem Urteilsspruche des Woiwoden zufrieden zu stellen.

Latein. Originalpapierbrief.

Colosvar in dominica Quasimodo 1554.

1554, 3. April, Preßburg   2218

König Ferdinand beauftragt den siebenbürgischen Bischof Paul Bornemyzza, die siebenbürgischen Woiwoden Franz Kendy und Stefan Dobo und den Kammerpräfekten von Nagybánya Thomas Francisci, die Witwe des Bistritzer Bürgers und Nagybanyaer Kammergrafen (!) Vincenz Zewch in dem Besitz ihres ganzen beweglichen und unbeweglichen Vermögens gegen ungerechte Angriffe zu schützen.

Latein. Gleichzeitige Abschrift, Papier, vom Bistr. Ratsnotarius G. Seraphin.

Datum Posonii 3 die Aprilis Anno dom. 1554.

1554, 11. April, Kronstadt   2219

Johann Benckner dankt dem Bistritzer Bürger Lenhardt Waldorffer, daß er seine Güter so lange bei sich behalten hat, und schickt ihm zum Geschenk eine Decke mit der Bitte, ihm die Güter mit den zwei ankommenden Wagen zuzuschicken.

Deutsch. Originalpapierbrief.

Laus deo Im 54 Jar den 11 Tag Aprilis In der Cronsthadt.

1554, 22. April, Deesch 2220

Ladislaus Was de Gyalu bestätigt, vom Bistritzer Rat 1.600 Gulden einer außerordentlichen Steuer erhalten zu haben.

Latein. Original. Papier.

Ex Dees 22 Aprilis 1554.

1554, 27. April, Hermannstadt 2221

Petrus Haller, Bürgermeister von Hermannstadt, bezeugt, vom Bistritzer Rat 320 Gulden Steuer erhalten zu haben.

Latein. Original. Papier.

Cibiny feria 6 post Georgy martiris 1554.

1554, 10. Mai, Weißenburg 2222

Georg Hamway „magister curiae domini episcopi transsilvanensis", ladet den Bistritzer Rat zu seiner Hochzeit mit Katharina Erdely ein und bittet, mit der Zahlung seiner Schuld noch eine kurze Zeit zu warten.

Latein. Originalpapierbrief.

Datum Albae feria 5 ante dominicam penthecostes Anno 1554.

1554, 16. Mai, Bistritz 2223

Michael Knezio de Kötke, Blasius Popa, Michael Knezio und Petrus Morho, Untertanen von Ujvár, verpflichten sich gegenüber dem Bistritzer Rat, den auf ihre Veranlassung aus dem Bistritzer Gefängnis entlassenen Andreas Myhay de Zent Benedic jedesmal wieder vorzuführen, falls es der Rat fordere.

Latein. Original. Papier, vom Ratsnotarius G. Seraphin.

feria quarta post pentecostes Anno 1554.

1554, 14. August, Bistritz   2224

Iwan Ban, Barbul Kwlchar und Stoyka bestätigen für ihre Herren Zokol, Provisor supremi regni transalpinensis, Maga und Vladul, jene Sachen, die bei Leonhard Zewch und Gregor Thorozky in Bistritz deponiert waren, übernommen zu haben.

Latein. Original. Papier.

Datum Bistriciae die 14 Augusti Anno 1554.

1554, 20. August, Hermannstadt   2225

Georg Knol bittet seinen Schwager Lenardt Wolendorffer, seinem Sohn Hans Kleider machen zu lassen. Er verspricht, alle Auslagen bei der Anwesenheit Lenardts in Hermannstadt zu begleichen.

Deutsch. Originalpapierbrief.

Datum Hermannstadt am tag steffany 1554.

1554, 31. Oktober, Wien   2226

König Ferdinand I. trägt dem Weißenburger Bischof Paul Bornemyzza auf, die Siebenbürger Sachsen und ihren ganzen Besitz gegen die Übergriffe der Adligen sowie der königlichen Truppen zu schützen.

Latein. Gleichzeitige Abschrift. Papier.

Datum Viennae Austr. ultima die mensis Octobris Anno dom. 1554.

1554, 31. Oktober, Váralja   2227

Franz Kendy de Zenthywan und Stefan Dobo de Rwzka, Woiwoden von Siebenbürgen, ersuchen den Konvent von Kolosmonostor, ihnen das im dortigem Archiv aufbewahrte Vergleichsinstrument zwischen dem Klausenburger Wolfgang Farmacopola und dem Bistritzer Rat in Abschrift mitzuteilen.

Latein, eingeschaltet vom Konvent von Kolosmonostor 2. Nov. 1554. Orig. Papier.

Datum ex Varallya feria 4 In vigilia festi omnium sanctorum Anno dom. 1554.

1554, 2. November   2228

Der Konvent von Kolosmonostor beglaubigt auf Bitten der siebenbürgischen Woiwoden den Vergleich zwischen Wolfgang Apothecarius und dem Bistritzer Rat vom 14. Januar 1536 (Nr. 1315).

Latein. Original. Papier. Siegel in gelbem Wachs auf der Rückseite.

Datum feria 6 post festum omnium sanctorum Anno dom. 1554.

1554, 26. November, Lemberg   2229

Sebolt Aychinger aus Lemberg bittet Leonhardt Waldorffer, ihm bei der Eintreibung seiner Schuld von 570 Gulden 14 Denar von der Witwe Stefan Balbierers behilflich zu sein.

Deutsch. Originalpapierbrief.

Laus deo semper anno 1554 26 Novembr. In der Lenbergk.

1554, 9. Dezember, Kapjon   2230

Ladislaus Was de Gyalu bestätigt, vom Bistritzer Rat 2.200 Gulden Martinszins erhalten zu haben.

Latein. Original. Papier.

Datum in possessione Kaplyan 9 Decembr. 1554.

1554, 31. Dezember, Wien   2231

König Ferdinand I. trägt dem siebenbürgischen Bischof Paul Bornemyzza, den Woiwoden Franz Kendy und Stefan Dobo auf, auf Bitte der Sachsen die Landtagsversammlungen künftig nur in Fällen der äußersten Not in den sächsischen Städten abzuhalten.

Latein. Gleichzeitige Abschrift, Papier, wahrscheinlich aus der Hermannstädter Ratskanzlei.

Datum Viennae ultima die decembris Anno dom. 1554.

1554   **2232**

Johann Torma und Stefan Budahazy, Zigeunerwoiwoden, bestätigen, daß sie mit den Bistritzern eine Übereinkunft betreffend die Zigeuner abgeschlossen haben.

Ungarisch. Original. Papier.

Anno dom. 1554.

1554   **2233**

Verrechnung darüber, „was Jochum Lyndholtz auff dys mall in Sybenburgen verzert hat."

Deutsch. Original. Papier.

1554   **2234**

Auf zwei Papierzetteln Bemerkungen über die Steuern von Borgo und Weißkirch.

Latein. Original. Papier.

1555, 3. Januar, Hermannstadt   **2235**

Petrus Haller bestätigt, von den Bistritzern 270 Gulden einer außerordentlichen Steuer erhalten zu haben.

Latein. Original. Papier.

1555, 26. Februar, Gyalu   **2236**

Georg Hamway, magister curiae episcopi Transsilvanensis, bittet den Bistritzer Rat, nicht ungeduldig zu werden, weil er seine Schuld noch nicht gezahlt habe.

Latein. Originalpapierbrief.

Datum in Gialw feria tertia carnisprivii Anno 1555.

1555, 3. April, Apanagyfalu 2237

Ladislaus Appaffy bezeugt, seine Besitzung in Borgo an die Bistritzer verkauft und den Kaufpreis mit 400 Gulden vor den Zeugen Gregor Zekel und Mathias Fychyor erhalten zu haben.

Ungarisch. Original. Papier.

Appanagyffalwan wyzag wasarnap elwtt walo secredan e. criendwben. 1555.

1555, 21. April, Deesch 2238

Der Rat von Deesch dankt dem Bistritzer Bürger Leonard Zewch, daß er in seinem Hause die Deescher Kirchengeräte so lange verwahrt habe, und ist bereit, dafür das Geforderte zu zahlen. Er bittet, besagte Sachen auszufolgen, da sie nun nach Hause zurückgeführt werden sollen.

Latein. Originalpapierbrief.

Ex Dees die dominico ante festum Georgii martiris Anno dom. 1555.

1555, 22. April, Bistritz 2239

Benedict Zucz und Albert Cyaps, Geschworene von Deesch, bezeugen, alle kirchlichen Sachen übernommen zu haben, die im Hause des Leonard Zewch in Bistritz waren.

Latein. Original. Papier.

Bistriciae die 22 Aprilis.

1555, 7. Mai, Maros-Vásárhely 2240

Franz Kendy und Stefan Dobo, Woiwoden von Siebenbürgen, bezeugen, daß Leonard Zewch aus Bistritz den Matheus Daczo und Genossen zu seinen Vertretern in allen seinen Rechtsangelegenheiten ernannt habe.

Latein. Original. Papier.

Wasarhel f. 3 prox. an. f. Philippi et Jacobi 1555.

1555, 3. Juni, Groß-Enyed   2241

Der Rat von Enyed teilt der Sächsischen Universität ein Zeugenverhör in der Streitsache des Johann Murarius gegen den Bistritzer Rat mit.

Latein. Eingeschaltet von der Sächsischen Universität 16. Dez. 1555 (Nr. 2263). Orig. Papier.

Datum ex Enyed secundo die pentecostium Anno 1555.

1555, 11. Juni, Bistritz   2242

Franciscus Nagy und Ambrosius Bechkereky bestätigen im Namen ihrer Herren Stefan Budahazy und Johann Thorma, der Zigeunerwoiwoden, vom Bistritzer Rat den Zigeunerzins mit 4 fl erhalten zu haben.

Latein. Original. Papier.

Bistriciae 11 Juni 1555.

1555, 22. Juni, Szamos-Ujvár   2243

Franz Kendy de Zenthywan und Stefan Dobo de Rwzka, Woiwoden von Siebenbürgen, teilen dem Franz Iwga de Akna und Genossen mit, daß in der Streitsache zwischen Ursula Komlody, Witwe nach Blasius Was de Chegew und Johann Was de Chegew, der die der Ursula gehörenden, bei Leonhard Zewch in Bistritz deponierten Sachen mit Beschlag belegt hatte, entschieden haben. Sie beauftragen die Obengenannten, bei Leonhard Zewch in Bistritz, die der Klägerin gehörenden Sachen zu übernehmen.

Latein. 2 Gleichzeitige Abschriften vom Bistritzer Ratsnotarius Georg Seraphin.

Datum in Wywar Sabbato prox. ante festum Joh. Baptistae Anno dom. 1555.

1555, 22. Juni, Bistritz   2244

Der Rat von Bistritz übersendet dem Offizial von Nagh Schayo

Michael Inacky de Kyssbudak ein Zeugenverhör in der Erbschaftssache des Ladislaus Nyffling von Nagy-Sajo.

Latein. Original. Papier.

Datum Bistriciae Sabbato ante Johannis baptistae Anno dom. 1555.

1555, 24. Juni, Bistritz 2245

Ursula Komlody bezeugt, ihre bei Leonhard Zewch in Bistritz in Verwahrung gewesenen Rinder vor dem Bistritzer Richter und in Gegenwart anderen Zeugen zurückerhalten zu haben.

Ungarisch. Original. Papier.

Ez lewel Keelth Bezterchen Zenth Janos kereztele napyan Anno dom. 1555.

1555, 13. Juli, Maros-Vásárhely 2246

Franz Kendy de Zentywan und Stefan Dobo de Rwzka, Woiwoden von Siebenbürgen, bestätigen kraft des ihnen vom Landtag erteilten Rechtes die Urteilssprüche des siebenbürgischen Woiwoden Petrus von Sankt-Georgen und Bösing vom 31. Oktober 1499 über eine Wiese bei Bolkacz, des Woiwoden Johann de Zapolya vom 25. Januar 1514 über die Besitzungen Peterfalva und Repafalva und des Frater Georgius vom 7. Dezember 1543 (?) wegen ungerechtfertigter Beschlagnahme der Güter des Nikolaus Zabo aus Hermannstadt. Alle drei Urteilssprüche sind erfolgt in Sachen der Sachsen gegen Adlige.

Latein. Original. Papier. Auch gleichzeitige Abschrift.

Datum in oppido Zekelwasarhely in die festi beatae Margarethae virginis Anno dom. 1555.

1555, 14. Juli, Hermannstadt 2247

Petrus Haller bestätigt, vom Bistritzer Rat folgende Geldsummen erhalten zu haben: 1.) Am 11. Juni 1.283 Gulden vom 21.000 Gulden-Aufschlag, ebenso am 14. Juli 1.917 Gulden. 2.) An Reisekosten für die Gesandten zum König 480 Gulden.

Latein. Original. Papier.

1555, 17. Juli, Bistritz 2248

Bemerkung, daß der Marmaroscher Walache Theodor, der wegen Diebstahlsverdacht eingekerkert war, auf Bürgschaft des Johann Steczii von Wysso und Alexander Poffthii auf freien Fuß gesetzt sei.

Latein. Original, auf einem Papierstreifen.

Notandem feria 4 post diem beatae Margarethae virginis 1555.

1555, 11. August, Szamos-Ujvár 2249

Franz Kendy de Zenthywan und Stefan Dobo de Rwzka, Woiwoden von Siebenbürgen, ersuchen den Konvent von Kolosmonostor, die Stadt Bistritz in den Besitz von Also- und Felsö-Borgo einzuführen und über die vollzogene Einführung zu berichten.

Latein. Eingeschaltet vom Konvent von Kolomonostor 1. Sept. 1555. Orig. Papier.

Datum ex arce Wywar dominica prox. post festum beati Laurency martiris Anno dom. 1555.

Vor 1555, 26. August, Bistritz 2249a

Memoriale für eine Supplication der Bistritzer bei König Ferdinand I. In sechs Artikeln geht es um Lebensmittellieferungen, darunter diejenigen, „welche die lanczknecht verzert vnd schuldig sein plieben", um die steuerliche Sonderstellung der beiden Borgo und von Weißkirch, um Forderungen Bethlehemy Jörgs auf die kwnigs Dorffern Treppen und Wermesch, um die Schenkung der Einkünfte aus dem Zwanzigsten an die Stadt und nicht an frembde, um die Behinderung der Fischerei, der Beweidung des brochfeldes und um andere Übergriffe benachbarter Adliger. Als Nachweise erhalten die Abgeordneten mindestens sieben beglaubigte Urkundenabschriften, die einzeln aufgeführt werden.

Deutsch, nach einer Abschrift Wilhelm Wenrichs im 19. Jahrhundert.
Wenrich oder Müller datieren das Schriftstück, das Berger in seine Sammlung nicht aufgenommen hat, um das Jahr 1560. Aufgrund der nachfolgenden, von König Ferdinand I. ausgestellten Urkunden (Nr. 2250–2254) und der im Schrift-

stück genannten näheren Umstände ist jedoch davon auszugehen, daß dieses Memoriale für die nach Augsburg reisende Delegation zusammengestellt wurde.

Druck: Müller, Sprachdenkmäler S. 222 f.

1555, 26. August, Augsburg 2250

König Ferdinand I. bestätigt auf Bitten des Bistritzer Bürgers Leonard Zewch die Urkunde des Königs Wladislaus II. vom 3. August 1504 (Nr. 436) mit der Urkunde des Königs Wladislaus I. vom 29. Juni 1442 (Nr. 110) betreffend die Zusicherung, keine zum Bistritzer Distrikt gehörige Gemeinde von demselben zu trennen.

Latein. Original. Pergament. Siegel an rot-weiß-grüner Seidenschnur angehängt, in einer Holzkapsel verwahrt.

Datum... in nostra et imperii civitate Augusta vindelicorum Anno dom. 1555. 26. Augusti...

1555, 26. August, Augsburg 2251

König Ferdinand I. bestätigt auf Bitten des Bistritzer Bürgers Leonard Zewcz die Urkunde des Königs Wladislaus des II. vom 3. Sept. 1494 (Nr. 380), in welcher den Kastellanen von Balvanyos verboten wird, die Heidendorfer und Baierdorfer an der Fischerei und an Uferbauten im Bistritzfluß zu hindern.

Latein. Original. Pergament. Siegel an rot-weiß-grüner Seidenschnur angehängt.

Datum in nostra et imperii civitate Augusta Vindelicorum 26 die Augusti Anno dom. 1555.

1555, 28. August, Augsburg 2252

König Ferdinand I. trägt dem Administrator Ladislaus Was de Gyalu auf, der Stadt Bistritz jene Geldsumme von der Steuer in Abrechnung zu bringen, welche dieselbe gelegentlich der Belagerung von Bethlen gezahlt hat.

Latein. Original. Papier, beiliegend eine gleichzeitige Abschrift.

1555, 29. August, Augsburg   2253

König Ferdinand I. bezeugt, daß er den Bistritzer Zwanzigsten der Stadt Bistritz auf vier aufeinanderfolgende Jahre für 200 Gulden jährlich in Pacht gegeben habe.

Latein. Original. Papier; beiliegend eine Abschrift aus dem 18. Jahrhundert.

Datum in nostra ac Sacri Romani Imperii civitate Augusta Vindelicorum 29 die Augusti 1555.

1555, 31. August   2254

Antwort und Entscheidung des Königs über verschiedene von Seiten der Sachsen aus Hermannstadt, Kronstadt und Bistritz ihm unterbreitete Bitten: 1.) Zur Befestigung von Hermannstadt und Kronstadt wird der Pachtzins des Hermannstädter Zwanzigsten mit 1000 Gulden auf drei Jahre bewilligt. 2.) Zinn darf von überall her bezogen werden. 3.) Kronstadt wird der Kronstädter Zwanzigste auf drei Jahre verpachtet. 4.) Für die Befestigung von Kronstadt sollen die Mittel beschafft werden. 5.) Bistritz wird der dortige Zwanzigste auf zwei Jahre verpachtet. 6.) Die Auslagen, die Bistritz bei der Belagerung von Bethlen gehabt, sollen vergütet werden. 7.) Die Auslagen, welche den Sachsen für das königliche Militär entstanden, sollen ersetzt werden.

Latein. Original. Papier.

Ex consilio camerae aulicae Ultima Augusti Anno 1555.

1555, 1. September   2255

Der Konvent von Kolosmonostor schaltet die Urkunde der Woiwoden Kendy und Dobo vom 11. August 1555 ein und bezeugt, daß die Stadt Bistritz in ihren Besitz in Also- und Felsö-Borgo eingeführt wurde.

Latein. Original. Pergament, Siegel an roter Seidenschnur angehängt. Beiliegend eine Abschrift aus dem 18. Jahrhundert.

Datum sedecimo die diei Introductionis (sabbato post Assumptionis Mariae) Anno dom. 1555.

1555, 7. September, Bistritz   2256

Gregor Daum, Richter und der Bistritzer Rat bezeugen, daß das Verlöbnis zwischen Margaretha, der Witwe nach Johann Literatus aus Bistritz und Caspar Osmolsicii aus Visticza durch freiwilligen Entschluß beider Parteien aufgelöst worden ist.

Latein. Original. Papier.

Bistriciae Transilvanae die 7 mensis Septembris Anno dom. 1555.

1555, 25. Oktober, Kronstadt   2257

Der Rat von Kronstadt übersendet der Sächsischen Universität ein Zeugenverhör in der Streitsache des Johann Cementarius gegen den Rat von Bistritz.

Latein. Eingeschaltet von der sächs. Universität 16. Dez. 1555. Original. Papier.

Datum Brassoviae feria 6 ante beatorum Simonis et Iudae Anno dom. 1555.

1555, 31. Oktober, Vécs   2258

Franz Kendy de Zenthywan und Stefan Dobo de Rwzka, Woiwoden von Siebenbürgen, tragen dem Caspar Zalay und Genossen auf, die beim Bistritzer Bürger Leonard Zewch befindlichen, die Familie Was betreffenden Urkunden der Ursula Komlody, Witwe nach Blasius Was de Chyege herausgeben zu lassen.

Latein. Gleichzeitige Abschrift vom Bistritzer Ratsnotarius G. Seraphin.

Datum ex arce nostra Wecz in profesto omnium Sanctorum Anno dom. 1555.

1555, 2. November, Bistritz   2259

Ursula Komlody, Witwe nach Blasius Vas, bezeugt, die bei dem Bistritzer Bürger Lenhart Zewch in Verwahrung gewesenen Was'schen Familienurkunden vor Zeugen empfangen zu haben.

Ungarisch. Original. Papier.

Ez level adatot Beztercen mynd zent nap utan valo zombaton 1555.

1555, 30. November, Gyalu 2260

Georg Hamway bittet den Bistritzer Rat, nicht ungeduldig zu werden, daß er seine Schuld noch nicht gezahlt habe, er werde es in kürzester Zeit tun.

Ungarisch. Original. Papierbrief.

Ez level gialuba keolt zent andras napian 1555.

1555, 3. Dezember, Bonczhida 2261

Stefan Nagy bestätigt, vom Bistritzer Rat die königliche Steuer für Felsö-Borgo erhalten zu haben.

Latein. Original. Papier.

In oppido Bonczhida f. 3. ante Nicolai 1555.

1555, 9. Dezember, Hermannstadt 2262

Petrus Haller bestätigt, vom Bistritzer Rat den Martinszins in Höhe von 2.200 Gulden erhalten zu haben.

Latein. Original. Papier.

Cibiny f. secunda dominicae secundae adventus dom. 1555.

1555, 16. Dezember, Hermannstadt 2263

Die Sächsische Nationsuniversität legt die berufene Streitsache zwischen Johann Murarius und der Stadt Bistritz dem König zur Entscheidung vor.

Latein. Original. Papier, bestehend aus sechs aneinander geklebten Bogen. Auch eingeschaltet im Endurteil des Königs Ferdinand I. vom 15. März 1556. Orig. Papier.

Cibiny f. 2. ante festum beati Thomae apostoli Anno dom. Mill. Quingent. Quinquag. Quinto.

1555, 25. Dezember, Maros-Vásárhely 2264

Ladislaus Was de Gyalu bestätigt, vom Bistritzer Rat 200 Gulden für den Bistritzer Zwanzigsten erhalten zu haben.

Latein. Original. Papier.

Zekelwasarhel 25 Decemb. 1555.

1555, 31. Dezember, Bistritz 2265

Michael Roman und Gregor Kezler, von der Sächsischen Universität im Auftrage des Königs entsandte Richter, legen dem König ein in Bistritz aufgenommenes Zeugenverhör in der Streitsache des Johann Murarius gegen die Stadt Bistritz vor.

Latein. Eingeschaltet von König Ferdinand I. 19. März 1556. Original. Papier.

Datum Bistriciae ultima die Decembris Anno dom. 1555.

1556, 15. Januar, Hermannstadt 2266

Petrus Haller bestätigt, vom Bistritzer Rat 320 Gulden vom 2.000 Gulden-Aufschlag für das Kriegsvolk erhalten zu haben.

Latein. Original. Papier.

1556, 15. Januar, Bistritz 2267

Bestimmungen über das kirchliche und öffentliche Leben; zum Schluß Festsetzung der Arbeiterlöhne, beschlossen vom Bistritzer Rat und der Hundertmannschaft.

Deutsch. Original. Papier.

am Sonabent vor Fasznacht im Jar 1556.

1556, 18. Januar, Lugosch 2268

Petrus Petrowith de Swraklyn versichert den Bistritzern, sie in all ihren Freiheiten und Privilegien erhalten und schützen zu wollen, da er wisse, daß sie auch in der Zeit der Abwesenheit der Königin und ihres Sohnes denselben stets treu geblieben seien.

Latein. Original. Papier.

Datum in Lugus 18 mensis Januarii Anno dom. 1556.

1556, 24. Januar, Maros-Vásárhely 2269

Melchior Balassa de Gyarmath, Kapitän von Siebenbürgen, trägt dem Bistritzer Rat auf, den Landtag zu beschicken, der binnen zehn Tagen in Torda zusammentreten werde.

Latein. Gleichzeitige Abschrift vom Ratsnotarius G. Seraphin, auf der Rückseite eine Abschrift der Urkunde Isabellas vom 9. April 1557.

Datum ex Zekelwassarhel feria 6 prox. in profesto conversionis beati Pauli apostoli Anno 1556.

1556, 3. Februar, Bistritz 2270

Der Bistritzer Rat bittet den Graner Erzbischof, Nicolaus Olahus, sich in der Streitsache der Stadt mit Johann Murarius beim König für die Stadt Bistritz zu verwenden.

Latein. Gleichzeitige Abschrift vom Ratsnotarius Seraphin.

Datae Bistriciae die 3 mensis Februarii Anno dom. 1556.

1556, 13. März, Mühlbach 2271

Petrus Petrowyth de Swraklyn trägt Jedermann auf, wer etwas von den verstreuten Gütern des getöteten Untertanen Bartholomaeus besitze, dieses sofort dem Herrn des genannten Untertanen, Georg Hamway, zurückzustellen.

Gleichzeitige Abschrift vom Ratsnotarius Seraphin.

Datum ex civitate Zazsebes feria 6 post dominicam Oculi Anno dom. 1556.

1556, 14. März, Mühlbach 2272

Anton Kendy ersucht den Bistritzer Rat, die in Bistritz beschlagnahmten Rinder des getöteten Untertanen Bartholomaeus Zekel dem Nikolaus Erdeli zu übergeben.

Ungarisch. Originalpapierbrief.

Datum ex civitate Zaz Sebes sabbatho post festum Gregorii papae Anno dom. 1556.

1556, 15. März, Mühlbach 2273

Petrus Petrowyth de Swraklyn überträgt das Zigeunerwoiwodat von Siebenbürgen auf Ladislaus Bekes und Franz Baladffy de Kyskendt und spricht denselben alle zu diesem Amte seit altersher gehörenden Einkünfte zu.

Latein. Gleichzeitige Abschrift vom Bistritzer Ratsnotarius G. Seraphin.

Datum ex civitate Zazsebes in dominica Letare Anno 1556.

1556, 15. März, Mühlbach 2274

Petrus Haller bestätigt, vom Bistritzer Rat das Soldgeld für 1000 Mann auf den zweiten Monat mit 320 Gulden erhalten zu haben.

Latein. Original. Papier.

Zazsebes dominica Laetare 1556.

1556, 19. März, Preßburg 2275

König Ferdinand I. entscheidet die Streitsache des Hermannstädter Bürgers Johann Murarius gegen die Stadt Bistritz, indem er den Kläger mit seinen Ersatzansprüchen für sein vom Bistritzer Rat seinerzeit verkauftes Haus abweist.

Latein. Original. Papier, auf 5 aneinander geklebten Papierbogen, in drei Stücke zerrissen und durch Feuchtigkeit sehr stark beschädigt. Beiliegend zwei auf denselben Prozeß bezügliche Schriftstücke.

Datum Posonii feria 5 prox. post dominicam Letare Anno dom. 1556.

1556, 19. März, Folt 2276

Georg Hamway und Katharina Erdeli bitten den Bistritzer Rat, ihrem Anverwandten Nicolaus Erdeli die in Bistritz befindlichen Rinder ihres getöteten Untertanen Bartholomaeus Zekel auszufolgen.

Ungarisch. Originalpapierbrief.

Ez lewel folton keolt zent benedek nap elewt vallo cheterteken Anno 1556.

1556, 21. März, Mühlbach 2277

Petrus Pettrowytth bestätigt, vom Bistritzer Rat 2.000 Gulden Steuer erhalten zu haben.

Latein. Original. Papier.

1556, 27. April, Klausenburg 2278

Petrus Pettrowyth de Swraklyn, Statthalter des Reiches bis zur Rückkehr der Majestäten, schenkt den Bistritzern in Anbetracht treuer Dienste den Anteil an der Besitzung Fyzkwth, den bisher die Bistritzer Dominikaner-Mönche besessen haben, sowie das Spital in Bistritz mit allen dazu gehörenden Einkünften. Er verspricht, die Genehmigung dieser Schenkungen bei ihren Majestäten zu erwirken.

Latein. Original. Papier.

Datum in civitate Coloswar feria 2 prox. post festum beati Georgii martiris Anno dom. Mill Quingent. Quinquag. Sexto.
Teilabdruck: Wittstock, Beiträge S. 28.

1556, 27. April, Klausenburg 2279

Petrus Pettrowytth bestätigt, vom Bistritzer Rat 3.200 Gulden als ihren Anteil am 20.000 Gulden-Aufschlag für ihre Majestäten erhalten zu haben.

Latein. Original. Papier.

Coloswar f. 2. post Georgy.

1556, 29. April, Klausenburg   2280

Petrus Petrowyth de Swraklyn, Statthalter des Landes bis zur Rückkehr der Majestäten, fordert alle sächsischen Städte auf, in die Hand seiner Abgesandten Andreas Tholdalagy und Archidiakon Matheus Bathay den Treueid für Ihre Majestäten abzulegen.

Latein. Gleichzeitige Abschrift vom Ratsnotarius Seraphin.

Datum in civitate Coloswar feria 4. prox. post festum beati Georgii martiris Anno dom. 1556.

1556, 29. April, Klausenburg   2281

Petrus Haller bestätigt, vom Bistritzer Rat 320 Gulden als Teilzahlung vom 2.000 Gulden-Aufschlag erhalten zu haben.

Latein. Original. Papier.

1556, 13. Mai, Klausenburg   2282

Petrus Pettrowytth bestätigt, vom Bistritzer Rat das Soldgeld für 1800 Mann Fußvolk im Betrage von 653 Gulden erhalten zu haben.

Latein. Original. Papier.

1556, 5. Juni, Klausenburg   2283

Petrus Petrowyth de Swraklin, trägt dem Gaspar Zalay und Genossen auf, den nach Bistritz übersiedelten Untertanen des Melchior Kechethy de Czegew vom Bistritzer Rat herauszuverlangen und seinem früheren Herrn zurückzustellen.

Latein. Gleichzeitige Abschrift vom Ratsnotarius Seraphin.

Datum in Coloswar quinta die m. Junii Anno dom. 1556.

1556, 17. Juni, Klausenburg   2284

Petrus Pettrowytth bestätigt, vom Bistritzer Rat 753 Gulden als 2. Monatsrate für 1800 Mann Fußvolk erhalten zu haben.

Latein. Original. Papier.

1556, 23. Juni, Marmaros-Sziget 2285

Gregorius Literatus a Zygeth, Vicecomes der Marmarosch, ersucht den Bistritzer Rat, den Marmaroschern, denen man Geld und Güter abgenommen hat, diese zurückzustellen und nicht zu gestatten, daß Untergebene des Rates die Marmaroscher fortwährend behelligen.

Ungarisch. Originalpapierbrief.

ex Zygeth 23 Junii Anno 1556.

1556, 27. Juli, Hermannstadt 2286

Petrus Haller bestätigt, vom Bistritzer Rat 1.627 Gulden 20 Denar an Botschaftergeldern, Reisegeldern und zweimonatlichen Soldgeldern für 500 Mann Fußvolk erhalten zu haben.

Latein. Original. Papier.

1556, 30. Juni, Bistritz 2287

Stefan Nagh Somsdy und Matthaeus Nagh bestätigen im Namen ihrer Herrn, der Zigeunerwoiwoden Ladislaus Bekes und Franz Baladfy, vom Bistritzer Rat den jährlichen Zigeunerzins mit 7 Gulden erhalten zu haben.

Latein. Original. Papier, von der Hand des Ratsnotarius Seraphin.

Datum Bistriciae die ultima mensis Junii Anno dom. 1556.

1556, 2. August, Bistritz 2288

Michael de Gywla bestätigt, vom Bistritzer Richter Gregorius Thymar 2.000 Gulden Unterstützungsgeld für die königliche Majestät empfangen zu haben.

Latein. Original. Papier.

Bistriciae dominico post vincula Petri 1556.

1556, 20. August, Klausenburg 2289

Petrus Pettrowyth de Swraklyn trägt dem Bistritzer Rat auf, den Leonard Zewch und Catharina, die Witwe nach Valentin Kuglar aus Bistritz nach dem vom Woiwoden Andreas de Bathor gefällten Urteilsspruch zur vollen Zahlung ihrer Schuld an Johann Kewmywes oder seinen rechtmässigen Vertreter, Johann Literatus, zu verhalten.

Latein. Original. Papier.

Datum in civitate Coloswariensi feria 5 prox. post festum assumptionis beatissimae virginis Mariae Anno dom. 1556.

1556, 26. August, Klausenburg 2290

Petrus Pettrowyth de Swraklyn bezeugt, daß der Bistritzer Rat die Habe der Treulosen in Wywar, Bethlen und an anderen Orten denjenigen übergeben habe, welchen er sie übertragen habe.

Latein. Original. Papier.

Datum in civitate Coloswar feria 4 prox. post festum Beati Bartholomaei apostoli Anno dom. 1556.

1556, 27. August, Cotnari 2291

Tamasch „groff am Kottnersberg" benachrichtigt den Bistritzer Richter, daß ein gewisser Benedikt von seinem Schwiegervater Stefan Treyber angeklagt, der Vorladung nicht Folge geleistet hat.

Deutsch. Originalpapierbrief.

Anno dom. 1556 am Kottnersberg am Donnerstag vor Johanni decola.

1556, 1. September, Klausenburg 2292

Petrus Pettowych beauftragt den Bistritzer Rat, dem Stefan Chereny 25 Gulden aus dem Steuerrückstand zu zahlen und dessen weitere Aufträge auszuführen.

Latein. Originalpapierbrief.

1556, 19. September, Lemberg 2293

Augustinus Kyrschner, Stuhlrichter in Hermannstadt, bezeugt, vom Bistritzer Rat durch Petrus Rener 987 Gulden 20 Denar Steuer erhalten zu haben.

Deutsch. Original. Papier.

1556, 12. Oktober, Klausenburg 2294

Petrus Pettrowytth bestätigt, daß ihn der Bistritzer Rat bezüglich aller Steuern und Taxen vollständig befriedigt habe.

Latein. Original. Papier.

1556, 28. Oktober, Klausenburg 2295

Königin Isabella fordert den Bistritzer Rat auf, den am 25. November in Klausenburg zusammentretenden Landtag zu beschicken.

Latein. Originalpapierbrief.

Datae in civitate Coloswar die 28 mensis Oktobris Anno dom. 1556.

1556, 8. November, Klausenburg 2296

Königin Isabella trägt dem Bistritzer Rat auf, aus Stadt und Distrikt 32 Wagen bereit zu halten, auf welchen, sobald Ladislaus Appaffy die Weisung hierzu erteilen werde, das Besitztum des Stefan Dobo de Rwzka bis in die Stadt Sathmar geführt werden soll, da Stefan Dobo zum genannten Zweck die genügende Anzahl Wagen nicht besitze.

Latein. Originalpapierbrief, am unteren Rande durch Feuchtigkeit zerstört.

Datae ex civitate nostra Coloswar 8 die mensis Novembris Anno dom. 1556.

1556, 16. November, Tekendorf 2297

Paul Szinney, Offizial von Tekendorf, bittet den Bistritzer Bürger Leonhardt Pellio für Stefan, den jüngeren Bruder seines Herrn Andreas

Bathory, einen Pelz aus Marderfellen herstellen zu lassen und schickt zur Deckung der Kosten sowie zur Bezahlung früherer Einkäufe 46 Gulden.

Latein. Originalpapierbrief.

Teke 16 Novembris Anno 1556.

1556, 4. Dezember, Klausenburg 2298

Petrus Haller, Bürgermeister von Hermannstadt, bestätigt, vom Bistritzer Rat durch Mathias Sasz und Jacob Vrescher 573 Gulden 60 Denar als den auf Bistritz entfallenden Teil von 1.585 Gulden Soldgeld für 500 Büchsenschützen auf einen Monat und von 2.000 Gulden Subsidiengeld für ihre Majestäten empfangen zu haben.

Latein. Original. Papier.

Datum in Koloswar IIII Decembris Anno 1556.

1556, 14. Dezember, Hermannstadt 2299

Der Rat von Hermannstadt ersucht den Bistritzer Rat, den auf Bistritz entfallenden Teil von den auf dem letzten Klausenburger Landtag den Sachsen auferlegten 20.000 Gulden einzusenden und die Sitzung der Sächsischen Universität am Geschworenen Montag zu beschicken.

Latein. Originalpapierbrief.

Datum Cibinii 14 die decembr. Anno dom. 1556.

1556 2300

Auf verschiedenen Papierstreifen Bemerkungen über Steuerrückzahlungen der Bistritzer für Also- und Felsö-Borgo und für Feyreghaz.

Latein. Original. Papier.

1557, 7. Januar, Szucsawa 2301

Alexander, Woiwode der Moldau, teilt dem Bistritzer Rat mit, daß nach Beendigung des letzten Krieges die Wege für die Kaufleute in die Moldau wieder offen stehen.

Latein. Originalpapierbrief.

1557, 15. Januar, Hermannstadt 2302

Der Rat der Sächsischen Universität ermahnt den Bistritzer Rat, das in der Streitsache zwischen Johann Lodner und der Witwe nach Vincenz Pellio von der Sächsischen Universität gefällte Urteil zu vollziehen.

Latein. Originalpapierbrief, von Mäusen beschädigt.

1557, 17. Januar, Weißenburg 2303

Königin Isabella beauftragt den Bistritzer Rat, zwei Abgeordnete auf den Landtag nach Weißenburg zu schicken.

Latein. Originalpapierbrief.

1557, 25. Januar, Hermannstadt 2304

Petrus Haller bestätigt vom Bistritzer Rat 1.600 fl 69 Denar als Anteil am Klausenburger Aufschlag von 21.000 Gulden erhalten zu haben.

Latein. Original. Papier.

Cibiny die conversionis Pauli 1557.

1557, 7. Februar, Bistritz 2305

Peter Messarusch und seine Gattin stellen dem Bistritzer Bürger Wolff Forster einen Schuldschein über 100 Gulden in Gold aus.

Deutsch. Original. Papier.

1557, 18. Februar, Weißenburg 2306

Königin Isabella bestätigt, vom Bistritzer Rat 1.760 Gulden Steuer erhalten zu haben.

Latein. Original. Papier.

1557, 18. Februar, Weißenburg 2307

Petrus Haller bestätigt, vom Bistritzer Rat 217 Gulden Steuer erhalten zu haben.

Latein. Original. Papier.

1557, 24. Februar, Klausenburg 2308

Königin Isabella beauftragt den Bistritzer Rat, das Vermögen des verstorbenen Ratsgeschworenen Vincenz Zewch mit Beschlag zu belegen, bis die Streitsache des Petrus Literatus de Zentgyergh gegen ihn entschieden sei.

Latein. Originalpapierbrief.

Coloswar in festo beati Matthei apost. et Ewang. 1557.

1557, 26. Februar, Weißenburg 2309

Georg Hamway teilt dem Bistritzer Rat mit, daß er in dessen Sache eifrig tätig sei und daß er der Königin 50 Dukaten gegeben habe, die er vom Herrn Provisor entliehen habe. Er bittet daher, diese Dukaten bei nächster Gelegenheit dem Provisor zurückzustellen.

Latein. Originalpapierbrief.

Datum Albae feria 6 post mathie Anno dom. 1557.

1557, 10. März, Tekendorf 2310

Der Richter Simon Lutsch und der Rat von Tekendorf bitten den Bistritzer Rat, dem Bruder des Simon Rottd Recht zu verschaffen, weil die Magd, welche ihn angeklagt hat, schon früher in üblem Ruf stand und eine derartige Anklage in lügnerischer Weise schon früher gegen einen gewissen Valentinus Schneider vorgebracht hat.

Latein. Originalpapierbrief.

1557, 14. März, Weißenburg — 2311

Königin Isabella bestätigt, vom Bistritzer Rat 50 Goldgulden als Jahrespacht für den Bistritzer Zwanzigsten erhalten zu haben.

Latein. Original. Papier.

1557, 14. März, Weißenburg — 2312

Thomas Bomelius und Gregor Waal(?), Bürger von Hermannstadt, bekennen, vom Bistritzer Rat 800 Gulden Steuer erhalten zu haben.

Latein. Original. Papier.

Albae Juliae dominica Remiciscere 1557.

1557, 27. März, Bistritz — 2313

Wolfgang Farkas de Harinna bestätigt, vom „Magister hospitalis", Lucas, zwei Urkunden des Königs Ladislaus und des Woiwoden Johann Zapolya über zwei Fischteiche bei Ida und über Füzkut erhalten zu haben und unversehrt zurückgeben zu wollen.

Latein. Original. Papier.

Bistriciae f. 3 post Marci 1557.

1557, 7. April, Weißenburg — 2314

Königin Isabella befiehlt dem Bistritzer Rat, die Streitsache zwischen Stefan Warga aus Kiralynagyfalva und Sophie, Witwe des Andreas Gobel aus Bistritz, aufs neue zu untersuchen und zu entscheiden und im Berufungsfalle ihr vorzulegen.

Latein. Original. Papier, am unteren Rande etwas schadhaft.

1557, 9. April, Weißenburg — 2315

Königin Isabella bestätigt die Ernennung des griechischen Bischofs Marcus zum Bischof von Rew, welche während ihrer Abwesenheit aus dem Reich vom Statthalter Petrowics vollzogen worden war. Sie spricht dem Bischof alle seit altersher zu diesem Amt gehörenden Einkünfte zu.

Latein. Gleichzeitige Abschrift vom Ratsnotarius Seraphin auf einem Quartblatte mit der Abschrift der Urkunde Melchior Balassa's vom 24. Januar 1556.

Datum Albae Juliae feria 6 prox. post dominicam Judica Anno dom. 1557.

1557, 9. April, Weißenburg 2316

Königin Isabella gibt ihrem Abgesandten Martin Czorenk ein Beglaubigungsschreiben an den Bistritzer Rt mit.

Latein. Originalpapierbrief, schadhaft.

1557, 12. April, Hermannstadt 2317

Der Rat von Hermannstadt ladet den Bistritzer Richter und einen Geschworenen zur Universitätssitzung auf den 24. April ein.

Latein. Originalpapierbrief.

1557, 22. April, Apanagyfalu 2318

Blasius Myko und Franz Apaffy ersuchen den Bistritzer Richter Gregor Timar, ihren in Borgo befindlichen Untertanen, auf das Zeugnis rechtschaffener Borgoer Leute, daß derselbe nicht Bistritzer Untertan sei, zurückzustellen.

Ungarisch. Originalpapierbrief.

Kelt appanaghfalwan hwswet nap utan valo ceterteken anno dom. 1557.

1557, 26. April, Klausenburg 2319

Franz Davidis schreibt dem Bistritzer Pfarrer Christian Pomarius in Angelegenheit des Sohnes des Thomas Klein, der sich in Bistritz auf der Schule befindet.

Latein. Originalpapierbrief.

Druck: Gymn. Progr. Bistr. 1862, S. 83; 1895/96 S. 84.

1557, 27. April, Rodna 2320

Der Rodnaer Richter Tanczy Bartoss benachrichtigt den Bistritzer Richter, daß er zwei Räuber gefangen habe, von denen der eine geständig sei.

Ungarisch-Originalpapierbrief.

Rodna kettden szent philipp szent yakob apostol nap elytt Anno dom. 1557.

1557, 4. Mai, Weißenburg 2321

Königin Isabella beauftragt den Bistritzer Richter, sofort nach Empfang des Schreibens zu ihr nach Weißenburg zu kommen.

Latein. Originalpapierbrief.

1557, 5. Mai, Weißenburg 2322

Königin Isabella beauftragt den Bistritzer Rat, den Franz Bebek und dessen Diener gefangen zu setzen.

Latein. Originalpapierbrief.

1557, 11. Mai, Weißenburg 2323

Königin Isabella beauftragt den Bistritzer Rat, die gesamte Bistritzer Kriegsmacht wohlausgerüstet bis zum 1. Juni nach Torda zu schicken.

Latein. Original. Papier.

1557, 23. Mai, Nagybánya 2324

Franz Boszo, Richter von Nagybanya, teilt dem Bistritzer Rat mit, daß das beim Nagybanyaer Bürger Lucas Literatus liegende Gold des königlichen Kanzlers Michael Chyaky im Namen ihrer Majestät beschlagnahmt worden sei. Der Bistritzer Rat handle daher unrechtmäßig, wenn er dieses Geldes wegen die Gemahlin des Nagybanyaer Bürgers Petrus Meszaros weiter gefangen halte.

Latein. Originalpapierbrief.

Datum in Rivulodominarum dominica rogationum 1557.

1557, 24. Mai, Klausenburg 2325

Stefan Barath, Richter und der Rat von Klausenburg, ersuchen den Bistritzer Rat, dem Klausenburger Lucas Theybel zu seinem Recht zu verhelfen.

Latein. Originalpapierbrief.

Coloswar f. 2 ante Ascensionis 1557.

1557, 26. Mai, Iassy 2326

Alexander, Woiwode der Moldau, ersucht den Bistritzer Rat, seine Truppen nicht zu fürchten, da denselben streng aufgetragen sei, jede Ungerechtigkeit zu vermeiden. Er bittet, ihm die bestellten Wagen zuzuschicken; er werde sie sofort bezahlen.

Latein. Originalpapierbrief.

1557, 1. Juni, Torda 2327

Königin Isabella beauftragt den Bistritzer Richter, das beifolgende Paket Briefe dem nach Rußland reisenden Kaufmann Iwachko zu übergeben, oder – falls er Bistritz schon verlassen haben sollte – es ihm durch einen zuverlässigen Boten nachzusenden, damit er es nach Polen bringe.

Latein. Original. Papier.

1557, 16. Juni, Hermannstadt 2328

Der Rat von Hermannstadt ermahnt den Bistritzer Rat, den auf Bistritz entfallenden Teil der auf dem Tordaer Landtag den Sachsen auferlegten 17.000 Gulden in Gold bis zum 27. Juni nach Hermannstadt zu schicken.

Latein. Originalpapierbrief.

1557, 30. Juni, Torda   2329

Königin Isabella beauftragt den Bistritzer Rat, 132 Fässer nach Deesch führen zu lassen, weil ihre Curie in Thasnad in den letzten Kriegszeiten niedergebrannt und alle dort befindlichen Fässer zerstört worden seien. In einer Nachschrift trägt sie dem Bistritzer Richter auf, mit einem Ratsgeschworenen, der als Kaufmann mit Polen Geschäfte mache, sofort zu ihr zu kommen.

Latein. Originalpapierbrief.

1557, 2. Juli, Torda   2330

Königin Isabella beauftragt den Johann und Benedikt Galatzy de Galatz und Genossen, vom Bistritzer Rat die Auslieferung des Michael Diak, Untertan des Melchior Galatzy de Galatz zu verlangen, der vor einiger Zeit heimlich aus Galatz nach Weißkirch geflohen sei.

Latein. Gleichzeitige Abschrift.

Thorda feria 6 in festo visitacionis Mariae 1557.

1557, 6. Juli, Hermannstadt   2331

Augustinus Zewch, Bürgermeister von Hermannstadt, bestätigt, vom Bistritzer Rat 2.480 Gulden Steuer erhalten zu haben und bemerkt, daß 240 Gulden in Anbetracht der durch Brand zestörten Dörfer Mettersdorf, Treppen, Heidendorf, Lechnitz, Wermesch und Sankt Georgen von der Steuer nachgelassen wurden.

Latein. Original. Papier.

1557, 12. Juli, Iassy   2332

Alexander, Woiwode der Moldau, ersucht den Bistritzer Rat, seinem

Abgesandten Crista die fertiggestellten fünf Wagen und die seit Jahren in Bistritz zurückgebliebenen beiden Wagen zu übergeben und bis nach Bereck führen zu lassen, zur Übernahme der Zahlung aber einen treuen Mann an ihn zu senden, dem er den Preis der Wagen entweder in Geld oder in Rindern bezahlen werde. Auch bittet er, den Klausenburger Richter Stefan Aurifaber, bei dem er mehrere silberne Gegenstände bestellt habe, zur Ablieferung der fertigen Arbeiten aufzufordern.

Latein. Original. Papier.

1557, 17. Juli, Torda 2333

Königin Isabella beauftragt den Bistritzer Rat, den Richter zu dem in Klausenburg abzuhaltenden Landtag zu entsenden.

Latein. Originalpapierbrief.

1557, 23. Juli, Weißenburg 2334

Königin Isabella dankt dem Bistritzer Rat für die treue Gesinnung zu ihr und ihrem Sohn und trägt ihm auf, die gleiche Gesinnung auch dem Moldauer Woiwoden zu erweisen und seine Wagen an den gewünschten Ort zu führen.

Latein. Originalpapierbrief.

1557, 27. Juli, Botoșani 2335

Alexander, Woiwode der Moldau, beruhigt den Bistritzer Rat, daß jene Hütte, die er im Gebirge bei Hozzwmessoe erbaue, nicht eine Räuberherberge, sondern ein Asyl und Obdach für Reisende werden solle.

Latein. Original. Papier.

Botthossan in crastino festi Annae matris Mariae 1557.

1557, 28. Juli, Weißenburg 2336

Königin Isabella beauftragt den Bistritzer Rat, die Lanzen, die Christoforus Hagmasy nach Huszt führen soll, ohne Verzug nach Thelchyk zu bringen.

Latein. Originalpapierbrief.

1557, 6. August, Szucsawa 2337

Alexander, Woiwode der Moldau, dankt dem Bistritzer Rat für das Geschenk und für die Fertigstellung der bestellten Wagen, nur sei der Preis derselben etwas zu hoch. Er ersucht, diese Wagen bis zum 20. August nach Bereck führen zu lassen, wo seine Abgesandten sie übernehmen und bezahlen werden.

Latein. Original. Papier.

Swchavie ipsa die transfigurationis domini 1557.

1557, 12. August, Somkerek 2338

Nicolaus Erdely de Somkerek, Ispan des Szolnoker Komitates, bittet den Bistritzer Rat, seinem Untertanen die bei dem von den Mettersdorfern getöteten Walachen Michael Bogsa vorgefundenen Rinder zu zeigen, da er vermute, daß seine vor einiger Zeit verloren gegangenen Rinder sich darunter befänden.

Ungarisch. Originalpapierbrief.

Ex Somkerek zent lörycnap utan walo cheterteken 1557.

1557, 18. August, Weißenburg 2339

Königin Isabella beauftragt den Bistritzer Rat, den Richter mit einem Geschworenen auf den Landtag nach Klausenburg (27. Sept.) zu schicken.

Latein. Originalpapierbrief.

1557, 21. August, Weißenburg 2340

Königin Isabella trägt Jedermann auf, auf Aufforderung des Bistritzer Rates über die richtigen Hattertgrenzen der Gemeinde Also-Borgo vor Gaspar Zalay und Genossen bei Strafe von 16 Mark wahrheitsgemäß Zeugnis abzulegen.

Latein. Original. Papier.

1557, 23. August, Hermannstadt 2341

Augustin Zewch teilt dem Bistritzer Rat mit, daß er das ihm zugesendete Geld der Königin geschickt habe, daß aber 4 Gulden 55 Denar gefehlt und 13 Gulden 8 Den. Falschgeld darunter gewesen sei. Er bittet, diese 17 Gulden 63 Denar zum Klausenburger Landtag mitzubringen.

Latein. Originalpapierbrief. Beiliegend ein Papierstreifen mit der Bitte, Neuigkeiten aus der Moldau zu berichten.

1557, 31. August, Klausenburg 2342

Königin Isabella dankt dem Bistritzer Rat für die übersendeten Briefe, für die ihr bewiesene Treue und bittet, auch weiterhin die Straßen bewachen zu lassen.

Latein. Originalpapierbrief.

1557, 31. August, Klausenburg 2343

Petrus Pettrowytth bestätigt, vom Bistritzer Rat 1.760 Gulden Steuer erhalten zu haben.

Latein. Original. Papier.

Coloswar f. 3 post Bartholomaei 1557.

1557, 1. September, Klausenburg 2344

Königin Isabella beauftragt den Bistritzer Rat, den Bürger Johann

Ethwes Lodner zu zwingen, sich an den Vergleich zu halten, der in seiner Streitsache mit der Witwe nach Vincenz Zewch, Gemahlin des Petrus Mezaros de Felseo-Banya wegen einer strittigen Erbschaft vor dem Bistritzer Rat abgeschlossen worden ist, oder die ganze Streitsache nochmals zu entscheiden und im Berufungsfalle ihr (der Königin) vorzulegen.

Latein. 2 Gleichzeitige Abschriften vom Bistritzer Ratsnotarius G. Seraphin.

1557, 2. September, Klausenburg 2345

Königin Isabella beauftragt den Bistritzer Rat, 100 Fässer nach Deesch zu schicken.

Latein. Originalpapierbrief.

1557, 9. September, Marmaros-Sziget 2346

Anton Was Zygetthy ersucht den Bistritzer Rat, den neuen Präfekten von Huszt, Hagymassy, zu bitten, sich an die alten Vereinbarungen zwischen Bistritz und der Marmarosch zu halten, wie es seine Vorgänger getan haben.

Latein. Originalpapierbrief.

1557, 14. September, Kolosmonostor 2347

Königin Isabella verleiht das Amt der Zigeunerwoiwoden in Siebenbürgen an Caspar Nagy und Franz Balattffy und spricht denselben alle mit jenem Amte zusammenhängenden Einkünfte zu.

Latein. Gleichzeitige Abschrift vom Ratsnotarius G. Seraphin.

1557, 18. September, Hîrlău 2348

Alexander, Woiwode der Moldau, teilt dem Bistritzer Rat mit, daß er die Wagen erhalten habe und für dieselben je 15 Gulden schicke, weil er den geforderten Preis zu hoch finde, da er im Vorjahre bessere Wagen zu je 12 Gulden aus Kronstadt bezogen habe.

Latein. Originalpapierbrief.

Bachlovia sabato prox. post exaltationis crucis Anno dom. 1557.

1557, 20. September, Klausenburg   2349

Königin Isabella beauftragt den Bistritzer Rat, dafür zu sorgen, daß die Bistritzer Seiler die Seile für die Nagybanyaer Gruben nicht zum Preise eines Guldens für 4 Ellen, sondern wie bisher 5 Ellen für 1 Gulden anfertigen.

Latein. Gleichzeitige Abschrift vom Ratsnotarius Seraphin.

1557, 22. September, Klausenburg   2350

Königin Isabella beauftragt den Matheus Pestesy de Galacz und Genossen, vom Bistritzer Rat die Auslieferung mehrerer Untertanen des Johann Iankaffy junior de Ews zu verlangen, welche in den Bistritzer Distrikt übersiedelt sind.

Latein. Gleichzeitige Abschrift vom Ratsnotarius Seraphin.

Colosvar feria 4. in crastino festi Mathei 1557.

1557, 26. September, Sächsisch-Regen   2351

Der Rat von S.-Regen legt dem Bistritzer Rat, als zweiter Instanz, die Streitsache zwischen dem Regener Bürgermeister Georg Niger und dem Bürger Martin Bien zur Entscheidung vor.

Latein. Originalpapierbrief.

Regen dominico die ante Michaelis 1557.

1557, 1. Oktober, Hermannstadt   2352

Der Rat von Hermannstadt ersucht den Bistritzer Rat, den auf Bistritz entfallenden Teil der auf dem letzten Landtag den Sachsen auferlegten 14.000 Gulden unverzüglich einzusenden und gemäß Auftrag der Königin überall in Stadt und Distrikt bekanntzugeben, daß alle diejenigen, die als Fußsoldaten für zwei Gulden, als Reiter für drei Gulden monatlichen Sold Kriegsdienste leisten wollen, sich nach Klausenburg begeben sollen.

Latein. Originalpapierbrief.

1557, 2. Oktober, Bistritz　　　　　　　　　　　　　　　　　　　　**2353**

Simon Waradiensis, Nicolaus Zekel und Thomas Török, Zigeunervicewoiwoden, bekennen, vom Bistritzer Rat 8 fl Zigeunerzins erhalten zu haben.

Latein. Original. Papier.

Bistriciae quarto die post Michaelis 1557.

1557, 3. Oktober, Klausenburg　　　　　　　　　　　　　　　　　　**2354**

Königin Isabella beauftragt den Bistritzer Rat, für ihr unter Petrowytth und Balassa nach Ungarn entsandtes Heer 20 Wagen mit Lebensmitteln abzuführen.

Latein. Originalpapierbrief.

1557, 6. Oktober, Klausenburg　　　　　　　　　　　　　　　　　　**2355**

Königin Isabella beauftragt den Bistritzer Rat, ihrem Gesandten Johann Rwpnyowczky, der nach Polen reisen soll, zuverlässige Führer über die Gebirge in die Marmarosch mitzugeben.

Latein. Originalpapierbrief.

1557, 8. Oktober, Klausenburg　　　　　　　　　　　　　　　　　　**2356**

Königin Isabella beauftragt den Bistritzer Rat, ein Falconet (Tarazk) mit Kugeln, Pulver und Pferden dem Grafen Petrowyth zum Heer nach Ungarn zu schicken.

Latein. Originalpapierbrief.

1557, 12. Oktober, Klausenburg 2357

Königin Isabella gestattet dem Bistritzer Rat, die Streitsache zwischen Margaretha, der Witwe des Bistritzer Bürgers Vincenz Zewch und Johann Ethwes Lodner aus Bistritz selbst zu entscheiden und im Berufungsfalle der Appellationsinstanz und nicht ihr vorzulegen.

Latein. Original. Papier, durch Feuchtigkeit stark beschädigt.

Coloswar feria 3. prox. ante Galli 1557.

1557, 12. Oktober 2358

Anton Wyczey, Richter von Klausenburg, bestätigt, vom Bistritzer Rat 2.920 Gulden Steuer erhalten zu haben.

Latein. Original. Papier.

feria 3 ante Galli 1557.

1557, 14. Oktober, Bistritz 2359

Melchior Kecheti, Mathias Fichor, Gregor Zekely, Johann und Benedikt Galaci bezeugen als entsandte Richter, daß sie eine Begehung der zwischen Franz Apafy und dem Bistritzer Rat strittigen Wiesen vorgenommen haben.

Ungarisch. Original. Papier.

Ez level keult Beztercen zent gal nap eleot valo ceoteorteken 1557.

1557, 26. Oktober 2360

Johann Zalanchi und Georg Hamway ersuchen den Bistritzer Rat, ihre Leute am Weineinkauf nicht zu hindern.

Ungarisch. Originalpapierbrief.

kevlt zent demeter napjan anno dom. 1557.

1557, 30. Oktober, Hermannstadt 2361

Der Rat von Hermannstadt ersucht den Bistritzer Rat, den Martinszins ohne Verzug einzuzahlen.

Latein. Originalpapierbrief.

1557, 1. November, Komlod 2362

Ursula Komlodi, Witwe nach Blasius Vas, schreibt dem Bistritzer Richter Gregor Thymar in Sachen der Fischerei in den Teichen bei Sankt-Georgen.

Ungarisch. Gleichzeitige Abschrift vom Ratsnotarius Seraphin.

1557, 4. November, Klausenburg 2363

Königin Isabella trägt dem Mathias Fychor de Mogioros und Genossen auf, vom Bistritzer Rat die Auslieferung eines Untertanen des Stefan Erdely zu fordern, der vor zwei Jahren aus Ober-Blasendorf nach Heidendorf entflohen sei.

Latein. Gleichzeitige Abschrift vom Ratsnotarius Seraphin auf einem Halbbogen mit der Abschrift der Urkunde vom 5. November 1557.

Colosvar 4 die Novembr. 1557.

1557, 5. November, Klausenburg 2364

Königin Isabella teilt allen Behörden mit, daß sie gegen die anrückende moldauische Streitmacht Truppen unter Stefan Chereny und Nicolaus Erdely abgeschickt habe und gebietet, alle Aufträge dieser Männer auszuführen, die sich auf Lieferung von Lebensmitteln beziehen.

Latein. Gleichzeitige Abschrift vom Ratsnotarius Seraphin auf einem Halbbogen mit der Abschrift der Urkunde vom 4. November 1557.

Datum in Colosvar feria 6 prox. omnium sanctorum 1557.

1557, 6. November, Klausenburg 2365

Königin Isabella beauftragt den Bistritzer Rat, dem Vorzeiger des Briefes sofort einen zuverlässigen Führer in die Moldau und ein gutes Pferd zu geben.

Latein. Originalpapierbrief.

1557, 7. November, Retteg 2366

Melchior Margay ersucht den Bistritzer Rat, nach dem entsprungenen Stefan Dobo überall fahnden und ihn ergreifen zu lassen; die Königin werde den reich belohnen, der ihr Dobo bringe. Auf der Rückseite steht die Aufforderung, falls zwei oder drei Polen nach Bistritz kämen, diese sofort anzuhalten und ihn davon zu verständigen.

Latein. Originalpapierbrief.

Rettegh die dominico an. f. Martini 1557.

1557, 7. November, Hermannstadt 2367

Der Rat von Hermannstadt ladet den Bistritzer Rat zum Katharinal-Conflux ein.

Latein. Originalpapierbrief.

1557, 8. November, Klausenburg 2368

Königin Isabella beauftragt den Hermannstädter Rat, aus der Hermannstädter und Bistritzer Gegend Getreide ins Lager zu führen.

Latein. Papier. Abschrift aus der Hermannstädter Ratskanzlei als Beilage zum Brief des Hermannstädter Rats vom 13. November 1557.

1557, 11. November, Klausenburg 2369

Königin Isabella beauftragt den Bistritzer Rat, dem Moldauer Gesandten und den ihn begleitenden Stanislaus Nysowsky auf ihrer Rückreise in die Moldau gute Pferde zur Verfügung zu stellen.

Latein. Originalpapierbrief.

1557, 12. November, Hermannstadt   2370

Der Rat von Hermannstadt teilt dem Bistritzer Rat mit, daß die Königin durch Georg Hamway der Sächsischen Nation aufgetragen habe, sofort 2.000 Mann ins Feld zu stellen oder die übliche Geldablösung zu zahlen, da König Ferdinand sich noch immer nicht zurückgezogen habe und mehrere Komitate besetzt halte. Die Königin habe die Moldauer, Wlachen und Türken zu Hilfe gerufen. Daher ersucht der Hermannstädter Rat, sofort zwei Abgesandte nach Klausenburg zur Beratung zu schicken, diesen den Martinszins mitzugeben und ihnen aufzutragen, von dort nach Hermannstadt zur Sitzung der Sächsischen Universität zu kommen.

Latein. Originalpapierbrief.

1557, 13. November, Hermannstadt   2371

Der Rat von Hermannstadt übersendet dem Bistritzer Rat einen Brief der Königin vom 8. Nov. 1557 (Nr. 2368) in Abschrift und ersucht, den Befehl derselben, der sich auf Lieferung von Lebensmitteln ins Lager von Ungarn bezieht, ohne Verzug auszuführen.

Latein. Originalpapierbrief.

1557, 10. Dezember, Klausenburg   2372

Königin Isabella gibt ihrem Abgesandten, dem königlichen Mundschenk Stanislaus Liganza, ein Beglaubigungsschreiben an den Bistritzer Rat mit.

Latein. Originalpapierbrief.

1557, 15. Dezember, Klausenburg   2373

Königin Isabella teilt dem Bistritzer Rat mit, daß sie seinen und des Woiwoden Alexander Brief erhalten habe und versichert, daß der Inhalt des letzten Briefes viel eher einer Unaufmerksamkeit des Notarius des Woiwoden, als der bösen Gesinnung des Woiwoden zuzuschreiben sei.

Vom Woiwoden sei nichts zu befürchten, da derselbe stets ein Freund von ihr und ihrem Sohne gewesen sei.

Latein. Originalpapierbrief.

1557, 15. Dezember, Hermannstadt 2374

Augustin Zewch, Bürgermeister von Hermannstadt, bestätigt, vom Bistritzer Rat durch Caspar Kyrsner und Martin Lerneser 156 Gulden 25 Denar vom Klausenburger 2.000 Gulden-Aufschlag erhalten zu haben. 163 Gulden 75 Denar wurden nachgelassen auf Rechnung der durch Brand heimgesuchten Gemeinden Mettersdorf, Treppen, Heidendorf, Lechnitz, Wermesch und Sankt-Georgen.

Latein. Original. Papier.

1557, 18. Dezember, Nagyfalu 2375

Blasius Miko ersucht den Bistritzer Richter Gregor Thymar, das seinen Untertanen in Borgo gehörende Heu nicht wegnehmen und wegführen zu lassen.

Ungarisch. Originalpapierbrief.

Datae ex naghfalw Sabbato post Luciae Anno dom. 1557.

1557, 18. Dezember, Hermannstadt 2376

Augustin Zewch bestätigt, daß die Bistritzer den Martinszins gezahlt haben.

Latein. Original. Papier.

1557, 22. Dezember, Klausenburg 2377

Königin Isabella beauftragt den Bistritzer Rat, die beigefügten Briefe durch einen zuverlässigen Boten sofort an Alexander, Woiwoden der Moldau, zu übersenden.

Latein. Originalpapierbrief.

1557, 22. Dezember, Klausenburg   2378

Königin Isabella beauftragt den Bistritzer Rat, ihr die von ihrem Kommissär gekauften Krautköpfe ohne Verzug zu übersenden.

Latein. Originalpapierbrief.

1557, 29. Dezember, Klausenburg   2379

Königin Isabella beauftragt den Bistritzer Rat, für die beigefügte Geldsumme 200 Kübel Hafer zu kaufen und sofort nach Klausenburg zu schicken.

Latein. Originalpapierbrief.

1557, 29. Dezember, Klausenburg   2380

Königin Isabella beauftragt den Bistritzer Rat, den Adam Bwchyck, der zur Wiederherstellung seiner Gesundheit nach Bistritz kommen werde, gastfreundlich und ehrenvoll aufzunehmen.

Latein. Original. Papier.

1557   2381

Auf 13 schmalen Papierstreifen Bemerkungen über die Steuerzahlungen der Bistritzer für die beiden Borgo und für Weißkirch.

Latein. Original. Papier.

1558, 3. Januar, Klausenburg   2382

Anton Wyczey bestätigt, vom Bistritzer Rat 1.400 Gulden Steuergelder empfangen zu haben.

Latein. Original. Papier.

f. 2. post circumcisionis 1558.

1558, 5. Januar, Deesch 2383

Mattheus Hencz ersucht den Bistritzer Richter, den um 40 Gulden für die Königin gekauften Hafer zurückzunehmen, da die Königin jene Geldsumme benötige.

Latein. Originalpapierbrief.

Dees f. 4 an. pauli heremitae 1558.

1558, 6. Januar, Klausenburg 2384

Königin Isabella beauftragt den Bistritzer Rat, 1000 Reiter und 1000 Büchsenschützen für den deutschen Feldzug auszurüsten und nach Klausenburg zu schicken. In einer Nachschrift steht der Befehl, den Fußsoldaten nicht mehr als 2 Gulden Sold zu geben.

Latein. Originalpapierbrief.

1558, 8. Januar, Klausenburg 2385

Königin Isabella beauftragt den Bistritzer Rat, sofort 1000 Lanzen nach Klausenburg zu schicken.

Latein. Originalpapierbrief.

1558, 12. Januar, Dürrbach 2386

Nicolaus Gereb de Zenthmyhal, „victualium exactor", ersucht den Bistritzer Rat, sechs Marderfelle auf seine Rechnung zu kaufen und ihm zu schicken.

Latein. Originalpapierbrief, von Mäusen beschädigt.

Dypse feria quarta post pauli heremitae 1558.

1558, 13. Januar, Sächsisch-Regen 2387

Nicolaus Gereb de Zentmyhal, „volacorum Moldowanorum director", teilt dem Bistritzer Rat mit, daß er auf Befehl der Majestäten seine Truppen in die Gegend von Dürrbach und Lechnitz verlegen müsse.

Latein. Originalpapierbrief.

Ex Regen feria 5 post pauli heremitae 1558.

1558, 13. Januar, Sächsisch-Regen 2388

Nicolaus Gereb de Zentmyhal ermahnt die Dürrbächer, Hab und Gut in ihre Burg zu führen, da das Walachen-Heer in ihre Gegend kommen werde.

Latein. Originalpapierbrief.

f. 5 post Pauli eremitae 1558.

1558, 14. Januar, Szucsawa 2389

Alexander, Woiwode der Moldau, bittet den Bistritzer Rat, dem Vorzeiger des Briefes, welcher als Bote an die Königin geht, ein Pferd zu geben, damit er seine Aufgabe rascher erfüllen kann.

Latein. Originalpapierbrief.

1558, 15. Januar, Lechnitz 2390

Nicolaus Gereb de Zenthmyhal „director gentium Moldowanarum", ersucht, seinem Boten, der sich an den Königshof begibt, ein Pferd zu geben.

Latein. Original. Papier.

1558, 17. Januar, Hermannstadt 2391

Der Rat von Hermannstadt teilt dem Bistritzer Rat mit, daß er Gesandte an die Königin geschickt habe, welche bitten sollen, daß die Sachsen bloß 1000 Büchsenschützen ins Feld stellen sollen. Die Gesandten seien aber noch nicht zurückgekehrt und daher sei es nötig, die

Aushebungen so vorzunehmen, als ob 2000 Büchsenschützen zu stellen seien.

Latein. Originalpapierbrief.

1558, 20. Januar, Mittelberg 2392

Der Rat von Mediomons übersendet dem Bistritzer Rat die Zeugenaussage der Frau des Peter Meszaros, Witwe nach Vincenz Zewch, darüber, daß ihr Bruder Jakob Zewch für das Geld, das sie vom Bistritzer Farkas erhalten habe, niemals Bürge gewesen sei.

Ungarisch. Originalpapierbrief.

1558, 21. Januar, Klausenburg 2393

Königin Isabella beauftragt den Bistritzer Rat, den Richter an ihren Hof zu schicken, damit er den Verhandlungen mit der Pforte beiwohne.

Latein. Originalpapierbrief.

1558, 23. Januar, Szucsawa 2394

Alexander, Woiwode der Moldau, dankt dem Bistritzer Rat, daß er ihm den Chirurgen Andreas geschickt habe; weil derselbe aber erklärt habe, zur Heilung des Augenleidens Kräuter zu benötigen, die im Mai wachsen, schicke er ihn jetzt nach Hause mit der Bitte, ihn im Mai wieder zu ihm zu senden.

Latein. Originalpapierbrief.

1558, 23. Januar, Szucsawa 2395

Alexander, Woiwode der Moldau, übersendet mit seinem Diener Lazarus mehrere gemästete Schweine und bittet, beim Verkauf derselben behilflich zu sein.

Latein. Originalpapierbrief.

1558, 25. Januar, Klausenburg 2396

Königin Isabella befiehlt, 200 Kübel Hafer nach Klausenburg zu schicken.

Latein. Originalpapierbrief.

1558, 25. Januar, Hermannstadt 2397

Der Rat von Hermannstadt ersucht den Bistritzer Rat, die Steuer von 6.000 fl einzutreiben, welche als zweimonatiger Sold für 2000 Mann gilt.

Latein. Originalpapierbrief.

1558, 29. Januar, Sächsisch-Regen 2398

Der Rat von Regen legt dem Bistritzer Rat die berufene Streitsache zwischen den Bürgern Laurenz Orth und Lawrenz Brenner zur Entscheidung vor. Auf der Rückseite steht die Entscheidung des Bistritzer Rates.

Latein. Originalpapierbrief.

Regen feria 7 post conversionis divi Pauli 1558.

1558, 30. Januar, Szucsawa 2399

Alexander, Woiwode der Moldau, bittet den Bistritzer Rat, seinem Gesandten Bolyan und dem Gesandten des Woiwoden der Walachei, Myrche, welche mit wichtigen Nachrichten an den Hof gehen, die nötigen Pferde zur Verfügung zu stellen.

Latein. Originalpapierbrief.

1558, 30. Januar, Kronstadt 2400

Johann Benkner bittet den Bistritzer Lenard Waldorffer, die übersendeten Güter in seinem Gewölbe aufzubewahren und dieselben dem Zackel Wornyk auf sein Begehren gegen eine Quittung auszufolgen.

Deutsch. Originalpapierbrief.

1558, 2. Februar, Szucsawa — 2401

Alexander, Woiwode der Moldau, ersucht den Bistritzer Rat dem Gesandten des Sultans, der in Begleitung mehrerer Moldauer an den ungarischen Hof geht, die nötigen Pferde zur Verfügung zu stellen.

Latein. Originalpapierbrief.

1558, 4. Februar, Klausenburg — 2402

Anton Wyczey bestätigt, vom Bistritzer Richter Gregor Thymar und dem Geschworenen Caspar Zewch 1.480 Gulden Steuer erhalten zu haben.

Latein. Original. Papier.

f. 6 post Purificationis 1558.

1558, 6. Februar, Klausenburg — 2403

Königin Isabella trägt dem Bistritzer Rat erneut auf, auf ihre Rechnung sofort 200 Kübel Hafer einzukaufen und nach Klausenburg führen zu lassen.

Latein. Originalpapierbrief.

1558, 11. Februar, Hermannstadt — 2404

Petrus Haller bestätigt, vom Bistritzer Richter Gregor Thymar 250 Gulden Steuer erhalten zu haben.

Latein. Original. Papier. Auf einem Papierstreifen eine 2. Quittung über 70 fl.

1558, 12. Februar, Klausenburg — 2405

Königin Isabella beauftragt den Bistritzer Rat, den Gesandten des Sultans durch einen zuverlässigen Mann über das Gebirge führen zu lassen.

Latein. Originalpapierbrief.

1558, 14. Februar, Marmaros-Sziget 2406

Anton Vas de Zygeth, Vicecomes der Marmarosch, ersucht den Bistritzer Rat, nach jenen Räubern zu fahnden, die bei einer großen Verfolgung aus der Marmarosch in den Bistritzer Distrikt geflohen sind.

Latein. Originalpapierbrief.

1558, 18. Februar, Klausenburg 2407

Franz de Kend ersucht den Bistritzer Richter, den Untertan Seres Michael des Anton Kendy aus der Haft zu entlassen. Auf der Rückseite steht die Bemerkung, daß der Gefangene entlassen wurde.

Ungarisch. Originalpapierbrief.

Koloswar feria 6 post walentini 1558.

1558, 21. Februar, Klausenburg 2408

Königin Isabella beauftragt den Bistritzer Rat, den Landtag in Torda durch zwei Abgeordnete zu beschicken.

Latein. Originalpapierbrief.

1558, 25. Februar, Szucsawa 2409

Alexander, Woiwode der Moldau, ersucht den Bistritzer Rat, seinem Gesandten Bole, der an den ungarischen Hof geht, die nötigen Pferde zur Verfügung zu stellen.

Latein. Originalpapierbrief.

1558, 29. Februar, Klausenburg 2410

Königin Isabella beauftragt den Bistritzer Rat, 200 Kübel Hafer einzukaufen und nach Klausenburg zu schicken.

Latein. Originalpapierbrief.

1558, 4. März, Hermannstadt 2411

Der Rat von Hermannstadt ermahnt den Bistritzer Rat, die fällige Steuer zu zahlen.

Latein. Originalpapierbrief.

1558, 6. März, Retteg 2412

Melchior Margay ersucht den Bistritzer Richter Gregor Thymar, dem Untertanen Christoph Igartho Recht zu verschaffen.

Ungarisch. Originalpapierbrief.

Rettegen Bweytbe masodik vasarnapon 1558.

1558, 15. März, Klausenburg 2413

Anton Wyczey bestätigt, von den Bistritzern 960 Gulden Soldgeld erhalten zu haben.

Latein. Original. Papier.

f. 3 post Gregory 1558.

1558. 17. März, Szent-Iván 2414

Franz Kendi de Szent-Ivan ersucht den Bistritzer Rat, seine vier Untertanen zurückzuschicken, die in den Bistritzer Distrikt gezogen sind.

Ungarisch. Originalpapierbrief.

1558, 9. April, Hermannstadt 2415

Der Rat von Hermannstadt mahnt den Bistritzer Rat zur Steuerzahlung und ladet für den 24. April zur Universitätssitzung ein.

Latein. Originalpapierbrief.

1558, 11. April, Weißenburg   2416

Königin Isabella beauftragt die Sächsische Universität, die Steuer von 15.000 Gulden ohne Verzug einzuheben und abzuführen.

Latein. Gleichzeitige Abschrift aus der Hermannstädter Kanzlei als Beilage zum Brief des Hermannstädter Rates vom 13. April 1558.

1558, 13. April, Hermannstadt   2417

Der Rat von Hermannstadt übersendet dem Bistritzer Rat einen königlichen Auftrag in Abschrift und ersucht, die verlangte Steuer ohne Verzug zu zahlen.

Latein. Originalpapierbrief.

1558, 18. April, Weißenburg   2418

Königin Isabella ladet den Bistritzer Rat zur Hochzeit der Witwe des Georg Machkassy mit dem Präfekten von Deva, Marcus Oseczky, ein.

Latein. Originalpapierbrief.

1558, 19. April, Mittelberg   2419

Der Rat von Mediomonte übersendet dem Bistritzer Rat die Zeugenaussage des Peter Meszaros über das Geld, welche er vom Bistritzer Bürger Farkas entliehen hat.

Ungarisch. Originalpapierbrief.

Ex Mediomonte 19 Aprilis Anno 1558.

1558, 20. April, Weißenburg   2420

Königin Isabella und Johann Sigismund fordern den Bistritzer Rat auf, zwei geeignete Männer nach Weißenburg zur Verhandlung über eine wichtige Gesandtschaftsnachricht des französischen Königs zu schicken.

Latein. Originalpapierbrief.

1558, 25. April, Marmaros-Sziget 2421

Anton Was de Zygeth, Vicegespan des Marmaroscher Komitates, ersucht den Bistritzer Rat, die neun Untertanen des Andreas Koteck gefangen zu nehmen, die unter Mitnahme von Silber und Geld geflüchtet seien und sich in der Rodnaer Gegend verborgen hielten.

Latein. Originalpapierbrief.

Ipso die Marci Evangelistae 1558.

1558, 25.–29. April, Bistritz 2422

Bemerkung des Bistritzer Rates, daß der wegen schwerer Körperverletzung eingekerkerte Gelaszyn aus Borgo auf Verwendung der ungenannten Fidejussores auf freien Fuß gesetzt wurde. Beiliegend ein Zettel mit einer gleichen Bemerkung für Langa Floyra aus Borgo vom 30. November 1558.

Latein. Original. Papier.

1558 feria... ante Philippi et Jacobi.

1558, 28. April, Szamos-Ujvár 2423

Der Kapitän von Ujvár ersucht den Bistritzer Richter, Ziegeln nach Ujvár führen zu lassen.

Ungarisch. Originalpapierbrief.

1558, 29. April, Maros-Vásárhely 2424

Königin Isabella beauftragt den Caspar Zalay und Genossen, den Blasius Myko als Vormund der Söhne des Nicolaus Apaffy binnen acht Tagen vor die Königin vorzuladen, damit die Verhandlungen über die Übergriffe, die sich der Genannte in Felsö-Borgo zum Schaden der Bistritzer erlaubt hat, geführt würden.

Latein. Original. Papier, beschädigt. Auf der Rückseite Bemerkungen über den weiteren Verlauf des Prozesses.

Zekel Vasarhel feria 6 post Georgii 1558.

1558, 29. April, Hermannstadt 2425

Augustin Zewch bestätigt den Empfang von 160 Gulden, welche die Bistritzer als Anteil von 1000 Gulden gezahlt haben, die die Sachsen sich selbst zur Deckung von Provinzialausgaben aufgeschlagen haben.

Latein. Original. Papier.

1558, 2. Mai, Bistritz 2426

Radwly, Sohn des Hawasalffeldi Zokoly, bestätigt, die Rinder seines Vaters empfangen zu haben, welche sich bei Lenart Zewch in Bistritz befanden.

Ungarisch. Original. Papier.

Byztricia feria 2 post Philipi et Jacobi 1558.

1558, 6. Mai, Weißenburg 2427

Königin Isabella beauftragt den Bistritzer Rat, den Anteil vom 1000 Gulden-Aufschlag sofort an sie zu bezahlen.

Latein. Originalpapierbrief.

1558, 6. Mai, Hermannstadt 2428

Augustin Zewch, Bürgermeister von Hermannstadt, teilt dem Bistritzer Rat mit, daß auf Befehl des Sultans sowohl der Woiwode der Moldau als auch Mirche, der Woiwode der Walachei, sich zu einem Einfall nach Siebenbürgen rüsteten. Er ersucht, Kundschafter in die Moldau zu schicken und mitzuteilen, was Wahres an den obigen Gerüchten sei.

Latein. Originalpapierbrief.

1558, 11. Mai, Hermannstadt 2429

Der Rat von Hermannstadt teilt dem Bistritzer Rat mehrere Entscheidungen der Königin über die Zahlung der fälligen Steuer mit und ersucht, darüber zu wachen, daß den Geistlichen nicht die schlechtesten Früchte als Zehnt gegeben würden.

Latein. Originalpapierbrief.

1558, 18. Mai, Sajo-Udvarhely 2430

Lucas Zekell de Sajo-Udvarhely und Stefan Modra de Zenthandras berichten den königlichen Majestäten, daß sie im Sinne ihres Auftrages nach Apanagyfalu gegangen und dort den Blasius Miko zur Verhandlung wegen Borgo eingeladen hätten.

Latein. Gleichzeitige Abschrift. Papier.

In vigilia ascensionis dom. 1558.

1558, 19. Mai, Weißenburg 2431

Königin Isabella bestätigt, vom Bistritzer Rat 1.700 Goldgulden vom 15.000 Gulden-Aufschlag erhalten zu haben.

Latein. Original. Papier.

1558, 21. Mai, Marmaros-Sziget 2432

Anton Was de Zyget, Vicecomes der Marmarosch, teilt dem Bistritzer Rat mit, daß er an der Zurückbehaltung des gekauften Viehs nicht Schuld trage, sondern sein Herr, der Präfekt von Huszt, Christoph Hagymas de Beregzo, an den sich der Rat in dieser Sache wenden möge.

Latein. Originalpapierbrief.

1558, 22. Mai, Hermannstadt 2433

Der Rat von Hermannstadt erinnert zuerst an den auf den 5. Juni nach Weißenburg einberufenen Landtag; sodann werden Beschwerden genannt, welche bei der Königin vorgebracht werden müssen, weil sie sich auf die Rechte und Freiheiten der Sachsen beziehen.

Latein. Originalpapierbrief. Auf dem einen beiliegenden Papierstreifen wird über starke Rüstungen des Moldauer Woiwoden berichtet, auf dem zweiten wird gebeten, Neuigkeiten aus der Moldau mitzuteilen.

1558, 30. Mai, Hermannstadt 2434

Der Rat von Hermannstadt teilt dem Bistritzer Rat den neuerlichen Befehl der Königin mit, sofort 1000 wohlausgerüstete Büchsenschützen auf das Kereztes-Feld zu schicken. Er bittet, über Nachrichten aus der Moldau sofort nach Hermannstadt zu berichten.
Latein. Originalpapierbrief.

1558, 31. Mai, Weißenburg 2435

Königin Isabella dankt dem Bistritzer Rat für die fleißigen Berichte aus der Moldau und bittet, sie fortzusetzen.
Latein. Originalpapierbrief.

1558, 2. Juni, Hermannstadt 2436

Der Rat von Hermannstadt dankt dem Bistritzer Rat dafür, daß er die Einstellung der Kriegsrüstungen zu einer Moldauer Expedition erwirkt habe.
Latein. Originalpapierbrief.

1558, 7. Juni, Marmaros-Sziget 2437

Anton Was de Zyghet, Vicecomes der Marmarosch, teilt dem Bistritzer Rat mit, daß nach den Aussagen einiger hingerichteter Räuber, der in der Bistritzer Gegend wohnende walachische Presbyter Teodor der Haupträuber sei. Er ersucht, denselben zu ergreifen und zu bestrafen.
Latein. Originalpapierbrief.

1558, 10. Juni, Bistritz 2438

Franz Mailath und Nicolaus Lengyell bestätigen, vom Bistritzer Rat die Zigeunersteuer mit 6 fl erhalten zu haben.

Latein. Original. Papier.

1558, 14. Juni, Marmaros-Sziget 2439

Anton Was de Zygeth, Vicecomes der Marmarosch, dankt dem Bistritzer Rat für die Mitteilung, daß jener Presbyter gefangen ist. Er bittet mit der Aburteilung zu warten, da noch einige Personen ihre Anklagen gegen denselben vorbringen wollen.

Latein. Originalpapierbrief.

1558, 15. Juni, Marmaros-Sziget 2440

Der Rat von Sziget schickt die Witwe des vor einem Jahre von Räubern getöteten Benedikt Literatus an den Bistritzer Rat, damit sie da ihre Aussagen gegen den Räuber, den walachischen Presbyter mache, der noch immer einiges von den Sachen ihres Mannes besitze. Auf der Rückseite steht die Bemerkung des Bistritzer Rates, daß der Presbyter Theodor am 22. Juni gekreuzigt worden ist.

Latein. Originalpapierbrief.

Ex Zyghet ipso die Viti Anno 1558.

1558, 16. Juni, Marmaros-Sziget 2441

Anton Was de Zyghet, Vicecomes der Marmarosch, teilt dem Bistritzer Rat neue Beweise dafür mit, daß der Presbyter Teodor ein Räuber sei und bittet, denselben zu bestrafen.

Latein. Originalpapierbrief.

1558, 29. Juni, Weißenburg　　　　　　　　　　　　　2442

Königin Isabella gebietet, 1000 Soldaten vollständig auszurüsten und unter Anführung des Königrichters und zweier Senatoren auf das „Kereztes"-Feld zu schicken, da das deutsche Heer im Anmarsch sei.

Latein. Gleichzeitige Abschrift. Papier.

1558, 29. Juni, Hermannstadt　　　　　　　　　　　　2443

Der Rat von Hermannstadt ermahnt den Bistritzer Rat, nach den Bestimmungen des letzten Landtages das Kriegsvolk gut auszurüsten und in Bereitschaft zu halten.

Latein. Originalpapierbrief.

1558, 5. Juli, Weißenburg　　　　　　　　　　　　　　2444

Königin Isabella und Johann Sigismund tragen dem Hermannstädter Rat strengstens auf, sofort 2000 wohlausgerüstete Büchsenschützen auf das Kreutzer-Feld (bei Thorda) zu schicken.

Latein. Gleichzeitige Abschrift aus der Hermannstädter Kanzlei als Beilage zum Brief des Hermannstädter Rates vom 7. Juli 1558.

1558, 7. Juli, Hermannstadt　　　　　　　　　　　　　2445

Der Rat von Hermannstadt übersendet dem Bistritzer Rat das königliche Schreiben vom 5. Juli 1558 in Abschrift und ersucht im Sinne dieses Schreibens, sofort den auf Bistritz entfallenden Teil der 2000 Büchsenschützen auszurüsten.

Latein. Originalpapierbrief.

1558, 8. Juli, Weißenburg　　　　　　　　　　　　　　2446

Königin Isabella beauftragt den Hermannstädter Rat, 2000 Fußsoldaten auszurüsten und aufs Kreutzer-Feld zu schicken.

Latein. Gleichzeitige Abschrift. Papier.

1558, 9. Juli, Hermannstadt 2447

Der Rat von Hermannstadt teilt dem Bistritzer Rat den Befehl der Königin mit, daß von den Sachsen 2000 Fußsoldaten auszurüsten seien, auch wenn ein Soldat mehr als 2 Gulden Monatssold verlange. Er ersucht, das Erforderliche wegen des Bistritzer Aufgebotes zu veranlassen.

Latein. Gleichzeitige Abschrift. Papier.

1558, 12. Juli, Weißenburg 2448

Königin Isabella beglaubigt auf Bitten der Bistritzer Kürschner die Urkunde des Konvents von Kolosmonostor vom 5. Nov. 1519 (Nr. 673) mit den Urkunden der Könige Ludwig II. vom 16. März 1519 (Nr. 658) und Wladislaus II. vom 9. August 1513 (Nr. 569), in welchen den Kürschnern in den siebenbürgischen Städten das alte Recht bestätigt wird, den Handel mit Fellen allein treiben zu dürfen.

Latein. Original. Pergament. Siegel an rot-grün-lila Seidenschnur angehängt. Beiliegend eine Abschrift aus dem 17. Jahrhundert.

1558, 13. Juli, Szucsawa 2449

Alexander, Woiwode der Moldau, dankt dem Bistritzer Rat für das übersendete Geschenk und verspricht, in allen Angelegenheiten stets dienstbereit zu sein.

Ungarisch. Originalpapierbrief.

Ez lewel kolt swcwyan sent margit azson napyan 1558.

1558, 16. Juli, Sächsisch-Regen 2450

Der Rat von Regen legt dem Bistritzer Rat die berufene Streitsache zwischen Blasius Weiß und Andreas Fritsch aus Regen zur Entscheidung vor. Auf der Rückseite steht die Entscheidung des Bistritzer Rates.

Latein. Originalpapierbrief.

Regen Sabbato post Divisionis apostolorum 1558.

1558, 5. August, Thorda 2451

Georg Hamway bittet den Bistritzer Bürger Lenart Zewch, seinen Leuten die Kästen auszufolgen.

Ungarisch. Originalpapierbrief.

Thordan zent Lewrinch nap eleot vallo pentekhen 1558.

1558, 11. August, Thorda 2452

Sebastian Literatus, Richter von Torda, bestätigt, vom Bistritzer Rat durch Wolfgang Iffyw 960 Gulden Steuer erhalten zu haben.

Latein. Original. Papier.

f. 5 post Laurentii 1558.

1558, 20. August, Folt 2453

Georg Hamway bittet den Bistritzer Bürger Leonhardt Zewch, die Kästen seinen Leuten ausfolgen zu wollen.

Ungarisch. Originalpapierbrief.

Folton nagy bodok azzon nap utan vallo vasarnap 1558.

1558, 28. August 2454

Blasius Irger von Sächsisch-Regen bekennt, vom Bistritzer Ratsherrn Leonhard Werner 50 Gulden als eine alte Schuld an seinen Bruder Oswald Goltschmyd erhalten zu haben.

Deutsch. Original. Papier.

am Montag nach Bartholomäi 1558.

1558, 29. August, Bistritz 2455

Johann Zekely bestätigt im Namen seines Herrn Georg Hamway, vom Bistritzer Bürger Lenart Zewch drei Kästen übernommen zu haben.

Ungarisch. Original. Papier.

1558, 2. September, Torda 2456

Sebastian Literatus, Richter von Torda, bestätigt, vom Bistritzer Rat 960 Gulden Steuer erhalten zu haben.

Latein. Originalpapierbrief.

f. 6 ante Nativitatis Mariae 1558.

1558, 3. September, Weißenburg 2457

Königin Isabella und Johann II. beauftragen den Bistritzer Rat, den am 29. Sept. in Weißenburg zusammentretenden Landtag zu beschicken, wo auch der Wille und Befehl des Sultans bekanntgegeben wird. Zum Schluß folgt die Mitteilung, daß die beiden Kendy und Franz Bebek wegen Verrat hingerichtet wurden.

Latein. Originalpapierbrief.

1558, 3. September, Weißenburg 2458

Augustin Zewch teilt dem Bistritzer Rat die Hinrichtung der beiden Kendy und des Franz Bebek mit und ersucht, im Sinne des königlichen Auftrags die Steuer unverzüglich nach Weißenburg zu senden.

Latein. Originalpapierbrief.

Sabbato post Egidii 1558.

1558, 3. September, Sächsisch-Regen 2459

Der Rat von Regen legt dem Bistritzer Rat die berufene Streitsache zwischen Margaretha, der Witwe des Christoph Koeler und Paul Koeler zur Entscheidung vor. Auf der Rückseite die Entscheidung des Bistritzer Rates.

Latein. Originalpapierbrief.

Regen feria 7 ante Nativitatis Mariae virginis 1558.

1558, 16. September, Weißenburg — 2460

Königin Isabella teilt dem Bistritzer Rat mit, daß sie von der Sächsischen Universität 4.000 Gulden geliehen habe. Sie gebietet, den Bistritzer Anteil davon nach Hermannstadt zu schicken.

Latein. Original. Papier.

1558, 18. September, Hermannstadt — 2461

Der Rat von Hermannstadt fordert vom Bistritzer Rat die sofortige Einzahlung der der Nation auferlegten Steuer von 4.000 Gulden.

Latein. Originalpapierbrief.

1558, 3. Oktober, Sächsisch-Regen — 2462

Der Rat von Regen legt dem Bistritzer Rat die berufene Streitsache zwischen dem Regener Bürgermeister Christoph Figuli gegen Johann Sarctor zur Entscheidung vor. Auf der Rückseite die Entscheidung des Bistritzer Rates.

Latein. Originalpapierbrief.

Regen feria 2 ante francisci 1558.

1558, 6. Oktober, Weißenburg — 2463

Königin Isabella gestattet dem Bistritzer Bürger Wolfgang Forster, in gleicher Weise wie sein Vater den Bergbau auf Gold und Silber in Rodna frei ausüben zu dürfen.

Latein. Abschrift, Papier, aus dem 17. Jahrhundert.

1558, 10. Oktober, Hermannstadt — 2464

Der Rat von Hermannstadt ersucht den Bistritzer Rat, seinen Anteil am 12.000 Gulden-Aufschlag sowie den Martinszins ehestens einzuzahlen, ebenso den Anteil an den dem Sultan abzuliefernden Getreide, Hafer mit Pferden und Wagen bereitzuhalten.

Latein. Originalpapierbrief.

1558, 3. November, Hermannstadt 2465

Der Rat von Hermannstadt ermahnt den Bistritzer Rat, den Martinszins ohne Verzug einzuschicken, da die Königin durch ihren Sekretär nochmals einen strengen Auftrag geschickt habe. Zum Schluß folgt die Einladung zum Katharinal-Conflux.

Latein. Originalpapierbrief.

1558, 14. November, Hermannstadt 2466

Augustin Zewch bestätigt den Empfang von 1.920 Gulden Steuergeldern von dem 12.000 Gulden-Aufschlag zur Erhaltung der Soldaten.

Latein. Original. Papier.

1558, 21. November, Weißenburg 2467

Königin Isabella beauftragt den Bistritzer Rat, den Wein vom Bistritzer Bürger Wolfgang zu kaufen und ihr zuzuschicken, sobald der Weg besser werde, dazu auch ein Faß mit Kraut.

Latein. Originalpapierbrief.

f. 2. post Elizabeth 1558.

1558, 27. November, Hermannstadt 2468

Augustin Zewch bestätigt, vom Bistritzer Rat durch Jakob Urescher und Johann Gröe den Martinszins mit 2200 Gulden erhalten zu haben.

Latein. Original. Papier.

1558, 8. Dezember, Bistritz 2469

Nicolaus Draway bestätigt, für den Zigeunerwoiwoden Johann Draway die Zigeunersteuer erhalten zu haben.

Latein. Original. Papier.

Sabbato post Andreae 1558.

1558, 14. Dezember, Hermannstadt 2470

Der Rat von Hermannstadt ersucht den Bistritzer Rat, die Bestimmungen der Riemerzunft in Bistritz im Sinne der Beschlüsse der letzten Universitätssitzung zu regeln.

Latein. Originalpapierbrief.

1558 2471

Jakob Timel bestätigt, daß er für die 150 Gulden in Gold, die er für die Frau des Vincenz an Wolff Forster gezahlt hat, von dieser 25 Gulden zurückerhalten habe, so daß ihm die genannte Frau noch 125 Gulden schuldig sei.

Deutsch. Original. Papier.

1558 2472

Bemerkungen über Steuerzahlungen der Bistritzer für die beiden Borgo und für Weißkirch.

Latein. Original. Papier.

1559, 18. Januar, Gernyeszeg 2473

Leonard Erdely de Somkerek ladet den Bistritzer Bürger Leonard Szwch auf die Hochzeit der War Pettronya mit Johann Zombory ein und bittet, seinem Diener Peter Hegedews die ihm gehörende Lade auszufolgen.

Ungarisch. Originalpapierbrief.

Gernezeg feria quarta in die Priscae 1559.

1559, 26. Januar, Hermannstadt 2474

Der Rat von Hermannstadt ersucht den Bistritzer Rat, Kundschafter in die Moldau zu schicken, besonders aber Zweck und Ziel des drohenden Türkeneinfalls erforschen zu lassen.

Latein. Originalpapierbrief.

1559, 2. Februar, Weißenburg 2475

Königin Isabella trägt der Sächsischen Universität auf, sofort 400 Fußsoldaten mit dem gehörigen Kriegsbedarf ausrüsten zu lassen und nach Klausenburg zu schicken, weil König Ferdinand mit seinem Heere die Theiß bereits überschritten habe und der Krieg nahe bevorstehe.

Latein. Gleichzeitige Abschrift als Beilage zum Brief des Hermannstädter Rates vom 4. Februar 1559. Original. Papier.

1559, 4. Februar, Hermannstadt 2476

Der Rat von Hermannstadt übersendet dem Bistritzer Rat eine Abschrift des königlichen Schreibens vom 2. Februar 1559 und ersucht, im Sinne dieses Schreibens den Anteil an den 400 Büchsenschützen ohne Verzug wohlausgerüstet nach Klausenburg zu schicken und etwaige Nachrichten aus der Moldau sofort zu berichten.
Auf beiliegendem Zettel steht die Aufforderung, die unbezahlt gebliebene Summe sofort einzuzahlen.

Latein. Originalpapierbrief.

1559, 7. Februar, Iassy 2477

Alexander, Woiwode der Moldau, gibt seinem Abgesandten Lucas, Burggraf von Küküllö, ein Beglaubigungsschreiben an den Bistritzer Rat mit.

Deutsch. Originalpapierbrief.

1559, 10. Februar, Marmaros-Sziget 2479

Der Rat von Sziget ersucht den Bistritzer Rat, ihre Leute mit Waren frei zwischen Bistritz und Sziget verkehren zu lassen.

Latein. Originalpapierbrief.

1559, 8. Februar, Weißenburg 2478

Königin Isabella trägt der Sächsischen Nation auf, die zum Unterhalt von 400 Büchsenschützen nötigen Soldgelder in Höhe von 2.576 fl binnen vier Tagen zu zahlen.

Latein. Gleichzeitige Abschrift aus der Hermannstädter Kanzlei als Beilage zum Hermannstädter Brief vom 14. Febr. 1559.

1559, 10. Februar, Rona 2480

Petrus Literatus de Wyssky, Vicekämmerer von Rona, ersucht den Bistritzer Rat, dem Emerich Ghepeless, Diener der Salzkammer in Rona, zu seinem Recht verhelfen zu wollen.

Latein. Originalpapierbrief.

1559, 11. Februar, Hermannstadt 2481

Der Rat von Hermannstadt übersendet den Brief der Königin in Abschrift und ersucht die darin enthaltenen Aufträge auszuführen.

Latein. Originalpapierbrief.

1559, 11. Februar, Bistritz 2482

Beschlüsse des Bistritzer Rates und der Hundertmannschaft über den Markt am großen Dienstag, über das öffentliche Leben und die Festlegung der Arbeitspreise.

Deutsch und Latein. Original. Papier.

1559, 14. Februar, Hermannstadt 2483

Der Rat von Hermannstadt ersucht den Bistritzer Rat, den Anteil aus den den Sachsen auferlegten 2.576 Gulden Soldgeldern ohne Verzug zu zahlen.

Latein. Originalpapierbrief. Auf beiliegendem Papierstreifen die Bitte, die rückständigen 120 fl ebenfalls zu zahlen.

1559, 14. Februar, Lemberg 2484

Lenhart Herell, Büchsenmeister aus Lemberg, verspricht dem Bistritzer Rat, einen geschickten Büchsenmeister aus Nürnberg beschaffen zu wollen.

Deutsch. Originalpapierbrief.

1559, 19. Februar, Hermannstadt 2485

Augustin Zewch bestätigt, vom Bistritzer Rat 412 Gulden 16 Den. Soldgeld für die Söldner auf 2 Monate erhalten zu haben.

Latein. Original. Papier.

1559, 19. Februar, Hermannstadt 2486

Augustin Zewch bestätigt, vom Bistritzer Rat 120 Gulden von jenen 1000 Gulden erhalten zu haben, die die Sachsen zur Deckung von Provinzialausgaben sich selbst auferlegt hatten.

Latein. Original. Papier.

1559, 26. Februar, Weißenburg — 2487

Königin Isabella trägt der Sächsischen Nationsuniversität auf, an Stelle des dem Sultan zu liefernden Getreides und Hafers 7.800 Gulden binnen 15 Tagen einzuzahlen.

Latein. Gleichzeitige Abschrift als Beilage zum Briefe des Hermannstädter Rates vom 2. März 1559. Original. Papier.

1559, 2. März, Hermannstadt — 2488

Der Rat von Hermannstadt sendet dem Bistritzer Rat das Schreiben der Königin vom 26. Februar 1559 in Abschrift zu und bittet, die nötige Steuer alsbald einzuschicken, und die Bistritzer Riemerzunft anzuweisen, ihre Vertreter zur nächsten Universitätssitzung zu schicken.

Latein. Originalpapierbrief.

1559, 3. März, Nagybánya — 2489

Valentin Coloswary, Richter von Nagybánya, sendet den Nagybányer Bürger Laurenz Szöcs mit einem Briefe der Königin nach Bistritz und gibt ihm ein Beglaubigungsschreiben mit.

Latein. Originalpapierbrief.

f. 6 ante Laetare 1559.

1559, 8. März, Weißenburg — 2490

Königin Isabella trägt dem Bistritzer Rat auf, Bauleute zur Restaurierung des Schlosses Görgény zu schicken, mit der Melchior Margay betraut worden sei.

Latein. Originalpapierbrief.

1559, 10. März, Weißenburg — 2491

Königin Isabella trägt allen Beamten und Städten auf, die Bezüge in Geld, Frucht etc., welche der Zigeunerwoiwode Franz Balasffy de

Kiskend aus der Mitte der Zigeuner beziehe, keineswegs zu schmälern, vielmehr müsse jedes Munzipium demselben bei der Eintreibung seiner Bezüge hilfreich beistehen.

Latein. Gleichzeitige Abschrift aus der Bistritzer Kanzlei.

1559, 15. März, Hermannstadt 2492

Der Rat von Hermannstadt ersucht den Bistritzer Rat, im Sinne eines Auftrages der Königin sofort Bauleute nach Weißenburg zu schicken.

Latein. Originalpapierbrief.

1559, 17. März, Hermannstadt 2493

Augustin Zewch bestätigt, vom Bistritzer Rat 1248 Gulden Steuer erhalten zu haben.

Latein. Original. Papier.

1559, 24. März, Hermannstadt 2494

Augustin Zewch, Bürgermeister von Hermannstadt, teilt dem Bistritzer Rat mit, daß die Königin die Bauleute nicht in Weißenburg, sondern zum Bau des Schlosses Görgeny benötige und daß, sicheren Nachrichten zufolge, der Sultan einen Kriegszug gegen Wien geplant habe, den er aber habe fallen lassen, da zwischen seinen Söhnen ein heftiger Streit entbrannt sei.

Latein. Originalpapierbrief.

1559, 28. März, Sächsisch-Regen 2495

Ambrosius Literatus de Chyak fordert auf königlichen Auftrag vom Bistritzer Rat Wagen zum Transport von Getreide aus dem Schloß von Vets nach Weißenburg.

Latein. Originalpapierbrief.

1559, 31. März, Szucsawa   2496

Alexander, Woiwode der Moldau, sendet an den Bistritzer Rat 120 Mastschweine mit der Bitte, sie dort gut zu verkaufen.

Deutsch. Originalpapierbrief.

1559, 4. April, Görgeny   2497

Melchior Margay, Präfekt von Görgény, ersucht den Bistritzer Rat, für die Majestät Wein zu kaufen.

Ungarisch. Originalpapierbrief.

1559, 9. April, Hermannstadt   2498

Der Rat von Hermannstadt ladet den Bistritzer Rat zur Universitätssitzung auf den 24. April ein.

Latein. Originalpapierbrief.

1559, 10. April, Mediasch   2499

Der Rat von Mediasch übersendet dem Bistritzer Rat ein Zeugenverhör in der Ehebruchsangelegenheit des Lucas Sutor und bittet auch nach einem gewissen Kys Ferenz zu fahnden, der einen größeren Diebstahl begangen hat.

Latein. Originalpapierbrief.

1559, 11. April, Weißenburg   2500

Königin Isabella bestätigt, vom Bistritzer Rat die Zwanzigst-Pacht mit 50 Goldgulden erhalten zu haben.

Latein. Original. Papier.

1559, 12. April, Bistritz 2501

Franz Maylath und Nicolaus Lengyel bestätigen, vom Bistritzer Rat den Zigeunerzins von 8 Gulden erhalten zu haben.

Latein. Original. Papier.

1559, 14. April, Bistritz 2502

Bernhard Hwzzar und Gregor Nagh bestätigen, den Zigeunerzins erhalten zu haben.

Latein. Original. Papier.

1559, 14. April, Torda 2503

Ambrosius Literatus de Chak bestätigt, vom Bistritzer Bürger Caspar Budaker 483 Kübel Frucht aus dem Schloß Vets erhalten zu haben.

Latein. Original. Papier.

1559, 14. April, Retteg 2504

Christof Arros, Offizial der verwüsteten Burg Chichio, teilt dem Bistritzer Rat mit, daß seine Diener samt einem Räuber auch einen armen Wlachen eingefangen hätten, da sie meinten, auch er wäre ein Räuber. Da er sich aber als schuldlos erwiesen, habe er ihn wieder frei gelassen.

Ungarisch. Originalpapierbrief.

Retteg feria 6 post dominicam Sacram Misericordiarum Anno dom. 1559.

1559, 18. April, Görgény 2505

Melchior Margay ersucht den Bistritzer Rat, ihm zwei Sattler zu schicken.

Latein. Originalpapierbrief.

f. 3 post Jubilate 1559.

1559, 22. April, Hîrlău   2506

Georg de Renelles versichert den Bistritzer Rat seiner treuen Dienste.

Deutsch. Originalpapierbrief.

1559, 23. April, Hîrlău   2507

Alexander, Woiwode der Moldau, dankt dem Bistritzer Rat für den als Geschenk geschickten Wein und die Lebkuchen und verspricht, auch seinerseits stets dienstbereit zu sein.

Deutsch. Originalpapierbrief.

In Bachloo An S. Geörg Abent des 59 Jars.

1559, 27. April, Retteg   2508

Christof Arros, Offizial des verwüsteten Schlosses Chichio, schreibt an den Bistritzer Rat in Angelegenheit einiger gefangener Räuber.

Ungarisch. Originalpapierbrief.

Retteg feria 5 ante Philippi et Jacobi 1559.

1559, 3. Mai, Mediasch   2509

Der Rat von Mediasch übersendet einen Mann aus Ibesdorff zum Zeugenverhör nach Bistritz.

Latein. Originalpapierbrief.

Vigilia ascensionis dom. 1559.

1559, 6. Mai   2510

Alexander, Woiwode der Moldau, ersucht den Bistritzer Rat, ihm das Geld für die übersendeten Mastschweine zu schicken und dieselben nicht so billig zu verkaufen. Den Paß habe er sperren lassen und dulde nicht, daß Vieh und Reisende durch denselben in sein Land kommen.

Deutsch. Originalpapierbrief. Rechts unten unterfertigt vom Notarius des Woiwoden, G. de Renelles.

1559, 7. Mai, Huszt   2511

Christoph Hagmas de Beregzo, Comes der Marmarosch und Präfekt von Huszt, versichert dem Bistritzer Rat, sich an die Abmachungen früherer Jahre über den Handelsverkehr zwischen Bistritz und der Marmarosch halten zu wollen.

Latein. Originalpapierbrief.

1559, 8. Mai, Weißenburg   2512

Königin Isabella ladet den Hermannstädter Rat auf die Hochzeit ihrer Hoffräulein Catharina Nyesovska mit Johann Makoveczky und Barbara Bekowska mit Stanislaus Kriza ein.

Latein. Gleichzeitige Abschrift aus der Hermannstädter Kanzlei als Beilage zum Briefe des Hermannstädter Rates vom 16. Mai 1559. Original. Papier.

1559, 16. Mai, Hermannstadt   2513

Der Rat von Hermannstadt übersendet dem Bistritzer Rat das königliche Schreiben vom 8. Mai 1559 in Abschrift und bittet bekannt zu geben, ob jene Hochzeiten von den Städten einzeln oder lieber von der Universität beschickt werden sollen.

Latein. Originalpapierbrief.

1559, 19. Mai, Weißenburg   2514

Königin Isabella und König Johann II. laden die Bistritzer zum Landtag nach Weißenburg ein.

Latein. Originalpapierbrief.

1559, 19. Mai, Weißenburg   2515

Königin Isabella ladet den Hermannstädter Rat zum Landtag nach Weißenburg ein.

Latein. Gleichzeitige Abschrift als Beilage zum Briefe des Hermannstädter Rates vom 23. Mai 1559. Original. Papier.

Albae Juliae feria 6 ante Trinitatis 1559.

1559, 23. Mai, Hermannstadt 2516

Der Rat von Hermannstadt übersendet dem Bistritzer Rat eine Abschrift des königlichen Schreibens vom 19. Mai 1559 und bittet, den künftigen Landtag in Weißenburg zu beschicken.

Latein. Originalpapierbrief.

1559, 5. Juni, „Zu Orhe beym Fluss Nesther" 2517

Alexander, Woiwode der Moldau, fordert den Bistritzer Rat auf, für das übersendete Mastvieh das Geld zu schicken; ein beiliegender Zettel enthält dieselbe Aufforderung in schärferer Form.

Deutsch. Originalpapierbrief. Rechts unten gezeichnet vom Notarius des Woiwoden, G. de Renelles.

1559, 12. Juni 2518

Erbvergleichs-Vertrag zwischen Andreas Helner, Velten Botscher, Paul Deurer und Barbara, der Witwe nach Mathias Zaz, betreffend ein Haus.

Deutsch. Original. Papier.

1559, 12. Juni 2519

Vergleichsvertrag zwischen Velten Theylman und Leonhard Werner bezüglich des väterlichen Erbes des Ersteren.

Deutsch. Original. Papier.

1559, 18. Juni, Lechnitz   2520

Christian Pomarius, Pfarrer von Lechnitz, übersendet dem Bistritzer Rat seine Zeugenaussage in der Sache des Simon Eppel aus Mettersdorf.

Latein. Originalpapierbrief.

Lechnicie dominica prox. ante Johannis baptistae 1559.

1559, 27. Juni, Weißenburg   2521

Königin Isabella trägt dem Hermannstädter Rat auf, die neuen Bestimmungen über die Ablieferung des Zehnten in allen sächsischen Städten bekannt zu machen.

Latein. Gleichzeitige Abschrift. Papier. Als Beilage ein Brief des Hermannstädter Rates vom 1. Juli 1559.

1559, 1. Juli, Hermannstadt   2522

Der Rat von Hermannstadt übersendet dem Bistritzer Rat ein königliches Schreiben in Abschrift, in welchem Aufträge über den Zehnten enthalten sind.

Latein. Originalpapierbrief.

1559, 1. August, Hermannstadt   2523

Der Rat von Hermannstadt ermahnt den Bistritzer Rat, die auf dem letzten Weißenburger Landtag aufgeschlagene Steuer ohne Verzug einzuheben.

Latein. Originalpapierbrief.

1559, 1. August, Vécs   2524

Benedikt Horwath, Präfekt von Vécs, schreibt an den Bistritzer Rat in Angelegenheit eines Bistritzer Untertanen.

Ungarisch. Originalpapierbrief.

Ex arce Vech feria 3 in festo vincula Petri 1559.

1559, 4. August, Görgény   2525

Melchior Margay, Präfekt von Görgény, bittet den Bistritzer Rat, ihm zwei Maurer zu schicken.

Latein. Originalpapierbrief.

f. 6 post Petri vinculati 1559.

1559, 5. August, Szucsawa   2526

Alexander, Woiwode der Moldau, ersucht den Bistritzer Rat, den Iwon Lehach aus Szt. György zur Herausgabe der Schafe zu zwingen, die er seinem früheren Herrn Izaiko aus Hozzumezö fortgetrieben hat.

Latein. Originalpapierbrief.

Ex oppido nostro Zwchwa Sabatho prox. In vigilia transfigurationis domini Anno dom. 1559.

1559, 5. August, Retteg   2527

Johann Varanchian, Offizial des verwüsteten Schlosses Chichio, bittet den Bistritzer Richter, seinen Diener Gregor Toth beim Weineinkauf in Bistritz zu unterstützen und den Wein beim Tor zollfrei passieren zu lassen.

Ungarisch. Originalpapierbrief.

Rettegröl adot feria vel sabato ante festum Laurenti martiris etc. Anno dom. 1559.

1559, 22. August, Weißenburg   2528

Königin Isabella trägt dem Bistritzer Rat auf, seine gesamte Streitmacht zur Zeit des künftigen Landtages nach Weißenburg zu schicken.

Latein. Originalpapierbrief, durch Feuchtigkeit stark beschädigt.

Albae Juliae feria 3 prox. post festum beatissimae Mariae virginis 1559.

1559, 29. August, Marmaros-Sziget　　　　　　　　　　　　　2529

Melchior Pogan de Cheb, Vicecomes der Marmarosch, ersucht den Bistritzer Richter, die Sachen des vor einiger Zeit in Bistritz hingerichteten Pfarrers von Gywlafalw der armen Witwe desselben ausfolgen zu wollen.

Ungarisch. Originalpapierbrief.

Szygeth feria 3 post Bartholomaei 1559.

1559, 30. August, Vécs　　　　　　　　　　　　　　　　　　2530

Benedikt Horwath, Präfekt von Vécs, schreibt dem Bistritzer Rat wegen mehrerer in Vécs gestohlener Viehstücke, die später zum Teil bei einem Fleischhauer in Windau gefunden worden sind.

Ungarisch. Originalpapierbrief. Die Schrift ist infolge Feuchtigkeit verblaßt.

Vécs feria 4 post Bartholomaei 1559.

1559, 7. September, Szucsawa　　　　　　　　　　　　　　2531

Alexander, Woiwode der Moldau, verspricht dem Bistritzer Rat, die Ungerechtigkeiten, die sich in den letzten Tagen zugetragen haben, vergessen zu wollen und in steter guter Freundschaft mit den Bistritzern zu leben.

Deutsch. Originalpapierbrief.

1559, 15. September, Weißenburg　　　　　　　　　　　　2532

Königin Isabella versichert dem Bistritzer Rat, daß sie denselben in der Ausübung des Bergbaues in Rodna stets schützen und gegen Jeden verteidigen werde; auch die vorliegenden Beschwerden habe sie dem Woiwoden Alexander mitgeteilt und ihn aufgefordert, sich zu äußern, ob diese Handlungen auf seine Anordnung erfolgt seien.

Latein. Originalpapierbrief.

1559, 15. September, Hermannstadt   2533

Der Rat von Hermannstadt fragt an, ob die Bistritzer einen eigenen Gesandten mit Geschenken zur Hochzeit des Nicolaus Bathory schikken wollten, oder ob dies lieber von der Universität geschehen solle; schließlich folgt eine Mahnung zur Steuerzahlung.

Latein. Originalpapierbrief, von Mäusen beschädigt.

1559, 18. September, Hermannstadt   2534

Der Rat von Hermannstadt teilt dem Bistritzer Rat den Tod der Königin mit (15. Sept. 1559) und ersucht, die benachbarte Moldau scharf überwachen zu lassen.

Latein. Originalpapierbrief.

1559, 21. September, Mediasch   2535

Der Rat von Mediasch ersucht den Bistritzer Rat, den Trompeter, der sich für das künftige Jahr nach Bistritz verdungen habe, noch in Mediasch zu lassen, da seine Dienste dort unentbehrlich seien.

Latein. Originalpapierbrief.

1559, 25. September, Vécs   2536

Benedikt Horwath, Präfekt von Vécs, schreibt dem Bistritzer Rat wegen eines unter Diebstahlverdacht stehenden Untertanen.

Ungarisch. Originalpapierbrief.

Ex arce Vecz feria 2 post festum Mathei apostoli 1559.

1559, 26. September, Weißenburg   2537

König Johann II. trägt allen Behörden seines Landes auf, den aus der Walachei flüchtenden Boeronen Thodor Logofet mit seiner Familie sich ungehindert in der Nähe von Bistritz ansiedeln zu lassen, jedoch unter der Bedingung, daß er von da aus keine Verbindung und Verkehr mit der Walachei aufrecht erhalte.

Latein. Gleichzeitige Abschrift von der Hand des Bistritzer Ratsnotarius G. Seraphin.

1559, 27. September, Hîrlău 2538

Alexander, Woiwode der Moldau, bittet den Bistritzer Rat, ihm für die beigelegten 10 Gulden ein Faß guten Weines zu kaufen.

Latein. Originalpapierbrief.

1559, 5. Oktober, Roman 2539

Alexander, Woiwode der Moldau, gibt seinem Boten Stroya Vyzthernyk ein Beglaubigungsschreiben an den Bistritzer Rat mit.

Deutsch. Originalpapierbrief, links von Mäusen stark beschädigt.

1559, 8. Oktober, Weißenburg 2540

Johann Zalanchi und Georg Hamway bitten die Bistritzer Bürger Peter Rehner und Leonard Zewch, ihren Diener beim Weineinkauf in der Bistritzer Gegend zu unterstützen.

Ungarisch. Originalpapierbrief; infolge Feuchtigkeit ist die Schrift etwas verblaßt.

Keult feier varol Zent ferencz nap utan vallo vasarnap Anno 1559.

1559, 16. Oktober, Weißenburg 2541

Johann Zalanchy de Zentthamas und Georg Hamway bitten den Bistritzer Rat, für 200 Gulden Wein auf ihre Rechnung einzukaufen.

Latein. Originalpapierbrief.

In festo Galli 1559.

1559, 23. Oktober, Hermannstadt 2542

Die in Hermannstadt versammelte Sächsische Universität teilt dem Bistritzer Rat mit, daß der König durch seine Abgesandten Nicolaus Ombozy und Franz Mykola eine Steuer, bestehend aus 1000 Faß Wein zu 8 fl je Faß von der Sächsischen Nation verlange, daß dieser Wein nur in dem mit einer reichen Weinernte gesegneten Bistritzer Distrikt gesammelt werden kann, und bittet nun, die nötigen Schritte zu tun.

Latein. Originalpapierbrief.

Cibiny feria 2 ante Simonis et Judae Anno 1559.

1559, 24. Oktober, Hermannstadt 2543

Augustin Zewch bestätigt, vom Bistritzer Rat 943 fl 50 Den. Steuer durch Petrus Haller, dem die Bistritzer das Geld bei Gelegenheit des Leichenbegängnisses der Königin in Weißenburg übergeben haben, erhalten zu haben.

Latein. Originalpapierbrief.

1559, 1. November, Retteg 2544

Der Vizternik und Diener der Moldauer Woiwoden schreibt seinem Freund, dem Rodnaer Porkolab in Sachen einiger Schulden in Bistritz.

Ungarisch. Originalpapierbrief.

Rettegröl adatott feria 4 die festi omnium Sanctorum Anno dom. 1559.

1559, 3. November, Hermannstadt 2545

Der Rat von Hermannstadt ersucht, ohne Verzug den Martinszins einzusenden.

Latein. Originalpapierbrief.

1559, 10. November, Sächsisch-Regen   2546

Der Rat von Regen legt dem Bistritzer Rat die Streitsache zwischen Catharina, der Witwe des Blasius Corrigiarius, und Demetrius Sarctor zur Entscheidung vor.

Latein. Originalpapierbrief.

Regen feria 6 ante Martini 1559.

1559, 11. November, Ungarisch-Regen   2547

Der Rat von Ungarisch-Regen übersendet dem Bistritzer Rat ein Zeugenverhör in der Streitsache der Catharina, Witwe nach Blasius Corrigiarius, gegen die Ehefrau des Demetrius Sarctor.

Latein. Originalpapierbrief, von Mäusen beschädigt.

Ex Hungarico Regen In festo Martini Episcopi 1559.

1559, 13. November, Hermannstadt   2548

Der Rat von Hermannstadt ladet den Bistritzer Rat zur Catharinal-Sitzung der Universität ein.

Latein. Originalpapierbrief.

1559, 26. November, Weißenburg   2549

König Johann II. befiehlt dem Bistritzer Rat, alle aus der Walachei nach Bistritz geflüchteten Personen aus der Stadt auszuweisen, da dieselben Aufruhr und Empörung planen und ihre Vertreibung dem Willen des Sultans entspreche.

Latein. Original. Papier. Siegel war in rotes Wachs vorne aufgedrückt.

1559, 6. Dezember, Sächsisch-Regen   2550

Testament des Johann Tyrmann aus Sächsisch-Regen.

Latein. Original. Papier.

Anno domini die videlicet beati Nicolai.

1559, 9. Dezember, Hermannstadt 2551

Augustin Zewch, Bürgermeister von Hermannstadt, bestätigt, vom Bistritzer Rat 2.200 Gulden an Martinszins erhalten zu haben.

Latein. Original. Papier.

Sabbato post Nicolai 1559.

1559, 20. Dezember, Weißenburg 2552

Augustin Hedwiger, Bürgermeister von Hermannstadt, berichtet an den Bistritzer Rat, er habe mit der übrigen Gesandtschaft beim König erwirkt, daß bloß 8.000 Gulden zu zahlen seien, doch sei das Geld mit einem weiteren Aufschlag von 2.500 fl unbedingt bis zum Heiligen-Drei-Königstag zu zahlen.

Deutsch. Originalpapierbrief.

1559, 22. Dezember, Hermannstadt 2553

Der Rat von Hermannstadt ersucht den Bistritzer Rat, den Anteil von 10.500 Gulden Aufschlag zu schicken und mitzuteilen, in welcher Weise man sich an den Hochzeitsfeierlichkeiten des Stanislaus Nyssowsky beteiligen solle. Auf beiliegendem Zettel wird die Einsendung von 16 Gulden 50 Denar Steuerrest verlangt.

Latein. Originalpapierbrief.

Cibiny die veneris prox. ante Nativitatis dom. Anno 1559.

1559, 9. . . . . Marmaros-Sziget 2554

Der Rat von Sziget bittet den Bistritzer Rat, seinem Bürger Emerich de Polios bei der Erledigung mehrerer Geschäfte in Bistritz an die Hand gehen zu wollen.

Latein. Originalpapierbrief, von Mäusen sehr stark beschädigt, Text infolgedessen lückenhaft.

1559, Somkerék 2555

Nicolaus Erdely de Somkerék ersucht den Bistritzer Rat, den vom Diener des Johann Zalanchy vom Heidendorfer Pfarrer gekauften Wein bis Lechnitz führen zu lassen.

Ungarisch. Originalpapierbrief.

Somkereken zombaton Anno 1559.

1559, Erked 2556

Nicolaus und Franz Boszasy übersenden dem Bistritzer Bürger Suchy Lenart ein Lädchen mit ihren Familienpapieren und Urkunden mit der Bitte, es aufzubewahren und ja nicht dem Boszasy Peter auszufolgen.

Ungarisch. Originalpapierbrief.

Datum ex Erked die Sabati Anno dom. 1559.

1559 2557

Bemerkungen auf sieben Papierstreifen über Steuerzahlungen der Bistritzer für die beiden Borgo und für Weißkirch.

Latein und Ungarisch. Original. Papier.

1559, 30. Dezember, Weißenburg 2558

Thomas Bomelius und Michael Herman aus Hermannstadt bestätigen, vom Bistritzer Rat durch den Ratsgeschworenen Albert Schuster 1.280 Gulden als Teil an den 8000 Gulden, die für Wein auf die Universität aufgeschlagen worden, weiters 120 Gulden 25 Denare Landzehrung erhalten zu haben.

Deutsch. Original. Papier. Das Datum: den Samstag for Epiphaniarum dom. 1560 paßt für dieses Jahr nicht, da Epiphaniae (6. I.) auf einen Samstag fiel. Als richtiges Datum wurde deshalb der letzte Samstag des Vorjahres angenommen.

1560, 10. Januar, Marmaros-Sziget 2559

Melchior Pogan de Czeb, Vicecomes der Marmarosch, ersucht den Bistritzer Rat, dem Johann Domba de Szerfalva, der vor einiger Zeit auf seiner Rückkehr aus der Moldau eine Stute, seinen Lohn und Güter im Werte von 16 Gulden in Telcs zurückgelassen hatte, zur Wiedererlangung dieser Sachen zu verhelfen.

Latein. Originalpapierbrief.

1560, 13. Januar, Hermannstadt 2560

Augustin Zewch bekennt, vom Bistritzer Rat 142 Gulden 25 Denare Steuer erhalten zu haben.

Latein. Originalpapier, von Mäusen beschädigt.

1560, 17. Januar, Vécs 2561

Bendikt Horwath, Präfekt und Provisor von Vécs, gibt seinem Diener Johann Deak ein Beglaubigungsschreiben an den Bistritzer Rat mit.

Ungarisch. Originalpapierbrief.

Veecz feria quarta in festo beati antoni 1560.

1560, 1. Februar, Weißenburg 2562

König Johann II. trägt dem Bistritzer Rat auf, das mit Beschlag belegte Hab und Gut des Lucas Nagy herauszugeben.

Latein. Original. Papier.

1560, 3. Februar, Szucsawa 2563

Alexander, Woiwode der Moldau, ersucht den Bistritzer Rat, mit seinem Diener Christoph sofort einen geschickten Wundarzt zu ihm zu schicken, da er sich den Fuß verletzt habe.

Latein. Originalpapierbrief.

1560, 5. Februar, Szucsawa 2564

Alexander, Woiwode der Moldau, ersucht den Bistritzer Rat, ihm für die Fastenzeit gedörrte Pflaumen zu schicken und den Preis derselben bekannt zu geben.

Latein. Originalpapierbrief.

1560, 12. Februar, Harlo 2565

Alexander, Woiwode der Moldau, ersucht den Bistritzer Rat, den Arzt so rasch wie möglich zu ihm zu senden.

Latein. Originalpapierbrief.

1560, 14. Februar, Weißenburg 2566

König Johann II. ladet zum Landtag nach Groß-Enyed ein, wo über eine Botschaft des türkischen Kaisers verhandelt werden soll.

Latein. Original. Papier. Brief.

1560, 21. Februar, Hermannstadt 2567

Augustin Zewch bittet den Bistritzer Rat, ihn zu verständigen, ob der Bistritzer Zins dem König direkt bezahlt worden sei.

Deutsch. Original. Papier.

1560, 22. Februar, Hermannstadt 2568

Der Rat von Hermannstadt ersucht den Bistritzer Rat, zwei Abgesandte nach Hermannstadt zu schicken, da man über einen dringenden Auftrag des Königs beraten müsse.

Latein. Originalpapierbrief.

1560, 26. Februar, Bahlo 2569

Alexander, Woiwode der Moldau, dankt dem Bistritzer Rat dafür, daß derselbe ihm den Wundarzt geschickt habe und ersucht, die Bistritzer Kaufleute zu ermuntern, mit ihren Waren in die Moldau zu kommen, daselbst Ochsen zu kaufen, weil das Fleisch in Bistritz ohnehin sehr teuer sei, dagegen aber zu verhüten, daß die Bistritzer Fleischhauer das Vieh von den Moldauern zu so geringeren Preisen kaufen.

Deutsch. Originalpapierbrief.

1560, 5. März, Iassy 2570

Alexander, Woiwode der Moldau, dankt dem Bistritzer Rat für die übersendeten Geschenke und bittet, den Worten des von seinem Hofe nach Bistritz zurückkehrenden Bistritzer Bürgers Albertus Glauben zu schenken.

Latein. Originalpapierbrief.

1560, 10. März, Huși 2571

Alexander, Woiwode der Moldau, bittet den Bistritzer Rat, ihm tüchtige Maurer zu schicken, die er gut entlohnen werde.

Latein. Originalpapierbrief.

1560, 10. März, Lemberg 2572

Georg Hörll, Büchsengießer zu Nürnberg, teilt dem Bistritzer Rat mit, daß er, wenn er nach Nürnberg zurückkomme, von seinem Rate die Erlaubnis erhalten werde, nach Bistritz als Büchsengießer zu kommen. Auf beiliegendem Zettel ist die Rede von zwei Stechharnischen, die Thomas Scherer bei Georg Hörl's Bruder Linhart Hörl in Lemberg bestellt hat.

Deutsch. Originalpapierbrief.

1560, 15. März, Hermannstadt   2573

Der Rat von Hermannstadt ermahnt den Bistritzer Rat zur schleunigen Steuerzahlung.

Deutsch. Originalpapierbrief.

1560, 20. März, Huși   2574

Alexander, Woiwode der Moldau, ersucht den Bistritzer Richter Caspar Zewch, seinen Leuten beim Einkauf mehrerer Gegenstände beizustehen, die zum Bau des Klosters (Slatina?) benötigt werden. Auf beiliegendem Zettel wird gebeten, auch 100 Pergamente zu übersenden und deren Preis bekannt zu geben.

Latein. Originalpapierbrief.

1560, 25. März, Weißenburg   2575

Georg de Bathor teilt dem Bistritzer Rat mit, wie seine Verrechnung mit dem Meister Johann Kewmywes steht, daß derselbe den Bau nicht fertiggestellt und sich entfernt habe, und bittet, diese Angelegenheit auf dem Rechtswege zu ordnen.

Ungarisch. Originalpapierbrief.

1560, 25. März, Weißenburg   2576

Blasius Bagothai teilt dem Bistritzer Rat mit, wie die Verrechnung zwischen seinem Herrn und dem Johann Kewmywes bezüglich Fertigstellung eines Baues sowie bezüglich der Lieferung von 300 gemetzten Steinen steht.

Ungarisch. Originalpapierbrief.

1560, April, Hermannstadt   2577

Augustin Zewch bestätigt, vom Bistritzer Rat 1.208 Golddukaten und

208 Gulden Steuer erhalten zu haben. Die Steuer der durch Brand heimgesuchten Gemeinden Weißkirch, Treppen und Mettersdorf im Betrage von 32 Gulden war abgeschrieben.

Latein. Original. Papier. Das Tagesdatum ist nicht angegeben.

1560, 6. April, Huși — 2578

Alexander, Woiwode der Moldau, ersucht den Bistritzer Rat erneut, ihm zwanzig oder mehr Maurer zu schicken, er werde sie sehr gut entlohnen.

Latein. Originalpapierbrief.

1560, 16. April, Weißenburg — 2579

König Johann II. ladet den Bistritzer Rat zur Hochzeit der Dorothea Nysowska, Hoffräulein der verewigten Königin, mit Ladislaus Zalanczy ein.

Latein. Originalpapierbrief.

Albae Juliae feria 3 paschae 1560.

1560, 22. April, Stettin (Pommern) — 2580

Der Rat von Alten-Stettin in Pommern beglaubigt auf Bitten des Georg Schütz, Goltschmidt, Bürgersohn aus Stettin, jetzt Bürger von Bistritz, die Zunftartikel der Stettiner Barbier-Zunft aus dem Jahre 1553.

Deutsch. Original. Pergament; Siegel am Rande etwas beschädigt, an Pergamentstreifen angehängt.

1560, 6. Mai, Weißenburg — 2581

König Johann II. trägt der Sächsischen Universität auf, dafür Sorge zu tragen, daß die Zigeunerwoiwoden den ihnen zukommenden Zigeunerzins in allen sächsischen Städten zur gehörigen Zeit erhalten.

Latein. Gleichzeitige Abschrift. Papier.

1560, 9. Mai, Weißenburg 2582

König Johann II. trägt allen Behörden auf, dafür zu sorgen, daß die Handwerker ihre Waren bis Pfingsten zu den alten, gewohnten Preisen, von da an aber nach der neuen, vom Landtage festgestellten Limitation verkaufen.

Latein. Gleichzeitige Abschrift. Papier; als Beilage zum Briefe des Hermannstädter Rates vom 13. Mai 1560. Original. Papier.

1560, 13. Mai 2583

Alexander, Woiwode der Moldau, bittet den Bistritzer Rat, da er ihm des eigenen Kirchenbaues wegen keine Maurer schicken kann, ihm einige Brunnengräber und „Fontanenmacher" zu senden. Auf beiliegendem Zettel wird gebeten, den Bistritzer Bierbrauer ebenfalls zu schicken, damit er vier Faß guten Bieres braue.

Deutsch. Originalpapierbrief.

1560, 13. Mai, „In Campis" 2584

Alexander, Woiwode der Moldau, übersendet dem Bistritzer Rat mit seinem Diener 20 Gulden mit der Bitte, dafür ein Faß guten Weines zu kaufen.

Latein. Originalpapierbrief.

1560, 13. Mai, Hermannstadt 2585

Der Rat von Hermannstadt übersendet dem Bistritzer Rat die Entscheidung des Königs in der Handwerkerfrage vom 9. Mai 1560 in Abschrift und teilt mit, daß der König schon dreimal gebeten worden sei, den Abgebrannten die gegenwärtige Steuer nachzulassen. Auf einem beiliegenden Zettel ist in deutscher Sprache die Rede von 20 Gulden, die die Bistritzer für „Zehrung" auf den Weißenburger Landtag einbehalten; auf einem anderen Zettel in lateinischer Sprache steht die Mitteilung, daß der König 1000 Kübel Hafer von der Sächsischen Nation verlangt habe.

Latein. Originalpapierbrief.

1560, 14. Mai, „Im Feld" 2586

Alexander, Woiwode der Moldau, ersucht den Bistritzer Rat, ihm Öl zu schicken und es aus dem Geld für Wein zu bezahlen.

Deutsch. Originalpapierbrief.

1560, 17. Mai, Marmaros-Sziget 2587

Melchior Pogan de Czeb, Vicecomes der Marmarosch, ersucht den Bistritzer Rat, dem Matheus Bogdan de Bwdfalva, dem vor einigen Tagen ein gewisser Simon aus Nassod ein Pferd gewaltsam weggenommen hatte, zur Wiedererlangung dieses Pferdes zu verhelfen.

Latein. Originalpapierbrief.

1560, 18. Mai „Im Feld" 2588

Alexander, Woiwode der Moldau, sendet den Bistritzer Wundarzt Andreas mit großem Dank nach Bistritz zurück.

Deutsch. Originalpapierbrief. Rechts unten auch gefertigt von Georg de Renelles, Secretarius.

1560, 28. Mai, „In Campis" 2589

Alexander, Woiwode der Moldau, dankt dem Bistritzer Rat für seine Dienstwilligkeit und bittet, auch gegenwärtig seine nach Bistritz geschickten Leute in der Ausführung ihrer Geschäfte zu unterstützen. Auf beiliegendem Zettel wird mitgeteilt, daß für die Seilerarbeiten 16 Gulden geschickt werden, und gebeten, 50 Zentner Kupfer zu schicken.

Latein. Originalpapierbrief.

1560, 31. Mai, Nürnberg 2590

Georg Hörel, Bürger von Nürnberg, teilt dem Bistritzer Rat mit, daß er binnen zwei Monaten nach Bistritz kommen werde und bittet, ihm bezüglich der beiden bestellten Harnische nähere Mitteilungen zu machen.

Deutsch. Originalpapierbrief.

1560, 2. Juni, Szentmihálytelke — 2591

Sebastian Erdely und Caspar Zalay kündigen dem Bistritzer Richter Gaspar Zewch ihre Ankunft in Bistritz an, um den Prozeß gegen einige ihrer Untertanen zu beendigen.

Latein. Originalpapierbrief.

In festo pentekostes 1560.

1560, 4. Juni, Bistritz — 2592

Gaspar Nagd und Franz Ballattffi, Zigeunerwoiwoden, bestätigen, vom Bistritzer Rat den Zigeunerzins von 9 Gulden erhalten zu haben.

Latein. Original. Papier.

1560, 10. Juni, Szucsawa — 2593

Alexander, Woiwode der Moldau, ersucht den Bistritzer Rat, ihm sofort den Arzt Andreas zuzusenden.

Latein. Originalpapierbrief.

1560, 10. Juni, Szucsawa — 2594

Alexander, Woiwode der Moldau, ersucht den Bistritzer Rat, dem Pleban Anthonius von Szucsawa gegen den Bistritzer Bürger Emericus zu seinem Rechte zu verhelfen.

Latein. Originalpapierbrief.

1560, 17. Juni, Weißenburg — 2595

König Johann II. trägt Jedermann auf, der Frau Sophia Lyptay in ihrer Rechtssache vor dem (ungenannten) Richter wahrheitsgemäßes Zeugnis abzulegen.

Latein. Gleichzeitige Abschrift. Papier, aus der Bistr. Kanzlei.

f. 2 post Viti et Modesti 1560.

1560, 21. Juni, Bistritz 2596

Emerich Göbbl bittet seinen Sohn Nicolaus um die Erlaubnis, das diesem gehörende Haus in der Ungargasse verkaufen und mit dem Erlös das andere Haus beim Rathause aufbauen zu dürfen.

Deutsch. Gleichzeitige Abschrift. Papier.

Nösen am Freytag vor Johannis Baptistae 1560.

1560, 24. Juni, Szucsawa 2597

Alexander, Woiwode der Moldau, ersucht den Bistritzer Rat, die seinem Untertanen Zante de Zwchawyza von in Bistritz jüngst gefangenen Räubern gestohlenen vier Pferde zurückzugeben.

Latein. Originalpapierbrief.

1560, 30. Juni, Szucsawa 2598

Alexander, Woiwode der Moldau, bittet den Bistritzer Rat, seinen Kammerherrn und den Bistritzer Bürger Andreas Barbitonsor, die er zum Einkauf nötiger Sachen nach Hermannstadt schicke, zu unterstützen.

Latein. Originalpapierbrief.

1560, 4. Juli, Szucsawa 2599

Alexander, Woiwode der Moldau, bittet den Bistritzer Rat, seinem Abgesandten Ivanesco, der einen Arzt aus Hermannstadt in die Moldau führen soll, behilflich zu sein. Auf beiliegendem Zettel wird der Rat ersucht, den Worten des Abgesandten Chrizta, Offizial von Iassy, Glauben zu schenken.

Latein. Originalpapierbrief.

1560, 6. Juli, Maros-Vásárhely 2600

König Johann II. trägt Jedermann ohne Unterschied des Geschlechtes und Standes auf, über Aufforderung in der Rechtssache der Gemeinden Lechnitz und Tatsch vor Stefan, Gregor und Caspar Chereni de Balasfalva und Genossen wahrheitsgemäßes Zeugnis abzulegen.

    Latein. Original. Papier. Siegel in rotem Wachs ist abgesprungen. Beiliegend eine Abschrift aus dem 18. Jahrhundert.

    Zekelwasarhel sabbato post Visitationis Mariae 1560.

1560, 7. Juli, Bistritz   **2601**

    Testament des Lucas Presbyter, provisor Hospitalis, aus Bistritz.

    Latein. Original. Papier.

1560, 1. August   **2602**

    Alexander, Woiwode der Moldau, dankt dem Bistritzer Rat, daß er zur Zeit seiner letzten schweren Krankheit den Stadtarzt Andreas und einen Hermannstädter Doktor (sic!) so pünktlich geschickt habe. Da er seine Gesundheit wiedererlangt habe, schicke er die Ärzte wieder nach Hause.

    Deutsch. Originalpapierbrief.

1560, 6. August, Groß-Schogen   **2603**

    Lucas Horwath, Offizial in Nagy-Sajo, bittet den Bistritzer Rat, die gefangenen Jobagyen seines Herrn wenn möglich auf freien Fuß zu setzen.

    Latein. Originalpapierbrief.

    f. 3 ante Laurency 1560.

1560, 13. August, Weißenburg   **2604**

    König Johann II. ladet für den 8. September zum Landtag in Kazon ein.

    Latein. Originalpapierbrief.

1560, 16. August, Enyed   2605

Ladislaus de Mekche, Protonotar des Königs, gibt dem Bistritzer Rat einen Hinweis, wie der Prozeß der Dürrbacher gegen Melchior Galaczy zu führen sei.

Latein. Originalpapierbrief.

f. 6 ante Stephani 1560.

1560, 16. August, Nagyfalu   2606

Blasius Myko ladet den Bistritzer Rat zur Hochzeit der Tochter des Stefan Ghalaczy mit Caspar Szalay ein.

Ungarisch. Originalpapierbrief.

Nagyfalun Költ kis asszon nap utan valo penteken 1560.

1560, 23. August, Deesch   2607

Martin Literatus de Gywla, Richter von Deesch, schickt an den Bistritzer Rat die bestellten Seile und bittet, mit der Zahlung seiner Schuld noch zu warten.

Latein. Originalpapierbrief.

f. 6 ante Bartholomaei 1560.

1560, 25. August, Nagybánya   2608

Melchior Balassa sendet einen Abgesandten an den Bistritzer Rat mit einem Auftrage an Christoph, Pfarrer von Lechnitz.

Latein. Originalpapierbrief.

1560, 26. August, Bistritz   2609

Marton Choronk bestätigt, vom Bistritzer Lenhart Zewch im Auftrage des Königs drei goldende Kännchen (Kupa) empfangen zu haben.

Ungarisch. Original. Papier.

Keden zenth berthalan nap utan 1560.

1560, 30. August, Maros-Vásárhely 2610

König Johann II. trägt Jedermann auf, bei Strafe von 16 Mark Silbers auf Verlangen der Bistritzer zur Aufrechterhaltung ihrer Rechte vor dem umgenannten Richter Zeugnis abzulegen.

Latein. Original. Papier.

f. 6 post decollacionis Joannis 1560.

1560, 10. September, Weißenburg 2611

König Johann II. verkündet, daß er allen Handel mit Rinder- und Schaffellen ausschließlich an Gaspar Zepp übertragen habe.

Latein. Gleichzeitige Abschrift aus der Bistr. Kanzlei.

1560, 21. September, Klausenburg 2612

Anton Wyczey und die übrigen Ratsgeschworenen von Klausenburg ersuchen den Bistritzer Rat, dem Klausenburger Petrus Maior zu seinem Rechte zu verhelfen.

Latein. Gleichzeitige Abschrift. Papier.

In festo beati Mathei apostoli 1560.

1560, 27. September, Görgény 2613

Melchior Margay, Präfekt von Görgény, macht dem Bistritzer Rat Mitteilungen betreffend einen Viehdiebstahl.

Ungarisch. Originalpapierbrief.

f. 6 ante Michaelis 1560.

1560 ... Oktober, Hermannstadt 2614

Der Rat von Hermannstadt ladet den Bistritzer Rat zum Catharinalconflux ein und bittet, Neuigkeiten aus der Moldau sofort mitzuteilen.

Latein. Originalpapierbrief, von Mäusen beschädigt, daher die Datierung lückenhaft.

1560, 14. Oktober, Weißenburg 2615

König Johann II. ladet den Bistritzer Rat auf den 11. November zum Landtag nach Klausenburg ein.

Latein. Originalpapierbrief.

f. 2 ante Galli 1560.

1560, 21. Oktober, Hermannstadt 2616

Der Rat von Hermannstadt ersucht den Bistritzer Rat, sich streng an den Auftrag des Königs zu halten, der im Anhang übersendet wird, und weiteres über jene in den oberen Landesteilen angesammelten Truppen zu berichten, die einen Einfall in die Moldau machen wollen.

Latein. Originalpapierbrief.

1560, 31. Oktober, Szucsawa 2617

Alexander, Woiwode der Moldau, ersucht den Bistritzer Rat, ihm zum Bedecken der Wagen 100 Stück schwarzen Filz (fekete zyrth) zu schicken und deren Preis bekannt zu geben. Auf beiliegendem Zettel wird der Rat ersucht, den Preis des Filzes vom Rest des Geldes für den Wein abzuziehen.

Deutsch. Originalpapierbrief.

1560, 31. Oktober, Szucsawa 2618

Alexander, Woiwode der Moldau, gibt seinem Abgesandten Lucas, Burggraf von Küköllö, ein Beglaubigungsschreiben an den Bistritzer Rat mit.

Deutsch. Originalpapierbrief.

1560, 1. November, Torda 2619

König Johann II. trägt dem Bistritzer Rat auf, jenen Despotus, der

Ansprüche auf die Moldau erhebe und neulich mit einem Heer in die Moldau eingefallen sei, von seinem Heere aber im Stich gelassen und entflohen sei, sofort gefangen zu nehmen, falls derselbe sich in der Bistritzer Gegend zeige.

    Latein. Original. Papier. Siegel teilweise abgefallen.

    Thorda in festo omnium sanctorum 1560.

1560, 1. November, Szucsawa   2620

Alexander, Woiwode der Moldau, schickt den Kefei Wsseri mit Aufträgen wegen Postpferden an den Rodnaer Richter.

    Latein. Originalpapierbrief.

    Zuchwa Calend. Novembris 1560.

1560, 14. November, Klausenburg   2621

König Johann II. trägt allen Munizipien auf, dem Gaspar Zepp den Handel mit Fellen zu gestatten, und ihn beim Ankauf derselben zu unterstützen.

    Latein. Gleichzeitige Abschrift aus der Bistritzer Kanzlei.

1560, 20. November, Klausenburg   2622

Petrus Haller bestätigt, vom Bistritzer Rat den Martinszins mit 2.200 Gulden erhalten zu haben.

    Latein. Original. Papier.

1560, 22. November, Szucsawa   2623

Alexander, Woiwode der Moldau, gibt seinem Abgesandten Nagoy, Porkolab von Hüthyn, ein Beglaubigungsschreiben an den Bistritzer Rat mit.

    Deutsch. Originalpapierbrief.

    Zuchwa am freitag Catharinae des 60.sten.

1560, 23. November, Apanagyfalu 2624

Blasius Myko schreibt an den Bistritzer Rat in Angelegenheit der Eichelmast in den Borgoer Waldungen.

Ungarisch. Originalpapierbrief.

Apanagfelva sabbato post Elisabetae 1560.

1560, 26. November, Mediasch 2625

Der Rat von Mediasch übersendet dem Bistritzer Rat ein Zeugenverhör.

Latein. Originalpapierbrief.

1560, 27. November, Hermannstadt 2626

Der Rat von Hermannstadt mahnt den Bistritzer Rat zur Steuerzahlung.

Latein. Originalpapierbrief.

f. quarta post Catherinae 1560.

1560, 3. Dezember, Marmaros-Sziget 2627

Die Adligen-Universität des Marmaroscher Komitates ersucht den Bistritzer Rat, bei der vom König eingesetzten Kommission zur Ermittlung der Einkünfte aus den Wäldern und Gebirgen durch erfahrene Leute mitwirken zu wollen.

Latein. Originalpapierbrief.

Zyget feria 3 ante Nicolai 1560.

1560, 5. Dezember, Gyalu 2628

König Johann II. trägt dem Bistritzer Rat auf, seinem Boten an den Moldauer Woiwoden Leute mitzugeben, die ihn über das Gebirge führen sollen.

Latein. Originalpapierbrief.

1560, 10. Dezember, Hermannstadt 2629

Augustin Zewch bestätigt, vom Bistritzer Rat 1.700 Gulden als Soldgeld für 3.000 Söldner erhalten zu haben.

Latein. Original. Papier.

1560, 12. Dezember, Weißenburg 2630

König Johann II. fordert die Bistritzer auf, zur Herstellung der Burg Huszt einen oder zwei Maurer bereitzustellen.

Latein. Originalpapierbrief.

1560 2631

Teilungsbrief zwischen der Anna Puelacherin und Wolff Forsterin über das Vermögen Wolff Forsters.

Deutsch. Original. Papier.

1560, Szucsawa 2632

Marko Groszmaytter ersucht den Bistritzer Richter, die Bistritzer Kaufleute zu veranlassen, mit ihren Waren ohne Furcht auch in die Moldau zu kommen und dort zu verkaufen.

Deutsch. Originalpapierbrief.

1560 2633

Kaufvertrag zwischen den Bistritzer Bürgern Jacob Schuster und Michael Teper über ein Haus.

Deutsch. Original. Papier.

1560 2634

Auf fünf Papierstreifen Bemerkungen über Steuerzahlungen der Bistritzer für die beiden Borgo und für Weißkirch.

Latein. Original. Papier.

1560 2635

Rechnung über Einnahmen und Ausgaben jener Geldsummen, welche der Bistritzer Rat zum Bau der Kirche angewiesen hat, geführt von Thomas Creczmer.

Deutsch. Original in Form eines in Pergament-Schutzdecken eingebundenen Büchleins von 16 Blättern.

1561, 1. Januar, Szucsawa 2636

Alexander, Woiwode der Moldau, ersucht den Bistritzer Rat, dafür zu sorgen, daß Kaufleute, die Waren in der Moldau kaufen wollen, sich mit „weißem Gelde" versehen, da dieses Geld fortan auch in der Moldau gültig sein werde.

Deutsch. Originalpapierbrief.

1561, 9. Januar 2637

Augustin Kürschner bestätigt, vom Bistritzer Rat 540 Gulden als Teil am Klausenburger 17.000 Gulden-Aufschlag erhalten zu haben. 64 Gulden waren nachgelassen für die Abgebrannten in Treppen und Mettersdorf; 100 Gulden hatte der König zum Kirchenbau nachgelassen.

Deutsch. Original. Papier.

1561, 13. Januar 2638

Alexander, Woiwode der Moldau, ersucht den Bistritzer Richter, auf seine Rechnung sechs große Gläser mit Rosenwasser zu kaufen und ihm so verpackt zuzuschicken, daß die Gläser weder zerbrechen noch gefrieren.

Deutsch. Originalpapierbrief.

1561, 25. Januar, Hermannstadt 2639

Der Rat von Hermannstadt ersucht den Bistritzer Rat, zu dem auf königlichen Befehl am 6. Februar in Mediasch abzuhaltenden Religionsgespräch, wo die Streitigkeiten zwischen der ungarischen und sächsischen Kirche bezüglich des heiligen Abendmahls entschieden werden sollen, nebst den Priestern auch zwei Ratsgeschworene zu entsenden.

Latein. Originalpapierbrief.

1561, 8. Februar, Mediasch — 2640

Thomas Bomelius, Ratsgeschworener von Hermannstadt, bestätigt, vom Bistritzer Rat 400 Gulden vom 3.000 Gulden-Aufschlag erhalten zu haben.

Deutsch. Original. Papier.

1561, 10. Februar, Szent-Iván — 2641

König Johann II. ersucht den Bistritzer Rat, ihm einen Kübel Mehl zu schicken.

Latein. Originalpapierbrief.

1561, 11. Februar, Szent-Iván — 2642

König Johann II. fordert die Bistritzer auf, zwei Abgeordnete zur Beratung zu ihm zu schicken.

Latein. Originalpapierbrief.

1561, 13. Februar, Szent-Iván — 2643

König Johann II. trägt dem Thomas Dobay de Manyk und Genossen auf, vom Bistritzer Rat die Auslieferung des Benedikt Kyws zu verlangen, der als Untertan des Caspar Almady vor einiger Zeit heimlich Weilau verlassen und sich nach Bistritz begeben habe.

Latein. Gleichzeitige Abschrift von der Hand des Bistritzer Ratsnotarius G. Seraphin.

Zentywan feria 5 ante Valentini 1561.

1561, 18. Februar 2644

Alexander, Woiwode der Moldau, gibt seinem Abgesandten Lucas, Burggraf von Khüköllö, ein Beglaubigungsschreiben an den Bistritzer Rat mit.

Deutsch. Originalpapierbrief.

1561, 19. Februar 2645

Alexander, Woiwode der Moldau, schreibt an den Bistritzer Rat in Angelegenheit der schweren Verletzung eines Borgoers durch einen Moldauer Untertanen und verspricht volle Genugtuung. Beiliegend ein Papierstreifen, in welchem gebeten wird, den Brief an Johann Balogh nach Csicso zu schicken.

Deutsch. Originalpapierbrief, gezeichnet vom Sekretär G. de Re[nelles].

1561, 12. März, Hermannstadt 2646

Der Rat von Hermannstadt fordert den Bistritzer Rat auf, dem Achatius Schuster gegen dessen Schwiegervater zum Recht zu verhelfen.

Deutsch. Originalpapierbrief, von Mäusen beschädigt.

1561, 12. März, Nürnberg 2647

Georg Hörel, Büchsenmacher aus Nürnberg, meldet dem Bistritzer Rat, daß er nach vollendeter Arbeit in Nürnberg nach Bistritz kommen werde, aber bloß dem Rat dienen wolle.

Deutsch. Originalpapierbrief.

Druck: Archiv 4 (1860) S. 252f.

1561, 19. März, Reichesdorf 2648

König Johann II. fordert den Bistritzer Rat auf, zwei Abgeordnete auf den Landtag nach Thorda zu schicken.

Latein. Original. Papier.

1561, 22. März, Bistritz 2649

Bestimmungen des Bistritzer Rates und der Hundertmannschaft über die Ausübung des Fleischhackergewerbes, dazu Nachtragsbestimmungen aus dem Jahre 1562.

Deutsch. Original. Papier.

1561, 31. März 2650

Alexander, Woiwode der Moldau, ersucht den Bistritzer Rat, ihm für 100 Dukaten Safran zu kaufen und zu schicken.

Deutsch. Originalpapierbrief.

1561, 28. März, Mediasch 2651

König Johann II. trägt dem Bistritzer Rat auf, die Streitsache zwischen Joachim Separator aus Nagybanya und dem Bistritzer Bürger Johann Aurifaber von Neuem zu untersuchen und ein Urteil zu fällen.

Latein. Gleichzeitige Abschrift von der Hand des Ratsnotarius G. Seraphin.

Megyes feria 6 ante palmarum 1561.

1561, 7. April, Iassy 2652

Alexander, Woiwode der Moldau, teilt dem Bistritzer Rat mit, daß die entsendeten Wagnermeister die Räder an den Wagen sehr gut gemacht haben, mit welchen Marmor zum Baue einer Kirche zugeführt werden solle; doch müßten die Räder nun beschlagen werden; deshalb bittet er, den besten Schmied, etwa den Meister Peter aus der Ungargasse, zu ihm zu schicken.

Deutsch. Originalpapierbrief.

1561, 20. April, Torda 2653

König Johann II. trägt dem Bistritzer Rat auf, die Urkunden über die verschiedenen Besitzungen des verstorbenen Georg Komlody, welche dessen Witwe Ursula bei Leonhard Zewch in Bistritz hinterlegt hatte, der Anna, Tochter des Johann Chereny oder deren gesetzmäßigem Vertreter, in keinem Falle aber der genannten Witwe Ursula auszuhändigen, welche sich jetzt unter schwerer Anklage gefangen in Mediasch befinde.

Latein. Gleichzeitige Abschrift von der Hand des Bistr. Ratsnotarius Seraphin.

Thorda dominica misericordia 1561.

1561, 22. April, Torda 2654

König Johann II. bestätigt, vom Bistritzer Rat die Jahrespacht für den Zwanzigsten mit 50 Guldgulden erhalten zu haben.

Latein. Original. Papier.

1561, 22. Mai, Szucsawa 2655

Alexander, Woiwode der Moldau, ersucht den Bistritzer Rat, seine Abgesandten Demetrius Wlad, Capitän von Szuczawa, und Jacob Literatus, die mit einer Botschaft an den ungarischen König gehen, nötigenfalls mit Pferden zu unterstützen.

Latein. Originalpapierbrief, rechts unten gezeichnet vom Secretär Stefan a Dees.

1561, 23. Mai, Bistritz 2656

Verzeichnis jener Kirchengeräte, die bei der Abtragung der Sakristei vom Rate zur Aufbewahrung im Rathaus übernommen worden sind.

Latein. Original. Papier, an den Rändern beschädigt.

1561, 26. Mai, Hermannstadt 2657

Der Rat von Hermannstadt fragt an, ob man auf die Hochzeit des

Franz Nemethy nicht einen Abgeordneten der Universität schicken solle.

Latein. Originalpapierbrief.

1561, 28. Mai, Hermannstadt 2658

Augustin Zewch bestätigt, vom Bistritzer Rat dessen Teil am Thordaer Aufschlage mit 3.200 Gulden erhalten zu haben.

Latein. Original. Papier.

1561, 29. Mai, Weißenburg 2659

König Johann II. trägt allen Behörden auf, dafür zu sorgen, daß die Zigeunerwoiwoden Caspar Nagh und Franz Baladffy, Comes des Küküllöer Komitates, die zum Amt des Zigeunerwoiwoden gehörenden Einkünfte ungeschmälert erhalten.

Latein. Gleichzeitige Abschrift von der Hand des Ratsnotarius Seraphin.

1561, 2. Juni, Weißenburg 2660

König Johann II. fordert den Bistritzer Rat auf, die von Melchior Margay verlangten Geschütze zu gießen.

Latein. Originalpapierbrief.

1561, 3. Juni, Iassy 2661

Alexander, Woiwode der Moldau, teilt dem Bistritzer Rat mit, daß er die Schmiede und Wagner noch kurze Zeit benötige; dann aber werde er sie mit Dank nach Hause schicken.

Deutsch. Originalpapierbrief, gezeichnet vom Sekretär Georg de Re[nelles].

1561, 4. Juni, Huszt   2662

Christoph Hagmas de Beregzo, Comes der Marmarosch, ersucht den Bistritzer Rat zu veranlassen, daß jenen Bewohnern von Rona, denen vor kurzem im Bistritzer Distrikt Pferde gestohlen wurden, diese zurückgegeben werden, da ein Szalvaer Namens Andreas gut wisse, wo jene Pferde seien.

Ungarisch. Originalpapierbrief.

1561, 13. Juli, Torda   2663

König Johann II. trägt dem Bistritzer Rat auf, die Streitsache des Peter Mayor aus Klausenburg zu entscheiden.

Latein. Gleichzeitige Abschrift von der Hand des Ratsnotarius Seraphin.

Thorda die dominica in festo Margarethe 1561.

1561, 17. Juli, Weißenburg   2664

König Johann II. trägt dem Bistritzer Rat auf, seine Truppen sofort in Kriegsbereitschaft zu setzen, da verschiedene Gerüchte einen Krieg in Aussicht stellen.

Latein. Originalpapierbrief, rechts etwas eingerissen.

1561, 23. Juli, Bistritz   2665

Michael Nagh und Anton Barchay bestätigen im Namen ihrer Herren, der Zigeunerwoiwoden, den Zigeunerzins mit 8 fl vom Bistritzer Rat erhalten zu haben.

Latein. Original. Papier.

f. 4 ante Jacobi 1561.

1561, 27. Juli, Weißenburg   2666

König Johann II. trägt allen Behörden auf, den Prokop Lypsky, den er nach Krakau zur Anwerbung zweier Musiker geschickt habe, sowohl auf der Hin- als auch auf der Rückreise mit allem Nötigen zu unterstützen.

Latein. Gleichzeitige Abschrift von der Hand des Ratsnotarius Seraphin im Copialbuch von 1562.

1561, 2. August, Weißenburg 2667

König Johann II. trägt dem Bistritzer Rat auf, zwei Steinmetze nach Görgény zu schicken.

Latein. Originalpapierbrief.

1561, 5. August 2668

Caspar Cereny, Caspar Zalay und Melchior Kechety berichten an den König über die von ihnen getroffene Entscheidung des Hattertstreites zwischen Baierdorf und Soofalva.

Ungarisch. Originalpapierbrief.

Ez level kewlt wvzyne vallozattya napianak elentti valo keden 1561.

1561, 12. August, Weißenburg 2669

König Johann II. trägt dem Hermannstädter Rat auf, die nach einem früheren Befehl bereits ausgerüsteten Büchsenschützen und zwar 500 Mann, sofort abrücken zu lassen und sie unter den Befehl des Valentin Hajdw zu stellen.

Latein. Gleichzeitige Abschrift als Beilage zum Brief des Hermannstädter Rates vom 13. August 1561. Original. Papier.

1561, 13. August, Hermannstadt 2670

Der Rat von Hermannstadt übersendet dem Bistritzer Rat eine Abschrift des Briefes vom 12. August 1561 und bittet, die Bistritzer Büchenschützen sofort nach Thorda zu schicken.

Latein. Originalpapierbrief.

1561, 14. August, Madaras 2671

König Johann II. trägt Jedermann ohne Unterschied des Standes und Geschlechtes auf, auf Verlangen der Bistritzer in deren Streitsache vor Mathias Fychor und Genossen bei Strafe von 16 Mark wahrheitsgemäß Zeugnis abzulegen.

Latein. Original. Papier.

Madaras feria 5 post Laurency 1561.

1561, 14. August, Weißenburg 2672

König Johann II. trägt dem Hermannstädter Rat auf, 500 Büchenschützen auszurüsten und nach Thorda zu schicken.

Latein. Gleichzeitige Abschrift aus der Hermannstädter Kanzlei als Beilage zum Briefe des Hermannstädter Rates vom 18. August 1561.

1561, 17. August, Bistritz 2673

Stefan de Mykola bestätigt, von Lenhard Zewch 14 Stück Urkunden betreffend die Besitzungen des Georg Komlody erhalten zu haben. Dieselben waren dem Genannten von Ursula, der Witwe Georg Komlodys zur sicheren Aufbewahrung übergeben worden.

Latein. Original. Papier.

dominica ante Stephani 1561.

1561, 18. August, Hermannstadt 2674

Der Rat von Hermannstadt übersendet dem Bistritzer Rat das Schreiben vom 14. August 1561 in Abschrift und ersucht, das Soldgeld für die verlangten Büchsenschützen pünktlich einzuschicken.

Latein. Originalpapierbrief.

1561, 7. September, Hermannstadt 2675

Augustin Zewch teilt dem Bistritzer Rat mit, daß er das Soldgeld der übrigen Städte und Stühle schon übersandt habe, und ersucht, dieses auch sofort zu tun.

Deutsch. Originalpapierbrief.

1561, 16. September, Hermannstadt 2676

Der Rat von Hermannstadt teilt dem Bistritzer Rat mit, daß die zur Beilegung der Streitigkeiten über das Heilige Abendmahl auf Befehl des Königs in Hermannstadt versammelten Vertreter der einzelnen Kapitel beschlossen haben, zur Einholung der Meinungen und Ansichten der Akademien über diese Streitfrage von der Sächsischen Universität aus einen Delegierten zu entsenden. Der Bistritzer Rat wird ersucht, seine Ansicht über diesen Beschluß sofort nach Hermannstadt bekannt zu geben.

Latein. Originalpapierbrief.

1561, 17. September, Weißenburg 2677

König Johann II. trägt Jedermann ohne Unterschied des Standes und Geschlechtes auf, auf Verlangen des Bistritzer Rates in der Rechtssache desselben vor Stefan, Caspar und Gregor Chereny und Genossen bei Strafe von 16 Mark Silber wahrheitsgemäßes Zeugnis abzulegen.

Latein. Original. Papier, am oberen Rande von Mäusen beschädigt.

Albae Juliae feria 4 ante Mathei 1561.

1561, 17. September, Hîrlău 2678

Alexander, Woiwode der Moldau, teilt dem Bistritzer Rat nach gemeinsamer Vereinbarung die neue Jahrmarktordnung in Bistritz und der Moldau mit und zwar sollen jährlich sieben Jahrmärkte stets abwechselnd in Bistritz und in der Moldau (in Boyna zu deutsch Moldenmarkt) gehalten werden zu den angegebenen Terminen.

Deutsch. Originalpapierbrief.

1561, 17. September, Szatmár 2679

Valentin Nagy, Leutnant der königlichen Trabanten, bestätigt, vom Bistritzer Rat 250 Gulden als Monatssold für 80 Trabanten erhalten zu haben.

Ungarisch. Original. Papier.

1561, 11. Oktober, Weißenburg 2680

König Johann II. trägt dem Hermannstädter Bürgermeister Augustin Zewch auf, den Martinszins sofort einheben und abführen zu lassen.

Latein. Gleichzeitige Abschrift als Beilage zum Brief des Hermannstädter Rates vom 15. Oktober 1561. Original. Papier.

1561, 15. Oktober, Hermannstadt 2681

Der Rat von Hermannstadt übersendet dem Bistritzer Rat eine Abschrift des königlichen Auftrages vom 11. Oktober 1561 und ersucht, im Sinne dieses Auftrages den Bistritzer Martinszins unverzüglich einzusenden. Auf beiliegendem Zettel wird der Rat ersucht, sich wegen der vom König verlangten Zufuhr von Hafer nach Weißenburg keine weiteren Sorgen zu machen.

Latein. Originalpapierbrief.

1561, 24. Oktober, Weißenburg 2682

König Johann II. trägt dem Matheus Pesthessy und Genossen auf, vom Bistritzer Rat die Auslieferung der beiden Untertanen des Johann Arigii zu verlangen, die vor einiger Zeit in den Bistritzer Distrikt übersiedelt sind.

Latein. Gleichzeitige Abschrift von der Hand des Ratsnotarius Seraphin.

Albae Juliae feria 6. ante Demetrii 1561.

1561, 28. Oktober, Weißenburg 2683

König Johann II. trägt dem Bistritzer Rat auf, zwei Abgeordnete mit dem auf Bistritz entfallenen Teil vom Soldgeld für 2000 Büchsenschützen zu dem am 11. November in Klausenburg zusammentretenden Landtag zu entsenden, inzwischen aber das gesamte Kriegsvolk in Kriegsbereitschaft zu setzen, da nach Berichten des Generalkapitäns Melchior Balassa Kaiser Ferdinand einen Einfall in das Reich plane.

Latein. Originalpapierbrief.

1561, 28. Oktober, Weißenburg 2684

König Johann II. trägt allen Behörden auf, seinen Gesandten Franz Karoly auf seiner Reise zum Könige von Polen mit den nötigen Pferden und mit sicherem Geleit zu unterstützen.

Latein. Gleichzeitige Abschrift von der Hand des Bistritzer Ratsnotarius Seraphin im Copialbuch von 1562, welches die Aufschrift trägt: „Transsumpta litterarum a sereniss. reg. Maiest. duo nostro clementissimo nobis porrectarum per istius anni 1562 circulum."

1561, 24. November, Hermannstadt 2685

Der Rat von Hermannstadt fordert den Bistritzer Rat auf, seinen Anteil am jüngsten 17.000 Gulden-Aufschlag ohne Verzug zu zahlen.

Latein. Originalpapierbrief.

1561, 13. Dezember, Weißenburg 2686

König Johann II. trägt dem Bistritzer Rat strengstens auf, die Wege in die Moldau zu bewachen und nicht zu dulden, daß die Leute des Despotus im Bistritzer Distrikt herumstreifen und von hier ihre Streifzüge in die Moldau unternehmen.

Latein. Originalpapierbrief, von Mäusen fast ganz zerstört. Der Text infolgedessen sehr lückenhaft. – Auch gleichzeitige Abschrift von der Hand des Bistritzer Ratsnotarius Seraphin im Copialbuche von 1562.

1561, 18. Dezember, Hermannstadt 2687

Der Rat von Hermannstadt ermahnt die Bistritzer, die fällige Steuer vom letzten Klausenburger Aufschlag sofort zu zahlen.

Latein. Originalpapierbrief.

1561, 29. Dezember, Hermannstadt 2688

Augustin Zewch bestätigt, vom Bistritzer Rat 425 Gulden Steuer vom Aufschlage der Sächsischen Universität erhalten zu haben.

Latein. Original. Papier.

1561, 29. Dezember, Hermannstadt 2689

Augustin Zewch bestätigt, vom Bistritzer Rat dessen Teil vom letzten Klausenburger 17.000 Gulden-Aufschlag mit 2656 fl erhalten zu haben. 64 Gulden waren abgeschrieben für die Abgebrannten von Mettersdorf, Weißkirch und Treppen.

Latein. Original. Papier.

1561 2690

Auf zwei Zetteln Bemerkungen über Steuerzahlungen der Bistritzer für die beiden Borgo und für Weißkirch.

Latein. Original. Papier.

1562, 6. Januar, Weißenburg 2691

König Johann II. trägt allen Behörden auf, seinen Kämmerer Nicolaus Negossowssky, der mit einer Botschaft zum Polenkönig reise, auf seiner Reise mit allem Nötigen zu unterstützen.

Latein. Gleichzeitige Abschrift von der Hand des Bistritzer Ratsnotarius G. Seraphin in dem unter 1562 liegenden Copialheft.

1562, 6. Januar, Nagybánya   2692

Der Rat von Nagybánya ersucht den Bistritzer Rat, dem Benedikt Mark zu seinem Recht zu verhelfen.

Latein. Originalpapierbrief.

1562, 10. Januar, Hermannstadt   2693

Der Rat von Hermannstadt übersendet nach Bistritz ein königliches Schreiben in Abschrift und ersucht, den darin enthaltenen Auftrag auszuführen.

Latein. Originalpapierbrief.

1562, 12. Januar, Weißenburg   2694

König Johann II. ersucht die Sächsische Nationaluniversität, ihm 16.000 Gulden zu leihen, damit er die Kaiserlichen, zu welchen auch der Generalkapitän Melchior Balassa verräterisch abgefallen sei, aus dem Lande zu treiben im Stande sei und verspricht, das Geld aus den nächsten Einkünften zurückzuzahlen.

Latein. Gleichzeitige Abschrift als Beilage zum Brief des Hermannstädter Rates vom 13. Januar 1562. – Original. Papier.

1562, 13. Januar, Weißenburg   2695

König Johann II. trägt dem Bistritzer Rat auf, wie bisher alle Wege in die Moldau scharf bewachen zu lassen.

Latein. Originalpapierbrief. Auch gleichzeitige Abschrift von der Hand des Ratsnotarius Seraphin in dem unter dem Jahre 1562 liegenden Copialhefte.

1562, 13. Januar, Hermannstadt   2696

Der Rat von Hermannstadt trägt dem Bistritzer Rat auf, zwei Abgeordnete nach Hermannstadt zu schicken, damit man dem Fürsten auf seine Aufforderung, ihm 16.000 Gulden zu leihen, Antwort gebe und übersendet das darauf bezügliche Schreiben vom 12. Januar 1562 in Abschrift.

Latein. Originalpapierbrief.

1562, 16. Januar, Hermannstadt 2697

Augustin Zewch, Bürgermeister von Hermannstadt, dankt dem Bistritzer Rat für die neuen Nachrichten über den Despoten und über Alexander, den Moldauer Woiwoden. Er weist bezüglich des Abfalles des Melchior Balassa auf die in den letzten Tagen übersendeten Briefe hin und ersucht, Abgesandte zu einer Universitätssitzung nach Hermannstadt zu schicken, weil neue Aufträge des Königs angelangt seien.

Deutsch. Originalpapierbrief.

1562, 18. Januar, Weißenburg 2698

König Johann II. trägt dem Bistritzer Rat auf, den Diener des Christoph Haghmass de Beregzo, den er an seinen Herrn zurückschicke, auf seiner Reise über das Gebirge zu unterstützen.

Latein. Gleichzeitige Abschrift von der Hand des Ratsnotarius G. Seraphin im Copialhefte von 1562.

1562, 25. Januar, Kolosmonostor 2699

König Johann II. teilt allen Munizipien mit, daß er das ganze bewegliche und unbewegliche Vermögen des Ambrosius Feyerwary, der zum römischen Kaiser abgefallen sei, den getreuen Georg Pethew und Gaspar Barchay verliehen habe.

Latein. Gleichzeitige Abschrift aus der Bistritzer Ratskanzlei.

1562, 28. Januar, Kolosmonostor 2700

König Johann II. dankt der Sächsischen Nationsuniversität für die Bereitwilligkeit zur Lieferung von Pulver, Blei und Geld und gebietet, an

Stelle der Lanzenträger, die er nach Hause geschickt habe, Büchsenschützen auszuheben und nach alter Gewohnheit entweder den Königsrichter Petrus Haller oder den Bürgermeister Augustin Zewch mit den Königsrichtern der einzelnen Städte zu ihm ins Lager zu schicken und noch einige Falkonetten auszurüsten.

Latein. Gleichzeitige Abschrift als Beilage zum Brief des Hermannstädter Rates vom 4. Februar 1562. – Orginal. Papier.

1562, 31. Januar, Kolosmonostor 2701

König Johann II. teilt Jedermann mit, daß er für den gegenwärtigen Feldzug Paul Dechey, Blasius Myko, Stefan Kemeńy und Ambrosius Literatus de Chyak zu Proviantmeistern ernannt habe und befiehlt, den Anordnungen derselben, was Herbeischaffung von Lebensmitteln anbelangt, unbedingt Folge zu leisten.

Latein. Gleichzeitige Abschrift aus der Bistritzer Ratskanzlei.

1562, 2. Februar, Kolosmonostor 2702

König Johann II. trägt dem Hermannstädter Rat auf, jene Geldsumme, die er durch Jakob Pokay habe verlangen lassen, sofort einzusenden, ferner entweder Petrus Haller oder Augustin Zewch zu ihm ins Lager zu schicken, endlich an Stelle der lanzentragenden Bauern Büchsenschützen auszuheben und ihm ins Lager zu senden. Die Lanzenträger habe er wieder nach Hause geschickt.

Latein. Gleichzeitige Abschrift als Beilage zum Briefe des Hermannstädter Rates vom 4. Februar 1562. – Original. Papier.

1562, 4. Februar, Hermannstadt 2703

Der Rat von Hermannstadt übermittelt dem Bistritzer Rat die königlichen Aufträge vom 28. Januar und 2. Februar 1562 in Abschrift und bittet, die gewünschte Zahl von Büchsenschützen und Falkonetten bereitzuhalten.

Latein. Originalpapierbrief.

1562, 4. Februar, Hermannstadt 2704

Augustin Zewch bestätigt, vom Bistritzer Rat 960 Gulden von der für Kriegszwecke der Sächsischen Nation aufgeschlagenen Summe von 6000 Gulden, ferner Geschützpulver etc. erhalten zu haben.

Latein. Original. Papier, von Mäusen stark beschädigt.

1562, 5. Februar, Devecser 2705

Blasius Myko ersucht den Bistritzer Richter Gregor Timar, die Lebensmittel dem königlichen Befehle entsprechend sofort nach Deesch führen zu lassen, wo Stefan Deak ein Verzeichnis über deren Ablieferung führe.

Ungarisch. Originalpapierbrief.

Deveczeren költ boeyt elö czötörteken 1562.

1562, 7. Februar, Szamos-Ujvár 2706

Georg Nowaky, Provisor von Ujvár, teilt dem Bistritzer Rat mit, daß der König nach Bistritz zu kommen gedenke.

Latein. Originalpapierbrief.

1562, 13. Februar, Kolosmonostor 2707

König Johann II. trägt allen Behörden auf, den Gregor Lypay, der mit einer wichtigen Botschaft in die Moldau reise, mit allem Nötigen zu unterstützen.

Latein. Gleichzeitige Abschrift von der Hand des Ratsnotarius Seraphin im Copialbuche von 1562.

1562, 15. Februar, „aus der Wolffsgass" [Klausenburg] 2708

Kaspar Kirschner und Lenhardth Werner, Geschworene von Bistritz, teilen dem Bistritzer Rat mit, daß der König den Blasius Miko zum Proviantmeister bestellt habe und ersuchen, sich wegen des zu liefernden

Proviants direkt an Miko zu wenden. Die sächsischen Ratsherren gäben sich täglich Mühe, vom König die Erlassung des zweiten Tausends der ins Feld zu stellenden Trabanten zu erwirken, bis jetzt aber hätten sie nichts ausgerichtet.

Deutsch. Originalpapierbrief. Die Schrift ist durch Feuchtigkeit etwas verblaßt.

1562, 15. Februar, Bistritz 2709

Blasius Myko de Abrahamfalwa bezeugt, daß er sich mit dem Bistritzer Rat wegen des vor einiger Zeit vom Rat eingekerkerten Untertanen Iwrka von Borgo verglichen habe.

Latein. Original. Papier. Links oben eingerissen.

1562, 21. Februar, Hermannstadt 2710

Der Rat von Hermannstadt ersucht, den Bistritzer Anteil am Soldgeld für 2000 Büchsenschützen sogleich einzuzahlen.

Latein. Originalpapierbrief.

1562, 23. Februar, Deesch 2711

Blasius Myko fordert den Bistritzer Richter Gregor Timar auf, dem wiederholten königlichen Befehle entsprechend, Lebensmittel nach Deesch zu bringen, damit dieselben ins Lager geführt würden.

Ungarisch. Originalpapierbrief.

Desen zent myhal nap elöt valo hetffön 1562.

1562, 27. Februar, Kolosmonostor 2712

König Johann II. trägt allen Behörden auf, den in wichtigen Geschäften nach Polen reisenden Johann Kamenczky auf der Hin- und Rückreise mit dem Nötigen zu versorgen.

Latein. Gleichzeitige Abschrift vom Notarius Seraphin im Copialbuche von 1562.

1562, 4. März, Hermannstadt 2713

Der Rat von Hermannstadt teilt dem Bistritzer Rat mit, daß er bereit sei, die Streitsache des Bistritzers Martin Stannarius zu entscheiden und übersendet das von den Geistlichen und Gesandten aus Wittenberg und anderen Akademien überbrachte Bekenntnis über das Heilige Abendmahl in Abschrift.

Latein. Originalpapierbrief.

1562, 11. März, Hermannstadt 2714

Der Rat von Hermannstadt teilt dem Bistritzer Rat mit, daß der König von den Sachsen abermals 2000 Mann verlange, auf Vorstellung der in Klausenburg befindlichen Ratsherren aber diese Stellung in eine Geldzahlung umgewandelt habe und zwar so, daß für einen gemeinen Trabanten 3 fl, für einen Zehntmann, Fähnrich oder „Bonngeschläger" 4 fl und für einen Hauptmann 10 fl zu zahlen seien. Den auf Bistritz entfallenden Teil dieser Summe möge der Rat schleunigst nach Klausenburg schicken.

Deutsch. Originalpapierbrief.

1562, 12. März, Hermannstadt 2715

Der Hermannstädter Bürgermeister Augustin Zewch dankt dem Bistritzer Rat für die übersendeten neuen Nachrichten und schickt demselben die aus Wittenberg eingeholte „Confession".

Deutsch. Originalpapierbrief.

1562, 15. März, Szamos-Ujvár 2716

Caspar Pathochy de Kechkemet ersucht den Bistritzer Rat, ihm neue Nachrichten aus der Moldau sogleich bekannt zu geben und teilt mit, daß Nicolaus Pathochy nach dem Willen des Königs so lange in Bethlen sein werde, als der gegenwärtige Krieg dauere.

Ungarisch. Originalpapierbrief. Die Schrift ist infolge Feuchtigkeit stark verblaßt.

Wywar die dominica Judica 1562.

1562, 17. März, Jassy 2717

Herakhlydes Jakob Basilicus, Woiwode der Moldau, gibt seinem Gesandten Joan Wranchyon, der mit einer Botschaft an den ungarischen König geht, auch ein Beglaubigungsschreiben an den Bistritzer Rat mit.

Deutsch. Originalpapierbrief. Rechts unten gezeichnet vom Sekretär G. de Renelles.

1562, 24. März, Szucsawa 2718

Valten Hantschen ersucht den Bistritzer Rat, ihm durch den Überbringer des Briefes einen guten Bescheid in seiner Sache zu geben.

Deutsch. Originalpapierbrief.

1562, 29. März, Kolosmonoster 2719

König Johann II. teilt dem Bistritzer Rat mit, daß er den an die Bistritzer gerichteten Brief des Despotus, Woiwode der Moldau, gelesen und in dieser Sache sofort an den Betreffenden geschrieben habe. Die Bistritzer mögen unbekümmert sein und alle Pfade und Wege in die Moldau scharf bewachen und ihm Jeden, der die Grenze passiert, mit den eventuell bei ihm befindlichen Briefschaften gefangen zusenden.

Latein. Originalpapierbrief.

1562, 29. März, Hermannstadt 2720

Augustin Zewch, Bürgermeister von Hermannstadt, teilt dem Bistritzer Rat mit, daß er dessen Brief über die Sache des Despotus und des Woiwoden Alexander erhalten habe, daß ferner das Gerücht gehe, die Türken würden dem ungarischen König eine Hilfstruppe senden, daß aber, wie ein Bote berichtet, sowohl in der Walachei als auch in der Türkei völlige Ruhe herrsche. Die Confession über das Heilige Abendmahl, welche die Gesandten aus Wittenberg gebracht, sei unlängst dem Bistritzer Rat zugeschickt worden.

Deutsch. Originalpapierbrief, von Mäusen beschädigt.

Hermannstadt am Ostertag 1562.

1562, 31. März, Deesch   2721

Der Rat von Deesch ersucht den Bistritzer Rat, den Deescher Bürgern Blasius Kymyess und Stefan Sybay beizustehen, eine alte Schuld von 60 Gulden vom Bistritzer Bürger Petrus Thakach zu erheben.

Latein. Originalpapierbrief.

Dees tertio die pascalis 1562.

1562, 6. April, Hermannstadt   2722

Der Rat von Hermannstadt teilt dem Bistritzer Rat Beschlüsse mit, die letzthin in Klausenburg gefaßt worden seien, wonach jede Nation zwei Mann und etwas Volk „zum Türken" schicken und diese mit 2000 Gulden besolden solle. Zum Schluß folgt die Bitte, den Anteil an den 2000 Gulden ebenfalls einzuschicken.

Deutsch. Originalpapierbrief.

1562, 10. April, Kolosmonostor   2723

König Johann II. bezeugt, daß er, obwohl er vor einiger Zeit auf Bitten Melchior Balassas die Pfarrei in Feldiod dem Georg Wyzaknay übertragen habe, nun, nachdem Melchior Balassa in verräterischer Weise von ihm abgefallen sei, die besagte Pfarrei dem Bischof Zawa zurückgebe.

Latein. Gleichzeitige Abschrift vom Ratsnotarius G. Seraphin.

1562, 15. April, Deesch   2724

Der Rat von Deesch teilt dem Bistritzer Rat die Zeugenaussage der

Witwe nach Michael Kalay in der Streitsache der Bistritzer Bürger Emerich Zabo und Blasius Zewcz mit.

Latein. Originalpapierbrief.

Dees feria 4 post Misericordia 1562.

1562, 16. April, Kolosmonostor 2725

König Johann II. befreit die durch eine Feuersbrunst schwer heimgesuchten Einwohner von Minarken auf drei Jahre von allen Steuern und Abgaben.

Latein. Orginal. Papier. Die Schrift ist infolge Feuchtigkeit etwas verblaßt.

1562, 18. April, Kolosmonostor 2726

König Johann II. trägt dem Bistritzer Rat auf, die 17 Rascianischen Reiter, die er an Christof Hagymassy nach Huszt schicke, durch verläßliche Leute über das Gebirge führen zu lassen.

Latein. Gleichzeitige Abschrift vom Ratsnotarius Seraphin im Copialbuche von 1562.

1562, 18. April, Hermannstadt 2727

Der Rat von Hermannstadt teilt dem Bistritzer Rat mit, daß die im Lager befindlichen Edelleute verlangen, es sollten auch aus der Sächsichen Nation wenigstens die Königsrichter mit zwei Ratsherren im Lager sein. Wegen des Soldgeldes für 2000 Mann auf den vierten Monat sind die nötigen Schritte zu tun und das Geld ist unverzüglich nach Klausenburg zu schicken. Des Kriegs wegen entfalle die Sitzung der Universität am Georgentage.

Deutsch. Originalpapierbrief.

1562, 19. April, Klausenburg 2728

König Johann II. fordert alle Munizipien auf, die Zigeunerwoiwoden bei Einhebung des ihnen zukommenden Zigeunerzinses zu unterstützen.

Latein. Gleichzeitige Abschrift aus der Bistritzer Kanzlei.

1562, 21. April, Klausenburg 2729

Petrus Haller bestätigt, vom Bistritzer Rat 320 Gulden als Anteil an den 2000 fl, die als Soldgeld für die mit Christoph Bathori zu den Türken geschickten Söldner zu zahlen waren, erhalten zu haben.

Deutsch. Originalpapierbrief.

1562, 23. April, Gyalu 2730

König Johann II. trägt dem Bistritzer Rat auf, sogleich 2000 Kübel Weizen für die türkischen Truppen einzukaufen.

Latein. Originalpapierbrief.

1562, 23. April, Gyalu 2731

König Johann II. trägt der Sächsischen Universität auf, dem Bistritzer Richter 1000 Gulden auszuhändigen, damit dieser Getreide für das türkische Heer einkaufe.

Latein. Gleichzeitige Abschrift aus der Hermannstädter Kanzlei als Beilage zum Hermannstädter Brief vom 26. April 1562.

1562, 24. April, Gyalu 2732

König Johann II. trägt der Sächsichen Universität auf, das Soldgeld für 1000 Büchsenschützen sogleich einzuzahlen und weitere 1000 Mann ausheben zu lassen.

Latein. Gleichzeitige Abschrift aus der Hermannstädter Kanzlei.

1562, 24. April, Klausenburg 2733

Albert Clemens, Bistritzer Ratsgeschworener, teilt dem Bistritzer Rat mit, daß es ihm nicht gelungen sei, den Kanzler Csaky und den Hof umzustimmen, den Bistritzern die große Kornlieferung zu erlassen. Zum Schluß folgen neue Nachrichten: Balascha habe an den türkischen Pascha das Verlangen gestellt, ihm Szathmar zu übergeben und die Edelleute stünden mit ihrem Kriegsvolk bloß unter dem Meszesgebirge und wollten von da nicht weiter ziehen.

Deutsch. Originalpapierbrief.

1562, 25. April, Kövár 2734

Georg de Bathor gibt seinem Abgesandten Matthaeus Galthewsi ein Beglaubigungsschreiben an den Bistritzer Rat mit.

Latein. Originalpapierbrief.

Sabbatho post Georgy 1562.

1562, 26. April, Hermannstadt 2735

Der Rat von Hermannstadt übersendet dem Bistritzer Rat eine Abschrift des Auftrages vom 23. April 1562 und ersucht, das Getreide für die türkischen Hilfstruppen einzukaufen und gemäß einem Befehl des Kanzlers Chiaky die Trabanten zum Abmarsch bereit zu halten. Auf beiliegendem Zettel steht die Aufforderung, gemäß königlichem Befehl aus jeder sächsischen Stadt den Bürgermeister oder Königsrichter mit einem oder zwei Ratsherren zum König ins Lager zu schicken.

Latein. Originalpapierbrief.

1562, 28. April, Gyalu 2736

König Johann II. trägt dem Bistritzer Rat auf, unverzüglich 1000 Kübel Weizen auf eigenen Wagen ins türkische Lager führen zu lassen.

Latein. Originalpapierbrief.

1562, 29. April, Deesch 2737

Johann Thorma und Demetrius Kozta teilen dem Bistritzer Rat den

Befehl des Königs mit, daß der zuzuführende Weizen unbedingt erst in Bistritz gemahlen werden muß und als Mehl geliefert werden solle.

Latein. Originalpapierbrief.

Dees feria 4 post georgy 1562.

1562, 1. Mai, Gyalu 2738

Albert Walldörffer, Ratsgeschworener von Bistritz, teilt dem Bistritzer Richter Gregor Dohm im Auftrage des Kanzlers Chaky mit, daß die Bistritzer die Nahrungsmittel schleunigst ins Lager schicken sollen, da die Türken das Land nicht eher verlassen wollen. Weiters möge man Späher in die Moldau senden und auskundschaften, ob der Woiwode einen Einfall machen oder bloß durchziehen wolle. Der König sei schwer erkrankt. Das Soldgeld für die 1000 Trabanten möge unverzüglich eingeschickt werden. In Hermannstadt könne man trotz aller Mühe keine Söldner aufbringen, auch verlangten die Türken bloß Geschütze, Pulver und Kugeln. An Transportwägen herrsche im türkischen Lager großer Mangel.

Deutsch. Originalpapierbrief.

1562, 3. Mai, Hermannstadt 2739

Der Rat von Hermannstadt übersendet 840 Gulden und ersucht 160 Gulden dazu zu tun, und mit 1000 fl dem strikten Befehl des Königs entsprechend noch Korn einzukaufen, damit es den Türken geschickt werde.

Deutsch. Originalpapierbrief.

1562, 5. Mai, Hermannstadt 2740

Augustin Zewch teilt dem Bistritzer Rat mit, daß die Hermannstädter Söldner und das Soldgeld nach Klausenburg geschickt werden und rät, alsbald ein Gleiches zu tun.

Deutsch. Originalpapierbrief, von Mäusen beschädigt.

1562, 8. Mai, Retteg 2741

Georg Nagh, Viceporkolab, schreibt an den Bistritzer Rat in Angelegenheit der Weizenlieferung für das Heer.

Ungarisch. Originalpapierbrief. Die Schrift infolge Feuchtigkeit stark verblaßt.

Retteg feria 6 die stanislai 1562.

1562, 10. Maia, Gyalu 2742

Petrus Haller bestätigt, vom Bistritzer Rat 506 fl 92 den. als Soldgeld für 1000 Büchsenschützen erhalten zu haben.

Latein. Original. Papier.

1562, 17. Mai, Hermannstadt 2743

Der Rat von Hermannstadt dankt dem Bistritzer Rat für die neuen Nachrichten über den Despot aus der Moldau und rät den Bistritzern, die von den Szeklern aufgefordert sind, in das von ihnen aufgeschlagene Lager mit ihren Truppen zu kommen, sich an solchen Tumulten und Empörungen nicht zu beteiligen, vielmehr den Befehlen des Königs zu gehorchen; er sei die Obrigkeit im Lande, der man gehorchen müsse.

Deutsch. Originalpapierbrief.

1562, 7. Juni, Torda 2744

Petrus Haller, samt den übrigen beim König versammelten Sachsen, teilt dem Bistritzer Rat den Befehl des Königs bezüglich des Verkehrs mit dem Despoten mit.

Deutsch. Originalpapierbrief.

1562, 8. Juni, Im Lager bei Torda 2745

Petrus Haller bestätigt, vom Bistritzer Rat 506 Gulden 92 den. als Soldgeld für 1000 Büchsenschützen erhalten zu haben.

Latein. Original. Papier.

1562, 20. Juni, Bistritz 2746

Franz Sebessy und Johann Literatus bestätigen im Namen ihrer Herren, der Zigeunerwoiwoden, vom Bistritzer Rat den Zigeunerzins mit 8 fl erhalten zu haben.

Latein. Original. Papier.

Sabbato ante Johannis Baptistae 1562.

1562, 25. Juni, Schäßburg 2747

König Johann II. trägt dem Bistritzer Rat auf, Frau und Kinder des Ambrosius Feyerwary sofort einzukerkern und zu ihrer Bewachung bloß den Diener des Johann Thabiassy zuzulassen.

Latein. Originalpapierbrief.

1562, 27. Juni, Schäßburg 2748

König Johann trägt allen Behörden auf, den nach Polen zurückkehrenden Stanislaus Olsowsky auf seiner Reise mit Pferden und Begleitern zu unterstützen.

Latein. Gleichzeitige Abschrift vom Ratsnotarius Seraphin im Copialbuch von 1562.

1562, 3. Juli, Hermannstadt 2749

Der Rat von Hermannstadt ersucht, den Bistritzer Anteil am 14.000-Gulden-Zins bis 13. Juli einzuschicken.

Deutsch. Originalpapierbrief.

1562, 3. Juli, Szeszárma 2750

Franz Lyppainus, Offizial von Zezarma, ersucht den Bistritzer Richter Gregor Thymar, für seinen Herrn zu einem Hausbau in Zezarma etwas Kalk zu verkaufen.

Ungarisch. Originalpapierbrief.

Zezarma feria 6 ni profesto visitationis (!) Mariae 1562.

1562, 15. Juli, Hermannstadt 2751

Der Rat von Hermannstadt fordert schleunige Einzahlung des Bistritzer Teiles vom letzten Schäßburger Aufschlag.

Deutsch. Originalpapierbrief.

1562, 27. Juli, „sub rupe Sancti Michaelis" 2752

König Johann II. trägt allen Behörden auf, den in die Moldau zurückkehrenden Gesandten des Despot, Woiwoden der Moldau, auf seiner Reise mit Pferden und allem Nötigen zu unterstützen.

Latein. Gleichzeitige Abschrift vom Ratsnotarius Seraphin im Copialbuche von 1562.

1562, 27. Juli, Hermannstadt 2753

Augustin Zewch bestätigt, von den Bistritzern 2136 Gulden Steuern vom letzten Schäßburger Aufschlag erhalten zu haben. 104 Gulden waren nachgelassen, da die Gemeinden Mettersdorf, Treppen, Weißkirch, Minarken und Johannisdorf durch Brände heimgesucht worden waren.

Latein. Original. Papier.

1562, 27. Juli, Hermannstadt 2754

Augustin Zewch, Bürgermeister von Hermannstadt, übersendet dem Bistritzer Rat die von der Steuer für die Abgebrannten Mettersdorfs, Treppens und Weißkirchs einbehaltenen 64 Gulden und verspricht für die Abgebrannten in Minarken und Johannisdorf 40 Gulden einhalten zu wollen.

Deutsch. Originalpapierbrief.

1562, 2. August, Weißenburg 2755

König Johann II. trägt dem Bistritzer Rat auf, seinen Gesandten Emerich Naghlaky auf dessen Reise nach Huszt durch einen zuverlässigen Mann über das Gebirge führen zu lassen.

Latein. Gleichzeitige Abschrift vom Notarius Seraphin im Copialbuche von 1562.

1562, 13. August, Weißenburg 2756

König Johann II. dankt dem Bistritzer Richter, daß er ihn über die Ankunft der Gesandten des Despotus verständigt habe und trägt ihm auf, auch in Zukunft dergleichen Nachrichten mitzuteilen.

Latein. Originalpapierbrief.

1562, 17. August, Weißenburg 2757

König Johann II. fordert den Bistritzer Rat auf, den nach Polen reisenden Paul Zezydnowzky ehrenvoll aufzunehmen und ihm sicheres Geleit auf seiner Weiterreise zu geben.

Latein. Originalpapierbrief.

1562, 17. August, Weißenburg 2758

König Johann II. trägt allen Behörden auf, den nach Polen reisenden Johann Rwpnowsky auf dessen Reise mit allem Nötigen zu unterstützen.

Latein. Gleichzeitige Abschrift vom Notarius Seraphin im Copialbuche von 1562.

1562, 19. August, Groß-Schogen   2759

Lucas Horvat, Offizial von Nagy-Sajo, schreibt dem Bistritzer Richter über den Zehnten, der dem Pfarrer von Demeter (?) zu geben sei.

    Latein. Originalpapierbrief.

    Vigilia Stefani regis 1562.

1562, 21. August, Weißenburg   2760

König Johann II. trägt allen Behörden auf, seinen Gesandten Paul Secidnowsky auf dessen Reise zum König von Polen mit Pferden und sicherem Geleit zu unterstützen.

    Latein. Gleichzeitige Abschrift vom Notarius Seraphin im Copialbuche von 1562.

1562, 27. August, Dálya   2761

König Johann II. trägt allen Behörden auf, die Simontelker Untertanen des Ambrosius Feyerwary Namens Silvester Greb, Ambrosius, Stefan Deak und Adam Iffyw, die unter Mitnahme mehrerer ihren Herren gehöriger Sachen geflohen seien, festzunehmen.

    Latein. Gleichzeitige Abschrift vom Notarius G. Seraphin.

1562, 27. August, Dálya   2762

König Johann II. trägt dem Bistritzer Rat auf, die Streitsache des Ambrosius Feyerwary gegen den Bistritzer Bürger Thomas Krechmer zu entscheiden und im Berufungsfalle der königlichen Curie vorzulegen.

    Latein. Gleichzeitige Abschrift vom Notarius G. Seraphin.

1562, 27. August Dálya   2763

König Johann II. trägt dem Bistritzer Rat auf, den Bistritzer Bürger Thomas Krechmer zu veranlassen, alle Urkunden und Schriften, die ihm die Gattin des Ambrosius Feyerwhary, Magdalena Solyom, zur Aufbewahrung übergeben hatte, an Ambrosius Feyerwary zurückzugeben.

Latein. Gleichzeitige Abschrift vom Ratsnotarius G. Seraphin.

1562, 30. August, Weißenburg — 2764

König Johann II. trägt Jedermann ohne Unterschied des Standes und Geschlechtes auf, über Aufforderung des Ambrosius Feyerwary in dessen Streitsache wahrheitsgemäßes Zeugnis abzulegen.

Latein. Gleichzeitige Abschrift vom Ratsnotarius G. Seraphin.

1562, 3. September, Weißenburg — 2765

König Johann II. trägt dem Bistritzer Rat auf, 5000 Stück Ziegeln nach Görgény zu führen; den Preis dafür werde Melchior Margay zahlen.

Latein. Originalpapierbrief. Auch gleichzeitige Abschrift vom Ratsnotarius G. Seraphin im Copialbuche von 1562.

1562, 5. September, Bistritz — 2766

Der Rat von Bistritz stellt den Bistritzer Jünglingen Andreas Marci, Franz Daum, Gregor Lang und Johann Eggert, welche zum Studium der Theologie nach Wittenberg reisen, einen Paß aus.

Latein. Original. Papier.

Druck: Gym. Prog. B 1895/96, 79.

1562, 6. September, Görgény — 2767

Melchior Margay, Präfekt von Görgény, ersucht den Bistritzer Rat, ihm 500 Ziegelsteine zu schicken.

Latein. Originalpapierbrief.

dominica ante Nativitati Mariae 1562.

1562, 11. September, Sächsisch-Regen   2768

Der Rat von Regen legt dem Bistritzer Rat die berufene Streitsache zwischen den Bürgern Christof Lutifigulus, Georg Vietor und Vinzenz Teybelt zur Entscheidung vor.

Latein. Originalpapierbrief.

1562, 22. September, Görgény   2769

Melchior Margay verspricht wegen der Bezahlung von Lieferungen, welche die Bistritzer nach Görgény geleistet, sofort Informationen vom König zu erbitten und danach zu handeln.

Latein. Originalpapierbrief.

f. 3 post Matthei 1562.

1562, 10. Oktober, Sächsisch-Regen   2770

Der Rat von Regen legt dem Bistritzer Rat die berufene Streitsache zwischen den Bürgern Paul Rysler und Bartholomaeus Budeker zur Entscheidung vor.

Latein. Originalpapierbrief. Auf der Rückseite steht die Entscheidung des Bistritzer Rates.

1562, 11. Oktober, Weißenburg   2771

König Johann II. trägt allen Behörden auf, den nach Polen reisenden Johann Dzewleszky auf seiner Reise mit Pferden und sicherem Geleite zu unterstützen.

Latein. Gleichzeitige Abschrift vom Notarius Seraphin im Copialbuche von 1562.

1562, 11. Oktober, Bistritz   2772

Andreas Helner stellt dem Bistritzer Stadtpfarrer Albert Kyrsener einen Schuldschein über 320 Gulden aus.

Deutsch. Original. Papier, angefertigt vom Ratsnotarius G. Seraphin.

Datum zw Nösen am Sontag vor Galli Im 1562 Jar.

1562, 16. Oktober, Weißenburg 2773

König Johann II. trägt Augustin Zewch auf, den Martinszins binnen acht Tagen einheben und abführen zu lassen.

Latein. Gleichzeitige Abschrift aus der Hermannstädter Kanzlei, als Beilage zum Briefe des Hermannstädter Rates vom 19. Oktober 1562.

1562, 19. Oktober, Hermannstadt 2774

Der Rat von Hermannstadt übersendet das königliche Schreiben vom 16. Oktober 1562 in Abschrift und ersucht, den Anteil des Martinszinses ohne Verzug einheben und abführen zu lassen.

Latein. Originalpapierbrief.

1562, 23. Oktober, Marmaros-Sziget 2775

Laurenz Petroway de Bedeo, Vicecomes und die Adligen-Universität der Marmarosch, ersuchen den Bistritzer Rat, gegen die Telcser, welche im Marmaroscher Gebirge die beiden Marmaroscher Flora und Illye Janos schwer verwundet hatten, vorzugehen und den Marmaroschern Genugtuung zu verschaffen.

Ungarisch. Originalpapierbrief.

1562, 24. Oktober, Deesch 2776

Matthaeus Literatus, Richter und der Rat von Deesch teilen dem Bistritzer Rat mit, daß sie sich in der Dreißigst-Angelegenheit an den König gewendet haben und versprechen, die Antwort des Königs sogleich auch nach Bistritz bekannt zu geben.

Latein. Originalpapierbrief.

Sabbato post 11.000 virginum 1562.

1562, 26. Oktober, Hermannstadt 2777

Der Rat von Hermannstadt teilt mit, daß ein Landtag in Weißenburg abgehalten wird und fordert schließlich auf, den Martinszins einzuschicken.

Latein. Originalpapierbrief.

1562, 29. Oktober, Sáromberke 2778

Michael Chanady, Richter und der Rat von Saromberke versichern dem Rat von Bistritz, daß jener walachische Einwohner ihres Dorfes, der neulich Schweine in Bistritz zum Kaufe angeboten hat, auf vollkommen rechtmäßige Weise in deren Besitz gekommen sei.

Ungarisch. Originalpapierbrief.

Saromberk feria 5 post Simonis et Judae 1562.

1562, 9. November, Hermannstadt 2779

Der Rat von Hermannstadt ladet die Bistritzer zum Katharinalconflux ein.

Latein. Originalpapierbrief.

1562, 13. November, Weißenburg 2780

Petrus Haller bestätigt, vom Bistritzer Rat den Martinszins mit 2.200 Gulden erhalten zu haben.

Deutsch. Original. Papier.

1562, 13. November, Bistritz 2781

Sigismund Siger verspricht, seinen Verbindlichkeiten gegenüber Franz Horvat nachzukommen.

Ungarisch. Original. Papier.

1562, 17. November, Hermannstadt　　　　　　　　　　　　2782

Der Rat von Hermannstadt ersucht, den Bistritzer Anteil am 16.000-Gulden-Anschlag und am Soldgeld für 500 Mann bis 6. Dezember bereitzuhalten.

Deutsch. Originalpapierbrief.

1562, 18. November, Hermannstadt　　　　　　　　　　　　2783

Paul Waravay ersucht den Bistritzer Rat, eine in Bistritz anstehende Schuld von 3 Gulden 50 Denare einzutreiben und dem Briefüberbringer zu übergeben.

Deutsch. Originalpapierbrief.

1562, 22. November, Szamos-Ujvár　　　　　　　　　　　　2784

Johann Thorma, Comes des Innerszolnoker Komitates, bittet den Bistritzer Richter Gregor Timar, ihm Fuchsfelle zu kaufen.

Ungarisch. Originalpapierbrief.

die dominico ante Clementis Pape 1562.

1562, 22. November, Magyoro　　　　　　　　　　　　　　2785

Paul Banfi Losonczy ersucht den Bistritzer Rat, ihm seine Meinung und Ansicht darüber mitzuteilen, wie er am besten gegen den Johann Kewmywes vorgehen könne, der ihn schwer geschädigt habe.

Ungarisch. Originalpapierbrief.

Mogyoron zenth Katalyn aszony nap elott walo wasarnapon 1562.

1562, 28. November, Hermannstadt　　　　　　　　　　　　2786

Die Sächsische Universität entscheidet den berufenen Prozeß zwischen Peter Wrescher von Budak gegen Hans Gassner von Bistritz in der

Weise, daß nach altem sächsischen Recht der jüngste Sohn das Haus des Vaters erhalte und dafür die übrigen Geschwister entschädigen müsse.

Deutsch. Original. Papier.

1562, 29. November, Hermannstadt — 2787

Richter, Ratsgeschworene etc. der Universität „der Deutschen in Siebenbürgen" bestätigen die Zunftartikel der Wundärzte und Balbierer.

Deutsch. Original. Pergament. Siegel vorne in rotes Wachs aufgedrückt.

1562, 7. Dezember, Weißenburg — 2788

König Johann II. trägt den Behörden von Chycho, Lapws und Marmaros auf, den Präfekten Thomas Daczo von Munkach, der aus Klausenburg 200 Lanzen nach Munkach und Huszt führt, auf seiner Reise mit den nötigen Pferden und Wägen zu unterstützen.

Latein. Gleichzeitige Abschrift vom Ratsnotarius Seraphin im Copialbuche von 1562.

1562, 16. Dezember, Sächsisch-Regen — 2789

Der Rat von Regen legt dem Bistritzer Rat die berufene Streitsache zwischen den Bürgern Emericus Elze und Johann Sporer samt Genossen einerseits und Demetrius Rysler andererseits zur Entscheidung vor.

Latein. Originalpapierbrief.

1562, 26. Dezember, Hermannstadt — 2790

Der Rat von Hermannstadt ersucht, den Bistritzer Anteil am 16.000-Gulden-Aufschlag sowie am Soldgeld von 5000 Gulden ehebaldigst einzusenden.

Deutsch. Originalpapierbrief.

1562, Hadad 2791

Stefan Kemeny, Nicolaus Koerthoessy und Franz Zekely, Marktrichter im königlichen Lager in Hadad, bestätigen, vom Bistritzer Rat die vom Könige durch Blasius Miko verlangten Lebensmittel erhalten zu haben.

Ungarisch. Original. Papier.

Datum ex castro Hadad die feria quarta 1562.

1562 2792

Auf neun Papierzetteln Bemerkungen über Steuerzahlungen der Bistritzer für die beiden Borgo und für Weißkirch.

Latein. Original. Papier.

1562 2793

Aufzeichnungen des Bistritzer Ratsnotarius G. Seraphin über sämtliche Lebensmittellieferungen, welche Stadt und Distrikt Bistritz in das Lager bei Hadad geleistet haben.

Deutsch. Original. Papier.

1562 2794

Beschlüsse und Wünsche der drei Nationen Siebenbürgens für den gegenwärtigen Feldzug bezüglich der Lieferungen in das Lager (Preise derselben usw.). Diese Beschlüsse sind wahrscheinlich dem König unterbreitet worden.

Ungarisch. Original. Papier.

1563, 8. Januar, Hermannstadt 2795

Augustin Zewch, Bürgermeister von Hermannstadt, bekennt, vom Bistritzer Rat durch Petrus Mölner und Urban Sarctor 480 fl des letzten 3000 fl-Aufschlages erhalten zu haben.

Latein. Original. Papier.

1563, 8. Januar, Hermannstadt 2796

Augustin Zewch, Bürgermeister von Hermannstadt, bestätigt, vom Bistritzer Rat durch Peter Milner und Urban Sarctor 2514 fl 24 Den. (wobei 45 fl 76 Den. den Abgebrannten in Minarken und Johannisdorf abgeschrieben worden sind) als den auf Bistritz entfallenden Teil des letzten 16.000 fl-Aufschlages erhalten zu haben.

Latein. Original. Papier.

1563, 8. Januar, Hermannstadt 2797

Augustin Zewch, Bürgermeister von Hermannstadt, bekennt, vom Bistritzer Rat durch Peter Möllner und Urban Sarctor 800 fl Soldgeld für 500 Büchsenschützen auf 3 Monate erhalten zu haben.

Latein. Original. Papier.

1563, 17. Januar, Klausenburg 2798

Johann Bornemyza, Oberrichter und Anton Wyczey, Königsrichter von Klausenburg, übersenden dem Bistritzer Rat ein Zeugenverhör über den Lebenswandel der Magd Cristina.

Latein. Originalpapierbrief.

1563, 17. Januar 2799

Der Bistritzer Rat wird gebeten, den Vertrag zu bestätigen, wonach Valentin Seler und seine Frau ihrem jüngsten Sohn Johannes ihr Haus um 200 Gulden verkauft haben mit der Bedingung, sie, solange sie noch leben, treulich zu pflegen.

Deutsch. Original. Papier. Rechts unten ein Stück ausgerissen.

1563, 28. Januar, Dürrbach 2800

Der Rat von Dürrbach bittet den Bistritzer Rat, gegen Joachim

Fridreich einzuschreiten, der entsprechend den mitfolgenden Zeugenaussagen nach dem Leben des Paul Helman trachte.

Latein. Originalpapierbrief.

1563, 7. Februar, Vécs 2801

Georg Hamway teilt dem Bistritzer Rat mit, daß der König am 10. Februar in Bistritz eintreffen werde.

Latein. Originalpapierbrief.

1563, 2. März, Mediasch 2802

König Johann II. trägt der Sächsischen Universität auf, sofort das Soldgeld für 500 von den Sachsen ins Feld gestellte Söldner auf drei Monate auszuheben und ihm zu schicken.

Latein. Gleichzeitige Abschrift als Beilage zum Brief des Hermannstädter Rates vom 7. März 1563. – Original. Papier.

1563, 5. März 2803

Andreas Helner stellt dem Bistritzer Stadtpfarrer Albert Kyrssner einen Schuldschein über 80 Gulden aus. Ausgefertigt vom Ratsnotarius Georgius Seraphin.

Deutsch. Original. Papier, mit den Siegeln der drei im Schuldschein genannten Zeugen gesiegelt.

1563, 7. März, Hermannstadt 2804

Der Hermannstädter Rat übersendet dem Bistritzer Rat eine Abschrift des Auftrages vom 2. März 1563 und ersucht, den Bistritzer Anteil am Soldgeld, welches 4585 Gulden ausmacht, sofort einzusenden.

Latein. Originalpapierbrief.

1563, 16. März, Marmaros-Sziget 2805

Laurenz Petroway de Bedeo, Vicecomes der Marmarosch, versichert dem Bistritzer Rat, daß Johann Lath, Einwohner von Felsö-Visso, auf rechtmäßige Weise in den Besitz seines Pferdes gekommen sei.

Ungarisch. Originalpapierbrief.

1563, 16. März, Marmaros-Sziget 2806

Anton Was de Zyghet ersucht den Bistritzer Rat, die Sache wegen des Pferdes des Vissoer Einwohners zu ordnen.

Ungarisch. Originalpapierbrief.

1563, 19. März, Reps 2807

König Johann II. bestätigt, vom Bistritzer Rat 50 Goldgulden als Pachtgeld für den Bistritzer Zwanzigsten erhalten zu haben.

Latein. Originalpapierbrief.

1563, 22. März, Hermannstadt 2808

Der Rat von Hermannstat ersucht den Bistritzer Rat, den auf Bistritz entfallenden Teil des Soldgeldes, dessen Einzahlung der König dringend verlange, sofort einzuheben.

Latein. Originalpapierbrief.

1563, 31. März, Neumarkt 2809

Servatius Waidner aus Hermannstadt bekennt, für den Bürgermeister von Hermannstadt vom Bistritzer Rat 733 fl 60 Den. durch den dortigen Ratgeschworenen Albert Schuster empfangen zu haben.

Deutsch. Original. Papier.

1563, 9. April, Hermannstadt 2810

Der Hermannstädter Rat ladet den Bistritzer Rat zu einer Universitätssitzung auf den 24. April nach Hermannstadt ein.

Latein. Originalpapierbrief.

1563, 14. April, Vásárhely 2811

Ladislaus de Mekche, königlicher Protonotar, verspricht dem Bistritzer Rat seine Hilfeleistung, wenn auch der andere Teil (Wolfgang Farkas) seine Intervention annehme; in dem Fall werde er nach Lechnitz kommen und die strittigen Grenzen aufnehmen und den Streit entscheiden.

Latein. Originalpapierbrief.

feria 4 post pacsa.

1563, 24. April, Vécs 2812

Horvath Kozmas, Hofrichter von Vécs, ersucht den Bistritzer Richter, den Bistritzer Untertanen Blasius Kerekes, der ihm neulich in Buza ein Pferd mit der Versicherung verkauft hatte, dasselbe sei ganz gesund, zur Zurücknahme dieses Pferdes und Herausgabe des Kaufpreises zu zwingen, da jenes Pferd durchaus nicht fehlerfrei sei.

Ungarisch. Originalpapierbrief.

1563, 1. Mai, Hermannstadt 2813

Gregor Daum und Leonardus Werner teilen dem Bistritzer Rat mit, daß der König am vergangenen Dienstag in Kronstadt von Herrn Dionysius das Heilige Abendmahl empfangen und so der Papisterei entsagt habe.

Deutsch. Originalpapierbrief.

1563, 14. Mai, Bistritz   2814

Franz Sebessy und Benedikt Pyross bezeugen im Namen ihrer Herren, der Zigeunerwoiwoden Gaspar Nagh und Franz Baladffy, vom Bistritzer Rat den Zigeunerzins mit 8 fl erhalten zu haben.

Latein. Original. Papier.

1563, 17. Mai, Weißenburg   2815

König Johann II. trägt dem Bistritzer Rat auf, den Richter und drei angesehene Bürger auf den Landtag nach Torda zu schicken.

Latein. Originalpapierbrief.

feria 2 ante ascensionis

1563, 12. Juni, Torda   2816

König Johann II. trägt den Richtern in den siebenbürgischen Städten auf, die Goldschmiede zu verhalten, die Goldausscheidung nur in Klausenburg vornehmen zu lassen, und dawiderhandelnde strengstens zu bestrafen.

Latein. Gleichzeitige Abschrift aus der Bistritzer Kanzlei.

1563, 29. Juni, Weißenburg   2817

König Johann II. trägt dem Bistritzer Rat auf, ihm unverzüglich auf Rechnung der Steuer 1500 Gulden in Gold einzusenden, damit er dem türkischen Kaiser den Zins und gebührende Geschenke übermitteln könne.

Latein. Originalpapierbrief.

1563, 2. Juli, Hermannstadt   2818

Augustin Hedwig, Bürgermeister von Hermannstadt, ersucht den Bistritzer Rat, Zins und Soldgeld, welche der König bis Margarete (13.

Juli) erwarte, sofort einzuzahlen, damit das Geld bis zum bestimmten Termin nach Weißenburg geschafft werden könne.

Deutsch. Originalpapierbrief.

1563, 5. Juli, Weißenburg 2819

König Johann II. beauftragt den Bistritzer Rat, die Stadt fleißiger als bisher, besonders gegen die Moldau, zu bewachen.

Latein. Originalpapierbrief.

1563, 5. Juli, Weißenburg 2820

König Johann II. gibt seinem Abgesandten Stefan Chereny ein Beglaubigungsschreiben an den Bistritzer Rat mit.

Latein. Originalpapierbrief.

1563, 12. Juli, Weißenburg 2821

König Johann II. verbietet Ausländern, in Ungarn und Siebenbürgen mit Werken und Büchern Handel zu treiben und ermächtigt dazu ausschließlich Johann Scheszburger, Ambrosius Falk in Klausenburg und Calixtus Honterus, Buchdrucker in Kronstadt.

Latein. Gleichzeitige Abschrift vom Bistritzer Ratsnotarius Mathäus Heinrici. Im oberen waagerechten Bruch beschädigt.

1563, 17. Juli, Hermannstadt 2822

Der Rat von Hermannstadt ersucht den Bistritzer Rat, die Steuer sofort einzuzahlen, da der König unverzügliche Zahlung fordere.

Latein. Originalpapierbrief.

1563, 19. Juli, Weißenburg 2823

Der Kanzler Michael Chyaky teilt dem Bistritzer Rat den Befehl des

Königs mit, die Bistritzer sollten auch in Zukunft sehr wachsam sein und den sich in Bistritz im Geheimen aufhaltenden Wladiken zum Könige schicken.

Latein. Originalpapierbrief.

1563, 21. Juli, Hermannstadt 2824

Augustin Zewch, Bürgermeister von Hermannstadt, bestätigt, vom Bistritzer Rat durch Johann Groe 3000 Gulden als den Bistritzer Teil des 20.000 Gulden-Aufschlages erhalten zu haben, der auf dem Landtag in Thorda der Sächsischen Nation auferlegt worden war.

Latein. Original. Papier.

1563, 28. Juli, Weißenburg 2825

König Johann II. beauftragt den Bistritzer Rat, sein Aufgebot in Kriegsbereitschaft zu erhalten, so daß dasselbe auf weiteren Befehl sogleich an den notwendigen Ort abrücken kann.

Latein. Originalpapierbrief.

Albae Juliae feria 4 post Jacobi 1563.

1563, 10. August, Weißenburg 2826

König Johann II. trägt dem Bistritzer Rat auf, zur Beratung über die beunruhigenden Kriegsgerüchte einen Abgesandten nach Weißenburg zu schicken und sich mit allem Kriegsbedarf bereit zu halten, damit sie nach erhaltenem Befehl sogleich dahin abrücken könnten, wohin es die Not erfordern würde.

Latein. Originalpapierbrief.

Albae Juliae in festo Laurency 1563.

1563, 10. August, Hermannstadt 2827

Augustin Zewch, Bürgermeister von Hermannstadt, bestätigt, vom

Bistritzer Rat durch Albert Sartor 1000 Gulden Steuer und Soldgeld erhalten zu haben.

Latein. Original. Papier.

1563, 13. August, Weißenburg 2828

König Johann II. trägt den Beamten des Inner-Szolnoker und Dobokaer Komitates, den Richtern in den sächsischen Städten und Dörfern, besonders aber dem Bistritzer Rat auf, die Räuber, Diebe, Brandleger und Übeltäter, die besonders arg im Bistritzer Distrikt hausten und oft durch Drohungen von ganzen Gemeinden große Geldsummen erpreßten, überall zu verfolgen, zu fangen und nach Gebühr zu bestrafen.

Latein. Originalpapierbrief.

1563, 16. August, Weißenburg 2829

König Johann II. ladet den Bistritzer Rat zur Hochzeit des Woiwoden der Walachei Peter mit Helena, der Tochter des Nicolaus Cherepowyth nach Hermannstadt ein.

Latein. Originalpapierbrief.

Albae Juliae feria 2 proxima post Assumptionis virginis Mariae Anno domini 1563.

1563, 21. August, Hermannstadt 2830

König Johann II. trägt allen Behörden im Lande auf, den Gesandten Johann Wranczany des Moldauer Woiwoden Stefan sowie den Präfekten von Munkács Thomas Daczo, die mit wichtigen Botschaften in die Moldau reisen, überall auf ihrer Reise mit den nötigen Pferden zu versehen.

Latein. Gleichzeitige Abschrift vom Bistritzer Ratsnotarius Heinrici.

1563, 30. August, Weißenburg 2831

König Johann II. teilt dem Bistritzer Rat mit, daß er den Kapitän

Franz Nyakazo dahin abgeschickt habe und gebietet, dessen Aufträgen sofort nachzukommen und falls es nötig sei, demselben auch 300 – 400 Büchsenschützen beizustellen.

Latein. Originalpapierbrief.

1563, 31. August, Weißenburg 2832

König Johann II. trägt allen Behörden im Lande auf, die Fußsoldaten, die nach Bistritz marschieren, mit den nötigen Pferden und Wägen zu unterstützen.

Latein. Gleichzeitige Abschrift vom Ratsnotarius Mathaeus Heinrici.

Albae Juliae feria 3 post decollationis Joannis bapt. 1563.

1563, 31. August, Weißenburg 2833

König Johann II. ernennt den Franz Nyakazo zum Oberkapitän über die unter dem Befehl des Ladislaus Radak und Michael Racz bei Rodna stehenden Truppen und teilt diese Ernennung den Truppen und dem Bistritzer Rat mit.

Latein. Gleichzeitige Abschrift vom Bistritzer Ratsnotarius Mathaeus Heinrici.

1563, 1. September, Klausenburg 2834

Peter Zenthgeorgy verspricht dem Bistritzer Rat, in der Sache der Waisen (wahrscheinlich nach Wolfgang Auer) bezüglich der Rodnaer Gruben tätig zu sein.

Latein. Originalpapierbrief.

1563, 4. September, Weißenburg 2835

König Johann II. trägt dem Bistritzer Rat auf, zu dem Heer, welches er unter dem Befehl des Ladislaus Radak und Franz Nyakazo (und 67 Reiter unter dem Befehle des Michael Racz) dem neuen Woiwoden der

Moldau, Stefan, gegen den Despoten zu Hilfe geschickt habe, 160 Büchsenschützen, 100 Grubenarbeiter aus Rodna und 12 Zentner Geschützpulver zusenden zu wollen. Ein beiliegender Zettel enthält den Befehl, falls die 100 Bergleute aus Rodna nicht aufzubringen seien, sie aus dem Bistritzer Distrikt zu nehmen.

Latein. Originalpapierbrief.

1563, 17. September, Bistritz   2836

Gregor Dawm, Ratsgeschworener von Bistritz, bittet den in Wittenberg weilenden Andreas Marci auf seinen in Wittenberg studierenden Sohn Franz Dawn zu achten, ihn zum Studieren anzuhalten und ihn vor schlechter Gesellschaft zu warnen.

Deutsch. Originalpapierbrief.

1563, 19. September, Klausenburg   2837

Balthasar Marci schickt seinem in Wittenberg Medizin studierenden Bruder Andreas Marci Geld zum Studium und teilt ihm mehrere Neuigkeiten aus Bistritz mit: Georg Seraphin ist Pfarrer in Senndorf und an seiner Stelle Mathias Henricus Stadtschreiber von Bistritz geworden; der türkische Kaiser soll gestorben sein; die Moldauer hätten einen neuen Woiwoden, Stefan, erwählt und der Despot sei mit Mühe ins Schloß Szuczawa entkommen, wo er jetzt belagert werde usw.

Deutsch. Originalpapierbrief.

Druck: Gymn. Progr. Bistr. 1895/96, 80

1563, 20. September, Nagybánya   2838

Der Rat von Nagybanya teilt dem Bistritzer Rat mit, daß er den Caspar Nagy, der nach Bistritz Salpeter verkauft, dabei aber zu wenig gewogen habe, sofort nach dessen Ankunft zur Rechenschaft ziehen werden.

Latein. Originalpapierbrief.

1563, 27. September, Weißenburg   2839

König Johann II. ersucht den Bistritzer Rat, den nach Polen reisenden Peter Franciscus ehrenvoll aufzunehmen und von dort über das Gebirge nach Huszt zu geleiten.

Latein. Originalpapierbrief.

1563, 28. September, Weißenburg   2840

König Johann II. trägt allen Behörden im Land auf, den Petrus Franciscus Perusinus aus Mailand überall auf seiner Reise mit allem Nötigen zu unterstützen.

Latein. Gleichzeitige Abschrift vom Bistritzer Ratsnotarius M. Heinrici.

1563, 29. September, Weißenburg   2841

König Johann II. trägt dem Bistritzer Rat auf, den Rat von Rodna strengstens anzuweisen, daß die Waisen nach Wolfgang Auer in ihrem Besitz in Rodna in keiner Weise gestört oder geschädigt würden.

Latein. Gleichzeitige Abschrift aus der Bistritzer Kanzlei.

1563, 3. Oktober, Deesch   2842

Stefan Belawar, Richter und der Rat von Deesch ersuchen den Bistritzer Rat, zu ermitteln, ob jener Bistritzer, der dem Deescher Thomas Zabo ein Pferd verkauft habe, auf rechtmäßige Weise in den Besitz dieses Pferdes gekommen sei.

Latein. Originalpapierbrief.

1563, 8. Oktober, Szucsawa   2843

Stefan, Woiwode der Moldau und Fürst der Walachei, ersucht den Bistritzer Rat, auf seine Rechnung sofort drei Zentner Zinn zu kaufen und ihm zuzuschicken.

Ungarisch. Originalpapierbrief.

1563, 15. Oktober, Szucsawa   2844

Tomas Daczo bittet den Bistritzer Rat, für seinen Herrn, den Moldauer Woiwoden, für 50 Gulden Geschützpulver und für 50 Gulden Gewehrpulver einzukaufen und zu übersenden.

Ungarisch. Originalpapierbrief.

1563, 16. Oktober, Weißenburg   2845

König Johann II. teilt dem Bistritzer Rat mit, daß er zur Unterstützung des Moldauer Woiwoden Stefan und zur Eroberung von Szucsawa ein Heer unter der Führung von Thomas Daczo und Ladislaus Radak entsendet habe. Da dieses Heer aber keinen Wundarzt habe, so mögen die Bistritzer schleunigst den besten Wundarzt aus Bistritz zu diesem Heere entsenden.

Latein. Originalpapierbrief.

1563, 22. Oktober, Weißenburg   2846

König Johann II. trägt dem Bistritzer Rat auf, sofort 100 Büchsenschützen auszurüsten und unter tüchtigen und kriegserfahrenen Führern zu Ladislaus Radak und Thomas Daczo vor die Burg Szucsawa in die Moldau zu schicken.

Latein. Originalpapierbrief.

1563, 30. Oktober, Szucsawa   2847

Thomas Daczo gibt seinem Diener Damankos Thomas ein Beglaubigungsschreiben an den Bistritzer Rat mit.

Ungarisch. Originalpapierbrief.

1563, 7. November, Weißenburg   2848

König Johann II. trägt allen Behörden im Lande auf, seinen Abgesandten Johann Irsey, der mit wichtiger Botschaft nach Bistritz reist, auf der Reise mit den nötigen Pferden zu unterstützen.

Latein. Gleichzeitige Abschrift vom Ratsnotarius M. Heinrici.

1563, 7. November, Hermannstadt 2849

Der Rat von Hermannstadt ladet den Rat von Bistritz zur Katharinal-Sitzung der Sächsischen Universität ein.

Latein. Originalpapierbrief.

1563, 8. November, Hermannstadt 2850

Augustin Hedwigk, Bürgermeister von Hermannstadt, übermittelt dem Bistritzer Rat ein Exemplar der sächsischen Statuten. Dann ersucht er, 480 Kübel Hafer, als den auf Bistritz entfallenden Teil der 3000 Kübel, die der König der Universität aufgeschlagen, alsbald nach Weißenburg führen zu lassen.

Latein. Originalpapierbrief.

1563, 9. November, Weißenburg 2851

König Johann II. trägt allen Behörden im Lande auf, seinen Gesandten Emerich Nagylaky, der mit wichtiger Botschaft in die Moldau geht, auf der Reise mit den nötigen Pferden zu versehen.

Latein. Gleichzeitige Abschrift vom Ratsnotarius M. Heinrici.

1563, 10. November, Weißenburg 2852

Der Kanzler Michael Chyaki teilt dem Bistritzer Rat mit, daß er dessen Schreiben dem König vorgelegt habe. Der König habe Befehl gegeben, das unter Nyakazo in Rodna liegende Heer sofort zurückzuziehen.

Latein. Originalpapierbrief.

1563, 15. November, Szamos-Ujvár 2853

Georg Nowak, Provisor von Wywar, ersucht den Bistritzer Richter Caspar Zywlcz, den Ujvárer Decurio zu unterstützen, der ein Geschütz in die Moldau führen soll.

Latein. Originalpapierbrief.

1563, 25. November, Weißenburg — 2854

König Johann II. trägt dem Bistritzer Rat auf, dem Vorzeiger des Briefes, dem Boeronen Karachon zu erlauben, sich entweder in Bistritz oder nach dem Wunsch desselben in Rodna ungehindert niederzulassen.

Latein. Originalpapierbrief.

1563, 25. November, Deesch — 2855

Blasius de Tothewr, Comes der Inner-Szolnoker Gespanschaft, ersucht den Bistritzer Rat, dem Komitatsnotar Nicolaus Seryeny, der in dringenden Geschäften nach Bistritz reise, mit Rat und Tat an die Hand zu gehen.

Latein. Originalpapierbrief.

1563, 28. November, Weißenburg — 2856

König Johann II. beauftragt den Bistritzer Rat, den mitgeschickten Brief an den in der Moldau weilenden Kapitän Michael Racz durch einen zuverlässigen Boten gelangen zu lassen.

Latein. Originalpapierbrief.

1563, 29. November, Weißenburg — 2857

König Johann II. trägt dem Bistritzer Rat auf, den Andreas Barbitonsor aus Bistritz zum Woiwoden Alexander zu schicken, damit er denselben von einem Augenleiden befreie. Auch seien der Chyawz und Johann Balog durch drei verläßliche Leute aus Rodna über das Gebirge in die Moldau zu schicken.

Latein. Originalpapierbrief. Die Jahreszahl ist wahrscheinlich verschrieben, weil Alexandru Lăpușneanu nur bis 18. 11. 1561 und dann wieder ab 10. 3. 1564 (Nr. 2896) als Woiwode amtierte.

1563, 30. November, Weißenburg 2858

Ladislaus Orbay ladet den Bistritzer Rat zu seiner Hochzeit mit Helena, der Tochter Johann Wanchas de Gerend nach Vásárhely ein.

Latein. Originalpapierbrief.

In festo B. Andreae Apost. 1563.

1563, 12. Dezember, Weißenburg 2859

König Johann II. trägt dem Bistritzer Rat auf, die Wege in die Moldau scharf zu bewachen und ihm alle neuen Nachrichten von dort sofort mitzuteilen.

Latein. Originalpapierbrief.

1563, 12. Dezember, Mediasch 2860

Franz Saliceus ersucht das Bistritzer Kapitel, den Bistritzer Pfarrer mit einem oder zwei Kapitelbrüdern auf den 20. Dezember nach Weissenburg zum König zu schicken, damit man sich da vom Verdacht reinige, man ginge in Bezug auf die kirchlichen Gebräuche und Zeremonien nicht in allen sächsischen Kirchen gleichmäßig vor. Auch die Hermannstädter Behauptungen vom unrechtmäßigen Gebrauch der Kerzen und weißen Meßgewänder im Mediaschen Kapitel wolle man dort widerlegen.

Latein. Gleichzeitige Abschrift. Papier.

1563, 13. Dezember, Mediasch 2861

Der Rat von Mediasch ersucht den Bistritzer Rat, im Sinne des letzten Universitätsbeschlusses 13 Gulden 75 Denare nach Mediasch einzusenden.

Latein. Originalpapierbrief.

1563, 17. Dezember, Weißenburg 2862

König Johann II. bezeugt, daß zur Gold- und Silberausscheidung in Siebenbürgen ausschließlich der Klausenburger Bürger Johann Aurifaber junior von ihm ermächtigt worden sei.

Latein. Gleichzeitige Abschrift vom Ratsnotarius Mathias Heinrici.

1563, 27. Dezember, Weißenburg 2863

König Johann II. trägt dem Bistritzer Rat auf, jenen Rodnaer, der unter Mitnahme mehrerer Gold- und Silbergegenstände aus der Moldau nach Bistritz gekommen und hier festgenommen worden sei und den Bistritzer Bürger Mathias Barbel, der beim Bau seines Hauses einen Goldschatz gefunden habe, sofort durch Ambrosius Literatus und Mathias Fychywr an ihn geleiten zu lassen, damit er das Gold sehe.

Latein. Originalpapierbrief.

1563, 31. Dezember, Hermannstadt 2864

Der Rat von Hermannstadt fordert den Bistritzer Rat auf, den Bürger Johann Lodner zur Erfüllung seiner Verbindlichkeiten gegen Petrus Lang im Sinne des Urteils der Sächsischen Universität zu verhalten.

Latein. Originalpapierbrief.

1563, Mettersdorf 2865

Der Kapitän Franz Nyakazo ersucht den Bistritzer Rat, sofort 60 Wagen und Brot nach Rodna zum Heere führen zu lassen, da er nur mit Hilfe dieser Wägen mit dem Heere aufzubrechen im Stande sei und anderenfalls mit dem Heer noch länger in der Bistritzer Gegend zum Schaden derselben bleiben müsse.

Ungarisch. Originalpapierbrief.

Ez lewel kewlt Demeteriben Kedden 1563.

1563 2866

Aufzeichnungen aus dem Leben des Herzogs Moritz von Sachsen.

Latein. Original. Papier.

1564, 2. Januar, Nagybánya 2867

Valentin Koloswarj, Richter und der Rat von Nagybánya, ersuchen den Bistritzer Rat, der Nagybanyaer Einwohnerin Regina in ihrer Not beizustehen, in die sie durch das Entweichen des Emericus Doliator gelangt ist, für den sie mit 18 fl haftet.

Latein. Originalpapierbrief.

1564, 5. Januar, Hermannstadt 2868

Der Rat von Hermannstadt erteilt dem Bistritzer Rat Ratschläge, wie man es mit einem Goldfunde halten solle, den ein Bistritzer Bürger beim Bau seines Hauses gemacht habe, da der König verlange, daß der Finder mit dem gefundenen Golde in Weißenburg erscheine.

Latein. Originalpapierbrief.

1564, 9. Januar, Sächsisch-Regen 2869

Der Rat von Regen legt dem Bistritzer Rat die berufene Streitsache zwischen Philipp Zylner und Anton Wagner bezüglich einer Erbschaft zur Entscheidung vor.

Latein. Originalpapierbrief.

Dominica infra octa. epifaniarum 1564.

1564, 17. Januar, Hermannstadt 2870

Der Rat von Hermannstadt ersucht, den Martinszins des vorigen Jahres mit den zum Schäßburger Landtag reisenden Ratsherren unbedingt mitzuschicken, da der König durch Stefan Kemen sofortige Einzahlung verlangt habe.

Latein. Originalpapierbrief, im Bruche unten von Mäusen beschädigt.

1564, 19. Januar, Kronstadt　　　　　　　　　　　　　　2871

Der Rat von Kronstadt übersendet dem Bistritzer Rat ein Zeugenverhör in der Streitsache des Ladislaus Mokodi gegen den Bistritzer Bürger Martin Stannarius.

Latein. Originalpapierbrief.

1564, 20. Januar, Deesch　　　　　　　　　　　　　　　2872

Blasius de Thothewr, Comes der Inner-Szolnoker Gespanschaft, ersucht den Bistritzer Rat, dem Überbringer des Schreibens beim Ankauf von Latten und Ziegeln behilflich zu sein.

Latein. Originalpapierbrief.

1564, 22. Januar, Kronstadt　　　　　　　　　　　　　　2873

Der Rat von Kronstadt teilt dem Bistritzer Rat mit, daß die Zeugenaussagen von Jakob Pop und Ladislaus Olah, welche dieselben zu Gunsten des Ladislaus Makodj gemacht haben, falsch seien, wie die beiden Zeugen nachträglich selbst eingestanden hätten.

Latein. Originalpapierbrief.

1564, 27. Januar, Hermannstadt　　　　　　　　　　　　2874

Augustin Zewch, Bürgermeister von Hermannstadt, bezeugt, vom Bistritzer Rat durch Gaspar Zewch und Leonard Waldorffer 2200 fl Martinszins für das Jahr 1563 erhalten zu haben.

Latein. Original. Papier.

1564, 29. Januar, Klausenburg　　　　　　　　　　　　　2875

Servacius Pesteschy und Mathias Schmid, Kürschner von Klausenburg, ersuchen den Bistritzer Thomas Scherer noch sechs Gulden zum Ausgleiche der gegenseitigen Verrechnung über gelieferte Waren einzusenden.

Deutsch. Originalpapierbrief.

1564, 31. Januar, Hermannstadt 2876

Der Rat von Hermannstadt ersucht, den auf Bistritz entfallenden Teil vom 18.000-Gulden-Aufschlag, der auf dem Schäßburger Landtage der Sächsischen Nation auferlegt worden sei, sofort einzuzahlen, da der König schon zweimal zur Zahlung gedrängt habe.

Latein. Originalpapierbrief.

1564, ... Februar, Ujvár 2877

König Johann II. bestätigt, vom Bistritzer Richter Gregor Thymar 1.400 Gulden außerordentliche Steuer erhalten zu haben.

Latein. Original. Papier, von Mäusen beschädigt.

1564, 4. Februar, Szucsawa 2878

Gregor, Bischof von Szucsawa, ersucht den Bistritzer Rat, mitzuteilen, wer und um wieviel Geld zur Zeit des Richteramtes des Petrus Rehner die im Bistr. Gefängnis befindlichen Zigeuner ausgelöst habe.

Deutsch. Originalpapierbrief.

1564, 4. Februar, Hermannstadt 2879

Der Rat von Hermannstadt zeigt dem Bistritzer Rat an, daß sich ein Mann gerühmt habe, er besitze ein Stück von der Krone des Moldauer Woiwoden, zehn goldene Ringe, Steine und etwa 200 Perlen; er habe diese Kostbarkeiten bei Treppen vergraben. Da solche Gegenstände dem König gehören, habe man diesen Mann zum König geschickt, damit er den Ort des Verstecks genauer angebe. Auf beiliegendem Zettel wird zur Zahlung der 18.000 Gulden-Steuer gemahnt.

Deutsch. Originalpapierbrief.

Druck: Gymn. Progr. Bistr. 1895/96, 83.

1564, 7. Februar, Ujvár 2880

König Johann II. trägt dem Bistritzer Rat auf, den Truppen in Deesch Lebensmittel aller Art zu liefern; Kapitän Nyakazo werde jede Lieferung pünktlich bezahlen.

Latein. Originalpapierbrief.

1564, 13. Februar, Bistritz 2881

Baltasar Marcy teilt seinem in Wittenberg studierenden Bruder Andreas Marcy mit, daß er ihm noch im Vorjahre Brief und Geld geschickt habe; zum Schluß folgen neue Nachrichten: Der Despot habe das Schloß (Szucsawa) verlassen, nachdem ihm sowohl der „Türke" als der König und der neue Woiwode eidlich freies Geleit zugesichert hatten; er sei aber am 4. November 1563 sofort zusammengehauen worden. Nun liege der Woiwode Alexander mit Hilfe der Türken im Kriege mit dem Woiwoden Stefan, der sich wahrscheinlich nicht lange werde halten können.

Deutsch. Originalpapierbrief.

1564, 14. Februar, Bologna 2882

Jordanus macht dem Andreas Marcy von Bistritz, der die medizinische Fakultät in Bologna besuchen will, Mitteilungen über diese.

Latein. (Adresse italienisch). Originalpapierbrief.

1564, 15. Februar, Kronstadt 2883

Der Rat von Kronstadt übersendet dem Bistritzer Rat ein Zeugenverhör in der Streitsache des Martin Stannarius gegen Ladislaus Makodi.

Latein. Originalpapierbrief.

1564, 15. Februar, Deesch 2884

Caspar Kun, Marktrichter des königlichen Heeres, bestätigt, vom Bistritzer Rat eine Proviantlieferung empfangen zu haben.

Ungarisch. Original. Papier.

Deessen hus hagyo napyan 1564.

1564, 16. Februar, Szamos-Ujvár 2885

König Johann II. beauftragt den Bistritzer Rat, den Dürrbächer Andreas Dyffner, der einen Münzenfund verheimlicht, sowie den Bistritzer Barbitonsor, der einen Schatz gefunden, sofort unter scharfer Bewachung samt dem gefundenen Gold an ihn abzuschicken.

Latein. Originalpapierbrief.

1564, 20. Februar, Klausenburg 2886

Stefan Fodor, Richter und der Rat von Klausenburg ersuchen den Bistritzer Rat, die Bistritzer Blasius Serer und Thomas Kwrsner dazu zu verhalten, ihren Verbindlichkeiten gegen die Klausenburger Caspar und Mathias Smith nachzukommen.

Latein. Originalpapierbrief.

1564, 21. Februar, Hermannstadt 2887

Augustin Hedwigk, Bürgermeister von Hermannstadt, ersucht den Bistritzer Rat, den Hermannstädter Schuster Briccius Boczer in seinen Ansprüchen auf das Erbe nach dem Bistritzer Pfarrer Michael zu unterstützen.

Deutsch. Originalpapierbrief.

1564, 25. Februar, Lechnitz 2888

Christian Pomarius, Pfarrer von Lechnitz, bittet den Bistritzer Rat im

Namen einer armen Frau um Gnade für deren Sohn Caspar, der in Bistritz wegen eines Diebstahls gefangen gehalten wird.

Latein. Originalpapierbrief.

Lechnicie feria sexta beati Mathie apostoli 1564.

1564, 4. März, Hermannstadt 2889

Der Rat von Hermannstadt ersucht den Bistritzer Rat, den auf Bistritz entfallenden Teil vom 10.000-Gulden-Aufschlage ehebaldigst einzuzahlen, da der König schon zum zweitenmale zur Zahlung gedrängt habe; er bittet schließlich, neue Nachrichten aus der Moldau mitzuteilen.

Latein. Originalpapierbrief.

1564, 5. März, Klausenburg 2890

König Johann II. bestätigt, vom Bistritzer Richter Gregor Thymar 858 Gulden an der auf dem Schäßburger Landtag aufgeschlagenen Steuer erhalten zu haben.

Latein. Original. Papier.

1560, 5. März, Klausenburg 2891

König Johann II. trägt allen Einwohnern des Dobokaer Komitates auf, die Beamten dieses Komitates bei der Verfolgung der Diebe, Räuber etc. kräftig zu unterstützen und auf Verlangen derselben bei Strafe von 16 Mark Silbers Zeugenaussagen zu machen.

Latein. Gleichzeitige Abschrift vom Ratsnotarius Mathias Heinrici.

1564, 6. März, Hermannstadt 2892

Augustin Zewch, Bürgermeister von Hermannstadt, bestätigt, daß der Bistritzer Rat durch den Ratsgeschworenen Balthasar Sarctor 560 fl als den auf Bistritz entfallenden Teil des 3.500 fl betragenden Aufschlages eingezahlt hat, den sich die Sächsische Nation in ihrer Sitzung im vorigen Herbst selbst auferlegt hatte.

Latein. Original. Papier.

1564, 7. März, Klausenburg 2893

König Johann II. ermahnt den Bistritzer Rat, sein Truppenkontingent in Kriegsbereitschaft zu setzen, da in den benachbarten Ländern Unruhen ausgebrochen seien.

Latein. Originalpapierbrief.

1564, 7. März, Klausenburg 2894

König Johann II. trägt der Sächsischen Nation auf, ihre Truppen gemäß den Beschlüssen des Schäßburger Landtages in Kriegsbereitschaft zu setzen, da in den benachbarten Ländern Unruhen ausgebrochen seien.

Latein. Gleichzeitige Abschrift aus der Hermannstädter Kanzlei als Beilage zum Briefe des Hermannstädter Rates vom 11. März 1564.

feria tertia post Oculi.

1564, 7. März, Bistritz 2895

Albert Kyrsner, Bistritzer Pfarrer und substituierender Dechant, sowie das Bistritzer Kapitel übersenden dem Bistritzer Rat die Zeugenaussage des Mettersdorfer Pfarrers Petrus Ludovici in der Sache des Mettersdorfer Simon Eppell.

Latein. Originalpapierbrief.

1564, 10. März, Iassy 2896

Alexander, Woiwode der Moldau, ersucht den Bistritzer Rat, ihm so rasch als möglich den Bistritzer Andreas Barbitonsor zuzuschicken.

Latein. Originalpapierbrief.

Ias 6 Idus Marcias Anno 1564.

1564, 11. März, Iassy 2897

Alexander, Woiwode der Moldau, teilt den Bistritzer Kaufleuten mit, daß Gott die Bestrebungen seiner Feinde zu nichte gemacht und das Reich gesichert wieder seinen Händen anvertraut hat, und ersucht, Handel und Verkehr in die Moldau wieder zu eröffnen.

Latein. Originalpapierbrief.

1564, 11. März, Hermannstadt 2898

Der Rat von Hermannstadt übersendet dem Bistritzer Rat ein Schreiben in Abschrift, in welchem der König die Ausrüstung der sächsischen Truppen verlangt.

Latein. Originalpapierbrief.

1564, 12. März, Sächsisch-Regen 2899

Der Rat von Regen teilt dem Bistritzer Rat mit, daß sich Ladislaus Makodi und Mathias Arus verglichen haben.

Latein. Originalpapierbrief.

1564, 13. März, Hermannstadt 2900

Der Rat von Hermannstadt teilt dem Bistritzer Rat mit, daß er sich der Sache des Mathes Balbirer annehmen werde und aus diesem Grunde zwei Ratsherrn an den König geschickt habe; er ersucht, in dieser Sache auch aus Bistritz zwei Ratsleute zum König zu schicken.

Deutsch. Originalpapierbrief.

1564, 15. März, Hermannstadt 2901

Petrus Haller, Königsrichter und Simon Melas, Stuhlrichter von Hermannstadt, übersenden dem Bistritzer Rat ein Zeugenverhör bezüglich der Streitsache der Bistritzer Bürger Albert und Lucas Textor gegen den Hermannstädter Briccius Sutor.

Latein. Originalpapierbrief.

1564, 21. März, Weißenburg 2902

König Johann II. trägt dem Bistritzer Rat auf, die Streitsache des Melchior Kechety gegen den Richter von Minarken sofort zu untersuchen und zu entscheiden. Kechety war vom König mit der Verfolgung von Räubern beauftragt worden und war im Laufe dieser Verfolgung nach Minarken gelangt. Dort fand er mehrere Übeltäter und forderte den Richter auf, dieselben sofort gefangen setzen zu lassen. Dieser weigerte sich und verwundete im Lauf des Streites sogar den Genannten.

Latein. Gleichzeitige Abschrift vom Ratsnotarius Mathias Heinrici.

1564, 31. März, Bistritz 2903

Das Bistritzer Kapitel übersendet dem Rat von Bistritz die Zeugenaussage des Senndorfer Pfarrers Georg Seraphin in der Streitsache des Mathias Barbitonsor aus Bistritz.

Latein. Originalpapierbrief.

1564, 4. April, Bistritz 2904

Franz Sebessy und Benedikt Pyros bekennen im Namen ihrer Herren Gaspar Nagh und Franz Baladfi, der Zigeunerwoiwoden, vom Bistritzer Rat den Zigeunerzins von 8 fl erhalten zu haben.

Latein. Original. Papier.

1564, 5. April, Iassy 2905

Alexander, Woiwode der Moldau, schickt den Andreas Barbitonsor und Michael Interpretes mit einem Dankschreiben zurück.

Latein. Originalpapierbrief.

1564, 6. April, Hermannstadt 2906

Der Rat von Hermannstadt ladet die Bistritzer zu der am Georgstage stattfindenden Sitzung der Sächsischen Universität ein.

Latein. Originalpapierbrief.

1564, 9. April, Bistritz 2907

Verzeichnis jener Sachen, die der Offizial von Kentelke, Stefan Literatus, bei Stefan Vector zurückgelassen hat, ausgefertigt vom Ratsnotarius Mathias Heinrici.

Latein. Original. Papier.

1564, 10. April, Weißenburg 2908

König Johann II. weist die Oberbeamten des Dobokaer Komitates an, die Verhandlung der Streitsache des Melchior Kechety de Zegeo gegen die Einwohner von Minarken, welche ihm bei der Verfolgung von Räubern nicht tatkräftig Beistand geleistet hätten, dem Bistritzer Rat zu überlassen und nicht auf das Verlangen des Genannten einzugehen, die Minarkner mit 60 fl zu bestrafen.

Latein. Original. Papier, rechts etwas eingerissen.

1564, 12. Mai, Iassy 2909

Alexander, Woiwode der Moldau, ersucht den Bistritzer Rat, die über Bistritz in die Moldau reisende Gattin des Johann Balog auf ihrer Reise mit Pferden zu unterstützen und dieselbe wenigstens bis Kimpolung geleiten zu lassen.

Latein. Originalpapierbrief.

1564, 15. Mai, Weißenburg 2910

König Johann II. fordert die Bistritzer auf, zum Landtag nach Torda den Richter mit drei Geschworenen zu entsenden.

Latein. Originalpapierbrief.

1564, 16. Mai, Hermannstadt 2911

Der Rat von Hermannstadt teilt dem Bistritzer Rat eine Entschließung des Königs über die Bistritzer Goldfunde mit. Der Bistritzer Bürger Mathias Barbitonsor, der beim Bau seines Hauses einen Schatz gefunden und ebenso ein Dürrbächer Schatzfinder, sollen beide die gefundenen Schätze behalten, in Zukunft aber solle jeder, der einen Schatz finde, verpflichtet sein, ihn sofort dem König zu melden.

Latein. Originalpapierbrief.

1564, 19. Mai, Iassy — 2912

Alexander, Woiwode der Moldau, bittet den Bistritzer Rat, ihm einige Maurer zuzuschicken, da er beabsichtige in Iassy ein Bad zu bauen. Zum Schluß versichert er, daß alle Wege und Straßen in die Moldau für Reisende sicher seien.

Latein. Originalpapierbrief.

1564, 20. Mai, Mediasch — 2913

Joachim Koch, Königsrichter und Leonhart Aurifaber, Stuhlrichter von Mediasch, berichten über den Lebenswandel des in Bistritz gefangen gesetzten Johann Suttor.

Latein. Originalpapierbrief.

1564, 23. Mai, Hermannstadt — 2914

Der Rat von Hermannstadt ersucht den Bistritzer Rat, zum bevorstehenden Landtag in Torda den Richter und zwei Geschworene zu schicken, da auf diesem Landtag auch über einen neuen Aufschlag von 50.000 fl auf die sächsische Nation beraten würde.

Latein. Originalpapierbrief, durch Mäuse beschädigt.

1564, 26. Mai, Mediasch — 2915

Joachim Koch, Königsrichter und Leonhart Aurifaber, Stuhlrichter von Mediasch, teilen dem Bistritzer Rat die Zeugenaussage der Magda-

lena in ihrer Streitsache gegen ihren Gatten Johann Sutor mit, da sie nicht persönlich vor dem Bistritzer Rat erscheinen kann.
Latein. Originalpapierbrief.

1564, 27. Mai, Magyar-Chergewd   2916

König Johann II. beauftragt den Bistritzer Rat über Bitten des Woiwoden Alexander, alle Wege in die Moldau für Handel und Verkehr wieder zu öffnen.
Latein. Originalpapierbrief.

1564, 28. Mai, Illye   2917

Ladislaus Dyemessy, Comes des Zarander Komitates, ladet den Bistritzer Rat zu seiner Hochzeit mit Anna, der Tochter des Franz Pathochy, ein.
Ungarisch. Originalpapierbrief.

1564, 28. Mai, Bungart   2918

Christina Zerecien, Witwe nach Franz Pathocy, ersucht den Bistritzer Richter, ihr Töpfe, Schüsseln, Teller, Leuchter und Möbel zuzuschicken.
Ungarisch. Originalpapierbrief.

1564, 4. Juni, Torda   2919

Der Exactor Ambrosius de Chaak bestätigt, vom Bistritzer Rat die Steuer für Weißkirch und die beiden Borgo empfangen zu haben.
Latein. Original. Papier.

1564, 10. Juni, Torda   2920

König Johann II. trägt dem Valentin Baki de Moriz, Lucas Pysthaki und Genossen auf, vom Bistritzer Rat die Auslieferung des Albert Warga zu verlangen, der seinem Herrn Johann Iankaffy de Ews senior entlaufen war und sich in der Vorstadt von Bistritz angesiedelt hatte.

Latein. Gleichzeitige Abschrift vom Ratsnotarius M. Heinrici.

1564, 10. Juni, Iassy 2921

Alexander, Woiwode der Moldau, bittet den Bistritzer Rat, ihm einige Maurer zuzuschicken.

Latein. Originalpapierbrief.

1564, 12. Juni, Torda 2922

König Johann II. trägt dem Hermannstädter Bürgermeister Augustin Zewch auf, vom 18.000-Gulden-Aufschlage am bestimmten Termin 17.000 Gulden zu zahlen; 1000 Gulden seien für die Abgebrannten erlassen.

Latein. Original. Papier. Abschrift als Beilage zum Briefe des Hermannstädter Rates vom 16. Juni 1564.

1564, 12. Juni, Iassy 2923

Alexander, Woiwode der Moldau, ersucht den Bistritzer Rat, ihm für fünf Taler Scheidewasser zu kaufen.

Latein. Originalpapierbrief.

1564, 16. Juni, Hermannstadt 2924

Der Rat von Hermannstadt sendet dem Bistritzer Rat eine Abschrift des königlichen Auftrages vom 12. Juni 1564 und ersucht den auf Bistritz entfallenden Teil von jenen 17.000 Gulden und das Soldgeld pünktlich einzuschicken.

Deutsch. Originalpapierbrief.

1564, 18. Juni, Iassy 2925

Alexander, Woiwode der Moldau, gibt seinem Abgesandten Christoph ein Beglaubigungsschreiben an den Bistritzer Rat mit.
Latein. Originalpapierbrief.

1564, 26. Juni, Hermannstadt 2926

Der Rat von Hermannstadt ersucht den Bistritzer Rat, die vom König dringend verlangte Steuer und das Soldgeld sofort einzusenden.
Deutsch. Originalpapierbrief.

1564, 4. Juli, Hermannstadt 2927

Augustin Hedwigk, Bürgermeister von Hermannstadt, ersucht den Bistritzer Rat um rechtzeitige Einsendung der Steuer.
Deutsch. Originalpapierbrief.

1564, 4. Juli, Hermannstadt 2928

Augustin Zewch, Bürgermeister von Hermannstadt, bestätigt, daß der Bistritzer Rat durch die Geschworenen Nicolaus Faber und Michael Linczing 1.800 Gulden von dem in Torda der Sächsischen Nation auferlegten 17.000 Gulden-Aufschlag und vom Soldgeld gezahlt habe.
Latein. Original. Papier, von Mäusen beschädigt.

1564, 9. Juli, Iassy 2929

Alexander, Woiwode der Moldau, ersucht den Bistritzer Rat, ihm für die sechs übersandten Dukaten Hanf einzukaufen und zuzuschicken.
Latein. Originalpapierbrief.
Ias VII Idus Julii Anno dom. 1564.

1564, 10. Juli, Hermannstadt 2930

Der Rat von Hermannstadt ermahnt den Bistritzer Rat, die vom König dringend verlangte Steuer und das Soldgeld einzuheben und unverzüglich nach Hermannstadt abzuführen.

Latein. Originalpapierbrief.

1564, 19. Juli, Elisabethstadt 2931

Gregor Apaphy versichert dem Bistritzer Rat, daß er sich bemühen werde, beim König die Verpachtung des Bistritzer Zwanzigsten für 60 Goldgulden zu erwirken; sollte es nicht gelingen, so möge der Rat noch 10 Goldgulden schicken.

Latein. Originalpapierbrief.

1564, 22. Juli, Iassy 2932

Alexander, Woiwode der Moldau, ersucht den Bistritzer Rat, seinen treuen Diener Lazarus samt dessen Gattin mit sicherem Geleit in die Moldau führen zu lassen.

Latein. Originalpapierbrief.

Ias XI Calendas Augusti Anno dom. 1564.

1564, 22. Juli Huszt 2933

Christoph Hagymas de Beregzo, Comes der Marmarosch, versichert den Bistritzer Richter Gregor Dawm und den Rat seiner Dienstwilligkeit und Freundschaft.

Latein. Originalpapierbrief.

1564, 26. Juli, Hermannstadt 2934

Augustin Zewch, Bürgermeister von Hermannstadt, bestätigt, daß der Bistritzer Rat durch die Geschworenen Michael Lernescher und Blasius

Wagner 1620 Gulden von dem in Torda der Sächsischen Nation auferlegten Aufschlag von 17.000 Gulden und vom Soldgeld gezahlt habe.

Latein. Original. Papier, von Mäusen beschädigt.

1564, 29. Juli, Elisabethstadt 2935

Gregor Apaphy bestätigt, vom Bistritzer Rat 60 Goldgulden für den Bistritzer Zwanzigsten erhalten zu haben.

Latein. Original. Papier.

1564, 2. August, Weißenburg 2936

König Johann II. bezeugt, daß er den Bistritzer Zwanzigsten für 70 Goldgulden jährliche Pacht an den Rat verpachtet habe.

Latein. Original. Papier. Siegel war in rotes Wachs auf der Vorderseite aufgedrückt. Beiliegend zwei 2 Abschriften aus dem 17. und 18. Jahrhundert.

1564, 2. August, Sayo 2937

Johann Donka, Vicecomes der Marmaroscher Gespanschaft, teilt dem Bistritzer Rat mit, daß auch er, so wie die Bistritzer, am 14. August Ortskundige Leute ins Gebirge schicken werde, damit diese an Ort und Stelle den Streit entscheiden können, der wegen weggetriebener Schafe entstanden ist.

Ungarisch. Originalpapierbrief.

1564, 3. August, Weißenburg 2938

König Johann II. gebietet dem Bistritzer Rat, das Volk wegen der an vielen Orten ausgebrochenen Unruhen in Kriegsbereitschaft zu setzen.

Latein. Originalpapierbrief.

1564, 5. August, Iassy 2939

Alexander, Woiwode der Moldau, teilt dem Bistritzer Rat mit, daß er seinen Zollbeamten, die neulich von fremden Reisenden einen höheren als den gebührenden Zoll eingehoben hatten, dergleichen Übergriffe ernstlich untersagt habe und bittet, ihm auch in Zukunft dergleichen Übertretungen sofort mitzuteilen.

Latein. Originalpapierbrief.

1564, 14. August, Iassy 2940

Alexander, Woiwode der Moldau, dankt für die Übersendung des bestellten Hanfes (vgl. Nr. 2929) und bittet, seine Abgesandten, welche mit Briefschaften zu Christoph Hagmasi nach Huszt gehen, durch zuverlässige Leute über das Gebirge geleiten zu lassen.

Latein. Originalpapierbrief. Das Datum heißt blos: Ias XIIII° Anno dom. 1564. Wahrscheinlich ist der Brief mit Rücksicht auf den Brief vom 9. Juli 1564 im August geschrieben.

1564, 15. August, Sächsisch-Regen 2941

Johann Polonus Discantor schreibt an den Bistritzer Rat in Angelegenheit eines von ihm gefangen gehaltenen Räubers.

Latein. Originalpapierbrief.

1564, 3. September, Weißenburg 2942

König Johann II. trägt dem Bistritzer Rat auf, sein Truppenkontingent bis zum 14. September in Begleitung des Richters und zweier Senatoren nach Klausenburg zu schicken.

Latein. Originalpapierbrief.

1564, 4. September, Weißenburg 2943

Gregor Apaphy ersucht den Bistritzer Rat, das verlangte Holz sofort nach Retteg oder Deesch zu schaffen.

Latein. Originalpapierbrief.

1564, 6. September, Hermannstadt 2944

Der Rat von Hermannstadt teilt dem Bistritzer Rat mit, daß der König durch seinen Abgesandten Jacob Pokay der Sächsischen Nation befohlen habe, das gesamte Kriegsvolk wohlausgerüstet bis zum 14. September nach Klausenburg zu schicken, sowie 366 Pferde und 42 Wagen zu stellen, welche das Geschütz von Klausenburg nach Ungarn schaffen sollen; ferner etliche Zentner Quecksilber, den Zentner für 200 Gulden, dem Könige abzukaufen (auf Bistritz entfallen 3 Zentner) und endlich den Martinszins unverzüglich einzuzahlen. In der Nachschrift steht, daß die Bistritzer 7 Wagen und 56 Pferde stellen müssen.

Deutsch. Originalpapierbrief.

1564, 10. September, Hermannstadt 2945

Der Rat von Hermannstadt übersendet dem Bistritzer Rat ein Schreiben des Kanzlers Michael Chyaky, in welchem Zahl und Ausrüstung des von den Sachsen ins Feld zu stellenden Truppenkontingents angegeben und ersucht wird, sich genau daran zu halten.

Latein. Originalpapierbrief.

1564, 11. September, Mediasch 2946

Simon Kürschner, Bürgermeister und Joachim Koch, Königsrichter von Mediasch, teilen dem Bistritzer Rat mit, wie es mit der Ausrüstung und Absendung des Kriegsvolkes gehalten werden soll. Dasselbe soll binnen acht Tagen schon beim König in Torda sein.

Deutsch. Originalpapierbrief.

1564, 15. September, Ujvár 2947

Georg Nowaki, Provisor von Ujvár, ersucht den Bistritzer Richter

Georg Thimar über königlichen Auftrag, die vom König verlangten Pferde samt Zubehör sofort nach Klausenburg zu schaffen.

Latein. Originalpapierbrief.

1564, 19. September, Maros-Vásárhely 2948

Georg Kys, substutuierter Richter und der Rat von Vásárhely übersenden dem Bistritzer Rat ein Zeugenverhör in der Streitsache des Sebastian Nyerges, Richter von Vásárhely, gegen Caspar Byro aus Bistritz.

Latein. Originalpapierbrief.

1564, 22. September, Klausenburg 2949

König Johann II. teilt dem Bistritzer Rat mit, daß er zur Unterdrükkung des Aufstandes mit seinem Heere nach Ungarn ziehen werde und für die Zeit seiner Abwesenheit den Kanzler Michael Chaky als Statthalter einsetze. Er gebietet, dessen Anordnungen Gehorsam zu erweisen.

Latein. Originalpapierbrief.

1564, 23. September, Hermannstadt 2950

Der Rat von Hermannstadt teilt mit, daß der König über die 1000 Mann hinaus, welche die Sächsische Nation schon gestellt habe, weitere 2000 Mann fordere, daß er dann auf viele Bitten von dieser Forderung abgegangen sei, dafür aber die sofortige Zahlung von 6000 fl. verlange. Der Bistritzer Rat möge den auf ihn entfallenden Teil dieses Geldes sofort einzahlen und auch das Soldgeld für das Bistritzer Kontingent beilegen. Auch möge man sich bereithalten, falls der König weitere Truppen begehre.

Deutsch. Originalpapierbrief.

1564, 25. September, Agárd 2951

Peter Naghy, Richter von Agárd, übersendet dem Bistritzer Rat die

Zeugenaussage der Katharina Kwtab in der Streitsache zwischen Sebastian Nyerges, Richter von Vásárhely und Caspar Byro von Bistritz.
Latein. Originalpapierbrief.

1564, 26. September, Retteg 2952

Stephan Lucas, Richter und der Rat von Retteg teilen dem Bistritzer Rat die Zeugenaussagen des Johann Horwath mit.
Ungarisch Orginalpapierbrief.

1564, 2. Oktober, Aus dem Lager bei Hadad 2953

König Johann II. trägt dem Bistritzer Rat auf, sofort einen erfahrenen Geschützmeister ins Lager zu senden.
Latein. Originalpapierbrief.

1564, 4. Oktober, Sächsisch-Regen 2954

Der Rat von Regen legt dem Bistritzer Rat die Streitsache zwischen der Regener Schusterzunft und Peter Wermescher wegen einiger Häute zur Entscheidung vor.
Latein. Originalpapierbrief.

Reghen ipsa die sancti Francisci 1564.

1564, 5. Oktober, Klausenburg 2955

Michael Chyaki, Kanzler und Statthalter, beauftragt auf Befehl des Königs den Bistritzer Rat, erfahrene Geschützmeister ins Lager des Königs zu schicken.
Latein. Originalpapierbrief.

1564, 5. Oktober, Klausenburg 2956

Augustin Hetwigk, Bürgermeister von Hermannstadt, bestätigt, vom Bistritzer Rat 960 Gulden als Anteil am 6000-Gulden-Aufschlag erhalten zu haben, der in Klausenburg als Soldgeld für 2000 Trabanten aufgeschlagen worden war.

Deutsch. Original. Papier, von Mäusen beschädigt.

1564, 6. Oktober, Szucsawa 2957

Alexander, Woiwode der Moldau, ersucht den Bistritzer Rat, den durch einen Boten aus Konstantinopel an den ungarischen König gerichteten Brief diesem sobald als möglich zuzustellen.

Latein. Originalpapierbrief.

1564, 8. Oktober, Szucsawa 2958

Alexander, Woiwode der Moldau, ersucht den Bistritzer Rat, ihm möglichst rasch den Arzt Andreas aus Bistritz zu schicken, da er an einer Augenkrankheit leide.

Latein. Originalpapierbrief.

1564, 9. Oktober, Vásárhely 2959

Georg Kys, substituierter Richter und der Rat von Vásárhely teilen dem Bistritzer Rat die Aussagen zweier Zeugen in der Sache des Vásárhelyer Richters Sebastian mit.

Latein. Original. Papier. Vgl. bezüglich des Inhaltes auch den Brief vom 26. September 1564 aus Rettegg (Nr. 2952).

1564, 10. Oktober, Klausenburg 2960

Michael Chyaki, Kanzler und Statthalter, trägt dem Bistritzer Rat über Befehl des Königs auf, sofort 8.000 Gulden als Soldgeld für 3000 Büchsenschützen und den Martinszins einzuzahlen.

Latein. Originalpapierbrief.

1564, 10. Oktober, Klausenburg 2961

Augustin Zewch, Bürgermeister von Hermannstadt, ersucht den Bistritzer Rat seinen Anteil an dem 8000-Gulden-Aufschlag und den Martinszins sofort einzuheben und abzusenden. Zum Schluß meldet er, daß der König alle eingenommenen Schlösser, wie Hadattwar und Nagyfalw habe zerstören lassen.

Deutsch. Originalpapierbrief.

1564, 14. Oktober, Szucsawa 2962

Alexander, Woiwode der Moldau, schickt den Arzt Andreas, der zur Heilung der Augenkrankheit des Woiwoden verschiedene Heilmittel aus Bistritz bringen soll, mit der Bitte, denselben binnen zehn Tagen unter sicherem Geleit in die Moldau zurückführen zu lassen.

Latein. Originalpapierbrief.

1564, 15. Oktober, Klausenburg 2963

Augustin Zewch, Bürgermeister von Hermannstadt, bestätigt, vom Bistritzer Rat durch den Ratsgeschworenen Balthasar Zabo 1.280 Gulden an Steuer und Soldgeld erhalten zu haben.

Latein. Original. Papier.

1564, 15. Oktober, Klausenburg 2964

Augustin Zewch, Bürgermeister von Hermannstadt, ersucht den Bistritzer Rat, den Martinszins, dessen Einzahlung der König dringend verlange, sofort einzusenden.

Deutsch. Originalpapierbrief.

1546, 16. Oktober, Klausenburg 2965

Balthasar Schneider teilt dem Bistritzer Richter Gregor Daum nebst mehreren Neuigkeiten über den Feldzug des Königs in Ungarn mit, daß er das Soldgeld von 1.280 Gulden dem Hermannstädter Bürgermeister ausgehändigt und den Büchsenmeister dem Csaky übergeben habe.

Deutsch. Originalpapierbrief.

1564, 18. Oktober, Klausenburg 2966

Stefan Fodor, Richter von Klausenburg, ersucht den Bistritzer Rat, jene Bücher, welche der verstorbene Laurenz Wagner hinterlassen habe und welche sich noch beim Bistritzer Schulrektor befänden, dem Klausenburger Jüngling Lucas Cracer auszufolgen, da der erste Besitzer der Bücher dies angeordnet habe.

Latein. Originalpapierbrief.

1564, 20. Oktober, Szucsawa 2967

Alexander, Woiwode der Moldau, ersucht den Bistritzer Rat, bekanntgeben zu lassen, daß er gute Schweine zu verkaufen habe. Er bittet, seinen Gesandten an den König von Ungarn mit sicherem Geleite nach Klausenburg zu Michael Chyaki und von da wieder nach Hause führen zu lassen.

Latein. Originalpapierbrief.

1564, 22. Oktober, Klausenburg 2968

Augustin Zewch, Bürgermeister und die übrigen in Klausenburg anwesenden Ratsältesten ersuchen den Bistritzer Rat, den Martinszins ohne Verzug nach Klausenburg zu schicken.

Deutsch. Originalpapierbrief.

1564, 28. Oktober, Klausenburg 2969

Augustin Zewch, Bürgermeister von Hermannstadt, bestätigt, vom Bistritzer Rat durch den Geschworenen Michael Linczing 2.200 Gulden Martinszins erhalten zu haben.

Latein. Original. Papier.

1564, 29. Oktober, Klausenburg 2970

Augustin Zewch, Bürgermeister von Hermannstadt, ersucht, den Martinszins unverzüglich einzuzahlen.

Latein. Originalpapierbrief.

1564, 31. Oktober, Szucsawa 2971

Alexander, Woiwode der Moldau, ersucht den Bistritzer Rat, ihm für das übersendete Geld Schwefel zu kaufen und bis nach Kimpolung führen zu lassen, sowie seinem Abgesandten an den König einen Begleiter mitzugeben.

Latein. Originalpapierbrief.

1564 bis 1567, 9. November, Szucsawa 2972

Alexander, Woiwode der Moldau, ersucht den Bistritzer Rat, für den übersendeten Betrag Kleider, Wachs und Öl für ihn einzukaufen.

Latein. Originalpapierbrief, von Mäusen zerstört, Jahresdatum unbestimmt aber wahrscheinlich 1564.

1564, 18. November, Klausenburg 2973

Augustin Zewch, Bürgermeister von Hermannstadt, Simon Pellio, Bürgermeister von Mediasch und Simon Aurifaber senior, Geschworener von Kronstadt, teilen dem Bistritzer Rat mit, daß der König jene Geldsumme, welche der Kanzler im Namen des Königs der Sächsischen Nation auferlegt hatte, auf viele Bitten hin gnädigst nachgelassen habe.

Deutsch. Originalpapierbrief.

1564, 26. November, Klausenburg 2974

König Johann II. trägt dem Bistritzer Rat auf, über Verlangen des Burgpräfekten von Huszt, Christoph Hagymassy sofort fünf bis sechs Steinmetze und Maurer hinzuschicken.

Latein. Originalpapierbrief.

1564, 29. November, Hermannstadt 2975

Der Rat von Hermannstadt ladet den Bistritzer Rat auf dem 13. Dezember zur Sitzung der Sächsischen Universität ein, da heuer die regelmäßige Sitzung am Katharinentage wegen des Kriegszuges in die partes Hungariae entfallen mußte.

Latein. Originalpapierbrief.

1564, 2. Dezember, Szucsawa 2976

Alexander, Woiwode der Moldau, ersucht den Bistritzer Rat, ihm zur Vollendung des Klosters in Slatina einige Dachdecker zu schicken.

Latein. Originalpapierbrief.

1564, 12. Dezember, Szucsawa 2977

Alexander, Woiwode der Moldau, ersucht den Bistritzer Rat, seinen Abgesandten Jacob Literatus, der mit wichtiger Botschaft zum ungarischen König geht, auf seiner Reise mit den nötigen Pferden zu unterstützen.

Latein. Originalpapierbrief.

1564, 24. Dezember, Huszt 2978

Christoph Hagmas de Beregzo teilt dem Bistritzer Rat mit, daß die übersendeten Maurer ungebührliche Entlohnungen verlangten und bittet, ihm die in Bistritz üblichen Monatslöhne mitzuteilen.

Latein. Originalpapierbrief.

1564, 28. Dezember, Weißenburg 2979

König Johann II. fordert die Bistritzer zur Beschickung des Klausenburger Landtages auf.

Latein. Originalpapierbrief.

1564, 28. Dezember, Hermannstadt 2980

Augustin Zewchy, Bürgermeister von Hermannstadt, ersucht um rechtzeitige Einzahlung des Anteils an dem auf dem Hermannstädter Konflux beschlossenen Aufschlag von 3.500 Gulden.

Latein. Originalpapierbrief.

1564, 29. Dezember, Weißenburg 2981

König Johann II. gebietet dem Bistritzer Rat, überall zu verkünden, daß Niemand nach Wien oder überhaupt in jene Teile des Reiches reisen solle.

Latein. Originalpapierbrief.

1564, Maros-Vásárhely 2982

Franz Nyakazo, Kapitän, teilt dem Bistritzer Rat mit, daß sich das deutsche Heer bei Nagybánya in das Gebirge gewendet habe, ersucht, sofort Kundschafter nach Rodna und in die Marmarosch zu schicken und über das Ergebnis sogleich zu berichten.

Ungarisch. Originalpapierbrief.

Zekely wasarhelt wasarnap 1564.

1564, Nagyfalu 2983

Gregor Apaphy teilt dem Bistritzer Richter seine bevorstehende Ankunft in Bistritz mit und ersucht, den Treppener und Mettersdorfer Pfarrer aufzufordern, Wagenpferde nach Bistritz zu senden, weil er solche für den König kaufen müsse.

Latein. Originalpapierbrief. Das Tagesdatum heißt bloß: hodie.

1564 – 1568 (März), Iassy 2984

Alexander, Woiwode der Moldau, ersucht den Bistritzer Rat, jene Kleidungsstücke, welche vor einiger Zeit Nicolaus Racz beim Arzte

Andreas in Bistritz zurückgelassen habe, dem Überbringer des Schreibens ausfolgen zu lassen. Auf beiliegendem Zettel bittet der Woiwode, ihm über seine Feinde Nachrichten zukommen zu lassen.

    Latein. Originalpapierbrief, von Mäusen stark zerstört. Vom Datum ist erhalten: Ias ultima die.... Alexander ist Woiwode bis Anfang März 1568. Vgl. übrigens auch bezüglich des Inhaltes die Briefe des Woiwoden aus dem Juni und Juli 1566.

1565, 28. Januar, Klausenburg   **2985**

    Augustus Hedwig, Bürgermeister von Hermannstadt, bestätigt, vom Bistritzer Richter Gregor Daum 560 Gulden als den auf Bistritz entfallenden Teil des in der letzten Universitätssitzung beschlossenen Aufschlages von 3.500 fl erhalten zu haben.

    Deutsch. Original. Papier.

1565, 2. März, Nieder-Eidisch   **2986**

    Michael, Pfarrer, Adam Kosch und Christian Kondert, Gräf von Unter-Eidesch, bezeugen, daß Blasius aus Görgény ein Pferd für 4 Gulden 25 Denar gekauft habe.

    Latein. Original. Papier.

1565, 3. April, Hermannstadt   **2987**

    Augustin Zewchy, Bürgermeister von Hermannstadt, bestätigt, vom Bistritzer Rat durch den Geschworenen Mathias Lernescher 760 Gulden 80 Den. Soldgeld erhalten zu haben.

    Latein. Original. Papier.

1565, 3. April, Hermannstadt   **2988**

    Augustin Zewchy bestätigt, vom Bistritzer Rat 1.615 fl 36 Den. Steuer erhalten zu haben; 110 fl 50 Den. waren abgeschrieben für die Abgebrannten in Windau, 45 fl 50 Den. für die in Pintak und 68 fl 64 Den. für die in Johannisdorf und Minarken.

Latein. Original. Papier.

1565, 23. April, Klausenburg 2989

Johann Konth versichert dem Rat von Lechnitz, daß er Niemandem etwas schulde; er habe aber selbst Schuldner in Lechnitz und fordert diese auf, ihre Schulden zu bezahlen, da er sonst andere Maßregeln ergreifen müßte.

Ungarisch. Original. Papier.

1565, 6. Mai, Weißenburg 2990

König Johann II. trägt auf Bitten der Zigeunerwoiwoden Franz Baladfy de Kiskend, Comes der Kykellewer Gespanschaft und Gaspar Nagy allen Jurisdiktionen auf, den üblichen Zigeunerzins stets pünktlich zu bezahlen.

Latein. Gleichzeitige Abschrift aus der Bistritzer Kanzlei.

1565, 21. Mai, Bistritz 2991

Caspar Else, Pfarrer von St. Georgen, bekennt, von der Witwe des Leonard Walldorffer eine Lade mit Geschmeide als Eigentum von Leonhards Sohn Peter empfangen zu haben in Gegenwart der Zeugen Pfarrer Petrus von Mettersdorf, Georg von Senndorf, Andreas von Budak. Im Schreiben wird als verstorben erwähnt Pfarrer Leonhard von Lechnitz.

Deutsch. Original. Papier.

1565, 22. Mai, Torda 2992

König Johann II. trägt dem Rat von Hermannstadt auf, das Truppenkontingent der Sächsischen Nation in Stärke von 3000 Fußsoldaten wohlausgerüstet binnen 12 Tagen nach Torda oder Klausenburg zu führen.

Latein. Gleichzeitige Abschrift aus der Hermannstädter Kanzlei.

1565, 28. Mai, Hermannstadt 2993

Augustin Zewchy, Bürgermeister von Hermannstadt, bestätigt, vom Bistritzer Rat durch Albert Sutor und Martin Sartor 1.280 fl Steuer erhalten zu haben.

Latein. Original. Papier.

1565, 9. Juni, Klausenburg 2994

Thomas Kreczmer teilt dem Bistritzer Rat mit, daß er mit den 50 Proviantwägen in Klausenburg eingetroffen, vom Kanzler aber sehr ungnädig empfangen worden sei, denn dieser verlange über königlichen Befehl 200 Proviantwägen.

Deutsch. Originalpapierbrief.

1565, 10. Juni, Klausenburg 2995

Gregor Daum, Richter von Bistritz, ersucht den Bistritzer Rat, unverzüglich 100 Faß Wein, ferner den vom König geforderten Büchsenmeister nach Klausenburg zu schicken und auch für rechtzeitige Zahlung der Steuer zu sorgen.

Deutsch. Originalpapierbrief.

1565, 13. Juni, Klausenburg 2996

Augustin Zewch, Bürgermeister von Hermannstadt, bestätigt, vom Bistritzer Rat 1.521 fl 60 Den. als Soldgeld für den ersten Monat erhalten zu haben.

Deutsch. Original. Papier.

1565, 13. Juni, Klausenburg 2997

Gregor Daum, Bistritzer Richter, ersucht den Bistritzer Rat, 100 Kufen Wein unverzüglich nach Klausenburg zu schicken und auch für rechtzeitige Einsendung des Soldgeldes zu sorgen.

Deutsch. Originalpapierbrief.

1565, 16. Juni, Klausenburg 2998

Gregor Daum, Richter von Bistritz, meldet dem Bistritzer Rat, daß man den Thomas Scherer und den Thimoteus in Klausenburg gefangen gesetzt habe, weil sie vorgehabt hätten, zu den Deutschen ins Lager zu ziehen. Die 100 Kufen Wein möge man unbedingt bis nächsten Montag nach Klausenburg schicken.

Deutsch. Originalpapierbrief.

1565, 16. Juni, Bistritz 2999

Benedikt Piros und Martian Tanizki bezeugen im Namen ihrer Herrn, der Zigeunerwoiwoden Gaspar Nagh und Fraz Baladfi, vom Bistritzer Rat den Zigeunerzins mit 8 fl erhalten zu haben.

Latein. Original. Papier.

1565, 21. Juni, Im Lager bei Szatmár 3000

Nicolaus de Wysselen und Michael Polyak bestätigen, von den Bistritzern auf 25 Wägen Wein, Mehl und Hafer erhalten zu haben.

Latein. Original. Papier.

1565, 22. Juni, Klausenburg 3001

Gregor Daum, Richter von Bistritz, ersucht den Bistritzer Rat, das Soldgeld schleunigst einzusenden, benachrichtigt ihn über die Sache des Thomas Scherer und Thimoteus und fügt bei, daß des Bürgermeisters Knecht aus dem Lager gekommen sei und gemeldet habe, der König sei gegen Sathmar gezogen. Das türkische Heer sei sehr stark, aber noch stärker des Königs Heer. Thomas Kretschmer sei noch im Lager, er habe noch vier Kufen Wein zu verkaufen. Im Lager sei alles sehr teuer, die Straßen würden durch Räuber sehr unsicher gemacht, daher sei es gut, mit dem Wein Jemand mitzuschicken.

Deutsch. Originalpapierbrief.

Teilabdruck: Archiv 2 (1857) S. 432

1565, 31. Juni, Klausenburg 3002

Gregor Daum, Richter von Bistritz, teilt dem Bistritzer Rat mit, daß der Kanzler im Namen des Königs von den Sachsen 300 Zentner Pulver und 600 Pferde zum Geschütztransport verlangt habe, und daß die in Klausenburg anwesenden sächsischen Vertreter erklärt haben, es sei unmöglich, so viel Pulver zusammenzutragen, da Mangel an Salpeter herrsche.

Deutsch. Originalpapierbrief.

1565, 7. Juli, Klausenburg 3003

Gregor Daum, Richter von Bistritz, meldet dem Bistritzer Rat, daß die Weinwagen ruhig in Sibo lägen, und daß er den Fuhrleuten 50 fl hingeschickt habe, damit sie nicht Mangel leiden. Aus Ujvár hätte man 17 Wagen Pulver und Kugeln gebracht und würde sie mitsamt den erwähnten Weinwagen dem König ins Lager schicken. Anton Zekel habe mit 3000 Mann aus Tokay Debrezin überfallen und geplündert. – Eine Beilage enthält die Aufforderung acht Zentner Pulver samt dem Zins unverzüglich nach Klausenburg zu schicken.

Deutsch. Originalpapierbrief.

Teilabdruck: Archiv 2 (1857) S. 434.

1565, 10. Juli, Klausenburg 3004

Gregor Daum, Richter von Bistritz, teilt dem Bistritzer Rat mit, daß der Kanzler von den 300 Zentnern Pulver nicht nachlassen wolle. Der

König liege noch vor Erdöd und sein Heer leide Mangel. Der Bistritzer Weintransport sei schon im Lager angekommen.

Deutsch. Originalpapierbrief.

1565, 15. Juli, Im Lager bei Erdeod 3005

König Johann II. trägt der Sächsischen Nation auf, unverzüglich 400 Zentner Pulver zu liefern.

Latein. Gleichzeitige Abschrift aus der Hermannstädter Kanzlei als Beilage zum Briefe des Hermannstädter Rates vom 23. Juli 1565. Original. Papier.

1565, 23. Juli, Hermannstadt 3006

Der Rat von Hermannstadt ersucht den Bistritzer Rat, seinen Anteil an den 400 Zentnern Pulver unverzüglich nach Klausenburg zu schicken.

Deutsch. Originalpapierbrief.

1565, 28. Juli, Klausenburg 3007

Gregor Daum, Richter von Bistritz, teilt dem Bistritzer Rat mit, daß die Türken nach einem Brief des Kanzlers von Dymburg her heraufzögen. Dieselben sollen aber nirgends in die Städte oder Festungen eingelassen, wohl aber mit Proviant versehen werden. Am 23. Juli haben die Truppen des Königs drei Stunden lang Erdöd gestürmt, seien aber mit großen Verlusten zurückgeschlagen worden. Am 24. Juli seien 15.000 Türken im Lager angekommen.

Deutsch. Originalpapierbrief.

1565, 31. Juli, Klausenburg 3008

Augustin Zewch bestätigt, von Gregor Daum und Gaspar Budaker 960 fl Steuer erhalten zu haben.

Latein. Original. Papier.

1565, 3. August, Klausenburg 3009

Gregor Daum, Richter von Bistritz, teilt dem Bistritzer Rat mit, daß er erklärt habe, die Bistritzer könnten kein Pulver mehr liefern, da sie keines mehr vorrätig hätten. Das Soldgeld soll alsbald zusammengebracht werden.

Deutsch. Originalpapierbrief.

1565, 4. August, Großschogen 3010

Horwath Lukach ersucht den Bistritzer Rat, den mit Gewalt nach Bistritz abgeführten Untertanen seines Herrn freizugeben, widrigenfalls er den Einwohner von Waltersdorf, der sich in seiner Gewalt befinde, nach den Landesgesetzen bestrafen werden.

Ungarisch. Originalpapierbrief.

1565, 6. August, Klausenburg 3011

Gregor Daum, Richter von Bistritz, ermahnt den Bistritzer Rat, alles überflüssige Pulver – auch bei den Zünften – bei Seite schaffen zu lassen, weil der Kanzler nachsehen lassen werde. Er bittet weiter, das Soldgeld für den dritten Monat zusammenzuschaffen und nach Klausenburg zu schicken und meldet schließlich, daß die Türken Erdöd eingenommen und die Deutschen niedergehauen haben.

Deutsch. Originalpapierbrief.

1565, 10. August, Klausenburg 3012

Kanzler Michael Chyaki beauftragt den Bistritzer Rat, das Soldgeld für den dritten Monat, ferner Geschützpulver in der vorgeschriebenen Menge schleunigst nach Klausenburg zu schaffen.

Latein. Originalpapierbrief.

1565, 11. August, Klausenburg 3013

Gregor Daum, Richter von Bistritz, übersendet dem Bistritzer Rat den Brief des Kanzlers Chyaki vom 10. August 1565 und bittet für die Pulverlieferung Sorge zu tragen. Die Türken haben bei Erdöd den kaiserlichen Hauptmann Christoph Lamberger gefangen genommen und beabsichtigen, ihn gefangen zum Sultan zu führen. Ebenso haben die Türken an die 10.000 Menschen bei Ungvár geraubt, welche alle in die Türkei geführt werden sollen.

Deutsch. Originalpapierbrief.

1565, 23. August, Klausenburg 3014

Augustin Zewch, Bürgermeister von Hermannstadt, bestätigt, vom Bistritzer Richter Gregor Daum an Sold- und Pulvergeld 1.521 fl 60 Den. erhalten zu haben.

Latein. Originalpapierbrief.

1565, 27. August, Klausenburg 3015

Der Statthalter Michael Chyaki teilt dem Bistritzer Rat den Befehl des Königs mit, daß die Sachsen sofort 1000 Büchsenschützen ins Feld zu stellen und wie bisher das Soldgeld für 2000 Mann zu entrichten haben. Er gebietet daher, den auf Bistritz entfallenden Teil dieses Kontingents und 200 zum Geschütztransport bestimmte Pferde ehebaldigst nach Klausenburg zu schicken.

Latein. Originalpapierbrief.

1565, 27. August, Klausenburg 3016

Kanzler Michael Chyaki, Statthalter des Königs, trägt dem Stefan Boyer und Genossen auf, von Ambrosius Feyerwary de Simontelke die Freilassung der unrechtmäßig eingekerkerten Untertanen, des Thomas Syweges aus Minarken und des Georg Cheppen aus Budak, zu fordern und denselben vor die Curie vorzuladen, wenn er sich weigern sollte, dem Befehle nachzukommen.

Latein. Eingeschaltet von demselben Michael Chyaky am 10. September 1565. Original. Papier.

1565, 28. August, Klausenburg 3017

Gregor Daum, Richter von Bistritz, meldet dem Bistritzer Rat, daß man der Sächsichen Nation 1000 Büchsenschützen und 200 Pferde zu stellen auferlegt hat, und bittet, Mehl und Soldgeld bereit zu halten.

Deutsch. Originalpapierbrief.

1565, 29. August, Minarken 3018

Georg Modra und Stefan Boyer berichten an den Kanzler Michael Chyaki, daß sie im Sinne des erhaltenen Auftrages von Ambrosius Feyerwary de Simontelke die Freilassung der widerrechtlich gefangen gehaltenen Thomas Syweges aus Minarken und Georg Cheppen aus Budak verlangt haben und daß Feyerwary versprochen habe, dies zu tun.

Ungarisch. Eingeschaltet vom Kanzler Michael Chyaki 10. Sept. 1565. Original. Papier.

1565, 1. September, Klausenburg 3019

Gregor Daum ersucht den Bistritzer Rat, das Mehl bis zum nächsten Mittwoch unbedingt nach Deesch führen zu lassen; bezüglich des von Bistritz beizustellenden Fußvolkes (Trabanten) wird auf den Brief des Kanzlers verwiesen.

Deutsch. Originalpapierbrief.

1565, 4. September, Klausenburg 3020

Gregor Daum, Richter von Bistritz, ersucht den Bistritzer Rat, die Trabanten nach Deesch zur Musterung zu schicken und dorthin auch das Mehl zu senden.

Deutsch. Originalpapierbrief.

1565, 6. September, Klausenburg 3021

Gregor Daum, Richter von Bistritz, rät dem Bistritzer Rat, was mit

dem in Bistritz totgeschlagenen Menschen zu geschehen habe, den Lucas Horvath für einen Leibeigenen seines Herrn hält.
Deutsch. Originalpapierbrief.

1565, 10. September, Klausenburg 3022

Michael Chyaki, Kanzler und Statthalter, trägt dem Vicecomes und den Richtern der Dobokaer Gespanschaft auf, über Bitten des Prokurators der Bistritzer in der Streitsache derselben gegen Ambrosius Feyerwary wegen der unrechtmäßigen Gefangenhaltung zweier Bistritzer Untertanen, den Geklagten zu exequieren und zur Freilassung der Gefangenen zu zwingen.
Latein. Original. Papier, bestehend aus 3 aneinandergeklebten Bögen. Die Klebestellen sind von Würmern zerfressen.

1565, 10. September, Klausenburg 3023

Gregor Daum, Richter von Bistritz, fordert vom Bistritzer Rat die schleunigste Zusendung von Hufeisen, Soldgeld und Mehl.
Deutsch. Originalpapierbrief.

1565, 12. September, Klausenburg 3024

Gregor Daum, Richter von Bistritz, ersucht den Bistritzer Rat an Stelle der 30 Trabanten, welche bloß mit Spießen bewaffnet waren und ausgemustert worden sind, schleunigst 30 Büchsenschützen auszuheben und nach Deesch zu schicken.
Deutsch. Originalpapierbrief.

1565, 20. September, Klausenburg 3025

Gregor Daum, Richter von Bistritz, erteilt dem Bistritzer Rat Weisungen, wie man in der Sache des Lucas Horvat und der Waltersdorfer vorzugehen habe, fordert Nachricht über das Befinden des kranken

Büchsenmeisters und ersucht, für die Lieferung des Soldgeldes, der Hufeisen und des Pulvers Sorge zu tragen.

Deutsch. Originalpapierbrief, von Mäusen beschädigt.

1565, 20. September, Minarken 3026

Stefan Boyer de Apati, Adligenrichter und Andreas Kerezthwry, Vicecomes des Dobokaer Komitates, zeigen dem Kanzler und Statthalter Michael Chaky an, daß sie an der Ausführung des gegen Ambrosius Feyerwary gefällten Urteils durch denselben mit gezücktem Schwerte gehindert worden seien und denselben deshalb vor den obersten Gerichtshof vorgeladen hätten.

Latein. Originalpapierbrief.

1565, 22. September, Klausenburg 3027

Gregor Daum, Richter von Bistritz, bittet den Bistritzer Rat, ihm das Geld für 20 Zentner gekauften Salpeters sowie das Soldgeld schleunigst zu senden und ihm mitzuteilen, ob er noch Salpeter kaufen solle.

Deutsch. Originalpapierbrief.

1565, 22. September, Klausenburg 3028

Augustin Zewch bestätigt, vom Bistritzer Rat 507 fl 20 Den. Soldgeld auf den vierten Monat erhalten zu haben.

Latein. Original. Papier.

1565, 22. September, Tekendorf 3029

Laurenz Klein aus Bistritz macht seinem Bruder Georg Leo an der Schule in Schäßburg mehrere Mitteilungen über den Stand des Familienvermögens.

Latein. Originalpapierbrief.

1565, 29. September, Klausenburg 3030

Der Statthalter Michael Chyaki bestätigt den Vergleich zwischen Ambrosius Feyerwary und den Bistritzern.

Ungarisch. Original. Papier.

1565, 5. Oktober, Klausenburg 3031

Gregor Daum, Richter von Bistritz, ersucht den Bistritzer Rat, dem Stefan Tscheryny die Bitte zu erfüllen, daß dessen Schweine der Bistr. Schweineherde zugesellt werden. Der Büchsenmeister soll nicht nach Klausenburg geschickt werden, wohl aber vier Pferde bis zum 12. Oktober, denn er hoffe, bis dahin seine Heimreise antreten zu können.

Deutsch. Originalpapierbrief, von Mäusen in der oberen waagerechten Bruchstelle durchgenagt.

1565, 12. Oktober, Kolosmonostor 3032

König Johann II. trägt dem Bistritzer Rat auf, den Bistritzer Bürger Thomas Nyrew zu verhalten, daß er die von Martin Mihalcz aus Kowazna zur Aufbewahrung erhaltenen 150 Gulden an die Erben des letzteren auszahle.

Latein. Gleichzeitige Abschrift vom Notarius Heinrici auf ein und demselben Halbbogen mit der Urkundenabschrift vom 10. Juni 1564.

1565, 15. Oktober, Klausenburg 3033

Augustin Hedwig bestätigt, vom Bistritzer Richter Gregor Daum 160 fl erhalten zu haben.

Deutsch. Original. Papier.

1565, 15. November, Weißenburg 3034

König Johann II. bestätigt auf Bitten seines Fiskalen und Directors causarum Nicolaus Wisseleny de Gyeke den Kaufvertrag vom 13.

Dezember 1510 (vgl. Nr. 538) zwischen Johann Farkas de Harinna und Fabian Eyb, dessen Gattin Barbara und dessen Söhnen Servacius und Georgius, welche von jenem ein Stück Land auf Minarkener Hattert für 400 ung. Goldgulden gekauft hatten.

Latein. Original. Papier. Siegel war in rotes Wachs vorn aufgedrückt.

feria quinta post Martini.

1565, 27. November, Hermannstadt   **3035**

Augustin Hedwigk bestätigt, vom Bistritzer Rat 2.088 fl Martinszins erhalten zu haben.

Latein. Original. Papier.

1565, 27. November, Hermannstadt   **3036**

Augustin Hedwigk bestätigt, vom Bistritzer Rat 507 fl 20 Den. Soldgeld auf einen Monat erhalten zu haben.

Latein. Original. Papier.

1565, 27. November, Hermannstadt   **3037**

Augustin Hedwigk, Bürgermeister von Hermannstadt, bestätigt, vom Bistritzer Rat durch die Geschworenen Martin Lernescher und Balthasar Sarctor 480 fl als den auf Bistritz entfallenden Teil der Anleihe von 3.000 fl erhalten habe, welche die Sächsische Nation dem Fürsten gegeben hatte.

Latein. Original. Papier.

1565, 28. November, Weißenburg   **3038**

König Johann II. schenkt dem Stefan Chereny de Balasfalwa in Anbetracht treuer Dienste die auf dem Hattert von Simontelke gelegene Wiese, welche bisher dem Bistr. Heiligkreuzkloster gehört hatte und nun nach den Bestimmungen des Klausenburger Landtages vom Jahre

1556 dem Fiskus zugefallen sei. Er beauftragt Stefan und Georg Modra de Zentandras und Genossen, genannten Chereny in den Besitz jener Wiese einzuführen.

Latein. Original. Papier. Auch eingeschaltet von König Johann II. 1. November 1567. Original. Papier.

Teilabdruck: Wittstock, Beiträge S. 28.

1565, Klausenburg   3039

Caspar Budaker und Thomas Krettschmer, Ratsgeschworene von Bistritz, teilen dem Bistritzer Rat mit, daß der König erst in drei Tagen bekanntgeben werde, was er mit dem nun schon längere Zeit in Klausenburg angesammelten Kriegsvolk wolle. Das Bistritzer Kontingent sei sehr ungeduldig, viele verlangen nach Hause entlassen zu werden. Die Steuer möge der Rat nach Hermannstadt schicken.

Deutsch. Originalpapierbrief.

1565   3040

Verzeichnis der Proviantlieferungen, die Bistritz im Jahre 1565 für das königliche Heer geleistet hat.

Deutsch. Original. Papier, vom Ratsnotarius Heinrici.

1566, 2. Januar, Schönbirk   3041

Caspar und Stefan Csereny de Balasfalwa und Genossen teilen dem König mit, daß jenes Stück strittigen Landes auf dem Minarkner Hattert nicht dem Ambrosius Feyerwary gehöre, wie viele Zeugen bezeugt haben, und doch wolle Ambrosius Feyerwary den gefangenen Minarkner Syweges nicht zufriedenstellen.

Latein. Originalpapierbrief. – Auch eingeschaltet von König Johann II. 16. Januar 1566 und damit von demselben 7. Juni 1568.

1566, 11. Januar, Erked 3042

Martin Vngar, Pfarrer von Erked, teilt dem Bistritzer Rat mit, daß der Knecht, der dem Peter Bozasy entlaufen ist, schon früher einmal entlaufen war und dann geschworen hatte, dieses nicht wieder zu tun.

Deutsch. Originalpapierbrief.

1566, 15. Januar, Hermannstadt 3043

Simon Miles, Bürgermeister von Hermannstadt, bestätigt, vom Bistritzer Rat 10 fl von jenem Aufschlage erhalten zu haben, der durch die Universität in der letzten Sitzung beschlossen wurde.

Latein. Original. Papier.

1566, 15. Januar, Hermannstadt 3044

Simon Miles, Bürgermeister von Hermannstadt, bestätigt, vom Bistritzer Rat durch Caspar Pellio und Balthasar Sarctor 507 fl 20 Den. Soldgeld erhalten zu haben.

Latein. Original. Papier.

1566, 16. Januar, Weißenburg 3045

König Johann II. entscheidet den zwischen Ambrosius Feyerwary und den Bistritzern wegen der Eibschen Wiese auf Minarkner Hattert schwebenden Streit und trägt dem Stefan und Caspar Chereny und Genossen auf, gegen Ambrosius Feyerwary zu vollstrecken.

Latein. Eingeschaltet von König Johann II. 7. Juni 1568. Original. Papier.

1566, 18. Januar, Weißenburg 3046

Servatius Weidner, Ratsherr von Hermannstadt, bestätigt, durch die Bistritzer Ratsherren Caspar Kirsner und Balthasar Schneider 2.706 fl Steuer erhalten zu haben.

Deutsch. Original. Papier.

1566, 17. Februar, Weißenburg 3047

König Johann II. trägt dem Feld-Kapitän Gabriel Peokry auf, darauf zu achten, daß in Zukunft die Bistritzer, die Viktualien ins Lager brächten, nicht geschädigt würden, indem man sie dort zwänge, billiger zu verkaufen als sie selbst eingekauft hätten.

Ungarisch. Originalpapierbrief.

1566, 17. März, Torda 3048

Gregor Daum, Richter von Bistritz, rät dem stellvertretenden Richter in Bistritz, Caspar Kürschner, dem Gabriel Pekry auf seinen Credenzbrief nur so viel Getreide zu geben, als möglich ist, ihm aber keinesfalls zu erlauben, von Dorf zu Dorf zu ziehen.

Deutsch. Originalpapierbrief, von Mäusen beschädigt.

1566, 4. April, Maros-Vásárhely 3049

König Johann II. trägt Stefan Boyer de Apathi und Genossen auf, dafür Sorge zu tragen, daß der Prozeß des Christoph Hagymasy gegen die Bistritzer wegen Tötung seines Untertanen Zobotza durch Ober-Neudorfer vom Bistritzer Rat in erster Instanz entschieden und im Berufungsfalle der Kurie vorgelegt werde.

Latein. Gleichzeitige Abschrift vom Ratsnotarius Heinrici auf 3 zusammengelegten Papierbogen. (1. Seite).

1566, 25. April, Hermannstadt 3050

Simon Miles, Bürgermeister von Hermannstadt, bestätigt, vom Bistritzer Rat durch Martin Lernescher und Urban Sartor 2.650 fl außerordentliche Steuer erhalten zu haben.

1566, 28. April, Weißenburg 3051

König Johann II. gebietet, den Zigeunerwoiwoden Gaspar Nagy und Franz Baladfi de Kiskend alle ihnen zustehenden Einkünfte auszufolgen.

Latein. Gleichzeitige Abschrift aus der Bistr. Ratskanzlei.

1566, 12. Mai, Weißenburg 3052

König Johann II. trägt Jedermann ohne Unterschied des Standes und Geschlechtes auf, auf Verlangen der Bistritzer wahrheitsgemäßes Zeugnis abzulegen in der Streitsache derselben vor Anton Literatus de Zyget und Genossen.

Latein. Original. Papier.

1566, 17. Mai, Weißenburg 3053

König Johann II. teilt dem Bistritzer Rat mit, daß der Sultan mit einem ungeheuren Heer Konstantinopel verlassen habe und im Anmarsche begriffen sei. Er gebietet deshalb, den in Torda zusammentretenden Landtag durch zwei Abgeordnete zu beschicken.

Latein. Originalpapierbrief, von Mäusen stark beschädigt. Die Jahreszahl ist dem Regest auf der Rückseite entnommen.

1566, 23. Mai, Iassy 3054

Alexander, Woiwode der Moldau, ersucht den Bistritzer Rat, für das mitgeschickte Geld für seine durch eine Krankheit sehr geschwächte Gemahlin Roxanda schöne Pflaumen zu kaufen und ihm zuzuschicken.

Latein. Originalpapierbrief.

1566, 29. Mai, Bistritz 3055

Der Rat von Bistritz legt die berufene Streitsache zwischen Christoph Hagymasy und den (Ober)-Neudorfern wegen Tötung eines Untertanen des Genannten dem König zur Entscheidung vor.

Latein. Gleichzeitige Abschrift vom Ratsnotarius Heinrici auf 3 zusammengelegten Papierbogen.

1566, 14. Juni, Szucsawa 3056

Alexander, Woiwode der Moldau, teilt dem Bistritzer Rat mit, daß seine Feinde in Borgo sich einen Fürsten gewählt haben und sich nun zu einem Einfall in die Moldau rüsten. Er bittet, rasch mitzuteilen, was Wahres an diesem Gerüchte sei.

Latein. Originalpapierbrief.

1566, 15. Juni, Iassy 3057

Alexander, Woiwode der Moldau, ersucht den Bistritzer Rat gegen jene Räuber, die einen Einfall in sein Land beabsichtigen, ebenfalls mit allen verfügbaren Kräften vorzugehen, da die Operationsbasis dieser Räuber im Bistritzer Distrikt liege. Auf beiliegendem Zettel wird der Rat ersucht, das mitfolgende Schreiben so rasch als möglich an den König gelangen zu lassen.

Latein. Originalpapierbrief.

1566, 18. Juni, Bistritz 3058

Ladislaus Donat und Martian Tanizky bezeugen im Namen ihrer Herrn, der Zigeunerwoiwoden Gaspar Nagy und Franz Baladfi, vom Bistritzer Rat den Zigeunerzins mit 8 fl. erhalten zu haben.

Latein. Original. Papier.

1566, 19. Juni, Aus dem Lager bei Keresztes 3059

Christoph Hagymas de Beregzo fordert den Bistritzer Richter auf, gegen Räuber auf das Allerstrengste vorzugehen, wo immer sich dieselben im Distrikt oder in der Umgegend zeigen sollten.

Ungarisch. Originalpapierbrief.

1566, 20. Juni, Szucsawa 3060

Alexander, Woiwode der Moldau, schickt seinen Getreuen Marianus mit einem Begleiter an den Bistritzer Rat, damit er denselben bei der Ausforschung seine Feinde unterstütze. Von den gefangenen Feinden bittet er herauszubekommen, was für Absichten und Pläne sie gehabt hätten.

Latein. Originalpapierbrief.

1566, 21. Juni, Szucsawa 3061

Alexander, Woiwode der Moldau, ersucht den Bistritzer Rat, seine Feinde weiter zu verfolgen und namentlich das Versteck derselben auszuforschen, das übrigens den Borgoern gut bekannt sei.

Latein. Originalpapierbrief, von Mäusen beschädigt.

1566, 21. Juni, Aus dem Lager auf dem Kreutzerfeld 3062

Christoph Hagymas de Berekzo, Kapitän, ersucht den Bistritzer Richter Caspar Zewch, jene Telcser zu bestrafen, welche neulich oben im Gebirge drei Hütten der Joder niedergebrannt haben.

Ungarisch. Originalpapierbrief.

1566, 21. Juni, Aus dem Lager bei Torda 3063

Hauptmann Peter Mezaros ersucht den Bistritzer Rat, Lebensmittel für das Kriegsvolk, ein Zelt für ihn selbst und weitere vier Trabanten mit Gewehren zu schicken. Vor kurzen seien zwei türkische Abgesandte zu Hagymassy gekommen, doch wisse man nicht, was sie gemeldet haben.

Ungarisch. Originalpapierbrief.

1566, 21. Juni, Eös (Eisch) 3064

Leonhard Pintiger teilt Georg Lamprechter Gräf zu St.-Georgen mit, was er über den Stand des Ehebruchprozesses des Füszkuter Insassen Gallus Potsch weiß.

Deutsch. Originalpapierbrief.

1566, 25. Juni, Szucsawa 3065

Alexander, Woiwode der Moldau, teilt dem Bistritzer Rat mit, daß seine Feinde einen Einfall in sein Land gemacht hätten und bis Nyamcz gekommen wären. Von hier wären sie beim Anblick seiner Soldaten geflohen. Einige Gefangene hätten ausgesagt, daß die Bistritzer selbst sie zum Einfall angestiftet hätten. Um sich von solchem Verdacht zu reinigen, mögen nun die Bistritzer seine fliehenden Feinde verfolgen, besonders deren Anführer ergreifen und ihm dessen Kopf zu senden.

Latein. Originalpapierbrief.

1566, 25. Juni, Szucsawa 3066

Alexander, Woiwode der Moldau, ersucht den Bistritzer Rat, den Brief, den sein Diener Matheus nach Bistritz bringen wird, unverzüglich an den König weiterzuleiten.

Latein. Originalpapierbrief.

1566, 28. Juni, Aus dem Lager bei Klausenburg 3067

Christoph Hagymas de Beregzo, Generalkapitän, fordert den Hermannstädter Rat auf, zu veranlassen, daß vom Truppenkontingent jeder einzelnen Stadt sofort der dritte Teil aufbreche und wohlausgerüstet in Klausenburg eintreffe.

Latein. Gleichzeitige Abschrift aus der Hermannstädter Kanzlei.

1566, 1. Juli, Iassy 3068

Alexander, Woiwode der Moldau, teilt dem Bistritzer Rat mit, daß er das Heer seiner Feinde unter Anführung des Rädelsführers Sava im Gebirge gänzlich aufgerieben und viele haben töten und hinrichten lassen. Einige dieser Räuber haben ihm gestanden, daß sie diesen Kriegszug bloß auf Anstiften des Bistritzer Rates unternommen hätten. Er wundere sich über ein solches Vorgehen und werde sich auch beim Sultan beschweren und ihn um Rat bitten. Die Bistritzer mögen sich nur jene Tage in Erinnerung zurückrufen, wo ein Moldauisches Heer Bistritz belagert habe. Auch jetzt habe er ausgezeichnete Soldaten und könne sich auf dieselben verlassen.

Latein. Originalpapierbrief. Auf beiliegendem Zettel wird der Rat ersucht, ihm den Hauptmann Sava und andere Räuber lebendig zuzuschicken.

1566, 7. Juli, Iassy 3069

Alexander, Woiwode der Moldau, teilt dem Bistritzer Rat mit, daß er durch den Boten Matheus die Entschuldigung des Rates in der Sache der Räuber vernommen habe. Es sei ihm sehr angenehm, daß die Bistritzer die Hand nicht im Spiel gehabt haben, und er bittet, alle Räuber, denen der Rat noch habhaft werden kann, zu bestrafen.

Latein. Originalpapierbrief.

1566, 10. Juli, Szentmihálytelke 3070

Sebastian Erdely schreibt an den Bistritzer Rat in Angelegenheit der Vorladung eines Untertanen seines Bruders vor das Bistritzer Gericht.

Ungarisch. Originalpapierbrief.

1566, 10. Juli, Füszkút 3071

Der Gräf und das Amt der Gemeinde Füszkut teilen dem Bistritzer Rat mehreres über den Lebenswandel des Füszkuter Insassen Gallus Potsch mit.

Deutsch. Originalpapierbrief.

1566, 14. Juli 3072

Martin Tot, Richter in Rodna, ersucht den Bistritzer Richter, noch zu warten, da er wegen des Hochwassers den Zins nicht abliefern kann.

Deutsch. Originalpapierbrief.

1566, 17. Juli, Iassy　　　　　　　　　　　　　　　　　　　3073

Alexander, Woiwode der Moldau, ersucht den Bistritzer Rat, der durch seine eifrige Verfolgung der Räuber klar dargelegt habe, daß er mit denselben nicht im Einverständnis gewesen, einen gewissen Mönch Namens Jep Irimia, der sich bei einem Walachen Lazar zwischen Borgo und Szent-György aufhalte, sofort gefangen zu nehmen, da derselbe auch einer jener Räuber sei. Weiter bittet er, für ihn drei Wagen machen zu lassen und ihm Lein- oder auch Hanf-Öl zu schicken. Auf beiliegendem Zettel verspricht er, zum Dank dafür, die Wege in die Moldau wieder zu öffnen, sobald der Sultan gesiegt haben werde.

Latein. Originalpapierbrief.

1566, 21. Juli, Rodna　　　　　　　　　　　　　　　　　　　　3074

Martin Tott, Richter in Rodna, schreibt an den Bistritzer Rat in Angelegenheit zweier Mägde.

Deutsch. Originalpapierbrief.

1566, 25. Juli, Aus dem Lager bei Klausenburg　　　　　　　3075

König Johann II. trägt dem Bistritzer Rat auf, an dem gegenwärtigen Feldzug nach Ungarn mit einer – wenn möglich – noch größeren Anzahl Reiter als im Vorjahre teilzunehmen und daher sofort zu ihm zu kommen.

Latein. Originalpapierbrief. Die letzte Ziffer des Jahresdatums ist durch einen Wurm zerstört. Dem Inhalt nach und verglichen mit der Bemerkung vom 28. Juli im Stadtrechnungsbuch vom Jahre 1566 gehört jedoch dieser Brief dem Jahre 1566 an.

1566, 29. Juli, Hermannstadt　　　　　　　　　　　　　　　　3076

Simon Miles bestätigt, von den Bistritzer Ratsherren Albert Budaker und Thomas Kretschman (!) 2510 fl Steuer und Soldgeld erhalten zu haben.

Latein. Original. Papier, von Mäusen beschädigt.

1566, 17. August, Klausenburg 3077

Petrus Lani ersucht den Bistritzer Richter Gregor Daum, seiner in bedrängten Verhältnissen befindlichen Familie mit etwas Geld auszuhelfen. Von seinem Soldgeld könne er nichts schicken, da es nicht einmal für ihn reiche.

Latein. Originalpapierbrief.

1566, 18. August, Klausenburg 3078

Caspar Kyrssner und Thomas Kreczmer, Bistritzer Ratsgeschworene, teilen dem Bistritzer Rat mit, daß sie am 14. August in Klausenberg eingetroffen seien und dem Kanzler gemeldet haben, sie kämen an Stelle des erkrankten Richters. Der König verlange dringend Einzahlung des Soldgeldes und Ausrüstung frischer Truppen. Maylad habe all seine Habe und Besitz an den König verkauft und wolle das Land verlassen.

Deutsch. Originalpapierbrief.

1566, 29. August, Klausenburg 3079

Caspar Kyrssner und Thomas Kreczmer, Bistritzer Ratsgeschworene, ersuchen den Bistritzer Richter Gregor Daum mit der Einsendung des Soldgeldes zu eilen und ihnen auch gute Fische zu schicken. Die Türken haben Miskolcz, Sajo und andere Ortschaften geplündert und etwa 16.000 Mann in die Gefangenschaft abgeführt.

Deutsch. Originalpapierbrief.

1566, 30. August, Klausenburg 3080

Caspar Kyrssner, Bistritzer Ratsgeschworener, ersucht den Bistritzer Richter Gregor Daumen (!) das Soldgeld für die im Felde liegenden Bistritzer Truppen rasch einzuschicken, da die übrigen Städte ihr Soldgeld schon vor einigen Tagen eingezahlt haben.

Deutsch. Originalpapierbrief.

1566, 30. August, Klausenburg 3081

Statthalter Michael Chyaki trägt dem Bistritzer Rat über Befehl des Königs auf, sofort drei Wundärzte, drei Schmiede mit 1500 Hufeisen und den nötigen Werkzeugen, drei Fleischhauer und 150 Schlachtochsen, zwei Zimmerleute, einen Wagner, einen Schlosser und einen Riemer mit Werkzeugen und endlich so viel Stiefel als möglich sofort in das königliche Lager jenseits Großwardein führen zu lassen.

Latein. Originalpapierbrief.

1566, 31. August, Klausenburg 3082

Caspar Kyrssner und Thomas Kreczmer, Ratsgeschworene, teilen dem Bistritzer Rat mit, daß der Kanzler von der Universität der Sachsen 100 Faß Wein sowie die Rückstände an den zu stellenden 1000 Trabanten verlange.

Deutsch. Originalpapierbrief.

1566, ... September 3083

Simon Miles, Bürgermeister von Hermannstadt, bestätigt, vom Bistritzer Rat durch Caspar Pellio und Thomas Kretschman (!) 300 Gulden als Anteil an dem 16.000-Gulden-Aufschlag, dann 1 . . .20 Gulden Soldgeld und 163 Gulden 63 Denare ebenso, endlich vom Soldgeld für die Truppen des Christoph Hagymassy 60 Gulden empfangen zu haben.

Latein. Original. Papier, von Mäusen beschädigt.

1566, 2. September 3084

Gall Meytner bittet den Bistritzer Richter, ihm acht Gulden für die Arbeiter zu schicken und ihm sagen zu lassen, ob sie den Ofen anzünden sollten, denn er werde in derselben Woche fertig sein.

Deutsch. Originalpapierbrief. Das Tagesdatum heißt: „Montag vor Maria", aber im Zusammenhang mit dem Brief desselben Gall vom 30. Sept. 1566, kann es nur der 2. September sein.

1566, 3. September, Szentmihálytelke 3085

Sebastian Erdely ersucht den Bistritzer Rat in Angelegenheit der Streitsache des Gallus aus Fyzkut um Mitteilung der Anklageschrift der Gegenpartei.

Latein. Originalpapierbrief.

1566, 14. September, Klausenburg 3086

Caspar Kyrssner rät dem Bistritzer Richter, nicht Ochsen in das Lager führen zu lassen, sondern den Fleischhauern 20 bis 25 Gulden zu geben, damit sie in Ungarn Vieh kaufen und in das Lager treiben. Die Handwerker und der Wein, die für das Lager bestimmt sind, sollen alsbald abgeschickt werden. Der König liege vorläufig mit dem Heer noch ruhig bei Großwardein.

Deutsch. Originalpapierbrief.

1566, 20. September, Klausenburg 3087

Caspar Kyrssner, Ratsgeschworener, teilt dem Bistritzer Richter Gregor Daum mit, daß der König von Großwardein gegen Tokaj ziehe; daher möge der Richter auf das Soldgeld Sorge haben, daß es zur rechten Zeit eingeschickt werde. Weiter sind 960 Maß Butter, in Fässern verwahrt, ins Lager zu schicken. Der Kanzler wolle 12 Zentner Salpeter nach Bistritz schicken, damit dort daraus Schießpulver erzeugt werde.

Deutsch. Originalpapierbrief.

1566, 21. September, Klausenburg 3088

Caspar Kyrssner, Bistritzer Ratsgeschworener, ersucht den Rat, dem Auftrag des Kanzlers entsprechend, die rückständigen acht Faß Wein zu liefern und teilt mit, daß die Türken dem Vernehmen nach etwa 10.000 Deutsche und Ungarn weggeführt haben und daß der türkische Kaiser von Sziget, nachdem er dasselbe eingenommen, gegen Deutschland gezogen sei.

Deutsch. Originalpapierbrief.

1566, 23. September, Großwardein   3089

Christof Hagimas de Beregzo, Generalkapitän, ersucht den Bistritzer Rat, den Gefangenen, der einen königlichen Trabanten getötet hatte, noch eine Zeit lang gefangen zu halten, oder dem Horvat Lucacz zu übergeben.

Ungarisch. Originalpapierbrief.

1566, 30. September   3090

Gal Heyer bittet den Bistritzer Richter, ihm acht Gulden zu schicken, und ihm mitzuteilen, ob sie den Ofen anzünden sollen.

Deutsch. Originalpapierbrief.

1566, 6. Oktober, Klausenburg   3091

Simon Miles, Bürgermeister von Hermannstadt, bestätigt, vom Bistritzer Rat durch Peter Meldt und Nicolaus Schmydt 1.014 fl 40 Den. Soldgeld erhalten zu haben.

Latein. Original. Papier.

1566, 22. Oktober, Rodna   3092

Geczö Porkolab bezeugt, daß Lazarus Banyas, Untertan des Christof Hagymasi, vor ihm über Bedrückungen seitens der Bistritzer geklagt habe, daß er einen Verhandlungstermin festgesetzt habe, daß der Kläger aber zweimal nicht erschienen sei.

Latein. Original. Papier.

1566, 23. Oktober, Klausenburg   3093

Simon Miles, Bürgermeister von Hermannstadt, bestätigt, vom Bistritzer Rat durch Petrus Meldt und Nicolaus Fabri 1.014 fl 40 Den. Soldgeld erhalten zu haben.

Latein. Original. Papier.

1566, 15. November, Ungersdorf 3094

Mathias Fychor de Magyoros und Stefan Modra de Zent-Andras melden dem König, daß die Untertanen des Ambrosius Feyerwary Einsprache gegen die Einführung des Stefan Chereny in den Besitz der ihm vom König geschenkten Wiese erhoben hätten, die früher den Bistritzer Predigermönchen gehört habe und zwischen Minarken und Simontelke liege. Sie haben Feywary deshalb vor den König zitiert.

Ungarisch. Originalpapierbrief. Auch eingeschaltet vom König Johann II. 1. November 1567.

1566, 23. November, Iassy 3095

Alexander, Woiwode der Moldau, teilt dem Bistritzer Rat mit, daß er seine Feinde und besonders deren Anführer, der vorgibt ein Sohn des Woiwoden zu sein, und der im vergangenen Sommer von der Bistritzer Gegend aus sein Land sehr beunruhigt habe, in seiner Gewalt habe. Nur einer sei noch übrig, der sich in der Bistritzer Gegend aufhalte und zu dessen Ergreifung er seine Leute ausgeschickt habe. Diese seien nun vom Rat gefangenen genommen worden. Er bittet um deren sofortige Freilassung, da sie ja nur zur Verfolgung jenes schlechten Menschen ausgeschickt worden seien.

Latein. Originalpapierbrief.

1566, 6. Dezember, Hermannstadt 3096

Simon Miles, Bürgermeister von Hermannstadt, bestätigt, vom Bistritzer Rat 2.200 fl Martinszins, eingerechnet 16 Zentner Geschützpulver á 14 Gulden, erhalten zu haben.

Latein. Original. Papier.

1566, 24. Dezember, Deesch 3097

Martin Farkas, Michael Racy, Christoph Kabossy, verständigen den Bistritzer Rat, daß sie die Hafersendung erhalten haben und ersuchen, noch mehr Hafer und auch andere Lebensmittel für das Kriegsvolk zu senden.

Ungarisch. Originalpapierbrief, hat zum Einpacken anderer Schriftstücke gedient und ist daher stark abgegriffen.

1566, 29. Dezember, Klausenburg 3098

Stefan Pechy, Goldschmied, teilt dem Bistritzer Rat mit, daß allein er vom König mit der Gold- und Silberausscheidung in Siebenbürgen betraut sei und ersucht infolgedessen, dieses Geschäft dem Anton Ewthwes zu untersagen und dessen Ofen zerstören zu lassen.

Latein. Originalpapierbrief.

1566, Klausenburg 3099

Herr A(lbertus) S(utor) teilt dem Bistritzer Rat mit, daß der Statthalter zwei Briefe sende, von denen der eine sofort in die Moldau, der andere an Horwath Lukacz zu senden ist. Sicheren Nachrichten zufolge sei der Woiwode Myrche im Szeklerlande geschlagen worden. Die Bistritzer mögen die Straßen scharf bewachen und schließlich einen anderen an seiner Stelle nach Klausenburg schicken.

Deutsch. Originalpapierbrief.

1566 3100

Auf fünf Papierstreifen Quittungen über Steuerzahlungen der Bistritzer für die beiden Borgo und für Weißkirch.

Latein. Original. Papier.

1567, 1. Januar, Görgény 3101

Melchior Margay, Präfekt von Görgény, schickt einen Boten an den Bistritzer Rat.

Latein. Originalpapierbrief.

1567, 3. Januar, Mediasch 3102

König Johann II. trägt dem Bistritzer Rat auf, seinen Anteil an dem Türkenzins unverzüglich einzuzahlen.

Latein. Originalpapierbrief.

1567, 4. Januar, Bistritz 3103

Andreas Dorozlay bestätigt, vom Bistritzer Rat 100 Gulden als Schmerzensgeld für eine Wunde erhalten zu haben, die er gelegentlich seiner Durchreise durch Bistritz in Begleitung seines Herrn, des Kapitäns Franz Nyakazo empfing.

Latein. Original. Papier.

1567, 6. Januar, Szent-György 3104

Nicolaus de Wysselen, Director causarum, teilt dem Bistritzer Rat mit, daß ein Brief des Königs ihn zu Hofe befehle; er ersucht, ihm ein Faß guten Weines zu kaufen und in sein Schloß zu schicken.

Latein. Originalpapierbrief.

1567, 10. Januar, Bistritz 3105

Mathäus Heinrici, Ratsnotarius von Bistritz und Vormund der Kinder des Albert Kyrschner aus Wurmloch, früher Pfarrer von Bistritz, bestätigt, für die Kinder des Genannten, Johann, Lucas und Anna 400 Gulden von Stefan Helner und dessen Gattin Barbara Kugler erhalten zu haben.

Latein. Original. Papier.

1567, 19. Januar, Hermannstadt 3106

Der Rat von Hermannstadt ersucht den Bistritzer Rat, die rückständige Steuer unverzüglich einzuschicken.

Deutsch. Originalpapierbrief.

1567, 21. Januar, Mediasch 3107

König Johann II. ladet die Bistritzer auf die Hochzeit seines Arztes Dionys Analus mit der Witwe Anna des Johann Swayczar aus Hermannstadt ein.

Latein. Originalpapierbrief.

1567, 27. Januar, Hermannstadt 3108

Der Rat von Hermannstadt ersucht den Bistritzer Rat, seine Willensmeinung über die Betrauung des Laurenz Thettey mit der Vertretung der Sächsischen Nation bei der königlichen Gerichtstafel an Stelle des verstorbenen Martin Chereny und ferner über das auf der Hochzeit des Arztes Dionys zu überreichende Geschenk mitzuteilen.

Deutsch. Originalpapierbrief.

1567, 2. Februar, Weißenburg 3109

König Johann II. gibt seinem Abgesandten Stefan Chyerenye de Balasfalwa ein Beglaubigungsschreiben an den Bistritzer Rat mit.

Latein. Originalpapierbrief.

1567, 2. Februar, Weißenburg 3110

Kanzler Michael Chyaki teilt dem Bistritzer Richter den Auftrag des Königs mit, auch in Zukunft alle Briefe, die aus Huszt kämen, möglichst rasch an den König gelangen zu lassen.

Latein. Originalpapierbrief.

1567, 2. Februar, Deesch 3111

Der Rat von Deesch schreibt an den Bistritzer Richter Gregor Thymar in Angelegenheit des Streites zwischen Anton Wajda und den Lechnitzern.

Ungarisch. Originalpapierbrief.

1567, 6. Februar, Weißenburg   3112

König Johann II. beauftragt den Bistritzer Rat, die zwei aus Weißenburg entsprungenen Deutschen Leonardus und Georgius suchen und falls man sie finde, sogleich nach Weißenburg bringen zu lassen.

Latein. Originalpapierbrief.

1567, 6. Februar, Hermannstadt   3113

Simon Miles, Bürgermeister von Hermannstadt, bestätigt, vom Bistritzer Rat durch Thomas Krechyman und Georg Corrigiator 3.319 fl 50 Den. Steuer erhalten zu haben.

Latein. Originalpapierbrief.

1567, 8. Februar, Weißenburg   3114

König Johann II. trägt dem Bistritzer Rat auf, den Bistritzer Chirurgen Thomas Borbely nach Weißenburg zu schicken, damit er den Protonotar Valentin de Fewldwar von seinem Fußleiden befreie.

Latein. Originalpapierbrief.

1567, 9. Februar, Görgény   3115

Johann Barani, Provisor von Görgény, ersucht den Bistritzer Richter Gregor Thymar zu veranlassen, daß seinem Untertanen aus Petele bei Sächsisch-Regen Recht gesprochen werde.

Ungarisch. Originalpapierbrief.

1567, 10. Februar, Weißenburg   3116

König Johann II. bestätigt, vom Bistritzer Rat 105 Gulden als Jahrespachtsumme für den Bistritzer Zwanzigsten erhalten zu haben.

Latein. Original. Papier.

1567, 12. Februar, Marmaros-Sziget   3117

Die Adligen-Universität des Marmaroscher Komitates ersucht den Bistritzer Rat, den Prozeß gegen jene Leute aus dem Bistritzer Distrikt einzuleiten, welche im Gebirge den Einwohnern von Szacsal mehrere Schafe gestohlen haben.

Ungarisch. Originalpapierbrief.

1567, 17. Februar, Apanagyfalu   3118

Blasius Miko ersucht den Bistritzer Richter Gregor Timar, den Lebensmitteltransport für das königliche Lager bereit zu halten, damit er sofort nach Deesch abgehen könne.

Ungarisch. Originalpapierbrief.

1567, 21. Februar, Weißenburg   3119

König Johann II. trägt dem Bistritzer Rat auf, dafür zu sorgen, daß die Pferde der Besatzung von Munkács im Dorfe Wermesch gut aufgenommen und verpflegt werden, und verspricht alle Ausgaben der Dorfbewohner hierfür zu decken.

Latein. Originalpapierbrief.

1567, nach dem 21. Februar   3120

Verzeichnis der Lieferungen an Wein, Hafer, Hühnern und Ferkeln, welche die Wermescher den Hofleuten geleistet und was davon von den Hofleuten nicht bezahlt worden ist.

Deutsch. Original. Papier.

1567, 21. Februar, Szász-Máté   3121

Die vom König zur Räuberverfolgung entsendeten Grafen, Vicegrafen und Adligenrichter ersuchen den Bistritzer Rat, sich darüber zu äußern, ob er sich an ihrer Aufgabe durch Entsendung von Ratsherren beteiligen wolle.

Ungarisch. Originalpapierbrief.

1567, 22. Februar, Weißenburg 3122

Kanzler Michael Chyaki ersucht den Bistritzer Rat, Briefe aus Huszt auch künftighin sofort an den König zu schicken und für die Überführung des Weizens nach Huszt zu sorgen.

Latein. Originalpapierbrief.

1567, 24. Februar, Heidendorf 3123

Nicolaus Thomory und Genossen teilen dem Bistritzer Rat mit, was Stefan Cheryny ihnen aufgetragen, und daß sie am nächsten Tag wieder nach Harinna gehen werden.

Ungarisch. Originalpapierbrief.

1567, 1. März, Torda 3124

König Johann II. untersagt dem Bistritzer Rat jegliche Ausfuhr an Getreiden und Früchten in die Marmarosch und nach Banya, damit dadurch nicht etwa seine Feinde unterstützt würden.

Latein. Originalpapierbrief.

1567, 1. März, Torda 3125

König Johann II. gibt seinem Abgesandten Stefan Kemen ein Beglaubigungsschreiben an den Bistritzer Rat mit.

Latein. Originalpapierbrief.

1567, 4. März, Torda 3126

König Johann II. trägt dem Bistritzer Rat auf, den auf ihn entfallenden

Geldanteil zur Besoldung von 3000 Büchsenschützen sowie seinen festgesetzten Anteil an den 1000 von der Sächsischen Nation ins Feld zu stellenden Büchsenschützen mit dem nötigen Proviant binnen acht Tagen nach Klausenburg zu schicken, damit der drohende Einfall des deutschen Heeres, welches bereits Munkach belagert und sich dann gegen Huszt wenden will, abgeschlagen werden kann.

Latein. Originalpapierbrief.

1567, 4. März, Torda   3127

König Johann II. trägt der Sächsischen Universität auf, das Soldgeld für 3000 Büchsenschützen sowie weitere 2000 Büchsenschützen wohlausgerüstet und verproviantiert unverzüglich nach Klausenburg zu schicken, damit der Einfall des deutschen Heeres abgeschlagen werden kann.

Latein. Gleichzeitige Abschrift als Beilage zum Brief des Hermannstädter Rates vom 6. März 1567. Original. Papier.

1567, 4. März, Torda   3128

Kanzler Michael Chyaki trägt über königlichen Befehl dem Bistritzer Richter auf, auch den Rest des vom König geforderten Weizens nach Huszt führen zu lassen.

Latein. Originalpapierbrief.

1567, 6. März, Hermannstadt   3129

Der Rat von Hermannstadt übersendet dem Bistritzer Rat das königliche Schreiben vom 4. März 1567 in Abschrift und ersucht den Bistritzer Anteil am Soldgeld und an 1000 Büchsenschützen unverzüglich nach Klausenburg zu schicken.

Deutsch. Originalpapierbrief.

1567, 7. März, Torda 3130

König Johann II. trägt dem Bistritzer Rat auf, seinen Anteil an der für den Feldzug gegen die Deutschen von der Sächsischen Nation zu zahlenden Geldsumme und ebenso seinen Anteil an den von der Nation zu stellenden Büchsenschützen ohne Verzug nach Klausenburg zu schicken.

Latein. Originalpapierbrief.

1567, 8. März, Huszt 3131

Franz Nyakazo ersucht den Bistritzer Rat, den Weizen an den bestimmten Ort zu schaffen und verspricht, dem von seinen Leuten geschädigten Bewohner des Bistritzer Distriktes Genugtuung zu verschaffen.

Latein. Originalpapierbrief.

1567, 10. März, Hermannstadt 3132

Der Rat von Hermannstadt teilt dem Bistritzer Rat mit, wie es mit der Ausrüstung der ins Feld zu stellenden 4000 Mann zu halten sei und ersucht, das Bistritzer Kontingent rechtzeitig und gut ausgerüstet nach Klausenburg zu senden.

Deutsch. Originalpapierbrief.

1567, 26. März, Marmaros-Sziget 3133

Magdalena Sarossy, Witwe nach Adam Ezeky, bittet den Bistritzer Bürger Benedikt Szabo, ihre Untertanen Paul Poroska, Simon und Helias die nach Bistritz kommen, zu schützen.

Latein. Originalpapierbrief.

1567, 18. März, Klausenburg 3134

König Johann II. trägt dem Bistritzer Rat auf, sofort sechs Seilermeister mit Werkzeugen und Material nach Klausenburg zu schicken.

Latein. Originalpapierbrief.

1567, 31. März, Klausenburg 3135

König Johann II. trägt dem Bistritzer Rat auf, je einen Zimmermann, Barbier, Schlosser, Eisenschmied und Fleischhacker mit 40 – 45 Mastochsen in das Lager zu schicken.

Latein. Originalpapierbrief.

1567, 31. März, Hermannstadt 3136

Der Rat von Hermannstadt ersucht, den auf Bistritz entfallenden Teil des der Nation auferlegten Soldgeldes nebst dem Sold für die eigenen Truppen möglichst bald einzuschicken.

Deutsch. Originalpapierbrief.

1567, 2. April, Klausenburg 3137

König Johann II. gibt seinem Angesandten und Sekretär Johann Chanady ein Beglaubigungsschreiben an den Bistritzer Rat mit.

Latein. Originalpapierbrief.

1567, 4. April, Klausenburg 3138

Paul Banffy Lossonchy macht dem Bistritzer Rat Mitteilungen in Bezug auf den dem Bistritzer Rat zur Entscheidung vorgelegten Prozeß zwischen Caspar und Leonhard Stolcz aus Sächsisch-Regen.

Ungarisch. Originalpapierbrief.

1567, 5. April, Klausenburg 3139

König Johann II. gibt seinem Abgesandten Gregor Appaffy ein

Beglaubigungsschreiben an den Hermannstädter Rat mit.

Latein. Gleichzeitige Abschrift aus der Hermannstädter Ratskanzlei als Beilage zum Briefe vom 9. April 1567.

1567, 9. April, Hermannstadt 3140

Der Rat von Hermannstadt übersendet dem Bistritzer Rat das Schreiben vom 5. April 1567 in Abschrift und ersucht, das Soldgeld für die 3000 Mann für den zweiten Monat ohne Verzug einzuzahlen.

Deutsch. Originalpapierbrief.

1567, 11. April, Deesch 3141

König Johann II. trägt dem Bistritzer Rat auf, Wein, Heu, Hafer, andere Lebensmittel und auch einige Fleischhauer mit guten Mastochsen ins Lager zu schicken.

Latein. Originalpapierbrief.

1567, 13. April, Klausenburg 3142

Kanzler und Statthalter Michael Chyaki trägt dem Bistritzer Rat auf, dem König ins Lager nach Ungarn Lebensmittel aller Art unverzüglich zuzuschicken.

Latein. Originalpapierbrief.

1567, 13. April, Klausenburg 3143

Kanzler Michael Chyaki trägt dem Bistritzer Rat auf, die noch aus dem Vorjahre rückständige Lieferung an Mehl und Wein jezt unverzüglich ins Lager des Königs zu schicken.

Latein. Originalpapierbrief.

1567, 13. April, Klausenburg   3144

Kanzler Michael Chyaki teilt dem Bistritzer Rat mit, daß der König mit dem Heer abgezogen sei und ihn sowie Bornemyzza, Chyereni, Mykola und Banfy nebst dem Richter und einem Geschworenen aus jeder Stadt mit der Leitung der Verwaltung bis zu seiner Rückkehr betraut habe. Deshalb fordert er auf, den Richter mit einem Geschworenen zu ihm zu schicken und auch für sofortige Einzahlung des Soldgeldes für den zweiten Monat Sorge zu tragen.

Latein. Originalpapierbrief.

1567, 14. April, Aus dem Lager bei Kövár   3145

König Johann II. trägt der Sächsischen Nation auf, das Soldgeld für 3000 Mann für die Kriegsdauer allmonatlich pünktlich an den Kanzler Chyaky abzuführen.

Latein. Gleichzeitige Abschrift auch aus der Hermannstädter Kanzlei als Beilage zum Brief vom 21. April 1567.

1567, 16. April, Aus dem Lager bei Kövár   3146

König Johann II. teilt dem Bistritzer Rat mit, daß er die Ausfuhr von Getreide nach Ungarn wieder freigegeben habe, und befiehlt, die Marmaroscher in keiner Weise an der Ausfuhr zu hindern.

Latein. Originalpapierbrief.

1567, 16. April, Hermannstadt   3147

Simon Miles, Bürgermeister von Hermannstadt, ersucht den Bistritzer Rat, seinen Anteil am Soldgeld für 3000 Mann auf den zweiten Monat und an den 500 Kufen Wein unverzüglich nach Klausenburg zu schicken.

Deutsch. Originalpapierbrief.

1567, 18. April, Klausenburg 3148

Kanzler Michael Chyaki trägt dem Bistritzer Rat auf, aus dem in Bistritz befindlichen Salpeter und Schwefel sofort Pulver bereiten zu lassen und ihm nach Klausenburg zu schicken.

Latein. Originalpapierbrief.

1567, 21. April, Hermannstadt 3149

Der Rat von Hermannstadt übersendet dem Bistritzer Rat ein vom 14. April datiertes Schreiben in Abschrift und ersucht, das Soldgeld für die 3000 Mann einzuheben und jeden Monat pünktlich einzuschicken. Auch den Anteil an jenen 500 Kufen Wein, die man im Vorjahre schuldig geblieben, möge man nun nach Klausenburg schicken.

Deutsch. Originalpapierbrief.

1567, 28. April, Sächsisch-Regen 3150

Der Rat von Regen legt die Streitsache des Caspar Stolcz gegen dessen Vater Leonhard Stolcz wegen einer Erbschaft dem Bistritzer Rat zur Entscheidung vor. Auf einem beiliegenden Zettel wird mitgeteilt, daß der obige Streitfall wegen eines Weingartens schon vor 13 Jahren durch den Regener Rat entschieden worden ist.

Deutsch. Originalpapierbrief.

1567, 3. Mai, aus dem Lager bei Nagybánya 3151

König Johann II. trägt dem Bistritzer Rat auf, sofort zwei Steinmetzen mit acht Gesellen, ferner aus dem Distrikt 20 Wagen mit 60 Arbeitern zur Herstellung der Burg in Kövár zu schicken.

Ungarisch. Originalpapierbrief.

1567, 4. Mai, Klausenburg 3152

Kanzler Michael Chyaki trägt dem Bistritzer Rat über königlichen

Befehl auf, das in Bistritz befindliche Hab und Gut der Kendi sofort den beiden Söhnen des verstorbenen Kendi, Wolfgang und Franz, zu übergeben.

Latein. Originalpapierbrief.

1567, 6. Mai, Kövár 3153

Blasius Bagothay, Präfekt von Kövár, ersucht den Bistritzer Richter, einem Somkuter Untertanen Recht zu verschaffen, der vom Borgoer Pfarrer und einem gewissen Theodor ein Pferd gekauft hatte, welches als gestohlen angehalten worden war. Auch sollen mehrere Maurer nach Kövár geschickt werden, weil dort noch viel Arbeit zu verrichten sei.

Ungarisch. Originalpapierbrief.

1567, 8. Mai, Klausenburg 3154

Kanzler Michael Chyaki fordert über Auftrag des Königs die Bistritzer auf, zur Herstellung der Burg Kövár sofort zwei Steinmetze mit allen Werkzeugen dahin zu schicken.

Latein. Originalpapierbrief.

1567, 8. Mai, Nagybánya 3155

Gregor Literatus aus Nagybánya ersucht den Bistritzer Bürger Stefan Literatus und dessen Gattin, Witwe nach Leonhard Wr, jene Sachen, die er ihnen bei Gelegenheit der Nachricht, daß die Deutschen die Burg Huszt belagern würden, zur Aufbewahrung übergeben habe, nun dem Gaspar Nagy de Bongarth zu übergeben, da sie dessen Eigentum seien.

Latein. Originalpapierbrief.

1567, 9. Mai, Bistritz 3156

Franz Sebessy und Ladislaus Donat bekennen, in Namen ihrer Herren, der Zigeunerwoiwoden Gaspar Nagy und Franz Baladfi vom Bistritzer Rat den Zigeunerzins mit 8 fl erhalten zu haben.

Latein. Original. Papier.

1567, 15. Mai, Kövár 3157

Blasius Bagothay ersucht den Bistritzer Richter Gregor Daum mit jenen Wagen, welche auf Befehl des Königs zum Bau der verwüsteten Burg Kövár kommen, vier Faß Wein und 20 Kübel Hafer mitzuschicken.

Ungarisch. Originalpapierbrief.

1567, 16. Mai, Kövár 3158

Johann Horwath und Blasius Bagothay ersuchen den Bistritzer Rat, mitzuteilen, wann sie dem königlichen Auftrage gemäß die Maurer, Handlanger und Wagen zum Bau von Kövár erwarten können.

Ungarisch. Originalpapierbrief.

1567, 22. Mai, Klausenburg 3159

König Johann II. trägt allen Behörden auf, dafür zu sorgen, daß den Zigeunerwoiwoden Franz Baladfy de Kiskend und Caspar Nagy die ihnen vom amtswegen gebührenden Einkünfte überall verabfolgt werden.

Latein. Gleichzeitige Abschrift vom Ratsnotarius Heinrici zusammen auf einem halben Bogen mit der Abschrift der Urkunde vom 9. Juni 1568.

1567, 24. Mai, Bonyha 3160

Christina Szereczien, Witwe nach Franz Patochy, ladet den Bistritzer Rat zur Hochzeit ihrer Tochter Anna Pathochy mit Paul Chyaki ein.

Ungarisch. Originalpapierbrief.

1567, 27. Mai, Tekendorf   3161

Der Rat von Tekendorf ersucht den Bistritzer Rat, den Prozeß einer Frau aus Tekendorf nach Recht und Gerechtigkeit zu entscheiden.
Latein. Originalpapierbrief.

1567, 28. Mai, Bistritz   3162

Das Bistritzer Kapitel teilt dem Bistritzer Rat die Zeugenaussagen des Paul Seraphin, Pfarrer von Treppen, und des Paul Ambergius (Montanus), Predigers von Treppen, über die Witwe des Simon Weinrich aus Treppen mit.
Latein. Originalpapierbrief.

1567, 29. Mai, Hermannstadt   3163

Der Rat von Hermannstadt mahnt zur pünktlichen Steuer- und Soldgeldzahlung und ladet zu einer Universitätssitzung auf den 15. Juni ein.
Deutsch. Originalpapierbrief.

1567, 1. Juni, Szucsawa   3164

Alexander, Woiwode der Moldau, ersucht den Bistritzer Rat, ihm für den mitgeschickten Golddukaten Kirschen zu kaufen. In einer Nachschrift teilt er mit, dass seine Gemahlin Roxandra schwer krank sei.
Latein. Originalpapierbrief.

1567, 2. Juni, Sächsisch-Regen   3165

Der Rat von Regen legt dem Bistritzer Rat die Streitsache einer Witwe Namens Anna gegen Paul Schneider wegen Ehrenbeleidigung zur Entscheidung vor.
Deutsch. Originalpapierbrief.

1567, 7. Juni, Kövár   3166

Johann Horwath, Kapitän von Kövár teilt dem Bistritzer Rat mit, daß er die Maurer keinesfalls nach Bistritz entlassen dürfe, sondern höchstens gegen andere Maurer austauschen könne. Weiters bittet er, ihm acht Ellen rotes Tuch zu kaufen und zu schicken.

Ungarisch. Originalpapierbrief.

1567, 7. Juni, Klausenburg   3167

Laurenz Fylstich, Oberrichter und Anton Wyzey, Königsrichter von Klausenburg, ersuchen den Bistritzer Rat um Mitteilung über den Stand der Streitsache des Vinzenz Klok und Paul Mogner Zewch aus Klausenburg.

Latein. Originalpapierbrief.

1567, 20. Juni, Disznájo   3168

Demetrius Szekel ersucht den Petersdorfer Gräfen Thomas, den Petersdorfer Meszaros, dem ein Untertan aus Gledeny Lämmer für 5 Gulden 37 Denare verkauft habe, zur Erlegung dieses Geldes zu zwingen.

Ungarisch. Originalpapierbrief.

1567, 23. Juni, Hermannstadt   3169

Simon Miles, Hermannstädter Bürgermeister, bestätigt, vom Bistritzer Rat 3.200 fl Steuer erhalten zu haben.

Latein. Original. Papier.

1567, 27. Juni, Hermannstadt   3170

Der Rat von Hermannstadt ersucht den Bistritzer Rat, zwei Abgeordnete zu senden, damit diese mit den Abgeordneten anderer Städte gemäß königlichem Auftrag den Hattertstreit der Gemeinde Klein-Kapusch gegen Mediasch und andere benachbarte Gemeinden entscheiden können.

Deutsch. Originalpapierbrief.

1567, 29. Juni, Kövár 3171

Blasius Bagotai, Provisor von Kövár, teilt dem Bistritzer Richter Gregor Daum mit, daß er dessen Wunsch entsprechend die Maurer nach Hause entlassen und die Fuhrleute auszahlen werde, die ihm den Wein gebracht haben. Auf beiliegendem Zettel wird ersucht, 20.000 Nägel anfertigen zu lassen.

Ungarisch. Originalpapierbrief.

1567, 1. Juli, Szentmihálytelke 3172

Sebastian Erdeli schreibt an den Gemeinderat von Nagyfalu in Angelegenheit zweier entlaufender Ochsen, von denen der eine im Nagyfaluer Haferfeld aufgefangen und eingetrieben worden ist.

Ungarisch. Originalpapierbrief.

1567, 7. Juli, Tekendorf 3173

Der Rat von Tekendorf teilt dem Bistritzer Rat Zeugenaussagen für den Prozeß einer Frau aus Tekendorf mit.

Latein. Originalpapierbrief.

1567, 11. Juli, Schäßburg 3174

Der Rat von Schäßburg ersucht den Bistritzer Rat, die Aufnahme des Jakob Meynchner, der nach Bistritz übersiedeln will, in die Seifensiederzunft zu erwirken.

Deutsch. Originalpapierbrief.

1567, 13. Juli, Szucsawa 3175

Alexander, Woiwode der Moldau, dankt dem Bistritzer Rat für die Übersendung von Öl und Hanf und ersucht, die bestellten Stricke möglichst rasch anfertigen und übersenden zu lassen.

Latein. Originalpapierbrief.

1567, 15. Juli, Weißenburg 3176

König Johann II. trägt dem Bistritzer Rat auf, den Richter mit drei angesehenen Bürgern auf den Landtag nach Weißenburg zu schicken.

Latein. Originalpapierbrief.

1567, 19. Juli, Sächsisch-Regen 3177

Der Rat von Regen legt dem Bistritzer Rat die Streitsache der Witwe nach Demetrius Rysler gegen Mathäus Rysler und Johann Sporer wegen einer Erbschaft zur Entscheidung vor.

Deutsch. Originalpapierbrief.

1567, 26. Juli, Kövár 3178

Blasius Bagotay, Provisor von Kövár, ersucht den Bistritzer Richter Gregor Daum, jene Leute aus dem Bistritzer Distrikt, bei welchen er Bauholz bestellt habe, zu verhalten, das Holz bis nach Bethlen zu führen.

Ungarisch. Originalpapierbrief.

1567, 29. Juli, Weißenburg 3179

Valentin Grodhnisky ladet den Bistritzer Rat zu seiner Hochzeit ein.

Latein. Originalpapierbrief.

1567, 5. August, Weißenburg 3180

König Johann II. trägt dem Bistritzer Rat auf, den Richter mit drei Geschworenen auf den Landtag nach Weißenburg zu schicken.

Latein. Originalpapierbrief.

1567, 10. August, Hermannstadt 3181

Der Rat von Hermannstadt übersendet dem Bistritzer Rat ein Schreiben, in dem eine Landtagssitzung auf den 8. September nach Weißenburg ausgeschrieben wird.

Deutsch. Originalpapierbrief.

1567, 12. August, Mogyoro 3182

Paul Banffy Lossonczy ladet den Bistritzer Rat zur Hochzeit von Anna, Tochter des Ladislaus Banffy, mit Paul Halabory ein.

Latein. Originalpapierbrief.

1567, 17. August, Bistritz 3183

Teilungsbrief über das Vermögen der Stiefkinder der Peter Bäerin.

Deutsch. Original. Papier.

1567, 19. August, Szucsawa 3184

Alexander, Woiwode der Moldau, ersucht den Bistritzer Rat, seinen armen Untertanen Thomas de Szalom und Ignath die denselben in Bistritz abgenommenen Viehstücke (ein Pferd, einen Ochsen, eine Kuh) zurückzugeben, damit dieselben ruhig in ihre Heimat zurückkehren könnten.

Latein. Originalpapierbrief.

1567, 20. August, Szucsawa   3185

Alexander, Woiwode der Moldau, ersucht den Bistritzer Rat, ihm den Chirurgen Andreas, wenn er die Salbe gegen Augenschmerzen fertig gemacht haben wird, nebst zwei tüchtigen Bierbrauern zuzuschicken.

Latein. Originalpapierbrief.

1567, 25. August, Weißenburg   3186

König Johann II. trägt dem Bistritzer Oberrichter auf, die Stadttore mit stärkerer Besatzung zu versehen, die umherstreichenden Spione der Deutschen scharf zu überwachen und ihm über jeden darauf bezüglichen Vorfall sofort zu berichten.

Latein. Originalpapierbrief.

1567, 29. August, Szucsawa   3187

Alexander, Woiwode der Moldau, ersucht den Bistritzer Rat, ihm das vom Chirurgus Andreas bereitete destillierte Wasser und zwei Bierbrauer zu schicken, die ihm Bier gegen guten Lohn brauen sollen.

Latein. Originalpapierbrief.

1567, 3. September, Tekendorf   3188

Der Rat von Tekendorf teilt dem Bistritzer Rat in der Sache des in Bistritz gefangen gehaltenen Zigeuners Laurenz mit, daß der Zigeuner Jakob dem Tekendorfer Franz Rodt ein Pferd für drei Gulden verkauft habe.

Latein. Originalpapierbrief.

1567, 12. September, Torda   3189

Der Rat von Torda ersucht den Bistritzer Rat, zu veranlassen, daß jener Bistritzer Bürger, welcher bei Gelegenheit der Anwesenheit des

Königs in Torda einen Sattel und einen Zügel mitgenommen hatte, diese Sachen sofort zurückschicke.
Latein. Originalpapierbrief.

1567, 13. September, Galacz 3190

Christoph Chyommay ersucht den Bistritzer Rat, ihm eine Abschrift des Urteils zuzusenden, welches der Rat gegen den Mörder eines Weißkirchers gefällt hat.
Latein. Originalpapierbrief.

1567, 14. September, Већs 3191

Horvath Kozma, Hofrichter von Већs, bittet den Bistritzer Richter Gregor Thimar, jenen Barbier, der sich bei Kinderkrankheiten am besten auskenne, sofort zu ihm zu schicken.
Ungarisch. Originalpapierbrief.

1567, 15. September, Mittelberg 3192

Der Rat von „Montemedio" übermittelt dem Bistritzer Rat ein Zeugenverhör in der Streitsache des Peter Meszaros aus Bistritz.
Ungarisch. Originalpapierbrief.

1567, 18. September, Szucsawa 3193

Alexander, Woiwode der Moldau, ersucht den Bistritzer Rat, seinen Abgesandten Christie Szwlicas und dessen Begleiter auf ihrer Reise zum ungarischen König mit den nötigen Pferden zu unterstützen.
Latein. Originalpapierbrief.

1567, 18. September, Groß-Schogen 3194

Horvath Lukach, Provisor von Sajo, verspricht dem Bistritzer Rat, den in Bistritz gefangen gehaltenen Sofalvaer, der einige Heidendorfer bestohlen, bei seiner nächsten Anwesenheit in Bistritz exemplarisch zu bestrafen.

Ungarisch. Originalpapierbrief.

1567, 22. September, Hermannstadt 3195

Der Rat von Hermannstadt ersucht den Bistritzer Rat, den Martinszins und den auf Bistritz entfallenden Teil an den 20.000 fl, die man auf dem letzten Weißenburger Landtag den Sachsen auferlegt hat, pünktlich einzuzahlen.

Deutsch. Originalpapierbrief.

1567, 7. Oktober, Weißenburg 3196

König Johann II. trägt dem Bistritzer Rat auf, den Türkenzins in Dukaten oder Talern binnen 15 Tagen einzuschicken.

Latein. Originalpapierbrief.

1567, 7. Oktober, Weißenburg 3197

König Johann II. trägt dem Hermannstädter Rat auf, die Einzahlung des Türkenzinses in Gold und Talern binnen 15 Tagen zu veranlassen.

Latein. Gleichzeitige Abschrift aus der Hermannstädter Kanzlei als Beilage zum Briefe vom 14. Oktober 1567.

1567, 9. Oktober, Sólyomkö 3198

Dionysius Karoly ladet den Bistritzer Rat auf die Hochzeit seiner Tochter Sofia Karoly mit Johann Wörös ein.

Ungarisch. Originalpapierbrief.

1567, 12. Oktober, Fráta　　　　　　　　　　　　　　　　3199

Gregorius Frathay lädt den Bistritzer Rat auf seine Hochzeit mit der Tochter des Michael Gyeroffi ein.

Ungarisch. Originalpapierbrief.

1567, 14. Oktober, Hermannstadt　　　　　　　　　　　　3200

Der Rat von Hermannstadt übersendet dem Bistritzer Rat das Schreiben vom 7. Oktober 1567 in Abschrift und ersucht um schleunige Einzahlung des in Weißenburg aufgeschlagenen Zinses.

Deutsch. Originalpapierbrief.

1567, 19. Oktober, Klausenburg　　　　　　　　　　　　　3201

Paul Wagner, Kürschner in Klausenburg, ersucht den Bistritzer Rat um eine Abschrift seiner Prozeßakten.

Deutsch. Originalpapierbrief.

1567, 19. Oktober, Bethlen　　　　　　　　　　　　　　　3202

Blasius Toldalagy, Provisor von Bethlen, ersucht den Bistritzer Richter, jene Ofenmacher zurückzuschicken, die neulich in Bethlen zwei Öfen schlecht gemacht haben, damit sie diese ausbessern.

Ungarisch. Originalpapierbrief.

1567, 22. Oktober, Hermannstadt　　　　　　　　　　　　3203

Simon Miles, Bürgermeister von Hermannstadt, bestätigt vom Bistritzer Rat durch Johann Groe und Urban Sarctor 3.171 Gulden Steuer erhalten zu haben.

Latein. Original. Papier.

1567, 22. Oktober, Weißenburg 3204

Thomas Krechmer und Lucas Pystaky ersuchen den Bistritzer Rat, ihnen die Prozeßschriften gegen Ambrosius Feyerwary sowie die Hermannstädter Landtagsartikel schleunigst zuzusenden und ihnen auch mitzuteilen, wie die Sache des Anton Ewtwes, Peter Nagy und Peter Deak noch stehe und ob sich diese verglichen haben.

Ungarisch. Originalpapierbrief.

1567, 27. Oktober, Weißenburg 3205

Caspar Bekes, Oberstkämmerer, gibt seinem Abgesandten Georg Aknay ein Beglaubigungsschreiben an den Bistritzer Rat mit.

Latein. Originalpapierbrief.

1567, 29. Oktober, Weißenburg 3206

Caspar Bekes de Kornyat lädt den Bistritzer Rat zu seiner Hochzeit mit Anna, der Tochter des Wolfgang Farkas de Harinna ein.

Latein. Originalpapierbrief, durch Motten beschädigt.

1567, 30. Oktober, Klausenburg 3207

Stefan Pechy ersucht den Bistritzer Rat erneut, dem Bistritzer Anton Ewthwes die Gold- und Silberausscheidung zu untersagen, da nur er allein vom König damit betraut worden sei.

Latein. Originalpapierbrief.

1567, 1. November, Weißenburg 3208

König Johann II. trägt Stefan und Georg Modra de Zenth Andras und Genossen auf, das Urteil der Kurie im Prozeß des Chereny gegen Ambrosius Feyerwary zu vollziehen, d. h. ersteren in den Besitz der ihm vom König geschenkten Wiese bei Simontelke einzuführen und Georg, den Sohn des Ambrosius Feyerwary, da inzwischen der letztere wegen

Treulosigkeit eingekerkert wurde, mit drei Mark Silbers schweren Gewichts zu bestrafen, da derselbe zu den wiederholt angekündigten Verhandlungsterminen nicht erschienen war.

Latein. Original. Papier, bestehend aus 2 ½ aneinandergeklebten Bogen.

1567, 3. November, Magyar-Kékes 3209

Der Rat von Magyar-Kékes teilt dem Bistritzer Rat ein Zeugenverhör in der Streitsache des Bistritzer Bürgers Peter Mészáros mit.

Ungarisch. Originalpapierbrief.

1567, 3. November, Harina 3210

Wolfgang Farkas de Harinna ladet den Bistritzer Rat zur Hochzeit seiner Tochter Anna mit Oberstkämmerer Caspar Bekes ein.

Latein. Originalpapierbrief.

1567, 7. November, Weißenburg 3211

König Johann II. hält das zu Gunsten der Bistritzer (vertreten durch Lucas Pysthaki) gegen Ambrosius Feyerwary gefällte Endurteil in allen Punkten aufrecht.

Latein. Original. Papier.

1567, 9. November, Hermannstadt 3212

Der Hermannstädter Rat ladet den Bistritzer Rat zur Sitzung der Sächsischen Nationsuniversität ein und ersucht um schleunige Einsendung des Martinszinses.

Latein. Originalpapierbrief.

1567, 12. November, Hermannstadt 3213

Simon Miles, Bürgermeister von Hermannstadt, benachrichtigt den

Bistritzer Richter Gregor Daum, daß die Hochzeit des Bekes vom Katharinalkonflux beschickt werden soll.

Deutsch. Originalpapierbrief.

1567, 24. November, Iassy 3214

Alexander, Woiwode der Moldau, ersucht den Bistritzer Rat, jene Leute aus dem Distrikt strenger zu bestrafen, die neulich einen Bediensteten der Mönche aus Humora und einen in seiner Begleitung befindlichen Zigeuner angefallen und ein Pferd und zwei Gulden geraubt haben.

Latein. Originalpapierbrief.

1567, 26. November, Hermannstadt 3215

Simon Miles, Bürgermeister von Hermannstadt, bestätigt, vom Bistritzer Rat 1521 fl 60 Den. Soldgeld erhalten zu haben.

Latein. Original. Papier.

1567, 26. November, Hermannstadt 3216

Simon Miles, Bürgermeister von Hermannstadt, bestätigt, vom Bistritzer Rat das Soldgeld für den 2. Monat mit 1.521 fl 60 Den. empfangen zu haben.

Latein. Original. Papier.

1567, 29. November, Marmaros-Sziget 3217

Die Adligen-Universität des Marmaroscher Komitates ersucht den Bistritzer Rat, die Telcser zu veranlassen, jene 50 Schafe, die sich neulich durch die Schuld der Telcser auf deren Gebiet zerstreut haben, aufzusuchen und den Besitzern in der Marmarosch zurückzugeben.

Latein. Originalpapierbrief.

1567, 29. November, Enyed 3218

Jakob Pokay, Hofmeister des Königs, teilt dem Bistritzer Richter mit, daß sich der König über das zugesandte Geschenk gefreut habe.
Ungarisch. Originalpapierbrief.

1567, 4. Dezember, Bistritz 3219

Stefan Puelacher bestätigt, alles Geschmeide, Gold und Silber, welches seine Mutter dem Leonhard Werner zur Aufbewahrung übergeben hatte, von Stefan Helner erhalten zu haben.
Deutsch. Original. Papier.

1567, 8. Dezember, Hermannstadt 3220

Simon Miles, Bürgermeister von Hermannstadt, bestätigt, vom Bistritzer Rat durch Caspar Budaky den Martinszins mit 2.200 fl erhalten zu haben.
Latein. Original. Papier.

1567, 9. Dezember, Weißenburg 3221

König Johann II. gestattet auf Bitten der Bistritzer, dem Anton Ewthweos aus Bistritz, alles Silber aus den auswärtigen Gruben von Nagy- und Felsö-Bánya frei kaufen und scheiden zu dürfen und zwar so, daß von jeder Mark geschiedenen Silbers 4 Piset sowie das ganze ausgeschiedene Gold der königlichen Kammer abzuführen sei und daß über diese Geschäfte unter Aufsicht eines Senators ein Register zu führen sei. Silber aus den inländischen (siebenbürgischen) Bergwerken zu scheiden, steht dagegen dem Genannten unter keiner Bedingung zu.
Latein. Original. Papier.

1567, 11. Dezember, Hermannstadt   3222

Der Rat von Hermannstadt fordert den Bistritzer Rat auf, seinen Anteil an dem 3.500 Gulden-Aufschlag schleunigst einzuzahlen.

Latein. Originalpapierbrief.

1567, 12. Dezember, Weißenburg   3223

König Johann II. gibt seinem Abgesandten Wolfgang Bornemizza ein Beglaubigungsschreiben an die Sächsische Nation mit.

Latein. Gleichzeitige Abschrift als Beilage zum Briefe des Hermannstädter Rates vom 12. Dezember 1567.

1567, 12. Dezember, Hermannstadt   3224

Der Rat von Hermannstadt übersendet dem Bistritzer Rat das Schreiben vom 12. Dezember 1567 in Abschrift zu und teilt mit, daß der Abgesandte des Königs die Sächsische Nation auffordere, 3000 Söldner ins Feld zu stellen und das Soldgeld dafür stets pünktlich bereit zu stellen, weil wieder Unruhen ausgebrochen seien.

Deutsch. Originalpapierbrief.

1567, 12. Dezember, Zselyk   3225

Peter Soos ersucht den Bistritzer Rat, das Zusammenleben des Petrus Barlady mit einer Frau nicht zu dulden, da ein derartiges Leben eine Schande für die ganze Gemeinde sei.

Latein. Originalpapierbrief.

1567, 13. Dezember, Keresd   3226

Ursula Kallay, Witwe nach Gregor Bethlen, lädt den Bistritzer Rat zur Hochzeit ihrer Tochter Klara Bethlen mit Wolfgang Banffy de Lossoncz ein.

Latein. Originalpapierbrief.

1567, 18. Dezember, Weißenburg 3227

König Johann II. trägt dem Bistritzer Rat auf, zu dem am 6. Januar kommenden Jahres in Torda abzuhaltenden Reichstag den Richter mit einem Geschworenen zu schicken.

Latein. Originalpapierbrief.

1567, 25. Dezember, Gyeke 3228

König Johann II. trägt über Bitten des Johann Kis, Vertreter des Georg Feyerwary, Elias und Johann Zekely und Genossen auf, dafür Sorge zu tragen, daß die Exekution im Sinne des gegen Ambrosius Feyerwary in seiner Streitsache gegen Thomas Syweges aus Minarken und Georg aus Budak gefällen Endurteils an Georg Feyerwary nicht vollzogen werde, sondern die ganze Streitsache von Neuem untersucht und entschieden werden soll.

Latein. Gleichzeitige Abschrift vom Ratsnotarius Math. Heinrici.

1567, 28. Dezember, Weißenburg 3229

G. Reynisch schreibt an den Bistritzer Rat in seiner Streitsache gegen Anton Goltschmidt.

Deutsch. Originalpapierbrief.

1567 3230

Jakob Eydner bezeugt, daß er sich mit seinem Stiefsohn Paul verrechnet und denselben in allen Ansprüchen befriedigt habe.

Deutsch. Gleichzeitige Abschrift. Papier.

1567, ... Oroszfája 3231

Blasius Bagothay ersucht den Bistritzer Rat, drei weitere Maurer auf zwei Wochen zu schicken.

Ungarisch. Originalpapierbrief.

Ez kewel költh orosfayan Ez mej nap Szentforo (?) 1567.

1567, Oroszfája   3232

Blasius Bagothay ersucht den Bistritzer Richter Gregor Daum ihm wenigstens zwei Maurer auf zwei Wochen zu senden; er werde sie gut entlohnen und auf eigene Kosten wieder nach Hause schicken.

Ungarisch. Originalpapierbrief. Das Tagesdatum heißt blos: pénteken.

1567   3233

Auf sechs Papierstreifen Quittungen über Steuerzahlungen der Bistritzer für Borgo und für Weißkirch.

Latein. Originalpapierbrief.

1568, 2. Januar, Deesch   3234

Martinus Literatus aus Lippa, Kämmerer von Deesch, teilt dem Bistritzer Rat mit, daß er bereit sei, dem königlichen Befehl gemäß den Bistritzern 4800 Salzsteine zu geben. Doch seien für das Behauen von 100 Salzsteinen 20 Denar und für jeden einzelnen Wagen 4 Denar zu erlegen.

Latein. Originalpapierbrief.

1568, 2. Januar, Rodna   3235

Martin Tott, Richter von Rodna, entschuldigt sich beim Bistritzer Richter, daß er in der Sache des Rodnaer Pfarrers wegen des schlechten Wetters nicht habe nach Bistritz kommen können, und spricht die Hoffnung aus, daß der Pfarrer bleiben werde.

Deutsch. Originalpapierbrief.

1568, 11. Januar, Torda   3236

Caspar Kyrschner und Martin Schneyder, Ratsgeschworene, teilen dem Bistritzer Richter mit, daß es ihnen gelungen sei, den königlichen Befehl zu erwirken, daß sich das Kriegsvolk nicht auf den Dörfern, sondern bloß in Torda, Klausenburg und Deesch aufhalte und nur auf eigene Kosten leben dürfe.

Deutsch. Originalpapierbrief.

1568, 12. Januar, Tekendorf 3237

Der Rat von Tekendorf ersucht den Bistritzer Richter Gregor Daum, den Vorzeiger des Briefes bei der Austragung seiner Streitsache zu unterstützen.

Latein. Originalpapierbrief.

1568, 14. Januar, Tövis 3238

Georg Pop, Bischof der Walachen, schreibt dem Bistritzer Rat in Angelegenheit der orthodoxen Pfarrer.

Ungarisch. Originalpapierbrief.

1568, 17. Januar, Hermannstadt 3239

Der Rat von Hermannstadt ersucht den Bistritzer Rat, den auf Bistritz entfallenden Teil der auf dem Tordaer Landtag den Sachsen auferlegten Steuer von 10.000 fl alsbald einzuzahlen.

Deutsch. Originalpapierbrief.

1568, 17. Januar, Sächsisch-Regen 3240

Der Rat von Regen bittet den Bistritzer Rat in folgender Sache um Rat: dem Kind eines Regener Bürgers wurde von anderen Kindern der Fuß gebrochen. Die Eltern dieser Kinder wurden zur Zahlung von 17 Gulden an den Vater des Kindes verurteilt. Nachdem dieselben aber kein Geld besitzen, wurde ihnen die Zahlung in Gütern aufgetragen. Damit ist aber der Vater des Geschädigten nicht zufrieden und will unter allen Umständen Geld haben.

Deutsch. Originalpapierbrief.

1568, 17. Januar, Sächsisch-Regen 3241

Der Rat von Regen ersucht den Bistritzer Rat, dem Überbringer des Briefes, einem armen Regener, in seiner Sache Recht zu verschaffen.

Deutsch. Originalpapierbrief.

1568, 22. Januar, Szeszárma 3242

Franz Lippay teilt dem Bistritzer Richter Gregor Daum mit, daß er wegen Hochwasser den Termin versäumen mußte, der in der Sache seiner von den Treppenern gefangenen Untertanen angesetzt war. Er bittet daher um einen neuen Verhandlungstermin.

Ungarisch. Originalpapierbrief.

1568, 28. Januar Deesch 3243

Horwath Johann, Kapitän, ersucht die Richter von Wermes und Zentgeorgh, ihm den auf seine Rechnung dort gekauften Hafer zuzuschicken.

Ungarisch. Originalpapierbrief.

1568, 2. Februar, Sächsisch-Regen 3244

Der Rat von Regen übersendet dem Bistritzer Rat die Zeugenaussage der Frau des Servatius Conradt, nach der Martin, der Pfarrer von Sankt-Georgen, dem Sohne seiner Frau 12 Gulden schuldig ist.

Deutsch. Originalpapierbrief.

1568, 3. Februar, Burg Székelytámad 3245

König Johann II. trägt dem Bistritzer Rat auf, jenen Menschen, den Wolfgang Farkas de Harina in Bistritz habe gefangen setzen lassen, sofort unter starker Bewachung zu ihm zu schicken.

Latein. Originalpapierbrief.

1568, 7. Februar, Hermannstadt 3246

Simon Miles, Bürgermeister von Hermannstadt, bittet den Bistritzer Rat, den Anteil am 10.000 Gulden-Aufschlag ohne Verzug einzusenden.

Latein. Originalpapierbrief.

1568, 8. Februar, Klausenburg 3247

Gabriel Kabos ladet den Bistritzer Rat zu seiner Hochzeit mit der Witwe nach Balthasar Valkay ein.

Ungarisch. Originalpapierbrief.

1568, 11. Februar, Hermannstadt 3248

Simon Miles, Bürgermeister von Hermannstadt, bestätigt, vom Bistritzer Rat durch den Geschworenen Michael Linczig 1.600 Gulden Steuer erhalten zu haben.

Latein. Original. Papier.

1568, 11. Februar, Klausenburg 3249

Laurenz Fylstich, Richter von Klausenburg, ersucht den Bistritzer Rat, dem Überbringer des Schreibens, Daniel Cheoffh, beim Sammeln von Zeugenaussagen bezüglich seiner Streitsache gegen Vinzenz Klokh aus Klausenburg behilflich zu sein.

Latein. Originalpapierbrief.

1568, 14. Februar, Huszt 3250

Franz Nyakazo ersucht den Bistritzer Richter Georg Thimar, die für das Haus des Königs notwendigen Dinge und einige Ochsen möglichst rasch einzukaufen und ihm zu schicken.

Ungarisch. Originalpapierbrief.

1568, 14. Februar, Szamos-Ujvár 3251

Petrus Literatus de Zentmihalyfalwa, Präfekt und Provisor von Ujvár, verspricht dem Bistritzer Rat, zum Aufbau der niedergebrannten Gemeinde (?) und der zerstörten Brücke das nötige Holz zu geben und auch sonstige Hilfe zu leisten.

Latein. Originalpapierbrief.

1568, 19. Februar, Szent-András 3252

Georg Modra und Caspar Kerezthwry berichten dem König, daß sie im Sinne des an sie gerichteten königlichen Schreibens, in welchem die Einstellung des Exekutionsverfahrens gegen Ambrosius Feyerwary anbefohlen wurde, sofort beim Bistritzer Rat die nötigen Schritte getan und den Bistritzer Richter vor die Kurie geladen zu haben.

Latein. Eingeschaltet von König Johann II. 31. Mai 1568. Original. Papier.

1568, 22. Februar, Görgény 3253

Johann Barany, Präfekt von Görgény, teilt dem Bistritzer Rat die Gründe mit, weshalb er den Walachen Johann Hozzw gefangen halte.

Latein. Originalpapierbrief.

1568, 25. Februar, Klausenburg 3254

Anton Wicey, Richter und der Rat von Klausenburg, übersenden dem Bistritzer Rat ein Zeugenverhör bezüglich des Pferdekaufs des Klausenburger Bürgers Benedikt Philep.

Latein, die Zeugenaussagen alle ungarisch. Originalpapierbrief.

1568, 26. Februar, Minarken 3255

Michael Inachi und Balthasar Zalay teilen dem König Johann II. mit, daß sie dem königlichen Auftrag folgend die Minarkner in den Besitz jenes Stück Landes wieder eingesetzt hätten, das sich Ambrosius Feyerwary angeeignet hatte. Als sie aber auch die gerichtliche Strafe von Georg Feyerwary, dem Sohn des Ambrosius, hätten eintreiben wollen, da hätte derselbe Protest dagegen eingelegt und sie hätten ihn daher binnen 15 Tagen vor die Kurie vorgeladen.

Ungarisch. Originalpapierbrief.

1568, 5. März, Iassy 3256

Alexander, Woiwode der Moldau, ersucht den Bistritzer Rat, den Andreas Chirurgus aus Bistritz schleunigst zu ihm zu schicken, da er schwer erkrankt sei.

Latein. Originalpapierbrief.

1568, 8. März, Tekendorf 3257

Georg Aknay ersucht den Bistritzer Richter, einen in Bistritz gefangen gesetzten Untertanen seines Herrn frei zu geben.

Ungarisch. Originalpapierbrief.

1568, 16.März, Weißenburg 3258

König Johann II. trägt dem Bistritzer Rat auf, den Landtag in Torda durch die Entsendung des Richters und eines Geschworenen zu beschicken.

Latein. Originalpapierbrief.

1568, 16. März, Iassy 3259

Bogdan, Woiwode der Moldau, schickt den von seinem Vater, dem Woiwoden Alexander nach Iassy berufenen Chirurgus Andreas mit großem Dank an den Bistritzer Rat zurück, weil er dessen Hilfe nicht mehr bedürfe, da sein Vater Alexander verschieden sei.

Latein. Originalpapierbrief.

1568, 27. März, Gyeke 3260

König Johann II. trägt Ungenannten bezüglich der Streitsache des Ambrosius Feyerwary gegen Stefan Cherenyi auf, den Letzteren vom Vollzug des gefällten Endurteils abzuhalten und ihm aufzutragen, binnen 35 Tagen vor dem Richterstuhl des Königs zu erscheinen, damit er ein neues Endurteil empfange.

Latein. Gleichzeitige Abschrift. Papier.

1568, 2. April, Sajó-Keresztur 3261

Caspar Kerezthwry und Stefan Modhra teilen dem König Johann II. mit, daß sie auf königlichen Befehl den Stefan Cherenyi in den Besitz der Wiese auf Simontelker Gebiet, welche ihm vom König geschenkt worden war, einsetzen wollten, daran aber von Georg Feyerwary gehindert worden seien, der eine schriftliche Eingabe eingereicht habe.

Ungarisch. Originalpapierbrief.

1568, 2. April, Ujvár 3262

Petrus Zentmyhalffalwy, Präfekt von Ujvár, ersucht den Bistritzer Richter, ihm auf königlichen Auftrag zwei tüchtige Steinmetze nach Tekendorf zu schicken, wohin er sich binnen kurzem begeben werde.

Latein. Originalpapierbrief.

1568, 9. April, Hermannstadt 3263

Simon Miles, Bürgermeister von Hermannstadt, beantwortet eine Anfrage des Bistritzer Rates, wie es mit solchen Leuten zu halten sei, die sich vom adligen Grund auf Königsboden niederlassen, da heiraten und dann von ihren alten Herren zurückgefordert würden. Es wird geraten, es in diesen Fällen wie in Hermannstadt zu halten, nämlich Niemand zu einem Handwerk oder zur Heirat zuzulassen, bevor er nicht nachgewiesen habe, daß er leibfrei sei.

Deutsch. Originalpapierbrief.

1568, 15. April, Klausenburg 3264

Nicolaus Kolb bittet den Bistritzer Rat, dem Adam Schuster eine Abschrift seiner Prozeßschrift zu geben.

Deutsch. Originalpapierbrief.

1568, 23. April, Magyoro 3265

Paul Banfy Lossonchy verspricht dem Bistritzer Rat, einen Dieb, falls er sich auf seinen Gütern befindet, sofort gefangen zu setzen und Nachricht zu geben.

Ungarisch. Originalpapierbrief, von Mäusen in zwei Teile zerfressen.

1568, 24. April, Gyeke 3266

Der Protonotär Magister Nicolaus de Wysselen bittete den Bistritzer Richter Gregor Thymar, ihm von Christoph Hagymasy aus Sajo ein Faß Wein zuführen zu lassen.

Latein. Originalpapierbrief.

1568, 8. Mai, Torda 3267

Lucas Pysthaky de Bongarth teilt dem Bistritzer Richter Gregor Daum mit, daß der König sich von Torda nach Weißenburg begeben werde und ersucht, das Bauholz zum Bau seines Hauses von Borgo nach Bongarth schaffen zu lassen und ihm noch etwas Geld zu schicken, da er für die Ausstellung eines Briefes sechs Gulden habe zahlen müssen.

Ungarisch. Originalpapierbrief.

1568, 9. Mai, Hermannstadt 3268

Der Rat von Hermannstadt fordert den Bistritzer Rat auf, den Anteil an der 20.000 Gulden-Steuer schleunigst einzusenden und zwei Abgeordnete auf den 21. Mai zum Conflux nach Hermannstadt zu schicken.

Deutsch. Originalpapierbrief.

1568, 18. Mai, Weißenburg 3269

König Johann II. trägt dem Bistritzer Rat auf, für den Bau der Ujvárer Burg sofort 300 Balken nach den Angaben des Petrus Zentmyhalfalwy fertig stellen und auf dem Szamos bis Deesch führen zu lassen.

Latein. Originalpapierbrief.

1568, 23. Mai, Iassy 3270

Bogdan, Woiwode der Moldau, dankt dem Bistritzer Rat für die ihm durch den Bistritzer Petrus Lanius überschickten Geschenke.

Latein. Originalpapierbrief.

1568, 30. Mai, Weißenburg 3271

König Johann II. entscheidet in der Streitsache des Stefan Cherenyi gegen Ambrosius Feyerwary wegen der auf Minarkner und Simontelker Gebiet liegenden Wiese (genannt Barátokréte = „Mönchswiese") derart, daß Ambrosius im Verlaufe eines Jahres sämtliche Urkunden und Beweise vorlegen müsse, welche dartun, daß jene Wiese sein Eigentum sei.

Latein. Original. Papier. Das Datum hieß anfangs dominico Rogationum, dann ist Rogationum durchgestrichen und dahinter Exaudi (im ersten Buchstaben ebenfalls korrigiert) geschrieben. Auf der Rückseite Bemerkungen über denselben Prozeß aus den Jahren 1575 und 1585.

1568, 30. Mai, Groß-Enyed 3272

Fabian Barassai, Richter und der Rat von Enyed, teilen dem Bistritzer Rat mit, daß Christof Lanius und die übrigen Erben nach Georg Lanius eine Schuldforderung von 35 Gulden an Tines Bidner habe.

Latein. Originalpapierbrief.

1568, 31. Mai, Weißenburg   3273

König Johann II. läßt auf Verlangen des Lucas Pystaky, Vertreter der Bistritzer, vom Bericht des Georg Modra und Caspar Kerezthwry vom 19. Februar 1568 eine beglaubigte Abschrift ausstellen.

Latein. Original. Papier.

1568, 7. Juni, Weißenburg   3274

König Johann II. beglaubigt seine Urkunde vom 16. Januar 1566, enthaltend das Urteil gegen Ambrosius Feyerwary in dessen Streitsache mit den Bistritzern wegen der Eibschen Wiese auf Minarkner Hattert.

Latein. Original. Papier, auf vier aneinander geklebten Papierbogen.

1568, 7. Juni, Erked   3275

Peter Bozzasy de Erked ersucht den Bistritzer Rat, den Zahlungstermin einer Geldsumme um wenigstens einen Monat zu verschieben.

Ungarisch. Originalpapierbrief. Auf der Rückseite steht die Bemerkung, daß der Rat den Zahlungstermin auf den 29. Juni festgesetzt habe.

1568, 9. Juni, Weißenburg   3276

König Johann II. überträgt die Hälfte des Zigeunerwoiwodates mit allen dazu gehörenden Einkünften, welche bisher Caspar Nagy innegehabt, dem Lazarus Lazar.

Latein. Gleichzeitige Abschrift vom Ratsnotarius Heinrici auf einem halben Bogen, vereinigt mit der Abschrift der Urkunde vom 22. Mai 1567.

1568, 13. Juni, Weißenburg   3277

König Johann II. fordert den Hermannstädter Bürgermeister Simon Miles auf, die gegenwärtige Steuer unverzüglich einzutreiben.

Latein. Gleichzeitige Abschrift aus der Hermannstädter Kanzlei als Beilage zum Briefe des Simon Miles vom 19. Juni 1568.

1568, 16. Juni, Sächsisch-Regen 3278

Der Rat von Regen legt dem Bistritzer Rat die appellierte Streitsache der Witwe nach Georg Bidtner gegen Adrian Schmith wegen eines Fuchspelzes zur Entscheidung vor.

Deutsch. Originalpapierbrief.

1568, 17. Juni, Weißenburg 3279

König Johann II. fordert den Hermannstädter Bürgermeister auf, den Tordaer Steueraufschlag sogleich einzutreiben und zuzuschicken.

Latein. Gleichzeitige Abschrift aus der Hermannstädter Kanzlei als Beilage zum Brief des Simon Miles vom 19. Juni 1568.

1568, 19. Juni, Hermannstadt 3280

Simon Miles, Bürgermeister von Hermannstadt, übersendet dem Bistritzer Rat die Schreiben vom 13. und 17. Juni in Abschrift und fordert sofortige Einzahlung der Steuer.

Deutsch. Originalpapierbrief.

1568, 22. Juni, Hermannstadt 3281

Der Rat von Hermannstadt ersucht den Bistritzer Rat, seinen Anteil an den vom Fürsten geforderten 8.000 fl schleunigst in Gold einzuzahlen.

Deutsch. Originalpapierbrief.

1568, 22. Juni, Wittenberg 3282

Paul Eberus, Pfarrer in Wittenberg, ersucht den Pfarrer Laurenzius in Barut, dem Vorzeiger des Briefes, einen Jüngling, der bereits vier Jahre die Wittenberger Akademie besucht habe, eine Stelle an der dortigen Schule zu verschaffen.

Latein. Originalpapierbrief.

1568, 23. Juni, Hermannstadt 3283

Simon Miles, Bürgermeister von Hermannstadt, bestätigt, vom Bistritzer Rat durch den Geschworenen Caspar Bwdeker an der 20.000-Gulden-Steuer 2.100 Gulden und 900 Taler erhalten zu haben.

Latein. Original. Papier.

1568, 8. Juli, Weißenburg 3284

König Johann II. trägt dem Bistritzer Rat auf, mehrere namentlich genannte Bergarbeiter aus Rodna sofort in die neuen Goldgruben bei Almas zu schicken, da deren Hilfe dort dringend benötigt wird.

Latein. Originalpapierbrief.

1568, 9. Juli, Hermannstadt 3285

Der Rat von Hermannstadt ersucht den Bistritzer Rat, an dem Zins so viele Dukaten als möglich einzuwechseln und sogleich zu übersenden.

Deutsch. Originalpapierbrief.

1568, 11. Juli, Većs 3286

Emerich Berczeny, Präfekt von Wecz, schickt den Johann Bornemyzza an den Bistritzer Rat mit dem Auftrage, jene Zigeuner nach Većs zurückzuführen, die aus Većs entlaufen waren und sich in den Bistritzer Distrikt begeben hatten.

Ungarisch. Originalpapierbrief.

1568, 12. Juli, Hermannstadt 3287

Der Rat von Hermannstadt ersucht, den auf Bistritz entfallenden Teil der auf dem letzten Landtag der Sächsischen Nation auferlegten Steuer von 30.000 fl alsbald und zwar, wenn möglich, in Dukaten einzuzahlen.

Deutsch. Originalpapierbrief.

1568, 21. Juni, Bethlen 3288

Christina Zereczen de Meztegnyw, Witwe nach Franz Pathoczy, teilt dem Bistritzer Rat mit, daß sie ihre Streitsache im Berufungswege dem Hermannstädter Rat vorlegen werde.

Latein. Originalpapierbrief.

1568, 23. Juli Egeres 3289

Michael Fazekas, Oberrichter in Egeres, übersendet dem Schäßburger Oberrichter ein Zeugenverhör in der Streitsache des Gregor Nyri aus Bistritz und Zabo Farkas aus Schäßburg.

Ungarisch. Originalpapierbrief.

1568, 25. Juli, Galacz 3290

Christof Thomay, Matheus Pestessy und Michael Thorok ersuchen den Bistritzer Richter Gregor Thymar, einen in Bistritz gefangen gesetzten Untertanen des Michael Thorok freizugeben.

Ungarisch. Originalpapierbrief, am rechten Rand durch Feuchtigkeit beschädigt.

1568, 26. Juni, Bistritz 3291

Michael Szekely und Georg Chiky bestätigen im Namen ihrer Herrn, der Zigeunerwoiwoden Franz Baladfy und Lazar Lazarus vom Bistritzer Rat den Zigeunerzins mit 8 fl erhalten zu haben.

Latein. Originalpapierbrief.

1568, 26. und 27. Juli, Bistritz 3292

Antonius und zwei andere Bistritzer Goldschmiede legen die Streitsache dem Rat zur Entscheidung vor, die zwischen ihnen und den übrigen

Mitgliedern der Goldschmiedezunft wegen Ankaufs von Silber von einem herumziehenden Goldschmiedgesellen ausgebrochen ist.

Deutsch. Original. Papier. Ohne Adresse und ohne Unterschrift. Auch das Datum ist von anderer Hand eingetragen.

1568, 29. Juli, Buza — 3293

Benedikt Bornemysza bittet den Bistritzer Rat, den Sankt-Georgern, Wermeschern und Lechnitzern zu erlauben, zu seinem in Buza zu erbauenden Hause Steine zuzuführen.

Ungarisch. Originalpapierbrief.

1568, 29. Juli, Körösfö — 3294

Johann Luka, Richter von Körösfö, teilt dem Schäßburger Rat ein Zeugenverhör in der Sache des Farkas und Gregor mit.

Ungarisch. Zwei Originalpapierbriefe.

1568, 2. August, Gyula — 3295

Michael de Gyula ersucht, seinem Untertan Ambrosius Fodor gegen Georg Lehas Recht zu verschaffen, weil das Pferd, welches der erstere vom letzteren gekauft hatte, aus Kövár gestohlen war.

Latein. Originalpapierbrief.

1568, 14. August, Fogarasch — 3296

Caspar Bekes ersucht den Bistritzer Rat, seinen Bediensteten Mathias Fyczor nicht zu behelligen. Etwaige Klagen gegen denselben seien im Rechtswege auszutragen.

Ungarisch. Originalpapierbrief.

1568, 15. August, Weißenburg　　　　　　　　　　3297

Caspar Bekes dankt dem Bistritzer Rat dafür, daß derselbe dem Benedikt Bornemysza Hilfe geleistet und bittet, ihm 100 Wagen auf zwei Tage beizustellen.

Ungarisch. Originalpapierbrief.

1568, 21. August, Folt　　　　　　　　　　3298

Katharina Erdeli, Witwe nach Georg Hamvaj ladet den Bistritzer Rat zur Hochzeit ihrer Tochter mit Franz Alard ein.

Ungarisch. Originalpapierbrief.

1568, 22. August, Weißenburg　　　　　　　　　　3299

König Johann II. trägt dem Bistritzer Rat auf, zum Aufbau einer Bastei in der Wardeiner Burg sofort zwei tüchtige Steinmetze mit vier Gesellen nach Großwardein zu schicken.

Latein. Originalpapierbrief.

1568, 25. August, Deesch　　　　　　　　　　3300

Der Rat von Deesch ersucht den Bistritzer Richter, dem Deescher Johann Kozma bei Auslösung eines Kleides beizustehen, das der Genannte wegen einer Schuld bei Andreas Budaky verpfändet hat.

Ungarisch. Originalpapierbrief.

1568, 25. August, Deesch　　　　　　　　　　3301

Der Rat von Deesch schickt in der Angelegenheit der Krämer und Kaufleute seinen Ratsgeschworenen Gregor Zekely als Abgesandten an den Bistritzer Rat.

Ungarisch. Originalpapierbrief.

1568, 26. August, Bongart 3302

Lucas Pysthaky de Bongarth gibt dem Bistritzer Richter Gregor Daum Ratschläge, wie in einer Streitsache vorzugehen ist.

Ungarisch. Originalpapierbrief.

1568, 29. August, Bistritz 3303

Caspar und Stefan Csereny, Horvat Kozma und Nicolaus Zalonkemeny Deak beglaubigen die Aussagen desPaul Zenney und der Witwe nach Leonhard Zewch über jene Gold- und Silbergegenstände, die einst Paul Zenney dem Leonhard Zewch zur Aufbewahrung übergeben hatte.

Ungarisch. Original. Papier.

1568, 29. August, Huszt 3304

Franz Nyakazo, Präfekt von Hwzth, ersucht den Stefan Literatus, Gatten der Witwe nach Leonardus Zewch, seinem Diener Andreas Literatus die Sachen zu übergeben, welche ihm (Stefan) zur Aufbewahrung übergeben worden waren.

Latein. Originalpapierbrief.

1568, 10. September, Tekendorf 3305

Der Rat von Tekendorf ersucht den Bistritzer Rat, die Tekendorfer Töpfer am Verkaufe ihrer Waren im Bistritzer Distrikt nicht zu hindern.

Latein. Originalpapierbrief.

1568, 11. September, Almás 3306

Martin Wayda, Kämmerer von Almas, ersucht den Bistritzer Richter Gregor Thymar, die namentlich bezeichneten Bergarbeiter aus Rodna nach Almas zu schicken, weil ihre Hilfe und Arbeit in den Almaser Gruben unbedingt erforderlich ist.

Ungarisch. Originalpapierbrief.

1568, 19. September, Hermannstadt　　　　　　　　　　　　　　　　3307

Der Rat von Hermannstadt ersucht den Bistritzer Rat, die Rückstände an der 10.000 Gulden-Steuer sogleich einzusenden und auch den Bescheid des Kanzlers wegen der Abgebrannten mitzuteilen.

Deutsch. Originalpapierbrief.

1568, 22. September, Klausenburg　　　　　　　　　　　　　　　　3308

Peter Kolosvary ersucht den Bistritzer Richter, jenen Klausenburger, der unter dem Verdacht eines Pferdediebstahls in Bistritz gefangen gehalten wird, freizugeben, weil derselbe jenes Pferd vom Deescher Balthasar gekauft hat.

Ungarisch. Originalpapierbrief.

1568, 23. September, Deesch　　　　　　　　　　　　　　　　　　3309

Der Rat von Deesch teilt dem Bistritzer Rat die Zeugenaussage der Gattin des Balthasar Kadar in der Streitsache des Benedikt Phylipp aus Klausenburg mit.

Latein. Originalpapierbrief.

1568, 28. September, Bistritz　　　　　　　　　　　　　　　　　3310

Das Bistritzer Kapitel teilt dem Bistritzer Rat die Zeugenaussage des Johann Teutsch in der Streitsache des Petrus Lanio gegen die Gattin des Jakob Timel mit.

Latein. Originalpapierbrief.

1568, 2. Oktober, Komlod　　　　　　　　　　　　　　　　　　　3311

Paul Senney ersucht die Frau des Stefan Heller, Barbara Kwklar in Bistritz, ihm von seinem Gelde durch Blasius Thar 100 Gulden zu schicken.

Ungarisch. Originalpapierbrief, von Mäusen beschädigt.

1568, 2. Oktober, Komlod   3312

Horwath Kozma ersucht den Stefan Heller in Bistritz, ihm mehrere Gegenstände einzukaufen; den Preis dafür werde er pünktlich einsenden.

Ungarisch. Originalpapierbrief.

1568, 4. Oktober, Hermannstadt   3313

Simon Miles, Bürgermeister von Hermannstadt, bestätigt, vom Bistritzer Rat durch Peter Mildt und Balthasar Sarctor 1.700 Gulden als Anteil der auf dem Tordaer Landtag den Sachsen auferlegten Steuer von 10.000 Gulden erhalten zu haben. In einem Nachtrag wird noch der Empfang von 100 Gulden bestätigt.

Latein. Original. Papier.

1568, 4. Oktober, Buza   3314

Benedikt Bornemyza wiederholt die schon von Caspar Bekes für ihn ausgesprochene Bitte, der Bistritzer Rat möge ihm hundert Wagen auf zwei Tage zur Verfügung stellen, damit gemetzte Steine zum Hausbau nach Buza geschafft würden.

Ungarisch. Originalpapierbrief.

1568, 19. Oktober, Hermannstadt   3315

Der Rat von Hermannstadt ersucht den Bistritzer Rat, den Martinszins und die Rückstände vom vorigen Zins schleunigst zu übersenden.

Latein. Originalpapierbrief.

1568, 19. Oktober, Marmaros-Sziget   3316

Johann Donka de Sajo, Vicecomes, und die vier Adligen-Richter der

Marmarosch schreiben an den Bistritzer Rat in Angelegenheit des Streites zwischen den Einwohnern von Szerbwl und Szelyste.

Ungarisch. Originalpapierbrief, von Feuchtigkeit stark beschädigt.

1568, 25. Oktober, Sächsisch-Regen 3317

Lucas Crainik ersucht den Bistritzer Rat, bei dem Neubau der Regener Brücke über den Maros Hilfe zu leisten.

Latein. Originalpapierbrief.

1568, vor dem 26. Oktober, Görgény 3318

Daniel Desy de Warfalwa, Provisor von Görgeny, ersucht den Bistritzer Richter Gregor Daum, das zum Bau der Maroschbrücke bei Sächsisch-Regen nötige, von Lucas Crainik gewünschte Eisen demselben verabfolgen zu lassen.

Latein. Originalpapierbrief. Das Datum heißt: ex arce Görgen ante festum demetri Anno 1568.

1568, 28. Oktober, Torda 3319

Der Protonotarius Magister Nicolaus de Wisselen ersucht den Bistritzer Rat, ihm 6000 Schindeln zu schicken.

Latein. Originalpapierbrief.

1568, 28. Oktober, Torda 3320

Lucas Pysthaky de Bongarth ersucht den Bistritzer Richter Bauholz, Bretter, Latten und Schindeln nach Bongarth schaffen zu lassen, damit der Hausbau rüstig fortschreite; auch bittet er, ihn nicht ohne Nachricht zu lassen.

Ungarisch. Originalpapierbrief.

1568, 29. Oktober, Krakau　　　　　　　　　　　　　　　　3321

Jürgen Khum, Panzermacher, verwendet sich bei dem Bistritzer Rat für Peter Netsch in dessen Streitsache gegen Anton Goltschmidt.
Deutsch. Originalpapierbrief.

1568, 31. Oktober, Debrezin　　　　　　　　　　　　　　　　3322

Der Rat von Debrezin teilt dem Bistritzer Rat die Zeugenaussage des Gabriel Zabo in der Streitsache des Johannes Pesty mit.
Latein. Originalpapierbrief.

1568, 2. November, Mühlbach　　　　　　　　　　　　　　　3323

Petrus Kleynn, Königsrichter von Mühlbach, ersucht den Bistritzer Rat, den Vorzeiger des Briefes in seinen Nachforschungen unterstützen zu wollen, ob sich das dem Simon Gassner aus Kelling gestohlene Pferd nicht in Bistritz befinde.
Deutsch. Originalpapierbrief.

1568, 5. November, Hermannstadt　　　　　　　　　　　　　3324

Der Rat von Hermannstadt ladet den Bistritzer Rat zur ordentlichen Katharinalsitzung der Sächsischen Universität ein.
Latein. Originalpapierbrief.

1568, 10. November, Deesch　　　　　　　　　　　　　　　　3325

Der Rat von Deesch ersucht den Bistritzer Rat, den Ambrosius Keotelwereo zu verhalten, jene Sachen, die ihm Gregorius Literatus in Kriegszeiten zur Aufbewahrung übergeben hatte, an die Erben des mittlerweile verstorbenen Gregor Literatus auszufolgen.
Latein. Originalpapierbrief.

1568, 12. November, Torda 3326

König Johann II. trägt dem Hermannstädter Rat auf, den Martinszins unverzüglich zu übersenden.

Latein. Original. Papier. Eingeschaltet vom Hermannstädter Rat 17. November 1568.

1568, 15. November, Lublin 3327

Der Rat von Lublin bestätigt, daß Petrus Korich den Johann Gassner, genannt Churek, aus Nösen bevollmächtigt habe, für ihn eine Schuld von 180 polnischen Gulden von Peter Armbruster aus Kronstadt einzutreiben.

Latein. Original. Papier.

1568, 15. November, Großwardein 3328

Meister Martin Maurer und Lörentz Maurer bitten den Bistritzer Rat zu veranlassen, daß man sie auch, wie die übrigen Maurer, nach Hause ziehen lasse.

Deutsch. Originalpapierbrief.

1568, 17. November, Hermannstadt 3329

Der Rat von Hermannstadt schickt Abschrift des königlichen Briefes vom 12. November 1568 und ersucht um schleunige Zahlung des Martinszinses.

Latein. Originalpapierbrief.

1568, 18. November, Torda 3330

König Johann II. gibt seinem Abgesandten Petrus Literatus Zentmihalifalwy ein Beglaubigungsschreiben an den Bistritzer Rat mit.

Latein. Originalpapierbrief.

1568, 19. November, Iassy 3331

Bodgan, Woiwode der Moldau, teilt dem Bistritzer Rat mit, daß die Sache der Leute aus Vama, weil sie sich noch zur Zeit der Regierung seines Vaters ereignet habe, als vergessen und beigelegt zu betrachten sei. Er sei aber nicht im Stande, den Bistritzern das Recht der Fischerei im Dorna-Fluß und die Nutznießung einer Wiese bei Dorna zu gestatten.

Latein. Originalpapierbrief.

1568, 23. November, Iassy 3332

Bogdan, Woiwode der Moldau, ersucht den Bistritzer Rat, das dem Andreka und Iuon aus Borczevt weggenommene Vieh, denselben zurückzugeben, da beide seine Untertanen und rechtschaffene Leute seien.

Latein. Originalpapierbrief.

1568, 26. November, Torda 3333

König Johann II. trägt dem Bistritzer Rat auf, ihm das bei Anton Evthves befindliche Silber mit allem übrigen etwa noch der königlichen Kammer gehörenden Silber sofort nach Weißenburg zu schicken.

Latein. Originalpapierbrief.

1568, 26. November, Borzás 3334

Blasius Bagothay ersucht den Bistritzer Richter, den Anton Ewthws anzuhalten, daß er auf den Weizen des Bagothay Acht habe und sich nichts davon in Anrechnung seiner Forderung aneigne.

Ungarisch. Originalpapierbrief, durch Feuchtigkeit beschädigt. Das Datum heißt: Borzason iratot zent Katalin azzon masod napyan 1568.

1568, 27. November, Torda 3335

König Johann II. trägt den Bistritzer Bürgern Laurencius, Thomas

Krechymer, Thomas Zewch und Martin Dipsay auf, den Bistritzer Rat oder dessen gesetzmäßigen Vertreter vor den Richterstuhl des Königs zu laden, damit sie sich wegen der ungerechtfertigten und ungesetzlichen Gefangensetzung und Gefangenhaltung des Klausenburger Bürgers Samuel Literatus verantworten.

Latein. Original. Papier. Es liegt eine gleichzeitige Abschrift bei.

1568, 3. Dezember, Rodna 3336

Laurentius Wendler bittet den Bistritzer Rat dahin zu wirken, daß ihn seine Gemeinde so unterstütze, daß er nicht Hunger leiden müsse. Mit 35 Talern jährlich könne er nicht auskommen, wohl aber, wenn er wenigstens einen Taler auf die Woche erhalte.

Latein. Originalpapierbrief.

1568, 6. Dezember, Hermannstadt 3337

Simon Miles, Bürgermeister von Hermannstadt, bestätigt, von den Bistritzern den Martinszins mit 2.200 fl erhalten zu haben.

Latein. Original. Papier.

1568, 6. Dezember, Hermannstadt 3338

Gregor Coy, Einwohner von Hermannstadt, bestätigt, vom Bistritzer Rat 5 fl 25 Den. als jährlichen Zins für das Haus der Bistritzer in Hermannstadt erhalten zu haben.

Deutsch. Original. Papier.

1568, 22. Dezember, Marmaros-Sziget 3339

Johann Donka de Sajo, Vicecomes und die Adligen-Universität der Marmarosch schreiben an den Bistritzer Rat in Angelegenheit eines strittigen Stück Landes an der Grenze.

Ungarisch. Originalpapierbrief.

1568, nach dem 25. Dezember, Leutschau 3340

Peter Stenczel teilt dem Bistritzer Richter mit, daß er den Orgelbauer nach Bistritz geschickt habe und empfiehlt denselben als einen tüchtigen Meister.

Ungarisch. Originalpapierbrief.

1568, 28. Dezember, Kereszturfalva 3341

Blasius Chakany ladet den Bistritzer Rat zu seiner Hochzeit mit der Tochter Georg Bethlens ein.

Latein. Originalpapierbrief.

1568, 29. Dezember, Mittelberg 3342

Der Rat von Mediomonte ersucht den Bistritzer Rat, dem armen Insassen Benedek, der früher Diener bei Peter Mészaros war, beizustehen, daß er von seinem früheren Dienstherrn den noch schuldigen Lohn von 8 fl erhalte.

Ungarisch. Originalpapierbrief.

1568, Weißenburg 3343

Wolfgang Bornemyzza ersucht den Bistritzer Richter, seinen Diener Nicolaus Eossy, den er in die Marmarosch sende, über das Gebirge geleiten zu lassen.

Ungarisch. Originalpapierbrief.

1568, Körösfö 3344

Johann Luka, Richter von Körösfö, bezeugt, daß Georg Phwlöp aus Klausenburg das Pferd nicht gestohlen, sondern vor Zeugen um sieben Gulden von Balthasar Kadar aus Deesch gekauft hat.

Ungarisch. Originalpapierbrief.

1569, 2. Januar, Weißenburg   3345

König Johann II. bestätigt, dem Bistritzer Rat den Bistritzer Zwanzigsten für 70 ungarische Goldgulden verpachtet zu haben und für das laufende Jahr – da die Bistritzer die genannte Münzsorte nicht besassen – 108 Gulden 50 Den. erhalten zu haben, wobei ein ungarischer Goldgulden gleich 1 fl 55 Den. gerechnet wurde.

Latein. Original. Papier, beiliegend zwei Abschriften aus dem 17. und 18. Jahrhundert.

1569, 6. Januar, Weißenburg   3346

König Johann II. trägt dem Bistritzer Rat auf, den am 2. Februar in Mediasch zusammentretenden Landtag durch Entsendung des Richters und zweier Ratsherren zu beschicken.

Latein. Originalpapierbrief.

1569, 7. Januar, Weißenburg   3347

König Johann II. teilt dem Bistritzer Rat mit, daß er dem Christof Hagymassy befohlen habe, seine Truppen sofort aus dem Bistritzer Distrikt zurückzuziehen, da er durchaus nicht wolle, daß die Bistritzer durch den Unterhalt der Truppen weiter geschädigt würden.

Latein. Originalpapierbrief.

1569, 12. Januar, Iassy   3348

Bogdan, Woiwode der Moldau, ladet den Bistritzer Rat zur Hochzeit seiner Schwester mit einem vornehmen Bojaren ein.

Latein. Originalpapierbrief.

1569, 12. Januar, Hermannstadt   3349

Simon Miles, Bürgermeister von Hermannstadt, erteilt den Bistritzern

Ratschläge, wie sie es mit der verlangten Zufuhr von Steinen halten sollen.
Deutsch. Originalpapierbrief.

1569, 17. Januar, Hunyad 3350

Christoph Hagymas de Beregzo bittet den Bistritzer Richter Gregor Daum, einen Mann hinauszusenden, der mit ihm zusammen den Schaden untersuchen soll, welchen seine Untertanen angerichtet haben.
Ungarisch. Originalpapierbrief.

1569, 19. Januar, Deesch 3351

Gabriel Kabos, Graf der Innerszolnoker Gespanschaft und der ganze Rat derselben ersuchen den Bistritzer Richter Gregor Daum, die ihnen durch den Notar Nicolaus Serenyi aus Deesch geleisteten großen Dienste auch entsprechend zu belohnen.
Latein. Originalpapierbrief.

1569, 20. Januar, Iassy 3352

Bogdan, Woiwode der Moldau, ersucht den Bistritzer Rat, seinen Untertanen Johann und Andreas aus Borczest die ihnen abgenommenen Viehstücke zurückzugeben, da sie diese auf ehrliche Weise in der Moldau durch Kauf erworben haben und daß sie nicht gewußt haben, daß Petrus Bompa, mit dem sie in Verbindung gestanden haben, ein Dieb sei.
Latein. Originalpapierbrief.

1569, 21. Januar, Iassy 3353

Bogdan, Woiwode der Moldau, ersucht den Bistritzer Rat, mit seinen Untertanen gnädig zu verfahren und dem Andreka und Johann das weggenommene Vieh zurückzugeben, dem Petrus aber, der unter der Anklage des Diebstahls stehe, möge der Rat sein eigenes Vieh wegnehmen.
Latein. Originalpapierbrief.

1569, 22. Januar, Groß-Schogen 3354

Horwath Lukacz, Verwalter von Nagy-Sajo, ersucht den Bistritzer Richter Gregor Dombi einen Mann nach Zent-Ivan zu schicken, der den Schaden aufnehmen soll, den die Leute seines Herrn verursacht haben.

Ungarisch.

1569, 22. Januar, Görgény 3355

Daniel Deesy de Warfalwa, Provisor von Görgény, ladet den Bistritzer Rat zur Hochzeit seiner Tochter ein und teilt mit, daß Lazarus, der Generalkapitän Maximilians, die Burg Zygeth erobert habe.

Latein. Originalpapierbrief.

1569, 3. Februar, Szamos-Ujvár 3356

Petrus Zentmihalffalwy, Präfekt von Ujvár, ermahnt den Bistritzer Richter Gregor Timar, mit der vom König den Bistritzern aufgetragenen Steinzufuhr zum Bau der Burg in Ujvár zu beginnen und vorläufig die Steine des zerstörten Schlosses in Zent-Ivan zuführen zu lassen.

Latein. Originalpapierbrief.

1569, 3. Februar, Bogeschdorf 3357

Paul Valtenn teilt dem Bistritzer Bürger Georg Byirttalmernn mit, daß jenes Pferd an den Füßen lahm sei, welches dieser dem Jakob als fehlerfrei zum Kaufe angeboten und auf eine Probezeit von 8 Tagen übergeben habe.

Deutsch. Originalpapierbrief.

1569, 5. Februar, Hermannstadt 3358

Der Rat von Hermannstadt ersucht den Bistritzer Rat, die Witwe nach Jakob Holztreger zu ermahnen, das Vermögen ihres Mannes nicht zu

verschleudern, da derselbe für den Fall ihres Ablebens seine Schwester als Erbin eingesetzt habe.
Deutsch. Originalpapierbrief.

1569, 5. Februar, Retteg — 3359

Simon Iely, Provisor von Chichio, ladet den Bistritzer Richter Gregor Thimar zu seiner Hochzeit ein.
Ungarisch. Originalpapierbrief.

1569, 6. Februar, Mediasch — 3360

Der Protonotar Paul Zygethy ladet den Bistritzer Rat zu seiner Hochzeit mit der Tochter des Mathias Literatus Sarpathaky de Poczthelke ein.
Latein. Originalpapierbrief.

1569, 7. Februar, Mediasch — 3361

König Johann II. beauftragt den Andreas Nagy und Genossen, vom Bistritzer Rat die Auslieferung der vor einiger Zeit dem Christof Hagymassy entlaufenen Untertanen Gregor Mattyas aus Burghalle, Laurenz Zabados aus Sajo und Peter Feyr aus Berlad, welche sich im Bistritzer Distrikt angesiedelt und dort auch geheiratet haben, zu verlangen und dieselben ihrem früheren Herrn zurückzustellen.
Latein. Gleichzeitige Abschrift vom Ratsnotarius M. Heinrici.

1569, 8. Februar, Czege — 3362

Georg Was de Czege ladet den Bistritzer Rat zu seiner Hochzeit mit der Tochter des Nicolaus Erdeli de Somkerek ein.
Latein. Originalpapierbrief.

1569, 9. Februar, Hermannstadt 3363

Mathias Ponczler und Petrus Lwtsch, Richter von Hermannstadt, übersenden dem Bistritzer Rat ein Zeugenverhör in der Sache des Georg Gasner.

Deutsch. Originalpapierbrief.

1569, 10. Februar, Szamos-Ujvár 3364

Petrus Zentmihalfalwi bestätigt, daß Georg Zigiarto aus dem Bistritzer Distrikt Steine zum Bau der „neuen Burg" zugeführt habe.

Latein. Original. Papier.

1569, 14. Februar, Hermannstadt 3365

Der Rat von Hermannstadt ersucht den Bistritzer Rat, den Anteil an der 18.000-Gulden-Steuer und den Rückstand an Dukaten aus dem vorigen Jahre unverzüglich einzuschicken.

Deutsch. Originalpapierbrief.

1569, 16. Februar, Weißenburg 3366

König Johann II. trägt dem Bistritzer Rat auf, einen Maurer mit zwei Gesellen nach Szamos-Ujvár zu schicken, damit er einige verfallene Befestigungen herstelle.

Latein. Originalpapierbrief.

1569, 22. Februar, Bethlen 3367

Wolfgang Bornemyzza de Kapolna teilt dem Bistritzer Richter Gregor Tymar mit, daß er es für gut halte, wenn die Sache zwischen den beiden Zigeunern so beigelegt würde, daß sie sich miteinander verglichen.

Ungarisch. Originalpapierbrief.

1569, 2. März, Hermannstadt 3368

Der Rat von Hermannstadt fordert den Bistritzer Rat im Auftrag des Kanzlers auf, seinen Anteil an der Hälfte des letzten Aufschlages unverzüglich zu zahlen.

Latein. Originalpapierbrief.

1569, 4. März, Weißenburg 3369

König Johann II. trägt dem Hermannstädter Rat auf, die 10.000 Gulden-Steuer sogleich einheben und abführen zu lassen.

Latein. Gleichzeitige Abschrift aus der Hermannstädter Kanzlei als Beilage zum Briefe des Hermannstädter Rates vom 5. März 1569.

1569, 5. März, Hermannstadt 3370

Der Rat von Hermannstadt übersendet dem Bistritzer Rat eine Abschrift des Briefes vom 4. März und fordert unverzügliche Einsendung der fälligen Zinssumme.

Deutsch. Originalpapierbrief.

1569, 15. März, Hermannstadt 3371

Der Rat von Hermannstadt ersucht den Bistritzer Rat, die „Landzehrung" samt dem Zins alsbald einzuzahlen.

Deutsch. Originalpapierbrief.

1569, 20. März, Weißenburg 3372

König Johann II. teilt dem Bistritzer Rat mit, daß er dem Peter Netchy de Englspurg, Erasmus Aichler, Georg Kwn und Franz Miller aus Krakau das Recht eingeräumt habe, innerhalb zweier Jahre überall im Lande, besonders aber in Rodna neue Silbergruben anzulegen und Bergbau auf Silber zu betreiben und zwar so, daß sie für das reine, vom Gold befreite Silber überall zu verkaufen und auch nach Polen abzuführen das Recht haben, das sämtliche Gold aber der königlichen Kammer abliefern müssen; er gebietet dem Rat, durch beeidete Männer die Silbergewinnung und Goldausscheidung überwachen zu lassen und darüber ein genaues Verzeichnis führen zu lassen, das dem König regelmäßig mit Bericht vorgelegt werden soll.

Latein. Originalpapierbrief.

1569, 1. April, Hermannstadt   3373

Der Rat von Hermannstadt ladet den Bistritzer Richter mit zwei Geschworenen auf den 17. April zum Conflux ein, und ersucht auch die Steuerrückstände mitzubringen.

Deutsch. Originalpapierbrief.

1569, 5. April, Marmaros-Sziget   3374

Johann Donka, Vicecomes und die Richter des Marmaroscher Komitates legen die Streitsache zwischen fünf Marmaroscher Adligen und Peter Lanius aus Bistritz, als Vertreter des Bistritzer Rates, welcher jene fünf Adligen beschuldigt, den Szerbwly aus Telcs mißhandelt und ihm 327 Fische, Wagen etc. abgenommen zu haben, über Berufung des Lanius dem König zur Entscheidung vor.

Ungarisch, Eingang und Schluß lateinisch. Gleichzeitige Abschrift. Papier.

1569, 8. April, Hermannstadt   3375

Simon Miles, Bürgermeister von Hermannstadt, bestätigt, vom Bistritzer Rat an dem Mediascher 18.000 Gulden-Aufschlag 880 Gulden erhalten zu haben.

Latein. Original. Papier.

1569, 8. April, Hermannstadt   3376

Simon Miles, Bürgermeister von Hermannstadt, bestätigt, vom Bistritzer Rat 675 Gulden Steuer erhalten zu haben.

Latein. Original. Papier.

1569, 13. April, Aus der Burg Székelytámad 3377

Michael Telegdi ersucht den Bistritzer Richter, gegen den Bistritzer Markus Keotelwereo einzuschreiten, der einige von einem Diener des Königs zur Aufbewahrung erhaltene Gegenstände nicht zurückgeben will. Die Angelegenheit möge sofort erledigt werden.

Ungarisch. Originalpapierbrief.

1569, 22. April Schäßburg 3378

Gregor Scherer aus Bistritz bestätigt, in allen seinen Forderungen von Wolf Schneyder aus Schäßburg befriedigt worden zu sein.

Deutsch. Originalpapierbrief.

1569, 25. April, Iassy 3379

Bohdanus, Woiwode der Moldau, ersucht den Bistritzer Rat, dem Theodor aus Vama zu seinem Recht zu verhelfen, da das Pferd, welches als gestohlen bezeichnet wurde, auf rechtliche Weise von einem Moldauer gekauft worden sei.

Latein. Originalpapierbrief.

1569, 28. April, Weißenburg 3380

König Johann II. bestätigt auf Bitten des Stefan Thereok, Richter und des Gregor Zewcz, Ratsgeschworener von Deesch, die Urkunde des Königs Mathias vom 9. Oktober 1489 (Nr. 346), nach welcher zur Abhaltung von Messen dem Deescher Pfarrer 1000, dem Deescher Schulrektor jährlich 400 Salzsteine aus der königlichen Salzgrube geschenkt werden, doch nicht zur Abhaltung von Messen, die den wahren evangelischen Glauben beeinträchtigen, sondern zum frommen Gebrauch des Deescher Predigers und Schullehrers.

Latein. Original. Papier, von Mäusen und durch Feuchtigkeit sehr stark beschädigt.

1569, 29. April, Hermannstadt   3381

Simon Miles, Bürgermeister von Hermannstadt, bestätigt, vom Bistritzer Rat 224 fl 50 Den. Steuer erhalten zu haben.

Latein. Originalpapierbrief.

1569, 29. April, Hermannstadt   3382

Wrban Welzer ersucht den Bistritzer Richter, den Falten Goldschmitt im Sinne des gerichtlichen Urteils zur Herausgabe des Silbers zu zwingen.

Deutsch. Originalpapierbrief.

1569, 1. Mai, Gyalu   3383

Ladislaus Aaraklyany, Hofrichter in Gyalu, teilt dem Bistritzer Rat mit, daß er auf Befehl des Chyaky 10 Zentner Salpeter und einen Zentner Schwefel nach Bistritz schicke und bittet, über den Empfang der Sendung zu berichten.

Ungarisch. Originalpapierbrief.

1569, 8. Mai, Retteg   3384

Petrus Zentmihalfalwi, Präfekt von Szamos-Ujvár, ersucht den Bistritzer Rat, zum Ausbau der Befestigungswerke auf 200 Wagen Steine zuführen zu lassen.

Latein. Originalpapierbrief.

1569, 17. Mai, Weißenburg   3385

König Johann II. schickt dem Bistritzer Rat durch den Magister Jacobus Lotus ein Musikinstrument (Regale) mit dem Auftrag es herstellen zu lassen.

Latein. Originalpapierbrief.

1569, 17. Mai, Hermannstadt   3386

Der Rat von Hermannstadt fordert den Bistritzer Rat auf, zwei Ratsherren zur Revision der Hattertgrenzen von Heltau zu entsenden und denselben auch die Zinsrückstände mitzugeben.

Deutsch. Originalpapierbrief.

1569, 19. Mai, Szamos-Ujvár   3387

P(etrus) Z(entmyhalfallwy) bestätigt, daß die Bistritzer Bausteine nach Ujvár geführt haben.

Ungarisch. Original. Papier.

1569, 23. Mai, Sárvár   3388

Caspar Chereny, Graf des Tordaer Komitates, ladet den Bistritzer Rat zur Hochzeit seiner Tochter mit Thomas Keresztwry ein.

Ungarisch. Originalpapierbrief.

1569, 27. Mai, Weißenburg   3389

König Johann II. trägt dem Bistritzer Rat auf, im Distrikt Falken einfangen zu lassen und ihm zu schicken, damit er sie dem Sultan übersenden könne.

Latein. Originalpapierbrief.

1569, 29. Mai, Weißenburg   3390

König Johann II. trägt dem Bistritzer Rat auf, sofort einen Steinmetz zum Bau der Befestigungen an der Großwardeiner Burg zu entsenden und ihm dessen Namen mitzuteilen.

Latein. Originalpapierbrief.

1569, 29. Mai, Hermannstadt 3391

Simon Miles, Bürgermeister von Hermannstadt, bestätigt, vom Bistritzer Rat 2.275 fl 50 Den. Anteil an dem Geld erhalten zu haben, um welches die Goldkammer der Sächsischen Nation verpachtet wurde.

Latein. Original. Papier.

1569, 31. Mai, Weißenburg 3392

König Johann II. trägt dem Bistritzer Rat auf, den am 24. Juni in Torda tagenden Landtag durch Entsendung zweier Ratsherren zu beschicken.

Latein. Originalpapierbrief.

1569, 1. Juni, Iklod 3393

Katharina Bonichit, Witwe nach Leonard Erdeli ladet den Bistritzer Rat zur Hochzeit ihrer Tochter mit Alexander Kendi ein.

Ungarisch. Originalpapierbrief.

1569, 4. Juni, Wien 3394

Ladislaus Stauff teilt dem Michael Conradus in Wittenberg, gebürtig aus Keisd in Siebenbürgen mit, wie die Sache mit dem abgeschickten Geld steht, und daß er Schritte unternommen habe, jenes Geld alsbald an seine Adresse abzuliefern.

Latein. Originalpapierbrief.

1569, 16. Juni, Torda 3395

König Johann II. trägt dem Bistritzer Rat auf, sofort in Stadt und Distrikt Bistritz bekannt zu geben, daß die Einfuhr von Quecksilber und Zinnober aus dem Ausland verboten sei, da beide Stoffe zur Genüge von den siebenbürgischen Bergwerken erzeugt werden.

Latein. Originalpapierbrief.

1569, 2. Juli, Torda 3396

Simon Miles, Bürgermeister von Hermannstadt, bestätigt, vom Bistritzer Rat 1.500 fl an dem 26.000 Gulden-Pacht für die Goldkammer durch die Sächsische Nation erhalten zu haben.

Latein. Original. Papier.

1569, 7. Juli, Hermannstadt 3397

Der Rat von Hermannstadt fordert schleunige Einzahlung des Anteils an der in Torda auferlegten 18.000 Gulden-Steuer.

Deutsch. Originalpapierbrief.

1569, 9. Juli, Sächsisch-Regen 3398

Bürgermeister Stefan Milner und der Rat von Regen legen dem Bistritzer Rat die berufene Streitsache zwischen Martin Schmidt und seiner Schwiegermutter Agnes zur Entscheidung vor.

Deutsch. Originalpapierbrief.

1569, 19. Juli, Mediasch 3399

Der Rat von Mediasch antwortet dem Bistritzer Rat, nach vorher eingeholten Informationen beim Hermannstädter Bürgermeister, in Angelegenheit der Beschlüsse des letzten Landtages, wonach jene Handwerker, die mit Leder arbeiten, von Martini an ihre Waren nach der neuen Limitation verkaufen und daß der Zins fortan in Gold eingezahlt werden müsse.

Deutsch. Originalpapierbrief.

1569, 21. Juli 3400

Johann Wajda, Zigeuner des Wolfgang Bornemizza de Kapolna bezeugt, vom Bistritzer Banco wegen der Tötung seines Bruders in allen seinen Ansprüchen befriedigt worden zu sein.

Latein. Original. Papier.

1569, 2. August, Deesch   3401

Stefan Theoreok, Richter und der Rat von Deesch ersuchen den Bistritzer Rat, den Andreas Budaky zur Zahlung von 17 Gulden an den Deescher Valentin Kowach im Sinne eines gerichtlichen Urteils anzuhalten.

Latein. Originalpapierbrief.

1569, 4. August, Hermannstadt   3402

Der Rat von Hermannstadt fordert den Bistritzer Rat auf, den Anteil am 18.000-Gulden-Aufschlag in Dukaten schleunigst einzuzahlen, weil es der König so befohlen habe.

Deutsch. Originalpapierbrief.

1569, 7. August, Sajo   3403

Johann Donka de Sajo, Vicecomes der Marmarosch, bittet den Bistritzer Richter Gregor Daum, dem armen Mann aus Visso bei der Wiedererlangung seiner verloren gegangenen Schafe behilflich zu sein, von denen er in Borgo eine Spur gefunden zu haben glaubt.

Ungarisch. Originalpapierbrief.

1569, 8. August, Hermannstadt   3404

Der Rat von Hermannstadt fordert mit Nachdruck den Bistritzer Rat auf, seinen Anteil am 18.000-Gulden-Anschlag bis zum 15. August in Dukaten einzuzahlen.

Deutsch. Originalpapierbrief.

1569, 9. August, Deesch   3405

Der Rat von Deesch ersucht den Bistritzer Rat, die Quälereien in Zukunft zu verhindern, welcher die Deescher Töpfer beim Verkauf ihrer

Waren auf Jahrmärkten in der Stadt Bistritz und in den Distriktsdörfern besonders bei der Zuweisung der Standplätze ausgesetzt sind.
Latein. Originalpapierbrief.

1569, 16. August, Weißenburg   3406

König Johann II. gibt seinem Abgesandten Stefan Kemeny ein Beglaubigungsschreiben an den Bistritzer Rat mit.
Latein. Originalpapierbrief.

1569, 16. August, Bistritz   3407

Georg Cziki und Johann Zegedi bekennen im Namen ihrer Herrn, der Zigeunerwoiwoden Franz Baladfy und Lazarus Lazar vom Bistritzer Rat den Zigeunerzins mit 8 fl empfangen zu haben.
Latein. Original. Papier.

1569, 18. August, Weißenburg   3408

König Johann II. trägt dem Bistritzer Rat auf, sofort zwei Steinmetze und zwei Maurer nach Weißenburg zu schicken, damit er sie zu den Befestigungsarbeiten der Burg nach Großwardein absende.
Latein. Originalpapierbrief.

1569, 20. August, Hermannstadt   3409

Simon Miles, Bürgermeister von Hermannstadt, teilt mit, daß er die übersandten 1000 Dukaten erhalten habe und die Quittung demnächst ausstellen werde. Ein Nachlaß vom Zins sei bisher nur für die Abgebrannten in Baierdorf und Klein-Bistritz bewilligt worden.
Deutsch. Originalpapierbrief.

1569, 21. August, Szentmihálytelke   3410

Sebastian Erdeli benachrichtigt den Bistritzer Rat von seiner Genesung und bittet für sein Geld möglichst bald 2000 Schindeln und etwa 400 Latten zu kaufen. In einer Nachschrift auf der Rückseite wird gebeten, den Heidendorfer Iosa anzuhalten, das Geld für die Schafe endlich zu zahlen.

Ungarisch. Originalpapierbrief.

1569, 24. August, Sajo   3411

Johann Donka, Vicecomes der Marmarosch teilt dem Bistritzer Richter Gregor Dawon Mehreres über verübte Missetaten eines Walachen mit.

Ungarisch. Originalpapierbrief.

1569, 25. August, Deesch   3412

Stefan Theoreok, Richter und der Rat von Deesch ersuchen den Bistritzer Rat, den Deescher Töpfern die alten Jahrmarktsplätze wieder einzuräumen, damit diese Leute nicht zu Schaden kämen.

Latein. Originalpapierbrief.

1569, 30. August, Sächsisch-Regen   3413

Bürgermeister Stefan Milner und der Rat von Regen, legen dem Bistritzer Rat die berufene Streitsache des Lucas Artz gegen Lucas Floschner wegen eines Ackerlandes zur Entscheidung vor.

Deutsch. Original. Papier.

1569, 30. August, Groß-Schogen   3414

Horwath Lukacs, Verwalter von Nagy-Sajo bittet den Bistritzer Richter Gregor Dombi die Auslieferung des ihm entlaufenen Müllers, die

Rückkehr der Steinarbeiter und den Ersatz des ihm zugefügten Schadens zu veranlassen.

Ungarisch. Originalpapierbrief.

1569, 6. September, Hermannstadt 3415

Simon Miles, Bürgermeister von Hermannstadt, bestätigt, vom 18.000 Gulden-Aufschlag, der in Torda den Sachsen auferlegt war, den Bistritzer Teil mit 2.700 fl erhalten zu haben. Für die Abgebrannten in Baierdorf waren 120 fl, für die in Klein-Bistritz 60 fl abgerechnet worden.

Latein. Original. Papier.

1569, 6. September, Hermannstadt 3416

Simon Miles, Bürgermeister von Hermannstadt, verständigt den Bistritzer Rat, daß er durch dessen Diener Tompahazy 1.200 Gulden und 1.000 Dukaten Steuer erhalten habe, nachdem mehrere Beträge an diesen Summen verrechnet worden seien.

Deutsch. Originalpapierbrief.

1569, 9. September, Kronstadt 3417

Der Rat von Kronstadt ersucht den Bistritzer Rat, den Kronstädter Georg Mülner, der sein Weib und fünf kleine Kinder verlassen und sich erst in die Moldau und dann nach Bistritz gewendet habe, zur Rückkehr zu seiner darbenden Familie zu zwingen.

Deutsch. Originalpapierbrief.

1569, 11. September, Groß-Schogen 3418

Lucas Horwath ersucht den Bistritzer Rat, gegen jenen Bistritzer Namens Zakaryas einzuschreiten, der einem Sajoer Untertanen, dem Müller Leorynch, beim Entlaufen und Verlassen seiner Dienstverpflichtungen behilflich war.

Ungarisch. Originalpapierbrief.

1569, 11. September, Bongart   3419

Lucas Pisthaki teilt dem Bistritzer Richter Gregor Daum mit, daß sie jetzt nicht zum „Itelömester" (Gerichtsmeister) gehen könnten, da derselbe nicht zu Hause sei. Er dürfte erst in einigen Tagen zurückkehren.

Ungarisch. Originalpapierbrief.

1569, 14. September, Klausenburg   3420

König Johann II. trägt dem Bistritzer Richter Gregor Daum auf, unverzüglich nach Klausenburg zu kommen, da er nach Ungarn reise und bis zu seiner Rückkunft die Leitung der Verwaltung dem Kanzler Chyaky nebst einem aus den Richtern der Städte gebildeten Ratskollegium übertragen habe.

Latein. Originalpapierbrief.

1569, 14. September, Klausenburg   3421

König Johann II. trägt dem Rat der Gemeinde Lechnitz auf, in dem Prozeß des Klausenburgers Johann Gont gegen die Lechnitzer Simon Mezaros und Martin Gereb ein gerechtes Urteil zu fällen und die damit unzufriedene Partei an den König zu weisen.

Latein. Gleichzeitige Abschrift. Papier.

1569, 18. September, Hermannstadt   3422

Bartholomaeus Süßmilch, Organist, teilt dem Bistritzer Rat mit, daß er geneigt sei, unter den mitgeteilten Bedingungen die Stelle eines Organisten in Bistritz anzunehmen.

Deutsch. Originalpapierbrief.

1569, 30. September, Hermannstadt   3423

Bartholomaeus Süßmilch, Organist, dankt dem Bistritzer Richter

Gregor Dawm für die Aufnahme in den städtischen Dienst und verspricht nach vollendeter Arbeit in Mediasch nach Bistritz zu kommen.

Deutsch. Originalpapierbrief.

1569, 2. Oktober, Klausenburg 3424

Gregor Daum, Richter von Bistritz, teilt dem Bistritzer Rat mit, daß der Kanzler den Peter Netsch selbst verhören und von diesem Vorsatz nicht lassen will. Er bittet, ihm Klage und Antwort beider Parteien klar mitzuteilen.

Deutsch. Originalpapierbrief.

1569, 3. Oktober, Klausenburg 3425

Kanzler Michael Chyaki trägt dem Bistritzer Rat auf, den unter dem Verdacht des Diebstahls von königlichem Silber gefangen gesetzten Peter Netscher unter guter Bewachung nach Klausenburg führen zu lassen, damit er dort verhört werde.

Latein. Originalpapierbrief.

1569, 4. Oktober, Großwardein 3426

Caspar Bekes gibt seinem Boten Anton Nagy ein Beglaubigungsschreiben an den Bistritzer Rat mit.

Latein. Originalpapierbrief.

1569, 8. Oktober 3427

Gregor Daum, Richter von Bistritz, meldet dem Rat, daß die Sache des Peter Netsch gegen den „Herrn Antoni" vom Kanzler und den königlichen Räten dem Bistritzer Rat zur Entscheidung abgetreten worden sei. Als Neuigkeit wird gemeldet, daß die Disputation in Großwardein ihren Fortgang nehme und daß der „Herr Franz überredet ist worden".

Deutsch. Originalpapierbrief.

1569, 10. Oktober, Görgény 3428

Georgius Aknai, Provisor von Görgény, ersucht den Bistritzer Richter, die Streitsache des Lazar Lukacs wegen zwei gestohlener Ochsen in Szász-Regen untersuchen zu lassen.

Ungarisch. Originalpapierbrief.

1569, 10. Oktober, Apanagyfalu 3429

Ambrosius Varga, provisor curiae und Petrus Literatus, procurator, ersuchen den Bistritzer Richter Gregor, den Schaden zu vergüten, den die Bistritzer den Untertanen ihres Herrn Franz Apaffi zugefügt haben. Den Schaden, den die Bistritzer erlitten, werde Apaffi nach seiner Rückkehr ebenfalls begleichen.

Latein. Originalpapierbrief.

1569, 12. Oktober, Klausenburg 3430

Der Statthalter Michael Chyaki teilt dem Bistritzer Rat mit, daß von den zum Bau eines Festungswerkes in Großwardein bestimmten Steinmetzen drei heimlich entflohen seien. Er beauftragt den Rat, diese drei Steinmetze, falls sie sich in den Bistritzer Distrikt begeben sollten, sofort in Begleitung eines vierten Steinmetzes nach Großwardein zurückzuschicken.

Latein. Originalpapierbrief.

1569, 13. Oktober, Torda 3431

G. Reynisch ersucht den Bistritzer Rat, den Bistritzer Bürger Anton Goltschmidt anzuhalten, daß er mit der Übernahme des ihm rechtlich zugesprochenen Grubenanteils des Peter Netsch so lange warte, bis er selbst nach Rodna kommen werde, damit er selbst die Interessen seines „Herrn Prinzipals" vertreten könne.

Deutsch. Originalpapierbrief.

1569, 14. Oktober, Rodna 3432

Michael Drumer, Richter von Rodna, übersendet dem Bistritzer Rat ein Zeugenverhör in der Streitsache des Peter Netsch und des Antonius.

Deutsch. Originalpapierbrief, durch Feuchtigkeit beschädigt.

1569, 15. Oktober, Bistritz 3433

König Johann II. trägt dem Bistritzer Rat auf, die Streitsache der Bürger Johann Zabo und Laurenz Zabo wegen eines Hauses auf dem Hauptplatz von neuem zu untersuchen und zu entscheiden.

Latein. Originalpapierbrief.

1569, 20. Oktober, Sächsisch-Sankt-Georgen 3434

Michael Lynczik, Bistritzer Ratsgeschworener, teilt dem Richter Caspar Kirsner mit, daß er dem Lucas Pisthaky die Sache wegen des Peter Netsch und wegen des Scherleng Andreas angezeigt habe. Dieser habe auch sofort in einem Brief an den Rat seine Ansicht über diese beiden Streitfälle mitgeteilt.

Deutsch. Originalpapierbrief.

1569, 21. Oktober, St. Georgen 3435

Lucas Pisthaki de Bongárth teilt dem Bistritzer Rat mit, daß Peter Neths appellieren wolle, doch werde ihm die Appellation gar nichts nützen. Gegen Andreas Serlinghi gerichtlich vorzugehen, sei nicht der Mühe wert.

Ungarisch. Originalpapierbrief.

1569, 23. Oktober, Klausenburg 3436

Gregor Daum, Richter von Bistritz, teilt dem Rat mit, daß er den Ungarn aus Borsa nach Bistritz schicke. Der Rat möge mit ihm wegen seines Schadens verhandeln und mit etwas abfinden.

Deutsch. Originalpapierbrief.

1569, 23. Oktober, Rodna 3437

Michael Drumer, Richter von Rodna, bittet den Bistritzer Rat, zu gestatten, daß die ganze Gemeinde Rodna für Peter Nesch Bürgschaft leiste, damit dessen Sache mit dem „Herrn Antoni" ein gutes Ende nehme.

Deutsch. Originalpapierbrief.

1569, 24. Oktober, Huszt 3438

Franz Nyakazo empfiehlt einen Marmaroscher, der nach Bistritz kommt, dem Schutz des Bistritzer Richters Gregor Daum.

Ungarisch. Originalpapierbrief.

1569, 24. Oktober, Klausenburg 3439

Gregor Daum, Richter von Bistritz, meldet, daß er auf Befehl des Kanzlers nach Thorenburg vor seine Majestät gehen soll, und daß die Disputation begonnen habe.

Deutsch. Originalpapierbrief.

1569, 25. Oktober, Klausenburg 3440

Gregor Daum, Richter von Bistritz, ersucht den Rat, dem Prokurator in Torda einen Ratsgeschworenen beizugeben. Die Disputation solle zum Tage Albrecht beginnen.

Deutsch. Originalpapierbrief.

1569, 28. Oktober, Hermannstadt 3441

Der Rat von Hermannstadt fordert den Bistritzer Rat auf, im Sinne des Befehls des Königs nach dem aus der Burg Székelytámat entsprungenen Deutschen, einem Tischler Namens Johann Nemes im Distrikte nachforschen zu lassen und im Falle seiner Habhaftwerdung ihn sofort dem König zuzuschicken. Auch zur Zahlung des Martinszinses wird gemahnt.

Latein. Originalpapierbrief.

1569, 31. Oktober, Görgény 3442

Georg Aknay, Provisor von Görgény, ersucht den Bistritzer Rat, den armen, zu Schaden gekommenen Untertanen zu entschädigen.

Ungarisch. Originalpapierbrief.

1569, 3. November, Torda 3443

König Johann II. trägt dem Bistritzer Rat auf, das durch Johann Raynisser nach Bistritz gebrachte Quecksilber sofort über das Gebirge schaffen zu lassen.

Latein. Originalpapierbrief, von Mäusen beschädigt.

1569, 4. November, Bethlen 3444

Franz Kazony, Provisor von Bethlen, bittet den Richter Gregor Daum, seinem Untertanen Peter Kowacz bei der Wiedererlangung seines ihm vor einiger Zeit gestohlenen und in Bistritz bei Bonaventura Szwcz vorgefundenen Pferdes, behilflich zu sein.

Ungarisch. Originalpapierbrief.

1569, 8. November, Schäßburg 3445

Andreas Hegesch, Königsrichter, und Johann Bidner, Stuhlrichter von Schäßburg, übersenden dem Bistritzer Rat die Zeugenaussage des Bartosch Sattler und mehrere Schriften in der Streitsache des Wolfgang Schneider aus Schäßburg gegen Gregor Scherer aus Bistritz.

Deutsch. Originalpapierbrief.

1569, 10. November, Hermannstadt   3446

Der Rat von Hermannstadt ladet den Bistritzer Richter mit zwei Senatoren zum Conflux ein und ersucht, die Quittungen des laufenden Jahres und andere zur Verhandlung notwendige Schriften mitzubringen.

Latein. Originalpapierbrief.

1569, 11. November   3447

Wolf Vüremleger ersucht den Bistritzer Richter Gregor Daum, ihm zu seinem Recht zu verhelfen.

Deutsch. Originalpapierbrief.

1569, 14. November, Mihálczfalva   3448

Wolfgang Bornemyzza ersucht den Bistritzer Richter Gregor, allen Schaden, den die Bistritzer von Seite des Horwath Lukach und der Leute des Hagymassy erlitten haben, in ein Register aufzunehmen und bei Gelegenheit der nächsten Landtagssitzung dem König zu unterbreiten.

Ungarisch. Originalpapierbrief.

1569, 14. November, Buza   3449

Benedikt Bornemyza ersucht den Bistritzer Rat, ihn nun, da die Feldarbeiten beendet seien, in der Steinzufuhr mit einigen Wagen unterstützen zu lassen.

Ungarisch. Originalpapierbrief.

1569, 22. November, Weißenburg   3450

Caspar Bekes de Kornyat gibt seinem Abgesandten Mathias Fyczyor ein Beglaubigungsschreiben an den Bistritzer Rat mit.

Latein. Originalpapierbrief.

1569, 22. November, Bistritz 3451

Joachim Teitsch, Bistritzer Pfarrer und stellvertretender Dechant, sowie das Bistritzer Kapitel übersenden dem Rat die Zeugenaussage des ehrwürdigen Balthasar Decani in der Streitsache des Emerich Martin gegen Mathias, Buchhändler aus Wittenberg.

Latein. Originalpapierbrief.

1569, 22. November, Bonczhida 3452

Michael de Gywla ersucht den Bistritzer Richter Gregor Thymar, auf seine Rechnung Ziegeln zu kaufen, seinem Boten, dem Richter von Füzkut, zu übergeben und zwei Wagen beizustellen, welche diese Ziegeln nach Füzkut führen sollen.

Latein. Originalpapierbrief.

1569, 1. Dezember, Hermannstadt 3453

Caspar Kirsner und Michael Lynczik, Bistritzer Ratsgeschworene, teilen dem Rat mit, daß sie das Begehren des Bekes dem Hermannstädter Bürgermeister mitgeteilt haben und daß dieser geantwortet habe, von Seite der Universität müsse diesem Begehren Rechnung getragen werden.

Deutsch. Originalpapierbrief.

1569, 2. Dezember, Hermannstadt 3454

Simon Miles, Bürgermeister von Hermannstadt, bestätigt vom Bistritzer Rat 2.179 Gulden 69 Den. als Martinszins für das laufende Jahr erhalten zu haben.

Latein. Original. Papier.

1569, 6. Dezember, Weißenburg 3455

König Johann II. beruft den Bistritzer Richter und einen Ratsgeschworenen auf den Landtag, der am 1. Januar in Mediasch abgehalten werden soll.

Latein. Originalpapierbrief, von Mäusen beschädigt.

1569, 12. Dezember, Deesch 3456

Nicolauas Seryeny aus Deesch dankt dem Bistritzer Richter Gregor Dawm für das übersendete Geschenk von drei Talern.

Latein. Originalpapierbrief.

1569, 14. Dezember, Klausenburg 3457

G. Reynisch ersucht den Bistritzer Rat, dem Bistr. Bürger Anton Goltschmidt ernstlich zu untersagen, sich bei Hütte und Bergwerk in Rodna Eingriffe in das Eigentum seines (Reynischs) Herrn Prinzipals zu erlauben, bis er nicht selbst in Rodna die Angelegenheit ordnen werde.

Deutsch. Originalpapierbrief.

1569, 16. Dezember, Hermannstadt 3458

Der Rat von Hermannstadt fragt beim Bistritzer Rat an, ob die Hochzeit des Valentin Töreck nicht lieber von der Gesamtuniversität beschickt werden soll, und teilt zum Schluß Universitätsartikel betreffend mutwillige Prozeßführer und die Ordnung bei appellierten Prozessen mit.

Deutsch. Originalpapierbrief.

1569, 21. Dezember, Hermannstadt 3459

Augustin Hedwigk, substitutierter Bürgermeister von Hermannstadt, bittet den Bistritzer Rat, dem Überbringer des Briefes, Stefan Lau aus Hermannstadt, in seinen Geschäften behilflich zu sein.

Deutsch. Originalpapierbrief.

1569, 21. Dezember, Szentmihálytelke   3460

Sebastian Erdely macht seinem Freund Johann Thewrewk Vorwürfe, daß er so schlecht an ihm gehandelt habe.

Ungarisch. Originalpapierbrief.

1569, 24. Dezember, Szentmihálytelke   3461

Sebastian Erdely teilt dem Bistritzer Rat mit, daß der König ihm aufgetragen habe, sofort zu Hofe zu kommen und bittet daher, ihm sofort einen Wagen mit sechs Pferden und zwei Reiter zu schicken, damit er alsbald nach Vásárhely reisen könne.

Latein. Originalpapierbrief.

1569, 29. Dezember, Groß-Schogen   3462

Christoph Hagymas de Beregzo gibt seinem Abgesandten Georg Kereztury ein Beglaubigungsschreiben an den Bistritzer Rat mit.

Latein. Originalpapierbrief.

1569, Sonntag, Buza   3463

Benedikt Bornemyzza ersucht den Bistritzer Richter, den Bierbrauer zu zwingen, entweder das schlechte Bier zurückzunehmen und dafür gutes zu brauen, oder das dafür erhaltene Geld sogleich zurückzuzahlen.

Ungarisch. Originalpapierbrief.

1569, Sajo   3464

Johann Donka, Vicecomes, bittet den Bistritzer Richter, den gefangen gesetzten Adligen frei zu geben, da derselbe unschuldig sei.

Ungarisch. Originalpapierbrief.

1569, Kronstadt 3465

Jakob Kyrsch aus Kronstadt bittet den Bistritzer Rat, dem Verlangen des Florian Gosching nicht nachzugeben, der das von Peter Polner hinterlassene Vermögen von Clemens Polner fordert, vielmehr dieses Geld auf dem Hause des Clemens zu belassen, da es den Enkeln des Erblassers rechtmäßig zukommt.

Deutsch. Originalpapierbrief.

1569 3466

Georg Bartos fleht den Bistritzer Richter an, mit seinen Söhnen barmherzig zu verfahren und sich auch beim Rat für sie zu verwenden.

Ungarisch. Originalpapierbrief.

1569 3467

Auf vier Papierstreifen Quittungen über Steuerzahlungen der Bistritzer für Borgo und für Weißkirch.

Latein und Ungarisch. Original. Papier.

1570, 1. Januar, Schäßburg 3468

Bartholomaeus Sadler bittet den Bistritzer Richter, seinen Sohn, der in Geschäften nach Bistritz kommt, mit Rat und Tat zu unterstützen.

Latein. Originalpapierbrief.

1570, 3. Januar, Bistritz 3469

Nicolaus de Galacz und Benedikt Fyge bestätigen, daß sie zur Beerdigung des Mathaeus Pesthessy de Galatz vom Bistritzer Richter Gregor Tymar 25 fl geliehen, wofür sie einen silbernen Helm zum Pfand gegeben haben.

Latein. Original. Papier.

1570, 3. Januar, Mediasch 3470

Caspar Zewch, Richter und Petrus Lanius, Ratsgeschworener von Bistritz, ersuchen den Rat, dem Wunsch des Paul Chyaky und der Frau des Franz Patochy zu willfahren und jene Weißkircher, welche von dem gefangenen Pferdedieb Pferde gekauft haben, hinzuschicken, damit er durch ihre Aussagen überführt werde. Auf beiliegendem Zettel wird ersucht, auf den jetzt heimkehrenden Wallendorfer Namens Tamas Acht zu haben, da er ebenfalls im Diebstahlsverdacht steht.

Ungarisch. Originalpapierbrief.

1570, 5. Januar, Mediasch 3471

Caspar Zewch, Richter und Peter Mezaros, Ratsgeschworener von Bistritz, ersuchen den Rat, jenen Mann, der durch Wegnahme eines Pferdes geschädigt wurde, nach Mediasch zu schicken, ferner jenen Dieb nach Recht zu bestrafen, der bei Paul Chyaky und der Frau des Franz Patocky Pferdediebstähle verübt hatte.

Ungarisch. Originalpapierbrief.

1570, 6. Januar, Mediasch 3472

Kanzler Michael Chyaky ladet den Bistritzer Rat zur Hochzeit der Tochter des Emerich Chyaky de Kereztzeg mit Gabriel Chyaky ein.

Latein. Originalpapierbrief.

1570, 6. Januar, Bonyha 3473

Christina Zerechien, Witwe nach Franz Pathocy, teilt dem Bistritzer Rat mit, daß sie einen Pferdedieb gefangen habe und bittet, alle, welche von demselben Pferde gekauft, am Gerichtstage hinzuschicken, damit durch deren Aussagen der Dieb überführt werde.

Ungarisch. Originalpapierbrief.

1570, 11. Januar, Mediasch 3474

König Johann II. bestätigt, daß er dem Bistritzer Rat den Bistritzer Zwanzigsten für 70 Goldgulden verpachtet und an Stelle dieser 70 Goldgulden 108 fl 50 Den. erhalten habe.

Latein. Original. Papier.

1570, 11. Januar, Hermannstadt 3475

Der Rat von Hermannstadt ersucht, die Steuer alsbald eintreiben und abschicken zu lassen. Er fragt an, ob der Rat auf die Hochzeit des Gabriel Chyaky gehen oder bloß Geschenke senden wolle.

Deutsch. Originalpapierbrief.

1570, 14. Januar, Lechnitz 3476

Der Rat von Lechnitz entscheidet die drei Streitsachen des Klausenburgers Johann Gont gegen Caspar Zeckel, gegen Stefan Han und gegen Martin Grebio und Simon Lanius.

Latein. Original. Papier. Die Jahreszahl ist nicht genannt, geht aber aus dem Inhalt und aus der Vergleichung mit der Urkunde des Königs vom 14. Sept. 1569 hervor.

1570, 15. Januar, Harina 3477

Wolfgang Farkas de Harinna bittet den Bistritzer Richter Caspar, seinem Untertanen Adam Doleator zum Besitz der Habe seiner in Bistritz verstorbenen Schwester zu verhelfen.

Latein. Originalpapierbrief.

1570, 17. Januar, Mezö-Ujlak 3478

Georg Thar, Richter in Ujlak, ersucht den Bistritzer Richter Gregor Thimar, einer Magd aus Ujlak behilflich zu sein, ihre Schuldforderungen für geleistete Dienste von verschiedenen Bistritzern eintreiben zu dürfen.

Ungarisch. Originalpapierbrief.

1570, 20. Januar, Klausenburg 3479

Koloman Nyrew, Oberrichter und Laurenz Fylstich, Königsrichter von Klausenburg, bitten den Bistritzer Rat, dem Klausenburger Johann Pictor bei der Regelung seiner Angelegenheiten in Bistritz zu helfen.

Latein. Originalpapierbrief.

1570, 23. Januar, Weißenburg 3480

Caspar Bekes de Kornyat gibt seinem Abgesandten Peter Nagy ein Beglaubigungsschreiben an den Bistritzer Rat mit.

Latein. Originalpapierbrief.

1570, 25. Januar, Groß-Schogen 3481

Christoph Hagymas de Beregzo gibt seinem Abgesandten Lucas Czewy ein Beglaubigungsschreiben an den Bistritzer Rat mit.

Latein. Originalpapierbrief.

1570, 1. Februar, Huszt 3482

Franz Nyakazo teilt dem Bistritzer Rat mit, daß er einige seiner Leute nach Bistritz schicke, die mehrere Geräte hinausführen sollen.

Ungarisch. Originalpapierbrief.

1570, 8. Februar, Huszt 3483

Franz Nyakazo, Präfekt und Comes der Marmarosch, ersucht den

Bistritzer Rat, ihm zwei Zentner Wachs und für zwei Gulden Baumöl zu kaufen.

    Ungarisch. Originalpapierbrief. Auf der Rückseite steht die Bitte, auch einen Fisch zu kaufen.

1570, 10. Februar, Apanagyfalu   **3484**

    Das Inner-Szolnoker-Komitatsamt ersucht den Bistritzer Rat, den in Bistritz gefangen gesetzten Orban als einen Dieb und Räuber zu bestrafen.

    Ungarisch. Originalpapierbrief.

1570, 18. Februar, Weißenburg   **3485**

    Caspar Bekes de Kornyat gibt seinem Abgesandten Mathias Ficzyor ein Beglaubigungsschreiben an den Bistritzer Rat mit.

    Latein. Originalpapierbrief.

1570, 19. Februar, Hermannstadt   **3486**

    Simon Miles, Bürgermeister von Hermannstadt, mahnt den Bistritzer Rat zur schleunigen Einzahlung des Zinses.

    Deutsch. Originalpapierbrief.

1570, 23. Februar, Weißenburg   **3487**

    König Johann II. trägt dem Bistritzer Rat auf, das durch den Gießmeister Andreas gegossene Geschütz, das im Stande ist, auf einmal sieben Kugeln zu schießen, in Begleitung des Gießmeisters sofort zu ihm zu schicken.

    Latein. Originalpapierbrief.

1570, 28. Februar, Deesch   3488

Der Rat von Deesch übersendet dem Bistritzer Rat Zeugenaussagen in der Streitsache des Deeschers Valentin Kovacz gegen den Bistritzer Andreas Bwdaky.

Ungarisch. Originalpapierbrief.

1570, 5. März, Szamos-Ujvár   3489

Petrus Zenthmihalyfalwy schreibt an den Bistritzer Richter Caspar Zeoch in Angelegenheit eines seiner gewesenen Untertanen und ersucht schließlich, mit der Zufuhr von Steinen zur Erbauung des Schlosses anzufangen.

Latein. Originalpapierbrief.

1570, 7. März, Marmaros-Sziget   3490

Johann Donka de Sajo, Vicecomes der Marmarosch, teilt dem Bistritzer Richter Caspar Zwch mit, daß sie keine Stuhlssitzung vor Ostern haben.

Ungarisch. Originalpapierbrief.

1570, 8. März, Weißenburg   3491

Caspar Bekes de Kornyat ersucht den Bistritzer Rat, den auf seine Rechnung gekauften Hafer seinem Diener Peter Nagy auszufolgen.

Latein. Originalpapierbrief.

1570, 8. März, Nagyfalu   3492

Stefan Apaffy ersucht den Bistritzer Rat, den in Bistritz gefangen gehaltenen Orban als einen offenkundigen Räuber und Dieb zu bestrafen.

Ungarisch. Originalpapierbrief.

1570, 8. März, Somkerek 3493

Georg Vas beschwert sich beim Bistritzer Richter Caspar Szöch darüber, daß ihm die Wagnermeister beim Bau eines Wagens zu hohe Preise berechnet haben.

Ungarisch. Originalpapierbrief.

1570, 9. März, Weißenburg 3494

Gregor Dochy, Oberststallmeister, ladet den Bistritzer Rat zu seiner Hochzeit mit Barbara, Tochter des Paul Bokosnyca, einer Verwandten des Caspar Bekes, ein.

Ungarisch. Originalpapierbrief.

1570, 9. März, Hermannstadt 3495

Simon Miles, Bürgermeister von Hermannstadt, bestätigt, vom Bistritzer Rat 2.378 fl 62 Den. Steuer erhalten zu haben.

Latein. Original. Papier.

1570, 9. März, Hermannstadt 3496

Simon Miles, Bürgermeister von Hermannstadt, bestätigt vom Bistritzer Rat 560 fl Steuer erhalten zu haben.

Latein. Original. Papier.

1570, 10. März, Bacza 3497

Ladislaus Gywlafy teilt dem Bistritzer Rat mit, daß der König ihm die beiden Dörfer Mihallfalwa und Bacza geschenkt habe und daß er in Bacza ein Haus bauen wolle. Er bittet, ihm für diesen Bau das notwendige Bauholz gegen entsprechende Vergütung zu liefern.

Ungarisch. Originalpapierbrief.

1570, 11. März, Weißenburg 3498

König Johann II. trägt dem Bistritzer Rat auf, darauf zu achten, daß niemand Felle über Bistritz ins Ausland, besonders nach Polen schaffe.

Latein. Originalpapierbrief.

1570, 16. März, Weißenburg 3499

Caspar Bekes de Kornyat ersucht den Bistritzer Rat, seinen Boten Lazar Nagy an den Moldauer Woiwoden Bogdan durch einen zuverlässigen Menschen über das Gebirge geleiten zu lassen.

Latein. Originalpapierbrief.

1570, 20. März, Weißenburg 3500

König Johann II. gibt seinem Abgesandten, dem Präfekten der Ujvárer Burg, Petrus Zentmihalfalwy, ein Beglaubigungsschreiben an den Bistritzer Rat mit.

Latein. Originalpapierbrief.

1570, 25. März, Tekendorf 3501

Peter Somogy, Offizial von Tekendorf, bittet den Bistritzer Richter Caspar Szuch, mitzuteilen, wie teuer er den Hafer für seinen Herrn gekauft habe und den Hafer nach Szent-György führen zu lassen, von wo ihn die Wagen seines Herrn abholen würden.

Ungarisch. Originalpapierbrief.

1570, 26. März, Buza 3502

Benedikt Bornemysza ersucht den Bistritzer Rat, den Meister Anton anzuhalten, dem Meister Gregor seine Schuld zu bezahlen.

Ungarisch. Originalpapierbrief.

1570, 27. März, Weißenburg 3503

König Johann II. trägt dem Bistritzer Rat auf, zum Bau der Großwardeiner Befestigungen einen Steinmetz mit zwei Maurern zu schicken.

Latein. Originalpapierbrief.

1570, 29. März, Kronstadt 3504

Stefan Trommetter bittet den Bistritzer Rat, ihn wieder in den städtischen Dienst aufzunehmen.

Deutsch. Originalpapierbrief.

1570, 2. April, Lechnitz 3505

Mathias Climen bekennt, seinem Schwager Blasius Witez 357 Gulden schuldig zu sein.

Deutsch. Fast gleichzeitige Abschrift vom Schäßburger Ratsnotarius.

1570, 5. April, Nemegye 3506

Stefan Appaffy und Genossen entscheiden die Grenzstreitigkeiten zwischen den Bistritzern und Gregor Erdely betreffend Makkod und Nemegye.

Ungarisch. Gleichzeitige Abschrift. Papier.

1570, 5. April, Većs 3507

Ladislaus Pap de Nadazd teilt dem Bistritzer Rat mit, daß ein Moldauer und zwar der Sohn eines Woiwoden, Volk sammle, um in die Moldau einzufallen. Er habe überall nachfragen lassen, doch nirgends etwas Sicheres über das Gerücht erfahren können. Vielleicht halte sich jener im Bistritzer Distrikt auf; dann möge ihn der Rat so lange überwachen lassen, bis er selber nach Bistritz kommen werde.

Ungarisch. Originalpapierbrief.

1570, 6. April, Apanagyfalu 3508

Ambrosius Varga, Hofrichter bei Franz Appaffy, ersucht den Bistritzer Richter Caspar Szwcz, gegen einen in Bistritz gefangen gesetzten Untertanen seines Herrn gnädig zu verfahren.

Ungarisch. Originalpapierbrief.

1570, 9. April, Hermannstadt 3509

Der Rat von Hermannstadt ladet den Bistritzer Rat zur Beschickung des Confluxes am 24. April ein.

Latein. Originalpapierbrief.

1570, 10. April, Groß-Schogen 3510

Christof Hagymas de Beregzo ersucht den Bistritzer Rat, den nach Bistritz kommenden Benedikt Pecheoly in seinen Angelegenheiten zu unterstützen.

Ungarisch. Originalpapierbrief.

1570, 11. April, Huszt 3511

Franz Nyakazo ersucht den Bistritzer Richter, den dem Jacob Ozthas entlaufenen und in Telcs befindlichen Untertanen zur Rückkehr in die Marmarosch zu veranlassen.

Ungarisch. Originalpapierbrief.

1570, 12. April, Nagy-Sajo 3512

Kristof Hagymas de Beregzo dankt dem Bistritzer Rat für die Übersendung eines geschickten Maurers.

Latein. Originalpapierbrief.

1570, 13. April, Weißenburg 3513

König Johann II. trägt dem Bistritzer Rat auf, ihm zum Bau nach Großwardein sofort weitere sechs Ziegelbrenner zu schicken.

Latein. Originalpapierbrief.

1570, 13. April, Bethlen 3514

Wolfgang Bornemizza de Kapolna und Paul Chyaky de Adoryan geben ihrem Abgesandten Balthasar Nagy ein Beglaubigungsschreiben an den Bistritzer Richter mit.

Latein. Originalpapierbrief.

1570, 13. April, Weißenburg 3515

Stanislaus Niezowski ladet den Bistritzer Rat zu seiner Hochzeit mit der Witwe Stefan Keserws, der Tochter Moizins, des Woiwoden der Walachei, ein.

Latein. Originalpapierbrief.

1570, 19. April, Weißenburg 3516

König Johann II. trägt dem Bistritzer Rat auf, in der Bistritzer Gegend Falken fangen zu lassen, welche dem Sultan geschickt werden sollen.

Latein. Originalpapierbrief.

1570, 22. April, Weißenburg 3517

König Johann II. trägt dem Bistritzer Rat auf, den am 21. Mai in Torda zusammentretenden Landtag zu beschicken.

Latein. Originalpapierbrief.

1570, 23. April, Buza　　　　　　　　　　　　　　　　　　　　3518

Jo. Ch. ersucht die Treppener und Mettersdorfer, die Pacht für Fata jetzt noch nicht zu bezahlen, da jenes Territorium neu geschätzt werden soll.

Latein. Originalpapierbrief.

1570, 25. April, Leutschau　　　　　　　　　　　　　　　　　　3519

Eustachius Winther, Apotheker, entschuldigt sich beim Bistritzer Rat, daß er so lange Zeit von zu Hause wegbleiben müsse, doch habe er mit der Herbeischaffung der Waren aus Wien große Mühe gehabt. Er bittet, ihm noch 20 oder 25 Gulden zu schicken, damit er die Heimreise antreten könne.

Deutsch. Originalpapierbrief.

1570, 26. April, Buza　　　　　　　　　　　　　　　　　　　　3520

Benedikt Bornemyza teilt dem Bistritzer Richter Caspar Szöcz mit, daß er den gefangen gesetzten Bistritzer auf freien Fuß gesetzt habe.

Ungarisch. Originalpapierbrief.

1570, 27. April, Szamos-Ujvár　　　　　　　　　　　　　　　　3521

Petrus Zentmyhalfallwy ersucht den Bistritzer Richter, die Fuhrleute anzuweisen, mit der Steinzufuhr zu beginnen.

Ungarisch. Originalpapierbrief.

1570, 29. April, Torda　　　　　　　　　　　　　　　　　　　　3522

Caspar Budaker, Richter von Bistritz, teilt dem Bistritzer Rat mit, was er vor der königlichen Kurie ausgerichtet hat.

Deutsch. Originalpapierbrief.

1570, Mai und Juni, Szamos-Ujvár 3523

Petrus Zentmihalfalwy und Johann Literatus bezeugen in fünf Quittungen, daß die Bistritzer im Ganzen 2498 Fuhren Steine zum Bau der Burg Ujvár zugeführt haben.

Latein. Original. Papier. (5 Stück)

1570, 1. Mai, Bonczhida 3524

Nicolaus Thomory, Steuerexactor, ersucht den Bistritzer Rat, die Steuerrückstände für Borgo und Weißkirch sofort einzuschicken.

Ungarisch. Originalpapierbrief.

1570, 4. Mai, Hermannstadt 3525

Die Sächsische Unversität bestätigt die Zunftartikel der Fleischhacker-Zunft.

Latein. Zwei Abschriften aus dem 18. Jahrhundert, die eine ist am 17. Dezember 1715 in Hermannstadt nach dem Original durch den Hermannstädter Notarius Czekelius auf Bitten der Bistritzer Fleischhauer angefertigt. Auch eingeschaltet, aber in deutscher Sprache, von König Johann II. 5. Sept. 1570. Copien. Papier.

1570, 6. Mai, Torda 3526

König Johann II. fällt in der Rechtssache der Bistritzer, vertreten durch Lucas Pistaki, ein günstiges Urteil.

Latein. Original. Papier.

1570, 9. Mai, Retteg 3527

Der Rat von Retteg bittet den Bistritzer Rat, ihn in der Geltendmachung seiner Rechte bezüglich des freien Weinschankes zu unterstützen.

Latein. Originalpapierbrief.

1570, 11. Mai, Torda　　　　　　　　　　　　　　　　3528

Lucas Pisthaki de Bongarth teilt dem Bistritzer Rat den Stand der Streitsache gegen Stefan Appaffy mit.

Latein. Originalpapierbrief.

1570, 12. Mai, Schogen　　　　　　　　　　　　　　　3529

Lucas Cheöwy, Offizial in Sajo, schreibt dem Bistritzer Richter Caspar Zewch in Angelegenheit einiger Untertanen und bittet die Bistritzer Fleischhauer anzuhalten, besseres Fleisch in die Küche seiner Herrin zu liefern.

Ungarisch. Originalpapierbrief.

1570, 15. Mai, Szamos-Ujvár　　　　　　　　　　　　3530

Andreas Myske, Kastellan von Ujvár, willigt ein, daß der Bistritzer Rat die Fuhrleute, die Steine zuführen sollen, erst am nächsten Montag (22. Mai) nach Ujvár schicke.

Ungarisch. Originalpapierbrief.

1570, 16. Mai, Szucsawa　　　　　　　　　　　　　　3531

Bogdan, Woiwode der Moldau, dankt dem Bistritzer Rat für die Mitteilung, daß jener Räuber, der sich fälschlich Woiwode Stefan genannt habe, gefangen zum König geführt worden ist.

Latein. Originalpapierbrief.

1570, 20. Mai, Szamos-Ujvár　　　　　　　　　　　　3532

Johann Literatus willigt ein, daß der Bistritzer Rat die Wagen zur Steinezufuhr des schlechten Wetters wegen erst später schicken werde. Dann dankt er für die übersendeten Felle und bittet, diese in Bistritz ausarbeiten zu lassen.

Latein. Originalpapierbrief.

1570, 25. Mai, Torda 3533

Gregor Daum berichtet an den Bistritzer Rat, was in Angelegenheit der „alten Mörischer" (Marmaroscher) und in der Retteger Sache zu tun sei.

Deutsch. Originalpapierbrief.

1570, 29. Mai, „Tyropolis" 3534

Lucas Fabinus aus Poprad versichert den Michael Conrad, Kantor an der Schule in Bartfeld seiner unwandelbaren Freundschaft.

Latein. Originalpapierbrief.

1570, 29. Mai, Sächsisch-Regen 3535

Der Rat von Regen legt dem Bistritzer Rat die appellierte Streitsache zwischen dem Klausenburger Laurenz Eppel und dem Regener Johann Bahna wegen verloren gegangener Kleidungsstücke zur Entscheidung vor.

Latein, die Zeugenaussagen deutsch. Datum Reghen feria secunda post dominicam (unausgefüllte Lücke) post Trinitatis 1570. Originalpapierbrief. Im Datum ist die genannte dominica als erster Sonntag nach Trinitatis angenommen worden.

1570, 30. Mai, Bonczhida 3536

Michael de Gywla ersucht den Bistritzer Rat, die in Bistritz bestellten fünf Wagen nicht machen zu lassen, da diese in Klausenburg angefertigt würden, ferner seinen Diener Georg aus Bistritz zur Rückkehr zu zwingen, da er noch drei Monate zu dienen habe.

Latein. Originalpapierbrief.

1570, 31. Mai, Deesch 3537

Martin Literatus de Lyppa, Descher Kämmerer, ersucht den Bistritzer

Richter Caspar Zeochy, für die königlichen Salzgruben Unschlitt und Leder zu schicken.

Ungarisch. Originalpapierbrief.

1570, 1. Juni, Hermannstadt 3538

Der Rat von Hermannstadt fordert sofortige Einzahlung des Türkenzinses und Lieferung von zwei Wagen mit je sechs Pferden oder zehn Ochsen.

Deutsch. Originalpapierbrief.

1570, 1. Juni, Groß-Schogen 3539

Lucas Chewi, Provisor von Sajo, bittet den Bistritzer Richter Caspar Zewch zur Herstellung der Fenster Tischler, Schlosser und Glaser mit Schäßburger Glas zu schicken.

Ungarisch. Originalpapierbrief.

1570, 4. Juni, Leutschau 3540

Eustachius Winther, Apotheker, bittet den Bistritzer Rat, ihm 25 Gulden zu leihen, da er sich in großer Not befinde.

Deutsch. Originalpapierbrief.

1570, 8. Juni, Baia 3541

Der Rat von Bany ersucht den Bistritzer Rat, den Bistritzer Albert zur Zahlung seiner Schuld an einen Banyer Bürger zu verhalten.

Deutsch. Originalpapierbrief.

1570, 10. Juni, Szamos-Ujvár 3542

Petrus Zentmihalfalwy ersucht den Bistritzer Richter Gaspar Zeoczy die Zahl der bereits geschickten Wagen auf 100 zu erhöhen, damit es mit der Steinzufuhr schneller gehe.

Ungarisch. Originalpapierbrief.

1570, 10. Juni, Retteg 3543

Petrus Zentmihalifalwy ersucht den Bistritzer Richter, jenen Gefangenen, der sich wegen Heilung eines Augenleidens nach Bistritz gewendet hat, freizugeben oder ihm im Sinne des Gesetzes den Prozeß zu machen, wenn eine Anklage gegen ihn vorliege.

Latein. Originalpapierbrief.

1570, 11. Juni, Klausenburg 3544

Anton Teutsch und Stefan Ruth klagen dem Bistritzer Rat, daß ihre Wagen für den Salztransport zu klein seien, daß sie andere Wagen kaufen müßten und eine viel zu kleine Entlohnung bekämen. Sie bitten den Rat um eine ausreichende Entlohnung, sonst würden sie sofort heimkommen.

Deutsch. Originalpapierbrief.

1570, 19. Juni, Rodna 3545

Michael Drumer, Richter in Rodna, bittet den Bistritzer Richter, dem Vorzeiger des Briefes die Ansiedlung in Rodna zu gestatten. In einem Anhang wird mitgeteilt, daß das Gebirge durch drei Tage mit 17 Mann bewacht worden sei, ohne daß sich etwas Verdächtiges gezeigt habe.

Deutsch. Originalpapierbrief.

1570, 21. Juni, Somlyo 3546

Stefan Bathory de Somlyo ersucht den Bistritzer Rat, seinem Diener, dessen Mutter in Bistritz gestorben sei, deren hinterlassene Rinder auszufolgen.

Ungarisch. Originalpapierbrief.

1570, 23. Juni, Retteg   3547

Nicolaus Deak, Dreißigstbeamter in Retteg, teilt dem Bistritzer Richter Caspar Szöcz mit, daß der Moldauer Kerk Avram und sein Genosse eine Übertretung gegen das Dreißigstgefälle begangen habe.

Latein. Originalpapierbrief.

1570, 24. Juni, Szamos-Ujvár   3548

Blasius Bagothay ersucht den Bistritzer Richter Caspar Zewch, ihm Schindeln zu schicken, die er sofort bezahlen werde.

Ungarisch. Originalpapierbrief.

1570, 24. Juni, Groß-Schogen   3549

Lucas Chywy, Hofrichter von Sajo, ersucht den Bistritzer Richter Caspar Zewch, ihm 1000 Ziegeln zu schicken.

Ungarisch. Originalpapierbrief.

1570, 27. Juni, Weißenburg   3550

König Johann II. trägt dem Bistritzer Rat auf, zum Großwardeiner Burgbau sofort zwölf Ziegelbrenner und vier Steinmetze zu senden.

Latein. Originalpapierbrief.

1570, 27. Juni, Nagyfalu   3551

Stefan Apaffy ersucht den Bistritzer Richter, jene Walachen, welche eine Mühle aufgebrochen und unter Mitnahme von 12 Viertel Weizen und mehreren eisernen Geräten entflohen sind und sich wahrscheinlich in Borgo aufhalten, sofort gefangen zu nehmen.

Ungarisch. Originalpapierbrief.

1570, 28. Juni, Wermesch 3552

Lucas Pizthaky macht dem Bistritzer Rat Mitteilungen über den Streit zwischen Wermesch und Füszkut wegen eines gestohlenen Pferdes.

Ungarisch. Originalpapierbrief.

1570, 29. Juni, Bistritz 3553

Johann Zegedi und Michael Bezedeo, Diener der Zigeunerwoiwoden Franz Baladfy und Lazarus Lazar, bestätigen, vom Bistritzer Rat den Zigeunerzins mit 8 fl erhalten zu haben.

Latein. Original. Papier.

1570, 1. Juli, Bethlen 3554

Franz Kazony, Provisor von Bethlen, ersucht den Bistritzer Richter, ihm einen Maurer auf zwei Wochen zu schicken.

Ungarisch. Originalpapierbrief.

1570, 3. Juli, Weißenburg 3555

Kristof Bathory de Somlyo, Woiwode von Siebenbürgen, schenkt dem Johann und Lucas Miklie und deren Familie das Gut Szurdok-Kapolnok.

Latein. Original. Papier, dabei eine Abschrift aus dem 18. Jahrhundert.

1570, 3. Juli, Rodna 3556

Michael Drumer, Richter in Rodna, bittet den Bistritzer Richter, den Vorzeigern des Briefes die Ansiedlung in Rodna zu gestatten, da schon deren Voreltern dort erbangesessen waren.

Deutsch. Originalpapierbrief.

1570, 5. Juli, Groß-Schogen　　　　　　　　　　　　　　　　3557

Christof Hagimas de Beregzo ersucht den Bistritzer Richter Caspar Szeoczy zwei städtische Trabanten zu bestrafen, die einen seiner Untertanen mißhandelt und beraubt haben.

Ungarisch. Originalpapierbrief.

1570, 7. Juli, Hermannstadt　　　　　　　　　　　　　　　　3558

Urban Schneyder und Peter Sechler, Bistritzer Ratsgeschworene, teilen dem Bistritzer Rat mit, daß sie erst heimkommen können, wenn die Transmission des Prozesses fertig ist, weil die Heltauer sich mit dem Urteil begnügt, die Hermannstädter aber appelliert haben.

Deutsch. Originalpapierbrief.

1570, 13. Juli, Bistritz　　　　　　　　　　　　　　　　　　3559

Das Bistritzer Kapitel übersendet dem Rat die Zeugenaussage von Nicolaus, Pfarrer von Wermesch, in der Streitsache des Wermescher Schulrektors gegen den dortigen Küster.

Latein. Originalpapierbrief.

1570, 18. Juli, Kronstadt　　　　　　　　　　　　　　　　　3560

Johann Greb, Richter von Kronstadt, bittet den Bistritzer Rat, den Jakob Rott, der vor einem halben Jahr wegen eines Frevels beim Bistritzer Rat angeklagt, damals aber in die Moldau entwichen war, mit Erlassung seiner Strafe wieder in die Stadt aufzunehmen.

Deutsch. Originalpapierbrief.

1570, 20. Juli, Gyeke　　　　　　　　　　　　　　　　　　　3561

König Johann II. trägt Jedermann auf, über Verlangen der Bistritzer in ihrer Rechtssache Zeugenschaft abzulegen.

Latein. Original. Papier, in den Bruchstellen sehr schadhaft.

1570, 23. Juli, Wermesch 3562

Johann und Nicolaus Galaczy teilen den Richtern des Dobokaer Komitates 11 Zeugenaussagen über ein verloren gegangenes Pferd mit.

Ungarisch. Originalpapierbrief.

1570, 27. Juli, Weißenburg 3563

Johann II., König von Ungarn, Dalmatien und Kroatien, trägt dem Bistritzer Rat auf, zum Bau der Befestigungen der Großwardeiner Burg sofort noch zwei Steinmetze und zwei Maurer zu senden.

Latein. Originalpapierbrief.

1570, 27. Juli, ... 3564

Paul Wolzogen, Postmeister, bestätigt, vom Vorzeiger des Briefes mehrere Briefe aus Siebenbürgen zur Weiterbeförderung erhalten zu haben.

Deutsch. Originalpapier. Der Ausstellungsort ist unleserlich geschrieben.

1570, 28. Juli, Hermannstadt 3565

Simon Miles, Bürgermeister von Hermannstadt, fordert den Bistritzer Rat auf, den Rest des Zinses schleunigst in Dukaten einzuzahlen.

Deutsch. Originalpapierbrief.

1570, 28. Juli, Szamos-Ujvár 3566

Petrus Zentmyhalffalwy ersucht den Bistritzer Rat, die königliche Zehntabgabe in Petersdorf zu regeln, damit der König keinen Schaden habe.

Latein. Originalpapierbrief.

1570, 29. Juli, Großwardein　　　　　　　　　　　　　　3567

Jullius Caezar „fondator de Regie maestate in isto Regnio" stellt dem Laurentius Barwtiensis ein Beglaubigungsschreiben aus.

Latein. Original. Papier.

1570, 2. August, Huszt　　　　　　　　　　　　　　　　3568

Comes Fanz Nyakazo ersucht den Bistritzer Rat, dem Marmaroscher Peter Pynthe zu seinem Recht zu verhelfen.

Ungarisch. Originalpapierbrief.

1570, 4. August, Leutschau　　　　　　　　　　　　　　3569

Der Rat von Leutschau ersucht den Bistritzer Rat, demLeutschauer Albrecht Pfefferkorn, der vor einiger Zeit als Wundarzt in Bistritz gelebt, von dort aber vor der Rache und den Nachstellungen eines Adligen, dessen Untertan an den Folgen einer unglücklichen, vom Genannten vollzogenen Operation gestorben war, entfliehen mußte, seine in Bistritz verbliebene Habe und ein Pferd nachschicken zu wollen.

Deutsch. Originalpapierbrief.

1570, 4. August　　　　　　　　　　　　　　　　　　　3570

Johann Donka de Sajo, Vicecomes der Marmarosch, ersucht den Bistritzer Rat, dem Jakob und Peter Pynthe gnädig beizustehen, versichert, daß Stefan Hayths, der sich in Borgo aufgehalten hatte, kein Räuber sei, und bittet, dem in den Gebirgen stark überhand nehmenden Räuberunwesen zu steuern.

Ungarisch. Originalpapierbrief.

1570, 4. August, Szent-Iobb　　　　　　　　　　　　　　3571

Sophia Balassa de Gyarmath ladet den Bistritzer Rat zu ihrer Hochzeit mit Ladislaus Chyaky ein.

Latein. Originalpapierbrief.

1570, 4. August, Adorjan 3572

Ladislaus Chyaky de Kereszegh ladet den Bistritzer Rat zu seiner Hochzeit mit der Witwe des Franz Nemethy, Sophia Balassa de Gyarmath ein.

Latein. Originalpapierbrief.

1570, 5. August, Hermannstadt 3573

Hanns Wayda teilt dem Bistritzer Richter Caspar Kürschner mit, daß er ihm zwei Bücher fein Gold übersende und ihm das Buch bloß zu sechs Gulden anrechne.

Deutsch. Originalpapierbrief.

1570, 11. August, Kronstadt 3574

Der Rat von Kronstadt ersucht den Bistritzer Rat, sich der armen Waisen des Kronstädter Bürgers Laurenz Schlosser anzunehmen, damit sie in den Besitz des Vermögens gelangen können, welches der kinderlos in Bistritz verstorbene Bruder des Genannten hinterlassen hat.

Deutsch. Originalpapierbrief.

1570, 15. August, Huszt 3575

Franz Nyakazo, Comes und Präfekt der Marmarosch, bittet den Bistritzer Richter Caspar Szewch seinen Salzkämmerer, der auf dem Jahrmarkt in Bistritz Waren einkaufen würde, mit sicherem Geleit bis nach Szelistye zu bringen, damit er nicht Räubern in die Hände falle.

Latein. Originalpapierbrief.

1570, 19. August, Iassy 3576

Bohdan, Woiwode der Moldau, ersucht den Bistritzer Rat, dem Präfekten von Kimpolung, Mathaeus, beim Einkauf von Eisen für 120 Taler zu unterstützen.

Latein. Originalpapierbrief.

1570, 20. August   3577

„Elogia XIIII". „Ad Silvas". Ein Loblied in Distichen auf den Moldauer Woiwoden auf 4 Quartblättern mit der Unterschrift Johann Sommerus.

Latein. Original. Papier.

1570, 28. August, Bistritz   3578

Der Rat von Bistritz teilt dem Sächsisch-Regener Rat eine Zeugenaussage in der Streitsache des Klausenburgers Laurenz Epel gegen den Regener Johann mit.

Latein. Originalpapierbrief.

1570, 29. August, Klausenburg   3579

Der Rat von Klausenburg übermittelt dem Bistritzer Rat das Protokoll eines Zeugenverhörs in der Streitsache zwischen dem Sächsisch-Regener Johann Bahna und dem Klausenburger Laurenz Eppel.

Latein. Originalpapierbrief.

1570, 2. September, Klausenburg   3580

Der Rat von Klausenburg übersendet dem Bistritzer Rat das Protokoll eines Zeugenverhörs in der Streitsache zwischen Johann Bahna und Laurenz Eppel.

Latein. Originalpapierbrief.

1570, 22. September, Sächsisch-Regen   3581

Der Richter von Regen Georg Kürtsch übersendet dem Bistritzer Rat ein Zeugenverhör in der Streitsache der Bistr. Bürger Thomas Barbyrer und Emerich Rymer.

Deutsch. Originalpapierbrief.

1570, 25. September, Bongart   3582

Lucas Pistakj schreibt an den Bistritzer Rat in Angelegenheit des Prozesses der Stadt Bistritz gegen Stefan Appaffy.

Latein. Originalpapierbrief.

1570, 26. September, Iassy   3583

Bohdan, Woiwode der Moldau, ersucht den Bistritzer Rat um Mitteilung, ob das Gerücht wahr sei, daß sich seine Feinde im Bistr. Distrikt versammelten, um einen Einfall in die Moldau zu machen.

Latein. Originalpapierbrief.

1570, 27. September, Weißenburg   3584

König Johann II. trägt dem Bistritzer Rat auf, gegen das stark überhand nehmende Raubgesindel auf das Strengste vorzugehen.

Latein. Originalpapierbrief.

1570, 4. Oktober, Weißenburg   3585

König Johann II. teilt dem Bistritzer Rat mit, daß er, um den Bau der Befestigungswerke der Großwardeiner Burg zu fördern, die sächsischen Fuhrleute mit Wagen und Pferden den ganzen Winter über in Großwardein behalten müsse. Er befiehlt, für den Unterhalt dieser Leute aufs Beste Sorge zu tragen und jene Steinmetze und Maurer, die die Arbeit in Großwardein im Stich gelassen und sich nach Hause begeben hätten, unbedingt zur Wiederaufnahme der Arbeit zu zwingen.

Latein. Originalpapierbrief.

1570, 8. Oktober, Szamos-Ujvár   3586

Petrus Zentmyhalfalwy teilt dem Bistritzer Rat mit, daß er mit den Gefangenen nach dem Gesetz verfahren werde. Außerdem ersucht er, noch 50 Wagen Steine zuführen zu lassen.

Ungarisch. Originalpapierbrief.

1570, 9. Oktober, Groß-Schogen 3587

Lukas Chewy ersucht den Bistritzer Richter Caspar Zewch, den in Ujvár gefangen gesetzten Untertanen seines Herrn nicht nach Bistritz, sondern nach Nagy-Sajo bringen zu lassen. Er werde ihn verhören und so bestrafen, wie es das Recht fordert.

Ungarisch. Originalpapierbrief.

1570, 14. Oktober, Szamos-Ujvár 3588

Petrus Zentmyhalffalwy ersucht den Bistritzer Rat, die gefangenen Diebe und auch deren Helfershelfer nach Recht und Gerechtigkeit zu bestrafen, weiters, wenigstens 50 Wagen zu schicken, die an der Steinzufuhr weiter arbeiten sollen.

Ungarisch. Originalpapierbrief.

1570, 21. Oktober, Weißenburg 3589

Caspar Bekes de Korniad gibt seinem Boten Franz Porkolab ein Beglaubigungsschreiben an den Bistritzer Rat mit.

Ungarisch. Originalpapierbrief.

1570, 23. Oktober, Hermannstadt 3590

Der Rat von Hermannstadt mahnt den Bistritzer Rat zur Zahlung des Martinszinses und ladet den Richter mit zwei Geschworen zum Katherinalconflux ein.

Deutsch. Originalpapierbrief.

1570, 23. Oktober, Groß-Schogen 3591

Lukas Chyewy beschwert sich im Namen seines Herrn beim Bistritzer Richter Caspar Zwch, daß die Bistritzer einen gefangen gesetzten

Untertanen seines Herrn entgegen den beiderseitigen Vereinbarungen haben hinrichten lassen.

Ungarisch. Originalpapierbrief.

1570, 27. Oktober, Szamos-Ujvár 3592

Petrus Zentmyhalffalwy ersucht den Bistritzer Rat, ihm den Petersdorfer Zehntwein bis Kentelke führen zu lassen.

Ungarisch. Originalpapierbrief.

1570, 29. Oktober, Görgény 3593

Georg Aknay, Provisor von Görgény, ersucht den Bistritzer Richter, seinem Untertanen beizustehen, damit er seine ausstehenden Schulden eintreiben könne.

Ungarisch. Originalpapierbrief.

1570, 3. November, Hondorf 3594

Franz Apaffy ladet den Bistritzer Rat zu seiner Hochzeit mit der Tochter des verstorbenen Stefan Banffy de Lossoncz ein.

Ungarisch. Originalpapierbrief.

1570, 4. November, Maros-Vásárhely 3595

Sebastian Nyerges, Richter von Vásárhely, ersucht den Bistritzer Richter, Caspar Pellio, einigen Maros-Vasarhelyern zu helfen, die in Bistritz zu Schaden gekommen sind.

Ungarisch. Originalpapierbrief.

1570, 6. November, Klausenburg 3596

Der Rat von Klausenburg übersendet dem Bistritzer Rat ein Zeugenverhör in der Streitsache zwischen den Bistr. Bürgern Thomas Barbitonsor und Emerich Coriarius.

Latein. Originalpapierbrief.

1570, 6. November, Baia (Moldnermarkt) 3597

Gregor Kirschner, Gräf von Bayna, teilt dem Bistritzer Richter Caspar mit, daß der Arzt Enderlein von Bistritz den Peter Schneyder aus Banya von seinem Fußleiden trotz längerer Kur nicht hat befreien können und daher auch den festgesetzten Lohn von 18 Talern nicht erhalten hat.

Deutsch. Originalpapierbrief, in den Bruchstellen schwach und eingerissen.

1570, 14. November, Groß-Schogen 3598

Lucas Chyewy ersucht den Bistritzer Richter Caspar Zwch, den Bistritzer Töpfer, der den Ofen noch nicht fertig gemacht und schon im Voraus bezahlt wurde, zu verhalten, seiner Pflicht nachzukommen.

Ungarisch. Originalpapierbrief.

1570, 15. November, Sankt-Georgen 3599

Michael de Gywla bittet den Bistritzer Rat, für den Fall, daß der schwerkranke Pfarrer von Lechnitz Mathias sterben sollte, diese Pfarre dem Dürrbacher Pfarrer Mathias zu verleihen.

Latein. Originalpapierbrief.

1570, 16. November, Sárvár 3600

Michael de Gywla, Comes des Dobokaer Komitates, teilt dem Bistritzer Rat mit, daß er in Bistritz eintreffen werde, um nach alter Sitte über die Übeltäter Gericht zu halten.

Latein. Originalpapierbrief.

1570, 20. November, Balásfalva 3601

Caspar Chereni, Graf des Tordaer Komitates, ladet den Bistritzer Rat zur Hochzeit seiner Tochter Barbara mit Georg Sido ein, und bittet, ihm einige Schüsseln, Teller und eiserne Töpfe auszuleihen.

Ungarisch. Originalpapierbrief.

1570, 3. Dezember, Magyaró 3602

Paul Banffy bittet den Bistritzer Richter Zöds Caspar, seinem Untertanen, dem man ein Pferd weggenommen, wieder zum Besitz dieses Pferdes zu verhelfen.

Ungarisch. Originalpapierbrief.

1570, 5. Dezember, Weißenburg 3603

König Johann II. beglaubigt auf Bitten der Hermannstädter Fleischhauer Laurenz Weiß und Thomas Heltner die Bestätigung der Fleischerzunftartikel durch die Sächsische Nationsuniversität.

Deutsch. Abschrift aus dem 18. Jahrhundert.

1570, 10. Dezember, Weißenburg 3604

König Johann II. sichert der siebenbürgisch-sächsischen Geistlichkeit in kirchlichen Sachen freie Gerichtsbarkeit zu und gebietet, Geistliche nur vor ihren Dechanten und Superintendenten sowie ihren geistlichen Gerichten zu belangen.

Latein. Abschrift, Papier, aus dem 18. Jahrhundert.

1570, 12. Dezember, Hermannstadt 3605

Simon Miles, Bürgermeister von Hermannstadt, bestätigt, vom Bistritzer Rat 2.200 fl Martinszins für das laufende Jahr erhalten zu haben.

Latein. Original. Papier.

1570, 16. Dezember, Weißenburg 3606

König Johann II. trägt dem Bistritzer Rat auf, zu dem am 6. Januar in Vásárhely zusammentretenden Landtag den Richter und drei Geschworene zu entsenden.

Latein. Originalpapierbrief.

1570, 20. Dezember, Hermannstadt 3607

Der Rat von Hermannstadt ersucht den Bistritzer Rat, den auf Bistritz entfallenden Teil der 7.000 Gulden zu bezahlen, die mit Bewilligung der Universität der Sächsischen Nation aufgeschlagen wurden.

Deutsch. Originalpapierbrief.

1570, 28. Dezember, Weißenburg 3608

König Johann II. trägt dem Hermannstädter Bürgermeister Simon Miles auf, zu veranlassen, daß die sächsischen Städte ihren in Großwardein weilenden Fuhrleuten Geld zum Unterhalt zuschicken.

Latein. Gleichzeitige Abschrift als Beilage zum Briefe des Hermannstädter Rates vom 30. Dezember 1570.

1570, 29. Dezember, Groß-Schogen 3609

Hagimas bittet den Bistritzer Richter um Überlassung einiger Gegenstände auf kurze Zeit.

Latein. Originalpapierbrief.

1570, 30. Dezember, Hermannstadt 3610

Der Rat von Hermannstadt übersendet dem Bistritzer Rat ein Schreiben in Abschrift, in dem der König befiehlt, daß den in Großwardein weilenden Fuhrleuten Geld zugeschickt werde.

Deutsch. Originalpapierbrief.

1570 — 3611

Register, geführt vom Ratsnotarius über geleistete Steuerzahlungen und über die nach Neuschloß entsandten Maurer, Ziegelbrenner und Fuhrleute.

Deutsch. Original. Papier, in Form eines kleinen Büchleins von acht Blättern.

1570, Bethlen — 3612

Magdalena Forgacz, Gattin des Wolfgang Bornemyza de Kapolna, ersucht den Bistritzer Richter, ihr einen Maurer sowie Bretter und Ziegeln zu schicken.

Ungarisch. Originalpapierbrief.

1570 — 3613

Peter Kemeny und Johann Horvat, Bedienstete bei Gregor Appaffy, teilen dem Bistritzer Richter Caspar Szwcz mehrere Zeugenaussagen gegen einen in Bistritz gefangen gehaltenen Dieb mit.

Ungarisch. Originalpapierbrief.

1570, Uj-Kercz — 3614

Ladislaus Gywlafy gibt seinem Abgesandten Johann Fwgedy ein Beglaubigungsschreiben an den Bistritzer Rat mit.

Ungarisch. Originalpapierbrief.

Datum ex Wy Kerch Anno dom. 1570.

1570 — 3615

Vier Quittungen über Steuerzahlungen der Bistritzer für Borgo und für Weißkirch.

Latein. Original. Papier.

REGISTER

VORBEMERKUNGEN ZUM REGISTERTEIL

I.

In das Register der *Ortsnamen* wurden außer den in den Urkunden-Regesten enthaltenen auch solche Orte aufgenommen, von denen Personennamen abzuleiten sind. Dabei wurde grundsätzlich auf die *deutsche* Namensform verwiesen, sofern eine solche bekannt ist und es sich nicht um künstliche Schöpfungen handelt, die von der ehemaligen österreichischen Verwaltung oder von deutschtümelnden Autoren erfunden wurden. Bei fehlender deutscher Namensform wurde als Stichwort der heutige amtliche Ortsname verwendet. Leider war es bei mehreren kleineren Orten, die heute im tschechoslowakischen, sowjetischen oder jugoslawischen Staatsgebiet liegen, nicht immer möglich, den heute gültigen offiziellen Namen zu ermitteln. In diesen nicht sehr häufigen Fällen wurde auf den letzten amtlichen ungarischen Ortsnamen verwiesen.

Auf den deutschen oder den amtlichen Ortsnamen wurde in Klammern bei den außerhalb Rumäniens liegenden Orten zunächst die heutige Staatszugehörigkeit genannt, wobei als Sigel die für Kraftfahrzeuge üblichen Abkürzungen verwendet wurden. Darauf folgt die heutige amtliche und die frühere ungarische Bezeichnung. Außerhalb der Klammern werden die wichtigsten, in den Regesten enthaltenen Varianten aufgezählt. Auf die Regesten-Nummern, in denen der Name vorkommt, folgen schließlich Hinweise auf Einwohner oder auf FN, die von dem Ort abzuleiten sind.

Stadt und Distrikt *Bistritz* (früher d. auch Nösen, r. Bistriṭa, m. Beszterce) wurden in das Ortsregister *nicht* aufgenommen, weil die Regesten sich weit überwiegend darauf beziehen oder damit im Zusammenhang stehen, so daß Sucharbeiten nicht erleichtert würden.

II.

Im 16. Jahrhundert, dem annähernd 90% der Urkunden-Regesten zuzuordnen sind, wurden für *Personen* in der überwiegenden Zahl neben Tauf- auch Zweitnamen verwendet. Diese Zweitnamen waren jedoch noch nicht so verfestigt, wie das heute üblich ist. Vor allem bei Berufs- und Herkunftsnamen ist davon auszugehen, daß es sich nicht immer um echte Zweitnamen handelt. Deshalb wird auf folgendes verwiesen:

1. Auch echte Zweitnamen, die sich von Berufen oder von Eigenschaften ableiten, werden in den Urkunden häufig „übersetzt", und zwar entsprechend der Sprache der Urkunde oder der Muttersprache des Empfängers. Diese Namen erscheinen deshalb in sprachlichen Varianten, wie z. B. Schul(l)er (l. Literatus, m. Deák, r. Diac) oder Roth (l. Rufus, m. Weres). Stichwort ist im Regelfalle die deutsche, moderne Namensform, auf die verwiesen wird.

2. In mehreren Fällen wird außer dem Herkunfts- auch der Vaters- und der Berufsname als Zweitname verwendet. So erscheinen z. B. Thomas Wallendorfer und sein Sohn Leonhard auch als alias Werner alias Kürschner mit mehr als 20 Namensvarianten wie Valdörffer, Waldesdorfer, Kyrschner, Pellio, Pellifex, Pelliparius, Szücs, Zewch, Zyuch u. a. m. Bei seltener erwähnten Personen ist davon auszugehen, daß im Register nicht alle alias-Nemen zusammengeführt werden konnten.

3. Bei Personen ungarischer Nationalität gab es neben dem Zweit- auch einen Drittnamen, wobei der letztere im Regelfalle den Herkunfts- oder Sitzort des Geschlechtes bezeichnete, der in der lateinischen Form durch das Praefix „de", in der magyarischen durch das Suffix -y oder -i gekennzeichnet wurde, wie z. B. bei Nicolaus (Taufname) Bánffy (Zweitname: Sohn des Banus) de Lossoncz bzw. Lossonczy (Drittname; Herkunftsort des Geschlechtes).

Im Register diente grundsätzlich der Zweitname, bei dessen Fehlen der Drittname als Stichwort. Dabei ist nicht auszuschließen, daß der Zweitname urkundlich in Ausnahmefällen nicht genannt wurde. – Witwen von Adligen verwendeten nicht selten ihren Mädchennamen, worauf im Register jeweils hingewiesen wird. Bei Regenten und -innen diente grundsätzlich der Erst- und nicht der Zweitname als Stichwort. Bei Berufsnamen mußte in Kauf genommen werden, daß teilweise unechte Zweitnamen genannt wurden, und zwar vor allem in älteren

Urkunden. Zur besseren Unterscheidung wurde ausnahmsweise beim Zweitnamen Literatus angenommen, daß es sich im Regelfalle nicht um einen echten Zweitnamen handelt und deshalb als Stichwort ein evtl. bekannter Drittname verwendet.

Nach dem Stichwort werden grundsätzlich die wichtigsten Namensvarianten, bekannte höchste Funktionen und möglichst auch der ständige Wohnort angegeben. – Es wurde darauf verzichtet, die in Literaturhinweisen enthaltenen Namen ins Register aufzunehmen.

III.

Während das Orts- und das Personennamen-Register alphabetisch geordnet sind, wurde das *Register der Urkunden-Aussteller* nach Sachgebieten und innerhalb derselben teilweise chronologisch geordnet, und zwar nach folgenden, weiter untergliederten Hauptgruppen:
1. Politische Stellen, beginnend mit den Königsurkunden
2. Landstände, Gebietskörperschaften
3. Kirchliche Stellen und
4. von Einzelpersonen nicht in offizieller Funktion ausgestellte Urkunden.

IV.

Das *Sachregister* enthält außer Hinweisen auf bestimmte Sachverhalte gleichzeitig ein *Glossar* heute nicht mehr allgemein verständlicher Ausdrücke oder von Ausdrücken und Begriffen, deren Inhalt sich inzwischen gewandelt hat.

IM REGISTERTEIL VERWENDETE ABKÜRZUNGEN UND SIGEL

a: aus
A: Österreich
B: Bistritz
BG: Bulgarien
Br.: Bruder
Bürgerm.: Bürgermeister
Buk.: Bukowina
d.: deutsch(e)
D: Bundesrepublik Deutschland
DDR: Deutsche Demokratische Republik
ev.: evangelisch
fil.: filius, Sohn
FN: Familienname
Fr.bach: Frauenbach
H: Ungarn
heut. heutige(r)
Hst.: Hermannstadt
I: Italien
kgl..: königlich(er)
Klbg.: Klausenburg
Kom.: Komitat
Kronst.: Kronstadt
l.: lateinisch(e)
m.: madjarisch(e)
mag.: Magister
Marm.: Marmarosch, Maramuresch
mda.: mundartlich(e)
Med.: Mediasch
Mold.: Moldau

Mühlb.: Mühlbach
nss.: nordsiebenbürgisch-sächsisch
o.: oder
ON: Ortsname(n)
pat.: Pater, Vater
PL: Polen
Pf.: Pfarrer
r.: rumänisch(er)
R: Ratsmitglied
s.: siehe
Schäßbg.: Schäßburg
Slow.: Slowakei
SR: Sächsisch-Regen
ss.: siebenbürgisch-sächsisch
SU: Sowjetunion
Thorenbg.: Thorenburg
To.: Tochter
u.: und
u. a.: und andere
u.s.w.: und so weiter
v.: von
Wal.: Walachei
Woiw.: Woiwode
Wwe.: Witwe
YU: Jugoslawien

* – geboren
∞ – Heirat(et), Ehefrau
† – gestorben; heute wüster Ort

I. REGISTER DER ORTS-, GEBIETS- UND GEWÄSSERNAMEN

A

Abád s. Abud
Abrahamfalwa s. Obrăneşti
Abud (m. Székelyabod o. *Abád, H*) *1460:* 149
Acăţari, Akoshaza (m. Ákosfalva), s. Ambrosius Sarkan de A.
Aczeel s. Hetzeldorf
Adrian (m. Adorján) *1570:* 3572
Agárd s. Poieniţa
Aghireşu (m. Egeres) *1568:* 3289
Agnetheln (r. Agnita, m. Szentágota), Zenthagotha, *1481:* 313, *1510:* 530, *1529:* 1105 s. Clemens Besch
Aiud s. Groß-Enyed
Akna: s. Ocniţa
Akoshaza s. Acăţari
Alba Iulia s. Weißenburg
Albeştii Bistriţei s. Weißkirch
Alecuş, Elekes, s. Caspar E.
Almás, Burg (r. Cetatea Almaşului, m. Almás-, auch Dezsővár) *1539:* 1425, s. Georg Macho
Almaşu Mare, Almas (m. Nagyalmás), *1568*: 3284, 3306, s. Martin Wayda, Kämmerer
Almen (r. Alma-Vii, m. Szászalmád) *1417*: 70, *1465:* 179, *1523:* 787, s. Michael, comes
Almesch Almad (r. Şoimuş, m. Sajósolymos) s. Caspar A., Valentin A., Michael Zoby de A. Margaretha Chyvre de A.
Alsó-Borgo s. Borgo
Alsópetény (H, Kom. Nógrád) *1504:* 434
Alsó-Sajó s. Groß-Schogen
Altenburg (r. Baia de Criş, m. Kőrösbánya) *1509:* 507
Alţina s. Alzen
Aluniş s. Haseldorf – Kechet (m. Kecsed) s. Blasius, Ladislaus, Melchior de K.
Alwyncz s. Unter-Winz
Alzen, Olczona, Olczna (r. Alţina, m. Alcina) *1481:* 311, *1546:* 1767; Stuhl: *1551:* 2110, s. Hedricus, iudex
Anarcs (H, Kom. Szabolcs) s. Petrus Thegzes de A.
Andrid (m. Érendréd) s. Clemens de E.
Apa-Nagyffalw s. Nuşeni
Apatiu, Apati (m. Dellőapáti)
Arad, Kapitel: *1406:* 50 a, *1476:* 289-91, *1477: 296 a, 1488:* 341; *1492:* 356, 370
Araklyany s. Hereclean
Archiud s. Arkeden
Ardan (m. Ardány), Zehnter: *1504:* 438, *1527:* 1005
Ardud s. Erdeed
Argeş, Argis (Wal.) Kath. Bischöfe s.

Andreas, Dionysius de Gyalo
Arkeden bei Tekendorf (r. Archiud, m. Mező-, Szászerked) *1468:* 198, *1490:* 354, *1492:* 365, 368, *1521:* 707/08, *1532:* 1262, *1559:* 2556, *1566:* 3042, *1568:* 3275 s. Johann Farkas de E.; Grundherren: Stephan Werböczi; Franz, Nicolaus, Peter Boszasy; Ev. Pf.: Martin Vngar
Ártánd, Arthand, Artanhaza (H., Kom. Bihar), s. Paulus A., Balthasar Bornemyzza de A.
Attelsdorf s. Billak
Attyna = Atya (Welches?) s. Symon de A.
Aţel s. Hetzeldorf
Augsburg, Augusta Vindelicorum (D), *1555:* 2250-54

B

Bacău, Bako (Mold.) *1535:* 1313
Baba (m. Bába), s. Petrus B.
† *Bachnen* (heute Teil von Mettersdorf, Treppen) Bochona, Bachanya, Boczona, Botzina, Pechefalwa: *1412:* 56, *1414:* 65, *1418:* 71, *1429:* 77, *1433:* 81, 82, *1434:* 83, 84 *1435:* 88, 89, *1443: 1 1 2*, *1452:* 131, *1486:* 327, *1514:* 588, Zehnter: *1542:* 1584
Bachnen, Bonha, Bo(y)nya (r. Bahnea, m. Bonyha) *1527:* 984, *1539:* 1409, *1543:* 1658, *1548:* 1902/03, *1567:* 3160, Grundherren: Apafy
Baciu, Bach (m. Bács), s. Benedictus B.
Bădeşti, Badok (m. Bádok) s. Georg Nadassy de B.
Badeutz (r. Bădeuţi, Buk.) *1510:* 535

Băgaciu s. Bogeschdorf
Bagota (Slowakei; heute?) s. Blasius B.
Bahlow, Bahlovia s. Hîrlău
Bahnea s. Bachnen
Baia s. Moldenmarkt
Baia de Arieş s. Offenburg
Baia de Criş s. Altenburg
Baia Mare s. Frauenbach
Baia Sprie s. Mittelberg
Baierdorf (r. Crainimăt, m. Királynémeti) *1414:* 66, *1494:* 380, *1512:* 555, *1525:* 817, *1544:* 1705, *1555:* 2251, *1561:* 2668, *1569:* 3409, 3415; s. Bartholomaeus Reichend
Bakonak (Nagybakónak H, Kom. Zala o. Bakovci YU) s. Benedict Zalay de B.
Bála, Baly, (m. Bala) s. Georg de B., Johann B.
Bălcaciu s. Bulkesch
Balovia s. Hîrlău
Bálványos (váralya) s. Unguraş
Ban, Bany (m. Felsőbán) *1529:* 1146; s. auch Moldenmarkt
Bánffy-Hunyad s. Huedin
Baranya (H, Kom.) s. Johann B.
Barcha s. Bîrcea
Bardejov s. Bartfeld
Barilla, See (r. Balta Brăilei) *1546:* 1776
Barlabas (SU, nördl. Marmarosch, m. Barnabás, heute:?) s. Janus, Leonardus, Michael B.
Barlad s. Berlad
Barthfalva s. Berbeşti
Bartfeld, Bartpha (Slow. Bardejov, m. Bártfa) *1474:* 265–68, *1549:* 1932
Barut, Barwt (Verschreibung für Bekokten oder Birthälm) *1568:* 3282, *1570:* 3567
Baţa, Bacza (m. Baca) *1570:* 3497,

Grundherr: Ladislaus Gywlaffi
Bata, Batha (m. Batta, Banat) s. Matheus B.
Bátor, Bathor (H, Nyirbátor, Kom. Szabolcs), S. Bathory
Batoş, Batos s. Botsch
Battyán (Slow., Heute?) s. FN Batthyány
Baumgarten, Bongarth (r. Bungard, m. Szászbongárd) *1564:* 2918, *1568:* 3267, 3302, 3320, *1569:* 3419, *1570:* 3582, s. Dominicus Porcoloab de B., Caspar Nagy, Caspar Zalay, Lucas Pystaky de B.; Valentin Sutor
Bechkerck: Klein-Betschkerek (Becicherecu Mic, Kisbecskerek) o. Groß-B. (B. Mare, Nagyb., YU Zrenjanin) S. Ambrosius B.
Bedőháza, Bedeo (SU, nördl. Marmarosch, heute?) s. Laurencius Petroway de B.
Bekokten (r. Bărcut, m. Báránykút) s. Barut
Béla (Welches?) S. Barnabas B.
Belin s. Blumendorf
Belioara, Belawar, Burg (m. Bélavár bei Poşaga) S. Stefan B.
Bell (r. Buia, m. Bolya) *1526:* 870
Belthewk, Beltez, Beltiug s. Bildegg
Berbeşti, Barthfalva (m. Bárdfalva) S. Petrus Ithez de B.
Berczeny (SU, bei Uschgorod, m. Bercsényfalva, heute?) s. Emericus B.
Bereck s. Breţcu
Bereg, Komitat, s. comes Paulus Arthandy
Beregzo s. Bîrsău
Berettyóújfalu (H) *1285:* 5a, 8a, *1392:* 45a

Bereztelke s. Bretzdorf
Bergamo, Pergheim (I) *1523:* 781
Berlad, Barlad (r. Bîrla, m. Berlád), s. Petrus B., Petrus Feyr (= Weiß)
Berchieşu (m. Berkenyes) *1529:* 1131
Besenyő, Bessenew s. Valea Izvoarelor, Heidendorf; (Welches?) s. Johann Doczy de B.
Bethlen, Bethlem, arx, castrum, oppidum Bettlen (r. Beclean, m. Betlen): *1513:* 567, *1518:* 648a, *1527:* 1010, *1538:* 1370, *1540:* 1451, 1453, 1464, 1467; *1541:* 1494, *1542:* 1575, *1543:* 1641, *1544:* 1721, *1546:* 1775, *1547:* 1827, *1548:* 1866, 1873, 1893, *1553:* 2190, 2192–2200, 2202/03, 2205/06, *1556:* 2290, *1562:* 2716, *1567:* 3178, 3202, *1568:* 3288, *1569:* 3367, 3444, *1570:* 3514, 3554, 3612; s. Alexius, Dominicus, Gregorius, Johannes, Nicolaus, Wolfgang de B.; Richter: Philipp Thonty; Kastellane: Franciscus Bornemyza, Thomas Dobay, Franciscus Kazony, Blasius Toldalagy
Betlenovce, Bethlenfalva (Slow./Zips) s. Alexius Thurzo de B.
Bicălatu, Bykol (m. Magyarbikal) s. Johannes Bykli de B.
Biertan s. Birthälm
Bihor, Bihar, Komitat: *1203:* 1, *1342:* 15, *1355:* 26, *1356:* 27, *1406:* 50a
Bykol s. Bicălatu
Bildegg, Belthewk, Beltez (r. Beltiug, m. Krasznabéltek) S. Bartholomaes Draghfy de B., Frater Matheus de B.,
Billak, Bilak (auch Attelsdorf, r. Domneşti, m. Bilak) *1510:* 538; Grundherren s. Johann Farkas de Harinna, Fabian Eyb aus B

Bîrcea, Barcha (m. Barcsa) s. Antonius, Gaspar, Paul de B.
Bîrgău s. Borgo
Birk, Pethelye (r. Petelea, m. Petele) *1431:* 78a, *1527:* 1020, *1540:* 1474, *1567:* 3115, s. Andreas B.
Birkenau, Birkenaw, Nyirmező (r. Feldru, m. Földra): *1527:* 1026, *1543:* 1666, *1546:* 1807, *1547:* 1815, 1832, *1549:* 1943, 1946, s. Vaszy (= r. Vasile)
Bîrla s. Berlad
Bîrlea, Olnod (m. Onok), s. Ambrosius Sarkan de O.
Bîrsău, Beregzo (m. Berekszó; heute zwei Orte) s. Christoph Hagymassy de B.
Birthălm, Byrthalom (r. Biertan, m. Berethalom) *1530:* 1208, s. auch Barut; Martinus de Byrthalben
Bistriţa, s. Goldene Bistritz, Fluß; Bistritz
Bistritz, Bistricia, Bysturche, Beztercze, Nosna, Nosenn, Nöszen, Nossen (auch Nösen, r. Bistriţa, m. Besztercze) nicht notiert, da überwiegend betroffen, s. auch Aussteller-, Sach- und Personenregister
Blăjenii de Jos s. Nieder-Blasendorf
Blăjenii de Sus s. Ober-Blasendorf
Blumendorf, Belen (r. Belin, m. Bölön) *1529:* 1191
Bodendorf (r. Buneşti, m. Szászbuda) *1501–1525:* 401a
Bodofalva (Welches?) s. Franciscus de Pomaz et de B.
Bölön s. Blumendorf
Bösing (Slow. Pezinok, m. Bazin) s. Peter, Graf v. St. Georgen u. B.
Bogeschdorf (r. Băgaciu, m. Szászbógacs) *1569:* 3357, s. Paul Valtenn

Boythor s. Buituri
Bologna (I) *1564:* 2882
Bongard s. Baumgarten
Bonţ, Boncz-Nyires (m. Boncnyires) *1526:* 863, 887
Bonţida, Bonczyhyda (m. Bonchida), Zollstelle, Marktort: *1469:* 208, *1484:* 321, *1525:* 816, *1546:* 1779, 1788, *1553:* 2170, *1555:* 2261, *1569:* 3452, *1570:* 3524, 3536, s. Nicolaus Banffy Lossonczy de B.
Bood s. Boteni
Borczest, Borczevt s. Breaza de Sus
Borgo, Bwrgo, Burgo (r. Bîrgău, m. Borgo; Die Einteilung in Unter- und Oberborgo entspricht nicht den heutigen Orten Josenii und Susenii Bîrgăului!): *1506:* 470–72, *1530: 1227, 1531:* 1258, *1535: 1317, 1538:* 1366, *1542:* 1559, 1561, 1567, 1569, 1571, 1575, *1543:* 1620, 1624, 1629, 1634, 1634, 1642, 1648, *1547:* 1846, 1848, *1548:* 1907, *1549:* 1919, 1928, 1938, *1550:* 1964, 2017, *1552:* 2126, 2131/32, 2139–41, 2150–53, 2160, *1553:* 2175, 2210, *1554:* 2234, *1555:* 2237, 2249, 2249a, 2255, 2261, *1556:* 2300, *1557:* 2318, 2340, 2359, 2381, *1558:* 2430, 2472, *1559:* 2557, *1560::* 2624, 2634, *1561:* 2645, 2690, 562: 2792, *1564:* 2919, *1566:* 3056, 3061, 3100, *1567:* 3153, 3233, *1568:* 3267, *1569:* 3404, *1570:* 3524, 3551, 3570; Grundherren: Bethlen, Apafy, Stadt Bistritz; s. Iwon, Gelaszyn, Langa Floyra, Theodor
Borşa (m. Kolozsborsa) *1469:* 207, 569: 3436
Borzás s. Bozieş
Boteni, Bood (m. Botháza), s. Jo-

hann B.
Botoşani, Botuschan, Botusan, Bothozan, Botosan (Mold.) *1528:* 1048, *1529:* 1167, *1531:* 1238, *1546:* 1789, *1552:* 2147, *1557:* 2335
Botsch (r. Batoş, m. Bátos) s. Matheus Schuler
Bozieş, Bozzyas, Borzas (m. Magyarborzás) *1568:* 3334, s. Franz, Georg, Nicolaus, Peter B.
Brandeis (Böhmen, Brandýs nad Labem o. B. nad Orlici) s. Johann Giskra de B.
Braşov s. Kronstadt
Brateiu s. Pretai
Bratislawa s. Preßburg
Braunau/Inn (A) s. Hanns u. Balthasar Schwartzhartsperger
Breaza s. Bretzdorf
Breaza de Sus, Borczest, Borczevt (früher Porcescu, Buk.) *1568:* 3332, *1569:* 3352/53 s. Andreka, Juon
Breţcu, Bereck *1557:* 2332, 2337
Bretzdorf, Bereztelke (r. Breaza, m. Beresztelke) s. Bernardus Bánffy de B.
Brîncoveneşti s. Wetsch
Brno s. Brünn
Broos, Bross, Zazwaros (r. Orăştie, m. Szászváros) *1224:* 2, *1468:* 195, *1521:* 728, *1528:* 1075; Stuhl: *1488:* 342
Brünn (Mähren, Brno) *1469:* 202, *1475:* 275
Buda s. Vechea o. Ofen
Budacu de Jos s. Deutsch-Budak
Budacu de Sus s. Rumänich-Budak
Budahaza (Slow. Heute?) s. Stefan B.
Budak s. Deutsch-, Rumänisch-B.
Budeşti, Klein-Budak

Bükkösd s. Fäget
Buia s. Bell
Buituri, Boythor (m. Bujtur) s. Nicolaus de B.
Bulkesch, Bolkach, Bolkacz (r. Bălcaciu, m. Bolkács) *1471:* 232a, *1555:* 2246, s. Paul B.
Buneşti, Zenth Gyergh (m. Széplak, früher Szentgyörgy) S. Bartholomeus de Z. – s. Bodendorf
Bungard s. Baumgarten
Burgberg b. Winz (r. Vurpăr, m. Borberek) *1529:* 1120
Burghalle (r. Orheiu Bistriţei, m. Óvárhely) s. Gregor Mattyas
Burzenland (r. Ţara Bîrsei, m. Barcavidék) *1529:* 1189
Buza, Bwza, Marktort: *1470:* 225, *1484:* 321, *1528:* 1068, *1543:* 1656, *1551:* 2044, *1563:* 2812, *1568:* 3293, 3314, *1569:* 3449, 3463, *1570:* 3502, 3518, 3520; Offiziale: Thomas Kys, Matheus Nagy.

C

Caila s. Köllndorf
Calna, Kalna (m. Kálna) s. Andreas, Georg K.
Căluşeri, Kal (m. Felsőkapolna) S. Wolfgang Bornemyzza de K.
Caransebeş, Charanscheb, (m. Karánsebes) *1540:* 1444/45
Căpuşu de Cîmpie, Kapos (m. Mezőkapos) *1510:* 529
Cegléd, Czegled (H) *1519:* 671, 677
Cehu Silvaniei, Cheh (m. Szilágycseh) *1525:* 852, s. Georg, Johann Ch.
Cenade s. Scholten
Cepari s. Tschippendorf

Cergău Mare s. Groß-Schergied
Cetatea de Baltă s. Kokelburg
Chaba s. Csaba
Cha(a)k s. Tschakowa
Chanad s. Pădureni
Cheeb s. Cseb
Chege s. Ziegendorf
Chegew s. Țaga
Cheh s. Cehul Silvaniei o. Panticeu
Chendu Mic, Kyskendt (m. Kiskend) s. Franz Baladfy de K.
Chepeț, Kopecz (m. Köpec) s. Thomas K.
Cheresig, Kereztzeg (m. Körösszeg) s. Emericus, Ladislaus de K.
Chereușa, Kewres (m. Érkörös) s. Franz K.
Chyreny s. Cserin
Chezchwe s. Cisteiul de Mureș
Chidea, Kyde (m. Kide) s. Laurencius Illyes de K.
Chiger, terra, s. Tschiger
Chimindia, Kemynd (m. Kéménd) s. Stefan Litteratus de K.
Chintelnic s. Kinteln
Chioar, Köwar (m. Kővár), Burg u. Distrikt *1562:* 2734, *1567:* 3145/46, 3151, 3153/54, 3157/58, 3166, 3171, 3178, *1568:* 3295; Präfekten: Blasius Bagothai, Johann Horwath
Chyomma = Csoma (Welches?) s. Christoph Ch.
Chyps (Zips?) *1545:* 1749
Chodec (PL) s. Palatin Otta de Ch.
Chongwa s. Uioara de Jos
Chotin, Hüthyn (SU, r. Hotin) s. N[e]agoy, Porkolab v. H.
Chust, Hwszt, Hwzth (SU, m. Huszt) *1329:* 13, *1479:* 305, *1531:* 1252, *1546:* 1783, 1793, *1547:* 1819, 1821, *1549:* 1937, *1550:* 1989, 1995, *1551:*
2065, *1557:* 2336, 2346, *1559:* 2511, *1560:* 2530, *1561:* 2662, *1562:* 2755, 2788, *1563:* 2839, *1564:* 2933, 2940, 2978, *1567:* 3110, 3122, 3126, 3128, 3131, 3155, *1568:* 3250, 3304, *1569:* 3438, *1570,* 3482/83, 3511, 3568, 3575; Burgpräfekten: Johann Desewffy, Thomas Makay, Benedictus Zalay, Franz Nyakazo.
Ciacova s. Tschakowa
Ciceu (m. Csicsó), Burg, Grundherrschaft *1551:* 2064, *1561:* 2645, *1562:* 2788; Beamte: Christoph Arros, Simon Dragczin, Simon Iely, Ladislaus, Georg Nagh, Peter Poztolnik, Michael Thomesiati, Thomas, Johann Varanchyan
Ciceu-Mihăiești, Mihallfalwa (m. Csicsómihályfalva) *1542:* 1595, *1570:* 3497; Grundherr: Ladislaus Gywlafy
Cîlnic s. Kelling
Cîmpulung Moldovenesc s. Kimpolung
Cîmpulung la Tisa, Hozzumezeo (m. Hosszumező) *1329:* 13
Cincșor s. Klein-Schenk
Cincu s. Groß-Schenk
Cîrțișoara, Uj-Kercz, Wy-Kerch (r Oprea-, o. Streza-, m. Opra- o. Strezakercisora) *1570:* 3614
Cisnădie s. Heltau
Cisteiul de Mureș, Chezthwe (Magyarcsesztve) S. Michael Barolasy de Ch., Vincenz Somoghy de Ch.
Ciugudu, Füged, s. Johann F.
Ciumbrud, Chombord (m. Csombord) *1551:* 2095
Cluj-Mănăștur s. Koloschmonostor
Cluj-Napoca s. Klausenburg
Codor, Kodor s. Blasius, Jacob K.

Coleşer, Keleseer, Kwleser (m. Kölcsér), Weiler b. Salonta, s. Barnabas de K.
Comlod, Komlod (m. Komlód) *1557:* 2362, *1568:* 3311/12 s. Ursula K.
Copăceni, Koppand (m. Maroskoppánd) S. Gregorius K.
Copalnic, Szurdok-Kapolnok (m. Szurdukkápolnok), Grundherren: Johann, Lucas Miklie
Coplean, Kaplyan (m. Kapjon) *1554:* 2230
Copşa Mică s. Klein-Kopisch
Corneşti, Kend (m. Szarvaskend) s. Franciscus, Gallus, Ladislaus, Michael de K.
Corneşti, Som[o]sd s. Stefan Nagh de S.
Coroiu, Korod (m. Kóród) s. Andreas K.
Corunca, Koronka, s. Thomas Myhalffy de K.
Coşbuc, Hordo (m. Hordó) *1547:* 1831, Orthodoxes Kloster: *1532:* 789
Cotnari, Kottnersberg (auch Kotnar, Mold.) *1556:* 2991, s. Thamasch, Gräf, Stefan Treyber
Covasna, Kowazna (m. Kovászna) s. Martin Mihalcz
Crainimăt s. Baierdorf
Cremenea, Kemen (m. Keménye) s. Balthasar, Johann, Peter, Stefan K.
Criş s. Kreisch
Chrisfalwa s. Jasina
Christian s. Großau
Cristuru Secuiesc s. Ungarisch-Kreutz
Cristur-Şieu s. Kreutz
Csaba, Chaba (Welches?) s. Andreas Ch.
Csanád s. Scholten

Cseb, Csöb, Chebb (Welches?) s. Melchior Pogan de Ch.
Csepa, Chepa (H, Kom. Szolnok) s. mag. Barnabas de Ch.
Csepán s. Tschippendorf
Cserin, Chyereny (Slow. b. Neusohl, m. Cserény) s. Balthasar, Stefan Ch.
Csicsó, s. Ciceu
Csicsó-Keresztur s. Ciceu (Gemarkung Cristeştii Ciceului)
Csik, Szeklerstuhl *1529:* 1110
Csombord s. Ciumbrud
Csúcs s. Stîna de Mureş
Cutca, Kötke, Keotke s. Michael knezio de K.
Cuzdrioara, Kozarwar (m. Kozárvár) s. Ladislaus K.
Czege s. Ţigău
Czegeu, Czegew s. Zagendorf
Czegléd s. Cegléd

D

Dăbîca, Doboka s. Franz D.
Daia s. Denndorf
Dálya (Welches?) *1562:* 2761–63
Deaj, Deesfalwa (m. Désfalva) s. Andreas Selky de D.
Debrecen, Debre(c)zin (H) *1541:* 1516, *1543:* 1635, *1565:* 3003, *1568:* 3322
Debren s. Dobrin
Decea, Deche (m. Marosdécse) s. Paul D.
Dedrad s. Deutsch-Zepling
Deesch, Deés (auch Burgleß, r. Dej, m. Dés) *1443:* 111, *1471:* 234, 242, *1473:* 257, 258, *1481:* 310 *1489:* 346, *1502:* 402, *1503:* 419, *1507:*

476, *1509:* 1501/02, *1519:* 674, *1522:* 748, *1526:* 875, *1527:* 997, 1010, 1016, 1022/23, *1528:* 1080/ 81, *1529:* 1118, 1194, *1530:* 1215, *1531:* 1256, *1536:* 1319, 1322, 1329, *1537:* 1351, *1540:* 1447, 1455, *1542:* 1760, 1764, *1548:* 1882, *1550:* 2001, 2004/05, *1551:* 2031, 2040, *1554:* 2220, *1555:* 2238, *1557:* 2329, 2345, *1558:* 2383, *1560:* 2607, *1562:* 2711, 2721, 2724, 2737, 2776, *1563:* 2842, 2855, *1564:* 2872, 2880, 2884, 2943, *1565:* 3020, 3024, *1566:* 3097, *1567:* 3111, 3118, 3141, *1568:* 3234, 3236, 3243, 3269, 3300/01, 3309, 3325, *1569:* 3351, 3380, 3401, 3405, 3412, 3456, *1570:* 3488, 3537; Salzkammerbeamte: Dominicus Propst; Johann Dobay, Albert Fodor, Stefan Irk, Petrus Janhas, Martin Literatus de Lyppa, Johann u. Petrus Literatus, Paulus Mwrany, Christoph Nagh, Valentinus de Orozthon, Paulus Podwynyay, Nicolaus Sallay, Nicolaus de Sarlo, Petrus Zenthgerghy; Richter: Nicolaus Seryeny, Clemens Zalay, Gregor Zygyarto; Kirchenväter: Thomas Pellio, Elias Som.

Deesfalwa s. Deaj

Deeshaza s. Deja

Dej s. Deesch

Deja, Deeshaza (m. Désháza) s. Stefan D.

Delureni, Mező-Újlak (m. Mezőújlak) *1570:* 3478, Richter: Georg Thar

Demeter, Kis- s. Waltersdorf

Demeter, Nagy- s. Mettersdorf

Dengeleg s. Livada

Denndorf, Dalya (r. Daia, m. Szászdálya) Großbrand *1523:* 787

Ders s. Dîrju

Deutsch-Budak (r. Budacu de Jos, m. Szászbudak) *1506:* 468, *1548:* 1903; s. FN Budaker; Georg Cheppen, Pfarrer: Andreas Irenaeus

Deutschendorf, Poprad (Slow., Zips,) s. Lucas Fabinus

Deutsch-Weißkirch (r. Viscri, m. Szászfehéregyháza) *1501–1525:* 401a

Deutsch-Zepling (r. Dedrad, m. Dedrát) s. Antonius, plebanus

Deva, oppidum Dewa (d. auch Diemrich, m. Déva) *1511:* 547, *1514:* 584, *1527:* 959–61, 971, *1528:* 1057, *1532:* 1265/66, *1542:* 1552, *1546:* 1776, *1550:* 2007, *1551:* 2068, *1552:* 2146; Präfekt: Marcus Oseczky

Devecser s. Diviciori

Dicső-Szentmárton s. St. Martin

Dyemes s. Dömös

Diemrich s. Deva

Dienesdorf, Sajo-Udvarhely (r. Şieu-Odorheiu, m. Sajóudvarhely) *1558:* 2430, s. Lucas Zekell de S.

Dymburg s. Dürnburg

Diod s. Stremţ

Diósgyőr (H) *1432:* 79

Dipşa s. Dürrbach

Dîrjiu, Ders (m. Székelyderzs) s. Benedictus D.

Diviciori, Devecser *1562:* 2705

Diznajo s. Gassen

Dnjestr, Fluß (SU r. Nistru) *1559:* 2517

Doba Mare o. *Mică*, Doba (m. Kis-, Nagydoba) s. Johann, Thomas D.

Doboka, Dorf s. Dăbîca; – Komitat: *1472:* 251, *1527:* 1012, *1542:* 1566, 1584, *1549:* 1919, *1551:* 2109, *1552:*

2132, 2136/37, *1553:* 2175, *1563:* 2828, *1564:* 2891, 2908, *1565:* 3018, 3022, 3026, *1570:* 3562; Comites: Michael Gywlay, Franz Iklodi; Richter, Beamte: Johann Bood, Fabian Doby, Laurencius Illyes, Gallus de Kend, Nicolaus More, Stefan Nagh, Christoph Possa, Janos Walazwty; Archidiaconus: Paulus Abstemius.
Dobra, s. Stefan D.
Dobrin, Debren, *1543:* 1635
Docz (H, m. Dóc, Gemeinde Sövényháza b. Szeged) s. Johann D.
Dömös, Dyemes (H, Kom. Gran) s. Ladislaus D.
Dörnen, Thewys, Tövis (r. Teiuş) *1456:* 138, *1540:* 1460, *1567:* 3238 s. Lucas Duerner(?), Georg Pop, Orthodoxer Bischof
Domneşti s. Billak
Donau, Thona, Fluß *1541:* 1480
Dorna (-Watra, r. Vatra Dornei, Buk.) *1568:* 3331
Dorolea s. Klein-Bistritz
Dorozlo s. Drauţ
Draas (r. Drăuşeni, m. Szászdaróc) *1224:* 2
Drauţ, Dorozlo (m. Drauc, Doroszlofalva) s. Andreas D.
Drau, Drawa, Fluß, Region, s. Johann, Nicolaus D.
Dürrbach, Dypse, Dypscha (r. Dipşa, m. Dipse) *1452:* 132, *1469:* 201, *1472:* 250, *1475:* 277, *1496:* 385, *1525:* 808/09, *1526:* 881/82, *1528:* 1046, *1552:* 2134, 2136, *1557:* 2386–88, *1560:* 2605, *1563:* 2800, *1564:* 2885; Plebane, Pf.: Magister Caspar, Johann Thermann, Paul Brandscher; Einwohner Andreas Dyffner, Jakob Weydent.
Dürnburg, Dymburg (Slow., Dimburk) *1565:* 3007
Dumbrăveni, s. Elisabethstadt
Dumbrăvioara s. Scharberg
Dumitra s. Mettersdorf
Dumitriţa s. Waltersdorf
Dupuş s. Tobsdorf
Durostor s. Silistra

E

Ederholz, Hederfa, Hederfaya (r. Idrifaia, m. Héderfája) *1512:* 563, *1515:* 597: s. Stefan de H., Leonardus Barlabassy de H.
Eger s. Erlau
Egeres s. Aghireşu
Egyed, Egeg (Weiler b. Diosig) s. Franciscus, Thomas de E.
Eibsche Wiese s. Mönchswiese
Eisch, Ews, Eos (r. Fîntînele, m. Szászújős) *1540:* 1440, *1566:* 3064; Grundherren: Johannes, Lazar, Mathaeus, Nicolaus Jankaffy de E, Nicolaus de E.; Einwohner: Leonhard Pintiger.
Eisenmarkt, Hwnyad. Hunyad (r. Hunedoara, m. Vajdahunyad) *1536:* 1320, *1539:* 1408(?) *1541:* 1521, *1569:* 3350; s. Johannes de H.; Kastellan: Johann Geréb
Eisernes Tor, Waskapw (r. Poarta de Fier, m. Vaskapu; Grenze zum Banat) *1527:* 968
Elekes s. Alecuş
Elisabethstadt, Ebesfalwa (d. auch Epeschdorf, r. Dumbrăveni, m. Erzsébetváros) *1543:* 1629, *1564:* 2931, 2935

Engelsberg, Englspurg (SU bei Stryj, heute?) s. Peter Netchy, Netsch de E.
Enyed s. Groß-Enyed
Endryd s. Andrid
Eorke s. Urca
Eperjes s. Preschau
Érd (H, Kom. Fejér) *1521:* 729
Erdeed, Erdeod, Erdőd (r. Ardud) *1509:* 500, *1565:* 3004/05, 3007, 3011, 3013
Erdő-Szengyel s. Sîngeru de Pădure
Erdőtelke, Erdewthelke (H, Kom. Heves) s. Thomas de E.
Erked s. Arkeden
Erlau (H, m. Eger) *1468:* 193, 196, *1469:* 203; Propst: Philipp More
Ernei, Ernye (m. Nagyernye) s. Georg, Stefan E.
Es(s)en s. Bistritz
Esseg, Ezeek, Ezeek, Ezyk (YU, Osijek, m. Eszék) s. Adam Literatus, Johann de E.
Etzel s. Hetzeldorf
Esztergom s. Gran
Ezeck, Ezeek, Ezyk s. Esseg

F

Făgăraş s. Fogarasch
Farnos s. Sfăraş
+ *Fattendorf,* Fatha, Fat(t)a (heute zu Mettersdorf, Treppen gehörig) *1366:* 40, *1412:* 56, *1414:* 65, *1418:* 71, *1429:* 77, *1433:* 81, 82, *1434:* 83, 84, *1435:* 88, 89, *1443:* 112, *1446:* 117, *1448:* 119–21, *1449:* 122–24, *1451:* 125–30, *1452:* 131, *1486:* 327, *1514:* 588, Zehnter: *1542:* 1584, *1570:* 3518, s. FN Fat[t]enderber

Făget, Bykesd, Bükkösd (m. Oláhbükkös) *1533:* 1279
+ *Fedemes* (H, Kom. Pilis) *1484:* 318/19, 322
Feyereghaz s. Weißkirch
Feyerwar (Welches?) s. Ambrosius F.
Feisket, Fwzkwth, Füszkugh (r. Sălcuţa, m. Füzkút) *1353:* 21–24, *1521:* 699, *1522:* 743/44, 752, 755, *1523:* 775, 777, 779, 788, *1549:* 1929, 1931, *1551:* 2022, 2052, 2095, *1557:* 2313, *1566:* 3071, *1569:* 3452, *1570:* 3552; Grundherren: Michael Apaffy de Apanaghfalu, Georg de Bozzyas, Dominicus Porcolab de Bongard, Wwe. Justina, Johann Thabiassy de Etzel, Michael de Zob; Ortsgräfen: Gallus Potsch, Stefan Stolcz.
Feldiod s. Geoagiu
Feldru s. Birkenau
Feleghaz s. Roşiori
Felsőborgo s. Borgo
Felsőbánya s. Mittelberg
Felsewysso s. (Ober-) Wischau
Fenisch (r. Floreşti, m. Szászfenes) s. Pleban Petrus
Fewldwar (= Földvár, welches?) s. Valentinus de F.
Figa, Fyge (m. Füge) s. Benedictus de F.
Filpişu Mic s. Klein-Phlepsdorf
Fîntînele s. Eisch
Florenz (I) s. Rason Wontemp, Peter Pytis alias Mortalin
Floreşti s. Fenisch
Fodora, Fodorháza s. Albert Hwsar de F.
Földra s. Birkenau
Fogarasch (r. Făgăraş, m. Fogaras) *1503:* 425, *1536:* 1324, *1537:* 1348,

1538: 1362, *1539:* 1393, *1540:* 1446, *1551:* 2106, *1568:* 3296; s. Johann Literatus de F.; Kastellan: Paul Thomori; Distrikt: *1503:* 425, *1509:* 507
Folt *1558:* 2453, *1568:* 3298
Frankreich, Könige: *1543:* 1612, *1558:* 2420
Frauenbach, Rivulo Dominarum, Rywlodominarum, Vngerische Newstat (später d. Ungarisch-Neustadt, r. Baia Mare, m. Nagybánya) *1412:* 53, *1457:* 140, *1471:* 236, *1475:* 287a, 397, *1492:* 369, *1504:* 440, *1505:* 447, 456, 460, 462, *1506:* 466, *1507:* 475, *1510:* 523/24, *1521:* 733, *1522:* 746, 751, 756, *1526:* 873, 884, *1527:* 935, 944, 1028, *1531:* 1237, 1239, *1549:* 1936, *1557:* 2324, 2349, *1559:* 2489, *1560:* 2608, *1562:* 2692, *1563:* 2838, 2867, *1564:* 2982, *1567:* 3124, 3151, 3155, 3221; Beamte d. Goldeinlösungskammer: Thomas Francisci, Christian Henningk, Ambrosius Literatus, Georg More; kgl. Kastellan: Paul Bank, Richter: Valentin Coloswary, Thomas Go[e]bel; Bürger: Jirgk Kayser, Andreas Schierburger, Apotheker, Sophia, Stefan Fleischerin u. a.
Frata, Fratha (m. Magyarfráta) *1567:* 3199, s. Gregorius Fr.
Füged s. Ciugud
Fünfkirchen, Quinqueeclesiis (H, Pécs) Bischof: *1468:* 194, s. Paulus Abstemius, Johannes de Ezeck
Fürstenberg, Hidweg (r. Hăghig, m. Hidvég), S. Nemes de H.
Füzkút s. Feisket
Fughiu, Fwd (m. Fugyi), s. Blasius F.

G

Gădălin, Kőtelend *1509:* 514, *1521:* 708
Galacz, Galaţii Bistriţei s. Heresdorf
Galda de Jos, Gald (m. Alsógáld) s. Benedictus Literatus de G.
Galfalva s. Găneşti
Galtiu, Galthew (m. Gáldtő) s. Matheus de G. Stefan Bwday de G.
Găneşti, Galfalwa (m. Vámosgálfalva) s. Johann Wancha de G.
Garany s. Hran
Garazdovka s. Guth
Gassen, Diznajo (r. Vălenii de Mureş, m. Disznájo) *1567:* 3168, s. Balthasar, Ludwig, Nicolaus Patochy de D.
Geaca, Gyeke *1567:* 3228, *1568:* 3260, 3266, *1570:* 3561, s. Nicolaus Wysseleny de G.
Gengews s. Gyöngyös
Gerend s. Luncani
Gerewmonostra s. Mînăstireni
Geoagiu de Sus, Feldiod (m. Felgyógy) *1562:* 2723, s. Orthodoxer Bischof Zawa; Georg Wyzaknay de F.
Gernyeszeg s. Kertzing
Gheorgheni, Gewrgfalwa, Gyerfalwa (m. Györgyfalva) *1448:* 120, s. Blasius Henke de G. Johannes de G.
Gherend s. Luncani
Gherla s. Neuschloß
Ghinda s. Windau
Ghirolt, Gyroth (m. Girolt) s. Wolfgang Lwpsay de G.
Gyalu s. Gilău
Gyarmath (Welches?) s. Emerich, Melchior, Sophia Balassa de Gy.
Gyeke s. Geaca

Gyerfalwa s. Gheorgheni
Gyergyó, Gergyo, Szekler Filialstuhl (r. Gheorgheni) *1529:* 1110, s. Franciscus, Johann Lazar de G.
Giläu, Gyalw, Gyalu *1471:* 237, *1503:* 428, *1526:* 876, *1531:* 1236, *1536:* 1317, *1539:* 1408, *1542:* 1606, 1608, *1543:* 1614, 1619, 1625/26, 1669, 1676, 1678, 1680/81, 1687, *1545:* 1751/52, *1548:* 1871, 1883, 1894, 1898, 1901, 1905, *1553:* 2204, *1555:* 2236, 2260, *1560:* 2628, *1562:* 2730–32, 2736, 2738, 2742, 1569: 3383, s. Ladislaus Was de G.; Kastellan Paul Tompa; Hofrichter: Ladislaus Araklyany.
Gyöngyös Gengews (H, Kom. Heves) s. Petrus G.
Győr s. Raab
Györgyfalva s. Gheorgheni
Gîrbou, Gorbo (m. Csákigorbó) *1545:* 1755, 1758, *1546:* 1760 s. Caspar Dragffy de G.
Gîrbova s. Urwegen
Gyroth s. Ghirolt
Giula, Gywla (m. Kolozsgyula) *1568:* 3295, s. Johannes, Martin Literatus, Michael de G.
Giuleşti, Gywlafalw (m. Máragyulafalva): Wwe des orthodoxen Popen *1559:* 2529
Gladen, (r. Gledin, m. Gledény) *1567:* 3168
Glodeni s. Scharpendorf
Görgen, Gewrghen, Gerghen (r. Gurghiu, m. Görgény), Burg, Salzkammer, *1488:* 335, *1498:* 389, *1501:* 401, *1502:* 406, *1509:* 514, *1514:* 587, *1527:* 1019, *1540:* 1449, 1452, *1559:* 2490, 2494, 2497, 2505, 2525, *1560:* 2613, *1561:* 2667, *1562:* 2765, 2769, *1567:* 3101, 3115, *1568:* 3253, 3318, *1569:* 3355, 3442, *1570:* 3693; Burgbeamte: Georg Aknay, Johann Barany, Blasius, Michael Literatus de Coloswar, Lucas Crainik, Daniel Desy de Warfalwa, Melchior Margay, Ludwig Mwthnoky, Peter Palasti, Paulus de Zylagzegh.
Goldene Bistritz, Fluß i. d. Mold. (r. Bistriţa Aurie) *1529:* 1192
Gorbo s. Gîrbou
Goreni s. Ungarisch-Zepling
Corneşti s. Kertzing
Gran, Strigonium (H, Esztergom) *1509:* 518, *1526:* 893, 922, *1527:* 930, 937, 943, 998; Erzbischöfe: Thomas, Ladislaus
Großau (r. Cristian, m. Kereszténysziget) 1527: 942
Groß-Eidau (r. Viile Tecii, m. Kolozsnagyida) *1492:* 363, 365, 368, *1505:* 452, *1521:* 706, *1551:* 2106, *1557:* 2313; Grundherr: Comes Thomas de Nadasd
Großendorf, Naghfalu, Királynagyfalva (r. Mărişelu, m. Sajónagyfalu) *1465:* 177, *1567:* 3172; s. Stefan Warga
Groß-Enyed, Enyed maioris, Engetten, Engedinum (d. auch Straßburg/Mieresch, r. Aiud, m. Nagyenyed) *1445:* 137, *1478:* 304, *1488:* 334, *1503:* 429, *1522:* 753/54, *1528:* 1057, 1086, *1529:* 1175, *1538:* 1390, *1539:* 1426, *1544:* 1717, 1730, 1732, *1551:* 2039, 2054, 2059, 2062, *1555:* 2241, *1560:* 2566, *1567:* 3218, *1568:* 3272; Kastellan Georg; s. Adrianus Wolphardi de E.
Groß-Lasseln (r. Laslea, m. Szász-

szentlászló) Großbrand *1523:* 787
Groß-Lodges, Naghlwdas, Ludas (r.
Ludoş, m. Nagyludas) *1551:* 2105,
2107/08
Groß-Probstdorf, Naghekemezew (r.
Tîrnava, m. Nagyekemező) *1529:*
1158, *1544:* 1723, *1548:* 1865
Groß-Rebra (r. Rebra, m. Nagyrebra)
s. Einwohner Mayroch
Groß-Schenk (r. Cincu, m. Nagysink)
Großbrand *1523:* 787; Stuhl: *1551:*
2110; Pfarrer Michael Cuntz
Groß-Schergied, Chergewd (r. Cergău
Mare, m. Nagycserged) *1564:* 2916
Groß-Schogen, Nagh Schayo, Sayo (r.
Şieu, m. Nagysajó) *1504:* 438,
1511: 550, *1529:* 1184, *1549:* 1948/
49, *1550:* 2015, *1560:* 2603, *1562:*
2759, *1565:* 3010, *1567:* 3194, *1568:*
3266, *1569:* 3354, 3414, 3418, 3462,
1570: 3481, 3510, 3512, 3529, 3539,
3549, 3557, 3587, 3591, 3598, 3609;
Grundherr Christoph Hagymassy;
Offiziale: Lucas Chewy, Lucas
Horwath, Michael Inaky de Kysbudak; Einwohner Ladislaus Nyffling, Laurencius Zabados
Großwardein, Waradinum (r. Oradea,
m. Nagyvárad) *1203:* 1, *1261:* 3,
1262: 4, *1272–1289:* 4a, *1285:* 5a,
1286: 6, *1297:* 8a, *1322:* 11, *1323:*
12, *1342:* 15, *1355:* 26, *1361:* 35,
1392: 45a, *1397:* 45b, *1406:* 50a, 51,
51a, *1476:* 289–91, *1477:* 296a, 299,
1478: 300/01, *1481:* 312, *1488:* 341,
1492: 356, 361, 370, *1526:* 884,
1527: 928, 1009, *1536:* 1321, 1327,
1337, *1537:* 1339, 1343, *1540:* 1438,
1441, 1475, *1542:* 1578, *1543:* 1622,
1679, *1549:* 1920, *1551:* 2027, 2031,
1566: 3081, 1086/87, 3089, *1568:*
3228, *1569:* 3390, 3408, 3426, 3430,
1570: 3503, 3513, 3550, 3563, 3567,
3585 3608, 3610; Bischöfe: Bartholomeus, Dominicus, Emericus, Georg Martinuzzi, Lodomerius;
Propst Georg; s. auch Johann, Simon W.
Gurghiu s. Görgen
Guth, Gwt (SU, Garazdovka, m. Gút)
s. Michael Orszag de G.

H

Hadad (d. auch Kriegsdorf, r. Hodod)
1562: 2791. 2793, *1564:* 2953, Zerstörung Burg Hadattwar *1564:*
2961
Häghig s. Fürstenberg
Hagymas (Welches?) s. Christophorus
H.
Halabor (SU, bei Beregowo, Heut.
ON?, m. Halábor) S. Paul H.
Harinna s. Mönchsdorf
Hărman s. Honigberg
Haseldorf, Monyoro (r. Aluniş m.
Magyaró) *1562:* 2785, *1567:* 3182,
1568: 3265, *1570:* 3602; Grundherr: Paul Bánffy Lossoncsy de M.
Hatzeg, Distrikt (r. Ţara Haţegului,
m. Hátszeg) *1526:* 919a, *1527:* 968,
1528: 1075
Hatvan (H, Kom. Heves) *1527:* 999
Hawad s. Neaua
Hawasalffeld s. Walachei
Hederfa(ya) s. Ederholz
Hédervár (H, Kom. Raab) s. Laurencius de H.
Heidendorf, Hedendorff, Beschenew
(r. Viişoara, m. Besenyő) *1494:*
380, *1501:* 400a, *1534:* 1596, 1603,

1544: 1714, *1555:* 2251, *1557:* 2363, *1559:* 2555, *1567:* 3123, 3194; Brände *1523:* 787, *1557:* 2331, 2374; Pleban Stefan Repser, Pfarrer Adam Pomarius; Einwohner: Petrus Greb, Josa, Franciscus Mezaros (m. = Fleischer), Paulus Nyerges (m. = Sattler)

Heltau (r. Cisnădie, m. Nagydisznód) *1569:* 3386, *1570:* 3558; Pf. Albertus

Hereclean, Araklyany (m. Haranklán) s. Ladislaus H.

Herencsény, Herencheny (H, Kom. Nograd) s. Johann H. de Zagor

Herend (H, Kom. Wesprim), s. Nicolaus de H.

Heresdorf, Galacz (r. Galaţii Bistriţei, m. Galac) *1463:* 163, *1510:* 531, *1557:* 2330, *1567:* 3190, *1568:* 3290; Grundherren: Balthasar, Benedict, Gaspar, Gregor, Johannes, Ladislaus, Laurencius, Stefan, Thomas de G.

Herina s. Mönchsdorf

Hermannstadt, Cibinium, Hermanstadt, Hermestath (r. Sibiu, m. Nagyszeben) *1366:* 38, *1465:* 179, *1467:* 184, *1470:* 218, 222, 226, *1471:* 228–30, 232a, *1473:* 356/57, 263, *1484:* 323, *1486:* 325, *1490:* 347, *1502:* 414, *1503:* 415, 420, *1504:* 433, 439, *1505:* 448, 456, 461/62, *1509:* 506, 511, 519/20, *1510:* 527, 532, 535, *1512:* 558/59, 564, *1515:* 597, 601/02, 605, 610b, 615, *1520:* 689, 692, *1521:* 732, *1522:* 747, 751, 757, *1523:* 767–69, 773, 778, 783, 790, 793, *1525:* 823, 826, 840, 851, 853–56, *1526:* 869, 885, 901/02, 904, 906, 909, 912/13, 921, 923, *1527:* 931, 941, 946–50, 961, 963, 965/66, 968–74, 978, 989, 991, 1004, 1008, 1013/14, 1018, 1021, *1528:* 1033, 1049, 1056, 1058/59, 1075–77, 1082, 1089, *1529:* 1121, 1128, 1138/39, 1153, 1156, 1170, 1174, 1178, 1180, *1530:* 1207, 1211/12, 1224, *1531:* 1243, *1533:* 1280, *1536:* 1326, 1335, *1537:* 1344–47, 1352, 1354, *1538:* 1357, 1359, 1364, 1380–83, 1387, *1539:* 1399, 1401/02, 1408, 1410, 1416, 1418–20, 1423/24, 1432–36, *1540:* 1450, 1473, 1476–78, *1541:* 1483–85, 1490, 1497, 1500, 1504–06, 1511, 1516, *1542:* 1537/38, 1542/43, 1545, 1550, 1577, *1543:* 1660, 1663, 1673, 1692/93, *1544:* 1711, 1720, 1723, 1735–27, 1736, *1545:* 1746, 1748, 1753, *1546:* 1759, 1762/63, 1770, 1773, 1778, 1780–82, 1786/87, 1790, 1796, 1798, 1800/01, 1804–06, 1809, 1811, *1547:* 1816, 1828, 1837, 1839, 1851, 1853, *1548:* 1860/61, 1865, 1874/75, 1885, 1887, 1890–92, 1895, 1899, 1904, *1549:* 1920/21, 1924/25, 1927, 1934/35, 1940–42, 1945, 1950–52, 1954/55, *1550:* 1970, 1973, 1997, *1551:* 2025/26, 2028, 2049–51, 2059, 2069, 2085, 2089, 2094, 2097–2100, 2106, 2111–13, 2121, 2123, *1552:* 2127, 2138, *1553:* 2201, 2207, *1554:* 2221, 2225, 2235, *1555:* 2247, 2254, 2262/63, *1556:* 2266, 2286, 2299, *1557:* 2302, 2304, 2328, 2331, 2341, 2354, 2361, 2367, 2370/71, 2374, 2376, *1558:* 2391, 2397, 2404, 2411, 2415, 2417, 2425, 2428, 2433/34, 2436, 2443, 2445, 2447, 2460/61,

2464–66, 2468, 2470, *1559:* 2474, 2476, 2481, 2483, 2485/86, 2492–94, 2498, 2513, 2522/23, 2533/34, 2542/43, 2545, 2548, 2551, 2553, *1560:* 2560, 2567/68, 2573, 2577, 2585, 2614, 2616, 2626, 2629, *1561:* 2639, 2646, 2657/58, 2670, 2674–76, 2681, 2685, 2687–89, *1562:* 2693, 2696/97, 2703/04, 2710, 2713–15, 2720, 2722, 2727, 2735, 2739/40, 2743, 2746, 2751, 2753/54, 2774, 2777, 2782/83, 2786/87, 2790, *1563:* 2795–97, 2804, 2808, 2810, 2813, 2822, 2824, 2827, 2829/30, 2849/50, 2864, *1564:* 2868, 2870, 2874, 2876, 2879, 2887, 2892, 2898, 2900/01, 2906, 2911, 2914, 2924, 2926–28, 2934, 2944/45, 2950, 2975, 2980, *1565:* 2987/88, 2993, 3006, 3035–37, *1566:* 3043/44, 3050, 3076, 3096, *1567:* 3106, 3108, 3113, 3129, 3132, 3136, 3140, 3147, 3149, 3163, 3169/70, 3181, 3195, 3200, 3203, 3212/13, 3215/16, 3220, 3222, 3224, *1568:* 3239, 3246, 3248, 3263, 3268, 3280/81, 8283, 3285, 3287, 3307, 3313, 3315, 3324, 3329, 3337/38, *1569:* 3349, 3358, 3363, 3365, 3368, 3370/71, 3373, 3375/76, 3381/82, 3386, 3391, 3397, 3402, 3404, 3409, 3415/16, 3422/23, 2441, 3446, 3453/54, 3458/59, *1570:* 3475, 3486, 3495/96, 3509, 3525, 3538, 3558, 3656, 3573, 3590, 3605, 3607, 3610; Stuhl *1488:* 342; Goldeinlösungskammer *1502:* 442, *1522:* 751, *1523:* 791, *1528:* 1069, 1073; Beamte von Stuhl und Stadt: Stefan Agatha, Michael, Thomas Altenberger, Mathias Armbruster, Andreas Birckner, Georg Bonn, Ladislaus Hahn, Petrus Haller (von Hallerstein), Georg Hecht, Augustin Hedwig alias Kyrschner, Michael Hermann, Georg Huet, Barthmes Hutter, Jacobus (1435), Johann Lulay, Petrus Lutsch, Jakob Mydwescher, Simon Miles, Markus Pemfflinger, Nicolaus Proll, Michael Rauszer, Johann Rott, Servatius Weidner, Martin Weiß, Petrus Wolff; Plebane: Martin Pileus-Hutter, Mathias Ramazi-Ramser; Bürger: Georg Armbruster, Emerich Herer, Georg Knoll, Heinrich Levinus, Gregor Mayr, Petrus Martell, Johann Maurer, Georg Neszner, Urban Welzer, Wilhelm Wesch u. a.

Hetzeldorf, Aczeel (r. Aţel, m. Ecel), Brand *1523:* 787, s. Johann Thabiassy de E., Mathias Literatus de A.

Hidweg, s. Fürstenberg

Hîrlău Ba(ch)lovia, Bahlow, Ballo, Balouia, Bachlo, Harlo (Mold.) *1508:* 495, *1516:* 618, *1519:* 663, *1525:* 837, *1526:* 874, *1528:* 1055, *1529:* 1107, 1159, 1180/81a, 1183, *1532:* 1263, *1535:* 1299, 1305, *1536:* 1331, 1333, *1543:* 1655, *1544:* 1701, *1546:* 1784, *1550:* 1960, *1552:* 2143, *1553:* 2183, *1557:* 2348, *1559:* 2506/07, 2538, *1560:* 2565, 2659, *1561:* 2678

Hodod s. Hadad

Hohndorf, Handorff (r. Viişoara, m. Hundorf) *1527:* 983, *1570:* 3594; Grundherr Franz Apaffy

Honigberg (r. Hărman, m. Szászher-

mány) s. Michael Cleinhent
Hordo, Hordău s. Coşbuc
+ Horogszeg bei Groß-Komlosch (Banat), s. Michael Zilagy de H.
Hosszumezeo s. Cîmpulung la Tisa
Hozzwmessoe s. Kimpolung
Hrañ, Garany (Slow.) s. Bartholomaeus de G.
Huedin, Bánffy-Hunyad *1551*: 2122
Hüthyn s. Chotin
Humora, Kloster (Buk.) *1567*: 3214
Hunedoara s. Eisenmarkt
Hunyad s. Huedin o. Eisenmarkt; Archidiaconus: Paulus de Thorda
Huşi, Hwz(t), Husth (Mold.) *1529*: 1130, *1543*: 1628, *1546*: 1774, *1548*: 1870, *1560*: 2571, 2574, 2578
Huszt s. Chust

I, Y

Iaşi s. Jassy
Iclod, Iklod (m. Nagyiklód) *1550*: 1965, *1569*: 3393; Grundherr: Michael Bánffy de Lossoncz
Ictar, Ikthar (m. Iktár) s. Dominicus (Bethlen) de I.
Ideciu de Jos s. Nieder-Eidisch
Idrifaia s. Ederholz
Ieud, Jood (m. Jód, Marm.) *1451*: 124a, b, *1510*: 529, *1566*: 3062; „Gebirge" Rebla *1536*: 1334, s. Jacob, Johann, Paul und Theodor Nemes
Ighişu Nou s. Sächsisch-Eibesdorf
Ilia, Illye (m. Marosillye) *1564*: 2917
Ilioara, Illes (m. Kisillye) s. Georg Valentin I.
Imper, Kazon (m. Kászonimpér) *1560*: 2604

Inaktelke s. Inucu
Inău, Ino (m. Inó) *1543*: 1635
Ineu, Jenew (m. Borosjenő) s. Simon de J.
Innerszolnoker Komitat *1498*: 390, *1499*: 391, *1514*: 584, *1527*: 1015, *1542*: 1566, 1584, *1552*: 2148, *1557*: 2338 *1563*: 2828, *1564*: 2872, *1569*: 3351, *1570*: 3484, 3506, 3514; Grafen u. Richter: Nicolaus Erdely, Gabriel Kabos, Michael de Kend, Bartholomeus Makray, Dionysius Tharkay, Johann Thorna, Blasius de Tothewr
Ino s. Inău
Inocz (Slow., m. Éralja, Heut. ON?) s. Michael I.
Inucu, Inak (m. Inaktelke) s. Michael Gerewffy de I., Michael I. de Kysbudak
Istanbul, Constantinopel *1540*: 1461/62, *1562*: 2957, *1566*: 3053
Iwanfalwa s. Sächsisch-Eibesdorf
Izvoru Crişului, Körösfő *1568*: 3294, 3344; Richter: Johann Luka

J

Jaad (r. Livezile, m. Jád) *1412*: 58, *1414*: 64, *1431*: 78a, 79, *1481*: 309, *1518:* 651a, *1525*: 810, *1527*: 1145, *1529*: 1186, *1548:* 1874; s. Mathias Greb, Philipp Berthloff
Jakobsdorf/B, Szent-Jakab (r. Sîniacob, m. Szászszentjakab) *1550*: 1969
Jasina, Crysfalwa (SU, nördl. Marm., m. Köröszmező) s. Simon Stoyka, Nicolaus de C.
Jassy, oppidum Jas, Iazwaros, Jazwa-

sar, Jaz, Ias (r. Iași, Mold.) *1527*: 954, *1535*: 1301, *1536*: 1323, *1543*: 1621, *1546*: 1799, *1547*: 1826, 1829, *1548*: 1900, *1549*: 1928, 1946, *1551*: 2029, *1553*: 2163, *1557*: 2326, 2332, *1559*: 2477, *1560*: 2570, *1561*: 2652, 2661, *1562*: 2717, *1564*: 2896/97, 2905, 2909, 2912, 2921, 2923, 2925, 2932, 2939/40, 2984, *1566*: 3054, 3057/ 3068/69, 3073, 3095, *1567*: 3214, *1568*: 3256, 3259, 3270, 3331/ 32, *1569*: 3348, 3352/53, 3379, *1570*: 3576, 3585
Jeica s. Schelk/B
Jelna s. Senndorf
Jenew s. Ineu
Jıbou, Sibo (d. auch Waltendorf, m. Zsibó) *1565*: 3003, s. Stefan S.
Jimbor s. Sommer
Johannesdorf/B , Zenthyanos, Zenthiwan (r. Sîntionana, m. Sajószentinvány) *1465*: 177, *1504*: 437, *1512*: 565, *1515*: 608, *1523*: 787, *1529*: 1124, *1562*: 2753/54, *1563*: 2796, *1565*: 2988, *1569: 3354*
Johannisdorf, Zentiwan (r. Voivodeni, m. Vajadszentinvány) *1533*: 1286, *1550*: 2016, *1551*: 2042, *1561*: 2541–43; s. Franz Kendy de Z.
Jood s. Ieud
Jucu, (m. Zsuk) *1471*: 240

K

Kayla s. Köllndorf
Kal s. Călușeri
Kapjon s. Coplean
Kapolna s. Căpîlna (Welches?) s. Johann K.
Kapos s. Căpușu de Cîmpie

Karánsebes s. Caransebeș
Kaschau (Slow. Košíce, m. Kassa) *1412*: 53, *1526*: 884, *1529*: 1121, *1546*: 2776
Kazon s. Imper
Kechet s. Aluniș
Kecskemét, Kechkemet (H) s.Caspar Patochy de K.
Keisd (r. Saschiz, m. Szászkézd) *1467*: 187; s. Michael Conradus, Damianus Kyzer
Kelling (r. Cîlnic, m. Kelnek) s. Simon Gassner
Keleseer s. Coleșer
Kemenye s. Cremenea
Kemynd s. Chimindia
Kempten/Allgäu, Campidonium (D) *1529*: 1120
Kend s. Cornești
Kentelke s. Kinteln
Keresd s. Kreisch
Kerezthur s. Kreutz, Ungarisch-Kreutz
Kereszturfalva (Heute Teil von Ungarisch-Kreutz) *1568*: 3341
Kereszeg, Kereztzeg s. Cheresig
Kertzing, Gernyeszeg (r. Gornești) *1471*: 244, 247, *1473*: 259, *1559*: 2473; Kastellan: Paulus Horwath
Kewres s. Chereușa
Kewwesd s. Kövesd
Kyde s. Chidea
Kykel(l)ew s. Kokelburg
Kimpolung, Campolongo, Hozzwmessoe (r. Cîmpulung Moldovenesc, Buk.) *1528*: 1083, *1557*: 2335, *1559*: 2526, *1564*: 2909, 2971, *1570*: 3576; s. Izaiko, Mathaeus, Präfekt
Kinteln, Kentelke (r. Chintelnic) *1552*: 2135, 2144, *1570*: 3592; Offiziale: Stefan Literatus, Thomas Nagy

Királynagyfalva s. *Großendorf*
Kisczeg, s. Țăgșoru
Kyskend(t) s. Chendu Mic
Kissnikopol s. Turnu Măgurele
Kis-Szacsal s. Săcel
Klausenburg, Claudiopolis, Clausenbwrgk, Khlaussenpurgh, Clausenpurg, Coloswar, Kolwsbar, Koloswar (r. Cluj-Napoca, m. Kolozsvár) *1361*: 36a, *1368*: 42a, *1397*: 45b, *1402*: 48a, *1405*: 49a, b, *1455*: 137, *1458*: 143/44, *1461*: 151, *1463*: 162, *1464*: 167, *1465*: 176, *1466*: 180, *1469*: 207, *1471*: 231–33, 235, 238, *1472*: 248, *1475*: 274, *1481*: 313/14, *1489*: 343, *1505*: 457/58, *1506*: 464, *1509*: 504a, 506, *1511*: 545, *1513*: 56, 572, *1514*: 575, 593, *1515*: 595, 609a, *1517:* 627, *1520*: 688, *1521*: 700, *1526*: 861, 864, 899, 905/06, 908, *1527*: 934, 951, 953, 956, 980, 985, 988, 1009, *1528*: 1032, 1034, 1038, 1045, 1047, 1072, 1078/79, 1084–88, 19090–92, *1529*: 1102–04, 113/14, 1128, 1133/34, 1139/40, 1143, 1174/75, 1177, 1179, 1182, *1530:* 1196–98, 1204, 1206, *1217, 1219, 1229, 1233, 1241*, *1531*: 1243, *1533*: 1278, 1280, 1287, *1534*: 1293, 1296, *1535*: 1304, 1310, *1536*: 1332, *1538*: 1372, 1374, 1377, *1539*: 1408, 1411, 1421, 1427, *1541*: 1486, 1489, 1493, 1514/15, *1542*: 1540, 1549, 1563, 1568, 1574, 1582, *1543*: 1612, 1624, 1667, 1678, 1681, 1691, *1547*: 1830, 1334/35, 1841, *1548*: 1863, 1890, 1912/13, *1549*: 1920, *1550*: 1961, 1963, 1968, 1980, 2010, *1551*: 2024, 2030, 2036, 2077/78, 2089, 2117, *1553*: 2158/58, 2161, 2177, 2209, *1554*: 2214, 2217, *1556*: 2278–84, 3389/90, 2292, 2294–96, 2298/99, *1557*: 2304, 2308, 2319, 2325, 2333, 2339, 2342–45, 2349/50, 2352, 2354158, 2363–65, 2368–70, 2372/73, 2377, *1558*: 2382, 2384/85, 2393, 2396, 2402/03, 2405/08, 2410, 2413, *1559*: 2475/76, *1560*: 2612, 2615, 2621/22, *1561*: 2637, 2683, 2687, *1562*: 2708, 2722, 2727–29, 2733, 2740, 2788, *1563*: 2798, 2816, 2834, *1564*: 2875, 2886, 2890/91, 2893/94, 2942, 2944, 2947, 2949, 2955/56, 2960/61, 2963–70, 2973/74, 2979, *1565*: 2985, 2989, 2992, 2994–98, 3001–04, 3007–09, 3011–17, 3019–25, 3027/28, 3033, 3039, *1566*: 3067, 3075, 3077–82, 3086–88, 3091, 3093, 3098/99, *1567*: 3126/27, 3129/30, 3132, 3134/35, 3137–39, 3142–44, 3147–49, 3152, 3154, 3159, 3167, 3201, 3207, *1568*: 3236, 3247, 3249, 3254, 3264, 3308/09, *1569*: 3420/21, 3424/21, 3424/25, 3436, 3439/40, 3457, *1570*: 3479, 3544, 3578–80, 3596; Kloster d. Predigermönche: *1509*: 514; Oberrichter: Matheus Chany, Koloman Nyrew (Scherer), Michael Regheny (Rehner), Johann Zege; Bürger: Wolfgang Apothecarius, Antonius, Georg Arolt (Orelt), Stefan Bertram, Johann Bogner (Arcuparius), Balthasar Craws, Georg Ditmann, Georg Eyben, Wolfgang Forster II, Michael Hauschild, Nicolaus Kolb, Peter Kolosvary, Johann Konth, Johann Lach, Gregor Layos, Demeter, Johann, Michael, Paulus, Samuel, Stefan Literatus,

Paul Mogner, Hanns Munich, Stefan Mwnch, Salathiel Nagy, Servatius Pestessy, Johann Pictor, Jacob Polkyscher, Christian Rawas, Johann Scheszburger, Caspar Smith, Mathaeus Schmid, Kosmas Sutor, Peter Theremy, Paul Wagner, Martin Wayda u. a.
Klein-Bistritz (r. Dorolea, m. Asszubeszterce) *1481*: 309, *1523*: 787, *1525*: 810, *1569*: 3409, 3415
Klein-Budak, Kysbudak (d. auch Budesdorf, r. Buduş m. Kisbudak) Grundherren: Stefan de Megyes, Blasius Huszar, Michael Inachy de K.
Klein-Kopisch (r. Copşa Mică, m. Kiskapus) *1567*: 3170
Klein-Phlepsdorf, Zazphilpes, Zazfylpes, Szászfülpös (r. Filpişu Mic, m. Kisfülpös) *1529*: 1106, *1551*: 2022
Klein-Rebra (r. Rebrişoara, m. Kisreba) *1483*: 327, Einwohner: Craschun (r. Crăciun)
Klein-Schelken (r. Şeica Mică, m. Kisselyk) s. Johann Schulmeister
Klein-Schenk, Kissengh (r. Cincşor, m. Kissink) *1540*: 1465
Klein-Schogen (r. Şieuţ, m. Kissajó) s. Pleban Christophorus
Kodor s. Codor
Kő, Kewe s. Kubin
Köllndorf, Kayla (r. Caila, m. Kajla) s. Paulus de K.
Körösbánya s. Altenburg
Körösfő s. Izvoru Crişului
Kőtelend s. Gădălin
Kötke s. Cutca
Kővár s. Chioar
Kövesd (Welches?) s. Nicolaus Thomory de K.

Kokelburg, Kykelewar, Küköllő (r. Cetatea de Baltă, m. Küküllővár) *1418*: 71, *1470*: 220, *1471*: 243, *1526*: 904 Archidiaconus Nicolaus Burgbeamte: Petrus, Lucas
Kolosch, Kolozs, Komitat *1522*: 760
Koloschmonostor, Benediktinerkloster, Glaubwürdiger Ort (r. Cluj-Mănăştur, m. Kolozsmonostor) Ort: *1542*: 1530, *1543*: 1629, *1544*: 1718, *1553*: 2189, *1558*: 2347, *1562*: 2699–2702, 2707, 2712, 2719, 2723, 2725/26, *1565*: 3032; Abt: *1377*: 42b; Konvent: *1351*: 17, *1356*: 31, *1357*: 32, *1358*: 33, 34, *1361*: 35, 36, 43, *1399*: 46–48, 56, 65, 71, 77, *1433*: 81, 82, *1434*: 83, 84, *1435*: 88, 89, *1439*: 94, 95, 98, 99, *1440*: 100–106, *1448*: 119, 122, *1449*: 124, *1451*: 125, 127–30, 137a, *1457*: 141, *1463*: 163, *1464*: 165, 168, 172/73, *1473*: 265, *1475*: 273, 276, 284, 286, *1488*: 340, *1491*: 355a, *1492*: 361, 365, *1494*: 378/79, *1506*: 471/72, *1508*: 484, *1517*: 610a, *1519*: 673, *1522*: 744, 752, 755, *1523*: 777, 779, *1525*: 805, *1527*: 932, *1542*: 1571, *1543*: 1631–33, *1552*: 2139–41, *1554*: 2227/28, *1555*: 2249, 2255, *1558*: 2448; Administratoren: Andreas Kalnay, Franz Zylahy
Komlod s. Comlod
Komorn (H, Komárom) *1526*: 918/19
Konstantinopel s. Istanbul
Kopecz, *Köpec* s. *Chepeţ*
Koppand s. Copăceni
Korlátkő, Korlathkew (Slow. heut. ON? b. Jablonica) s. Oswald de K.
+ *Kornyat* bei Răchita (Banat) s. Caspar Bekes de K.
Korod s. Coroiu

Koronka s. Corunca
Košice s. Kaschau
Kosztolány (H, mehrere Orte) *1467*: 183
Kotnar, Kottnersberg, s. Cotnari
Kovin s. Kubin
Kowazna, Kovászna s. Covasna
Kozarwar Cuzdrioara
Krakau (PL, Krakow) *1527*: 1031, *1561*: 2666, *1568*: 3321, *1569*: 3372; Bürger s. Erasmus Aychler, Georg, Jürgen Kwn, Franz Miller
Kreisch, Keresd (r. Criş) *1567*: 3226, s. Gregor Bethlen
Kreutz, Sayo-Kereztwr, Kerezthwr (r. Christur-Şieu, m. Sajókeresztur) *1568*: 3261 s. Andreas, Balthasar, Caspar, Gregorius de K., Thomas Nagy de K.
Kreuzerfeld, Keresztesfőld, Versammlungsort bei Thorenburg: *1558*: 2434, 2442, 2444, 2446, *1566*: 3062/63
Kriegsdorf s. Hadad
Kronstadt, Brassowia, Kronen, Kron (r. Braşov, m. Brassó) *1397*: 45b, *1468*: 189–192, *1471*: 245, *1478*: 303, *1492*: 362, *1501*: 401c, d, *1508*: 486, *1510*: 525, *1522*: 747a, 750, 764, *1523*: 772, 783, *1525*: 838, *1526*: 866, 916, *1527*: 1011, 1027, *1529*: 1188–90, *1531*: 1257, *1534*: 1290, 1297, *1537*: 1350, *1538*: 1357, *1541*: 1513, *1543*: 1616, *1546*: 1802, *1547*: 1843, *1548*: 1862, *1551*: 2092, *1553*: 2172, 2178, 2183, *1554*: 2219, *1555*: 2254, 2257, *1557*: 2348, *1558*: 2400, *1564*: 2871, 2873, 2883, *1569*: 3417, 3465, *1570*: 3504, 3560, 3574; Distrikt: *1509*: 507, *1510*: 5281, Beamte: Johannes Benkner, Sigismund Gemmarius, Johannes Hakch, Christel, Lucas Hirscher, Hans Hoch, Mathias Zeler (Seiler); Bürger: Anton Goldschmid, Hans Hesz, Balbierer, Wolf Hirscher, Calixtus Honterus, Laurencius Salicida, Bartholomeus Schankebank u.a.; s. auch FN Brassay, Kroner
Kubin, Kő, Kewe (YU, Kovin, m. Temeskubin) *1428*: 76, *1456*: 139

L

Laa a. d. Thaya (A) *1468*: 196
Lampert, Lamprecht (r. Zoreni, m. Lompérd) *1463*: 163 s. Georg L.
Laposch, Lapws, Gebiet (r. Ţara Lăpuşului, m. Lápos) *1529*: 1151, *1562*: 2788
Lasko s. Lăscud
Laslea s. Groß-Lasseln
Law s. Laa
Lăscud, Lasko (m. Lackód) s. Hieronymus de L.
Lechnitz, Legnycze (r. Lechinţa, m. Szászlekence) *1351*: 17–20, *1356*: 28–31, *1357*: 32, *1358*: 33, 34, *1430*: 78, *1439*: 97, 98, *1441*: 107, *1452*: 131a, *1469*: 205, *1472*: 250, *1475*: 277, *1496*: 385, *1526*: 881/82, *1541*: 1499, *1547*: 1845, *1550*: 1969, *1551*: 2116, *1552*: 2134, 2136, *1554*: 2216, *1557*: 2331, 2374, *1558*: 2387, 2390, *1559*: 2555, *1560*: 2600, *1563*: 2811, *1564*: 2888, *1565*: 2989, *1567*: 3111, *1568*: 3293, *1569*: 3421, *1570*: 3476, 3505; Ortsgeistliche: Johann Alexander Hedwigk, Michael Hedwigk, Christian Pomarius, Nicolaus presbyter (Prediger), Leonard

Segeswarinus (Schäßburger); Gräf: Michael Gereb; Einwohner: Michael Barthelmes, Mathias Climen (Clemens), Gallus fil. Benedicts, Georg Fatenderber, Stefan Han, Matheus fil. Isaaks, Sigismund Literatus, Petrus Literatus fil. Syberks, Simon Mezaros (Fleischer), Georg Schwgeler (Schuller?), Blasius Witez, Johann Zaaz, Caspar Zekel.

Leles, Lelez (Slow. m. Lelesz) Klosterkonvent als glaubwürdiger Ort: *1451*: 124a, b, *1505*: 461a, Pröpste: Georg Body, Benedict Kornis, Sigismund, Stanislaus

Lemberg, Lenbergk (SU, Lwow) *1525*: 820, *1554*: 2229, *1556*: 2293, *1559*: 2484; Bürger: Sebolt Aychinger, Lenhart Herell (Hörel)

Leresdorf, Zenthandras (r. Şieu-Sfîntu, m. Sajószentandrás) *1568*: 3252, s. Balthasar Chereny de Z., Georg, Stefan Modra de Z.

Leschkirch, Lawskirch (r. Nochrich, m. Újegyház), Stuhl: *1488*: 342

Leutschau (Slow. Levoča, m. Lőcse) *1568*: 3340, *1570*: 3519, 3540, 3569; Albrecht Pfefferkorn, Peter Stenczel

Lipcse (SU, nördlich Marm., heut. ON?) s. Prokopius Lipsky

Lippa, Lyppa (r. Lipoveni, m. Lippa Banat) *1515*: 598, 607, *1522*: 753, *1524*: 802, *1527*: 964, *1532*: 1269, *1533*: 1281, *1540*: 1466, *1551*: 2118–20; s. Paulus Arcupar, Christoph Lippensis, Franz Lyppainus, Gregor Lypay, Martin Literatus de L.

Liptau Lypta (Slow., heut. ON? m.

Liptó) s. Sophia L.

Livada, Dengeleg, *1399*: 48, *1439*: 94, 96, *1440*: 100–106, *1443*: 111, 113–116; s. Andreas, Demetrius, Jacobus, Margaretha Wwe nach Petrus, Michael, Pancratius, Sigismundus, Stefan de D., Johann Pangracz de D.

Livezile s. Jaad

Loginga bei Augsburg (D, = Göggingen?) *1540*: 1459, s. Petrus Barbitonsor

Lompert s. Lampert

London (GB) *1414*: 69

Lossoncz s. Lučenek

Lublin (PL) *1568*: 3327

Lučenek Slow. m. Losonc) s. FN Lossonczy, Banffy de L.

Ludoş s. Groß-Logdes

Lugosch (r. Lugoj, m. Lugos, Banat) *1556*: 2268,

Luncani, Gherend (m. Gerend) *1528*: 1062, *1529*: 1185 s. Nicolaus, Petrus G., Johann Wancha de G.

Lupsa, Lwpsa (Welches?) S. Wolfgang de L.

Lwow s. Lemberg

M

Măceu, Macho (m. Mácsó) s. Georg M.

Măcicaşu, Machkas (m. Magyarmacskás) S. Georg M., Michael Gyulay de M.

+ *Maczakinya*, Machadonya (bei Naimon) s. Nicolaus M.

Madaras(Welches?) *1561*: 2671

Mähren, nach Rodna zugewanderte Deutsche *1550*: 1967

Magyar-Chergewd s. Groß-Schergied
Magyar-Kékes s. Unguraș
Măguri, Maghori (Welches?) s. Paulus M.
Măgurele s. Scherling
Maier, Major, Mayor (r. Maieru, m. Majer) *1473*: 260 s. Elias Woiwode von M., Johann Pap de M.
Mailand (I, Milano) S. Petrus Franciscus Perusinus
Majos s. Moișa
Makendorf, Makodt (r. Mocod, m. Szamosmakód) *1488*: 334, *1539*: 1425, *1570*: 3506 s. Johan Czenkel, Michael Kapotha, Ladislaus de M.
Maklár (H, Kom. Heves) *1527*: 1000
Makra s. Mocrea
Manic, Manyk (m. Mányik) s. Thomas Dobay, Michael Strigii de M.
Maramureș s. Marmarosch
Marga (m. Márga, Banat) s. Melchior M.
Mărișelu s. Großendorf
Markt-Schelken, Nagh Seelkh (r. Șeica Mare, m. Nagyselyk) *1541*: 1495
Marmarosch, Máramaros, (r. Maramureș, m. Marmaros), Komitat, *1329*: 13, *1527*: 929, *1528*: 1047, *1529*: 1110, 1121, 1151, *1531*: 1252, *1546*: 1785, *1548*: 1855, 1877–79, *1550*: 1976, 1989, *1551*: 2035, 2083, 2087 *1555*: 2248, *1556*: 2285, *1557*: 2346, 2355, *1559*: 2511, *1562*: 2775, 2788, *1564*: 2982, *1567*: 3124, 3146, 3217, *1568*: 3343, *1570*: 3511, 3533, 3568; Komitatsrichter: *1511*: 544, *1528*: 1071; Komitatsbeamte: Paul Arthandy, Bartholomeus, Mathias Brodarich, Nicolaus Crysffalwry, Johann, Philipp Donka, Christoph Hagymassy, Dominicus Imry, Adam Literatus de Ezyk, Stefan Mekchei, Franz Nyakazo, Franz Palko, Laurencius, Peter Petroway, Melchior Pogan, Simon Sthoyka, Anton Zygethy; Salzkammerbeamter: Paulus Literatus de Dees

Marmarossziget s. Sighetul Marmației
Maros s. Mieresch
Maros-Szentgyörgy s. Sîngeorgiu de Mureș
Marosvásárhely s. Neumarkt/Mieresch
Mathesdorf, Mattesdorff, Mate (r. Mateiu, m. Szászmáté) *1544*: 1705, *1567*: 3121 s. Mathias Schmid; Offizial: Johann Baly
Mediasch, Meggies, Megyes, Mydwesch (r. Mediaș, m. Medgyes) *1470*: 222, *1492*: 364, *1502*: 410, *1509*: 509, *1512*: 562, *1517*: 630, *1519*: 667, *1526*: 878, 900, 903, *1527*: 929, *1528*: 1047, *1529*: 1136–38, 1143, 1149, 1170, *1533*: 1282, 1284, *1538*: 1385, *1541*: 1492, *1542*: 1524, *1543*: 1659, *1544*: 1698, 1700, *1547*: 1844, *1550*: 2003, 2011, *1553*: 2185, *1559*: 2499, 2509, 2535, *1560*: 2625, *1561*: 2639/40, 2651, 2653, *1563*: 2802, 2860/61, *1564*: 2913, 2915, 1946, *1567*: 3102, 3107, 3170, *1569*: 3346, 3360/61 3375, 3399, 3423, 3455, *1570*: 3470–72, 3474; Bürger Johann Clementis, Andreas Korsos, Johann Kowach (m. = Schmied), Mathias Musnay, Quirinus, Urban Pellio, Nicolaus Sarctor
Megyes (Welches?) s. Stefan de M.
Mekche (?) s. Stefan und Ladislaus M.
Ményik, s. Mineu

Mercurea s. Reußmarkt
Mergeln, Morgonda (r. Merghindeal) s. Johann de M.
Meschen, Musna (r. Moşna, m. Muzsna) s. Mathias M.
Meseschgebirge (r. Munţii Mezeşului, m. Meszes) *1562*: 2733
Mesztegnyő, Meztegnyew (H. Kom. Somogy) s. Ludwig Zerechen de M.
Mettersdorf, Magnum Demetrium, Naghdemeter (r. Dumitra, m. Nagydemeter) *1366*: 39, *1380*: 43, *1412*: 56, *1414*: 65, *1418*: 71, *1428*: 76, *1429:* 77, *1434*: 83–85, *1438*: 93, *1441*: 108/09, *1447*: 118, *1448*: 119, *1449*: 122–24, *1451*: 125–30, *1472*: 250, *1475*: 277, *1477*: 294, 298, *1486*: 327, *1496*: 385, *1506*: 473, *1512*: 556, *1514*: 588, *1524*: 797, 800a, *1528*: 1060, *1529*: 1106, *1530*: 1202/03, *1532*: 1270, *1539*: 1396, 1431, *1541*: 1509, *1542*: 1548, *1546*: 1807, *1550*: 1972, 2002, *1553*: 2213, *1557*: 2338, *1561*: 2637, *1563*: 2865, *1564*: 2983, *1570*: 3518; Großbrände: *1523*: 787, *1557*: 2331, 2374, *1560*: 2577, *1562*: 2753/54; s. auch + Bachnen, + Fattendorf, + Tekesch, + Ziegendorf; Ortsgeistliche: Ambrosius, Dr. Christian, Paul Coloswariensis, Hieronymus presbyter (Prediger), Petrus Ludovici; Gräfen: Ladislaus, Simon; Einwohner: Simon Eppel, Matheus Frydmann, Stefan Heen, Valentin Heler, Blasius Klobs.
Mező-Ujlak s. Delureni
Mica, Mikefalva *1515*: 602
Michaelstein, Rupe Sancti Michaelis, Burg westlich Weißenburg; *1562*: 2752
Michelsdorf, Zenthmyhaltelke (r. Sînmihaiu de Cîmpie, m. Mezőszentmihálytelke) *1530*: 1216, *1547*: 1845, *1560*: 2591, *1566*: 3070, 3085, *1567*: 3172, *1569*: 1410, 3460/61; Grundherr: Sebastian Erdely
Mieresch (r. Mureş, m. Maros) Fluß *1568*: 3317/18
Mihai Viteazu, Zentmyhalfalwa (m. Alsószentmihályfalva) *1544*: 1735
Mihalfalwa s. Ciceu-Mihăieşti
Mihalţ, Mihálczfalva (m. Mihálcfalva) *1569*: 3448
Mikefalva s. Mica
Mykola s. Nicula
Minarken (r. Monariu, m. Malomárka) *1509*: 508, *1526*: 883, *1562*: 2725, 2753/54, *1563*: 2796, *1564*: 2902, 2908, *1565*: 2988, 3026, 3034, *1566*: 3041, 3045, 3094, *1568*: 3255, 3271, 3274; s. Johannes Reichelt, presbyter; Thomas Syweges (m. = Huter)
Mînăstirea, Zent Benedek (m. Szentbenedek) s. Andreas Myhay de Z.
Mînăstirea, Gerewmonostra (m. Magyargyerőmonostor) s. Simon Kabos de G.
Mineu, Menyk (m. Menyő) s. Michael, Paulus Istrigii de M.
Mintiu Gherlii, Nemethy (m. Szamosújvárnémeti) *1509*: 501, 503, *1539*: 1403, 1413; Bischöflicher Provisor: Dominicus Porkolab
Miskolc(z) (H) *1566*: 3079
Mislymicz (Mißlowitz? Böhmen, heut. ON?) s. Mathuss de M.
Mîtnicu, Mwthnok (m. Mutnik, Banat) s. Ludwig M.
Mittelberg, Medio Mons, (r. Baia

Sprie, m. Felsőbánya) *1557*: 2392, 2419, *1567*: 3192, 3221, *1568*: 3342; s. Benedek, Peter Meszaros (m = Fleischer)

Mocod s. Makendorf

Mocrea, Makra (m. Apatelek) s. Bartholomeus, Lucas M.

Mönchsdorf, Harynna (r. Herina, m. Harina) *1510*: 538, *1512*: 552, *1523*: 775, *1529*: 1141, *1542*: 1553, *1567*: 3123, 3210, *1570*: 3487; Grundherren s. FN Farkas de H.

Mönchwiese (m. Barátokréte; zwischen Minarken und Seimersdorf) *1510*: 538, *1565*: 3034, 3038, *1566*: 3094, *1568*: 3271, 3274; s. auch Ambrosius Feyerwary

Mogioros s. Ungersdorf

Mohi (Slow., b. Neutra, heut. ON?) *1527*: 1002

Moişa, Mayos (m. Mezőmajos) *1399*: 46, s. Margaretha fil. Andreae de M.

Moiseiu, Mojszia (m. Majszin) *1505*: 459a, 461a

Mokra, Makra (SU bei Uschgorod, heut. ON?) s. Bartholomeus M.

Moldau, Fürstentum (r. Moldova) *1469*: 207, *1473*: 252, 260, *1493*: 376, *1502*: 402, *1503*: 426/27, *1508*: 481, 495, *1512*: 557, *1515*: 616, *1522*: 745, *1523*: 783, *1525*: 820, *1526*: 904, *1527*: 896, *1528*: 1036/ 37, 1082, *1529*: 1110, *1530*: 1209, *1538*: 1378, 1381, *1541*: 1482, *1543*: 1682, 1687, *1544*: 1718, *1546*: 1778, 1787, *1547*: 1817, 1839, 1850, *1548*: 1907, *1551*: 2104, 2119, *1553*: 2163, 2189, 2193, 2203, *1556*: 2301, *1557*: 2341, 2364/65, 2369/70, *1558*: 2387, 2401, 2428, 2434–35, *1559*: 2474, 2476, 2534, *1560*: 2559, 2569, 2614, 2616, 2619, 2632, *1561*: 2636, 2645, 2686, *1562*: 2695, 2707, 2716, 2719, 2738, 2752, *1563*: 2819, 2830, 2837, 2846, 2851, 2856/57, 2859, 2863, *1564*: 2889, 2897, 2912, 2932, 2962, *1566*: 3056, 3068, 3073, 3099, *1569*: 3417, *1570*: 3547, 3560

Moldenmarkt, „*auff der Mulda*", Molde, Moldowabanya, Bania, Boyna, Bany, (Baia, Mold.) *1502*: 405, *1510*: 534, *1526*: 874, *1527*: 940, 945, *1535*: 1308, 1312, *1561*: 2678, *1570*: 3541, 3597; Gräf: Gregor Kirschner; Bürger: Adrianus, Negrille, Wolfgang Samerer, Peter Schneyder u. a.

Monaj, Monay (H. Kom. Abauj-Torna) s. Lektor Gregor de M.

Monariu s. Minarken

Monoszló (H, Kom. Zala) s. Nicolaus Chwpor de M.

Monyoro s. Haseldorf

Monyoros (Welches?) s. Johann Monyorosy; s. auch Ungersdorf

Morgonda s. Mergeln

Moritzdorf, Moriz (r. Moruţ, m. Aranyos-, Szászmóric) s. Valentin Baki de M.

Moskau (SU, Moskwa) *1483*: 317

Moşna s. Meschen

Mühlbach, Zazsebes, Müllenbach (r. Sebeş, m. Szászsebes) *1515*: 600, *1521*: 728, *1526*: 872, 890, 896, 898, 900, 903, *1527*: 959/60, 968/69, 971, 1004, *1528*: 1087, 1091, *1529*: 1109, 1157, 1170, 1172, *1540*: 1463, *1541*: 1508, *1546*: 1794, *1550*: 1993, *1551*: 2082, 2084/85, 2094, 2097, 2109/10, *1556*: 2271–74, 2277, *1568*: 3323, Stuhl: *1488*: 342; Kö-

nigsrichter: Michael Olah; Kastellan: Johannes Biro
Munkatsch (SU, Munkatschjewo, m. Munkács) *1562*: 2788, *1567*: 3119/20, 3126; Präfekt: Thomas Daczo
Murani, Mwrany (m. Temesmurány, Banat) s. Paulus M. a Thoma
Mureşenii de Cîmpie, Omboz (m. Ombuz) s. Nicolaus O, Stefan Galaczy de O.
Mu(z)sna s. Meschen
Mwthnok s. Mîtnicu

N

Nadasd (Welches?) *1535*: 1306, s. Georg N. de Badok
Nadăşa, Nadazd (m. Görgénynádas) s. Ladislaus Pap de N.
Nadesch (r. Nadeş, m. Szásznádas) *1547*: 1818
Nădlac, Naghlak (m. Nagylak) s. Demetrius Jaxyth de N.
Naghekemezew s. Groß-Probstdorf
Naghlak s. Noşlac, Nădlac
Nagybánya s. Frauenbach
Nagyczeeg s. Ţagu
Nagyfalu s. Großendorf, Nuşfalău
Nagy-Hatvan s. Hatvan
Nagy-Ida s. Groß-Eidau
Naimon, Naghmon (m. Nagymon) *1542*: 1583, *1543*: 1636, *1550*: 1962, 1974; Richter: Ambrosius Deak; Einwohner: Ladislaus Barla, Michael Horwath, Nicolaus Kuny, Ambrosius Lazlo, Michael Symon
Nassod (d. auch Nassendorf, r. Năsăud, m. Naszód) *1526*: 868, *1560*: 2587; s. Simon de N.
Neamţ s. Tîrgu Neamţ

Neaua, Hawad (m. Havad) s. Benedictus Miche de H.
Nedelišće, „Nedelycz im Windisch-Landt" (YU m. Nedelic) *1543*: 1694; s. Benedict Losz
Neithausen (r. Netuş, m. Netus), Großbrand *1523*: 787
Nema, s. Nima
Nemegye s. Nimigea
Nemethy s. Mintiu Gherlii
Nemşa s. Nimesch
Nesther s. Dnjestr.
Netuş s. Neithausen
Neumarkt/Mieresch, Zekelwassarhel, Vasarhel, Sekel-Vasarhell (r. Tîrgu Mureş, m. Marosvásárhely) *1361*: 36a, *1366*: 40, *1368*: 42a, *1470*: 219, *1484*: 321, *1487*: 329, *1488*: 337, *1489*: 344, *1492*: 357, *1509*: 511, *1513*: 566, *1514*: 589, *1526*: 857, 859, *1527*: 934, 956, 1024, *1528*: 1043, 1072/73, *1529*: 1117, 1148, 1150, 1162–64, 1166, *1532*: 1260, *1538*: 1361, 1371, 1373, *1540*: 1451, *1541*: 1488, 1501, *1542*: 1527, 1532, 1555–57, *1543*: 1611, *1546*: 1796, 1798, 1806, *1549*: 1927, 1951, 1958, *1550*: 1993, 1999, *1551*: 2054/55, 2060, 2102, 2120, 2123, *1553*: 2187, *1555*: 2240, 2246, 2264, *1556*: 2269, *1558*: 2424, *1560*: 2600, 2610, *1563*: 2809, 2811, 2853, 2858, *1565*: 2948, 2959, 2982, *1566*: 3049, *1569*: 3461, *1570*: 3595, 3606; Richter: Georg Kys, Thomas Kopecy, Michael Literatus de Wgra, Johann Monyorosy; Bürger: Gregor Clipeator u. a.
Neuschloß, arx, castrum novum Balwanyos, Wy Balvanyos, Vybalvanus, Vywar, Ujwar (r. Gherla, m. Szamosújvár) *1539*: 1422, *1540*:

1442, *1541*: 1512, *1542*: 1535, 1544, 1546, 1551, 1560, 1562, 1570, 1576, *1543*: 1665, 1671, 1674/75, 1688, *1546*: 1810, *1548*: 1862, 1868/69, 1880, 1886, 1889, *1550*: 1969, 1971, 1975, 1977, 1979, 1981, 1983, *1551*: 2043, 2058, 2061, 2080, 2086, 2093, *1552*: 2148, *1553*: 2160–62, 2166, 2169, 2180–82, 2188, *1555*: 2243, 2249, *1556*: 2290, *1558*: 2423, *1562*: 2706, 2716, 2784, *1564*: 2877, 2880, 2885, 2947, *1565*: 3003, *1568*: 3251, 3262, 3269, *1569*: 3356, 3364, 3387, *1570*: 3489, 3521, 3523, 3530, 3532, 3542, 3548, 3566, 3586, 3588, 3592; Knezen *1554*: 2223; Burgbeamte: Blasius Bagothay, Johann Dobay, Johann Literatus, Petrus Literatus de Zenthmihalfalwa, Andreas Myske, Georg Nowaky

Neustadt, Ungarisch- s. Frauenbach

Neutra (Slow., Nitra, m. Nyitra) *1546*: 1777

Nyamcz s. Tîrgu Neamț

Nyaradtő s. Ungheni

Nicula, Mykola (m. Füzesmikola) s. Ladislaus M.

Nieder-Blasendorf (r. Blăjenii de Jos, m. Alsóbalázsfalva) *1570*: 3601; Grundherren: Balthasar, Georg Chereny

Nieder-Eidisch (r. Ideciu de Jos, m. Alsóidécs) *1565*: 2986; Pf. Michael, Gräf: Christian Kondert; Einwohner Adam Kosch

Nieder-Wallendorf „czum Nidersten Waldorff" (heute Untere Vorstadt von Bistriz) *1528*: 1054, *1529*: 1146, *1551*: 2091; Pf.: Martinus de Birthalben, Michael

Nyirmező s. Birkenau

Nima, Nema (m. Néma), s. Sigismund N.

Nimesch (r. Nemșa, m. Nemes) Brand: *1523*: 787

Nimigea, Nemegye *1570*: 3506

Nyomas, Viehweide zwischen Reußen und Salz *1552*: 2133, 2135, 2144, *1553*: 2185

Nitra s. Neutra

Nochrich s. Leschkirch

Nösen s. Bistritz

Noșlac, Naghlak (m. Magyarnagylak) s. Emerich N., Martin Choron de N.

Nürnberg (D) *1559*: 2484, *1560*: 2590, *1561*: 2647 s. Georg Hörel, Johann Nürembergkensis

Nușeni, Appanaghffalw, -falwa (m. Apanagyfalu) *1529*: 1160, *1535*: 1307, *1541*: 1510, *1542*: 1559, 1585, *1547*: 1846, *1555*: 2237, *1557*: 2318, 2375, *1558*: 2430, *1560*: 2606, 2624, *1564*: 2983, *1567*: 3118, *1569*: 3429, *1570*: 3484, 3508, 3551; s. FN Ap(p)affy de N., Provisor: Ambrosius Varga, Procurator: Petrus Literatus

Nușfalău, Naghfalu (m. Szilágynagyfalu), Zerstörung der Burg *1564*: 2961

O

Ober-Blasendorf (r. Blăjenii de Sus, m. Felsőbalázsfalva) *1557*: 2363 s. Stefan Erdely de Somkerek

Ober-Neudorf (Satu Nou, Felsőszászújfalu) *1481*: 309, *1498*: 389a, *1525*: 810, *1566*: 3049, 3055

Ober-Wallendorf, s. Wallendorf

Obrănești, Abrahamfalwa (m. Abrámfalva) s. Blasius Myko de A.
Ocna Sibiului s. Salzburg
Ocnița, Akna (m. Szászakna) s. Georg, Franz Juga de A.
Ős s. Eisch
Ofen, Buda (H; heute Teil von Budapest) *1419*: 72, 73, *1438*: 90–93, *1439*: 93, *1441*: 107–110, *1443*: 112, *1452*: 131, *1459*: 145, 147, *1463*: 161, 164, *1464*: 164–66, *1465*: 174, 177, *1467*: 185/86, *1469*: 209/10, *1470*: 221, *1471*: 227, 230, *1472*: 252, 254, *1473*: 261, 263/64, *1475*: 275, 276a–280, 283/84, *1476*: 289, 292–95, *1477*: 296a–299, *1478*: 300–302, *1481*: 314/15, *1483*: 318–22, *1486*: 325, *1489*: 345/46, *1490*: 349–53, *1491*: 355a, *1492*: 357, 359–61, 366, 369/70, *1493*: 371, 373/74, 376, *1494*: 377, *1496*: 384–86, *1497*: 387, *1498*: 390, *1501*: 399, 400, *1502*: 409–11, 422–26, *1504*: 431/32, 435/36, 442/43, *1505*: 447, 449, 454, 458, 459a, 462, *1506*: 468/69, *1507*: 474a, 478, *1508*: 479–83, 487–93, 495, *1509*: 510, 512, 516, 523, *1511*: 543, 548, *1512*: 557, *1513*: 569/70, *1514*: 576, 579, 681–83, 592, *1515*: 611–13, 617, *1516*: 620, 622, *1517*: 628–31, 635–38a, *1518*: 640, 642, 644/45, 647, 651, *1519*: 653–56, 658, 660–62, 666–72, 675/76, *1520*: 679/79, 681a, 682/83, 685–87, 691, *1521*: 694–96, 704–08, 730, 733, *1522*: 736–44, 757, 759, *1523*: 773, 780, 782–88, *1524*: 796, 799, *1525*: 807, 812/13, 818, 822, 825, 827–30, 834–36, 841–40, *1526*: 862, 865, 877, 879–82, 888/89, 891/92, 895, 910, 919, *1527*: 943, 951, 957/58, 962, 967, 976/77, 979, 993–95, 1001, 1007, *1528*: 1035, *1529*: 1124, 1174, *1530*: 1210, 1221/22, *1532*: 1271/72, *1539*: 1398, 1405–07, 1412, 1417/18, *1541*: 1502, *1550*: 2007; Propst, Kapitel: *1272*: 4a, b, *1285*: 5a, *1297*: 8a, *1392*: 45a, *1468*: 194, *1484*: 318/19, 322, 370; Ofner Marktrecht *1353*: 25; Pröpste: Martin Huet-Pileus, Nicolaus de Gherend; Kastellan: Johann Bornemyza, Pascha: Kazun, Bürger: Valteni, Wolfgang Apothecarius, Benedict Bachy, Johannes Literatus de B., Jacob Sellator, Wwe Sophia Wolfgang Tuboltin u. a.
Offenburg, Offenbánya (r. Baia de Arieș, m. Aranyosbánya), Goldeinlösungskammer: *1504*: 443
Ogra, Wgra (m. Marosugra) s. Michael Literatus de W.
Ojdula, Osdola (m. Oszdola) s. Gotthard Kwn de O.
Oláh-Fenes s. Vlaha
Olaszi s. Olosig
Olmütz (Mähren, Olomouc) *1469*: 204
Olnod s. Bîrlea
Olosig, Olaszi (m. Váradolaszi, heute Stadtteil Großwardein) *1285*: 5a, 8a, *1392*: 45a
Omboz s. Mureșenii de Cîmpie
Oradea s. Großwardein
Orăștie s. Broos
Orbai, Szeklerstuhl, s. Ladislaus O.
Orgejew, Orhe (SU, Moldawien, r. Orheiu) *1559*: 2517
Orheiu Bistriței s. Burghalle
Orosfaia, Orozfaya (m. Oroszfája) *1567*: 3231/32, s. + Zalahaza

Orosztonybaksaháza, Orozthon (H, Kom. Zala) s. Valentinus de O.
Osdola s. Odjula
Osijek s. Esseg
Ostia (I) s. Raphael, Kardinalbischof von O.
Óvár (Welches?), Kastellan Paul Polyak

P

Pădureni, Chanad (m. Erdőcsinád) s. Johann, Michael Ch.
Pădureni, Zop (m. Cóptelke) s. Michael, Petrus de Z.
Păcureni, Pokakereztur (m. Pókakeresztúr) *1399*: 46, s. Margaretha fil. Andreae
Păingeni, Pokatelke (m. Póka) 1399: 46 s. Margaretha fil. Andreae, Jacob, Ladislaus de P.
Palota (m. Újpalota) s. Andreas P.
Pata (m. Kolozspata) s. Anthonius, Bartholomeus P.
Păucea s. Puschendorf
Pázmán (H, Gemeinde Füzesgyarmat, Kom. Békés) s. Anna P.
Peceiu, Peche, (m. Pecsej) s. Benedict P.
Pécs s. Fünfkirchen
Pelsewcz (Slow., m. Pelsőc, heut. ON?) S. Emericus Bebek de P.
Pemfling (D), s. Markus P.
Perghaim s. Bergamo
Perin (Slow., m. Perény) s. Emerich, Franz, Petrus de P.
Perugia, Perusia (I) s. Petrus Franciscus Perusinus
Pest (H, Teil von Budapest) *1524*: 804, *1526*: 919; Bürger: Georg Feyer,
Jacob Mayr, Caspar P.
Peşteana, Pesteny (m. Nagypestény) s. Gregor P.
Peştera, Pestes s. Mathaeus, Servatius P.
Petea, Pethe (m. Magyarpete) s. Georg P.
Petelea, Petele s. Birk
Petersberg (r. Sînpetru, m. Barcaszentpéter) *1522*: 761/62, *1529*: 1174(?)
Petersdorf/B. (r. Petriş, m. Petres) *1523*: 787, *1567*: 3168, *1570*: 3566, 3592; Gräf: Thomas
Petersdorf/Schelk, Peterfalwa (r. Petiş m. Kispéterfalva) *1555*: 2246
Petin, Pettyen b. Sathmar *1521*: 699
Petrova, Petrowa, Marm. s. Laurencius, Petrus P.
Pettau (YU, Ptuj) *1523*: 781
Pettyen s. Petin
Pezinok s. Bösing
Pintak/B. (r. Slătiniţa, m. Pinták) *1481*: 309, *1523*: 787, *1524*: 797, 800a, *1525*: 810, *1539*: 1431, *1546*: 1604, *1565*: 2988
Pintak bei Tekendorf (r. Pinticu, m. Szászpéntek) *1529*: 1106; Grundherr; Franciscus Lazar de Gergyo
Pipea s. Wepeschdorf
Pîncota, Pankota (bei Arad) *1366*: 40, Archidiaconus Benedict
Plintenburg, Wissegrad (H Visegrád) *1342*: 15, *1439*: 97, 98, *1510*: 533
Poarta de Fier s. Eisernes Tor
Pochtelke s. Puschendorf
Podvinje, Podwynya (YU bei Bjelowar) s. Paulus de P.
Poieniţa, Agard (m. Marosagárd) *1564*: 2951; Richter Peter Naghy, Einwohnerin: Catharina Kwtab

Poka (telke) s. Păingeni
Poka-Keresztúr s. Păcureni
Polen 1509: 511a, *1525*: 820, *1557*: 2327, 2329, 2355, 2366, *1561*: 2684, *1562*: 2691, 2712, 2748, 2757/58, 2760, 2771, *1563*: 2839, *1569*: 3372, *1570*: 3498; s. Johann Polonus
Pomáz (H, Kom. Pest), s. Franciscus de P.
Pommern 1553: 2211
Poprad s. Deutschendorf
Prag (CS, Böhmen, Praha) *1509*: 515, *1522*: 756, *1528*: 1051/52
Prejmer s. Tartlau
Preschau, Eperjes (Slow., Prešov, m. Eperjes) *1537*: 1350
Preßburg, Poson (Slow., Bratislawa, m. Pozsony) *1429*: 77, *1434*: 85, 87, 87a, *1468*: 200, *1478*: 300, *1515*: 606, 608/09, *1523*: 791/92, *1526*: 918/19, *1554*: 2218, *1556*: 2275
Pretai (r. Brateiu, m. Baráthely) *1528*: 1053, *1529*: 1139
Probstdorf/Agn. (r. Stejărişu, m. Prépostfalva) Großbrand *1523*: 787
Przemyzl, Premissel (PL, Przemyśl) *1528*: 1031
Ptuj s. Pettau
Pullach (D) s. Sebastian, Stefan Pwlacher
Puschendorf, Pochthelke (r. Păucea, m. Pócstelke) s. Paul Warkonyi, Mathias Literatus Sarpathaky de P.
Putnok, Pwthnok (H, Kom. Gömör) s. Sigismund de P.

Q

Quinqueeclesiis s. Fünfkirchen

R

Raab (H, Győr) *1472*: 250, 251
Radeln (r. Roadăş), m. Rádos), Großbrand *1523*: 787
Rădeşti, Tompahaza (m. Tompaháza-Szászújfalu) Diener T.
Ragelsdorf, Radla (r. Ragla, m. Rágla) *1453*: 135, *1461*: 153, *1467*: 186, *1471*: 227, *1474*: 268, *1475*: 273, 276, *1504*: 438, *1527*: 1005 (Nikolauskirche)
Rákos (Welches?) s. Melchior de R.
Rákosfeld bei Budapest (H), Reichstag: *1526*: 919
Ranshofen, Rannshoven (früher Niederbayern, jetzt A) s. Augustin, Propst
Rascianische Reiter (Slawen) *1526*: 2726
Răscruci, Walazwt (m. Válaszút) s. Janos Deak W.
Răzbuneni, Szinne (m. Radákszinnye) s. Paul Sz.
Rebra s. Groß-Rebra
Rebrişoara s. Klein-Rebra
+ *Rede* bei Viişoara (Nagypacal) s. Johannes de R.
Reghin (ul Săsesc) s. Sächsisch-Regen
Reghin (ul Unguresc) s. Ungarisch-Regen
Reichesdorf, Richvinum (r. Richiş m. Riomfalva) *1538*: 1391, *1561*: 2648; Pleban: Martin Pileus-Hueth, Einwohner: Georg Sutor (= Schuster)
+ *Rependorf*, Repafalwa (Gemarkung Engenthal) *1555*: 246
Reps (r. Rupea, m. Kőhalom) *1433*: 81, *1563*: 2807; Stuhl: *1488*: 342, *1551*: 2110
Rettegh, oppidum Rettegh (r. Reteag,

m. Retteg) *1468*: 199, 201, *1526*: 917, *1527*: 955, 1017, *1528*: 1036, 1070, 1080, *1538*: 1375/76, *1540*: 1457, *1549*: 1923, *1559*: 2504, 2508, 2527, 2544, *1562*: 2741, *1564*: 2843, 2952, *1569*: 3359, 3384, *1570*: 3527, 2533, 3543, 3547; Plebanus Sigismund; Richter: Johann Oros; Einwohner: Franz Syttrak, Johannes Volah u. a.

Reußen/B. Orozffalwa (r. Sărățel, m. Szeretfalva) *1529*: 1102, 1108, 1113, *1544*: 1705, *1552*: 2135, 2144, *1553*: 2185; s. auch Nyomas, Weide

Reußmarkt, Rewsmark (r. Mercurea, m. Szerdahely), Stuhl: *1471*: 229, *1488*: 342

Rew, Rev s. Vad

Révető, Rewelw (heute Teil von Vadu Crişului, m. Rév) s. Georg Kowach de R.

Richiş s. Reichesdorf

Roadăş s. Radeln

Rode (r. Zagăr, m. Zágor) s. Johann Herencheny de Z.

Rodna, Rodnau, Rudna (m. Óradna) *1412*: 54, *1414*: 63, *1475*: 279, 286, *1488*: 340, *1492*: 366, *1494*: 379, *1504*: 442/43, *1514*: 591, *1515*: 599, *1519*: 654/55, 670, *1520*: 686/87, *1521*: 733, *1522*: 751, 756, *1526*: 907, *1527*: 1026, *1528*: 1052, 1093, *1529*: 1099, *1530*: 1205, 1228, *1535*: 1298, *1539*: 1404, *1541*: 1519, *1542*: 1580, *1543*: 1666, 1677, 1687, *1544*: 1702, *1547*: 1847, *1548*: 1900, *1550*: 1967, 1984, 2002, *1551*: 2041, 2064, 2074, *1557*: 2320, *1558*: 2463, 2532, 2544, *1560*: 2620, *1563*: 2833–35, 2841, 2852, 2854, 2857, 2865, *1564*: 2982, *1566*: 3072, 3074, 3092, *1568*: 3235, 3284, 3306, 3336, *1569*: 3372, 3431, 3437, *1570*: 3545, 3556; Bergbauunternehmer: Wolfgang Forster, Valentin Kugler, Johann Lulay; Ortsgeistliche: Pleban Simon, Janos Pap; Kämmerer: Iwo, Franz Literatus Ormos, Johann Stroicz, Johann Thelaga; Richter: Michael Drumer, Mathias Hempch, Martin Tott; Einwohner: Geczö Prokolab, Laurencius Wendler u. a.

Rodnaer Tal (r. Valea Rodnei m. Radnavölgy) *1469*: 210/11, *1471*: 244, *1472*: 251, *1475*: 279, 284, 286, *1479*: 305, *1481*: 310, *1488*: 340, *1492*: 366, *1493*: 379, *1498*: 390, *1546*: 1792, *1558*: 2421

Rohod (H, Kom. Szabolcs) s. Georg R.

Rom: *1467*: 186a, *1468*: 194, *1475*: 281, *1499*: 393, *1513*: 571, 573, *1517*: 626, *1518*: 646, 649, *1519*: 659

Roman, Romanum Forum (Mold.) *1546*: 1765/66, 1774, 1795, *1548*: 1870, 1907/08, *1559*: 2539

Rona de Jos, Rona (Alsóróna) *1559*: 2480, *1561*: 2662; Vize-Salzkämmerer: Petrus Literatus de Wyssky, Diener: Emerich Chepeles

Roseln, Rosa (r. Ruja m. Rozsonda) *1532*: 1267; Wlache Stroya

Roşia s. Rothberg

Roşiori, Feleghaza (m. Biharfélegyháza) s. Johann de F.

Rothberg (r. Roşia, m. Veresmart) s. iudex Laurencius

Rozgony (Slow., bei Kaschau, heut. ON?) s. Georgius, Rajnoldus de R.

Ruja s. Roseln
Rumänisch-Budak (r. Budacu de Sus, m. Románbudak), Zehnter: *1504*: 438, *1527*: 1005
Rumänisch-St.-Georgen (r. Sîngeorz-Băi, m. Oláhszentgyörgy) *1566*: 3073, Goldwaschwerk: *1535*: 1312; Einwohner: Iwon Lehach, Matheus
Rupea s. Reps
Rusca, Ruzka (m. Ruszka) s. Stefan Dobo de R.
Rußland 1557: 2327

S

Săcel, Szacsal (m. Iza-, Kisszacsal) *1505*: 459a, 461a, *1567*: 3117
Sachsen, Herzogtum (DDR) *1563*: 2866
Sächsisch-Eibesdorf, Eibisdorf, Ibersdorff, Ibesd. Iwanfalwa (r. Ighişu Nou, m. Szászivánfalva) *1544*: 1723, *1548*: 1865, *1559*: 2509; s. Valentin Ludwig
Sächsisch-Regen, Regewn, oppidum Regen (r. Reghin, m. Szászrégen) *1361*: 36a, *1368*: 42a, *1468*: 195, *1484*: 321, *1487*: 332, *1527*: 1019, *1531*: 1259, *1534*: 1295, *1538*: 1368, *1546*: 1758/69, 1771, *1548*: 1864, 1876, 1909, *1550*: 1965/66, 1985/86, 1988, 1991, *1551*: 2057, 2096, *1557*: 2351, *1558*: 2387/88, 2398, 2450, 2459, 2462, *1559*: 2495, 2546, 2550, *1562*: 2768, 2770, 2789, *1564*: 2869, 2899, 2941, 2954, *1567*: 3150, 3165, 3177, *1568*: 3240/41, 3244, 3278, 3317/18, *1569*: 3398, 3413, 3428, *1570*: 3535, 3578, 3581; s. Bürgermeister: Georg Kürtsch, Stefan Milner, Lucas Zatfogel, Georg, Mathias Niger (Schwarz); Bürger: Wwe. Anna, Laurencius Arcz, medicus, Lucas Artz, Johann Bahna (Bachner?), Georg Bidtner, Martin Bien, Servatius Conradt, Lucas Floschner, Johann, Valentin Kürschner (Pellio, Pellifex) Marcus, Valentin Lang, Demetrius, Mathäus, Paul Rysler (Rösler): Adrian, Martin Schmith (Schwiegermutter Agnes), Johann, Thomas Schmidt (Faber), Jacob Schuler (Literatus), Johann Sporer, Augustin, Caspar, Leonhard Stolcz, Johann Tyrmann u. a.
Sächsisch-St.-Georgen (Sîngeorgiu Nou, Szászszentgyörgy) *1353*: 21, 22, *1439*: 97, 98, *1441*: 107, *1518*: 648a, *1523*: 771, 787, *1526*: 881/82, *1538*: 1361, *1541*: 1509, *1547*: 1845, *1551*: 2052, 2055, 2095, *1552*: 2134, 2136, *1557*: 2331, 2362, 2374, *1568*: 3243, 3293, *1569*: 3434/35, *1570*: 3501, 3599; Ortsgeistliche: Ambrosius (Sepusius = Zipser), Johannes (Pap, Ungarus), Caspar Else(n); Gräfen: Georg; Georg Lamprechter, Andreas, Blasius Roth (Ruffus, Weres)
Sajó bei Miskolc (H, mehrere Orte dieses Bestimmungswortes) 1566: 3079
Sajo-Keresztur s. Kreutz
Sajó/Marm s. Şieu
Sajo-Udvarhely s. Dienesdorf
Sălățig, Zylaghzeg (Szilágyszeg) s. Paulus de Z.
Sălcuța s. Feisket
Sálya (Welches?) s. Nicolaus S.

Săliștea de Sus, Szeliste, Schylysthie, Zelestye (Marm., m. Felsőszelistye) *1505*: 459a, 461a, *1550*: 1996, *1568*: 3316, *1570*: 3575; s. Nicolaus, Theodor On, Johann Wlad de Sz.

Salva, Zalwa (m. Szálva) *1547*: 1831, *1549*: 1939, *1561*: 2662; Orthodoxe Pf: Georg, Nicolaus presbyter; Einwohner: Andreas, Nicolaus, Roman

Salz, Soffalwa (r. Sărata, m. Sófalva) *1501*: 400a, *1529*: 1102, 1108, 1113, *1538*: 1365, 1375, *1552*: 2135, 2144, *1553*: 2185, *1561*: 2668, *1567*: 3194; Offizial: Thomas Nagy

Salzburg, Wizakna (r. Ocna Sibiului, m. Vizakna) *1551*: 2103, S. Franciscus, Johann, Nicolaus de W.; Kämmerer: Georg Hamway

Samosch (d. auch Thimes, r. Someș, m. Szamos), Fluß, *1568*: 3269

Sandomir (PL, Sandomierz) s. Hans Baltisar de Byrwiczky

Săndulești, Zynd (m. Szind) s. Emericus de Z.

Sankt Georgen b. Preßburg (Slow., Jur pri Bratislave, m. Szentgyörgy) s. Peter, Graf von St. Georgen und Bösing; – s. Sächsisch –

Sankt Martin, Dicső-Szentmárton (r. Tîrnăveni) *1451*: 129

Santău Mare, Zantho (m. Nagyszántó) s. Georg fil. Bani de Z.

Sărata s. Salz

Sărățel s. Reußen

Sarló (Slow. bei Neutra, Kajsza?) s. Nicolaus de S.

Sáros (Welches?) s. Magdalena S.

Sárospatak (H) Kastellan: Ambrosius Wegh

Sárpatak s. Scharpendorf

Sárvár s. Schart

Săsarm s. Weißhorn

Saschiz s. Keisd

Sathmar, Zathmar (r. Satu Mare, m. Szatmár) *1556*: 2296, *1561*: 2679, *1562*: 2733, *1565*: 3000/01; Komitat: s. Comes Andreas de Bathor; Archidiaconus: Barnabas de Chepa

Satu Nou s. Ober-Neudorf

Sava, Zawa (m. Mezőszáva) s. Valentin Almasy de Z.

Săvădislea, Zenthlazlo (m. Tordaszentlászló) *1529*: 1119; s. Ladislaus Z.

Schäßburg, Schespurg, Segeswar (r. Sighișoara, m. Segesvár) *1490*: 348, *1502*: 410, *1521*: 703, *1527*: 971, 981/82, 1012, 1024, *1531*: 1258, *1534*: 1291, *1537*: 1342, *1538*: 1361, *1541*: 1490, *1542*: 1558, *1543*: 1615, 1662, 1690, 1695, *1544*: 1719, *1550*: 2020, *1551*: 2048, 2052–54, 2066, *1562*: 2747/48, 2751, 2753, *1564*: 2870, 2876, 2890, 289, *1565*: 3029, *1567*: 3174, *1568*: 3289, 3294, *1569*: 3378, 3445, *1570*: 3468, 3505, 3539; Stuhl: *1488*: 342; Beamte: Johann Bidner, Paul Bolkatsch, Stephan Gebawr, Andreas, Michael Hegyes, Valentin Maler (Pictor), Caspar Schneider (Sarctor), Mathias Seiler (Funifex); Bürger: Johann Doczen, Johann Goldschmied (Aurifaber), Martin Maurer (Murarius), Jakob Meynchner, Servatius Wayda u. a.

Scharberg (r. Dumbrăvioara, m. Sáromberke) *1470*: 223, *1562*: 2778

Scharpendorf, Sarpathak (r. Glodeni, m. Marossárpatak) *1551*: 2056; Richter: Petrus Soold; Matheus Li-

teratus de S.
Schart, Sarwar (r. Șirioara, m. Sajósárvár) *1569*: 3388, *1570*: 36000
Schelk/B. (r. Jeica, m. Zselyk) *1529*: 1106, *1567*: 3225; Pfarrer: Petrus Soos, s. Petrus Barlady, Andreas S. a Deesfalwa
Schenker Stuhl 1488: 342; Königsrichter: Johann de Morgonda; – s. auch Groß-, Klein-Schenk
Scherling (r. Măgurele, m. Serling) s. Andreas Sch.
Schylisthie s. Săliștea de Sus
Schmiegen, Somogh (r. Șmig, m. Somogyon), s. Peter S., Vincenz S. de Cheztwe
Schönbirk (r. Sigmir, m. Szépnyir) *1565*: 3041
Scholten, Zaschanad (r. Cenade, m. Szászcsanád) *1462*: 158, *1550*: 2018; s. Thomas Saphar
Sebeș s. Mühlbach
Sebes (Welches?) s. Franz, Georg S.
Seck, Zek (r. Sic, m. Szék) *1430*: 78, *1462*: 158, *1467*: 182, *1471*: 239, *1474*: 271, *1512*: 555; Beamte der Salzkammer: Emericus de Zynd, Michael Barlabasy de Chezchwe
Șeica Mică s. Klein-Schelken
Seimersdorf, Simontelke (r. Simionești) *1565*: 3037, *1566*: 3094, *1567*: 3208, *1568*: 3261, 3271; Grundherren Ambrosius Fejerwary, Benedikt Nagh de S.; Einwohner: Ambrosius, Stefan Deak, Silvester Greb, Adam Iffyw
Sényő, Senne (H, Kom.Szabolcs) s. Paul S.
Senndorf, Solna (r. Jelna, m. Kiszsolna) *1529*: 1161/62; Pf.: Georg Seraphin, Johannes Tyrmann, Dechant; S. Paulus Leopold
Ser Zer (m. Szér) s. Stephan Literatus Pousa de Z.
Sfăraș, Farnos (m. Farnas) s. Johann Weres de F.
Sibiu s. Hermannstadt
Sibo s. Jibou
Sic s. Seck
Sidel, „Freitum" des Bistritzer Distrikts, *1506*: 473, *1507*: 474a
Sieben Stühle (Hermannstädter Provinz) *1417*: 70, *1465*: 179, *1467*: 184, *1471*: 230
Șieu, Sajo (m. Sajó/Marm.) *1564*: 2937, *1569*: 3404, 3411, 3464 S. Dano, Theodor Mán, Johannes Donka de S.; – s. auch Groß-Schogen
Șieu-Măgheruș s. Ungersdorf
Șieu-Odorheiu s. Dienesdorf
Șieu-Sfîntu s. Leresdorf
Șieuț s. Klein-Schogen
Sighetul Marmației, oppidum Zygeth (m. Máramarossziget) *1479*: 305, *1483*: 316, *1487*: 330, *1509*: 511a, *1510*: 544, *1516*: 619, *1526*: 868, *1527*: 1025, *1528*: 1071, *1529*: 1101, 1122, *1530*: 1200/OL, *1531*: 1235, 1244, *1533*: 1288, *1536*: 1334, 1338, *1546*: 1772, 1785, 1797, *1547*: 1812, 1822–24, 1831, *1548*: 1855–57, 1859, 1877–79, *1549*: 1933, 1939, *1550*: , 1990, 1994, 1996, 2013, *1551*: 2035, 2081, 2083, 2087/88, *1556*: 2285, *1557*: 2346, *1558*: 2406, 2421, 2432, 2439–41, *1559*: 2479, 2529, 2554, *1560*: 2559, 2587, 2627, *1562*: 2775, *1563*: 2805/06, *1567*: 3117, 3133, 3217, *1568*: 3316, 3339, *1569*: 3374, *1570*: 3490; S. Anton Was Literatus, Georgius, Gregor Literatus, Paul Z.

Sigmir s. Schönbirk
Silistra, Durostor, Dryster (BG) *1541*: 1480
Simioneşti s. Seimersdorf
Şimleul Silvaniei, Somlyo (m. Szilágysomlyó) *1570*: 3546; s. Christoph, Stefan Bathori de S.
Simontelke s. Seimersdorf
Sîngeorgiu de Mureş, Zenthgerg (m. Marosszentgyörgy) *1541*: 1501, *1551*: 2102
Sîngeorgiu Nou s. Sächsisch-St.-Georgen
Sîngeorz-Băi s. Rumänisch-St.-Georgen
Sînger, Zengyel, Szengyel (m. Mezőszengyel) *1531*: 1242, s. Franz Z.
Sîngeru de Pădure (m. Erdőszengyel) *1523*: 777, *1526*: 871
Sîniacob s. Jakobsdorf
Siniob, Szent-Jobb 1570: 3571
Sînmarghita, Szentmargita *1470*: 224
Sînmărtinu de Cîmpie, Mezőszentmárton, *1504*: 444, *1508*: 484, *1509*: 504a
Sînmihaiu de Cîmpie s. Michelsdorf
Sînpaul, Zenthpal (m. Magyarszentpál) s. Andreas de Z.
Sînpetru s. Petersberg
Sîntana de Mureş, Zent-Anna (m. Marosszentanna) *1543*: 1656
Şintereag, Somkerék, *1542*: 1572, *1548*: 1897, *1553*: 2204, *1557*: 2338, *1559*: 2555, *1570*: 3492; s. Nicolaus de S.; Bartholomeus, Franciscus, Gregorius, Johann, Katharina, Leonard, Martin, Nicolaus, Sebastian, Stefan Erdely de S.
Sîntimbru, Zenth Imreh (m. Marosszentimre) *1353*: 21, 23; s.Ambrosius Nagh de Z.

Sîntioana s. Johannesdorf
Sîntioana Zenthywan (m. Vasasszentivány) *1539*: 1428(?), *1540*: 1448, 1479, *1558*: 2414, *1569*: 33561 s. Franz Kendi de Sz.
Sîrbi, Szerbwl (m. Szerfalva), *1568*: 3316, s. Johann Domba de Sz.
Şiria, Vilaguswar (m. Világos, Banat) Kastellan: Stefan Horvath
Şirioara s. Schart
Slatina, Orthodoxes Kloster (Mold.) *1560*: 2574, 2578, 2683, *1561*: 2652, *1564*: 2976
Slătiniţa s. Pintak
Şmig s.Schmiegen
Sófalwa s. Salz
Şoimeni, Sólyomkő, *1567*: 3198
Şoimuş s. Almesch
Solyom (Welches?) s. Magdalena S.
+ *Som* bei Păuşa (Kreischgebiet), s. Caspar, Josa de S.
Sombor (Welches?) s. Gregorius de S.
Şomcuta Mare, Zomkuth (m. Nagysomkút) *1567*: 3153; s. Johann Butjann de Z.
Someş s. Samosch
Someşeni, Zamosfalwa, (m. Szamosfalva, heute Stadtteil von Klbg.) *1542*: 1579, 1588, *1543*: 1620, 1682, *1547*: 1820, *1549*: 1922; S. Ladislaus Mykola de Z.
Somkerék s. Şintereag
Somkút s. Şomcuta Mare
Somlyó s. Şimleu Silvaniei
Sommer, Sombor (r. Jimbor, m. Szászzsombor) s. Gregor, Johann, Ladislaus Z.
Somogh s. Schmiegen
Som[o]sd s. Corneşti
Soroka, Soroca (SU, Moldawien) *1543*: 1655

teratus de S.
Schart, Sarwar (r. Şirioara, m. Sajósárvár) *1569*: 3388, *1570*: 36000
Schelk/B. (r. Jeica, m. Zselyk) *1529*: 1106, *1567*: 3225; Pfarrer: Petrus Soos, s. Petrus Barlady, Andreas S. a Deesfalwa
Schenker Stuhl 1488: 342; Königsrichter: Johann de Morgonda; – s. auch Groß-, Klein-Schenk
Scherling (r. Măgurele, m. Serling) s. Andreas Sch.
Schylisthie s. Săliştea de Sus
Schmiegen, Somogh (r. Şmig, m. Somogyon), s. Peter S., Vincenz S. de Cheztwe
Schönbirk (r. Sigmir, m. Szépnyir) *1565*: 3041
Scholten, Zaschanad (r. Cenade, m. Szászcsanád) *1462*: 158, *1550*: 2018; s. Thomas Saphar
Sebeş s. Mühlbach
Sebes (Welches?) s. Franz, Georg S.
Seck, Zek (r. Sic, m. Szék) *1430*: 78, *1462*: 158, *1467*: 182, *1471*: 239, *1474*: 271, *1512*: 555; Beamte der Salzkammer: Emericus de Zynd, Michael Barlabasy de Chezchwe
Şeica Mică s. Klein-Schelken
Seimersdorf, Simontelke (r. Simioneşti) *1565*: 3037, *1566*: 3094, *1567*: 3208, *1568*: 3261, 3271; Grundherren Ambrosius Fejerwary, Benedikt Nagh de S.; Einwohner: Ambrosius, Stefan Deak, Silvester Greb, Adam Iffyw
Sényő, Senne (H, Kom.Szabolcs) s. Paul S.
Senndorf, Solna (r. Jelna, m. Kiszsolna) *1529*: 1161/62; Pf.: Georg Seraphin, Johannes Tyrmann, De-

2843–47, *1564*: 2878, 2881, 2957/58, 2962, 2967, 2971,/72, 2976/77, *1566*: 3056, 3060/61, 3065/66, *1567*: 3164, 3175, 3184/85, 3187, 3193, *1570*: 3531; Bischof Gregor; Richter Janusch Tyschler; Valten Hentschen, Johann Maurer (Murarius), Gregor Rosenberger, Matheus Theolonator (Mautner), Johann Rymer, Thomas u. a.
Suplac, Széplak (m. Küküllőszéplak) *1344*: 16, *1406*: 50, 51
Swraklyn(?) s. Petrus Petrowith de S.
Szabolcs, Komitat (H), s. comes Andreas de Bathor
Szacsal s. Săcel
Soloneţ, Szalom (Gemeinde Todireşti, Buk.) s. Ignat, Thomas de Sz.
Szamosújvár s. Neuschloß
Szamosújvárnémeti s. Mintiu Gherlii
Szalva s. Salva
Szász-Erked s. Arkeden
Szász-Fülpös s. Klein-Phlepsdorf
Szászsebes s. Mühlbach
Szeged, Zeged (H) *1272*: 4a, *1475*: 285; s. Johann Z.
Székely-Keresztur s. Ungarisch-Kreutz
+ *Székelytámad* (Burg von Oderhellen, Odorheiu Secuiesc, Székelyudvarhely) *1568*: 3245, *1569*: 3374, 3441
Székesfehérvár s. Stuhlweißenburg
Szeklerland 1562: 2743, *1566*: 3099; Landstand: *1518*: 643, *1527*: 1012, *1529*: 1128, *1550*: 2003
Szekszárd (H Kom. Tolna) *1529*: 1170
Szelyste s. Săliştea de Sus
Szemenye, Zemene (H. Kom. Vas) *1528*: 1064
Szengyel s. Sînger

Szent-Ágota s. Agnetheln
Szent-Anna s. Sîntana de Mureş
Szent-György s. Sächsisch-, Rumänisch-St. Georgen, Sîngeorgiu de Mureş; (Welches?) *1567*: 3104
Szent-Iván, Zenthywan s. Johannesdorf, Sîntioana
Szent-Jakob s. Jakobsdorf
Szent-Jobb s. Sîniob
Szent-Király, Zenth Kyral (Welches?) *1547*: 1838, s. Franz Thamasy, Johann Zekel de Z.
Szent-László s. Săvădisla
Szentlörinc (m. Vadkert; Stadtteil von Großwardein) *1285*: 5a, 8a, *1392*: 45a
Szent-Margita s. Sînmarghita
Szent-Márton, s. Sînmărtinu de Cîmpie
Szent-Mihályfalva s. Mihai Viteazu
Széplak s. Suplac, Ungarisch-Zepling
Szerbwl, s. Sîrbi
Szeszárma s. Weißhorn
Szerecsény Zerechen (H, Kom. Györ) s. Christina, Ludwig Z. de Meztegnyew
Szerfalva s. Sîrbi
Sziget, Marmaros- s. Sighetu Marmaţiei
Sziget[vár] (H, Kom. Somogy) *1566*: 3088, *1569*: 3355
Szikszó (H, Kom. Abaúj-Torna) *1461*: 152, 153
Szinnye s. Răzbuneni
Szokoloc (Slow. heut. ON?) *1510*: 526
Szucság s. Suceag
Szucsawa s. Sutschawa
Szurdok-Kapolnok s. Copalnic

T

Tămaia, Thoma(n) (m. Tomány) s. Theodor Th., Paulus Mwrany a Th.
Tărcaia, Tharka, Tharkew (m. Köröstárkány) s. Dyonisius Th, Georg Rycalph de Th.
Tarcsa (Welches?) s. Johann, Martin Th.
+ *Tarnok*, Tharnok (bei Orbău, Tasnádorbó) s. Oswald Th.
Tărpiu s. Treppen
Tartlau (r. Prejmer, m. Prázsmár) *1522*: 760
Tăşnad s. Trestenburg
Tatárrév, Thatorrew (YU, Gemeinde Bezdan) s. Johann Zoltan de T.
Tatros s. Tîrgu Trotuş
Tatsch (r. Tonciu, m. Tács) *1439*: 97–99, *1441*: 107, *1505*: 459, *1560*: 2600
Teaca s. Tekendorf
Técső (SU, nördl. Marm., r. Teceu, heut. ON?) *1329*: 13, *1530*: 1199
Teiuş s. Dörnen
Tekendorf (r. Teaca, m. Teke) *1361*: 36a, *1368*: 42a, *1456*: 139, *1541*: 1503, *1551*: 2106, *1556*: 2297, *1557*: 2310, *1565*: 3029, *1567*: 3161, 3173, 3188, *1568*: 3237, 3257, 3262, 3305, *1570*: 3501; Grundherr: Thomas de Nadasd; Offiziale: Peter Somogy, Paul Szinney, Richter: Simon Lutsch, Einwohner: Franz, Simon Rodt, Valentin Schneider, Lucas, Matheus Weiß u. a.
+ *Tekesch*, Tukas, Thevkevs, Teukes, Thekes (Heute Gemarkungen Mettersdorf, Treppen) *1366*: 40, *1429*: 77, *1433*: 81, 82, *1434*: 83, 84, *1435*:

88, 89, *1448*: 119–21, *1449*: 122–24, *1451*: 125–30, *1452*: 131, *1486*: 327, *1514*: 588
Telciu, Thelch(yk) (m. Telcs) *1547*: 1823, *1551*: 2035, *1557*: 2336, *1560*: 2559, *1562*: 2775, *1566*: 3062, *1567*: 3217, *1570*: 3511; Orthodoxes Kloster *1523*: 789; Einwohner: Szerbwly, Wasko
Telegd s. Tileagd
Temeschburg, Temeswar (r. Timişoara, m. Temesvár) *1451*: 124a, *1528*: 1082, *1536*: 1320, *1551*: 2097; s. Johann Nagh de T.
Tétény (H, Kom. Moson-Wieselburg) *1465*: 178
Thaman s. Tămaia
Tharka s. Tărcaia
Thatorrew s. Tatárrev
Theiß, Fluß (r. Tisa, m. Tisza) *1559*: 2475
Theka s. Tekendorf
Theremy s. Tirimia
Thete s. Toteşti
Thevkes s. Tekesch
Thimes s. Samosch
Tholdalag s. Toldal
Thoma s. Tămaia
Thorenburg, Thorda (r. Turda, m. Torda) *1451*: 126/27, *1452*: 132, *1470*: 222, *1472*: 249, *1473*: 255, *1475*: 273, *1485*: 324, *1487*: 331, *1492*: 363, 365, *1503*: 417, 419, *1505*: 446, 455, *1506*: 470, *1508*: 494, *1509*: 413, 517, *1511*: 546, *1512*: 556, *1514*: 578, 580, 585, *1520*: 681, *1521*: 703, 709, *1526*: 907, *1527*: 1015, *1529*: 1121, 1132, 168, *1530*: 1216, 1226, *1532*: 1261, *1538*: 1359, 1364, 1366–68, *1539*: 1397, *1540*: 1443, 1454, 1465, *1541*: 1483, 1504/05, *1542*: 1541, 1547/48, 1553, 1574, 1590, *1543*: 1680, *1544*: 1716, 1722–24, 1727, *1545*: 1748/49, *1546*: 1791, *1548*: 1875, 1892, 1896, *1549*: 1917, 1919, 1935, *1550*: 1982, 2009, 2011, 2063, 2067/68, 2094, 2101, *1556*: 2269, *1557*: 2323, 2327–30, 2333, *1558*: 2408, 2451/52, 2456, *1559*: 2503, *1561*: 2648, 2654, 2663, 2670, 2672, *1562*: 2744/45, *1563*: 21815/16, 2824, *1564*: 2910, 2914, 2919/20, 2922, 2928, 2934, 2946, *1565*: 2992, *1566*: 3048, 3053, 3063, *1567*: 3124–28, 3130, 3189, 3227, *1568*: 3236, 3239, 3267, 3279, 3313, 3319/20, 3326, 3330, 3333, 3335, *1569*: 3392, 3395–97, 3415, 3431, 3439/40, 3443, *1570*: 3517, 3522, 3526, 3528, 35331 Salzkammergrafen: Anton Magyar, Stefan Thomory; Einwohner: Lucas, Martha Hwzar, Stefan Pechy, Paulus de Th.
Tileagd, Thelegd (m. Mezőtelegd) *1527*: 1011, s. Stefan de T.
Timişoara s. Temeschburg
Tioltiur, Tothewr (m. Tötör) s. Blasius, Nicolaus, Stefan T.
Tîrgu Mureş s. Neumarkt/M.
Tîrgu Neamţ, Nemch, Nems, Nyamcz (Mold.) *1529*: 1176, *1548*: 1911, *1566*: 3065
Tîrgu Trotuş, Tatros (Mold.) s. Matheus T.
Tirimia, Theremy (m. Teremi) s. Peter Th.
Tyrnau, Tyropolis (Slow., Trnava, m. Nagyszombat) *1509*: 499, 504, *1570*: 3534
Tîrnava s. Groß-Probstdorf
Tîrnăveni s. St.-Martin

Tisa, Tisza – Veresmarth (m. Tiszaveresmart) s. Thomas Bethlyn de V.; s. Theiß
Tobsdorf, Tobias (r. Dupuş, m. Táblás) s. Johann, Peter T.
Tövis s. Dörnen
Tokaj, (H) *1565*: 3003, *1566*: 3087
Toldal, Tholdalagh (m. Toldalag) s. Andreas, Blasius Th.
Tomor, Thomor (H, Kom. Abaúj-Torna) s. Ludwig, Nicolaus, Paul, Stefan Th.
Tompaháza s. Rădeşti
Tonciu s. Tatsch
Torba, Thorbozlo (m. Torboszló) *1529*: 1110
Tordaer Komitat: *1546*: 1771; Grafen Gaspar Chereny, Stefan Sydo
Torna (Welches?) *1527*: 1005
Tornalja (Slow., Heut. ON?) s. Jakob, Paul T.
Toteşti, Thete (m. Totesd, urkdl. Thetewfalwa) s. Laurencius Th.
Tothewr s. Tioltiur
Transalpina, terra, s. Walachei
Treppen, Therpen (r. Tărpiu, m. Szásztörpény) *1380*: 43, *1412*: 56, *1414*: 65, *1418*: 71, *1429*: 77, *1434*: 83–85, *1438*: 93, *1441*: 108/09, *1448*: 119–21, *1449*: 122–24, *1451*: 125–30, *1452*: 131, 133, *1465*: 176, *1506*: 473, *1527*: 931/32, *1528*: 1051, 1065, *1529*: 1168, *1530*: 1198, *1535*: 1299, *1539*: 1403, *1542*: 1548, *1548*: 1873, *1555*: 2249a, *1557*: 2331, 2374, *1560*: 2577, *1561*: 2637, *1562*: 2753/54, *1564*: 2879, 2983, *1567*: 3162, *1568*: 3242, *1570*: 3518; Pf.: Paul Ambergius, Prediger, Petrus Coloswarinus, Dominicus, Michael Fleischer, Dr. Johann Kleyn, Paul Seraphin, Dr. Adrian Wolphard; Einwohner: Simon Weinrich
Trestenburg, Thasnad (r. Tăşnad, m. Tasnád) *1557*: 2329
Trient (I, Trento) Konzil *1546*: 1777
Tschakowa, Cha(a)k (r. Ciacova, m. Csákova) s. Ambrosius Literatus, Franciscus, Michael de Ch.
Tschanad, Chanad (r. Cenad, m. Nagycsanád, Banat) Domkapitel: *1481*: 312, 370
Tschiger, Chiger (m. Csiger; grundhöriger Gemarkungsteil von Bistriz) *1459*: 146, *1469*: 203, *1471*: 247, *1474*: 265, 269, *1475*: 278, *1488*: 339, *1494*: 378
Tschippendorf, Schepan, Chepan (r. Cepari, m. Csépán) *1539*: 1430; s. Gräf Andreas, Fabian Zenas
Türkei, Türken *1540*: 1438, *1557*: 2370, *1562*: 2720, 2722, 2729–31, 2733, 2735, 2738/39, *1564*: 2881, *1565*: 3001, 3007, 3011, 3011, *1566*: 3063, 3088
Turda s. Thorenburg
Tureni, Thur (m. Tordatúr) *1526*: 914/15 s. Benedictus de T.
Turnu Măgurele, Kissnikopol (Wal.) *1505*: 451
Turóc, Thwrocz Komitat (Heute Slow.) s. Nicolaus Th.
Tuşinu, Tuson *1520*: 690
Ţaga, Chegew (m. Cege) *1569*: 3362 s. Blasius, Georg, Johannes Was de Ch.
Ţagu, Czeeg (m. Nagycég) Grundherren: Dominicus Porcolab de Bongard, Georg de Bozyas
Ţăgşor Kiscžeg (m. Kiscég) *1522*: 743/44, 752; Grundherren: Michael de

Zob, Georg de Bozyas
Țara Bîrsei s. Burzenland
Țara Hațegului s. Hatzeger Distrikt
Țara Lăpușului s. Laposcher Gebiet
Țara Românească s. Walachei
Țigău s. Zagendorf

U

Uila s. Weilau
Ujfalu s. Berettyóújfalu
Uj-Kercz s. Cîrțișoara (?)
Ujlak (Welches?) s. Nicolasu de U.
Uioara de Jos, Chongwa (m. Csongva, heute Teil von Ocna Mureș) s. Georg Ch.
Uj-Ös s. Eisch
Ungarisch-Brod (Mähren, Uherský Brod) *1421*: 74, *1511*: 542
Ungarisch-Kreutz (r. Christuru Secuiesc, m. Székclykeresztúr) *1503*: 418
Ungarisch-Neustadt s. Frauenbauch
Ungarisch-Regen (r. Reghinu Unguresc, m. Magyarrégen, heute mit Sächsisch-R. vereinigt) *1559*: 2547, s. Demetrius Sarctor
Ungarisch-Zepling (r. Goreni, m. Dedrádszéplak) *1491*: 355, *1493*: 375; Grundherren: Nicolaus Farkas de Harynna, Johannes Erdews
Ungersdorf (r. Șieu-Măgheruș, m. Sajómagyaros) *1414*: 66, *1525*: 817, *1566*: 3094; Grundherr Mathias Fychor
Ungheni, Nyarató (m. Nyárádtő) *1542*: 1594
Unguraș, Balwanyos (m. Bálványosváralja), Burg, Dominium, *1515*: 595, *1528*: 1091/92, *1529*: 1096–110, 1102, 1108, 1113, 1159, 1167, 1194. *1530*: 1228, *1531*: 1240, *1537*: 1353, *1538*: 1375, *1539*: 1394, *1535*: 2251; Kastellane: *1481*: 308, 315, *1494*: 380; Präfekten: Paul Bank, Petrus Horwath, Johann Kemen(y); andere Beamte: Martin Bornemyzza, Christoph Nagh, Dominicus Porcolab, Johann Wancha, Johann Zalanchy
Unguraș, Magyar-Kékes (bei Köwar) *1567*: 3209
Ungvár s. Uschgorod
Unirea s. Wallendorf
Unter-Wallendorf s. Nieder-W.
Unter-Winz, Alwyncz (r. Vințul de Jos, m. Alvinc) *1529*: 1120, *1551*: 2114/15; Distrikt *1488*: 342
Urca, Eorke (m. Mezőörke) s. Pleban Petrus
Úrmező, Wrmezev (SU, nördl. Marm., Heut. ON?) s. Thomas Bethlyn de W.
Urwegen (r. Gîrbova, m. Szászorbó) s. FN Urbeger
Uschgorod, Ungwar (SU Slow.: Užgorod, m. Ungvár) *1565*: 3013

V

Vad, Wad, Rew (m. Révkolostor, Orthodoxes Kloster mit Bischofssitz) Bischöfe: Georgius, Marcus, Tharasi
Vád (Welches?) s. Albertus de Naghwath
Vajda-Szentiván s. Voivodeni
Valea Izvoarelor, Bessenyew (m. Buzásbessenyő) *1344*: 16, *1406*: 50, 51; s. auch Josa Literatus de B.

Valea Viilor s. Wurmloch
Vălenii de Mureș s. Gassen
Vama (Buk.) *1568*: 3331, *1569*: 3379, s. Theodor aus V.
Váralja (Welches?) *1554*: 2227
Várda Warda (H. Kom. Somogy) s. Franz V., Paulus de W.
Varkony, Warkony (H, Welches?) s. Paul W.
+ *Városkezi*, Waraskezy (Zwischen Vadász und Apáti-Apatiu) s. Lorand Lepes de W.
Vásárhely, Maros-, Székély-, s. Neumarkt/M.
Vaslui, Wazlo (Mold.) *1547*: 1832, *1548*: 1867
Vatra Dornei s. Dorna (-Watra)
Vechea, Bwda, Buda (m. Bodonkút) s. Johann Literatus, Stefan de B.
Vécs s. Wetsch
Venedig (I) s. Kaufleute Felix, Anthonius
Verbőc, Werböcz (SU, Heut. ON?) s. FN Werböczi
Veréce, Werwcze (SU Heut. ON?) s. Nicolaus de W.
Veresmarth s. Tisa
Vermeș s. Wermesch
Veselény Wysselen (Slow. bei Trentschin, Heut. ON?) s. Nicolaus de W.
Veszele (Slow. Veseli?) *1469*: 206
Veszprém s. Wesprim
Viile Tecii s. Groß-Eidau
Viișoara s. Heidendorf, Hohndorf
Vilaguswar s. Șiria
Vingard s. Weingartskirchen
Vințu de Jos s. Unter-Winz
Viscri s. Deutsch-Weißkirch
Visegrad s. Plintenburg
Vișeu s. Wischau

Viskovo, Wyzk (SU, nördl. Marm. m. Viszk) *1329*: 13, 5. Petrus Literatus de W.
Visolya s. Visuia
Visso s. Wischau
Visticza(?) S. Caspar Osmolsicii de V.
Visuia, Visolya (m. Mezőviszolya) *1541*: 1481
Vița, Wyche (m. Vica) s. Anton W.
Vizakna s. Salzburg
Vlaha, Oláh-Fenes (m. Magyarfenes *1526*: 876
Voivodeni s. Johannisdorf
Vrancea, Mold., s. FN Vrâncean
Vurpăr s. Burgberg

W

Waitzen, Wach (H, Vác) Domkapitel *1490*: 354; Bischöfe: Petrus Agmandi, Franz Várday, Ladislaus Zalkan; s. Peter W.
Walachei, terra Transalpina, Hawasalffeld (m. Havasalföld) *1508*: 481, *1509*: 507, *1528*: 1082, *1546*: 1778, *1547*: 1839, *1557*: 2370, *1562*: 2720; Woiwoden: Basarab cel Tînăr (Țepeluș), Mihnea cel Rău, Mircea, Radu de la Afumați; Amtsträger: Iwan Ban, Barbul Kwlchar, Thodor Logofet, Maga, Radwly fil. Hawasalffeldy Zokoly, Stoyka, Vlad, Zokol
Walazwt s. Răscruci
Walko (Welches), s. Gabriel, Martin, Nicolaus W.
Wallendorf (auch Oberw., r. Unirea, m. Aldorf) *1469*: 205, *1481*: 309, *1525*: 810, *1529*: 1187, 1193; Pf.: Balthasar Decani, Clemens Klein,

decanus; Einwohner: Tamas *Waltersdorf* (r. Dumitriţa, m. Kisdemeter) *1453*: 135, *1461*: 153, *1465*: 177, *1467*: 186, *1562*: 2759, *1565*: 3010, 3025; Plebane: Johann Lebelius, Christannus Heyz
Warda s. Várda
Warkony s. Várkony
Wath, Nagh- s. Vád
Weilau (r. Uila, m. Vajola) s. Pleban Hupertus, Grundherr: Caspar Almady, Einwohner: Benedict Kyws (Klein)
Weingartskirchen, Wyngarth (r. Vingard, m. Vingárd) *1526*: 867, *1528*: 1040–42, 1044, 1067/68, *1529*: 1126; Johann, Sophia Gereb de V., Caspar, Johann Horwath de V.
Weißenburg, Alba Gywle (d. auch Karlsburg, r. Alba Iulia, m. Gyulafehérvár) *1447*: 118, *1469*: 211, *1504*: 445, *1505*: 452, *1511*: 551, *1512*: 553, *1516*: 624, *1522*: 766, *1523*: 771, *1525*: 833, *1526*: 876, 919a, *1527*: 1006, 1013, *1528*: 1063, 1065, *1529*: 1154, 1169, 1171/72, *1531*: 1246, 1249/50, 1253, *1532*: 1264, *1533*: 1285, *1535*: 1302, *1536*: 1328, *1539*: 1408, *1540*: 1458, *1541*: 1520, *1542*: 1539, 1547, 1564–66, 1568, 1592, *1543*: 1633/34, 1636–39, 1643–51, *1544*: 1704, 1709/10, 1715, 1722, 1731–34, *1545*: 1742, 1752, 1754, 1756/57, *1546*: 1761, 1776/77, 1804, *1547*: 1813/14, 1833, 1837, 1845, 1852, *1548*: 1872, 1906, *1549*: 1916, 1929/30, 1947, 1953, 1957/58, *1550*: 1987, 1992, 1997/98, 2003, 2006, 2008/09, 2012/13, *1551*: 2021, 2023, 2032/33, 3037/2039, 2047, 2051, 2062, 2071–74, 2077, 2079, 2094, *1552*: 2144, *1554*: 2222, *1557*: 2303, 2306/07, 2309, 2311/12, 2314–16, 2321–23, 2334, 2336, 2339/40, *1558*: 2416, 2418, 2420, 2427, 2431, 2433, 2435, 2444, 2446, 2448, 2457/58, 2460, 2463, 2467, *1559*: 2475, 2478, 2487, 2490–92, 2494/95, 2500, 2512, 2514–16, 2521–23, 2528, 2532, 2537, 2540/41, 2543, 2549, 2552, 2558, *1560*: 2562, 2566, 2575/76, 2579, 2581/82, 2595, 2604, 2611, 2615, 2630, *1561*: 2659/60, 2664, 2666–69, 2672, 2677, 2680–84, 2686, *1562*: 2691, 2694/95, 2698, 2755–58, 2760, 2764/65, 2771, 2773, 2777, 2780, 2788, *1563*: 2815, 2817, 2819–21, 2823, 2825/26, 2828/29, 2839–41, 2845/46, 2848, 2851/52, 2854, 2856–60, 2862/63, *1564*: 2868, 2902, 2910, 2936, 2938, 2942/43, 2979, 2981, *1565*: 2990, 3034, 3038, *1566*: 3045–47, 3051–53, *1567*: 3109, 3112, 3114, 3116, 3119, 3122, 3176, 3179/80, 3186, 3195–97, 3200, 3204–06, 3208, 3211, 3221, 3223, 3227, 3229, *1568*: 3258, 3267, 3269, 3271, 3273/74, 3276/77, 3279, 3284, 3299, 3333, 3343, *1569*: 3345–47, 3366, 3369, 3372, 3380, 3385, 3389/90, 3392, 3406, 3408, 3450, 3455, *1570*: 3480, 3485, 3487, 3491, 3494, 3498–3500, 3503, 3513, 3515–17, 3550, 3555, 3563, 3548/85, 3589, 3603/04; Bischof, Domkapitel: *1317*: 10, *1344*: 16, *1351*: 17–20, *1353*: 21–24, *1356*: 28–31, *1357*: 32, *1358*: 33, 34, *1366*: 39, *1383*: 44, *1387*: 45, *1406*: 50, *1428*: 75, *1447*: 118, *1488*: 338,

1494: 382, *1502*: 413, *1504*: 445, *1520*: 691, *1528*: 2035, *1543*: 1642; Bischöfe: Nicolaus Gherendy, Johann Gozthon, Mathaeus, Nicolaus, Franz de Peren; Kanoniker: Michael Chaky, Dionysius de Gyalo, Melchior de Rakos, Paulus de Thorda, Nicolaus Werewczey, Adrian Wolphard; Provisoren: Emerich Byka, Georg Hamway

Weißhorn, Zezarma (r. Săsarm, m. Szeszárma) *1505*: 453, *1527*: 936, 996, 1019/20, *1529*: 1108/09, 1125, 1127, 1129, 1131, 1141, 1151/52, *1562*: 2750, *1568*: 3242; Grundherren: Alexius, Wolfgang de Bethlen; Kastellan: Thomas Dobay

Weißkirch/B., Feyereghaz (r. Albeștii Bistriței, m. Fehéregyház) *1428*: 76, *1515*: 608, *1530*: 1213, *1543*: 1675, *1544*: 1698, *1549*: 1919, *1550*: 1964, *1552*: 2126, 2137, 2151–53, 2160, *1553*: 2175, 2210, *1554*: 2234, *1555*: 2249a, *1556*: 2300, *1557*: 2330, 2381, *1558*: 2472, *1559*: 2557, *1560*: 2577, 2634, *1561*: 2690, *1562*: 2753/54, 2792, *1564*: 2919, *1566*: 3100, *1567*: 3190, 3233, *1570*: 3470, 3524, 3615; Salzkammer: *1471*: 234, 238, *1475*: 280, 283, *1503*: 416/17, *1514*: 587, 592, *1516*: 625a, *1523*: 782, *1527*: 996, *1536*: 1323, *1540*: 1457; Vizekämmerer Benedictus, Pleban Laurencius, Gräf Marcus

Wepeschdorf (r. Pipea, m. Pipe) *1344*: 16, *1406*: 50, 51

Werböcz s. Verbőc

Werewcze s. Veréce

Wermesch, Wermosium (r. Vermeș, m. Vérmes) *1439*: 97–99, *1441*: 107, *1522*: 754, *1527*: 982/83, *1528*: 1051, 1065, *1529*: 1168, *1535*: 1299, *1542*: 1605, *1555*: 2249a, *1557*: 2331, 2374, *1567*: 3119/20, 3131, *1568*: 3243, 3293, *1570*: 3552, 3559, 3562; Ortsgeistliche: Nicolaus Hunnius, Calixtus Sepusius (Zipser), Thomas; s. FN Wermescher

Wesprim, Veszprém (H) s. Bischof Peter Beryzlo

Wetsch, Weecz, Weech, Vets, Vech (r. Brîncovenești, m. Marosvécs) *1529*: 1155, *1530*: 1227, *1540*: 1456, *1549*: 1984, *1550*: 2000, *1551*: 2258, *1559*: 2495, 2503, 2524, 2530, 2536, *1560*: 2561, *1563*: 2801, 2812, *1567*: 3191, *1568*: 3286, *1570*: 3507; Burgbeamte: Valentin Aknedi, Emerich Berczeny, Benedict, Franz, Nicolaus Horwath, Franz Kendy, Mathias Literatus; Hofrichter: Kozmas Horwath

Wgra s. Ogra

Wycze s. Vița

Wien (A) *1402*: 48a, *1455*: 137a, *1470*: 212–16, *1488*: 336–40, *1551*: 2046, 2090, *1552*: 2129–37, *1553*: 2173–75, *1554*: 2231, *1559*: 2494, *1564*: 2981, *1569*: 3394, *1570*: 3519

Wylak s. Ujlak

Windau (r. Ghinda, m. Vinda) *1559*: 2530, *1565*: 2988

Winz s. Unter-Winz

Wischau, Wysso, (r. Vișeu, m. Visó) *1529*: 1122, *1569*: 3403; s. Richter Cosmas, Gregor, Haurille (Hawryla = Gavrilă), Johann Heczii, Johann Lath

Wissegrad s. Plintenburg

Wittenberg (DDR) *1562*: 2713, 2715, 720, 2766, *1563*: 2836/37, *1564*:

2881, *1568*: 3282, *1569*: 3394; s.
Pfarrer Paul Eberus, Buchhändler
Mathias
Wyzakna s. Salzburg
Wragocz (Virágosberek – Florești?)
s. Valentin Literatus de W.
Wurmloch (r. Valea Viilor, m. Baromlaka) *1567*: 3105; s. Albert Kirchner, Wolf Vüremleger (= Wurmlocher?)
Wrmezeo s. Úrmező

Y siehe I

Z

Zabar (Slow., heut. ON?) s. Stefan Z.
Zabolch s. Szabolcs
Zagendorf, Czegew (r. Țigău, m. Szászcegő) *1430*: 78; s. Melchior Kechety de Cz.
Zagăr, Zagor s. Rode
Zagra (m. Zágra) *1540*: 1453
Zala, Komitat (H) s. Benedict, Caspar, Clemens Z.
+ *Zalaháza* (bei Orosfaia) s. Blasius de Gewrgfalwa et Zalahaza
Zalanch (Szaláncs, Welches?) s. Johann Z.
Zalău, Zylah (d. auch Waltenberg, m. Zilah) s. Franz Z.
Zalka (Welches?) s. Paulus Literatus de Z.
Zalonkemeny (?) s. Albertus de Z.
Zam (m. Zentelke) *1540*: 1439
Zamosfalwa s. Someșeni
Zeer s. Ser
Zegh (Welches?) s. Johann Doczy de Z.
Zegned s. Szeged
Zengyel s. Sînger
Zentelke s. Zam
Zenthandras s. Leresdorf
Zent Benedic s. Mînăstirea
Zentgyergh (Welches?) s. Nicolaus, Johann Thot de Z.; – s. Bunești
Zenth Imreh s. Sîntimbru
Zent-Iwan s. Sîntioana, Voivodeni,
Zenthlazlo s. Săvădislea
Zentmarton (Welches?) s. Michael de Z.
Zenthmihal (Welches?) s. Emerich Czobor de Z.
Zenthmyhalfalwa s. Mihai Viteazu; – (Welches?) s. Petrus Literatus de Z.
Zentmyhaltelke s. Michelsdorf
Zentphal s. Sînpaul
Zentthamas (Welches?) s. Johann Zalanchy de Z.
Zeplak (Welches?) s. Johann Both de Z.
Zerdahely (Welches?) s. Johannes Parvus de Z.
Zerechen s. Szerecsény
Zewkfalwa s. Streiu
Ziebernycze s. Srerbrnik
Ziegendorf, Czygendorff, Kiszegeuw, Chegev, Czege (Heute Teil von Mettersdorf u. Treppen) *1412*: 56, *1414*: 65, *1418*: 71, *1429*: 77, *1433*: 81, 82, *1434*: 83, 84, *1435*: 88, 89, *1443*: 112, *1446*: 117, *1448*: 119–21, *1449*: 122–24, *1451*: 123–30, *1452*: 131, *1486*: 327, *1514*: 588, Zehnter *1542*: 1548
Zylah s. Zalău
Zilagh (Szilágy, Welches?) s. Gregor Z.
Zylaghzeg s. Sălățig
Zylwas (Szilvas, Welches?) s. Jacob

Kodory de Z.
Zynd s. Săndulești
Zips (Gebiet in der östlichen Slowakei,
   m. Szepes) Graf: Johann Zapolya,
   s. FN Sepusius
Zob s. Pădureni
Zomkuth s. Șomcuta Mare
Zrenjanin s. Betschkerek
Zoreni s. Lampert
Zselyk s. Schelk
Zsuk s. Jucu
Zwchwycza s. Suvevița
Zwei Stühle (d.s. Mediasch, Schelken)
   1529: 1170, *1542*: 1524

II. REGISTER DER PERSONENNAMEN

A

Abstemius, Paul a. Fünfkirchen, Archidiakon Doboka *1528*: 1066
Adrianus, Adorian (m.), Molde, *1526*: 874, 917, *1529*: 1107, 1135; – Maurer o. Steinmetz, B, *1550*: 1977; – doctor, s. Wolphardi
Aganacz s. Ignaczy
Agmandi, Petrus, Bischof Waitzen, *1439*: 96, *1443*: 114
Agnethler, Agatha, Stefan, Hst. *1463*: 162
Ayben s. Eyben
Aychinger, Sebolt, Lemberg, *1554*: 2229
Aichler, Erasmus, Krakau, *1569*: 3372
Aknedi, Valentin, Wetsch, um *1500*: 396
Alard, Franz, ∞ Tochter v. Georg Hamway *1568*: 3298
Albertus, Führer des Bauernaufstandes *1514*: 585; – Notar des Thesaurarius *1470*: 222; – Notar d. Vizewoiwoden *1529*: 1150; – Prediger B, Pfarrer Heltau *1548*: 1861; s. Schuster
Albrecht, König v. Ungarn, *1438*: 90, *1439*: 93, 96
Alesius, Dionysius, Superintendent d. lutherischen Ungarn *1563*: 2813
Alexander, Johann s. Hedwig
Alexandru Lăpușneanu, Woiw. Mold. *1552*: 2143, 2145, 2147, *1553*: 2163, 2183/84, 2186, *1557*: 2301, 2326–33, 2335, 2337, 2348, 2373, 2373, 2377, *1558*: 2389, 2394/95, 2399, 2401, 2409, 2428, 2433, 2449, *1559*: 2477, 2496, 2507, 2510, 2517, 2526, 2531/32, 2338/39, *1560*: 2563–65, 2569–71, 2574, 2578, 2583/84, 2586, 2588/89, 2593/94, 2597–99, 2602, 2617/18, 2620, 2623, *1561*: 2636, 2638, 2644/45, 2650, 2652, 2661, 2678, *1562*: 2697, 2720, *1563*: 2857, *1564*: 2881, 2896/97, 2905, 2909, 2912, 2916, 2923, 2925, 2929, 2932, 2939/40, 2957/58, 2962, 2967, 2971/72, 2976/77, 2984, *1566*: 3054, 3056/57, 3060/61, 3065/66, 3068/69, 3073, 3095, *1567*: 3164, 3175, 3184/85, 3187, 3193, 3214, *1568*: 3256, 3259 (+)
(H)Ali, Türk. Gesandter, *1551*: 2032
Almády, Gaspar, Weilau, *1561*: 2643; – Valentin de Zawa *1527*: 1005, *1529*: 1175, 1184, *1542*: 1544
Aloisius de Toscanis, Subdiaconus Rom, *1475*: 281, *1477*: 296
Altenberger, Altemperger, Michael Hst. *1515*: 602; – Thomas, Bürgerm. Hst. *1471*: 232a, *1490*: 347/48
Ambrosius aus B *1531*: 1251; Franziskanerpater B *1524*: 800; aus Sei-

mersdorf *1562*: 2761, s. auch Sepusius (Zipser)

Analus, Dionysius, kgl. Hofarzt ∞ Anna, Wwe nach Johann S(ch)wayczar, Hst. *1567*: 3107/08

Andreas II., König von Ungarn, *1224*: 2; genannt, 10, 39, 44, 75

Andreas III., König von Ungarn, *1291*: 6–8

Andreas, Bischof Argeş, Kanoniker Weißenbg. *1505*: 452; – mag. Kanoniker Großwardein, Br. David B *1506*: 468/69; – de Porciis, Öff. Notar Rom *1513*: 571, 573, *1518*: 649; – Bischof, Generalvikar Rom *1499*: 393; – aus Salva *1561*: 2662; – Gräf Tschippendorf *1528*: 1070; – Siebb. Woiw. *1356*: 29, 30; – Wundarzt, s. Bader; – öff. Notar s. Hermannstädter; – Pfarrer Deutsch-Budak s. Irenaeus

Angorinus, Thomas, öff. Notar B *1531*: 1247

Anton, Anthonius, Pleban Deutsch-Zepling *1526*: 927; – Goldschmied Mold. *1481*: 306; – Kastellan Mold. *1530*: 1203; – Pleban Sutschawa *1560*: 2594; – Kaufmann Venedig *1514*: 581

Apafi, Appaf(f)y, fil. Appay, Apafy, de Apa-Nagyffalw (Nuşfalău) Franciscus I *1527*: 982/83; – II *1557*: 2318, 2359, *1569*: 3429, *1570*: 3508, 3594, ∞ Tochter d.Stephan Bánffy de Lossoncz; – Gregor *1542*: 1559, 1561, 1567, *1543*: 1620, 1629, 1634, 1641/42, *1550*: 2017, *1551*: 2107, *1564*: 2931, 2935, 2983, *1567*: 3139, *1570*: 3613; – Ladislaus *1535*: 1307, *1542*: 1544, 1547, *1846*: 1848, *1548*: 1866, *1555*: 2237, *1556*: 2296; – Michael *1551*: 2022, 2052; – Nicolaus *1535*: 1307, *1542*: 1544, 1585, (+ vor 1558) Vormund d. Söhne: Blasius Myko; – Stefan *1570*: 3492, 3506, 3528, 3551, 3582; – Wolfgang *1541*: 1510, *1542*: 1559, 1561, 1585, *1543*: 1620, *1550*: 2017; Br. Gregor, Nicolaus; – de Almakerek (Malmkrog), Georg *1431*: 79; – Nicolaus *1414*: 64, *1431*: 78a

Apotheker, Apothecarius, Michael, Stadtrichter Ofen *1543*: 1290; – Wolfgang alias Theke, fil. Michaeli, Br. Bartholomaeus Aurifaber B; er: Klbg. *1534*: 1290, *1536*: 1315, 1327, *1541*: 1489, *1542*: 1605, *1543*: 1630, 1632, 1640, 1697, *1554*: 2227/ 28; – Andreas s. Schierburger

Áraklyany, Ladislaus, Hofrichter Gyalu *1569*: 3381

Arcuparius s. Bogner

Arigii, Johann, Grundherr, *1561*: 2682

Armbruster, Georg, fil. Mathiae, *1542*: 1528; – Mathias, Kammergraf, Bürgerm. Hst. *1522*: 727, *1523*: 793, *1525*: 826, *1526*: 904, *1527*: 966, 970, 978, 989, *1528*: 1049, 1053, 1061, 1069, *1529*: 1156, *1536*: 1336, *1538*: 1383, *1541*: 1485, 1498, 1507, 1515, *1542*: 1526, 1537, 1545, 1550, 1557; – Peter, Kronst., *1568*: 3328

Arolth (heute: Orelt), Georg, Klbg. *1530*: 1229

Arros, Christoph, Offizial Ciceu, *1559*: 2504, 2508

Arthandi, Paul, kgl. Rat, *1521*: 693, *1523*: 791, *1527*: 1025

Arus, Mathias, SR ? *1564*: 2899

Arcz, Laurencius, medicus, SR *1539*:

1399, 1400; – Lucas, SR, *1569*: 3413

Athanasius, Orthodoxer Bischof Mold., *1529*: 1187

de Attyna, Simon, kgl. Abgesandter, *1539*: 1434

Augustinus, Propst, Kloster Ranshofen (A) *1551*: 2090

Auricampsor (Goldscheider) s. Gellner

Aurifaber s. Goldschmidt

Auer, Awer, Wolf(gang) B, Bergbauunternehmer Rodna, *1533*: 1282, *1534*: 1296, *1535*: 1311, *1539*: 1414/15, *1542*: 1526, *1550*: 1978, *1563*: (+) 2834, 2841, oo Barbara Eyben; Schwager Georg Eyben

Azthalos s. Tischler

B

Babay, Petrus, kgl. Abgesandter *1541*: 1511

Bachmeyer, Demetrius, Söldnerführer, *1529*: 1134

Bácsi, Bachy, Benedict, Anwalt der Ofner *1539*: 1414

Bagothai, Blasius, Präfekt Köwar *1560*: 2576, *1567*: 3153, 3157/58, 3171, 3178, 3231/32, *1568*: 3334, *1570*: 3548

Bahna (Bachner?) Johann, SR, *1570*: 3535, 3578–80

Baki, Valentin aus Moritzdorf, *1564*: 2920

Balay, Georg, Siebb. Vizewoiw., *1448*: 119, 121

Baladffy, Balattffy de Kyskendt, Franz, Comes Kokelburger Kom., Zigeunerwoiwode, *1556*: 2273, 2287, *1557*: 2347, *1559*: 2491, *1560*: 2592, *1561*: 2659, *1563*: 2814, *1564*: 2904, *1565*: 2990, 2999, *1566*: 3051, 3058, *1567*: 3156, 3159, *1568*: 3291, *1569*: 3407, *1570*: 3553

Balassa, Franz, kgl. Gesandter, *1503*: 426/271 – de Gyarmath Emerich, Imre, Siebb. Woiw., *1538*: 1364, *1539*: 1425, *1541*: 1506, *1542*: 1525, 1531, *1543*: 1661, 1663, 1693, *1546*: 1777, 1802; – Melchior, Generalkapitän, *1556*: 2269, *1557*: 2315, 2354, *1560*: 2608, *1561*: 2683, *1562*: 2694, 2697, 2723, 2733; – Sophia *1570*: 3571, I.oo Franz Némethy, II.oo Ladislaus Csáky

Balbus, Hieronymus, Fr.bach, *1510*: 524; – Johann, R Kronst., *1521*: 705

Baly, Johann, Offizial Mathesdorf, *1541*: 1509

Balybek, s. Kütschük

Balog(h), Johann, *1561*: 2645, *1563*: 2857, *1564*: 2909; – Michael, Wetsch, *1530*: 1227

Ban, Iwan, Wal. *1554*: 2224

Banco, Zigeuner B, *1569*: 3400

Bánffy, Bernardus de Bereztelke, *1547*: 1840, *1548*: 1864; – Lossonczy de Monyoro, Gabriel, *1548*: 1864, Georg fil. Stefani Bani de L. *1469*: 207/08, *1489*: 343; – Dionysius *1469*: 208, *1489*: 343; – Ladislaus *1567*(+): 3182, Tochter Anna ∞ Paul Halabory; – Michael I *1469*: 208, *1489*: 343; – Michael II *1548*: 1864; – Nicolaus de Bonczhida *1540*: 1439 oo Wwe. nach Caspar Somy, *1548*: 1864; – Paul *1548*: 1864, *1567*: 3138, 3144, 3183, *1568*: 3265, *1570*: 3602; – Stephan I s. Lossonczy; – Stephan II

1570(+): 3594, Tochter oo Franz Apaffy

Bányás (m. Bergmann), Lazarus, Rodna *1566*: 3092

Bank, Paul, Präfekt Fr.bach, Neuschloß, Vizewoiw., *1541*: 1512, *1542*: 1551, 1576, 1606, *1543*: 1613, 1665, 1671, 1674/75, 1682, 1685, *1546*: 1810, *1548*: 1868/69, *1549*: 1936, *1553*: 2179/80

Barani, Johann, Provisor Görgen, *1567*: 3115, *1568*: 3253

Barathy, Michael Siebb. Salzkammergraf *1492*: 362; – Stefan, Richter Klbg. *1557*: 2325 (Barát m. = Mönch, Freund)

Barbitonsor, Bader, Barbierer, Barbel, Borbely (m.), Andreas, städt. Chirurg B, Leibarzt Alexandru Lăpuşneanus, *1558*: 2394, *1560*: 2563, 2565, 2569, 2588, 2593, 2598, 2602, *1563*: 2857, *1564*: 2896, 2905, 2958, 2962, 2984, *1567*: 3185, 3187, *1568*: 3256, 3259; – Gregor, B o. Mold., *1553*: 2203; – Mathias, B, *1563*: 2863, *1564*: 2885, 2900, 2903, 2911; – Petrus, B, *1521*: 702, *1540*(+): 1459; Sohn N. läßt sich in „Loginga" b. Augsburg nieder; – Stefan, B, *1542*: 1596, 1604, *1543*: 1683, (+ vor) *1554*: 2229; – Thomas, B. *1567*: 3114, *1570*: 3581, 3596

Barcsai, Barchay, Anton, Zigeuner-Vizewoiw. *1561*: 2665; – Gaspar *1545*: 1757, *1546*: 1759, *1562*: 2699; oo Catharina Thoth, Hofdame; – Paul, mag., Protonatar, Generalkapitän *1526*: 870/71, 919a, *1531*: 1242

Barla, Ladislaus, Nagymon, *1542*: 1583

Barlabassy, Barlabaschy, Janus (m. János = Johann), *1487*: 332

Barnabas, Gefangener der B *1469*: 208; – de Keleseer, Kanoniker Großwardein, *1492*: 356

Barth, Parth, Johann, Notar B *1457*: 140/41; – Martin, B, *1533*: 1285

Bartholomaeus sive Barthos (m), B, Gatinnenmörder, begnadigt *1548*: 1880; – Bischof Großward. *1285*: 5a; genannt 8a, 45a; – Öff. Notar Rom *1477*: 296, genannt 281; – Notar d. Mold. Woiw. *1528*: 1036; – comes der Marm. *1527*: 955

Bartos, Georg, *1569*: 3466

Barthelmes (mda.), Michael, Lechnitz, *1530*: 1229

Basarab cel Tînăr, Ţepeluş, Woiw. Wal. *1510*: 531

Bathay, Matheus, Kanoniker Weißenbg. *1556*: 2280

Báthori, Bathory, de Bator, Andreas, comes Sathmar u. Szabolcs, Siebb. Woiw. *1527*: 1017, *1529*: 1194, *1546*: 1772, *1552*: 2131/32, 2134, 2140/41, 2144, 2148, *1553*: 2160–62, 2166, 2169, 2173/74, 2180–82, *1556*: 2289, 2297; – de Somlyo, Christoph, Siebb. Woiw. *1562*: 2729, *1570*: 3555; – Georg *1560*: 2575/76, *1562*: 2734; – Stefan I, Siebb. Woiw. Szeklergraf Iudex curiae *1481*: 308/09, 314, *1485*: 324, *1488*: 337, *1489*: 343–45, *1492*: 357, 363–65, 368, erwähnt 399, 706, 810; – Stefan II, Palatin, Statthalter v. König Johann I., *1522*: 739, *1526*: 908, *1527*: 919, 1001, *1529*: 1157/58, 1163/64, 1166 1171/72, 1175, 1177, 1185, *1530*: 1196–98, 1204, 1217, 1219, *1533*:

1279; – Stefan III. (ab 1571 Fürst v. Siebb, ab 1575 König v. Polen) *1556*: 2297, *1570*: 3546
Batthyány, de Batthyan, Benedictus, Oberstschatzmeister, *1507*: 475, 478, *1508*: 483, 487, *1509*: 510, 512, *1519*: 666–68, 672; – Georg, Siebb. Salzkammergraf, *1520*: 681, *1522*: 737/38; – Urbanus, kgl. Gesandter Mold. *1526*: 904, *1546*: 1776/77
Baumgarten s. Pomarius
Beatrix, Königin v. Ungarn *1490*: 349
Bebek, Emericus de Pelswcz, Szeklergraf *1438*: 90, 93; – Franz *1557*: 2322, *1558*: 2457/58
Becskereky, Bechkereky, Ambrosius, *1555*: 2242
Beer, Bäer, Peer, Peter, B, *1567*: 3183; – Hans, Kronst., *1522*: 750
Békes, Caspar de Kornyat, Oberstkämmerer, *1567*: 3205/06, 3210, 3213, *1568*: 3296/97, 3314, *1569*: 3426, 3450, 3453, *1570*: 3480, 3485, 3491, 3494, 3499 ∞ Anna, filia Wolfgangi Farkas; – Ladislaus, Zigeunerwoiw., *1556*: 2273, 2287
Bekowszka, Hoffräulein, *1559*: 2512, ∞ Stanislaus Kriza
Béla IV., König v. Ungarn *1261*: 3, erwähnt: 1, 4, 5
Bélay, Barnabas, kgl. Gesandter Mold., *1509*: 521
Belaváry, Belawar Stefan, Richter Deesch, *1563*: 2842
a Beltez, Matheus, Minoriten-Provinzial *1540*: 1475
Benedek (m. = Benedictus), Mittelberg, *1568*: 3342
Benedictus, Archidiaconus Pankota, *1366*: 40; – Klbg. *1462*: 159, 160
Benkner, Johann, Hanns, I, Stadtrichter Kronst., *1517*: 631, *1525*: 807, 832; – Johann II, Stadtrichter Kronst., *1546*: 1802, *1553*: 2172, 2178, *1558*: 2400
Berczény Emericus, Präfekt Wetsch, *1568*: 3286
Berger, Amberg, Montanus, Paul, Prediger Treppen, *1567*: 3162
Beryzlo, Peter, Bischof Wesprim, Oberstschatzmeister, *1514*: 592
Berlády, Barlady, Petrus, Schelk, *1567*: 3225
Bert, Martin, R. in B, *1536*: 1335
Bertleff, Berthloff, Philipp, Jaad, *1551*: 2038
Bertram, Stefan, Klbg., *1460*: 150, *1472*: 248
Besch, Clemens, Presbyther, Agnetheln, *1529*: 1105
Bessenyői, de Bessenyew, Johann, Literatus, *1543*: 1634; – Josa Deak, Literatus, *1543*: 1634, *1553*: 2166, 2170, 2188
Bethlen, Alexius, Elek (= m.), Siebb. Vizewoiw. *1525*: 817, *1527*: 931/32, 936, 971, 996, 1019/20, 1030, *1528*: 1043, 1072, 1086/87, 1090/91, *1529*: 1096–99, 1102, 1108–10, 1113, 1125, 1127, 1129, 1131, 1141, 1146, 1148–50, 1159, 1166, *1530*: 1224, 1231, *1541*: 1494, *1544*: 1721; – Blasius *1531*: 1258; de Iktar, Dominicus, Siebb. Vizewoiw., *1469*: 207, *1471*: 228; – Georg, fil. Alexii, Jörg, *1541*: 1496, *1555*: 2249a, *1568*: 3341, Tochter ∞ Blasius Csákány; – Gregor, fil. Johannis, *1431*: 79; – Gregor *1542*: 1569, 1571/72, 1575, *1543*: 1620, 1624, 1626, 1631, 1633, *1567*(+): 3226, ∞ Ursula Kallay, To Klara ∞

Wolfgang Bánffy de L.; – Johannes *1414*: 64, *1431*: 78a, Pater Gregorii, Nicolai; – Michael *1541*: 1499; – Nicolaus fil. Johannis *1431*: 78a, 79; – Nicolaus *1506*: 470, *1510*: 529, *1518*: 648a, ∞ Margaretha Csüre; – Thomas de Veresmarth, Offizial Urmező *1530*: 1200; – Wolfgang de Szeszárma, Adoptivvater Alexius, *1529*: 1151/52, *1532*: 1268, *1535*: 1303, 1306, *1539*: 1413, 1425, *1540*: 1467, *1543*: 1624, 1629, 1641, 1658, *1546*: 1775, *1547*: 1818/19, 1821, 1827, 1831, 1846, 1848, *1548*: 1866, 1873, 1893, 1902/ 03, *1550*: 1976

Beuchel, Hassy, Literatus, Bewchell, Pewkel, Peykher, Andreas, Richter B, *1518*: 644a, *1522*: 747, 747a, *1525*: 807, 817, 822, 832, 841/42, 845/46, 850, *1526*: 857–59, 861/62, 870–72, 875, 884, 914–17, *1527*: 948, 957, 962, 1021, *1528*: 1045, 1052, 1093, *1529*: 1096, *1530*: 1207–09, 1255, *1532*(+): 1263, *1534*: 1289, 1296; Wwe. Martha, Erben: *1534*: 1293, *1536*: 1334, 1337, *1538*: 1368, *1541*: 1514/15, *1542*: 1579, 1588/89, 1592, *1543*: 1622, 1625/26, 1643/44, 1649/50, *1546*: 1790; Schwager; Markus Pemfflinger; – Stanislaus, Klbg., *1549*: 1959

Bezedő, Bezedeo, Michael, Diener d. Zigeunerwoiw. *1570*: 3553

Binder, Bidtner, Bidner, Doleator, Vietor (1.), Kádár (m.), Adam, Mönchsdorf, *1570*: 3477; – Anton, Klbg., *1535*: 1310; – Emericus, Fr.bach, *1564*: 2867; – Georg, SR, *1562*: 2768, *1568*: 3278; – Johann, Stuhlrichter Schäßbg. *1569*: 3445; – Martin, B, *1543*: 1611; – Tines (mda. Martin) *1568*: 3272

Bien, Martin, SR, *1557*: 2351

Byka Emericus, Bischöfl. Provisor Weißenbg., *1546*: 1777, *1548*: 1872

Bykli, Johann de Bykol, *1504*: 449, *1505*: 453, *1514*: 591, ∞ Margaretha, To. Thomas Farkas de Harina

Byrkesy, Michael, *1528*: 1079

Birckner, Byrkner, Andreas, Stuhlrichter Hst., *1547*: 1851, *1551*: 2089

Biró (m. Richter), Anton, B, *1551*: 2044; – Caspar, s. Kürschner; – Johann *1460*: 150a; – Martin, B, *1468*: 198; – Mathias, Kastellan Mühlb., *1472*: 249

Birthälmer, Birthalmer, de Birthalben, Georg, B, *1569*: 3357; – Martin, Pf. Nieder-Wallendorf *1502*: 412/13

von Byrwiczky, Hans Baltisar, R. Sandomir, *1528*: 1031, 1069

Bissarion, Kardinalbischof Tusculum, *1467*: 186a

Blasius aus Görgen *1565*: 2986; – Magnus, Siebb. Salzkammergraf, *1492*: 369, *1494*: 377; – mag., presbyter de Alba Iulia *1527*: 985, *1542*: 1548, 1587

de Bochya, Franziskaner-Guardin B, *1528*: 1064

Body, Georg, Propst Leles, *1550*: 1989

Bömchenn, Bomchyn (mda. Bäumchen) Ladislaus R in B, *1505*: 4611 – Martin, B, *1541*: 1523

Bogdan III. (cel Orb) Woiw. Mold., *1505*: 454, *1508*: 495, *1509*: 521, *1512*: 560, *1515*: 617, *1516*: 618

Bogdan IV. (Lăpușneanu), Bohdanus, Woiw. Mold., *1568*: 3259, 3270,

3331/32, *1569*: 3348, 3352/53, 3379, *1570*: 3499, 3531, 3576, 3583
Bogdan, Matheus de Bwdfalwa/ Marm. *1570*: 2587
Bogner, Arcupar, Andreas, B, *1551*: 2024; – Antonius, B, *1527*: 964; – Johann, Klbg., *1551*: 2024; – Paulus, Lippa, *1527*: 964
Bogsa (Bocşa?), Michael, Rumäne, *1557*: 2338
Bojer, Boyer (r. Adliger), Benedict, *1543*: 1683; – Stefan de Apati, *1565*: 3016, 3018, 3026, *1566*: 3049
de *Boythor*, Nicolaus, Beamter d. Siebb. Woiw., *1527*: 961
Bokosnyca, Paul, *1570*: 3494, ∞ Barbara,To Gregor Dochys
Bolyan, Bole, Gesandter d. Mold. Woiw. *1558*: 2399, 2409
Bolkach s. Bulkescher
Bolos, Theodor, Gesandter d. Mold. Woiw. *1548*: 1881
Bombardarius (Büchsenmeister), Sigismund, Klbg., *1527*: 980
Bomelius, Thomas, R aus Hst., *1557*: 2312, *1559*: 2558, *1561*: 2640
Bompa, Petrus, Buk., *1569*: 3352/53
Bonn, Bona, Georg, Hst., *1543*: 1618; – Walther, Hst. Bruder von Georg, *1542*: 1577
Bonichit, Boynichyth, Catharina, Wwe- n. Leonardus Erdeli, *1569*: 3393; – Georg, Kammerbeamter, *1543*: 1651
Bood, Johann, Richter Kom. Doboka, *1525*: 816
Borbely (m.) s. Barbitonsor
Bornemisza, Bornemyzza, Balthasar de Artanhaza, Generalkapitän, *1541*: 1508; – Benedictus I, Dienstmann d. Bischofs Agram *1467*: 183; – Benedictus II *1568*: 3293, 3297, 3314, *1569*: 3449, 3463, *1570*: 3502, 3520; – Franz, Kastellan Bethlen, *1540*: 1453; – Johann I, Oberschatzmeister, *1503*: 426, *1513*: 570, 572; – Johann II, Klbg., *1530*: 1233; – Johann III, Oberrichter Klbg., *1563*: 2798; – Johann IV *1568*: 3286; – Martin, Provisor Neuschloß, *1548*: 1882, 1889, *1550*: 1971, 1975, 1979, 1981, 1983, *1567*: 3144; – Paul *1528*: 1063, *1552*: 2155, *1554*: 2218, 2226, 2231; – Thomas, Ofen, *1539*: 1414/15; – Wolfgang de Kapolna *1567*: 3223, *1568*: 3343, *1569*: 3367, 3400, 3448, *1570*: 3514, 3612, ∞ Magdalena Forgacz
Boszasy, Franz, *1559*: 2556; – Georg *1521*: 699, *1522*: 743/44, 752, 755; – Nicolaus *1559*: 2556; – Peter de Erked *1559*: 2556, *1566*: 3042, *1568*: 3275
Boszo, Franz, Richter Fr.bach, *1557*: 2324
Boszváry, Bozwary, Johann, Gesandter a. d. Sultan *1540*: 1466
Both, Johann de Zeplak, *1542*: 1548, 1587
Botha Wana (Rodnaer Tal) *1509*: 500
Botscher, Boczer, Briccius, Schuster Hst., *1564*: 2887, 2901; – Velten (Valentin), B, *1559*: 2518
Brandscher, Paul (1741–1799) Pf. Dürrbach, erwähnt: 610a, 1476
Branischar, Gregor, Abgesandter d. Mold. Woiw. *1553*: 2186
Brassay s. Kroner
Brenner, Cementarius, Johann, Kronst., *1555*: 2257; – Lawrenz, SR, *1558*: 2398; – Martin I,B, *1536*:

1328; – Martin II Dr. med. aus B, Arzt Hst. *1551*: 2046, Neffe: Andreas Kugler

Brodaricz, Brodarych, Mathias, comes Kom. Marm., Präfekt Huszt *1546*: 1783, 1793, *1547*: 1819, *1548*: 1856, 1879

Bronislaus, Siebb. Vizewoiw. *1452*: 132

Bucsik, Bwchyk, Adam *1557*: 2380

Buday, de Buda, Johann Literatus, *1543*: 1626, *1546*: 1805; – Stefan de Galtew, *1546*: 1805, *1553*: 2210

Budaházy, Stefan, Zigeunerwoiw., *1554*: 2232, *1555*: 2242

Budaker, Budacensis, Budecker, Budaky, Albert R in B, *1566*: 3076; – Andreas, B, *1568*: 3300, *1569*: 3401; – Bartholomaeus, SR, *1562*: 2770; – Caspar, s. Kürschner; – Johann, B, *1551*: 2033, 2037, 2047; – Paul, B, *1542*: 1587, *1543*: 1625/26, *1549*: 1915, 1918

Bulkescher, Bolkatsch, Polkyscher, Jacob, Klbg., *1461*: 151, 154; – Paul, Königsrichter Schäßbg., *1542*: 1351–56, *1543*: 1695

Butjann (r. Butean?) *Johann*, Somkuti, *1515*: 599

C

Caezar, Jullius „fondator de Regie maestate in isto Regnio" (Studentenulk!?) *1570*: 3567

Calandus fil. Thomae *1272*: 4a

Cantor, Franz, Stadtrichter Pettau, *1523*: 781

Caspar, Gaspar (m.), R in B *1529*: 1186; – mag., Pleban Dürrbach *1528*: 1046; – Presbyter SR *1531*: 1259

Castaldo, Johann Baptista, Kaiserl. Heerführer *1551*: 2123

Cementarius s. Brenner

Charista, Sava, Mold. Heerführer, *1529*: 1193

Cheppen (Csépán – Tschippendorfer?) Georg, Deutsch-Budak *1565*: 3016, 1018, *1567*: 3228

Chertynger s. Schertinger

Chodecz, Otta de, Polnischer Palatin, *1525*: 820

Chraczerus, s. Kratzer

Chrecherus s. Kröcher

Christian, Christannus, Dr. in decr. Pleban Mettersdorf, *1447*: 118, *1448*: 120; – Pleban Mettersdorf, *1543*: 1667, *1550*(+): 1972; – Notarius s. Pomarius

Christophorus, Pleban Sächs.-St.-Georgen *1526*: 927

Cyaps, Albert, Deesch, *1555*: 2239

Cibiniensis s. Hermannstädter

Cigan, Chygan, Mold. *1529*: 145; – Johann, Deesch, *1548*: 1882

Cipellyws, s. Basarab Țepeluș

Cîrc, Kerk, Avram, Mold., *1570*: 3547

Cleyn s. Klein

Clemens aus Eisch *1540*: 1440, 1448; – Albert, s. Wallendorfer

Clementis, Climen (mda.), Georg, Med., *1547*: 1825; Johann, Kürschner, R in B, *1535*: 1303, *1536*: 1335, *1541*: 1523, *1543*: 1617, 1625/26; – Mathias, Pf. Lechnitz, *1570*: 3505, 3599

Clipeator (Schildmacher), Gregor, Neumarkt/M., *1538*: 1371

Coy, Gregor, Hst. *1568*: 3338

Coloswarinus,-iensis, s. Koloswarinus

Conrad, Monetarius, Hst. *1470*: 218; – Ladislaus, R in B, *1471*: 232a; – Michael aus Keisd, Kantor Bartfeld, *1569*: 3394, *1570*: 3534; – Servatius, SR, *1568*: 3244
Coronensis s. Kroner
Corrigiator s. Riemer
Cosmas s. Kozmás
Crăciun, Craschun, Karachon, Bojar Mold. o. Wal. *1563*: 2854; – Klein-Rebra *1551*: 2041
Craczer s. Kratzer
Crainic, Crainik, Lucas, Görgen *1568*: 3317/18
Cranz, Johann, B, *1526*: 912
Craws, s. Krauß
Crysffalwy, Nicolaus, Vizecomes Marm. *1529*: 1122
Cristea, Criztoph, Offizial Jassy, *1557*: 2332, *1560*: 2563, 2599, *1564*: 2925; – Gegner von Ştefăniţă, Woiw. Mold., *1525*: 820
Csaby, Chaby, Andreas, Steuereinnehmer, *1521*: 698
Csakány, Chakany, Blasius, *1568*: 3341, ∞ To. Georg Bethlens
Csáki, Chyaky, de Chaak, Chyak, Ambrosius Literatus, Steuerexactor *1559*: 2495, 2503, *1562*: 2701, *1564*: 2919; – Emericus de Keresztszeg, *1570*: 3472, ∞ To. Gabriel Csakis; – Franz, Szeklergraf, *1438*: 90, *1439*: 93; – Gabriel *1570*: 3472, 3475, To ∞ Emericus Cs.; – Ladislaus, Siebb. Woiw. *1418*: 71, *1433*: 81, 82, *1434*: 83, 85, *1435*: 87, 89; – Ladislaus de Kereszegh *1570*: 3571/72 ∞ Sophia Balassa de Gyarmath, Wwe. nach Franz Nemethy; – Michael, Kanzler, *1546*: 1761, *1551*: 2037, *1557*: 2324, *1562*: 2733, 2735, 2738, *1563*: 2823, 2852, *1564*: 2945, 2949, 2955, 2960, 2965, 2967, *1565*: 2994, 3002, 3004, 3007, 3011–13, 3015/16, 3018/19, 3022, 3026, *1566*: 3078, 3081, 3087/88, 3099, *1567*: 3110, 3122, 3128, 3142–45, 3148, 3152, 3154, *1568*: 3307, *1569*: 3368, 3383, 3420, 3424/25, 3430, 3419; – Nicolaus, Siebb. Woiw. *1418*: 41, genannt: 112; – Paul de Adorjan *1567*: 3160, *1570*: 3470/71, 3514 ∞ Anna, To. Franz Patochys
Csallner s. Schalner
Csanády, Chanady, Johann, kgl. Sekretär, *1567*: 3137; – Michael, Richter Scharberg, *1562*: 2778
Csány, Matheus, Richter Klbg., *1528*: 1038
Csehy, Cheh, Chee, Chech, Georg, kgl. Salzkämmerer, *1505*: 446, 455; – Johann, Beamter d. Siebb. Woiw. *1523*: 778; – Johann, kgl. Abgesandter *1527*: 999, 1004
Csöff, Cheoffh, Daniel, Klbg. *1568*: 3249
Csépay, Barnabas, mag. Archidiaconus Sathmar, *1542*: 1566, 1584
Cserényi de Balasfalva et Zenthandras Balthasar *1540*: 1467, *1542*: 1548, 1579, 1581, *1543*: 1620, 1626, *1547*: 1848; – Caspar, comes Kom. Thorda, *1560*: 2600, *1561*: 2668, 2677, *1566*: 3041, 3045, *1568*: 3303, *1569*: 3388, *1570*: 2601,To ∞ Thomas Kereszturi, To Barbara ∞ Georg Sido; – Georg *1542*: 1548, 1579, 1581, *1543*: 1262; – Gregor *1560*: 2600, 2677; – Johann *1561*: 2653, *1570*: 3518; To. Anna; – Martin *1567*(+): 3108; – Stefan, Präfekt

Neuschloß, *1542*: 1562, 1570, *1551*: 2072, *1556*: 2292, *1557*: 2364, *1560*: 2600, *1561*: 2677, *1563*: 2820, *1565*: 3031, 3038, *1566*: 3041, 3045, 3094, *1567*: 3109, 3123, 3144, 3208, *1568*: 3260/61, 3271, 3303

Cserepovics, Cherepowyth, Nicolaus, *1563*: 2829, To. Helena ∞ Petru cel Tînăr, Woiw. Wal.

Czewy, Cheowy, Chewi, Chywi, Lucas, Offizial Groß-Schogen, *1570*: 3481, 3529, 3549, 3587, 3591, 3598

Csiki, Chiky, Cziki, Georg, Zigeuner-Vizewoiw. *1568*: 3291, *1569*: 3407

Csipos, Fabian, *1532*: 1368

Csüre, Chyvre, Margaretha de Almosd, Wwe. nach Nicolaus Bethlen *1513*: 567, *1527*: 984, *1540*: 1464

Csiszár (m. Schleifer) Chyzar, Paul, B, *1474*: 271

Csomay, Chyommay, Christoph, *1567*: 3190

Csomyz, Chomyz, Georg, Abgesandter d. Mold. Woiw. *1542*: 1598

Csongvay, Chongway, Georg de Chezthwe *1512*: 556

Csoronk, Marton (m. = Martin) de Nagylak, *1553*: 2164, *1560*: 2609

Csovák, Chowak, Martin, Steuersammler, *1553*: 2210

Csutka, Chwcta, Clemens, Diener, *1538*: 1388

Csupor, Nicolaus de Monozlo, Siebb. Woiw. *1469*: 202, *1472*: 240, *1473*: 259, 261

Culcer (r. Beschließer) Barbu a. d. Wal. *1554*: 2224

Cuntz, Michael, Pf. Groß-Schenk, *1549*: 1932

Currifex s. Wagner

Curstner, Nicolaus, Abgesandter d. Mold. Woiw. *1502*: 402

Cz s. auch Z!

Czekelius, Michael (1715 Notar, dann Bürgerm. Hst.) genannt 3525

Czobor, Emericus de Zentmihal, Siebb. Salzkammergraf, *1503*: 419, 427, *1505*: 454

Czonkabunk s. Schankebank

Czorenk, Martin, kgl. Abgesandter *1557*: 2316

D

Daczo, Matheus, Anwalt, *1555*: 2240; – Thomas, Präfekt Munkatsch, *1562*: 2788, *1563*: 2830, 2844–47

Damankos s. Domokos

Danciu, Danchul, Kastellan Tîrgu Neamţ (Mold.) *1530*: 1202

Daniel, Gregor, Hst., *1542*: 1587

Daum, Thymar (m. Gerber), Dohm, Dombi, Dawon, Franz, B, fil. Gregori, *1562*: 2766, *1563*: 2836; – Gregor, Richter B, *1551*: 2021, *1555*: 2256, *1556*: 2288, *1557*: 2318, 2362, 2375, *1558*: 2402, 2404, 2412, *1562*: 2705, 2711, 2738, 2750, 2784, *1563*: 2813, 2836, *1564*: 2877, 2890, 2933, 2947, 2965, *1565*: 2985, 2995, 9997/98, 3001–04, 3007–11, 3013/14, 3017, 3019–21, 3023–25, 3027, 2031, 3033, *1566*: 3048, 3077, 3079/80, 3087, *1567*: 3111, 3115, 3118, 3157, 3171, 3178, 3190, 3213, 3232, *1568*: 3237, 3242, 3250, 3266/67, 3290, 3302, 3306, 3318, *1569*: 3350/51, 3354, 3356, 3359, 3367, 3403, 3411, 3413, 3419/20, 3423/24, 3427, 3429, 3436, 3538–40, 3444,

3447/48, 3452, 3456, 3466, *1570*: 3469, 3478, 3533
David, B, Bruder Andreas: Kanoniker Großwardein, *1506*: 468/69
Davidis, Franz, Mitbegründer d. Unitarischen (Antitrinitarischen) Kirche Siebb. *1557*: 2319, *1569*: 3427
Deák, Dyak (m., l. Literatus, d. Schuller) Ambrosius, Richter Nagymon, *1543*: 1635; – János (m. Johann) *1551*: 2124; – Johann, Wetsch, *1560*: 2561; – Marcus, Wiener, *1530*: 1218; – Michael I *1551*: 2124; – Michael II aus Heresdorf (?) *1557*: 2331; – Nicolaus, Dreißigstbeamter Retteg, *1570*: 3547; – Peter *1567*: 3204; – Stefan I *1562*: 2705; – Stefan II, Seimersdorf, *1562*: 2761
Decani, Balthasar, Pf. Wallendorf, decanus, *1569*: 3451
Décsei, Dechey, Paul, kgl. Proviantmeister *1562*: 2701
Deésházy, Stefan, Siebb. Salz-Vizekämmerer, *1510*: 536
Dengelegi, de Dengeleg, Andreas, pat. Stephani *1399*: 48; – Demetrius, pat. Michaeli *1399*: 48; – Jacob fr. Sigismundi *1439*: 95, *1440*: 100, 104; – Petrus *1440*: 104, Wwe Margaretha; – Sigismund, fr. Jacobi, *1439*: 95, 96, *1440*: 100–106, *1443*: 114–16; – Stefan fil. Andreae, *1399*: 48; – s. auch Pangracz de D.
Derzsy, Dersy, Benedict, Siebb. Salzkämmerer, *1510*: 532, *1514*: 578, 585, *1518*: 647, *1522*: 759
Dési, Daniel de Warfalva, Provisor Görgen, *1568*: 3318, *1569*: 3355; – Stefan Sekretär d. Mold. Woiw. *1561*: 2655

Dezső, Desw. Matheus, Mold. *1519*: 66; – Desew de Lossoncz, Siebb. Woiw., *1439*: 94, 95, 97–99, *1440*: 100, *1441*: 107; – Johann, *1470*: 225
Deszőfy, Desewffy, Johann, Präfekt Huszt, *1549*: 1937
Despoth, Catharina, Gattin v. Petru Rareş *1540*: 1472, *1541*: 1482;
Despot Vodă (Jacob Basilius Heraklides), Woiw. Mold. *1560*: 2619, *1561*: 2686, *1562*: 2697, 2717, 2719/20, 2738, 2743/44, 2752, 2756, *1563*: 2837, *1564*: 2881, 3577
Deurer, Paul, B, *1559*: 2518
Dyak s. Deák
Dyemessy s. Dömösy
Dyffner, Andreas, Dürrbach, *1564*: 2885, 2911
Dimien, Hans, Rodna, *1527*: 1026
Dionysius, Siebb. Woiw. *1361*: 36a, genannt 42a; – s. auch Alesius
Dipsay s. Dürrbächer
Dit(t)mann, Georg, Klbg. *1533*: 1280
Dobai, Johann, Salzkämmerer Deesch, Provisor Neuschloß *1545*: 1739/40, *1550*: 2001, 2004/05, *1551*: 2032, 3034, 3040, 2043, 2080, 2086, 2093, 2122; – Thomas de Manyk, Kastellan Weißhorn, Bethlen, *1539*: 1425, *1540*: 1453, *1561*: 2643
Dobi Fabian, *1552*: 2151
Dobó de Ruszka, Stefan, Siebb. Vizewoiw. *1552*: 2135, 2185, *1553*: 2185, 2189–2200, 2202/03, 2205/06, *1554*: 2218, 2227, 2231, *1555*: 2240, 2243, 2246, 2249, 2255, 2258, *1556*: 2296, *1557*: 2366
Dobokay, Franz, *1551*: 2119
Dobra, Stefan, Offizial Buza, *1526*: 894, *1528*: 1068
Doczen s. Dootz

Dóczy, Dochy, Gregor, Oberstallmeister *1570*: 3494, ∞ Barbara, To v. Paul Bokosnyca; – Johann de Bessenewe et Zegh, Oberstschatzmeister, *1525*: 829, 835, 847–49, *1526*: 869, 910

Dömösy, Dyemessy, Ladislaus, comes Kom. Zarand, *1564*: 2917, ∞ Anna, To. v. Franz Patochy

Domba de Szerfalva, Johann *1560*: 2559

Dominicus, Bischof Großwardein *1501*: 400a; – comes Salzkammer Deesch u. Propst Stuhlweißenburg *1473*: 254, 257, 264, *1475*: 285; – Pleban Kolosch *1471*: 239; – Siebb. Vizewoiw., genannt 17–20, *1356*: 28–34; – Pleban Treppen *1526*: 883

Domokos (m.: Dominik), Damankos, Thomas, *1563*: 2847

Donath, Ladislaus, Zigeuner-Vizewoiw. *1566*: 3058, *1567*: 3156

Donka de Sayo, Johann, vicecomes Marm. *1547*: 1822, 1836, *1564*: 2937, *1568*: 3316, 3339, *1569*: 3374, 3403, 3411, 3464, *1570*: 3490, 3570; – Philipp, vicecomes Marm., *1536*: 1338

Dootz, Doce, Doczen, Emerich, B, *1522*: 748; – Johann, Schäßbg. *1543*: 1662

Doroszloy, Dorozlay, Andreas *1567*: 3103

Drágffy, Caspar, Gîrbou, *1545*: 1758; – de Belthewk, Bartholomeus, Oberstkämmerer, Siebb. Woiw. genannt 355, *1493*: 371, 375/76; – Johann, iudex curiae, *1509*: 500, *1515*: 599, *1525*: 852, *1526*: 888

Dragot (Dragoș, Drăguț?) Mold. *1527*: 986

Dragcin, Dragczin, Simeon, Kastellan Ciceu, *1529*: 1167, 1173, *1530*: 1214, *1531*: 1245

Drávay, Draway, Johann, Zigeunerwoiw. *1540*: 1463, *1543*: 1653, *1545*: 1751, *1558*: 2469; – Nicolaus *1558*: 2469

Drumer, Michael, Richter Rodna, *1569*: 3432, 3437, *1570*: 3545, 3556

Duerner, Lucas, Öff. Notar Hst., genannt: 137a, 355a, *1515*: 610b, *1520*: 683a

Dürrbächer, Dipsay, Martin, B, *1568*: 3335

Dzewleszky, Johann, *1562*: 2771

E

Eber(us), Paul, Pf. Wittenberg, *1568*: 3282

Eggert, Johann, Stud. Wittenberg, *1562*: 2760

Egyedy, de Egyed, Thomas, Siebb. Zigeunerwoiw. *1541*: 1508

de *Egeg*, Franz, Notar, *1529*: 1100, 1104

Eyben, Ayben, Eyb, Ywen, Eiben, Ivan, Ewb, Fabian, Richter B, *1504*: 49, *1508*: 496, *1509*: 508/09, 517, *1510*: 538, *1512*: 558, *1513*: 567, *1514*: 577, 587/88 (+), genannt 3034; ∞ Barbara *1514*: 591, fil. Georg III, Servatius; – Georg I, Jerig, Jerg, Richter B, *1457*: 141, *1458*: 142, *1460*: 148, 150, 150a; – Georg II, Richter B, *1471*: 232a, *1472*: 246, *1494*: 378/79; – Georg III, B, geht nach Klbg. *1510*: 538, *1534*: 1296, *1539*: 1411, *1541*: 1498, 1507, 1515, *1542*: 1526, 1550,

Erben *1543*: 1689; pat Fabian; Br. Servatius, Schwager: Wolfgang Auer; – Georg IV *1546*: 1790, *1547*: 1841, *1551*: 2117; – Michael, B, *1542*: 1586 (+), Wwe, Ursula, ∞ Mathias Szasz, To Anna ∞ Johann Tyrmann; – Nicolaus, Pleban Lechnitz *1512*: 553; – Petrus, B, *1414*: 69; – Servatius, B, *1510*: 538
Eydner, Jakob, B, *1567*: 3230, Stiefsohn Paul
Eischer, Eossy, Nicolaus, Diener *1568*: 3343
Elekessy, Gaspar, *1528*: 1043
Elias, Elyas, Pleban, Fr.bach *1467*: 188; – Woiw. in Maier *1528*: 1037; – s. Ilias
Elisabeth (Lokietek), Königin v. Ungarn *1330*: 14; – (v. Luxemburg) Königin v. Ungarn, *1438*: 91, 92, *1439*: 97–99
Else(n), Caspar, Pf. Sächs.-St.-Georgen *1565*: 2991; – Emerich, SR *1562*: 2789
Emmerich, König v. Ungarn *1203*: 1, genannt: 3–5, 11, 26
Emericus, Bischof Großwardein, *1297*: 8a, genannt 5a, 45a; – B (= Schneider,?) *1560*: 2594
Enderlein, Wundarzt B, *1570*: 3597
Enyedy, Valentin, Hst. *1550*: 1973
Endrédi, Endrydy, Clemens, Vizegraf d. Szekler, *1448*: 120
Eossy s. Eischer
Eppel, Laurencius, Klbg., *1570*: 3535, 3578–80; – Simon, Mettersdorf, *1559*: 2520, *1564*: 2895
Erdély de Somkerek, Bartholomeus, *1543*: 1626, *1548*: 1897, *1549*: 1937, 1939; – Franz, *1529*: 1158, *1530*: 1217, 1219; – Gregor I *1529*: 1097, 1151/52, 1158, *1530*: 1217, 1219; – Gregor II *1570*: 3506; – Johann, Bruder: Martin, *1509*: 514; – Catharina, *1554*: 2222, *1556*: 2276, *1568*: (Wwe) 3298, ∞ Georg Hamway; – Leonardus *1559*: 2473, *1569*: (+): 3393, ∞ Catharina Bonichit, To ∞ Alexander Kendi; – Martin, Bruder: Johann *1509*: 513/ 14, 516; – Nicolaus, comes Kom. Innerszolnok, *1547*: 1846, *1556*: 2272, 2276, *1557*: 2338, 2364, *1559*: 2555, *1569*: 3362, To ∞ Georg Was de Cege; – Sebastian *1547*: 1845, *1560*: 2591, *1566*: 3070, 3085, *1567*: 3172, *1569*: 3410, 3460/61; – Stefan I, Siebb. Vizewoiw. *1464*: 167, *1465*: 176, *1476*: 288; – Stefan II *1549*: 1937, *1557*: 2363
Erdő, Erdew, Nicolaus, Siebb. Salz-Vizekämmerer *1503*: 417
Erdőssy, Erdews, Erdeosch, Bartholomeus, Vizegraf d. Szekler *1448*: 120; – Johann *1491*: 355, *1493*: 375
Erdőtelky, Erdewtelky, Thomas, *1526*: 895, 902
Erewen s. Eyben
Ernust, Johann, Thesaurarius, *1470*: 222
Eszeky, Ezeky, de Ezyk, Ezeek, Adam Literatus de Huszt, Vizecomes Marm. *1550*: 1990, 1994, 1996, *1551*: 2081, *1567* (+): 3133, ∞ Magdalena Sárossy; – Johann Literatus, kgl. Rat, Bischof Fünfkirchen, *1538*: 1380, 1385, *1553*: 2164
Ewthwes (m. Ötvös) s. Goldschmidt

F

Faber s. Schmidt
Fabianus Doctor, Pleban B, *1522*: 766, 770, *1528*: 1074; – s. auch Eyben
Fabinus, Lucas, Poprad, *1570*: 3534
Faggyas, Fatches, Peter, Beamter Salzkammer Deesch, *1545*: 1739/40
Falk, Ambrosius, Buchhändler Klbg, *1563*: 2821
Farkas (m.) s. auch Wolff; – Johann de Erked *1465*: 177; – Johann de Harinna I *1510*: 538, 1512 (+): 552, Wwe. Sinsiana; – Johann II *1565*: 3034; – Martin, Deesch, *1566*: 3097; – Nicolaus de Harinna *1491*: 355, *1492*: 363, *1493*: 375; – Peter s. Wolff; – Thomas de Harynna *1492*: 363, *1514*: 591 (+), To Margaretha ∞ Johann Bykly de Bikal; – Thomas de Monyoros *1414*: 66; – Wolfgang de Harinna *1525*: 817, *1529*: 1165, *1541*: 1499, *1542*: 1553, *1543*: 1626, *1548*: 1864, *1551*: 2098, *1552*: 2142, *1557*: 2313, *1563*: 2811, *1567*: 3206, 3210, *1568*: 3245, *1570*: 3477; – Farkasius aus B s. Forster, Wolfgang I, II
Farmacopola, s. Apothecarius, Wolfgang
Farnay, Michael, Feldhauptmann, *1529*: 1161/62
de Farnas, Martin s. Weres
Fattendörfer, Fatenderber, Georg, Lechnitz, *1530*: 1229
Favágó, Fawago (m. Holzhauer), Valentin, Rodna, *1516*: 623
Fazekas (m. Töpfer), Michael, Richter Egeres *1568*: 3289; – s. auch Töper
Feyer (m.) s. Weiß
Fejérváry, Feyerwary, Ambrosius de Simontelke, *1562*: 2699, 2747, 2762–64, *1565*: 3016, 3018, 3022, 3026, 3030, *1566*: 3041, 3045, 3094, *1567*: 3204, 3208, 3211, 3228, *1568*: 3252, 3255, 3260, 3271, 3274, ∞ Magdalena Solyomy, pat. Georgi; – Georg *1567*: 3208, 3228, *1568*: 3255, 3261
Fekete, Ferenc (m.: Schwarz, Franz) *1551*: 2124; – Johann, Sighet, *1526*: 868, s. auch Schwarz
Félegyházy, de Feleghaz, Johann *1478*: 303
Felix, Florentiner Kaufmann, *1514*: 579, 581, *1515*: 604, 611/12
Ferdinand I, König von Ungarn u. Böhmen, genannt 279, 286, 303, 336, 340, 379/80, 436, *1527*: 995, 998, 1000/01, 1007, 1011, 1013, 1021, *1528*: 1035, 1051/52, *1529*: 1120, 1124, 1156, 1170, *1530*: 1219, 1224, *1533*: 1284, *1536*: 1328, *1539*: 1406, *1540*: 1466, *1543*: 1612, *1546*: 1777, *1551*: 2090, *1552*: 2129–37, *1553*: 2173–75, 2185, *1554*: 2215, 2218, 2226, 2231, *1555*: 2249, 2250–54, 2263, *1556*: 2275, *1557*: 2370, *1559*: 2475, *1561*: 2683
Feredős, Feredews, Michael, Sighet, *1548* (+): 1857, Wwe Barbara
Fest, Mathias R in B, *1529*: 1174, 1179, 1182, *1530*: 1204
Fewldwary, s. Földváry
Fychyor (r. fecior: Jüngling), Mathias de Magyaros, Kom.richter Doboka, *1555*: 2237, *1557*: 2359, 2363, *1561*: 2671, *1563*: 2863, *1566*: 3094, *1568*: 3296, *1569*: 3450, *1570*: 3485
Fyge, Benedictus, *1570*: 3469
Figuli, s. Töper
Filstich, Laurencius, Königsrichter

Klbg., *1567*: 3167, *1568*: 3249, *1570*: 3479
de Fyzkwth s. Füzkúti
Flaschner, Floschner, Lucas, SR, *1569*: 3413
Fleischer, Fleyscher, Lanius, Lanii (l.), Mezaros, Messarusch (m.), Christoph, Groß-Enyed, fil. Georgii, *1568*: 3272; – Demetrius, R in B, *1551*: 3054; – Franz, Heidendorf, *1470*: 223; – Georg, Groß-Enyed, pater Christoph., *1568*: 3272; – Jacob, R in B, *1536*: 1323; – Johann, s. Thermann; – Mathias, B, *1550*: 1994; – Mathias, Molde, *1535*: 1308; – Michael, Molde, *1535*: 1308; – Michael aus Botsch, Pf. B *1541*: 1520, *1543*: 1683, *1564* (+): 2887; – Nicolaus, B, *1511*: 546; – Peter I, *1528*: 1059; – Peter II aus B, Mittelberg, *1557*: 2305, 2324, 2344, *1558*: 2392, 2419, *1566*: 3077, *1567*: 3292, 3209, *1568*: 3270, 3310, 3342, *1569*: 3374, *1570*: 3470/71, ∞ Margaretha, Wwe. nach Vinzenz Kürschner, deren Bruder: Jakob Kürschner; – Sigismund, R in B, *1541*: 1523, *1542*: 1583, 1587, *1543*: 1525/26, *1546*: 1782; – Simon, Lechnitz, *1546*: 1778, 1788, *1569*: 3421, *1570*: 3476; – Stefan, Fr.bach, *1527*: 1028, Wwe. Sophia, fil. Andreae Apothecarii alias Schierburger
Florea, Flora, Marm. *1562*: 2775
Fodor, Albert, Salzkammergraf Deesch, *1471*: 234; – Ambrosius, Gyula, *1568*: 3295; – Stefan, Richter Klbg., *1564*: 2886, 2966
Földvári, de Fewldwar, Valentin, kgl. Protonotar, *1567*: 3114

Fogarassy, de Fogaras, Johann Literatus, *1553*: 2164
Forgách, Magdalena, *1570*: 3612, ∞ Wolfgang Bornemisza
Forster, Wolfgang I, Bergbauunternehmer Rodna, Richter B, *1514*: 591, *1518*: 644, 651a, *1519*: 670, *1521*: 709, 734/35, *1522*: 756, *1523*: 781, *1525*: 812, 822, *1526*: 884, *1527*: 931/32, *1528*: 1031, 1052, *1529*: 1096/97, 1156, 1174, 1179, 1182, *1530*: 1204, 1206, 1218, 1225, 1234, (+ 1531); Wwe Agneta *1531*: 1238, *1536*: 1331, *1538*: 1363, 1379, 1384, 1389, 1392, *1539*: 1397, 1429, *1540*: 1441, 1478, *1541*: 1519, *1542*: 1564, *1544*: 1724, 1730; – Wolfgang II, B, dann Klbg., Iffyw (m. ifjú: der Junge), *1544*: 1712, *1547*: 1835, *1550*: 1968, *1557*: 2305, 2392, 2419, 2452, 2463, 2471, *1560* (+): 2631, Schwester Anna ∞ Jacob Urescher
Francisci, Thomas, Präfekt Goldleinlösungskammer Fr.bach, *1554*: 2218
Franz s. Davidis; – Bojar Mold. *1551*: 2082
Frank, Frangh, Georg, Kaufmann B, *1522*: 747, *1527*: 929, 962; – Hans, Johann, *1524*: 804, *1542*: 1548
Frátay, Frathay, Gregor, *1567*: 3199, ∞ To Michael Gyeröffys
Friedmann, Frydmann, Mathias, Mettersdorf, *1499*: 391
Friedrich, Fridreich, Joachim, Dürrbach, *1563*: 2800
Fritsch, Andreas, SR, *1558*: 2450
Fuchs, Fux, Johann, Stadtrichter Kronst., *1542*: 1555, *1544*: 1719
Fudy, Fwdy, Blasius, Sîntioana, *1540*:

1448
Fügedi, Fwgedy, Johann, *1570*: 3614
Fuhrmann, Vector, Stefan, B, *1564*: 2907
Fűzkúty, de Fyzkwth, Johann *1353*: 21–23
Funifex s. Seiler

G

Gabriel, mag., s. Schnitzer, Gabriel
Galaczy, de Galach, Galatz, Balthasar, *1551*: 2022, *1553*: 2164; – Benedictus *1557*: 2330, 2359; – Gaspar *1551*: 2022, *1553*: 2164; – Gregor *1551*: 2022; – Johann I *1452*: 132; – Johann II *1503*: 416; – Johann III *1557*: 2330, 2359, *1570*: 3562; – Ladislaus *1452*: 132; – Laurencius *1463*: 163; – Melchior *1553*: 2164, *1557*: 2330, *1560*: 2604; – Nicolaus *1570*: 3469, 3562; – Stefan de Omboz *1510*: 531, *1532*: 1273; – Stefan *1551*: 2022, *1553*: 2164, *1560*: 2606, To ∞ Caspar Szálay; – Thomas I *1525*: 808, 811, *1532* (+): 1273, Wwe. Martha, Tö. Anna Catharina, Barbara; Thomas II *1525*: 809, *1541*: 1488
Gáldi, de Gald, Benedict Literatus, *1543*: 1634, *1553*: 2164
Gallus fil. Benedict *1357*: 32
Gáldtői, Galthewsi, Mathaeus *1562*: 2734
Garany, Bartholomeus, *1537*: 1344
Gaspar (m.) s. Caspar
Gassner, Georg, B, *1569*: 3363; – alias Churek, Hans, Johann, B, *1562*: 2786, *1568*: 3327; – Simon, Kelling, *1568*: 3323

Gavrilă (r.: Gabriel) s. Haurille
Gebauer, Gebawr, Stefan, R Schäßbg. *1525*: 807, 832
Gherasim, Gelaszyn, Borgo, *1558*: 2422
Gellner, Göldner, Auricampsor, Thomas, B, *1512*: 564
Gemmarius, Sigismund, R Kronst., *1542*: 1531–36
Georgius, frater s. Martinuzzi; – kaiserl. Kriegsgefangener *1567*: 3112; – Kastellan Groß-Enyed *1538*: 1390; – Notar d. Mold. Woiw. *1542*: 1599, 1600; – Orthodoxer Bischof Vad (?) *1550*: 1960; – Präfekt Cotnari *1542*: 1596, 1604; – Presbyter (Orthodoxer Pope) Salva *1551*: 2081, 2088; – Propst Großwardein *1481*: 313; – kgl. Protonotarius *1542*: 1544, 1546; – Gräf Sächs.-St.-Georgen *1526*: 859
Geréb de Vingard, Johann, Kastellan Hunyad *1465*: 178; – de Zenthmyhal, Nicolaus, „volacorum Moldovanorum director" *1558*: 2386–88, 2390; – s. auch Gräf
Gerendi, de Gherend, Nicolaus, Propst Ofen, kgl. Sekretär, Siebb. Bischof *1525*: 821, 823, 825, 827/28, 831, 834–36, 846, 850, *1527*: 1029, *1528*: 1032, 1062/63, 1066, 1079, 1084, *1529*: 1103/1113/14, 1119, 1132/33, 1136/37, 1139/40, 1147, *1530*: 1207, 1211/12, 1219; – Petrus, comes Kom. Weißenburg, *1546*: 1767, *1551*: 2079, *1552*: 2146
Gerlya, Sebastian, *1538*: 1377
Gyaluy, de Gyalo, Dionysius, Bischof Argesch, Kanoniker Weißenburg, *1519*: 659, 664
Gyepeles, Ghepeles, Emmerich, Rona,

1559: 2480
Gyerőffy, Gerewffy de Inaktelke, Michael, *1542*: 1548, *1567*: 3199, To ∞ Gregor Frátay
Gießmeister, Andreas, B, *1570*: 3487
Gyöngyössy, Gengewsy, Petrus I, *1471*: 240; – Petrus II *1526*: 891
Györgyfalvy, de Gewrgfalwa, Johann *1448*: 119
Györgyffy, Görgfyw, Gregor, *1530*: 1213
Giskra, Gyzkra de Brandis, Johann, Söldnerführer *1464*: 169, 171/72
Gyulaffy, Ladislaus, *1570*: 3497, 3614
Gyulay, de Gywla, Jula, Johann, Kirchenvater Deesch, *1536*: 1319; – Martin, Literatus, Richter Deesch, *1560*: 2607; – Michael, Kürschner, B, *1519*: 673, Wwe. *1529*: 1105; – de Macskás Michael, comes Kom. Doboka, *1545*: 1750, *1550*: 2016, *1553*: 2156, 2164, *1556*: 2288, *1568*: 3295, *1569*: 3452, *1570*: 3536, 3599, 3600, To Barbara ∞ I. Georg Macskassy, II. ∞ Marcus Oseczsky
Glesan, Christoph, Zigeuner-Vizewoiw. *1553*: 2167; – Nicolaus, Heerführer, *1503*: 432
Göbel, Gobel, Andreas, B, Wwe. Sophia *1557*: 2314; – Emmerich, B, *1560*: 2596; – Nicolaus fil. Emerici *1560*: 2596; – Thomas, Richter Fr.bach *1471*: 236
Göldner s. Gellner
Goldschmidt, Golczmidt, Goltschmyd, Golsmytt, Aurifaber, Ewthwes (m. Ötvös), Andreas fil. Bartholomei B, *1544*: 1724, 1730; – Antonius, R Kronst., *1525*: 807, 832, *1526*: 866, 872, *1527*: 1027, *1534*: 1290, *1538*: 1362; – Anton, B, *1566*: 3084, 3090, 9098, *1567*: 3204, 3207, 3221, 3229, *1568*: 3292, 3321, 3333/34, *1569*: 3427, 3431/32, 3437, 3457; – Bartholomeus, Bartosch(m.), B, *1504*: 440, *1523*: 773, *1534*(+): 1290, *1536*: 1315, 1332, *1541*: 1489, *1543*: 1632, 1637, Bruder: Wolfgang Apothecarius; – Blasius, B, *1533*: 1275; – Johann, Schäßbg. *1551*: 2066; – Johann, B, *1561*: 2651; – Johann jun., kgl. Goldausscheider Klbg. *1563*: 2816, 2862; – Leonhard, Stuhlrichter Med., *1564*: 2913, 2915; – Oswald, SR? *1558*: 2454; – Simon sen., R. Kronst., *1564*: 2973; – Stefan I, Richter Klbg., *1526*: 861, *1557*: 2332; – Stefan II s. Pécsy; – Falten (= Valentin) B, *1569*: 3382
Gont, s. Konth
Gosching (Gottschling?) Florian, B?, *1569*: 3465
Gosztony, Gozthon, Johann, Siebb. Bischof, *1526*: 876, 919a
Gräf, Gref(f), Greb, Grebio, Gereb (m.), Gabriel, B, *1518*: 647; – Georg, R in B, *1522*: 737; – Anführer des B Aufgebotes, *1542*: 1594; – Johann, Stadtrichter Kronst. *1570*: 3560; – Ladislaus, Mettersdorf, *1428*: 76; – Marcus, Weißkirch *1428*: 76; Martin, Lechnitz, *1569*: 3421, *1570*: 3476; – Mathias, Jaad, *1535*: 1308, *1538*: 1356, *1543*: 1628, *1547*: 1842; – Petrus, Heidendorf, *1517*: 638; – Petrus, Bürgermeister SR *1539*: 1400; – Sylvester, Seimersdorf, *1562*: 2761; – Simon, Mettersdorf, *1527*: 946, *1528*: 1069, *1539*: 1396

Gregor, Wischau, *1550*: 1994; – s. Rosenberger, Abgesandter d. Mold. Woiw.
Gritti, Ludwig, *1532*: 1271, *1534*: 1297
Grodniczky, Grodhnisky, Valentin, *1567*: 3179
Groh, Groe, Groo (mda.: grau), Adam, *1545*: 1745, Schwiegervater: Gabriel Schnitzer; – Johann, R in B, *1563*: 2824, *1567*: 3203
Grosszil, Nicolaus, B, *1457*: 140

H

Haczó, Simon, Richter Sigeth, *1551*: 2088
Hagymási de Beregszó, Christophorus, comes Kom. Marm., Präfekt Huszt, Generalkapitän, *1557*: 2336, 2346, *1558*: 2432, *1559*: 2511, *1561*: 2662, *1562*: 2698, 2726, *1564*: 2933, 2940, 2974, 2978, *1566*: 3049, 3055, 3059, 3062/63, 3067, 3083, 3089, 3092, *1568*: 3266, *1569*: 3347, 3350, 3361, 3448, *1570*: 3481, 3510, 3512, 3557, 3609
Hayths, Stefan, Marm., *1570*: 3570
Hajdu, Valentin, Söldnerführer, *1561*: 2669
Hakch (!), Johann, R in Kronst., *1542*: 1531–36
Halabory, Paul, *1567*: 3182, ∞ Anna, To v. Ladislaus Bánffy L.
Haller von Hallerstein, Petrus, Bürgerm. Hst, comes Saxonum, Thesaurarius, *1539*: 1399, 1402, *1541*: 1490, *1542*: 1537, *1543*: 1644, 1649, 1660, 1663, 1673, *1544*: 1725/26, *1545*: 1748, 1753/54, *1546*: 1773, 1782, 1786/87, 1808, *1549*: 1920,

Gavrilă (r.: Gabriel) s. Haurille
Gebauer, Gebawr, Stefan, R Schäßbg. *1525*: 807, 832
Gherasim, Gelaszyn, Borgo, *1558*: 2422
Gellner, Göldner, Auricampsor, Thomas, B, *1512*: 564
Gemmarius, Sigismund, R Kronst., *1542*: 1531–36
Georgius, frater s. Martinuzzi; – kaiserl. Kriegsgefangener *1567*: 3112; – Kastellan Groß-Enyed *1538*: 1390; – Notar d. Mold. Woiw. *1542*: 1599, 1600; – Orthodoxer Bischof Vad (?) *1550*: 1960; – Präfekt Cotnari *1542*: 1596, 1604; – Presbyter (Orthodoxer Pope) Salva *1551*: 2081, 2088; – Propst Großwardein *1481*: 313; – kgl. Protonotarius *1542*: 1544, 1546; – Gräf Sächs.-St.-Georgen *1526*: 859
Geréb de Vingard, Johann, Kastellan Hunyad *1465*: 178; – de Zenthmyhal, Nicolaus, „volacorum Moldovanorum director" *1558*: 2386–88, 2390; – s. auch Gräf
Gerendi, de Gherend, Nicolaus, Propst Ofen, kgl. Sekretär, Siebb. Bischof *1525*: 821, 823, 825, 827/28, 831, 834–36, 846, 850, *1527*: 1029, *1528*: 1032, 1062/63, 1066, 1079, 1084, *1529*: 1103/1113/14, 1119, 1132/33, 1136/37, 1139/40, 1147, *1530*: 1207, 1211/12, 1219; – Petrus, comes Kom. Weißenburg, *1546*: 1767, *1551*: 2079, *1552*: 2146
Gerlya, Sebastian, *1538*: 1377
Gyaluy, de Gyalo, Dionysius, Bischof Argesch, Kanoniker Weißenburg, *1519*: 659, 664
Gyepeles, Ghepeles, Emmerich, Rona,

Heczew, städt. Diener B, *1547*: 1817
Héderfájay, Stefan, Kastellan B, *1456*: 138, *1458*: 142, *1459*: 146
Hedericus, iudex Alzen, *1435*: 87
Hedwig(er), Hedkewig, Alexander Johann, Pleban Lechnitz, Br.: Michael, *1531*: 1249/50, *1533*(+): 1286; – alias Kürschner, Augustin, Stuhlrichter, Bürgerm. Hst., *1556*: 2331, 2341, 2374, 2376, *1558*: 2425, 2428, 2458, 2466, 2468, *1559*: 2485/86, 2493/94, 2543, 2551, *1560*: 2560, 2567, 2577, 2629, *1561*: 2637, 2658, 2575, 2680, 2688/89, *1562*: 2697, 2700, 2702, 2704, 2715, 2720, 2740, 2753/54, 2773, *1563*: 2795–97, 2818, 2824, 2827, 2850, *1564*: 2874, 2887, 2892, 2922, 2927/28, 2934, 2956, 2961, 2963/64, 2968–70, 2973, 2980, *1565*: 2985, 2987/88, 2993, 2996, 3008, 3014, 3028, 3033, 30351 37, *1569*: 3459; – Michael, Pleban Lechnitz, Br.: Alexander Johann, *1531*: 1249/50, *1533*(+): 1286
Héderváry, de Hedrehwara, Laurencius, Palatin, *1441*: 108/09, genannt 112
Heen, Anton, B, *1513*: 568; – Stefan, Mettersdorf, *1532*: 1270
Hegedüs, Hegedws (m.: Geiger), Petrus, *1559*: 2473
Hegyesch, Hegyes, Johann, Königsrichter Schäßbg., *1569*: 3445; – Michael, Bürgerm. Schäßbg., *1542*: 1531–36
Heyer s. Meytner
Heinrici s. Hennrich
Heitz, Heyz, Christannus, Pleban Waltersdorf, *1527*: 933
Hellmann, Helman, Paul, Dürrbach, *1534*: 1290, *1538*: 1362; – Anton, B, *1566*: 3084, 3090, 9098, *1567*: 3204, 3207, 3221, 3229, *1568*: 3292, 3321, 3333/34, *1569*: 3427, 3431/32, 3437, 3457; – Bartholomeus, Bartosch(m.), B, *1504*: 440, *1523*: 773, *1534*(+): 1290, *1536*: 1315, 1332, *1541*: 1489, *1543*: 1632, 1637, Bruder: Wolfgang Apothecarius; – Blasius, B, *1533*: 1275; – Johann, Schäßbg. *1551*: 2066; – Johann, B, *1561*: 2651; – Johann jun., kgl. Goldausscheider Klbg. *1563*: 2816, 2862; – Leonhard, Stuhlrichter Med., *1564*: 2913, 2915; – Oswald, SR? *1558*: 2454; – Simon sen., R. Kronst., *1564*: 2973; – Stefan I, Richter Klbg., *1526*: 861, *1557*: 2332; – Stefan II s. Pécsy; – Falten (= Valentin) B, *1569*: 3382
Gont, s. Konth
Gosching (Gottschling?) Florian, B?, *1569*: 3465
Gosztony, Gozthon, Johann, Siebb. Bischof, *1526*: 876, 919a
Gräf, Gref(f), Greb, Grebio, Gereb (m.), Gabriel, B, *1518*: 647; – Georg, R in B, *1522*: 737; – Anführer des B Aufgebotes, *1542*: 1594; – Johann, Stadtrichter Kronst. *1570*: 3560; – Ladislaus, Mettersdorf, *1428*: 76; – Marcus, Weißkirch *1428*: 76; Martin, Lechnitz, *1569*: 3421, *1570*: 3476; – Mathias, Jaad, *1535*: 1308, *1538*: 1356, *1543*: 1628, *1547*: 1842; – Petrus, Heidendorf, *1517*: 638; – Petrus, Bürgermeister SR *1539*: 1400; – Sylvester, Seimersdorf, *1562*: 2761; – Simon, Mettersdorf, *1527*: 946, *1528*: 1069, *1539*: 1396

Herer, Emmerich, Hst. *1537:* 1347
Hermann, Batholomaeus, B, *1547:* 1834; – Michael, R Hst., *1559:* 2558
Hermannstädter, Cibiniensis, Andreas, Öffentl. Notar B, *1539:* 1430
Herthel, Petrus, Richter B, *1452:* 131
Hesz, Hans, Bader, Kronst., *1541:* 1513
Hieronymus de Ghenuciis, Päpstl. Generalauditor, *1513:* 571, 573, *1518:* 646, 649; – s. auch Jeronimus
Hirscher, Christel, Sohn: Wolf; – Lucas, Stadtrichter Kronst. *1537:* 1350; – Wolf(gang), R Kronst., *1542:* 1591, *1543:* 1654, 1661
Hispital s. Hospital
Hoch, Hans, R Kronst., *1542:* 1542(!)
Hörel, Herell, Georg, Büchsenmacher Nürnberg, *1560:* 2590, *1561:* 2647; – Lenhart, Bruder: Georg, Büchsenmacher Lemberg, *1559:* 2484
Holztreger, Jacob, aus B, *1569*(+): 3358
Honterus, Calixtus, zugelassener Buchhändler, *1563:* 2821
Horvát, Horwath, Benedikt, Präfekt Wetsch, *1530:* 1213, *1559:* 2524, 2530, 2536, *1560:* 2561; – de Wyngarth, Gaspar, *1526:* 860, 889, *1528:* 1033, 1040–42, 1044, *1529:* 1126; – Franz, Präfekt Wetsch, *1541:* 1500, 1509, 1512, *1562:* 2781; – Johann I, *1526:* 867 ∞ Anna Pazman; – Johann II, Retteg, *1564:* 2952, *1570:* 3613; – Johann III, Kapitän Köwar, *1567:* 3158, 3166, *1568:* 3243; – Kozma, Hofrichter Wetsch, *1563:* 2812, *1567:* 3191, *1568:* 3303, 3312; – Lukács (m.: Lucas), Offizial Groß-Schogen *1560:* 2603, *1562:* 2759, *1565:* 3010, 3021, 3025, *1566:* 3089, 3099, *1567:* 3194, *1569:* 3354, 3414, 3418, 3448; – Michael *1542:* 1583, *1543:* 1635; – alias Mykola, Nicolaus, Kastellan Wetsch, *1541:* 1503, 1509, *1553:* 2189; – Paul, Kastellan Kertzing, *1473:* 259; – Petrus, Präfekt Neuschloß, *1542:* 1562, 1570; – Simon, *1508:* 486; – Stefan, Kastellan Vilaguswar, *1481:* 311; – Vitus, Veit, *1528:* 1033, *1532:* 1271/72
Horwedel, Paul aus B, *1528:* 1046
Hospital(is), Hispital, Andreas aus B, *1529:* 1118
Hosszu, Hozzw (m.: Lang), Johann, Rumäne, *1568:* 3253
Hubertus, Hupertus, Pleban Weilau, *1526:* 927
Hueth, Pileus, Huth, Sywegh (m. süvég = Mütze) Georg, comes Saxonum u. d. Hst. Goldeinlösungskammer *1533:* 1284, *1542:* 1531–36, 1607; – Martin, Pleban Reichesdorf, Probst Ofen, Pleban Hst. *1538:* 1391; – s. auch Hutter
Hunyadi, de Hwnayd (r. de Hunedoara), Johann, Siebb. Woiw., Statthalter Ungarns, comes Perpetuus B, *1441:* 108–23, *1451:* 124a, *1452:* 131, *1453:* 134/35, *1456:* 138, erwähnt 139, 141, 152/53, 165; – Ladislaus, Sohn Johanns, comes B *1456:* 139
Hunnius, Nicolaus, Pf. Wermesch, *1570:* 3559
Hutter, Huter, Syweges (m.), Huetter, Barthmes (mda: Bartholomaeus), R in Hst. *1471:* 232a, *1472:* 248; – Thomas, Minarken, *1565:* 3016, 3018, *1566:* 3041, *1567:* 3228

Huszár, Hwzar, de Fodorhaza, Albert, *1539*: 1413; – Anton, Deesch, *1528*: 1081; – Andrika, Mold. Heerführer, *1529*: 1193; – Benedictus *1541*: 1488; – Bernhard, Zigeunerwoiw., *1559*: 2502; – Blasius, Klein-Budak, *1543*: 1683; – Lucas, Thorenburg, *1509*: 517 ∞ Martha; – Michael, Mold. *1539*: 1429, Hwssayrul

I, Y

Iacşici, Jackchyth, Dimitrie, Bojar Wal., *1510*: 531
I(m)braym Pascha, Türk. Heerführer, *1528*: 1082
Iely, Simon, Provisor Ciceu, *1569*: 3359
Ifjú, Iffyw (m.: Jung), Adam, Seimersdorf, *1562*: 2761; – Wolfgang s. Forster
Ygarto (m. szíjgyártó) s. Sadler
Ignat a. Szalom/Mold. *1567*: 3184
Ignatz, Aganacz, Ignacy, Georg, R in B,. *1533*: 1276, *1536*: 1335, *1542*: 1587, *1543*: 1525/26
Iklodi, Franz, comes Kom. Doboka, *1317*: 9f
Iliaş, Mold. Woiw., *1546*: 1792, 1799, 1807, *1547*: 1815, 1817, 1826, 1829, 1832, 1842, *1548*: 1867, 1870, 1881, 1900, 1907/08, 1911, *1549*: 1915/16, 1918, 1928, 1938, 1943, 1946, *1550*: 1960, 1967, 2014, *1551*: 2029, 2064
Illye, János (m. Johann), Marm., *1562*: 2775
Illyes de Kyde, Laurencius, Vizecomes Kom.Doboka, *1552*: 2150, 2153, *1553*: 2164
Illessy, Georg u. Valentin, *1553*: 2164
Imry, Dominicus, comes Marm., Salzkammergraf Marm. *1483*: 316
Inaki, Inaczi de Kysbudak, Offzial Groß-Schogen *1549*: 1948/49, *1555*: 2244, *1568*: 3255
Interpretes (1. Dolmetscher), Michael aus B?, *1564*: 2905
Io, (m. jó = gut) Thomas, *1531*: 1247/48
Irenaeus alias Friedmann, Andreas, Pf. Deutsch-Budak, *1565*: 2991
Irger (mda.: Beutelmacher, Beutler) Blasius, SR, *1558*: 2454
Irk, Stefan, Salzkammergraf Deesch, *1471*: 234
Irsey, Johann, kgl. Abgesandter, *1563*: 2848
Isabella (Jagiello), Königin v. (Ost) Ungarn, genannt 1335, 1368; *1541*: 1502, *1542*: 1552, 1564–66, 1589, 1592, *1543*: 1614, 1619, 1625/26, 1636/37, 1645, 1650, 1652, 1668, 1678, 1680/81, *1544*: 1700, 1704, 1709/10, 1715, 1717, 1722, 1729, *1545*: 1742, 1756/57, *1547*: 1813/14, 1845, 1852, *1548*: 1863, 1871, 1880, 1883, 1898, 1901, 1905/06, *1549*: 1947, 1953, 1957/58, *1550*: 1987, 1992, 1997/98, 2006, 2008/09, 2012/13, *1551*: 2021, 2023, 2032/33, 2039, 2047, 2051, 2062, *1556*: 2295/96, *1557*: 2303, 2306, 2308/09, 2321–23, 2327, 2329/30, 2333/34, 2336, 2339/40, 2342, 2344/45, 2347, 2349/50, 2352, 2354–57, 2363–65, 2368–73, 2377–80, *1558*: 2383–85, 2390/91, 2393, 2396, 2403, 2405, 2408, 2410, 2416, 2418, 2420, 2424, 2429, 2430/

31, 2433–35, 2442, 2444, 2446, 2448, 2457, 2460, 2463, 2467, *1559*: 2475/76, 2478, 2487–91, 2494, 2497, 2500, 2512–16, 2521, 2528, 2532 (+ 15. 9. 1559)
Istrigii, Michael, Offizial Ményk, *1544*: 1699
Italus, Dominicus, kgl. Baumeister, *1540*: 1442
Ithecz de Barthfalwa, Peter, *1483*: 316
Iuga, Jwga de Akna, Franz, *1555*: 2243
Iurka, Iwrka, aus Borgo *1562*: 2709
Iven, Iwen, s. Eyben
Iwacsko, Kaufmann, aus Rußland? *1557*: 2327
Ionescu, Ivanesco, Abgesandter d. Mold. Woiw. *1570*: 2599
Iwo, Kämmerer Rodna, *1552*: 2143
Iwon de Burgo, *1543*: 1621
Izaicu, Izaiko aus Kimpolung *1559*: 2526

J

Jacobus, Bürgerm. Hst., *1435*: 87; – fil. Nicolai *1351*: 17; – Zigeuner *1567*: 3188
Jakchyth s. Iacșici, *Jakch*, *Jakzith*, Jaxyth, Demetrius de Nagylak, *1505*: 454; – Johann, Szeklergraf, *1429*: 77, *1431*: 79; – Michael, Szeklergraf, *1430*: 78, *1431*: 78a, 79
Janhas, Petrus, Vize-Salzkämmerer Deesch *1481*: 310
Jankaffy de Ös, Johann sen. *1564*: 2920; – Johann jun. *1557*: 2350; – Lazar *1522*: 754, 760, *1540*: 1440, *1542*: 1544; – Matthaeus *1500*: 395; – Nicolaus *1522*: 754, *1538*: 1388, *1540*: 1440
Janko, Johann, *1541*: 1510
János Pap, Johann presbyter (Orthodoxer Pope?) Rodna, *1539*: 1404
Jánosbeg, Janwsbek; Schimpfwort für Johann Zapolya *1528*: 1085
Jawor, Kapitän d. Siebb. Woiw. *1525*: 815
Jeckler, Georg u. Michael aus B *1525*: 839
Jenői, de Jenew, Simon, Kanoniker Großwardein *1477*: 299
Jep, Irimie, Orthodoxer Mönch, *1566*: 3073
Jeremias Wyster (r. vistier: Schatzmeister), „Großmeyttner" (Oberzöllner) d. Mold. Woiw. *1527*: 986, 990
Jeronimus, Kardinalbischof v. Palästrina, *1499*: 393; – presbyter (Prediger) Mettersdorf *1448*: 120
Johann I. Zápolya, König v. (Ost)Ungarn, Siebb.Woiw., *1511*: 546/47, 549/50, *1513*: 565, 570, *1514*: 593, 595, *1516*: 624, *1517*: 627, 637, 638a, *1519*: 676, *1521*: 700/01, 703, 709, *1522*: 736, 753/54, 760–62, 764, *1523*: 772, 885, 777, 788, *1524*: 802, *1525*: 808–11, 814/15, 817, 819, 822, 842/43, *1526*: 856/57, 878, 880, 882, 885, 890, 898, 900, 903, 914/15, 922, *1527*: 932/33, 938, 943, 962, 976/77, 977, 998–1002, 1007, 1007, 1013–15, 1017, 1020/21, *1528*: 1051, 1073, 1075, 1082, 1093, *1529*: 1139, 1157, 1159, 1161/62, 1164, 1174, 1194, *1531*: 1246, 1253, 1258, *1532*: 1260/61, 1264–66, 1269, 1271–73, *1533*: 1281, 1284, *1535*: 1304, *1536*: 1320/21, 1327, 1332, 1337, *1537*:

1339, 1342/43, *1538*: 1366–68, 1372, 1374, 1381/82, *1539*: 1405–07, 1412, 1417/18, *1540*: 1438, 1441, 1458 (+ 22. 7. 1540), genannt 1465, 1589, 1946, 2246
Johann II., Sigismund Zápolya, König v. (Ost)Ungarn, genannt 346, 538, *1540*: 1466, *1541*: 1502, *1558*: 2420, *1559*: 2514, 2537, 2549, *1560*: 2562, 2566, 2579, 2581/82, 2595, 2600, 2604, 2610/11, 2615, 2621, 2628, 2630, *1561*: 2641–43, 2648, 2651, 2653–55, 2659/60, 2663/64, 2666/67, 2669, 2671/72, 2677, 2680, 2682–84, 2686, *1562*: 2691, 2694/95, 2698–2702, 2707, 2712, 2717, 2719, 2723, 2725/26, 2728, 2730–32, 2736, 2738, 2747/48, 2752, 2755–58, 2760–65, 2771, 2773, 2788, *1563*: 2801/02, 2807, 2813, 2815–17, 2819–21 2825/26, 2828–33, 2835, 2839–41, 2845/46, 2848, 2851, 2854, 2956/57, 2859, 2862/63, *1564*: 2877, 2880, 2885, 2890/91, 2893/94, 2900, 2902, 2908, 2910/11, 2916, 2920, 2922, 2936, 2942, 2949, 2953, 2957, 2960, 2971, 2973/74, 2979, 2981, *1565*: 2990, 2992, 3001–05, 3032, 3034, 3038, *1566*: 3041, 3045, 3047, 3049, 3051–53, 3057, 3066, 3075, 3094, *1567*: 3102, 3104, 3107, 3109/10, 3112, 3114, 3116, 3118/19, 3121/22, 3124–30, 3134/35, 3137, 3139, 3141‹46, 3151/52, 3154, 3158/59, 3176, 3180, 3186, 3193, 3196/97, 3207/08, 3211, 3218, 3221, 3223/24, 3227/28, *1568*: 3236, 3245, 3250, 3252, 3255, 3258, 3260–62, 3271, 3273/74, 3276/77, 3279, 3284, 3299, *1569*: 3345–47, 3361, 3366, 3369, 3372, 3380, 3385, 3389/90, 3392, 3395, 3402, 3406, 3408, 3420/21, 3433, 3443, 3448, 3455, 3461, *1570*: 3474, 3487, 3497, 3500, 3503, 3513, 3516/17, 3525, 3550, 3561, 3563, 3584/85, 2603/04, 3606, 3608, 3610
Johann, Graf v. Bösing u. St.-Georgen *1468*: 192; – Notarius *1473*: 260; – R in B *1539*: 1403; – s. Pap; – presbyter s. János pap; – Schulmeister Klein-Schelken *1539*: 1399; – s. Stroicz; – s. Thelaga; – Zigeunerwoiw. B *1543*: 1656
Jordanus, Thomas, Klbg., *1564*: 2882
Józsi (m. Diminutiv: Josef) Josa, Heidendorf *1569*: 3410; – Stefan, Siebb. Salzkämmerer *1514*: 578, 585
Jula s. Gyula
Julay s. Gyulay

K

Kabos, Christoph *1566*: 3097; – Gabriel, comes Kom. Innerszolnok, *1568*: 3247, *1569*: 3351, ∞ Wwe. nach Balthasar Valkay; – Simon de Gerewmonostra, *1542*: 1587/88, *1543*: 1625
Kádár (m.: Binder), Balthasar, Deesch, *1568*: 3308/09, 3344
Kayla, Paul, Lechnitz *1525*: 806
Kaysser, Jirgk, Fr.bach, *1526*: 884
Kakas (m.: Hahn), Thomas *1539*: 1403
Kákoni, Johann, Zips, *1545*: 1747, 1749
Kallay, Michael, Deesch *1562*: 2724; – Ursula *1567*: 3226; Wwe nach Gregor Bethlen

Kalmár (m. Kaufmann), Laurencius, Kirchenvater Deesch, *1536*: 1319
Kalnay, Andreas, Administrator Abtei Koloschmonostor, *1525*: 806; – Georg *1503*: 422
Kamenczky, Johann *1562*: 2712
Kapolnay, Johann, Siebb. Salzkammergraf *1517*: 630/31
Kapotha, Michael, Makendorf, *1539*: 1413
Karachon s. Crăciun
Karl V., Kaiser, *1540*: 1466, *1543*: 1612, *1546*: 1776
Karl VI., Kaiser, genannt: 87, 548
Karl I. Robert von Anjou, König v. Ungarn, genannt: 1, 3, 5, 26, 39, 44, 75, *1317*: 10, *1322*: 11, *1323*: 12, *1329*: 13
Károly, Dionysius, *1567*: 3198 ∞ Sophia, To. d. Johann Weres; – Franz, kgl. Abgesandter, *1561*: 2684; – Petrus aus B, dann Klbg. *1520*: 688
Kaszoni, Franz, Provisor Bethlen, *1569*: 3444, *1570*: 3554
Kathonay, Albert, Klbg., *1541*: 1486
Katzianer, Johann, Heerführer Ferdinands *1529*: 1156
Kawary, Marm. *1546*: 1793
Kazdag, Georg, Klbg. *1543*: 1692, ∞ Elisabeth
Kazum, Kawzm Pascha, Türk. Statthalter für Ungarn in Ofen *1550*: 2007, 2011
Kecsety, de Kechyt, Blasius u. Ladislaus *1551*: 546; – de Zegeo (Cegö) Melchior, *1546*: 1779, 1788, *1556*: 2283, *1557*: 2359, *1561*: 2668, *1564*: 2902, 2908
Kefei Wsseri (r. osierul: Türhüter?), Abgesandter d. Mold. Woiw. *1560*: 2620
Kemény, de Kemen, Balthasar *1553*: 2164; – Johann, Präfekt Bálványos, *1537*: 1349; – Petrus I *1537*: 1353; – Petrus II *1570*: 3613; – Stefan, kgl. Proviantmeister, *1553*: 2164, *1562*: 2701, 2791, *1564*: 2870, *1569*: 3406
Kemendy, de Kemynd, Stefan Literatus, *1546*: 1805
Kendi, de Kend, Alexander *1569*: 3393 ∞ To v. Leonard Erdély; – Anton *1556*: 2272, *1558*: 2407, 2457/58 (+); – de Zenth-Iwan Franz I, Siebb. Vizewoiw., *1529*: 1163, *1540*: 1456, 1479, *1542*: 1578, *1550*: 2000, 2015/16, *1551*: 2042, 2104, *1553*: 2189, 21919–93, 2196-2202, *1554*: 2218, 2227, 2231, *1555*: 2240, 2243, 2246, 2249, 2255, 2258, *1558*: 2407, 2414, 2457/58 (+), Söhne Franz II, Wolfgang; – Gallus, Kom.-richter Doboka *1525*: 816; – Johann *1547*: 1830, *1551*: 2068; – Ladislaus *1528*: 1075; – Michael *1539*: 1412; – Wolfgang *1567*: 3152, fil. Francisci I
Kenwes, Johann, Klbg., *1533*: 1280
Keotelwereo (m. kötélverő) s. Seiler
Kerekes (m.) s. Wagner
Kereky, Gaspar, Diener d. Zigeunerwoiw. *1553*: 2208
Keresztúri, Andreas, Vizecomes Kom. Doboka, *1565*: 3026; – Balthasar *1542*: 1579; – Caspar *1568*: 3252, 3261, 3273; – Georg *1569*: 3462; – de Sayokerezthwr Gregorius *1542*: 579, 1581, *1543*: 1626; – Thomas *1569*: 3388, ∞ To v. Caspar Cserény
Kerk s. Cîrc

Keserű, Keserw, Stefan, *1570*(+): 3515 Wwe, To Moises d. Woiw. d. Wal. ∞ II. Stanislaus Nieczkowsky
Keszler, Kezler, Gregor, Richter d. Sächs. Nationsuniversität, *1555*: 2265
Kézy, Johann, Kastellan Görgen, *1543*: 1614
Kinski, Kynsky, Johann *1548*: 1871 ∞ 1. Hoffräulein
Kirsch, Kyrsch, Jacob, Kronst. *1569*: 3465
Kirschner, Kyrsener, Albert a. Wurmloch, Stadtpf. B *1562*: 2772, *1563*: 2803, *1564*: 2895, *1567*(+): 3105, Kinder Johann, Lucas, Anna; – s. auch Kürschner
Kisder, Kyzer, Damian, Kürschner B, *1542*: 1573/74
Klausenburger, s. Koloswarinus
Klein, Klain, Kleynn, Kys, Kyws (m. Kis), Benedict, Weilau *1561*: 2643; – Clemens, Pleban Wallendorf, decanus, *1543*: 1683; – Demetrius I, Zöllner B, *1460*: 221; – Demetrius II, SR, *1551*: 2057, Schwiegersohn Alexander; – Ferenc (m.: Franz) *1559*: 2499; – Franz, Zigeunerwoiw.? *1553*: 2167; – Georg, Neumarkt/M. *1564*: 2949, 2959; – Jerg, Hst., *1520*: 692; – Johann *1567*: 3228; – Johann Dr. in decret., Pleban Treppen *1530*: 1198; – Laurencius u. Leo aus B *1565*: 3029; – Nicolaus, R in B, *1492*: 364; – Petrus aus B *1522*: 763, *1529*: 1127; – Petrus, Königsrichter Mühlbach *1568*: 3323; – Thomas, Klbg., *1557*: 2319; – Offizial Buza *1543*: 1656
Kleynhand (?), Cleyhent, Michael, Honigberg, *1528*: 1095
Klok, Vinzenz, Klbg., *1567*: 3167, *1568*: 3249
Klopps, Klobs, Blasius, Gräf Mettersdorf, *1508*: 485
Knoll, Knol, Georg, Hst., *1554*: 2225, Sohn: Hans, Schwager: Leonhard Wallendorfer
Koch, Joachim, Königsrichter Med., *1564*: 2913, 2915, 2946
Kodory Blasius, Deesch, *1545*: 1755, 1758, *1546*: 1760, 1764; – de Zylwas Jacob, *1529*: 1163
Köhler, Koeler, Christoph, SR, *1558*: 2459, Wwe. Margaretha; – Paul, SR, *1558*: 2459
Kőműves, Kewmüesz, Kewmyes Kymyess, (m.) s. Maurer
Köpeczi, Kopecy, Thomas, Richter Neumarkt/M., *1538*: 1373
Kőrösi, Kewressy, Franz, *1548*: 1896
Körtössy, Koerthoessy, Nicolaus, *1562*: 2791
Kolb, Nicolaus, Klbg., *1568*: 3264
Koller, Johann, B, *1505*(+): 445
Kolozsvári, Coloswary, Coloswarinus (Klausenburger), Paul, Pf. Mettersdorf *1550*: 1972; – Petrus, Pleban Treppen, *1546*: 1776/77; – Petrus, Klbg., *1568*: 3308; – Valentin, Richter Fr.bach, *1559*: 2489
Komlody, Georg; – Ursula, Wwe nach Blasius Was de Chegew *1555*: 2243, 2245, 2258/59, *1557*: 2326, Wwe nach Georg K. *1561*: 2635, 2673
Kondert, Christian, Gräf Nieder-Eidisch, *1565*: 2986
Konya, Nicolaus, *1543*: 1627
Konth, Gont, Johann, Klbg., *1565*: 2989, *1569*: 3421, *1570*: 3476

Koppány, Gregor, *1517*: 636, *1526*: 911
Kopprer, Franz aus B *1524*(+): 800, Wwe. Ursula; – Laurencius, Öff. Notar B, *1502*: 409
Korich, Petrus, Lublin, *1568*: 3327
de Korlátkő, Korlathkew, Oswald, *1509*: 521
Kornis, Benedict, Propst Lelesz, *1505*: 461a
Korodi, Andreas, *1553*: 2164
Korsos (m.: Krüger) Andreas, villicus Med. *1528*: 1068a
Kosch (m. Kos: Bock) Adam, Nieder-Eidisch, *1565*: 2986
Koszta, Demetrius, *1562*: 2737
Koteck, Andreas, Marm., *1558*: 2421
Kothler, Andreas aus B, *1473*: 253, ∞ Veronica
Kovács, Kowach, s. Schmidt
Kozárvári, Kozarwary, Ladislaus, *1529*: 1169, *1548*: 1864
Kozma, Cosmas, Johann, Deesch, *1568*: 3300; – Richter Wischau *1550*: 1990
Kramer, Petrus aus B *1535*: 1310
Kratzer, Craczer, Gregor aus B *1549*: 1955; – Lucas, Klbg., *1564*: 2966
Krauß, Craws, Craus, Balthasar, Klbg., *1461*: 151, 154; – Nicolaus R in Hst. *1471*: 232a
Kretschmer, Kresmar, Krechymer, Crechmer, Cretzner, Demetrius, Richter B *1520*: 689, *1525*: 822, *1529*: 1111, *1535*: 1298, 1307. *1538*: 1360, *1540*: 1450, 1477, *1541*: 1485, 1510, *1542*: 1542, 1545, 1550, 1587, 1594, *1543*: 1625/26, 2652; – Jacob aus B *1458*: 142; – Laurencius, Propst Stuhlweißenburg, *1527*: 958, *1528*: 1054, Mutter: *1529*: 1111; – Martin R in B, *1475*: 287, *1492*: 366, *1528*(+): 1054; – Martin, Frauenbach, *1510*: 524; – Petrus a. B *1432*: 79a, 80; – Thomas, R in B, *1560*: 2635, *1562*: 2762/63, *1565*: 2994, 3001, 3039, *1566*: 2076, 3078/79, 3082, 83, *1567*: 3113, 3204, *1568*: 3335; – Valentin, Kürschner, Richter B, *1514*: 590

Kriza, Stanislaus, *1559*: 2512, ∞ Barbara Bekowszka, kgl. Hoffräulein
Kröcher, Chrecherus, Daniel, 1587–1602 Ratsnotar B, genannt 400a; – Fabian B, *1545*: 1743
Kroner, Croner, Coronensis, B(a)rassai (m.), Andreas B, Wwe. Barbara: *1542*: 1609, *1543*: 1639, 1662, *1551*: 2033; – Georg, Beamter d. Mold. Woiw. *1548*: 1908; – Fabian, Richter Groß-Enyed, *1568*: 3272; – Johann a. B. *1543*(+): 1615; – Nicolaus, R in Hst., *1472*: 248
Kürschner, Kyrschner, Korsner, Pellifex, Pelliparius, Szöcs (m. Szücs), Zeuch, Zewchy, Zucs, Zyws, Zwch(y), Andreas, SR, *1550*: 1966; – Augustinus s. Hedwig; – Bartholomaeus, B, *1520*: 689; – Benedictus, Deesch, *1555*: 2239; – Blasius, „Meister Bloesz", B, *1539*: 1423, 1428, 1433, *1540*: 1441, *1542*: 1594, *1547*: 1840, *1562*: 2724; – Bonaventura, B, *1542*: 1548, *1569*: 3444; – Caspar alias Budaker, Richter B, *1548*: 1891/92, *1551*: 2021, *1553*: 2212, *1557*: 2374, *1558*: 2402, *1559*: 2503, *1560*: 2574, 2591, *1562*: 2708, *1563*: 2853, *1564*: 2874, 2948, 2951, *1566*: 3008, 2039, 3044, 3046, 3048, 3062, 3078–80, 3082/83, 3086/87, *1567*: 3220, *1568*: 3236, 3283, *1569*:

3434, 3453, *1570*: 3470/71, 3477, 3489/90, 3493, 3501, 3508, 3520, 3529, 3537, 3539, 3543, 3544–49, 3557, 3573, 3587, 3591, 3595, 3597/98, 3602, 3613; – Demetrius a. B. (identisch mit Kretschmer?, *1458*: 142; – Gregor, Deesch, *1536*: 1329, *1569*: 3380; – Gregor, Gräf Molde, *1570*: 3597; – Jacob in B *1524*: 798, *1545*: 1750, *1558*: 2392, Schwester: Margaretha, Wwe. nach Vinzenz Kürschner; – Johann in B *1531*: 1244, 1252/53, *1539*: 1423, 1433, *1543*: 1662; – Johann in SR *1551*: 2057; – Laurencius R in B *1492*: 3581 – Laurencius in Fr.bach *1559*: 2489; – Leonhard s. Wallendorfer; – Mathias in B *1548*: 1896; – Paul, Richter B *1505*: 4531 – Quirinus, R Med. *1542*: 1531–36; – Sebastian in B *1549*: 1954; – Simon, Retteg, *1529*: 1123; – Simon, Bürgerm. Med., *1564*: 2946, 2973; – Thomas s. Wallendorfer; – Thomas, Kirchenvater Deesch, *1542*: 1554; – Thomas in B *1564*: 2886, *1568*: 3335; – Urban, R Med. *1542*: 1554; 1531–36; – Valentin SR *1460*: 148; – Valentin in B s. Kretschmer; – Vinzenz, Richter B, *1525*: 854, *1526*: 920, 925, *1527*: 957, 979, 993, 1010, *1528*: 1036/37, 1058, 1069, 1078, 1090, *1529*: 1104, 1086, *1530*: 1225, *1531*: 1238/39, 1255, 1257, *1532*: 1263, *1536*: 1317, *1538*: 1362, *1540*: 1441, 1478, *1541*: 1518, *1542*: 1532, 1544, 1547, 1573/74, 1582, 1605, *1543*: 1619, 1623, 1647, 1664, *1544*: 1704, 1709, 1723, *1548*: 1854, 1857, 1867–69, 1872, 1883/84, 1886, 1900, 1904, *1549*: 1920, 1926, 1936, 1946, 1949, 1953, 1956, *1550*: 1971, 1975, 1982–84, 1998, 2002, 2004, 2006, 2011–14, *1551*: 2029, 2031–35, 2040/41, 2043, 2045, 2047, 2053, 2058, 2064, 2070, 2075, 2079, 2093, 2103, 2108, 2118, 2122, *1553*: 2203, 2212(+), Wwe. Margaretha ∞ II. Peter Fleischer-Mezaros, Mittelberg, *1554*: 2218, *1556*: 2302, 2308, *1557*: 2344, *1558*: 2471

Kürtsch, Georg, Richter SR, *1570*: 3581

Kütschük, Kwkwk, Balybek (türk.: Bölükbeg = Janitscharen-Kompanieführer oder Belgerbeg?) *1540*: 1466, *1541*: 1505

Kugler, Kwkla(ar)r, Kuclar, Guklar, Andreas, Baccalaureus Wien, *1551*: 2046, Onkel: Dr. med. Martin Brenner; – Martin in B *1522*: 765; – Michael, R in B, *1543*: 1660, *1551*: 2117; – Valentin I alias Nagh (m.: Groß), Richter in B *1515*: 600, *1516*: 619, 6256, *1517*: 627/28, *1518*: 645–56, 675–77, *1521*: 700, 734, Wwe. Barbara *1522*: 765; – Valentin II alias Zabo (m.: Schneider) Richter in B, *1539*: 1398, 1437, *1540*: 1439, 1448/49, 1472, 1475, *1541*: 1482, 1506, 1510, *1542*: 1529, 1554, 1559, 1579, 1585, 1596–1603, *1543*: 1618, 1689, *1545*: 1743, *1547*: 1812, Wwe. Catharina, Kugler Bálintné (m. Frau Valentin K.) ∞ II. Petrus Ludwig-Layos, *1550*: 1962, 1973/74, 2018, *1553*: 2162, 22164–66, 2177, 2188, 2196, 2202, *1554*: 2214, *1556*: 2289, To Barbara ∞ Leonhard Wallendorfer

Kwkwk Balybek s. Kütschük

Kwlchar, Barbul s. Culcer

Khum, Jürgen, Panzermacher Krakau, *1568*: 3321
Kún, Kwny, Caspar, Marktrichter d. kgl. Heeres *1564*: 2884; Gotthard de Osdola *1531*: 1259; – Georg, Krakau, *1569*: 3372; – Nicolaus, Richter Nagymon *1550*: 1962
Kwtab, Catharina, Nagymon *1564*: 2951

L

L...ze, Andreas, Kämmerer Rodna, *1543*: 1666
Lach, Johann, Klbg., *1463*: 162
Lacky, de Lack, Thomas parvus, kgl. Kämmerer, *1478*: 304
Ladislaus IV., der Kumane, König v. Ungarn, genannt 3, 11, 26, 45a, *1272*: 4a, *1277*: 5, *1286*: 6, *1290*: 7
Ladislaus V., Postumus, *1455*: 137a, genannt 355a, 565a, 610a
Ladislaus, Erzbischof Gran u. Kanzler, *1525*: 812/13; – Bischof Siebb. *1477*: 294/95, 298; – Kastellan Ciceu *1509*: 505; – Siebb. Vizewoiw. genannt 16, *1406*: 50, 51, *1414*: 64–66
Layos, s. Ludwig
Lamberger, Christoph, kaiserl. Hauptmann, *1565*: 3013
Lamprechter, Georg, Gräf Sächs.-St.-Georgen *1566*: 3064
Lang, Georg in B, *1562*: 2766; – Marcus, SR, *1538*: 1369, *1539*: 1399; – Petrus in B *1563*: 2864; – Valentin, SR, *1538*: 1369
Langa Floyra s. Lungu
Lapicida, Adrian, Mold., *1536*: 1316; – Johann, Huszt, *1531*: 1244, 1252/53; – s. auch Maurer
Lăpuşneanu s. Alexandru
de Lasko, Hieronymus, Generalkapitän, *1538*: 1377
Lath (r. latu breit?) Johann, Ober-Wischau, *1563*: 2805/06
Lau, Stefan, Hst. *1569*: 3459
Laurencius de Bistricia, frater, Prior des Dominikanerkosters B *1553*: 2171; – in B (Kretschmer?) *1568*: 3335; – Pleban Weißkirch *1475*: 287; – Pf. Barut(?) *1568*: 3282, *1570*: 3567 (Studentenulk?); – a. Rothberg, Richter d. Sieben Stühle, *1435*: 87; – Zigeuner *1567*: 3188
Lazar, Lazarus, Abgesandter d. Mold. Woiw. *1558*: 2395, *1564*: 2932; – a. d. Rodnaer Tal *1566*: 3073; – s. Schwendi
Lázár, de Gergyo, Franz, *1529*: 1106, 1155; – de Gergyo, Johann *1543*: 1657, ∞ Margaretha, To d. Johann Petky; – Lazarus, Zigeunerwoiw. Siebb. *1568*: 3276, 3291, *1569*: *1570*: 3553; – Lukacz (m. Lukács: Lucas) *1569*: 3428; – Thomas *1532*: 1270
László, Lazlo (m.: Ladislaus), Ambrosius, Nagymom, *1542*: 1583
Lebelius, Lebel, Pleban Waltersdorf, Humanist, *1527*: 933
Lederer, Thymar (m. tímár: Gerber, Lederer), Johann in B *1509*: 501/02; – Martin, R in B *1552*: 2127; – Sigismund in B *1527*: 954
Lehas, Lehach, Georg *1568*: 3295; – Iwon, R.-St.-Georgen, *1559*: 2526
Léleszy, Lelezy, Michael *1522*: 746
Lengyel (m.: Pole), Nicolaus, Zigeuner-Vizewoiw., *1558*: 2438, *1559*: 2501

Leo X., Papst, *1513*: 571, *1518*: 646
Leo, Georg, B, Schüler Schäßbg., *1565*: 3029, Bruder: Laurencius Klein
Leonhard, Lenardt aus Birkenau, *1527*: 1026; – kaiserl. Kriegsgefangener *1567*: 3112; – Pf. Lechnitz s. Segeswarinus; – s. Wallendorfer
Leopold, Paul, Gräf Senndorf, *1508*: 485
Lépes de Váraskezi, Lorant, Siebb. Vizewoiw. genannt 82–85, *1436*: 88, 89
Lernescher, Mathias R in B, *1565*: 2987; – Martin R in B *1557*: 2374, *1565*: 3037, *1566*: 3050; – Michael R in B *1553*: 2168, *1564*: 2934
Leninus o. Levinus, Heinrich, Hst. *1542*: 1593
dictus Lewkew, Johannes, *1412*: 53
Lieb, Lyeb, Melchior, Öff. Notar B, *1519*: 664/65, *1522*: 763, 765, *1524*: 797
Liganza, Stanislaus, kgl. Mundschenk, *1557*: 2372
Linczig, Michael, R in B, *1564*: 2928, 2969, *1568*: 3248, *1569*: 3434, 3453
Lyndholtz, Jochum *1554*: 2233
Lippay, Lippensis, Lyppainus, de Lippa, Christoph, Kronst. *1551*: 2092; – Franz, Offizial Weißhorn, *1562*: 2750, *1568*: 3242; – Gregor *1562*: 2707; – Martin Literatus, Kämmerer Deesch, *1568*: 3234, *1570*: 3537
Lypsky, Prokopius, *1561*: 2666
Lyptay, Sophia, *1570*: 2597
List, Lyst, Christoph, R in Hst. *1549*: 1920
Literatus, s. auch Deák, Schuller; – Adam in B *1541*: 1493, *1547*: 1841; – Ambrosius, Kämmerer Goldeinlösungskammer Fr.bach *1505*: 456, 460, *1506*: 466; – Ambrosius II *1547*: 1830, *1563*: 2863; – Andreas *1568*: 3304; – Andreas s. Beuchel; – Antonius, Notar Konvent Koloschmonostor, *1535*: 1306, *1542*: 1548, 1587, *1553*: 2164, 2170, 2177, *1554*: 2214, 2217; – Baran, Gesandter d. Mold. Woiw. *1542*: 1597; – Bartholomeus, Pleban Mettersdorf, *1477*: 295; – Benedict, Weißenburg *1542*: 1548, 1587; – Benedict, Marm. *1558*(+) 2440; – Blasius, Fr.bach *1526*: 873; – Blasius, Weißenbg., *1542*: 1548, 1587; – Caspar, Marm., *1522*: 746; – David in B *1502*: 404; – Demetrius, Klbg., *1541*: 1493; – Georg, Provisor Weißenbg., *1502*: 413; – Georg, Sekretär d. Erbgrafen B *1455*: 137; – Gregor, Beamter d. mold. Woiw., *1471*: 237; – Gregor, Deesch, *1568*(+): 3325; – Gregor, Fr.bach, *1567*: 3155; – Jacob, SR, *1458*: 148; – Jacob, Gesandter d. Mold. Woiw., *1561*: 2655, *1564*: 2977; – Johann, Klbg., *1533*: 1287 ∞ Barbara; – Johann, Sekretär d. Mold. Woiw., *1535*: 1309, *1538*: 1379, 1389, *1539*: 1422; – Johann, „dicator censuum" d. Mold. Woiw., *1529*: 1115, 1159, *1538*: 1386, *1539*: 1394; – Johann, Salzkammerbeamter Deesch, *1507*: 474; – Johann, Hst. *1556*: 2289; – Johann, B, *1555*: 2256, Wwe. Margaretha; – Johann, Beauftragter d. Zigeunerwoiw., *1562*: 2746; – Johann, Beamter Neuschloß, *1570*: 3523, 3532; – Ladislaus I *1478*: 303; – Ladislaus II *1528*: 1032; – Lauren-

cius, comes d. Goldeinlösungskammer Hst., *1462*: 158; – Lucas, Fr.bach, *1557*: 2324; – Mathias, Kastellan Wetsch, *1549*: 1948; – Mathias, Hetzeldorf, *1553*: 2164; – Matthaeus, Richter Deesch, *1562*: 2776; – Michael a. Klbg., Kammerprovisor Görgen, *1501*: 401; – Paul, Deesch, *1479*: 305; – Paul, Klbg., *1542*: 1548, 1587, *1546*: 1803; – s. auch Brassay; – Peter, fil. Syberkh, Notar Koloschmonostor, *1351*: 17, *1356*: 31, *1357*: 32, *1358*: 33, 34; – Peter *1546*: 1772; – Peter, Procurator Apanaghfalu, *1569*: 3429; – Samuel, Klbg., *1568*: 3335; – Sebastian, Richter Thorenburg, *1558*: 2452, 2456; – Sigismund, Schulrektor Lechnitz, *1452*: 131a; – Stefan, Stadtrichter Ofen, *1484*: 318; – Stefan, Notar d. Mold. Woiw., *1528*: 1036; – Stefan, Klbg., *1538*: 1358; – Stefan, Weißenbg., *1542*: 1548, 1587; Stefan, Offizial Kinteln, *1564*: 2097; – Stefan s. Helner

Lodner, Johann, Goldschmied B, *1557*: 2302, 2344, 2357, *1563*: 2864

Lodomerius, Bischof Großwardein, *1274*: 4b, genannt 45a

Lörinz, Lewrinch, Albert, Weißkirch, *1513*: 566

Lossonczy, de Lossoncz, s. Bánffy L., Deszö de L.; – Ladislaus *1441*: 107; – Ladislaus, Siebb. Woiw., Oberstschatzmeister, genannt 355, *1493*: 371, 375/76; – Stefan banus *1469*(+): 207, Sohn: Georg Bánffy de L.

Losz, Andreas in B *1543*(+): 1694; – Sohn Benedict „Oberster Dreißiger der windischen Dreißigst" (Oberzöllner) ebenda

Lotus, Jacob, mag., Orgelbauer Leutschau (?) *1568*: 3340, *1569*: 3385

Lucas, Bote Hst. *1547*: 1828; – Burggraf Kokelburg *1559*: 2477, *1560*: 2618, *1561*: 2644; – Mold. *1538*: 1381, *1542*: 1601; – Presbyter, Provisor hospitalis B *1557*: 2313, *1560*: 2601

Lucas, Jörg, Rodna, *1535*: 1298; – Stefan, Richter Retteg *1564*: 2952

Ludwig I., der Große, König v. Ungarn, genannt 1, 3, 5, 10–12, 15, *1355*: 25–27, *1361*: 36, 36, *1366*: 38–41, *1377*: 42b, c, *1380*: 43, genannt 44, 75, 112

Ludwig II. König v. Ungarn u. Böhmen, genannt 354, 363, 399, 434/35, *1509*: 499, 504, 514, 569, *1516*: 622, *1517*: 628–31, 635, 637–38a, *1518*: 640, 642–45, 651, *1519*: 652, 654–56, 658, 660–62, 666/67, 670–73, 675, *1520*: 678/79, 681a/82, 683a, 686/87, 691, *1521*: 694–96, 699, 704–08, 729, 733/34, *1522*: 739/40, 742–44, 752, 756, *1523*: 780, 783–88, 791/92, *1524*: 796, 799, 803, *1525*: 807, 812, 818, 822, 825, 829/30, 834/44, 847–49, 879–83, 886, 888/89, 891/92, *1526*: 962, 1130; genannt 2131, 2448

Ludwig, Ludovici, Layos, Gregor, Klbg., *1463*: 162; – Petrus in B *1553*: 2166, ∞ Catharina, Wwe. n. Valentin Kugler; – Petrus, Pf. Mettersdorf, *1564*: 2895, *1565*: 2991; – Valentin, Sächs.-Eibesdorf, *1544*: 1737

Luka, Johann, Richter Körösfő, *1568*: 3294, 3344

Lulay, Lulaj, Johann sen., comes Saxonum, comes Glodeinlösungskammer Hst., Bergbauunternehmer Rodna, *1504*: 442, *1505*: 449, *1513*: 564, *1517*: 631, *1519*: 670, *1521*: 705; – Johann jun. *1548*: 1887

Lungu, Florea, Langa Floyra, Borgo, *1558*: 2422

Lupsay, Lwpsay de Gyroth, Wolfgang, *1542*: 1548, 1587, *1543*: 1634

Lupu, Lwpe Fethe, *1547*: 1831

Luther, Martin, Reformator, *1546*: 1777

Lutsch, Lwtsch, Lwsz, Andreas in B *1525*: 833; – Petrus R Hst., *1569*: 3363; – Simon, Richter Tekendorf, *1557*: 2310

Lutifigulus s. Töper

M

Macsadinyiai, Macedonius, Machadonyai, Nicolaus, Siebb. Vizewoiw. *1527*: 936, 975

Macskási, Georg, *1550*: 2016, *1558*(+): 2418, ∞ Barbara, To Michael Gyulays, sie II. ∞ Marcus Oseczky

Mácsoi, Macho, Georg, Provisor Burg Álmás, *1548*: 1889, *1551*: 2076

Maga, Wal., *1554*: 2224

Magyar, Antonius, Kämmerer Thorenburg, *1465*: 178; – Blasius, Siebb. Woiw., *1473*: 255, 258, 260, *1475*: 274–76

Maghorij, Paul, *1542*: 1563

Maglás, Bernardus Literatus, Deesch, *1529*: 1118; – Thomas in B *1551*: 2030

Mahmuth, Sekretär des Sultans, *1550*: 1992; s. auch Mehmeth

Mailáth, Maylath, Demeter *1553*: 2164; – Franz, Zigeunerwoiw., *1558*: 2438, *1559*: 2501; – Stefan, Siebb. Woiw., *1529*: 1136, *1536*: 1324, *1537*: 1342, 1349, 1353, *1538*: 1355, *1539*: 1393, *1540*: 1446, 1466, *1541*: 1481, 1487/88, 1490, 1492, 1495, 1497, 1500, *1553*: 2161, *1566*: 3078

Mayr, Mayor, Georg, Hst., Schwager v. Markus Pemfflinger, *1527*: 1021; – Gregor, Hst., *1542*: 1525; – Jacob, Pest(?) *1524*: 804; – Petrus, Klbg., *1560*: 2612, *1561*: 2663

Mayrosch (Măieruș?), Groß-Rebra, *1502*: 405

Makay, Thomas, Kammergraf Marm. *1549*: 1937, *1550*: 1995, *1551*: 2065

Makodi, Mokodi, Ladislaus, *1564*: 2871, 2873, 2883, 2899

Makovszky, Johann, *1559*: 2512, ∞ Catharina Nyesovszka, kgl. Hoffräulein

Makray, Bartholomeus de Zenthgyergh, comes Kom. Innerszolnok, *1527*: 982; – Lucas *1553*: 2164

Maler, Pictor, Zugraph (r. zugrav), Johann, Klbg., *1570*: 3479; – Valentin, Bürgerm. Schäßbg.; – Thomas, Sutschawa *1541*: 1491

Man, Dano u. Theodor, Sajó/Marm. *1502*: 408

Margay, Melchior, Präfekt Görgen, *1548*: 1884, *1557*: 2366, *1558*: 2412, *1559*: 2490, 2497, 2505, 2525, *1561*: 2660, *1562*: 2765, 2767, 2769, *1567*: 3101

Margaretha fil. Andreae *1399*: 46, 47

Maria v. Anjou, Königin v. Ungarn

genannt 10, 39, *1383*: 44, genannt 75

Maria v. Habsburg, Königin v. Ungarn u. Böhmen, *1526*: 918, *1527*: 1025

Marian, Gesandter d. Mold. Woiw. *1566*: 3060

Marci, Andreas, B, Student Wittenberg, *1562*: 2766, *1563*: 2836/37, *1564*: 2881/82, Bruder Bartholomaeus *1563*: 2837, *1564*: 2881

Marcus, Orthodoxer Bischof Vad *1557*: 2315, s. Pemfflinger

Mark, Benedict, Fr.bach, *1562*: 2692

Marko, „Großmaytter" (Oberzöllner) Mold. *1560*: 2632

Martell, Martelin, Peter, Hst. *1510*: 527, *1520*: 692

Martin, Büchsenmacher Kronst. *1547*: 1843; – Pf. Sächs.-St.-Georgen *1568*; 3244; – Richter B. s. Schneider; – Vize-Salzkämmerer Weißkirch *1527*: 996

Martin, Emmerich, *1569*: 3451

Martinuzzi, Georg, (Utiešenić), frater Georg, Kardinal, Bischof Großwardein, Statthalter, genannt 21–24, *1538*: 1361, 1364, 1375/76, *1540*: 1454, 1457, 1460, 1463, 1465/66, *1541*: 1502, 15211 *1542*: 1539, 1541, 1544, 1546–48, 1556, 1560, 1582, 1606, 1608, *1543*: 1622, 1624, 1633/34, 1636, 1638, 1643, 1646/47, 1653, 1679, 1687/88, 1690, *1544*: 1698, 1724, 1727, 1730–35, *1545*: 1751/52, *1546*: 1776, 1791, 1804–06, *1547*: 1813, 1838, 1844, *1548*: 1888, 1894, *1549*: 1917, 1929–31, 1946, 1956, *1550*: 1971, 1979, 1987, 1993, 1998, 2003, *1551*: 2022, 2025–27, 2031, 2048, 2051, 2053, 2060, 2063, 2067/68, 2071–74, 2079, 2082, 2084/85, 2094/95, 2097/98, 2103–05, 2108–11, 2114/15, 2118–20, 2123; genannt 2246

Mathias I., Corvinus, Hunyadi, König v. Ungarn, genannt 4a, 5a, 45a, 50a, 51a, 134/35, 138, 142, *1459*: 145–48, *1461*: 152/53, *1462*: 158, 161, *1464*: 165/66, 168–70, 172/73, *1465*: 174, 177/78, *1467*: 183, 185–87, *1468*: 189–93, 196, 200, *1469*: 200–04, 206, 209/10, *1470*: 212–17, *1471*: 227, 230–32, *1472*: 250–52, 254, *1473*: 264, *1474*: 265–69, *1475*: 275, 276a–80, 283–86, *1476*: 289, 292, 293, *1477*: 295, 296a–99, *1478*: 300, 302, *1481*: 314/15, *1483*: 317, *1484*: 319–22, *1486*: 325, *1488*: 330–40, *1489*: 345/46, genannt 356, 359, 366, 378/79, 2129/30, 3380

Mathias, Mathaeus, Mathee, Baccalaureus Wien *1475*: 287a; – Bischof Siebb. *1447*: 118; – Buchhändler Wittenberg, *1569*: 3451; – Gesandter d. Mold. Woiw. *1566*: 3066, 3069; – Fil. Isaaks *1357*: 32; – Kanoniker Großwardein *1481*: 312; – kgl. Protonotarius *1551*: 2095, 2101; – Magnus, Vize-Salzkämmerer Seck *1474*: 271; – Pf. Dürrbach s. Totschner; – Pf. Lechnitz s. Clemens; – Provisor d. Elisabeth-Spitals B *1523*: 795; – R.-St.-Georgen *1551*: 2041; – Schatzmeister d. Mold. Woiw. *1510*: 535, *1530*: 1228

Mattyas, Gregor, Burghalle, *1569*: 3361

Mathwsnay, Christoph, Vayda-Zen-

thywan, *1533*: 1286, ∞ Catharina
Maurer, Murarius, Lapicida, Murator, Kewmuesz, Kewmyives, Kymyess (m. Kőműves), Blasius, Deesch, *1562*: 2721; – Gregor *1534*: 1294, fil. Johannis, ebenda; – Johann, Hans, Janos, Mold., B, Hst., *1542*: 1583, *1543*: 1635, 1655, *1545*: 1741, 1755, 1758, *1546*: 1760, 1764/65, 1774, 1776/77, 1784, 1795, 1799, *1547*: 1813, 1820, 1829, *1548*: 1860, 1870, 1900, 1911, 1915/16, 1918, *1550*: 1962, 1973/74, 2018, *1551*: 2025/26, *1553*: 2162, 2169/70, 2177, 2184, 2188, 2196, *1554*: 2214, 2217, *1555*: 2241, 2263, 2265, *1556*: 2270, 2275, 2289, *1560*: 2575/76, *1562*: 2875; – Laurencius in B *1539*: 1430; – Lörentz in B *1568*: 3328; – Martin in B *1543*: 1695, *1568*: 3328
Maximilian II., Römisch-Deutscher Kaiser, *1569*: 3355
Medicus, s. Arz
de Megyes, Stefan, Klein-Budak, *1532*: 1262
Mehmetbeg, Türk. Heerführer, *1528*: 1082
Meynchner (Münchner?), Jacob, Seifensieder, Klbg, dann B, *1567*: 3174
Meytner alias Heyer, Gallus, setzt Gold-Schmelzofen, *1566*: 3084, 3090; – Theloniator (1. Zöllner), Sutschawa, *1546*: 1795, *1547*: 1826
Mekcsei, Mekchei, Ladislaus kgl. Protonotarius, *1560*: 2605, *1563*: 2811; – Stefan, comes Kom. Marm., Präfekt Huszt, *1546*: 1783, 1793, *1547*: 1819
Melas s. Schwarz

Melchior, kgl. Sekretär, *1531*: 1243
Meldt (mda. Mild), Petrus, R in B, *1566*: 3091, 3093, *1568*: 3313
Mensarius, Mensator, s. Tischler
Meschener s. Musnay
Mészáros, Peter, Richter Deesch, *1536*: 1318; – Peter, kgl. Hauptmann, *1566*: 3063; – s. auch Fleischer
Michael, fil Demetri *1399*: 48; – Gräf Alzen *1417*: 70; – Porkolab, Kotnar, *1529*: 1171, 1186, 1192, 1220; – Kastellan Sutschawa *1530*: 1202/03, 1205; – Knezio de Kötke *1554*: 2223; – Knezio ebenda; – s. Otthe; – Palatin, s. Ország; – Pf. Nieder-Eidisch *1565*: 2986; – Pleban Lechnitz s. Hedwig; – Plebane Treppen s. Fleischer, Teutsch; – Prediger Nieder-Wallendorf *1551*: 2091
Midwescher, Mydwescher (mda.: Mediascher) Jacob, Bürgerm. Hst. *1503*: 415; – Stefan, Ratsnotar B, *1517*: 638b, Wwe. Braxedis *1517*: 632/33, *1521*: 705, 729
Migilda Logofăt, Mold. *1551*: 2070
Mihály, Myhay (m.: Michael), Andreas de Zent Benedic, *1554*: 2223
Mihalcz, Martin, Kovászna, *1565*(+): 3032
Mihályffy, Mihalffy, Thomas de Koronka, *1543*: 1611
Mihnea cel Rău, Michne, Woiw. d. Wal. *1510*: 531
Miklic, Johann u. Lucas, *1570*: 3555
Miklos, Myklosch (m.: Nicolaus) in B *1527*: 939
Mikó, Myko, Blasius de Abrahamfalwa, kgl. Proviantmeister, *1557*: 2318, 2375, *1558*: 2424, 2430, *1560*: 2606, 2624, *1562*: 2701, 2705, 2708/

09, 2711, 2791, *1567*: 3118, Vormund d. Söhne v. Nicolaus Apaffy
Mikola, Mykola, Franz, *1559*: 2542; – Ladislaus de Zamosfalwa, Siebb. Vizewoiw., Statthalter, *1542*: 1576, 1679, 1581, 1588, 1590, 1592, *1543*: 1620, 1622, 1682, *1546*: 1809, *1547*: 1813, 1820, *1549*: 1922, *1551*: 2022, *1552*: 2126, 2152, *1567*: 3144; – s. Nicolaus Horwath; – Stefan *1561*: 2673
Miles, Simon, Bürgerm. Hst. *1566*: 3043/44, 3050, 3076, 3083, 3091, 3093, 3096, *1567*: 3113, 3147, 3169, 3213, 3215/16, 3220, *1568*: 3246, 3248, 3263, 3277, 3279/80, 3283, 3313, 3337, *1569*: 3349, 3375/76, 3381, 3391, 3396, 3399, 3415, *1570*: 3486, 3495/96, 3565, 3605, 3608
Minhart, Bote d. Mold. Woiw. *1540*: 1461/62
Mircea, Merche, Wal. Woiw., *1510*: 531, *1512*: 557; – Ciobanul, Myrche, Wal. Woiw., *1558*: 2428, richtig: Petru cel Tînăr, s. dort; – Mirche, Gesandter d. Woiw. d. Wal. *1558*: 2399
Miskei, Myske, Andreas, Kastellan Neuschloß, *1550*: 2006, *1570*: 3530; – Benedict de Hawad *1542*: 1548, 1573, 1587/88, *1543*: 1625/26
de *Mislymicz*, Mathuss, *1473*: 261
Myssowsky, Stanislaus, *1559*: 2553
Mocioc, Mochok, Johann, Wornik (Hofbeamter) d. Mold. Woiw. *1548*: 1881, 1908
Mod, Andreas, Klbg., *1530*: 1233
Modra de Zenthandras, Georg, *1565*: 3018, 3038, *1567*: 3208, *1568*: 3252, 3261, 3273; – Stefan, Burgbeamter Neuschloß, *1543*: 1671, *1547*: 1848, *1558*: 2430, *1565*: 3038, *1566*: 3094, *1567*: 3208
Mönch s. Munch
Mogner, s. Paul, Kürschner Klbg., *1567*: 3167
Moise, Moizin, Woiw. d. Wal. To ∞ I. Stefan Keserw, II. Stanislaus Niezowski
Moldner, Petrus in B (identisch mit Warga?) *1525*: 807, 826, 832, 838, *1528*: 1054, 1081, *1531*(+): 1254/55
de *Monay*, Gregor, Lektor Großwardeiner Domkapitel, *1488*: 341
Monkus, Johann in B, *1499*: 393
Monyorossy, Johann, Richter Neumarkt/M., *1513*: 566
Montanus, Ambergius, s. Berger
More, Morhe, Georg, Kämmerer Fr.bach, *1504*: 440; – Johann Klein-Budak, *1544*: 1705; – Nicolaus, Richter Kom. Doboka, *1525*: 816; – Paulus *1473*: 255; – Petrus *1539*: 1408; – Philipp, Propst Erlau, kgl. Sekretär, *1520*: 684
Morgonday, Johann, Königsrichter Schenk, *1527*: 947
Morho, Petrus, Grundhöriger Neuschloß, *1554*: 2223
Mortalin, (alias Pythis?), Petrus, Florentiner Kaufmann, *1515*: 610
Moricz, Morycz, Peter, Zwanzigstpächter, *1526*: 913
Moritz, Kurfürst von Sachsen (Biographie) *1563*: 2866
Müller, Miller, Milner, Mölner, Franz, Krakau, *1569*: 3372; – Georg, Kronst. *1569*: 3417; – Lörintz, Groß-Schogen, *1569*: 3414, 3418; – Petrus, R in B, *1563*: 2795–97; – Stefan, Bürgerm. SR, *1569*: 3398,

3413
Mun(i)ch, Mwnch, Hanns, Klbg., *1527*: 956; – Stefan, Klbg., *1530*: 1233, *1543*: 1691
Murány, Mwranus, Mwrany a Thoma, Paul, „comes minesarum" *1540*: 1454/55, *1542*: 1563, 1576
Murarius s. Maurer
Mus(ch)nay (m.: Meschener), Mathaeus, villicus Med. *1508*: 487, *1509*: 504, 509
Mustafa, Mwsthapha, Türk. Gesandter, *1551*: 2032
Mutnóky, Mwthnoky, Ludwig, Kastellan Görgen, *1540*: 1446, 1449, 1452

N

Nádasdy, de Nadasd, Michael, Szeklergraf, *1446*: 64–66; – Thomas, comes, Generalkapitän, *1551*: 2106, *1553*: 2161
Nádassy, Georg de Bodok, *1546*: 1779
Nagy, Nagh, Naghy (m.: Groß) Ambrosius de Zenth Imreh, *1543*: 1634; – Andreas *1569*: 3361; – Anton I *1548*: 1893; – Anton II *1569*: 3426; – Balthasar *1570*: 3514; – Benedictus de Simontelke *1513*: 565; – Caspar, Gaspar, Zigeunerwoiw. *1557*: 2347, *1560*: 2592, *1561*: 2659, *1563*: 2814, *1564*: 2904, *1565*: 2990, 2999, *1566*: 3051, 3058, *1567*: 3156, 3159, *1568*: 3176; – Caspar de Bongarth *1563*: 2838, *1567*: 3155; – Christophorus, Kristof, Vizekämmerer Deesch, Kastellan Ciceu, *1526*: 875, *1527*: 1016, *1541*: 1482; – Franz *1555*: 2242; – Georg, Vizeporkolab Ciceu, *1562*: 2741; – Gregor, Zigeuner-Vizewoiw. *1559*: 2502; – Johann de Temesvar *1540*: 1438; – Ladislaus *1530*: 1214; – Lazar, *1570*: 3499; – Lucas *1560*: 2562; – Mathias, Zigeuner-Vizewoiw., *1541*: 1508, *1556*: 2287; – Mathias, Offizial Buza, *1543*: 1656; – Mathias, Vizekastellan Neuschloß, *1550*: 1977, *1553*: 2164; – Michael, Zigeuner-Vizewoiw., *1561*: 2665; – Paul, Klbg., *1533*: 1287; – Paul, Diener, *1534*: 1291; – Petrus, Richter Agárd, *1564*: 2951, *1567*: 3204; – Petrus, Diener, *1570*: 3480, 3491; – Salathiel, R in Klbg., *1530*: 1206; – Stefan, Steuerexactor, *1555*: 2261; – Stefan Somsdy *1556*: 2287; – Thomas, Offizial Salz, Kinteln, Kreutz, *1548*: 1858, 1862, 1886; – Valentin, Leutnant d. kgl. Trabanten, *1561*: 2679; – Valentin s. Kugler
Nagylaky, Emericus, *1562*: 2755, *1563*: 2851
Nagyváthy, Naghwath, Albert Literatus, Salzkammergraf, *1471*: 233, 235, 237/38
Neagu, Nagoy, Porkolab Hotin, *1560*: 2623
Negossowszky, Nicolaus, kgl. Kämmerer, *1562*: 2691
Negrille, Molde, *1502*: 405
Némay, Sigismund, *1542*: 1559
Nemes (m.: Adliger) Johann, Tischler, entsprungener kaiserl. Kriegsgefangener *1569*: 1334; – de Jód/Marm. Jacob, Johann, Paul, Theodor, *1536*: 1334; – de Hidvég, Michael, Thomas, Valentin, *1553*:

2164
Némethy Franz *1561*: 2657, *1570*(+): 3572, ∞ Sophia Balassa de Gyarmath, sie II. ∞ mit Ladislaus Csáki; – Laurencius Literatus *1529*: 1160
Netsch(er), Netchy, Engelsburg/PL, *1568*: 3321, *1569*: 3372, 3424/25, 3427, 3431/32, 3434/35, 3437
Nyakazo, Franz, comes Kom. Marm., Präfekt Huszt, Oberkapitän, *1563*: 2831, 2833, 2835, 2852, 2865, *1564*: 2880, 2982, *1567*: 3102, 3131, *1568*: 3250, 3304, *1569*: 3438, *1570*: 3482/83, 3511, 3568, 3575
Nicolaus, Archidiaconus Kokelburg, *1469*: 204/05, 209, 211; – pater Jacobi *1351*: 17; – fil. Petew, Szeklergraf, *1380*: 43; – fil. Petri Mathiae, Richter Klbg., *1466*: 180/81, *1467*: 184; – Pleban Lechnitz s. Eyben; – presbyter (orthodoxer Pope) de Salva *1547*: 1822, 1836; – Ratsnotar Kronst. *1513*: 571, 573, *1514*: 594; – kgl. Sekretär *1527*: 930; – Siebb. Woiw. genannt 36a, *1368*: 42; – a. Salva *1509*: 505; – Pf. Wermesch s. Hunnius
Nief, Nyffling, Ladislaus, Groß-Schogen, *1555*: 2244
Nyerges, Sebastian, Richter Neumarkt/M., *1564*: 2948, 2951, 3959, *1570*: 3595; – s. auch Sadler
Nyesovszka, Catharina, kgl. Hoffräulein, *1559*: 2512 ∞ Johann Makoveczky; – Dorothea, kgl. Hoffräulein, *1560*: 2579 ∞ Ladislaus Zalanczy
Nysoczky, Niezowski, Stanislaus, *1557*: 2369, *1570*: 3515
Niger s. Schwarz

Ninol, Johann in B, *1540*: 1441
Nyirew s. Scherer
Nyul, Nywl, Johann, Deesch, *1536*: 1322, *1540*: 1447, 1478
Nösner, Neszner, Georg, Kürschner Hst. *1528*: 1059; – Bruder Michael + vor 1528 in B
Nowak(y), Georg, Provisor Neuschloß, *1562*: 2706, *1563*: 2853, *1564*: 2947
Nürnberger, Nürembergkensis, Johann, Söldner, *1530*: 1230

O

Of(f)ner, Lukacz in B *1544*: 1706
Oláh, Ladislaus, Kronst.? *1564*: 2873; – Nicolaus, Erzbischof Gran, Humanist, *1552*: 2130, *1556*: 2270
Olász, Olos, Olys, Michael, Angestellter d. Florentiner Kaufmanns Felix *1515*: 600, 604; – Mathias, Klbg., *1533*(+): 1278, ∞ Sophia, Sohn Petrus + in B
Olsowszky, Stanislaus, *1562*: 2748
Ombozy, Nicolaus, *1522*: 754, *1553*: 2190, *1559*: 2542
Onu, On, Von, Theodor aus Zelestye/Marm. *1547*: 1824, 1831, *1550*: 1990
Orbay, Ladislaus, *1563*: 2858, ∞ Helena, To. Johann Wanchas
Orbán (m.: Urban) *1570*: 3484, 3492
Orelt s. Arolth
Organista, Johann in B, *1547*: 1850
Ormos, Franz Literatus, Rodna, *1539*: 1404
Orosz (m.: Reuße, Russe), Orws, Johann, Richter Retteg *1528*: 1036, 1070, 1080

Orosztony, de Orozthon, Valentin, Siebb. Salzkammergraf, *1537*: 1351
Ország, Michael de Guth, Palatin, genannt 1–5, 10–12, 15, 26, 27, 39, 44, 45, 75, *1478*: 300/01, 370
Orth, Laurencius, SR, *1558*: 2398
Orvosy, Orvosch (m.: Bader, Arzt), Christoph, Gesandter d. Mold. Woiw., *1543*: 1686; – Peter, Zigeuner-Vizewoiw. *1553*: 2167
Oseczky, Marcus, Präfekt Dewa, *1558*: 2418 ∞ Barbara, To Michael Gyulays, Wwe. nach Georg Macskási
Osserul, Petrus, Ostiarius (Türhüter) d. Mold. Woiw. *1549*: 1918
Osmolsicii, Caspar, Visticza, *1555*: 2256
Ostaș, Oszthas (r.: Krieger), Jacob Marm. *1570*: 3511
Oswald, Dechant, Pleban Senndorf, *1432*: 80
Otthe, Michael, Klbg., *1462*: 159/60

P

Palasti, Petrus, Provisor Görgen, *1504*: 437
Palkó, Franz, Vizecomes Kom.Marm. *1516*: 618
Palothay, Andreas, *1528*: 1041, 1044
Pan, Mathias, *1464*: 172
Panczel, Panchel, Laurencius, *1473*: 259
Pangracz, Pangratius de Dengeleg, Johann, Siebb. Woiw. *1465*: 176, *1468*: 195, *1469*: 202, *1470*: 219/20, 223, 225, 227, *1471*: 243, 249, *1476*: 288; – Siebb. Vizewoiw., genannt 95, 96; *1440*: 101–06, *1443*: 111, 113/14
Pannirasor s. (Tuch) Scherer
Pannonius, Gabriel, kgl. Notar, *1545*: 1742, 1744
Pap (m.: Geistlicher), Johann, Maier, *1483*: 316; – Johann, Ungarus, Pleban Sächs.-St.-Georgen *1535*: 1314, *1540*: 1455, 1458, *1542*: 1605; – Ladislaus de Nadazd *1570*: 3507; – Stefan, Siget, *1551*: 2083; – s. auch Pop(a)
Parth, Johann s. Barth
Pastor, Simon, *1525*: 840
Patai, Pathai Antonius *1528*: 1084/85; – Bartholomeus *1488*: 334
Pataki, Pathochy, Caspar de Kechkemet *1562*: 2176; – Franz *1564*(+): 2917/18, Wwe. Christina Szerecsény (s. auch dort), To Anna ∞ I. Ladislaus Dyemessy, II. Paul Csáki; – Nicolaus I de Diznajo *1543*: 1624, Söhne Balthasar, Ludwig und Nicolaus II *1562*: 2716
Paul II., Papst, *1468*: 194
Paulus, mag., Fr.bach *1457*: 140; – mag. *1473*: 260; – Offizial Mények *1544*: 1699
Pauer, Paor, Pawer, Johann, Ofen *1539*: 1414/15
Pázmány, Pazmann, Anna, *1526*: 867, Wwe. n. Johann Horwath de Wingarth
Pécsi, Pechy, Stefan, Thorenburg, *1478*: 303; – Stefan, Goldschmied Klbg., *1563*: 2816, 2862, *1566*: 3098, *1567*: 3207
Pecheoly, Benedict, *1570*: 3510
Peer s. Beer
Pe(o)kry, Gabriel, Feldkapitän, *1566*: 3047/48
Pellio, Pellifex, Pelliparius, s. Kür-

schner; Leonard, Thomas, s. Wallendorfer

Pemfflinger, Markus, comes Saxonum, *1523*: 790, *1526*: 870, 892/93, 902, 925, *1527*: 947, 951–53, 956, 972, 1021, *1528*: 1052, 1084, 1088, *1529*: 1109, 1112, 1147, *1530*: 1208, *1536*: 1328, Schwäger: Georg Mayr, Andreas Beuchel

Penteker, Pintiger, Leonhard, Eisch, *1566*: 3064

Perényi, de Peren, Emmerich, Palatin, *1509*: 499, 516, *1510*: 526; – Franz, Bischof Siebb. *1512*: 553; – Petrus, Siebb. Woiw., *1527*: 934, 942, 959/60, 967–69, 974, 977, 981/82, *1528*: 1035, 1057, 1072, *1530*: 1217

Pergawer, Ulrich, Schatzmeister d. Mold. Woiw. *1504*: 49 (!)

Perusinus, Peter Franz, Polenreisender *1563*: 2839/40

Pestheny, Gregor, Siebb. Salzkammergraf, *1526*: 865

Pestessy, Pesteschy, Mathaeus de Galatz, *1551*: 2022, *1553*: 2162, 2164, 2166, 2189, 2213, *1557*: 2350, *1561*: 2682, *1568*: 3290, *1570*(+): 3469; – Servacius, Kürschner Klbg., *1564*: 2875

Pesty, Pesthiensis, Caspar, *1549*: 1930; – Johann 1568: 3322

Pétky, Johann, *1543*: 1657, ∞ Margaretha Lazar de Gergyo

Pető, Pethew, Georg, *1562*: 2699

Petraşcu, Petrascus, Mundschenk d. Mold. Woiw. *1542*: 1596

Petronya, War (Barbara), *1559*: 2473, ∞ Johann Zombory

Petrovay, de Pethrowa, Laurencius de Bedő, Vizecomes Kom. Marm., *1562*: 2775, *1563*: 2805; – Petrus, Vizecomes Kom. Marm., *1548*: 1855, *1549*: 1933, 1939

Petrowics, de Swraklyn, Petrus, Generalkapitän, Statthalter, *1540*: 1463, 1465/66, *1541*: 1521, *1543*: 1684, *1550*: 1987, *1556*: 2268, 2271, 2273, 2277–80, 2282–84, 2289/90, 2292, 2294, *1557*: 2315, 2343, 2354, 2356

Petru Rareş, Mold. Woiw., *1527*: 945, 954, 999, 1004, *1528*: 1048, 1055, *1529*: 1107, 1125, 1130, 1135, 1142, 1144/45, 1167, 1171–73, 1181a—83, 1188–92, *1530*: 1210, 1218, 1220/21, 1225, *1531*: 1238, *1532*: 1263, *1535*: 1299, 1301, 1305, 1309, 1313, *1536*: 1316, 1323–25, 1330/31, 1333, *1538*: 1373/74, 1379, 1384, 1386, 1386, 1392, *1539*: 1397, 1422, 2429, *1540*: 1438, 1443–45, 1461, 1468–72, 1474, *1541*: 1480–82, 1491, 1500, *1542*: 1531, 1560, 1564, 1576, 1580, 1595–1604, 1606, 1608, *1543*: 1614, 1621, 1628, 1636, 1655, 1669/70, 1677, 1680, 1685–88, *1544*: 1701, *1545*: 1741, 1751, *1546*: 1766, 1774, 1778, 1784, 1789, 1795 (+ 3. 9. 1546), ∞ Catharina Despoth, s. dort

Petru cel Tînăr (der Junge, fälschlich auch Myrche), Woiw. d. Mold. u. Wal. *1563*: 2829, *1566*: 3099, ∞ in Hst. Helena, To. d. Nicolaus Cserepowyth

Petrus, Graf v. St.-Georgen u. Bösing, Siebb. Woiw., iudex curiae, *1499*: 391, *1501*: 400a, *1502*: 402, 406/07, *1503*: 422, *1504*: 434/35, 555, *1505*: 457/58, *1506*: 470/71, *1508*: 479/80, 484, 489, 494, *1509*: 504a, 506, 507, 513/14, 517, *1510*: 530, ge-

nannt 707/08, 2246; – s. Literatus;
– Offizial Kokelburg, *1550*: 2014,
1551: 2075; – Pleban Fenisch *1531*:
1236; – Pleban Örke *1546*: 1767
Petermann, Fleischer, *1481*: 307
Peuchel, Peychel, Pewke(w)l, s. Beuchel
Pfefferkorn, Albrecht, a Leutschau, Wundarzt B, *1570*: 3569
Phylipp, Philep, Phwlöp, Benedict, Klbg. *1568*: 3254, 3308/09, 3344
Pictor s. Maler; – Gabriel s. Schnitzer
Pileus, Martin, s. Hueth
Pilgram, Martin, stellv. Königsrichter Hst. *1539*: 1399, 1402
Pintea, Pynthe, Jacob u. Peter Marm. *1570*: 3568, 3570
Pintiger, s. Penteker
Piros, Pyross (m.: Rot), Benedict, Zigeuner-Vizewoiw., *1563*: 2814, *1564*: 2904, *1565*: 2999
Pistaki, Pysthaki de Bongarth, Lucas, *1564*: 2920, *1567*: 3204, 3211, *1568*: 3267, 3273, 3302, *1569*: 3419, 3434/35, *1570*: 3526, 3528, 3552, 3582
Pythis, Peter, Florentiner Kaufmann *1514*: 582
Podiebrad, (-th), Georg, Böhmischer König *1469*: 206, *1470*: 220
de *Podwynna*, Paul Literatus, Salzkammergraf Deesch, *1526*: 863, 887, 925, *1530*: 1215
Poffthii, Alexander, Marm., *1555*: 2248
Pogan de Cheb, Melchior, Vizecomes Kom. Marm. *1559*: 2529, *1560*: 2559, 2587
Pókay, Jacob kgl. Hofmeister, *1562*: 2702, *1564*: 2944, *1567*: 3218; – Ladislaus, *1553*: 2164
Polyak, Michael, *1565*: 3000; – Paul,

113/14
Pannirasor s. (Tuch) Scherer
Pannonius, Gabriel, kgl. Notar, *1545*: 1742, 1744
Pap (m.: Geistlicher), Johann, Maier, *1483*: 316; – Johann, Ungarus, Pleban Sächs.-St.-Georgen *1535*: 1314, *1540*: 1455, 1458, *1542*: 1605; – Ladislaus de Nadazd *1570*: 3507; – Stefan, Siget, *1551*: 2083; – s. auch Pop(a)
Parth, Johann s. Barth
Pastor, Simon, *1525*: 840
Patai, Pathai Antonius *1528*: 1084/85; – Bartholomeus *1488*: 334
Pataki, Pathochy, Caspar de Kechkemet *1562*: 2176; – Franz *1564*(+): 2917/18, Wwe. Christina Szerecsény (s. auch dort), To Anna ∞ I. Ladislaus Dyemessy, II. Paul Csáki; – Nicolaus I de Diznajo *1543*: 1624, Söhne Balthasar, Ludwig und Nicolaus II *1562*: 2716
Paul II., Papst, *1468*: 194
Paulus, mag., Fr.bach *1457*: 140; – mag. *1473*: 260; – Offizial Mények *1544*: 1699
Pauer, Paor, Pawer, Johann, Ofen *1539*: 1414/15
Pázmány, Pazmann, Anna, *1526*: 867, Wwe. n. Johann Horwath de Wingarth
Pécsi, Pechy, Stefan, Thorenburg, *1478*: 303; – Stefan, Goldschmied Klbg., *1563*: 2816, 2862, *1566*: 3098, *1567*: 3207
Pecheoly, Benedict, *1570*: 3510
Peer s. Beer
Pe(o)kry, Gabriel, Feldkapitän, *1566*: 3047/48
Pellio, Pellifex, Pelliparius, s. Kür-

Gesandter), Albota, Mold. Oberstkämmerer, *1537*: 1341; – Petrus, Kastellan Ciceu, *1527*: 955, 1015, 1017

Postztos, Pozthos, Blasius, Fr.bach, *1531*: 1237, 1251

Potsch, Gallus, Feisket, *1566*: 3064, 3071, 3085

Preuß, Prews, Martin in B, *1511*: 545

Pryden, Johann, R in Hst., *1470*: 226

Proll, Nicolaus, Bürgerm. Hst., Kammergraf, *1497*: 387, *1499*: 394

Pullacher, Puelacher, Pwlacher, Sebastian, Klbg., *1530*: 1233, *1541*: 1490, 1519, *1542*: 1533, 1540, 1564, *1544*: 1712, *1550*: 1961, *1560*: 2631, Schwester Anna, Schwager: Wolfgang Forster jun., Sohn Stefan *1567*: 3219

Putnoki, de Pwthnok, Sigismund Dyak, Vizeschatzmeister, *1520*: 683, 685

R

Rácz, Rhach, Michael, Söldnerführer, *1563*: 2833, 2835, 2856, *1566*: 3097; – Nicolaus, *1564*: 2984; – Stefan, Retteg, *1526*: 917

Rad(u?) Ladislaus, Richter Kom. Marm., *1536*: 1334

Radak, Ladislaus, Mold. Heerführer, *1563*: 2833, 2835, 2845/46

Radu de la Afumați, Woiw. d. Wal., *1526*: 856; – Radwly, fil. Hawasalffeldi Zokoly, *1558*: 2426

Georg II. Rákóczi, Fürst v. Siebb., erwähnt 13, 614

Rákosi, de Rakos, Melchior, Bischofsvikar Weißenbg., *1505*: 445, *1511*: 551, genannt 621

Ramocsay, Ramocha, Ladislaus, *1465*: 175; –. de Zerethwa *1465*: 175

Ramser, Ramazi, Remser, Martin, R. in Hst. *1463*: 162; – Mathias, Pleban Hst., *1539*: 1435

Raphael, Kardinalbischof Ostia, *1519*: 659

Rason s. Wontemp

Rauszar, Michael, Hst. *1529*: 1112

Ravasz, Rawas, Christian, Klbg., *1458*: 143/44

Rhédei, de Rede, Johann, Siebb. Vizewoiw., *1471*: 240, 244

Regina, N., Fr.bach, *1564*: 2867

Rehner, Regheny, Röner, Regenius, Michael, Richter Klbg., *1515*: 614; – Petrus, Richter B., *1538*: 1356, 1370, *1540*: 1441, *1541*: 1510, *1542*: 1543, *1543*: 1616, 1638, 1641, 1656, 1663, 1671/72, 1674, 1691, 1695, *1544*: 1699, 1707, 1723, *1547*: 1852, *1548*: 1891/92, *1549*: 1957, *1552*: 2138, *1553*: 2168, *1556*: 2293, *1559*: 2540, *1564*: 2878

Reichelt, Reychelt, Georg, Klbg., *1542*(+): 1540, Wwe. Elisabeth; – Johann, Pleban Minarken, *1509*: 508

Reichend, Bartholomaeus, Baierdorf, *1544*: 1705

Reicherstorfer, Georg, Sekretär d. Königin Maria, *1527*: 994, *1528*: 1045

Reynisch, G., *1567*: 3229, *1569*: 3431, 3457

Rheinischer, Raynisser, Johann *1569*: 3443

Remser s. Ramser

de Renelles, Georg, Notar d. Mold. Woiw., *1559*: 2506, 2510, 2517, *1561*: 2661, *1562*: 2717

Repser, Rupensis, Stefan, Pleban Heidendorf *1522*: 766, 770
Reuel, Röwel, Peter, Richter B., *1494*: 378/79
Reutsch, Rewtsch, Blasius in B, *1528*: 1045
Rhach s. Rácz
Rycalph de Tharkew, Georg, Vizewoiw. Siebb., *1451*: 126/27, 129, *1452*: 132
Riemer, Corri(gi)arius, Corrigiator, Zigiarto (m.: szíjgyártó), Blasius, SR, *1559*(+): 2546/47, Wwe. Catharina; – Emmerich in B *1570*: 3581, 3596; – Erasmus R in B, *1544*: 1704; – Georg, R in B, *1567*: 3113, *1569*: 3364; – Johann, Sutschawa, *1472*: 246; – Paul in B, *1506*: 465; – Peter in B, *1514*: 5771 – Wolfgang in B, *1553*(+): 2176
Rösler, Rysler (mda.), Demetrius SR, *1562*: 2787, *1567*(+): 3177; – Matthäus SR, *1567*: 3177; – Paul SR, *1562*: 2770
Rohody, Georg, *1501*: 400a
Roman, Michael, Richter Nationsuniversität, erwähnt 1915, 1918, *1555*: 2265; – aus Salwa *1529*: 1122
Rosenberg(er), Gregor, Knezius, Mold. *1529*: 1176, *1539*: 1429, *1540*: 1462, 1468/69, 1471, *1544*: 1701, *1548*: 1867, Schwager: Thomas Wallendorfer
Roth, Rottd, Ruth (mda.), Ruffus, Weres (m.: vörös), Andreas, Gräf Sächs.-St.-Georgen *1508*: 485; – Blasius, Gräf ebenda *1541*: 1509; – Franz, Tekendorf, *1567*: 3188, Jacob in B, *1570*: 3560; – Johann, Königsrichter, Bürgerm. Hst. *1540*: 1450, 1477, *1546*: 1782, 1786,
1547: 1851, *1549*: 1935, *1551*: 2089; – Petrus, Klbg., *1530*: 1233; – Simon, Tekendorf, *1557*: 2310; – Stefan, Distrikt B., *1570*: 3544
Roxandra, Gattin v. Alexandru Lăpușneanu, To. v. Petru Rareș, *1566*: 3054, *1567*: 3164
Rozgonyi, Georg, iudex curiae, comes, genannt 48, 95, 96, 101, 103/04, 113–15, *1444*: 116; – Rajnoldus, Szeklergraf, *1449*: 122, genannt 131, 133
Rwpnyowczky, Johann, kgl. Gesandter, *1557*: 2355, *1562*: 2758

S

Sadler, Sattler, Sadtler, Sellator, zywgiartho, Igartho (m. szíjgyártó: Riemer, Sattler), Nyerges (m. Sattler), Andreas, Heidendorf, *1501*: 400a; – Bartholomaeus, R in B, *1539*: 1429, *1546*: 1803; – Bartosch (m.: Bartholomeus) Schäßbg., *1569*: 3445, *1570*: 3468; – Christoph, Retteg, *1558*: 2412; – Gregor, Ofen, *1464*(+): 164, Wwe. Margaretha; – Gregor, Richter, Deesch, *1540*: 1447; – Jacob, Ofen, dann Hst. *1464*: 164; – Jacob, R in B, *1541*: 1510, *1542*: 157, *1543*: 1652; – Nicolaus, Sighet, *1547*: 1812, 1821; – Sigmund, R in B, *1522*: 737, 757, *1525*: 854, *1527*: 928, *1529*: 1115, 1174, 1179, 1182, *1530*: 1204, *1531*: 1257, *1534*: 1587, *1543*: 1625/26
Salicaeus, Franz, Generaldechant, Pf. Meschen, *1563*: 2860
Salzer, Salicida, Blasius, Öff. Notar B,

fil. Laurencii, genannt 137a, 355a, *1510*: 539, *1513*: 565a, *1516*: 621, *1518*: 650; – Blasius, Fr.markt, *1527*(+): 935, 944; – Laurencius, Kronst., pater Blasii, *1513*: 565a

Salm, Nikolaus Graf, Heerführer Ferdinands I., *1527*: 1001

Samerer, Wolfgang, Molde, *1535*: 1312

Saphar, Thomas, Scholten, *1550*: 20182

Sárkanyi de Ákoshaza, Ambrosius, *1515*: 596, 606

Sarlay, de Sarlo, Sallay, Nicolaus, Vizekämmerer Deesch, *1526*: 875, 1016; – Nicolaus Literatus, kgl. Sekretär, *1524*: 801, *1532*: 1269, *1538*: 1354

Sárossy, Magdalena, *1567*: 3133, Wwe. nach Adam Literatus Eszeky

Sárpathaky de Pocztelke, Mathaeus Literatus, *1569*: 3360, To ∞ Paul Szigeti

Sar(c)tor s. Schneider

Sasar, Johann, *1513*: 566

Sattler s. Sadler

Sava, Orthodoxer Bischof, *1562*: 2737; – s. Stefan Mîzgă

Schäßburger, Scheszburger, Segeswarinus, Johann, Buchhändler Klbg., *1563*: 2821; – Leonhard, Pf. Lechnitz, *1542*: 1605, *1565*(+): 2991; – Markus, R in B, *1540*: 1478, *1541*: 1517, *1542*: 1534/35, 1546, 1549, 1573/74, *1550*: 1961

Schaller, Christoph, Schneider Hst, aus B, *1551*: 2049; – von Löwenthal, Karl, *1507*: 474a (unecht?)

Schallner, Selner, Csallner o. Csellner, Georg, SR, *1534*: 1295

Schankebank, Czonkabunk, Bartholomeus, Kronst., *1470*: 218

Scherer, Serer, Pannirasor, Nyrew, Nyrö, Nyri (m. Nyírás: Schur) Blasius in B, *1564*: 2886; – Gregor in B, *1568*: 3289, 3294, *1569*: 3378, 3445; – Koloman, Oberrichter Klbg., *1570*: 3479; – Hans, Hst., *1544*: 1706, 1729; – Ioon, Mold. *1528*: 1050; – Johann in B, *1502*: 404, Martin, R in B, *1544*: 1719; – Mathias, R in B, *1542*: 1577; – Stefan in B, *1504*: 440; – Thomas in B, *1564*: 2875, *1565*: 2998, 3001, 3032

Scherling(er), Serlinghi, Andreas, *1569*: 3434/35

Schertinger, Chertinger, Siebb., Vizewoiw., *1505*: 451, *1512*: 558, *1513*: 572

Schetray Porkolab, Mold. Heerführer, *1529*: 1193

Schierburger, Andreas, Apotheker, Fr.bach *1527*: 992, Eltern: Sophia u. Stefan Fleischer

Schirmer, Schermer, Johann, Kronst., *1521*: 705; – Valentin *1515*: 600

Schytrak, Syttrak, Franz, Retteg, *1522*: 762, *1525*: 853

Schlosser, Serator, Aegidius, Rodna, *1542*: 1580, *1543*: 1677; – Laurencius, Kronst., *1570*(+): 3574; – Petrus, *1518*: 640

Schmidt, Smith, Schmid, Faber, Fabri, Kowach, Kowacz (m. kovács), Adrian, SR, *1568*: 3278; – Andreas, R in B, *1492*: 358, *1493*: 372; – Andreas, Sutschawa, *1512*: 560; – Bartholomeus, Diener v. Franz Kendi, *1540*: 1448, 1456, 1479; – Caspar, Klbg., *1564*: 2886; – Christannus, R in B, *1473*: 257; – Christoph in B *1539*: 1402; – Georg s. Ignatzy; – Georg de Rewelw, *1535*: 1300; – Georg, Notar d. Mold. Woiw., *1543*: 1672; – Ignatius in B, *1525*: 833 Sohn Georg s. Ignaczy; – Johann, SR, *1546*: 1768/69; – Johann, villicus Med., *1550*: 2003; – Martin in B, *1543*: 1695; – Martin, SR, *1569*: 3398, Schwiegermutter: Agnes; – Mathias, Mathesdorf, *1544*: 1705; – Mathias, Kürschner Klbg., *1564*: 2875, 2886; – Nicolaus, R in B, *1564*: 2928, *1566*: 3091, 3093; – Peter in B, *1561*: 2652; – Peter, Bethlen, *1569*: 3444; – Simon, Klbg., *1466*: 180/81, *1467*: 184; – Thomas, SR, *1546*: 1768/69, *1548*: 1876; – Valentin, Deesch, *1569*: 3401, *1570*: 3488

Schneider, Schneyder, Sar(c)tor, Zabo, Szabó(m.), Albert, R in B *1563*: 2827, alias Clemens o. Wallendorfer?; – Andreas, R in Hst., *1542*: 153–56; – Andreas in B, *1551*: 2056; – Anton in B, *1414*: 69; – Balthasar, R in B, *1564*: 2892, 2963, 2965, *1565*: 3037, *1566*: 3044, 3046, *1568*: 3313; – Benedict in B, *1567*: 3133; – Caspar, R in Schäßbg., *1525*: 807, 832; – Demetrius, Ungarisch-Regen, *1559*: 2546/47; – Emmerich in B, *1562*: 2724; – Franz, Brieffälscher, *1546*: 1776/77; – Gabriel, Debrecen *1568*: 3322; – Jacob in B, *1539*(+): 1411, *1547*: 1841, Wwe. Margaretha; – Johann in B *1538*: 1391, *1569*: 3433; – Johann, Bürgerm. SR, *1546*: 1768/69, 1771; – Johann, Schmied in SR, *1550*: 1985/86, 1988, 1991, *1551*: 2096, *1558*: 2462; – Laurencius in B, *1569*: 3433; – Martin I, Merthen, Richter B, *1527*: 946, *1528*: 1054, *1529*: 1100, 1104, 1114, 1117, 1126, 1129, 1141, 1146, 1148/49, 1174, 1181, *1533*: 1275; – Martin II, R in B, *1541*: 1518, *1565*: 2993, *1568*: 3236; – Michael Simon in B, *1529*: 1105, *1533*(+): 1283; – Nicolaus, Richter Med., *1550*: 2011; – Nicolaus, Hst., *1555*: 2246; – Paul in SR, *1567*: 3165; – Petrus, Molde, *1570*: 3597; – Salomon, Sutschawa, *1514*: 577; – Simon, SR, *1548*: 1909; – Stefan, Kirchenvater B, *1503*: 429; – Thomas, Deesch, *1563*: 2842; – Urban, R in B, *1563*: 2795–97, *1566*: 3050, *1567*: 3203, *1570*: 3558; – Valentin, Tekendorf, *1557*: 2310; – Valentin in B s. Kugler; – Wolfgang, Farkas (m.), Schäßbg., *1568*: 3289, 3294, *1569*: 3378, 3445

Schnitzer, Schnyczer, Pictor, Sculptor, Keepiro (m. Maler), Gabriel, Richter B, *1525*: 822, 853, *1526*: 896, 920, 925, *1527*: 944, 965, 979, 997, 1002, 1010, 1023, *1528*: 1061, 1074, 1078; Erben *1545*: 45; Schwiegersöhne Jakob Urescher, Adam Groh

Schütz, Georg, Goldschmid aus Stettin, in B, *1560*: 2580

Schuller, Schuler, Schwgeler, Georg, Kirchenvater Lechnitz *1452*: 131a; – Mathias, Botsch, *1544*: 1738, Schwager: Christell; – Michael, Richter B *1501*: 400a; – Petrus in B, *1510*: 525; – Stefan in B, *1567*: 3155, ∞ Wwe. nach Leonhard Wallendorfer; – s. auch Literatus, Deák

Schurstha, Mold. Schatzmeister, *1504*: 49

Schuster, Sutor, Warga, Varga (m.), Achatius in B, *1561*: 2646; – Adam in B, *1568*: 3264; – Albert, R in B, *1549*: 1957, *1559*: 2558, *1560*: 2570, *1563*: 2809, *1565*: 2993, *1566*: 3099; – Albert, Eisch, *1564*: 2920; – Ambrosius, Provisor Apanaghfalu, *1569*: 3429, *1570*: 3508; – Briccius, s. Botscher; – Caspar in B, *1536*: 1329; – Clemens, Klbg., *1527*: 988; – Cosmas, Klbg., *1522*: 765, *1526*: 861, 898/99, *1527*(+): 985; – Crispinus in B, *1541*: 1484; – Georg, Reichesdorf, *1538*: 1391; – Jeronimus, Iheronimus in B, *1510*: 540, *1515*: 603; – Jacob in B, *1528*: 1060; – Jacob in B *1570*: 2633; – Johann aus B in Deesch, *1536*: 1318; – Johann, Med., *1564*: 2913, 2915, ∞ Magdalena; – Lucas in B o. Med., *1559*: 2499; – Michael, Deesch, *1545*: 1755, 1758, *1546*: 1764; – Nicolaus, SR, *1548*: 1876; – Paul, Goldschmied B, *1493*: 372, *1526*: 871; – Petrus (alias Moldner?) *1525*: 815; – Simon in B, *1509*: 517; – Stefan, Großendorf, *1557*: 2314; – Valentin, Baumgarten, *1522*: 766, *1523*: 770

Schwab, Michael in B, *1537*: 1347

S(ch)wanczer, Elias, *1526*: 891

Schwarz, Melas, Fekete, Georg, Bürgerm. SR, *1557*: 2351; – Mathias aus SR, *1538*: 1369; – Michael, Panzermacher Hst., *1520*: 692; – Simon, Stuhlrichter Hst., *1564*: 2901; – s. auch Fekete

Schwartzhartsperger, Balthasar u. Hans, Adelsbrief, *1551*: 2090, *1554*: 2215

Schweitzer, Swaiczar, Johann, Hst., *1567*(+): 3107, Wwe, Anna ∞ Analus, kgl. Hofarzt

Schwendi, Lazarus, Kaiserl. General, *1569*: 3355

Sebastian, Bote, *1487*: 332

Sebessi, Franz, Zigeuner-Vizewoiw., *1562*: 2746, *1563*: 2814, *1564*: 2904, *1567*: 3156; – Georg, Gesandter d. Mold. Woiw. *1542*: 1597

Seckler, s. Zeckel

Segeswarinus s. Schäßburger

Seiler, Seeler, Zeler, Funifex, Koetelwereo (m.: kötélverő), Ambrosius in B, *1568*: 3325; – Marcus in B, *1569*: 3377; – Mathias, Stadtrichter Kronst., *1510*: 525; – Mathias, Stuhlrichter Schäßbg., *1543*: 1695; – Valentin in B, *1563*: 2799, jüngster Sohn: Hans

Selky, Andreas de Deesfalwa, *1546*: 1805

Sellator, s. Sadler

Senney, Zenney, Paul, *1568*: 3303, 3311

Separator (Gold- und Silberausscheider), Heinrich, Meister in B *1505*: 453; – s. auch Gellner; – Joachim, Fr.bach, *1561*: 2651

Sepusius (Zipser), Ambrosius, Pleban, Sächs.-St.-Georgen, *1505*: 456, *1526*: 859, *1535*: 1314, *1539*: 1453; – Calixtus, Pleban Wermesch, *1542*: 1605

Seraphin, kgl. Mundschenk, *1544*: 1720

Seraphin(i), Georg, Ratsnotar B, Pf. Senndorf, genannt 404, *1531*: 1254, *1532*: 1274, *1540*: 1443, *1541*: 1508, *1542*: 1556, *1543*: 1650, *1544*: 1730,

1545: 1745, *1546*: 1774, 1784, 1808 *1547*: 1829, *1549*: 1915, 1918, *1551*: 2033, 2076, *1552*: 2137, *1553*: 2161/62, 2174/75, 2189/90, 2197, 2199, 2203, 2206, *1554*: 2223, *1555*: 2258, *1556*: 2269–71, 2273, 2280, 2287, *1557*: 2315, 2344, 2347, 2349/50, 2362–64, *1559*: 2537, *1561*: 2643, 26512, 2653, 2659, 2661, 2663, 2666, 2684, 2686, *1562*: 2691, 2698, 2707, 2712, 2723, 2726, 2651, 2653, 2659, 2661, 2663, 2666, 2684, 2686, *1562*: 2691, 2698, 2707, 2712, 2723, 2726, 2748, 2752, 2755, 2758, 2760–65, 2771: 72, 2788, 2793, *1563*: 2803, 2837, *1564*: 2903; – Paul, Pf. Treppen, *1567*: 3162

Serator s. Schlosser

Seres, Michael, *1558*: 2407

Serieny, Nicolaus I, Richter Deesch, *1527*: 997, *1528*: 1081, *1529*: 1118; – Nicolaus II, Notar Kom. Innerszolnok, Deesch, *1563*: 2855, *1569*: 3351, 3456

Servatius, Hst., *1521*: 705

Sybay, Stefan, Deesch, *1562*: 2721

Syberkh, Gyberg, pater Petri Literati, *1357*: 32

Sido, Georg, *1570*: 3601, ∞ Barbara, To v. Caspar Cserény; – Stefan, comes Kom. Thorenburg, *1550*: 1985/86

Siger, Sigismund in B (?), *1562*: 2781

Sigmund, König v. Ungarn u. Bähmen, Deutscher Kaiser, genannt 10, 39, 44, 112, *1387*: 45, *1397*: 45b, *1402*: 48a, *1405*: 49a, *1406*: 50a, 51a, *1410*: 52, 53, *1412*: 54, 56, *1414*: 60–68, *1416*: 69, *1419*: 2, 73, *1421*: 74, *1428*: 75, 76, *1429*: 77, *1434*: 83, 85, *1435*: 87, 87a, 89

Sigismundus, Pleban Retteg, *1528*: 1036; – s. Sattler S.

Simon, R in B, *1518*: 647; – Kastellan Ciceu, *1529*: 1167; – Mettersdorf, *1510*: 529; – Nassod, *1560*: 2587

Simon(is), Johann in B, *1543*: 1617; – Michael, Nagmon, *1542*: 1583

Sîntu (?), Zante, Sucevița, *1560*: 2597

Sîrbul, Szerbuly, Telciu, *1569*: 3374

Syttrak, s. Schytrak

Syweg s. Hutter

Sixtus IV., Papst, *1468*: 194, *1475*: 281, *1477*: 296

Slizita (Schlesier?), Johann, Schustergeselle, *1472*: 245

Solyom(y), Magdalena, *1562*: 2763, ∞ Ambrosius Feyerváry

Somy, de Som, Caspar, *1540*: 1439, ∞ Wwe. nach Nicolaus Bánffy de L.; – Elias, Kirchenvater Deesch, *1542*: 1554; – Josa, comes Kom. Temesch, *1508*: 486

Sombory s. Zombori

Somkereki, de Somkerek, Nicolaus, Siebb. Vizewoiw., *1448*: 119, 121; – s. auch Erdélyi de S.

Sommer, Johann, Humanist, *1570*: 3577

Somog(h)y, Peter, Offizial Tekendorf, *1570*: 3501; – Vinzenz de Cheztwe, *1543*: 1634

Soold, Petrus, Richter Scharpendf., *1551*: 2056

Soos, Peter, Pf. Schelk, *1567*: 3225

Sophia, *1467*: 182, ∞ Johann Geréb de V.

Sporer, Johann in SR, *1562*: 2789, *1567*: 3177

Stadler, Veit, *1543*: 1689, *1547*: 1816; – Wilhelm, *1547*(+): 1816

Stanislaus, Propst v. Leles, *1451*: 124b

Stannarius (Zinngießer), Martin in B, *1562*: 2713, *1564*: 2987, 2883

Statilius, Johann, Bischof Siebb., *1530*: 1226, 1236, *1541*: 1520

Stauff, Ladislaus, Wien, *1569*: 3394

Steczii, Johann, Wischau, *1555*: 2248

Stenczel, Peter, Leutschau, *1568*: 3340

Stephan V., König v. Ungarn, *1262*: 4, genannt 1, 3, 5, 11, 26

Stefan cel Mare (der Große), Woiw. Mold., *1471*: 237, *1473*: 255, 260, *1481*: 306, *1483*: 317, *1502*: 402, *1503*: 428, *1504*(+): 445

Stefan, Stefăniţă, Woiw. Mold. *1519*: 663, *1525*: 818, 837, *1526*: 874

Stefan III., Woiw. Mold, *1551*: 2070, 2075, *1552*(+): 2145

Stefan Mîzgă, Thronprätendent Mold., alias Sava, *1566*: 3056/57, 1060/61, 30654, 3068/69

Stefan Tomşa, Woiw. Mold., *1563*: 2830, 2835, 2837, 2843–45, *1564*: 28812

Stephan, de Ernye, *1463*: 163; – mag.. Ofen, *1527*: 993; – Richter Rodna, *1543*: 1677; – Siebb. Vizewoiw., *1353*: 21–24; – Thronprätendent Mold., *1570*: 3507, 3531

Stiborius, Siebb. Woiw., *1399*: 46, 47, *1412*: 54–58, *1414*: 60, 63, 67, genannt 71, 112

Stöckel, Leonhard, Reformator Zips, *1549*: 1932

Stoica, Stoyka, Wal., *1554*: 2224; Simon de Crisfalwa, Vizecomes Kom. Marm., *1527*: 1030, *1547*: 1822–24, 1831

Stolcz, Augustin, Kürschner, Richter SR; – Caspar in SR, *1567*: 3138, 3150; – Leonardt in SR, pat. Caspari, *1548*: 1909, *1567*: 3138, 3150; – Stefan, Gräf, Feisket, *1551*: 2091

Stomph, Servacius, Med., *1533*: 1282

Straub, Quirinus in B, *1534*: 1292, ∞ Sophia

Strigii de Manyik, Michael, *1551*: 2022

Stroia, Stroya, vistiernic d. Mold. Woiw. *1559*: 2539, 2544; – rumänischer Zeuge, *1532*: 1267

Stroicz, Johann, Kämmerer Rodna, *1551*: 2041

Süßmilch, Bartholomeus, Organist, *1569*: 3422/23

Sulicaş, Szwlicas, Christie, Gesandter d. Mold. Woiw. *1567*: 3193

Sultan, „Türkenkaiser", *1540*: 1457, 1466, *1541*: 1480, *1542*: 1612, *1543*: 1674, *1544*: 1527, 1731, 1635, *1546*: 1762, 1776–78, *1558*: 2401, 2405, 2428, 2457, *1559*: 2487, 2494, 2549, *1560*: 2566, *1563*: 2817, 2837, *1565*: 3013, *1566*: 3053, 3068, 3073, 3088, *1569*: 3389, *1570*: 3516

Sutor s. Schuster

Szabados, Zabados (m.: Freier, Freigelassener), Laurencius, Groß-Schogen, *1569*: 3361

Szabó s. Schneider

Szalay s. Zalay

Szalancsy, Zalanchy de Zentthamas, Johann, Kastellan Bálványos, *1539*: 1394, 1422, *1543*: 1681, *1557*: 2360, *1559*: 2540/41, 2555; – Ladislaus, *1560*: 2579, ∞ Dorothea Nyesowszka, Hoffräulien

Szálkay, de Zalka, Paulus Literatus, *1522*: 758, *1529*: 1184

Szántói, Georg fil. Bani de Zantho, *1441*: 105, *1443*: 113

Szápolya s. Zápolya

Szász, Zaas, Saas, Saz, Johann, Lechnitz, *1492*: 359; – Johann, R in B, *1494*: 378/79; – Laurencius, Richter Sigeth; – Mathias alias Kürschner, Pellio, Zewch, Richter in B *1533*: 1283, *1538*: 1383, *1539*: 1398, *1542*: 1586/87, *1543*: 1617, 1625/26, *1544*: 1709, *1546*: 1764, 1766, 1769, 1802, *1547*: 1814, 1817, 1820, 1832, 1842, 1847, 1849/50, *1550*: 1974, 1994, *1551*: 2055, 2076, 2092, *1552*: 2128, 2143, 2149, *1553*: 2164/65, 2186, 2203, *1556*: 2298 *1559*(+): 2518, ∞ I. Ursula, Wwe. n. Michael Eyb, Stiefto. ∞ Johann Thyrmann; ∞ II. Barbara; – Michael, B. *1542*: 1594; – Michael, Beamter Neuschloß *1543*: 1674; – Stefan in B *1552*: 2146

Szeczidnowszky, Zezydnowzky, Paul, *1562*: 2757, 2760

Szegedi, Johann, Zigeuner-Vizewoiw., *1569*: 3407, *1570*: 3553

Székely s. Zekel

Szénás, Zenas, Fabian, Tschippendorf, *1528*: 1070

Szengyeli, Franz, *1550*: 2012

Szentgyörgyi, de Zenthgyergh, Nicolaus, Richter Kom. Innerszolnok, *1443*: 111; – Peter Literatus, Kämmerer Deesch, *1543*: 1627, *1557*: 2308, *1563*: 2834

Szentlászlay, Zenlazlay, Ladislaus, *1526*: 911

Szentmihályfalvi, Zenmyhalffalwy, Petrus Literatus, Präfekt Neuschloß, *1568*: 3251, 3262, 3269, 3330, *1569*: 3356, 3364, 3387, *1570*: 3489, 3500, 3521, 3523, 3542/43, 3566, 3566, 3686, 3588, 3592

Szentpáli, Zenthpaly, Andreas, comes Kom. Doboka, *1529*: 1177, *1546*: 1779

Szerecsény, Zerechen, Szereczien de Meztegnyw, Christina, Wwe. n. Franz Pataki, *1564*: 2918, *1567*: 3160, *1568*: 3288, *1570*: 3470/71, 3473; – Ludwig, Siebb. Salzkammergraf, *1507*: 476

Széri, de Zeer Pousa, Stefan, *1366*: 40

Szigeti, Anton Was, Literatus, Vizecomes Kom. Marm. *1547*: 1822–24, 1831, 1836, *1548*: 1855/56, 1859, 1877/78, *1550*: 1976, *1551*: 2035, 2081, 2088, *1557*: 2346, *1558*: 2406, 2421, 2432, 2437, 2439, 2441, *1563*: 2806, *1566*: 3052; – Georg, Vizecomes Kom. Marm., genannt 13; – Gregor Literatus, Viecomes Kom. Marm., *1550*: 1990, 1994, 1996, *1551*: 2081, *1556*: 2285; – Paul kgl. Protonotar, *1569*: 3360 ∞ To v. Mathias Literatus Sarpathaky

Szíjgyártó s. Sadler

Szilágyi, Gregor, Grundherr SR, *1548*: 1864; – Martin, Beamter Thesaurariat, *1549*: 1919; – Michael de Horogzeg, Gubernator, comes perpetuus B, *1458*: 142, *1460*: 149

Szilágyszegi, Paul, comes Görgen, *1498*: 389

Szindy, Emericus, Salzkammergraf Seck, *1462*: 158

Szinney, Paul, Offizial Tekendorf, *1556*: 2297

Szucsáki, de Zwchak, mag. Ambrosius, *1525*: 811

T

Tabiássy, Thabyassy, Tobiassy, Johann de Etzel, Grundherr Feisket,

1549: 1929, *1551*: 2055, *1562*: 2747; – Peter *1521*: 701
Takács, Thakach, s. Weber
Tanczy, Bartoss, Richter Rodna, *1557*: 2320
Taniczki, Martian, Zigeuner-Vizewoiw., *1565*: 2999, *1566*: 3058
Tarkay, Tharkay, Dionysius, comes Kom. Innerszolnok, *1443*: 111
Tatroşan, Tattrosan, Schatzmeister d. Mold. Woiw., *1510*: 535
Tatrosy, Mathias, *1529*: 1097
Tegulator s. Ziegler
Teleaga, Thelaga, Iuon, Johann, Kämmerer Rodna, *1530*: 1202, 1205, 1232, *1535*: 1298, *1539*: 1429, *1547*: 1847, *1550*: 1984, 2002
Telegdi, Michael, *1569*: 3377; – Stefan, Siebb. Vizewoiw., *1488*: 335, *1503*: 426/27, *1514*: 583
Teper s. Töper
Teutsch, Teitsch(er), Anton, B. Distrikt, *1570*: 3544; – Joachim, Stadtpf. B, *1569*: 3451; – Johann in B, *1568*: 3310
Textor s. Weber
Thaddeus, Kämmerer d. Mold. Woiw., *1527*: 986
Thakach s. Weber
Thamani, Thodor, *1515*: 599
Thamás (m.: Thomas), Franciscus de Zenthpal, *1529*: 1116; – Gräf „Kottnersberg" *1556*: 2291; – a. Wallendorf *1570*: 3470
Thar, Blasius, *1568*: 3311; – Georg, Richter Mezőújlak, *1570*: 3478; – János, Diener, *1553*: 2172; – Petrus, Grubenbesitzer Rodna, *1525*: 840, 853, *1526*: 860, 907, *1527*: 984, *1529*: 1126, *1531*: 1241, *1535*: 1312
Tharasi, Orthodoxer Bischof, Vad,

1546: 1789
Tharczay, Johann, Siebb. Salzkammergraf, *1497*: 387; – Martin, Siebb. Salzkammergraf, *1487*: 331, *1490*: 349
Tharnok, Oswald, *1504*: 439
Thegszes, Petrus de Anarcz, Kanoniker Großwardein, *1477*: 299, *1488*: 341
Theybel(t), Lucas, Klbg., *1557*: 2325; – Vinzenz, SR, *1562*: 2768
Theil, Teylner, Sigismund in B, *1519*: 657
Thellmann, Thylmann, Theylmann, Bonaventura in B(identisch mit B. Kürschner?) *1548*: 1910; – Valentin in B, *1542*: 1548; – Velten in B *1559*: 2519
Theke s. Apotheker, Wolfgang
Theodor, Thodor, Toder (r.) aus Borgo *1567*: 3153; – Logofăt u. Bojar a. d. Wal. *1559*: 2537, 2549; – Orthodoxer Presbyter (Pope) a. d. Rodnaer Tal, *1558*: 2437, 2439–41; – Rumäne Marm. *1555*: 2248; – Kaufmann Mold. *1543*: 1669; – Diener Petru Rareş, *1540*: 1469/70, 1472; – „Mayttner auf der Socza" (Sutschwawa) *1527*: 990
Theremy, Peter, Klbg., *1541*: 1514
Theorevk s. Török
Thettey, Laurencius, *1567*: 3108
Thymar s. Daum, Gregor; – s. Lederer
Thimoteus *1565*: 2998, 3001
Thermann, Thyrmann, Johann alias Mezaros (Fleischer), Richter B. *1492*: 359, 364, *1494*: 378:79, *1501*: 400a; – Johann, decanus, pleb. Senndorf, Dürrbach, *1526*: 883, *1543*: 1683; – Johann, SR *1542*: 1586, *1559*: 2550, ∞ Anna, To. v.

Michael Eyben
Tholdalagi, Andreas, *1556*: 2280; – Blasius, Provisor Bethlen, *1567*: 3202
Tholdi, Ladislaus, *1527*: 1030
Thomay, Christoph, *1568*: 3290
Thomas, Erzbischof Gran *1509*: 518; – Gräf Petersdorf/B *1567*: 3168; – pater Calandi *1272*: 4a; – Kastellan Ciceu, *1527*: 955, *1528*: 1037, 1039, *1529*: 1115, 1123/24; – Pleban Wermesch *1533*(+): 1276; – Siebb. Woiw. *1351*: 17; – Sighet *1550*: 2019; – Szalom/Mold. *1567*: 3184
Thommel, Thümmel, Twmel, Timel, Jacob in B, *1558*: 2471, *1568*: 3310; – Twmel in B *1458*: 142; – Thomas in B, *1515*: 602
Thomesiati, Michael, Offizial Ciceu, *1553*: 2179
Thomory, de Thomor, Ludwig kgl. Kammerherr, *1532*: 1260/61; – Nicolaus de Kewwesd, *1531*: 1246, *1539*: 1401, 1407, 1434; – Nicolaus, Steuerexactor, *1567*: 3123, *1570*: 3524; – Paul, Salzkammergraf, Kastellan Fogarasch, Bruder: Stefan, *1502*: 403, 407, *1503*: 426/27, *1517*: 629, 631, *1519*: 668/69, *1520*: 681; – Stefan de Chwch, Salzkammergraf Thorenburg, kgl. Rat, *1502*: 403, *1520*: 690, *1527*: 976, 978, 987, *1530*: 1216, Bruder: Paul
Thomşa, Thomssa, Dumscha, Schatzmeister d. Mold. Woiw. *1522*: 749, *1527*: 954, *1529*: 1181, 1189; – Sfintul, Swentul, Gesandter d. Mold. Woiw. *1543*: 1670
Thonty, Philipp, Richter Bethlen, *1538*: 1370
Thorday, de Thorda, Paul, Archidiaconus Hunyad, Bischofsvikar Weißenburg, *1522*: 766, 770, *1523*: 771, *1525*: 833, *1527*: 1005
T(h)orma(y), Johann, comes Kom. Innerszolnok, Zigeunerwoiw., *1554*: 2232, *1555*: 2242, *1562*: 2737, 2784
Thornally, Thornali, Jacob, Oberschatzmeister, *1519*: 661, 666, 674, *1521*: 694–97, *1524*: 796, 799, 801, *1525*: 812, *1526*: 865, *1527*: 937, 941; – Paul, Oberschatzmeister, *1519*: 666
Thorok s. Török
Thoroczky (Eisenburger?) Gregor in B *1554*: 2224
Thwrch, Mathias, *1525*: 816
Turzó de Bethlenfalva, Thwrzo, Alexius, Oberschatzmeister, *1523*: 768, *1526*: 895
Timel s. Thommel
Tischler, Tyschler, Mensator, Mensarius, Azthalos (m.: Asztalos), Achatius in B o. Klbg., *1544*: 1724, 1730; – Andreas, Klbg., *1550*: 1963, *1551*: 2036; – Caspar in B *1510*: 539, *1518*: 650; – Janusch, Richter Sutschawa, *1527*: 939; – Stefan, mag. Gymn. B, *1551*: 2102
Tiwadar (m.: Theodor), Bojare Marm. *1546*: 1767
Toader (r.) s. Theodor
Tobiassy s. Tabiassy
Töper (nss.: Teper = Töpfer), Tepper, Lutifiguli, Figuli, Christoph, Bürgerm. SR, *1550*: 1985/86, 1988, 1991, *1558*: 2462, *1562*: 2768; – Georg, Bürgerm. SR, *1539*: 1400; – Michael in B *1570*: 2633
Török, Thewrewk, Thorok, Therek, Johann *1569*: 3460; – Michael, *1568*: 3290; – Stefan, Richter

Deesch, *1569:* 3380, 3401, 3412; – Thomas, Zigeuner-Vizewoiw., *1557:* 2353; – Valentin I, Generalkapitän, *1529:* 1134, *1540:* 1465: 66; – Valentin II *1569:* 3458

Tompa, Paul, Kastellan Gyalu, *1470:* 226

Tompaházy, Ratsdiener B, *1569:* 3416

Tóth Thot(t)h (m.: Slowake) Catharina, kgl. Hofdame, *1545:* 1757, *1546:* 1759 ∞ Gaspar Barcsai; – Gregor *1559:* 2527; – Johann de Zenthgyergh; – Martin, Richter Rodna, *1566:* 3072, 3074

Tothőri, de Thotewr, Blasius, comes Kom. Innerszolnok, *1543:* 1634, *1563:* 2855, *1564:* 2872; – Nicolaus u. Stefan *1543:* 1634

Totschner, Mathias, Pf. Dürrbach, *1570:* 3599

Treyber, Stefan, Cotnari/Mold. *1556:* 2291, Schwiegersohn Benedict a. B.(?)

Tscheryny s. Cserény

Tromm[p]eter, Stefan in B. *1570:* 3504

Tuboldt, Wolfgang, Ofen, *1523:* 773, ∞ Sophia, Schwester v. Bartosch, Goldschmidt B

Twmel s. Thommel

Túri, de Thwr, Benedict, Siebb. Vizewoiw., *1505:* 451

Turóczy, Thwroczy, Nicolaus, Siebb. Vizewoiw., *1513:* 572, *1515:* 598

Țepeluş s. Basarab

U

Ugrai, de Wgra, Michael Literatus, Richter Neumarkt/M. *1551:* 2102

Újlaki, de Wylak, Albert, *1538:* 1365; – Nicolaus, Siebb. Vizewoiw., *1441:* 108

Ungar, Vngar, Martin, Pf. Arkeden, *1566:* 3042

Uragoczy, de Wragocz, Valentin Literatus, *1553:* 2156

Urbanus, Buchhändler Ofen, *1511:* 545

Urbeger, Vrbeger, Velthen, Valentin, R in Klbg., *1530:* 1223, *1547:* 1841

Urescher, Wrescher, Jacob in B *1545:* 1745, *1547:* 1835, *1550:* 1968, 1978, *1556:* 2298, Schwiegervater: Gabriel Schnitzer, Schwager: Wolfgang Forster II; – Peter, Deutsch-Budak, *1562:* 2786

V
(s. auch U, W)

Valkay, Walkay, Balthasar, *1568*(†): 3247, Wwe. ∞ Gabriel Kabos; – Martin, *1503:* 416; – Nicolaus, Proviantmeister d. Heeres, *1551:* 2077/78

Valteni, Valtenn (Valentini), Apotheker Ofen, *1520:* 685; – Paul, Bogeschdorf, *1569:* 3357

Vancsa, Wancha, Georg, *1525:* 827, 831, 836; – Johann de Galfalwa, Kastellan Bálványos, *1489:* 344; – Johann de Gerend, *1563:* 2858 ∞ Helena, To. v. Ladislaus Babay

Váradi, Waradiensis, de Waradino, Johann, Siebb. Vizewoiw. *1472:* 247; – Simon, Zigeuner-Vizewoiw., *1557:* 2353

Várday, de Warda, Franz, Bischof Waitzen, Oberschatzmeister, *1509:* 515, *1510:* 523; – Paul, Ober-

schatzmeister, *1514:* 579, 581, *1515:* 612, *1521:* 730
Vaszy (= Vasile?) aus Birkenau, *1543:* 1666
Vector s. Fuhrmann
Vég, Wegh, Ambrosius, Kastellan Sárospatak, *1539:* 1421, 1427
Vermes, Bernhard, Kastellan d. Mold. Woiw. *1505:* 445
Victorinus, Sohn Georg Podiebrads, *1469:* 206
Viczey, Wyczey, Anton, Königsrichter Klbg., *1557:* 2358, *1558:* 2382, 2402, 2413, *1560:* 2612, *1563:* 2798, *1567:* 3167, *1568:* 3254
Vietor s. Binder
Vigorosi, Franz, Öff. Notar Rom *1517:* 626
Vincencius s. Kürschner, V.
Vistiernic (r.: Schatzmeister), Vystelnik, Gavrilo, Mold., *1525:* 820
Viszki, Wyssky, Petrus Literatus, Vize-Salzkämmerer Rona/Marm. *1559:* 2480
Vitéz, Witez (m.: Held, Ritter), Blasius, Lechnitz, *1570:* 3505
Vrâncean, Warancho, Varanchyan, Wranczany, Wranchyon, Johann, Offizial Ciceu, *1535:* 1305, *1549:* 1923, 1926, *1559:* 2527, *1562:* 2717, *1563:* 2830
Vizaknai, Wyzaknay, de Wizakna, Franz, Siebb. Salzkammergraf, *1492:* 369; – Georg, Pf. Geoagiu, *1562:* 2723; – Nicolaus, Salzkammergraf Seck, Siebb. Vizewoiw., *1430:* 78, *1440:* 102, *1441:* 105, *1443:* 113/14, genannt 95, 96, 101, 103/04, 106
Vlad, Wlad, Demetrius, Kapitän Sutschawa, *1561:* 2655; – Johann de Zelestye, *1547:* 1823; – Nicolaus de Szelistye, *1505:* 459a, *1529:* 1101, *1530:* 1191–1201; – Kastellan Mold. *1529:* 1189; – a. d. Wal., *1554:* 2224
Volah, Johann, Retteg, *1469:* 201
Von s. Onu

W
(W vor Konsonant s. auch U, V)

Waal, Gregor, R in Hst., *1557:* 2312
Wachy, Peter *1551:* 2124
Waday, Johann, *1549:* 1930, *1553:* 2210
Wagner, Currifex, Kerekes (m.) Anton in SR *1564:* 2869; – Blasius in B, *1564:* 2934; – Blasius, B. Distrikt, *1563:* 2812; – Laurencius *1564* (†): 2966; – Leonhard in B *1468:* 198; – Paul, Kürschner, Klbg., *1567:* 3201
Wajda, Wayda, Anton, Deesch, *1567:* 3111; – Hannes, Goldschmied Hst., *1570:* 3573; – Johann, Zigeuner, *1569:* 3400; – Martin, Klbg., *1527:* 949–51; – Martin, Kämmerer Almas, *1568:* 3306; – Servatius, Schäßbg., *1550:* 2020; – Thomas, Mold. Heerführer *1529:* 1193
Walazwty, Janos Deak, Vizecomes Kom. Doboka, *1551:* 2116
Walkay s. Valkay
Wallendorfer, Walldörfer, Valdorfer, Walldesdorfer, Bolldorfer alias Clemens (alias Schuster?) Albert, R in B *1562:* 2733, 2738; – alias Werner, Valldorfer, Pellio, Pellifex, Kürschner, Zewch usw., Leonhard, Lynhart, Lenert, R in B ge-

nannt 1225, 1363, *1541:* 1492, 1514/15, 1517–19, 1521–23, *1542:* 1527, 1530–35, 1544–49, 1556, 1564/65, 1573/74, 1579, 1581/82, 1587, 1589, 1593, 1605, *1543:* 1619, 1622, 1625/26, 1637, 1643/44, 1696, *1544:* 1703, 1737/38, *1546:* 1804/05, *1548:* 1889, 1897, 1910, 1914, *1549:* 1944, *1550:* 2010, *1551:* 2076, 2092, 2125, *1553:* 2162, 2164–66, 2170, 2172, 2177–79, 2188, 2196, *1554:* 2214, 2217, 2219, 2224, 2225, 2229, *1555:* 2238–40, 2243, 2245, 2250/51, 2258/59, *1556:* 2289, 2297, *1558:* 2400, 2426, 2451, 2453–55, *1559:* 2473, 2519, 2540, 2556, *1561:* 2653, 2673, *1562:* 2708, *1563:* 2813, *1564:* 2874, *1565*(†): 2991, genannt 3219, ∞ Barbara To Valentin Kuglers, diese II. ∞ Stefan Helner; Sohn: Peter, Vater: Thomas, Schwager: Georg Knoll, Hst., Vetter: Velten Theylmann; – Peter *1565:* 2991, Sohn Leonhard W.s; – Thomas (alias wie Leonhard) Richter B., *1522:* 737, 750, 766, 768, *1523:* 769, 773, *1525:* 807, 815, 822, 832, 838, *1526:* 898/99, *1527:* 988, *1528:* 1078, 1092, *1529:* 1124, 1186, *1530:* 1200, 1215/16, 1218, 1223, 1225, 1227, 1230, 1232, *1531:* 1243, 1255–57, *1532:* 1269, *1533:* 1275–77, 1283/84, 1286, 1288, *1534:* 1289/90, 1292, 1294, 1297, *1535:* 1311/12, *1536:* 1316, 1321, 1328, 1330/31, 1333, 1335, 1337, *1537:* 1339/40, 1347, 1351, *1538:* 1356, 1361, 1365, 1368, 1377, 1379–81, 1384, 1386, 1388/89, 1391, *1539:* 1393–95, 1397/98, 1408, 1414/15, 1422, 1426, 1429, 1435, *1540:* 1438/39, 1444/45, 1454/55, 1459, 1461/62, 1468–71, 1478, *1541:*(†): 1480/81, 1489, Wwe. Ursula *1550:* 1972, Schwager Gregor Rosenberger, Sohn Leonhard W., Enkelsohn Peter W.

Wancha s. Vancsa

Waradinuns s. Várady

W(a)rancho s. Vrâncean

Waravay, Paul *1562:* 2783

Warga s. Schuster

Warkonyi, Paul de Pochtelke *1542:* 1548, 1587, *1553:* 2164

Was, Vas, de Zigeth, Anton s. Szigeti; – de Chegew (Cegö), Blasius s. Wwe. Komlody, Ursula; – Georg *1569:* 3362, *1570:* 3493 ∞ To. d. Nicolaus Erdélyi; – de Gyalu, Ladislaus, Salzkammergraf, *1553:* 2209, *1554:* 2216, 2220, 2230, *1555:* 2252, 2264

Wasko aus Telciu, *1548:* 1857

Waskan aus Sutschawa *1526:* 897

Waszy, P. *1553:* 2210,

Weber, Textor, Thakach (m.: Takács), Albert in B, *1564:* 2901; – Laurencius, Hst., *1542:* 1548; – Lucas I in B, *1499:* 393; – Lucas II in B, *1564:* 2901; – Petrus, SR, *1550:* 1966; – Petrus in B, *1562:* 2721; – Thomas in B *1546:* 1763, *1547:* 1851

Weydent, Jacob, Gräf Dürrbach, *1508:* 485

Weidner, Servatius, R in Hst., *1563:* 2809, *1565:* 3046

Weimer, Wymery, Lucas, Großwardein (?) *1527:* 928

Weinrich, Simon, Treppen *1567*(†): 3162

Weiß, Waisz, Weys(z), Feyer (m.),

Blasius aus SR, *1558:* 2450; – Christel, *1505:* 459; – Georg, Pest, *1470:* 221; – Johann, Richter in B, *1499:* 393, *1510:* 530, *1526:* 913; – Laurencius, Fleischhauer Hst., *1570:* 3603; – Lucas, öff. Notar, aus Tekendorf, *1448:* 120, *1452:* 131 a fil. Matthei; – Martin, Bürgerm. Hst., *1546:* 1808, *1548:* 1854, 1890–92, 1898, 1906, *1549:* 1920/21, 1942, 1945, 1951/52; – Mattheus, Tekendorf, pater Lucae, *1448:* 120; – Peter, Berlad, *1569:* 3361; – Philipp, Richter Rodna, *1543:* 1677

Weysbek, Ambrosius, Hst.(?), *1533:* 1280; – Laurencius in B (?) *1533:* 1287

Welzer, Urban, Hst. *1569:* 3382

Wendler, Laurencius, Rodna, *1568:* 3336

Wenrich, Wilhelm (1822–1895), genannt 2249 a

Werböczi, Werbeczy, Stefan, Kanzler, genannt 438, *1527:* 996, *1532:* 1262, *1536:* 1332, ∞ Margaratha *1530:* 1227

Weres (m. vörös) s. auch Roth; – Johann de Farnos, *1511:* 546; – Johann, *1567:* 3198, ∞ Sophia Károly; – Martin, Kastellan Bálványos, *1529:* 1160, 1194

Werewczey, Nicolaus, Kanoniker Weißenbg., *1547:* 1833

Wermescher, Anton in SR *1534:* 1295; – Peter in SR *1564:* 2954

Werner, Georg in B *1547:* 1840; – Georg, Kommisär Ferdinands *1552:* 2155; – Hannes in B *1549:* 1914, 1944; – Leonhard, Peter, Thomas s. Wallendorfer

Wesch, Wilhelm, *1536:* 1326

Wesselényi, Wysseleny, Nicolaus de Gyeke, Protonotar, Director causarum, *1565:* 3000, 3034, *1566:* 3104, *1568:* 3266, 3319

Winter, Eustachius, Apotheker in B, *1570:* 3519, 3540

Wladislaus I., Jagiello, König v. Ungarn, genannt: 43, 56, 65, 71, 75, 77, *1441:* 107–10, *1443:* 112, *1444:* 115, genannt 117, 436, 2250

Wladislaus II., Jagiello (Dobsche W.), König v. Ungarn u. Böhmen, genannt 1–5, 10–12, 15, 26, 27, 39, 44, 45, 137a, 265/66, 269, 278/79, 286, 290/91, 299, 300/01, 312, 339–41, *1490:* 350–53, *1491:* 355a, *1492:* 356/57, 359–63, 366/70, *1493:* 371, 373/74, 376, *1494:* 377–82, *1496:* 384–86, *1498:* 390, 392, *1501:* 399, 400, *1502:* 409–11, *1503:* 423/24, *1504:* 431/32, 434–37, 442/43, *1505:* 447, 449, 454, 459a, 461a, 462, *1506:* 468/69, *1507:* 474a, 478, *1508:* 479–83, 488–93, *1509:* 499, 504, 515, 521, *1510:* 533, *1511:* 542, 548, *1513:* 565a, 567, 570, 572, *1514:* 576, 582/83, *1515:* 606, 608/09, 610a, 611–13, 617, genannt 658, 673, 706/07, 2129, 2250/51, 2448

Wolff, Farcasius, Farkas(m.), s. Forster; – Jacob, Hst., *1547:* 1853, *1548:* 1854, 1885; – Lörincz, R in B, *1519:* 671, 677; – Michael in Hst., *1547:* 1851, *1548:* 1885; – Peter, Bürgerm. Hst., *1521:* 704, *1527:* 947, *1540:* 1473, *1547:* 1853; – Salomon, Sutschawa, *1527:* 939

Wolphard(i), Adrian, Dr. in decr., Pleban Treppen, Bischofsvikar Weißenbg., *1503:* 429, *1530:* 1198,

1531: 1255, *1533:* 1302, 1314, *1539:* 1408, *1540:* 1458, *1542:* 1609, *1543:* 1639, 1648, 1667, *1546:* 1777
Woltenstorffer, Girgen, Verschrieben f. Wallendorfer, Thomas
Wolzogen, Paul, Postmeister, *1570:* 3564
Wontemp, Rason, Florentiner Kaufmann, *1508:* 483, *1509:* 510, 512, 518, 522, *1514:* 581, *1518:* 648
Wrescher s. Urescher
Wurmlocher, Vüremleger, Wolf(gang), *1569:* 3447

Y siehe I
Z – siehe auch Sz

Zabary, Stefan, Präfekt Neuschloß
Zabo s. Schneider
Zakaryas aus B *1569:* 3418
Zakel (mda.: Szekler) s. Zekel
Zálay, Szalay, Balthasar, *1568:* 3255; – Benedict de Bakonak, Präfekt Huszt, *1550:* 1995, *1551:* 2065; – Caspar de Bongarth, *1546:* 1779, *1551:* 2022, *1555:* 2258, *1556:* 2283, *1557:* 2340, *1558:* 2424, *1560:* 2591, 2606, *1561:* 2668; – Clemens, Deesch, *1522:* 748; – Stefan, Präfekt Neuschloß, *1542:* 1570
Zalkan, Ladislaus, Bischof Waitzen, Oberschatzmeister, *1517:* 634, 636, *1518:* 647, *1519:* 662, *1521:* 697, *1522:* 741, *1523:* 782
Zalonkemény, Albert, mag., *1542:* 1587; – Nicolaus Déak, *1568:* 3303
Zar, Czar, Iwan, Anführer d. Aufständischen, *1527:* 960, 968
Zawa, s. Sava
Za(a)z s. Szász

Zatfogel (Saatvogel?), Lucas, Bürgerm. SR, *1543:* 1640
Zegen, Johann, Stadtrichter Klbg., *1473:* 253
Zekel (1.), Zackel, Zekely, Sekler, Székely (m.), Anton *565:* 3003; – Bartholomeus, *1556:* 2272/72, 2276; – Mag. Caspar in B, *1517:* 632/33; – Caspar, Lechnitz, *1570:* 3476; – Demetrius *1567:* 3168; – Elias *1567:* 3228; – Franz, Marktrichter Heerlager Hadad, *1562:* 2791; – Gregor I *1555:* 2237., *1557:* 2359; – Gregor II, Deesch, *1568:* 3301; – Johann de Zenthkyral, *1529:* 1116; – Johann *1558:* 2455, *1567:* 3228; – Lucas de Sajó-Udvarhely, *1558:* 2430; – Michael, Kastellan B, *1456:* 138, *1458:* 142, *1459:* 146, *1472:* 247; – Michael, Zigeuner-Vizewoiw., *1568:* 3291; – Nicolaus, Zigeuner-Vizewoiw., *1557:* 2353; – Peter, R in B, *1570:* 3558; – Sebastian, *1550:* 2017; – Wornik (r. vornic: Statthalter) *558:* 2400
Zeler s. Seiler
Zelemyzy, Nicolaus, Zigeunerwoiw., *1553:* 2208
Zenkel, Czenkel, Johann, Makendorf, *1539:* 1413
Zenney s. Senney
Zepp, Caspar, *1560:* 2611, 2621
Zeykfalvi, de Zewkfalwa, Zechsfallwa, Johann, *1542:* 1548, 1587, *1551:* 2045, *1553:* 2164, 2166
Ziegler, Tegulator, Georg in B, *1536:* 1319
Zierner, Czierner, (1698–1703) Notar B, genannt 345, 613
Zigan s. Cigán
Zigiartho s. Riemer, Sadler

Zylahy, Franz, Offizial Abtei Koloschmonostor, *1549:* 1956, *1550:* 1964
Zylner, Philipp, SR, *1564:* 2869
Zimmermann, Czimmermann, Thomas in B, *1530:* 1209
Zynko, Georg, *1551:* 2042
Zyta, Petrus, Klbg., *1551:* 2030
Zyuch, Zwch, s. Kürschner
Zoby, de Zob, de Almas Michael, fil. Petri, *1468:* 198, *1474:* 268, *1475:* 276, *1490:* 354, *1504:* 434/35, genannt 1005; – Michael II *1518:* 641, *1521:* 699, *1522:* 743; – Petrus, Kastellan B, pat. Michaeli, *1464:* 166, 170, *1474:* 268
Zobotza, *1566:* 3049
Zograph s. Maler
Zokol „Provisor supremus regni Transalpinensis", *1554:* 2224
Zoltán, Zolthan, Johann de Thatorrew, kgl. Kämmerer, *1521:* 732
Zopp, Bartholomaeus in B, *1547:* 1834
Zthoyka s. Stoica
Zsombori, de Sombor, Gregor, *1544:* 1703, *1551:* 2022; – Johann, *1559:* 2473 ∞ War(Barbara) Pettronya; – Ladislaus, Stuhlrichter Kom. Doboka, *1551:* 2022, 2116
Zvey, Zwaj, Blasius *1539:* 1409

III. REGISTER DER URKUNDEN-AUSSTELLER

1. Politische Stellen

1.11 Könige von Ungarn

Albrecht v. Habsburg, *1438:* 90, 93, *1439:* 96
Andreas II. *1224:* 2
Andreas III. *1291:* 8
Béla IV. *1261:* 3, 4
Emmerich *1203:* 1
Ferdinand I. v. Habsburg; Römisch-Deutscher Kaiser, *1527:* 998, 1007, *1528:* 1035, 1051/52, *1529:* 1120, 1124, *1551:* 2090, *1552:* 2129–37, *1553:* 2173–75, *1554:* 2218, 2226, 2231, *1555:* 2250–53, *1556:* 2275
Johann I., Zápolya, *1526:* 922, 933, *1527:* 938, 943, 967, 976/77, 979, 994/95, 1011, *1530:* 1210, 1221/22, *1531:* 1246, 1253, 1258, *1532:* 1260/61, 1265/66, 1271–73, *1533:* 1281, *1536:* 1320/21, 1327, *1537:* 1339, 1343, *1538:* 1366–68, 1372, 1374, 1381/82, *1539:* 1405–07, 1412, 1417/18, *1540:* 1438, 1441, 1458
Johann II., Sigismund Zápolya, *1558:* 2420, 2444, 2457, *1559:* 2514, 2537, 2549, *1560:* 2562, 2566, 2579, 2581/82, 2595, 2600, 2604, 2610/11, 2615, 2619, 2621, 2630, *1561:* 2641–43, 2648, 2651, 2653/54, 1659/60, 2663/64, 2666/67, 2669, 2671/72, 2677, 2680, 2682–84, 2686, *1562:* 2691, 2694/95, 2698–2702, 2707, 2712, 2719, 2723, 2725/26, 2728, 2730–32, 2736, 2747/48, 2752, 2755–58, 2760–65, 2771, 2773, 2788, *1563:* 2802, 2907, 2815–17, 2819–21, 2825/26, 2828–33, 2835, 2839–41, 2845/46, 2848, 2851, 2854, 2856/57, 2859, 2862/63, *1564:* 2877, 2880, 2885, 2890/91, 2893/94, 2902, 2908, 2910, 2916, 2920, 2922, 2936, 2938, 2949, 2953, *1565:* 2990, 2992, 3005, 3034, 3038, *1566:* 3045, 3047, 3049, 3051–53, 3075, *1567:* 3102, 3107, 3109, 3112, 3114, 3116, 3119, 3124–27, 3130, 3134/35, 3137, 3139, 3141, 3145/46, 3151, 3176, 3180, 3186, 3196/97, 3208, 3211, 3221, 3223, 3227/28, *1568:* 3245, 3258, 3260, 3269, 3271, 3273/74, 3276/77, 3279, 3284, 3299, 3316, 3330, 3333, 3335, *1569:* 3345–47, 3361, 3369, 3372, 3380, 3385, 3389/90, 3392, 3395, 3406, 3408, 3420/21, 3433, 3455, *1570:* 3474, 3487, 3498, 3500, 3503, 3513, 3516/17, 3526, 3561, 3563, 3684/85, 3603/04, 3606, 3608
Karl I., Robert v. Anjou, *1317:* 10, *1322:* 11, *1323:* 12, *1329:* 13
Ladislaus IV., der Kumane, *1272:* 4a, 5, 6, 7

Ladislaus V., Postumus, v. Habsburg, *1455:* 137a
Ludwig I., der Große, v. Anjou, *1342:* 15, *1355:* 25–27, *1361:* 35, *1364:* 37, *1366:* 38–41, *1377:* 42b, c, *1380:* 43
Ludwig II., Jagiello, *1516:* 622, *1517:* 628–31, 635, 637–38a, *1518:* 640, 642, 644/45, *1519:* 654–56, 658, 660–62, 666/67, 670–72, 675, *1520:* 678/79, 681a–83, 687, 691, *1521:* 694/95, 699, 704–08, 729, 733/34, *1522:* 739/40, 742–44, 756, *1523:* 780, 783–88, 791/92, *1524:* 796, 799, 803, *1525:* 807, 812, 822, 829/30, 834, 843/44, 847–49, 879–82, 886, 888/89, 892, 895
Mathias I., Corvinus, Hunyadi, *1459:* 145–47, *1461:* 152/53, *1462:* 158, 161, *1464:* 165/66, 168–70, *1465:* 174, 177/78, *1467:* 183, 185–87, *1468:* 189–93, 196, 200, *1469:* 202–04, 206, 209/10, *1470:* 212–17, *1471:* 227, 230–32, *1472:* 250–52, 254, *1473:* 264, *1474:* 265–68, *1475:* 275, 276a–80, 283–85, *1476:* 289, 292/93, *1477:* 294/95, 296a–98, *1478:* 300, 302, *1481:* 314/15, *1483:* 319–21, *1486:* 325, *1488:* 336–40, *1489:* 345/46
Sigmund I., v. Luxemburg, Römisch-Deutscher Kaiser, *1387:* 45, *1397:* 45b, *1402:* 48a, *1405:* 49a, b, *1406:* 50a, *1410:* 52, 53, *1414:* 60–69, *1419:* 72, 73, *1421:* 74, *1428:* 76, *1429:* 77, *1434:* 83, 95, *1435:* 86–87a
Stephan V. 1262: 4
Wladislaus I., Jagiello, *1441:* 107/08, 110, *1443:* 112, *1444:* 115
Wladislaus II., Jagiello („Dobsche W.") *1490:* 350–53, *1491:* 355a, *1492:* 357, 359–62, 366, 369/70, *1493:* 371, 373/74, 376, *1494:* 377–82, *1496:* 348–86, *1498:* 390, 392, *1501:* 399, 400, *1502:* 409–11, *1503:* 423/24, *1504:* 431/32, 435/36, 442/43, *1505:* 447/48, 454, 495a, 462, *1506:* 468/69, *1507:* 474a, 478, *1508:* 479–82, 488–93, *1509:* 499, 504, 515, *1510:* 533, *1511:* 542, 548, *1513:* 569/70, *1514:* 576, 582, *1515:* 606, 608/09, 611, 613, 617

1.12 Königinnen von Ungarn

Barbara 1431: 79
Beatrix (v. Aragonien) *1490:* 349
Elisabeth (Lokietek) *1330:* 14
Elisabeth (v. Luxemburg) *1438:* 91, 92, *1439:* 97–99
Isabella (Jagiello) *1542:* 1522, 1564–66, 1589, 1592, *1543:* 1614, 1619, 1625/26, 1637, 1645, 1650, 1652, 1668, 1676, 1678, 1680/81, *1544:* 1700, 1704, 1709/10, 1715, 1722, 1729, *1545:* 1742, 1756/57, *1547:* 1813/14, 1845, 1852, *1548:* 1863, 1871, 1880, 1883, 1898, 1901, 1905/06, *1549:* 1947, 1953, 1957/58, *1550:* 1987, 1992, 1997/98, 2006, 2208/09, 2012/13, *1551:* 2021, 2023, 2332/33, 2039, 2039, 2047, 2051, 2062, *1556:* 2296, *1557:* 2303, 2306, 2308, 2311, 2314–16, 2321–23, 2327, 2329/30, 2333/34, 2336, 2339/40, 2344/45, 2347, 2349/50, 2354–57, 2363–65, 2368/69, 2372/73, *1558:* 2384/85, 2393, 2396, 2403, 2405, 2408, 2410, 2416, 2418–20, 2424, 2435, 2442, 2444, 2446, 2448, 2457, 2460, 2463, 2367, *1559:* 2475, 2478, 2487, 2490/91,

2500, 2512, 2514/15, 2521, 2528, 2532 (+ 15.09.1559)
Maria (v. Anjou) *1383:* 44
Maria (v. Habsburg) *1526:* 918

1.13 Königliche Würdenträger

Reichsverweser, Statthalter
Johann Hunyadi *1451:* 124a, *1452:* 131
Stefan Báthori *1529:* 1157, 1164, 1166, 1169, 1172, 1177, 1185, *1530:* 1196, 1198, 1217, 1219, *1533:* 1279 (auch Woiwode)
Georg Martinuzzi, Frater Georg, *1538:* 1361, 1375/76, 1378, *1540:* 1454, 1457, 1460, *1541:* 1502, 1521, *1542:* 1527, 1530, 1539, 1541, 1544, 1546, 1548, 1556, 1560, 1568, 1606, 1608, *1543:* 1622, 1624, 1633/34, 1636, 1643, 1646/47, 1679, 1687/88, 1690, *1544:* 1698, 1718, 1727, 1730–35, *1545:* 1751/52, *1546:* 1804–06, *1547:* 1838, 1844, *1548:* 1888, 1894, *1549:* 1916/17, 1929, *1551:* 2027, 2031, 2048, 2052/53, 2060, 2063, 2067/68, 2071–74, 2079, 2082, 2084/85, 2094/95, 2097/98, 2103, 2105, 2108–10, 2114/15, 2118–20, 2123(+)
Petrus Petrowytt de Suraklyn *1556:* 2271, 2273, 2277–80, 2282–84, 2289/90, 2292, 2294, *1557:* 2343

Palatine
Stefan Báthori *1526:* 919 (wird Statthalter)
Laurencius de Hedrehwara *1441:* 109
Michael Ország de Guth *1478:* 301
Emmerich de Peren *1509:* 516, *1510:* 526, *1516:* 620

Kanzler
Michael Csáki *1563:* 2823, 2852, *1565:* 3012, 3015/16, 3022, 3030, *1567:* 3110, 3122, 3128, 3142–44, 3148, 3152, 3154, *1570:* 3472
Ladislaus, Erzbischof v. Gran, *1525:* 813
Stephan Werböczi *1527:* 1005, *1532:* 1262

Oberschatzmeister, Thesaurarii
Benedict Batthyány *1507:* 475, *1508:* 483, 496, *1509:* 510, 512, *1511:* 543, *1519:* 668
Petrus de Beryzlo, Bischof v. Wesprim, *1514:* 592
Johann Bornemisza *1503:* 426
Johann Doczy: *1525:* 835, *1526:* 858, 869, 910
Petrus Haller v. Hallerstein *1553:* 2157–59, 2168, 2187, 2207
Nicolaus de Herend *1512:* 562
Jacob de Tornallya *1527:* 937
Franz Várday *1510:* 523
Paul Várday *1512:* 579, 581, *1515:* 612, *1521:* 730

Iudices curiae
Johann Dragffy *1525:* 852
Georg de Rozgon *1444:* 116

Oberststallmeister: Gregor Doczy *1570:* 3494

Oberstkämmerer, Kämmerer, Hofmeister
Caspar Békes *1567:* 3205/06, *1568:* 2357, 3296/97, *1569:* 3450, *1570:* 3480, 3485, 3491, 3499
Thomas Parvus de Lack *1478:* 304
Jacob Pókay *1567:* 3218, *1569:* 3426
Johann Zoltan de Thatorrew *1521:* 732

Königliche Räte
Paul Arthandi *1521:* 693
Stephan Báthori *1526:* 908
Johann de Ezeck, Bischof Fünfkirchen, *1538:* 1380, 1385
Petrus Petrowyth *1540:* 1463, 1465/66 (auch Statthalter)
Nicolaus Wesselényi *1567:* 3104

Szeklergrafen
Michael Jakch de Kwsal *1431:* 78a
Rajnoldus de Rozgon *1449:* 122

Protonotare
Paul Barcsai, mag., *1526:* 871
Ladislaus de Mekche *1563:* 2811
Gabriel Pannonius *1545:* 1744
Paul Szigeti *1569:* 3360
Nicolaus Wesselényi, mag., *1568:* 3266, 3319

Kgl. Baumeister: Dominicus Italus 1540: 1442

Kgl. Sekretäre

Paul Barcsai *1531:* 1242
Nicolaus Gerendi *1525:* 821, 823, 827/28, 831, 836 (wird Bischof Siebb.)
Melchior *1531:* 1243
Nicolaus *1527:* 930, 957
Philipp More, Propst v. Erlau, *1520:* 684
Georg Reicherstorffer *1528:* 1045

Andere königliche Beamte
Albert *1470:* 222
Paul Bornemisza, Georg Werner *1552:* 2155
Wolfgang Bornemisza *1568:* 3343, *1569:* 3448
Georg Báthori *1560:* 2575/76, *1562:* 2734

Ambrosius Csáki, Literatus *1559:* 2495, 2503
Martin Csoronk *1560:* 2609
Benedict Dersy *1510:* 532
Johann Drávay *1543:* 1653
Sigismund Deák de Pwthnok *1520:* 683
Matheus Hencz *1558:* 2383
Oswald de Korlathkew, Barnabas Belay *1509:* 521
Melchior Margay *1557:* 2366, *1558:* 2412
Blasius Myko *1562:* 2705, 2709, 2711
Ladislaus Mykola *1543:* 1682, *1549:* 1922
Matheus Musnay *1508:* 487
Valentin Nagy *1561:* 2679
Paulus, mag., Johann Notarius, *1473:* 260
Paul Polyak *1523:* 767/68
Ambrosius Sárkán *1515:* 596
Martin Szilagyi *1549:* 1919
Stefan de Thomar *1520:* 690
Nicolaus Thomori *1570:* 3524
Johann Várday, Caspar Pesthiensis *1549:* 1930
Johann Zalanchy, Georg Hamway *1560:* 2609

1.14 Siebenbürgische Woiwoden (chronologische Reihenfolge)

Andreas *1356:* 30
Dionysius *1361:* 36a
Nicolaus *1368:* 42a
Stiborius *1399:* 46, *1412:* 54–58
Nicolaus de Chaak *1418:* 71, *1433:* 81
Desew de Lossoncz *1439:* 94, 95, *1440:* 100
Johann Pangracz *1465:* 176, *1468:* 195, 197, *1470:* 219/20, 223, 225, *1471:*

243, 249
Blasius Magyar *1473:* 255, 258, *1475:* 273/74
Stephan de Bathor *1481:* 308/09, *1485:* 324, *1487:* 329, *1489:* 343/44, *1492:* 363–65
Ladislaus de Lossoncz, Bartholomaeus Draghfy *1493:* 375
Peter, Graf v. St.-Georgen u. Bösing, *1499:* 391, *1501:* 400a, *1502:* 402, 406/07, *1503:* 422, *1504:* 434, 444, *1505:* 457/58, *1506:* 470/71, *1508:* 494, *1509:* 504a, 506/07, 513/14, 517, *1510:* 530
Johann Zápolya: *1511:* 546/47, 549/50, *1512:* 557, *1513:* 565, *1514:* 575, 585/86, 589, 593, *1515:* 595, 598, 607, *1516:* 624, *1517:* 627, *1519:* 676, *1521:* 700, 703, 709, *1522:* 736, 753/54, 760–62, 764, *1523:* 772, 775–77, *1524:* 802, *1525:* 808–11, 814/15, 817, 819, 842, *1526:* 856/57, 878, 890, 900, 905/06, 914/14 (wird König)
Petrus de Peren *1527:* 934, 942, 959/60, 968/69, 982, *1528:* 1057
Stephan Báthori s. Statthalter
Stephan Mailáth *1536:* 1324, *1537:* 1342, 1353, *1538:* 1355, 1368, *1539:* 1393, *1540:* 1446, 1474
Emmerich Balassa: *1538:* 1378, 1539, 1425
Andreas Báthori *1553:* 2160, 2162, 2166, 2169, 2180–82
Stephan Dobó, Franz Kendi *1553:* 2202/03, 2205/06, *1554:* 2227, *1555:* 2240, 2243, 2246, 2249, 2258
Christoph Báthori *1570:* 3555

1.15 Siebenbürgische Vizewoiwoden u. a. Beamte

Vizewoiwoden (chronologisch)

Egidius *1351:* 18–20
Stephanus *1353:* 21, 23
Dominicus *1356:* 28, 31, 33, 34
Ladislaus *1406:* 50
Lorant Lepes *1436:* 89
Pangracius de Dengeleg, Nicolaus de Vyzakna *1440:* 101, 105, *1443:* 113/14
Marcus de Herepe *1448:* 121, *1449:* 123 mit Nicolaus de Somkerek, Georg de Bala
Georgius Rycalph *1451:* 126–29, *1452:* 132 mit Bronislaus
Stephan Erdélyi de Somkerek *1464:* 207
Dominicus de Bethlen *1469:* 207
Johann de Rede *1471:* 240, 244
Johann de Waradino *1472:* 247
Stephan de Telegd *1488:* 335
Benedict de Túr, Ladislaus Schertinger *1505:* 451
Leonhard Barlabassy *1512:* 556, 563, *1514:* 587, *1515:* 597
Alexius Bethlen *1527:* 936, 971, 996, 1019/20, *1528:* 1043, 1072, 1078, 1086/87, 1090/91, *1529:* 1096–99, 1102, 1108–10, 1117, 1125, 1127, 1131, 1141, 1146, 1148–50, *1530:* 1224
Ladislaus Mikola *1542:* 1576, 1579, 1588, 1590, 1594, *1543:* 1620, *1547:* 1820, *1551:* 2022, *1552:* 2126, 2152
Stephan Dobo *1553*: 2185, 2189–2200

Zigeunerwoiwoden (chronologisch)

Benedict Nagy 1539: 1437
Thomas de Egyed, Matheus Nagy 1541: 1508
Nicolaus Zelemyzy 1553: 2208
Johann Torma, Stephan Budaházy 1554: 2232, *1555*: 2242
Ladislaus Békes, Franz Baladffy 1556: 2287, *1559*: 2501/2
Gaspar Nagy, Franz Baladffy, 1560: 2592, *1562*: 2746, *1563*: 2814, *1564*: 2904, *1565*: 2999, *1566*: 3058

Andere Beamte des Woiwoden

Johann Cseh(i) 1523: 778
Franciscus de Egeg, Notar, *1529*: 1100, 1104
Stephan Literatus 1538: 1358
Nicolaus, Sekretär *1525*: 841
Stephan Pechy, Johann de Feleghaz 1478: 303
Matheus Pestessy 1553: 2213
Peter Tabiassy 1521: 701

1.16 Grafen der Salz- und Goldeinlösungskammern und Beauftragte

Grafen und Vizegrafen der Siebb. Salzkammern (chronologisch)

Albert Literatus de (Nagy)Wath *1471*: 233, 235, 238
Martin Tharczay 1487: 331
Emmerich Czobor 1503: 419;
Nicolaus Erdew 1503: 417
Georg Chehy 1504: 446, 455, *1506*: 464
Ludwig Szerecsény 1507: 476

Stefan Deésházy 1510: 536
Stephan Josa, Benedict Dersy 1514: 578, 580, 585, *1515*: 605, *1522*: 759
Georg Batthyány 1520: 681
Jacob de Thornallya 1521: 696
Valentin de Orozthon 1537: 1351
Ladislaus Was de Gyalu *1533*: 2209, *1554*: 2216, 2220, 2230, 2264

Einzelkammern (chronologisch)

Almas (Gold): *Martin Wayda 1568*: 3306
Deesch (Salz): *Albert Fodor, Stephan Irk 1471*: 234; *Petrus Literatus*, Siegler, *1471*: 241/42; *Petrus Janhas 1481*: 310; *Johann Literatus 1507*: 474; *Nicolaus de Sarlo 1524*: 801; *Nicolaus Sallay, Christoph Nagy 1526*: 875, *1527*: 1016; *Paul Podwynyay 1530*: 1215; *Paul Mwrany 1540*: 1455;*Petrus Zenthgerghy 1543*: 1628; *Johann Dobay, Petrus Fagyas 1545*1739/40, *1550*: 2001, 2004/05; *Martin Literatus* de Lippa *1570*: 3234, 3537
Frauenbach (Gold): *Christoph Henningk 1497*: 388; *Ambrosius Literatus 1505*: 456, 460, *1506*: 466; *Hieronymus Balbus 1510*: 524
Görgen (Salz): *Michael Literatus* de Koloswar *1501*: 401
Hermannstadt (Gold): *Johann Lulay 1513*: 564; *Jerg Klain 1520*: 692; *Mathias Armbruster 1522*: 757; *Georg Hutter 1527*: 950; *Ambrosius Wegh 1539*: 1421, 1427
Marmarosch: *Paulus Literatus* de Dees *1479*: 305
Rodna (Gold): *Johann Thelaga 1535*: 1298, *1538*: 1363; *Andreas L...ze*

1543: 1666; *Johann 1547*: 1847
Salzburg: Georg Hamwany 1550: 2010
Seck (Salz): *Dominicus*, Pleban Kolosch, *1471*: 239; *Mathias Magnus 1474*: 271; *Michael Barobasy* de Chezchwe *1512*: 555

Dreißigstbeamte
Nicolaus Deak in Retteg *1570*: 3547

Pächter des Bistritzer Zwanzigsten
Peter Morycz 1526: 913; *Franz Kendi 1529*: 1163

1.17 Generalkapitäne und Unterführer

Generalkapitäne (chronologisch)

Ladislaus Schertinger 1512: 558
Hieronymus de Lasko 1538: 1377
Stephan Mailáth 1541: 1481, 1487/88, 1492, 1495
Balthasar Bornemisza 1541: 1508
Thomas Nádasdy 1551: 2106
Melchior Balassa de Gyarmat *1566*: 2269

Andere

Mathuss de Mislymicz 1473: 261
Stephan Erdélyi de Somkerek *1476*: 288
Stephan Horwath 1481: 311
Paul de Podwynya, Söldnerführer, *1526*: 863
Magister Gabriel, Söldnerführer, *1526*: 896
Michael Farna 1529: 1161/62
Petrus Literatus 1546: 1772
Nicolaus Gereb de Zenthmihal „volacorum Moldovanorum director" *1558*: 2386–88, 2390

1.21 Woiwoden der Moldau (chronologisch)

Stefan der Große 1474: 270, *1481*: 306
Bogdan III., der Blinde (cel orb), *1508*: 495, *1515*: 617/18
Ștefăniță 1519: 663, *1522*: 745, *1523*: 794, *1525*: 837, *1526*: 874
Petru Rareș 1527: 954, *1528*: 1048, 1050, 1055, *1529*: 1107, 1130, 1135, 1142, 1144/45, 1159, 1167, 1181a, 1183, 1188/89, 1191/92, *1530*: 1225, *1531*: 1238, *1532*: 1263, *1535*: 1299, 1301, 1305, 1309, 1313, *1536*: 1316, 1323, 1325, 1330/31, 1333, *1538*: 1356, *1539*: 1397, *1540*: 1443–45, 1461, 1470, *1542*: 1595–1604, *1543*: 1628, 1655, 1669/70, 1685/86, *1544*: 1701, *1545*: 1741, *1546*: 1766, 1774, 1784, 1789, 1795 (+ 3. 9. 1546); Gattin Catharina Despoth *1540*: 1472
Iliaș 1546: 1792, 1799, 1807, *1547*: 1815, 1817, 1826, 1829, 1832, 1842, *1548*: 1867, 1870, 1881, 1900, 1907, 1911, *1549*: 1915, 1928, 1938, 1943, 1946, *1550*: 1960, 1967, 2014, *1551*: 2029, 2064
Stefan 1551: 2070, 2075
Alexandru Lăpușneanu 1552: 2143, 2145, 2147, *1553*: 2163, 2183, 2186, *1557*: 2301, 2326, 2332, 2335, 2337, 2348, *1558*: 2389, 2394/95, 2399, 2401, 2409, 2449, *1559*: 2477, 2496, 2507, 2510, 2517, 2526, 2531, 2538/39, *1560*: 2563–66, 2569–71, 2574, 2578, 2583/84, 2586, 2588/89, 2593/94, 2597–99, 2602, 2617/18,

2620, 2623, *1561*: 2636, 2638, 2644/
45, 2650, 2652, 2655, 2661, 2678
Despot-Vodă (Johann Jacob Heraklides) *1562*: 2717
Stefan Tomşa 1563: 2843
Alexandru Lăpuşneanu: 1564: 2896/
97, 2905, 2909, 2912, 2921, 2923,
2925, 2929, 2932, 2939/40, 2957/
58, 2962, 2967, 2971/72, 2976/77,
2984, *1566*: 3054, 3056/57, 3061/
62, 3065/66, 3068/69, 3073, 3095,
1567: 3164, 3175, 3184/85, 3187,
3193, 3214, *1568*: 3256
Bogdan 1568: 3259, 3270, 3331/32,
1569: 3348, 3352/53, 3379, *1570*:
3531, 3576, 3583

Beamte der Woiwoden der Moldau (chronologisch)

Gregorius Literatus 1471: 237
Ulrich Pergawer, Schurstha, Schatz-
meister, *1504*: 49
Tattrosan, Schatzmeister, *1510*: 535
Thomas 1522: 749
Jeremias Wyster (Schatzmeister), *1527*:
986
Jeremias, Großmeyttner, Todor Mayttner, 1527: 990
Michael, Kastellan Cotnari *1529*: 1171
Dumscha, Schatzmeister, *1529*: 1181
Michael, Samuel Porkolab 1529: 1186
Bischof Athanasius 1529: 1187
Michael Danchul 1530: 1202/03, 1205, 1220
Mathias, Schatzmeister, *1530*: 1228
Albota, Postelnyk, *1537*: 1341
Johann Literatus, Sekretär, *1538*:
1379, 1389
Gregor Fabri, Notar, *1543*: 1672
Georg Coronensis (Kroner) *1548*: 1908

Petrus Osserul 1549: 1918
Georg de Renelles 1559: 2506
Stroya Vizternik 1559: 2544

1.22 Andere ausländische Würdenträger

Otta de Chodecz, Polnischer Palatin,
1525: 820
Kazun Pascha, türkischer Statthalter
für Ungarn in Ofen *1550*: 2007

2. Landstände, Gebietskörperschaften

2.1 Landstände, Ständische „Nationen"

Landstände 1527: 1012, 1024, *1551*: 2054
Unversitas der Szekler 1503: 418
Universitas der Sachsen = Nationsuniversität als Berufungsgericht *1525*:
824, 832, 838, *1536*: 1335, *1539*:
1416, 1419, *1540*: 1476, 1478, *1542*:
1531–36, *1555*: 2263, 2263, 2265,
1557: 2302, *1559*: 2542, *1562*:
2786/87, *1570*: 3525
Sachsengrafen; Markus Pemfflinger 1526: 870, *1527*: 931, 948, 972,
1021, *1528*: 1085, 1088, *1529*: 1112,
1138, *1530*: 1208; *Georg Hueth 1542*: 1607
Sieben Stühle 1417: 70, *1465*: 179, *1490*: 347
Bürgermeister und Rat von Hermannstadt auch im Namen der Sächs.
Nationsuniversität *1467*: 184,
1470: 218, 226, *1471*: 228/29, *1472*:
248, *1473*: 256, 263, *1484*: 323,

1486: 326, *1502*: 414, *1503*: 415, 420, *1504*: 433, *1505*: 448, 461, *1509*: 519, *1512*: 559, *1515*: 601, 615, *1518*: 643, *1522*: 747, 751, *1523*: 774, 790, 793, *1525*: 826, 851, 853, 855, *1526*: 885, 901/02, 904, 906, 909, 912, 921, 923, *1527*: 941, 946–49, 961, 963, 965/66, 970, 973/74, 978, 989, 991, 1004, 1008, 1013/14, 1018, *1528*: 1049, 1053, 1056, 1058, 1069, 1073, 1076/77, 1082, 1089, *1529*: 1121, 1156, 1170, 1178, 1180, *1530*: 1212, *1537*: 1352, *1538*: 1354, 1357, 1359, 1364, 1383, 1387, *1539*: 1399, 1401/02, 1410, 1420, 1423/24, 1432–34, 1436, *1540*: 1450, 1473, 1477/78, *1541*: 1483–85, 1490, 1597, 1500, 1506, 1511, 1516, *1542*: 1537/38, 1577, *1543*: 1644, 1649, 1660, 1663, 1673, 1692/93, *1544*: 1711, 1716, *1546*: 1780–82, 1786/87, 1794, 1796, 1798, 1800/01, 1808/09, 1811, *1547*: 1816, 1828, 1837, 1839, 1851, 1853, *1548*: 1854, 1860/61, 1865, 1874/75, 1885, 1887, 1890–92, 1895, 1899, 1904, *1549*: 1920/21, 1924/25 1927, 1934/35, 1940–42, 1845, 1950–52, 1954/55, *1550*: 1970, 1973, *1551*: 2025/26, 2028, 2049/50, 2059, 2069, 2099, 2100, 2111–13, 2121, 2123, *1552*: 2127, 2138, 2149, *1553*: 2201, *1554*: 2221, *1555*: 2235, 2247, 2262, *1556*: 2266, 2274, 2281, 2286, 2293, 2298/99, *1557*: 2304, 2312, 2317, 2328, 2331, 2341, 2353, 2361, 2367, 2370, 2374, 2376, *1558*: 2391, 2397, 2402, 2411, 2415, 2417, 2425, 2428/29, 2433/34, 2436, 2443, 2445, 2447, 2458, 2461, 2464–66, 2468, 2470, *1559*: 2474, 2476, 2481, 2483, 2485/86, 2488, 2492–94, 2498, 2513, 2516, 2522/23, 2533/34, 2545, 2548, 2551–53, 2558, *1560*: 2560, 2567/68, 2573, 2577, 2585, 2614, 2616, 2626, 2629, *1561*: 2637, 2639/40, 2646, 2657/58, 2670, 2674–76, 2681, 2785, 2687–89, *1562*: 2693, 2696/97, 2703/04, 2710, 2713–15, 2720, 2722, 2727, 2729, 2735, 2739/40, 2743/44, 2749, 2751, 2753/54, 2774, 2779/80, 2782, 2790, *1563*: 2795–97, 2804, 2808–10, 2818, 2822, 2827, 2849/50, 2864, *1564*: 2869/70, 2874, 2876, 2879, 2887, 2889, 2892, 2898, 2900/01, 2906, 2911, 2914, 2926–28, 2930, 2934, 2944/45, 2950, 2956, 2961, 2963/64, 2968–70, 2973, 2975, 2980, *1565*: 2985, 298/88, 2993, 2996, 3006, 3008, 3014, 3028, 3033, 3035–37, *1566*: 3044, 3046, 3050,. 3076, 3083, 3091, 3093, 3096, *1567*: 3106, 3108, 3113, 3129, 3132, 3136, 3140, 3147, 3149, 3163, 3169/70, 3181, 3195, 3200, 3203, 3212/13, 3215/16, 3220, 3224, *1568*: 3239, 3246, 3248, 3263, 3268, 3280/81, 3285, 3287, 3307, 3313, 3315, 3324, 3329, 3337, *1569*: 3349, 3358, 3363, 3365, 3368, 3370/71, 3373, 3375/76, 3381, 3386, 3391, 3396/97, 3402, 3404, 3409, 3415/16, 3441, 3446, 3454, 3458/59, *1570*: 3475, 3486, 3495/96, 3509, 3538, 3565, 3690, 3605, 3607, 3610

Geschworene des Bistritzer Distrikts 1367: 42, *1506*: 473, *1508*: 485

Bistritzer Erbgrafen und deren Vertreter

Johann Hunyadi *1453:* 134/35, *1456:* 139
Stefan de Hederfa, Michael Zekel, Vizegrafen, *1458:* 142
Michael Szilágyi de Horogzeg *1460:* 149
Ramocha de Zeretwa, Vizegraf, *1465:* 175

2.2 Grafen und Richter der Adelskomitate

Bihar *1476:* 291
Doboka *1317:* 9 (Unecht!), *1525:* 816, *1545:* 1750, *1546:* 1779, 1788, *1551:* 2116, *1552:* 2150/51, *1553:* 2156, *1555:* 2261, *1556:* 2288, *1557:* 2359, *1558:* 2430, *1561:* 2668, *1566:* 3041, 3094, *1567:* 3121, *1568:* 3252, 3255, 3261, *1570:* 3600
Innerszolnok *1443:* 111, *1539:* 1413, *1557:* 2338, *1562:* 2784, *1563:* 2855, *1564:* 2872, *1569:* 3351, *1570:* 3484, 3506, 3514
Marmarosch (Maramuresch) *1483:* 316, *1511:* 544, *1516:* 619, *1528:* 1071, *1529:* 1122, *1530:* 1235, *1531:* 1244, *1533:* 1288, *1536:* 1334, 1338, *1546:* 1783, 1793, *1547:* 1819, 1822–24, 1831, 1836, *1548:* 1855/56, 1877–79, *1549:* 1933, 1939, *1550:* 1976, 1990, 1996, *1551:* 2035, 2081, *1556:* 2285, *1558:* 2406, 2424, 2432, 2437, 2439, 2441, *1559:* 2511, 2529, *1560:* 2559, 2587, 2627, *1561:* 2662, *1562:* 2775, *1563:* 2805/06, *1564:* 2933, 2937, *1567:* 3117, 3217, *1568:* 3316, 3339, *1569:* 3374, 3403, 3411, 3464, *1570:* 3482/83, 3490, 3511, 3568, 3570, 3575
Temesch *1508:* 486
Thorenburg *1550:* 1985/86, *1570:* 3601
Weißenburg *1546:* 1767, *1552:* 2146
Zarand *1564:* 2917

2.3 Richter und Räte von Städten, Märkten und Dörfern

Agárd *1564:* 2951
Bachnen *1539:* 1409
Bistritz (r. Bistriţa, m. Beszterce, d. früher auch Nösen) *1412:* 59, *1432:* 79a, *1454:* 136, *1458:* 144, *1460:* 148, *1461:* 154, *1462:* 160, *1467:* 188, *1473:* 257, *1475:* 287, *1486:* 327, *1498:* 389a, *1499:* 394, *1501:* 401c, *1502:* 404, *1504:* 437, *1506:* 465, *1509:* 522, *1513:* 568, *1514:* 588, *1515:* 610, *1516:* 625a, *1517:* 633/34, *1518:* 641, 651a, *1519:* 653, *1521:* 702, *1523:* 769, *1525:* 845/46, 850, *1526:* 859, 920, *1527:* 975, *1528:* 1054, 1060/61, *1529:* 1153, 1174, 1179, 1182, *1530:* 1213, 1223, 1230, *1533:* 1277, 1283, *1534:* 1289, 1292, *1535:* 1314, *1537:* 1340, 1345/46, 1348, 1352, *1538:* 1354, 1360, *1539:* 1395/96, 1431, *1540:* 1459, *1541:* 1517–19, *1542:* 1587, *1543:* 1617, 1689, *1544:* 1703, 1707, *1545:* 1743, *1547:* 1849/50, *1553:* 2164/65, 2184, *1555:* 2244, 2256, *1556:* 2270, *1558:* 2422, *1559:* 2482, *1561:* 2649, *1562:* 2766, 2792/93, *1565:* 2994/95, 2997/98, 3001–04, 3007, 3011, 3013, 3017, 3019–21, 2023–25, 3027, 3031, 3039, *1566:* 3048, 3055, 3078–80, 3082, 3086–88, *1569:* 3424, 3427, 3434,

3436, 3439/40, 3453, *1570:* 3470/71, 3533, 3558, 3578
Broos 1528: 1075
Buza 1551: 2044
Cotnari/Mold. 1556: 2291
Debrecen 1568: 3322
Deesch 1509: 502, *1522:* 748, *1527:* 997, 1022, *1528:* 1081, *1529:* 1118, *1531:* 1256, *1536:* 1318/19, 1322, 1329, *1540:* 1447, *1542:* 1554, *1545:* 1755, *1546:* 1760, 1764, *1548:* 1882, *1555:* 2238/39, *1560:* 2607, *1562:* 2721, 2724, 2776, *1563:* 2842, *1567:* 3111, *1568:* 3300/01, 3309, 3325, *1569:* 3401, 3405, 3412, *1570:* 3488
Dürrbach 1563: 2800
Egeres 1568: 3289
Feisket 1566: 3071
Frauenbach 1471: 236, *1504:* 440, *1522:* 746, *1526:* 873, *1527:* 935, 944, *1531:* 1237, 1239, 1251, *1557:* 2324, *1562:* 2692, *1563:* 2838, *1564:* 2867
Gîrbău 1545: 1758
Groß-Enyed 1555: 2241, *1568:* 3272
Hermannstadt s. Landstände
Jood/Marm. 1510: 529
Kimpolung/Mold. 1528: 1083
Klausenburg 1458: 144, *1461:* 151, *1462:* 159, *1463:* 162, *1466:* 180, *1473:* 253, *1511:* 545, *1515:* 609a, 614, *1520:* 688, *1526:* 861, 864, 899, *1527:* 980, 985, 988, *1528:* 1034, 1038, *1530:* 1197, 1204, 1229, 1241, *1533:* 1278, 1287, *1534:* 1293, 1296, *1535:* 1304, 1310, *1536:* 1332, *1541:* 1486, 1493, *1542:* 1540, 1582, *1547:* 1834, 1841, *1548:* 1912, *1550:* 1963, 1980, *1551:* 2024, 2030, 2036, 2117, *1557:* 2325, 2358, *1558:* 2382, 2402, 2413, *1560:* 2612, *1563:* 2798, *1564:* 2886, 2966, *1567:* 3167, *1568:* 3249, 3254, *1570:* 3479, 3579/80, 3596
Schuhmacherzunft *1475:* 287b
Körösfő 1568: 3294, 3344
Kronstadt 1526: 866, 916, *1527:* 1027, *1529:* 1190, *1534:* 1290, *1537:* 1350, *1542:* 1542, *1543:* 1016, *1544:* 1719, *1555:* 2257, *1564:* 2871, 2873, 2883, *1569:* 3417, *1570:* 3560, 3574;
Schuhmacherzunft *1472:* 245
Lechnitz 1570: 3476
Leutschau/Zips 1570: 3569
Lippa/Banat 1527: 964
Lublin/PL 1568: 3327
Magyarkékes 1567: 3209
Rat der fünf Marmaroscher Städte 1527: 1025, *1530:* 1199,1201, *1531:* 1252, *1547:* 1821, *1548:* 1858
Mediasch 1527: 929, *1528:* 1047, *1533:* 1282, *1542:* 1659, *1547:* 1825, *1550:* 2003, 2011, *1559:* 2499, 2509, 2535, *1560:* 2625, *1563:* 2861, *1564:* 2913, 2915, 2946, *1569:* 3399
Mezőújlak 1570: 3478
Mittelberg 1557: 2392, 2419, *1567:* 3192, *1568:* 3342
Molde/Mold. 1502: 405, *1510:* 534, *1527:* 940, 945, *1535:* 1308, *1570:* 3541
Mühlbach 1568: 3323
Nagymon 1542: 1583, *1543:* 1635, *1550:* 1962
Neumarkt/M. 1513: 566, *1550:* 1999, *1551:* 2102, *1564:* 2948/49
Nieder-Eidisch 1565: 2986
Ofen 1464: 164
Pettau/YU 1523: 781
Retteg 1468: 201, *1526:* 917, *1528:* 1036, 1070, 1080, *1529:* 1123, *1564:* 2952, *1570:* 3527
Rodna 1527: 1026, *1530:* 1218, *1539:*

1404, *1542:* 1580, *1543:* 1677, *1544:* 1702, *1550:* 1984, 2002, *1557:* 2320, *1568:* 3235, *1569:* 3432, 3437, *1570:* 3545, 3556
Roseln *1532:* 1267
Sächsisch-Regen *1534:* 1295, *1538:* 1369, *1546:* 1769/70, 1771, *1548:* 1876, 1909, *1550:* 1966, 1988, 1991, *1551:* 2057, 2096, *1557:* 2351, *1558:* 2398, 2450, 2462, *1559:* 2546, *1562:* 2768, 2770, 2789, *1564:* 2869, 2899, *1567:* 3150, 3165, 3177, *1568:* 3240/41, 3244, 3278, *1569:* 3398, 3413, *1570:* 3535, 3581
Schäßburg *1543:* 1615, 1662, 1695, *1550:* 2020, *1551:* 2066, *1567:* 3174
Scharberg *1562:* 2778
Scharpendorf *1551:* 2056
Scholten *1550:* 2018
Stettin/Pommern *1553:* 2211, *1560:* 2580
Sighet/Marm. *1487:* 330, *1509:* 511a, *1526:* 868, *1529:* 1101, *1546:* 1784, 1797, *1547:* 1812, *1548:* 1857, *1550:* 2019, *1551:* 2083, 2087/88, *1559:* 2554
Sutschawa *1473:* 262, *1481:* 307, *1514:* 577, *1526:* 897, *1527:* 939
Tekendorf *1556:* 2297, *1557:* 2310, *1567:* 3161, 3173, 3188, *1568:* 3237, 3305, *1570:* 3501
Thorenburg *1558:* 2452, 2456, *1567:* 3189

2.31 Offiziale von Grundherren

Arkeden *1468:* 198
Bethlen *1567:* 3202, *1569:* 3444, *1570:* 3554
Buza *1543:* 1656
Giläu *1569:* 3383

Groß-Schogen *1549:* 1948/49, *1569:* 3354, 3414, 3418, *1570:* 3529, 3539, 3549, 3587, 3591, 3598
Mathesdorf *1541:* 109
Mintiu Gherlii *1529:* 1160
Salz *1548:* 1858, 1862
Weißhorn *1562:* 2750, *1567:* 3242

2.4 Beamte von Burgen

Bálványos (r. Unguraş) *1506:* 467, *1537:* 1349, *1539:* 1394 (wird zerstört)
Bethlen *1540:* 1453
Ciceu *1506:* 467, *1509:* 505, *1527:* 953, 1015, 1017, *1528:* 1037, 1039, *1529:* 1115, 1123, 1173, *1530:* 1214, *1531:* 1245, *1549:* 1923, 1926, *1553:* 2199, *1559:* 2504, 2508, 2527, *1562:* 2741, *1569:* 3359
Frauenbach *1549:* 1936
Görgen *1540:* 1449, 1452, *1559:* 2497, 2505, *1560:* 2613, *1562:* 2767, 2769, *1567:* 3101, 3115, 3205, *1568:* 3257, 3317/18, *1569:* 3355, 3442, *1570:* 3593
(Vajda-)Hunyad *1467:* 182
Huszt *1549:* 1937, *1550:* 1995, *1551:* 2065, *1568:* 3304, *1569:* 3438
Kertzing *1473:* 259
Köwar *1567:* 3153, 3157/58, 3166, 3171, 3178, *1568:* 3243
Mintiu Gherlii *1509:* 501, 503
Neuschloß *1539:* 1403, 1422, *1541:* 1482, 1512, *1542:* 1551, 1562, 1570, *1543:* 1613, 1665, 1671, 1674/75, *1546:* 1810, *1548:* 1868/69, *1550:* 1969, 1982, *1551:* 2058, 2061, 2080, 2086, 2093, 2122, *1554:* 2223, *1558:* 2423, *1562:* 2706, *1563:* 2853, *1564:* 2947, *1568:* 3251, 3262, *1569:* 3356,

3364, 3384, 3387, *1570:* 3489, 3521, 3523, 3530/31, 3542/43, 3548, 3566, 3586, 3588, 2592
Ofen *1513:* 572
Wetsch *1500:* 396, *1541:* 1501, 1503, *1550:* 2000, 2015/16, *1551:* 2042, *1559:* 2524, 2530, 2536, *1560:* 2561, *1563:* 2812, *1567:* 3191, *1568:* 3286, *1570:* 3507

2.5 Öffentliche Notare, Anwälte

Öffentliche Notare (chronologisch)

Lucas Wayz *1448:* 120, *1452:* 131 a
Lucas Duerner *1501:* 401 d, *1515:* 610 b, *1520:* 683 a
Laurencius Kopprer *1502:* 408, 412/13
Blasius Salicidae *1510:* 539, *1513:* 565 a, *1516:* 621, *1518:* 650
Nicolaus (Kronst.) *1514:* 594
Andreas in B *1516:* 625
Melchior Lyeb *1519:* 664/65, *1522:* 763, 765, *1524:* 797
Thomas Angorinus *1531:* 1247
Andreas Cibiniensis *1539:* 1430

Anwälte

Paulus Literatus de Coloswar *1543:* 1630, *1546:* 1803
Benedict Myske de Hawad *1542:* 1573
Lucas Pystaky *1568:* 3267, 3320, *1569:* 3435, *1570:* 3528, 2552, 3582
Caspar Zeckel *1517:* 632 u. a.

3. Kirchliche Stellen

3.1 Päpste, Päpstliche Kurie

Paul II. *1468:* 194
Sixtus IV. *1475:* 281
Leo X. *1513:* 571, *1518:* 646
Kardinalbischöfe *1519:* 659
Hieronymus de Ghenuciis, Generalauditor, *1513:* 573, *1517:* 626, *1518:* 649
Jeronimus, Kardinalbischof v. Palästrina, *1499:* 393

3.2 Bischöfe, Domkapitel

Argeş/Wal. (zugleich Kanoniker Weißenburg)
Andreas *1505:* 452
Dionysius de Gyalo *1519:* 664

Erzbischöfe v. Gran
Thomas *1509:* 518
Ladislaus *1526:* 893

Großwardein
Lodomerius *1273:* 4 b
Bartholomaeus *1285:* 5 a
Emericus *1297:* 8 a
Dompropst Georg *1481:* 313

Siebenbürgen zu Weißenburg
Matheus *1447:* 118
Nicolaus *1503:* 428
Franz de Peren, *1512:* 553
Johann Gozthon *1526:* 876, 919 a
Nicolaus de Gerend *1528:* 1032, 1062/63, 1065, 1079, 1084, 1092, *1529:* 1103, 1111, 1113/14, 1119, 1128, 1132/33, 1136/37, 1139/40, 1143, 1147, *1530:* 1207, 1211
Johann Statilius *1530:* 1226, 1236,

1531: 1250, *1535:* 1302, *1536:* 1317, *1541:* 1520

Bischofsvikare Weißenburg
Melchior de Rakos *1504:* 445, *1511:* 551,
Paulus de Thorda *1522:* 766, *1523:* 771, *1525:* 833, *1527:* 1006, *1529:* 1154
Adrian Wolphardi *1533:* 1285, *1539:* 1408, *1543:* 639, 1648, 1667
Domkapitel (auch als glaubwürdiger Ort; Provisoren); *1344:* 16, *1353:* 22, 24, *1406:* 50a, *1428:* 75, *1469:* 205, 211, *1502:* 429, *1528:* 1066, *1531:* 1249, *1542:* 1584, *1543:* 1642, *1546:* 1761, *1547:* 1833, *1548:* 1872, *1549:* 1931, *1553:* 2204, *1554:* 2222, *1555:* 2236, *2260, 1557:* 2309, 2360, *1558:* 2451, 2453, *1563:* 2801

Sutschawa
Bischof Gregor *1564:* 2878

Tschanad
Domkapitel, *1481:* 312

Waitzen
Bischof Ladislaus Zalkan *1517:* 636, *1518:* 647, *1521:* 697, *1522:* 741, *1523:* 782 Domkapitel *1490:* 354, *1522:* 758

3.3 Klöster (auch als glaubwürdige Orte)

Provinzial der Franziskaner-Minoriten *1540:* 1475
Arad *1406:* 51a, *1476:* 290, *1488:* 341, *1492:* 356
Bistritz, Dominikaner *1507:* 477, Franziskaner *1524:* 800
Koloschmonostor *1351:* 17, *1357:* 32, *1361:* 36, *1399:* 48, *1433:* 82, *1434:* 84, *1435:* 88, *1439:* 95, 99, *1440:* 101/103/04, *1446:* 117, *1448:* 119, *1449:* 124, *1451:* 125, 128, 130, *1452:* 133, *1463:* 163, *1464:* 172/73, *1474:* 269, 276, *1475:* 286, *1492:* 368, *1506:* 472, *1508:* 484, *1514:* 581, *1519:* 673, *1522:* 752, 755, *1523:* 779, *1525:* 806, *1527:* 932, *1542:* 1571, *1543:* 1631/32, *1549:* 1956, *1550:* 1964, *1552:* 2139–41, *1554:* 2228, *1555:* 2255,
Lelesz *1451:* 124b, *1497:* 387, *1505:* 461a, *1550:* 1989
Ofen *1392:* 45a, *1477:* 299, *1484:* 318, 322
Ranshofen (A) *1554:* 2215
Stuhlweißenburg *1527:* 958
Szemesnye *1528:* 1064

3.4. Bistritzer Landkapitel; einzelne Geistliche

Bistritzer Landkapitel *1432:* 80, *1564:* 2895, 2903, *1567:* 3162, *1568:* 3310, *1569:* 3451, *1570:* 3559
Kirchenpatrone Sächsisch-Regen *1548:* 1864
Einzelne Pfarrer (nach Orten)
Arkeden/Tekendorf, Martin Ungar, *1566:* 3042
Bartfeld/Slowakei, Leonhard Stöckel, *1549:* 1932
Bistritz, Dr. Fabianus *1523:* 770, *1528:* 1074
Heidendorf, Stephanus *1523:* 770, Adam Pomarius *1544:* 1714
Hermannstadt, Mathias Ramazi (Ramser) *1539:* 1435
Klausenburg, Caspar Helth *1548:* 1913, Franz Davidis *1557:* 2319

Lechnitz, Leonardus *1542:* 1605, Christian Pomarius *1559:* 2520, *1564:* 2888
Mettersdorf, Ambrosius *1530:* 1209, Paul Coloswarinus *1550:* 1972
Minarken, Johannes presbyter, *1509:* 508
Rodna, Simon *1516:* 623
Sächs.-St.-Georgen, Caspar Elsen *1565:* 2991
Treppen, Petrus Coloswarinus *1546:* 1776/77
Wallendorf, Clemens *1543:* 1683
Weilau, Hupertus u. a. *1526:* 927
Wittenberg, Paul Eberus *1568:* 3282

4. Einzelpersonen

4.1 Adlige Grundherren

Almády, Valentin *1529:* 1184
Apafi, Franz, *1557:* 2318, *1570:* 3508; – Gregor *1542:* 1561, 1567, *1543:* 1629, 1641/42, *1551:* 2107, *1564:* 2931, 2935, 2943, 2983; – Ladislaus *1555:* 2237; – Nicolaus *1542:* 1585; – Stefan *1570:* 3492, 3551; – Wolfgang *1541:* 1510, *1542:* 1559, *1550:* 2017
Balassa, Melchior, *1560:* 2608
Bánffy de Lossoncz, Michael *1550:* 1965; – Nicolaus *1540:* 1439; – Paul *1567:* 3182, *1568:* 3265, *1570:* 3602
Barlabassy, Janus, *1487:* 332
Bessenyei, Josa Deyak, *1553:* 2188
Bethlen, Alexius, *1541:* 1494, *1544:* 1721; – Gregor *1542:* 1569, 1572, 1575; – Nicolaus *1513:* 567; –
Wwe. Margaretha Chyre *1527:* 984, *1540:* 1464; – Thomas de Veresmarth *1530:* 1200; – Wolfgang *1535:* 1303, 1306, *1540:* 1451, 1467, *1543:* 1658, *1546:* 1775, *1547:* 1818, 1827, *1548:* 1866, 1873, 1893, 1902/03, †
Bykly de Bykol, Johann *1505:* 453
Biró, Johannes, *1460:* 150a
Bornemisza, Benedict, *1568:* 3314, *1569:* 3449, 3463, *1570:* 3502, 3520
Cserény, Balthasar, *1547:* 1848
Dezső de Lossoncz, Johann, *1470:* 224
Drágffy de Belthwk, Johann *1509:* 500, *1515:* 599
Erdélyi de Somkerek, Bartholomeus, *1548:* 1897; – Leonhard *1559:* 2473; – Nicolaus *1547:* 1846, *1559:* 2555; – Sebastian *1560:* 2591, *1566:* 3070, 3085, *1567:* 3172, *1569:* 3460/61
Farkas de Harinna, Johann, *1510:* 538, Wwe. Sinsiana *1512:* 552; – Nicolaus *1491:* 355; – Wolfgang I *1529:* 1165, *1552:* 2142, *1557:* 2323; – Wolfgang II *1570:* 3477
Forgách, Magdalena, *1570:* 3612
Fúdy, Blasius, *1540:* 1448
Galaczy, Stefan *1510:* 531
Gyerfalwy, Ladislaus, *1570:* 3497, 3614
Gyulai, Matheus, *1569:* 3453; – Michael *1570:* 3536, 3599
Grodniczky, Valentin, *1567:* 3179
Hagymási, Christoph, *1570:* 3481, 3500, 3512, 3557, 3609
Horwath de Wyngarth, Caspar, *1526:* 860, 862, 867, 877, 894, 907, *1528:* 1033, 1040–42, *1528:* 1033; – Kozma *1568:* 3312
Jankaffy de Ews, Matthaeus, *1499:*

395; – Nicolaus *1538:* 1388, *1540:* 1440
Kabos, Gabriel, *1568:* 3247
Kakony de Chyps, Johann, *1545:* 1747, 1749
Károly, Dionysius, *1567:* 3198
Kendi, Anton, *1556:* 2272; – Franz *1540:* 1479, *1542:* 1578, *1558:* 2407, 2414
Körössi, Franz, *1548:* 1896
Komlody, Ursula, *1555:* 2245, 2259, *1557:* 2362
Lázár de Gyergyo, Franz, *1529:* 1106, 1155; – Johann *1543:* 1657
Literatus, Ambrosius, *1547:* 1830
Mathusnay, Christoph, *1553:* 1586
Mihályffy de Koronka, Thomas, *1543:* 1611
Mikó, Blasius, *1557:* 2375, *1560:* 2606, 2624, *1567:* 3118
Mykola, Stefan, *1561:* 2673
Orbai, Ladislaus, *1563:* 2858
Pathay, Bartholomeus, *1488:* 334
Sárossy, Magdalena, *1567:* 3133
Stoyka de Crisfalwa, Simon, *1527:* 1030
Székely, Demetrius, *1567:* 3168
Szereczien, Christina, *1567:* 3160, *1568:* 3288, *1570:* 3473
Thamási de Zenthkyral, Franz, *1529:* 1116
Tharnok, Oswald, *1504:* 439
Thomori, Nicolaus *1567:* 3123; – Paul, *1502:* 403, *1503:* 416, 427
Újlaki, Albert, *1538:* 1365
Wass, Vas, Georg *1570:* 3493
Werböczi, Margaretha, *1530:* 1227
Zerdahelyi, Johannes parvus, *1468:* 199
de Zob, Michael *1504:* 438

4.2 Einwohner von Städten, Märkten und Dörfern

Bistritz: Wolf(gang) Auer *1535:* 1511, *1539:* 1415, *1542:* 1526, *1550:* 1978; – Peter Bäer *1567:* 3183; – Andreas Beuchel *1528:* 1093; – Velten Botscher u. a. *1559:* 2519; – Martin Brenner *1536:* 1328; – Albert Clemens *1562:* 2733; – Gregor Daum *1563:* 2836; – Wolfgang Forster *1528:* 1031; – Hans Frank *1524:* 804; – Emmerich Göbbel *1560:* 2596; – Matheus Henrici *1567:* 3105; – Andreas Helner *1562:* 2772, *1563:* 2803; – Georg Ignaczi *1533:* 1276; – Jacob Korsner *1524:* 798; – Thomas Kreczmer *1565:* 2994; – Andreas Kroner *1542:* 1609; – Vinzenz Kürschner *1526:* 925, *1531:* 1255, *1543:* 1623, 1664; – Balthasar Marci *1563:* 2837, *1564:* 2881; – Gall(us) Meytner alias Heyer *1566:* 3084, 3090; – Christian Pomarius *1539:* 1429, *1544:* 1708, 1713, 1728, *1546:* 1790, *1550:* 1961, *1553:* 2161; – Lucas Presbyter *1560:* 2601; – Anna Pullacher, Wolf Forsterin *1560:* 2631; – Wolfgang Riemerin *1553:* 2176; – Jacob Sadtler *1542:* 1550; – Jacob Schneider *1539:* 1411; – Gabriel Schnitzer *1527:* 1010, 1023, *1545:* 1745; – Jacob Schuster, Michael Teper *1560:* 2633; – Valentin Seiler *1563:* 2799; – Georg Seraphin *1531:* 1254; – Sigismund Teylner *1519:* 657; – Bonaventura Theilmann, Leonhard Wallendorfer *1548:* 1910; – Velten Theilmann u. a. *1559:* 2518; – Johann Thyrmann u. a. *1542:* 1586; – Leonhard Wallendorfer, Johann Werner, *1549:* 1914, 1944; – Thomas Wallendorfer *1533:* 1275; – Georg Werner u. a. *1547:* 1840; – Eustachius Winter, Apotheker, *1570:* 3519, 3540

Frauenbach Sophia, Wwe. n. Stefan Fleischer *1527:* 1028; – Jirgk Kaysser *1526:* 884 Andreas Schierburger, Apotheker, *1527:* 992

Eisch Leonhard Penteker (Pintinger) *1566:* 3064

Hermannstadt Michael Altenberger *1515:* 602; – Georg Armbruster *1542:* 1528, 1557; – Georg Bonn *1543:* 1618; – Georg Hecht *1542:* 1529; – Emmerich Herer *1537:* 1347; – Georg Knoll *1554:* 2225; – Heinrich Leninus *1542:* 1593; – Gregor Mayr *1542:* 1525; – Peter Martell *1510:* 527; – Johann Maurer *1554:* 2214; – Georg Nösner *1528:* 1059; – Urban Welzer *1569:* 3382; – Wilhelm Wesch *1536:* 1326

Klausenburg Wolfgang Apothecarius *1543:* 1640; – Stefan Bertram *1460:* 150; – Georg Ditmann *1533:* 1280; – Georg Eyb u. a. *1541:* 1515; – Nicolaus Kolb *1568:* 3264; – Peter Koloswary *1568:* 3308; – Paulus Literatus *1542:* 1547, 1549; – Stefan Munch u. a. *1530:* 1233, *1543:* 1691; – Salathiel Nagy *1530:* 1206; – Servatius Pestessy, Mathias Schmid *1564:* 2875; – Peter Theremy u. a. *1541:* 1514; – Paul Wagner *1567:* 3201

Krakau Jürgen Khum *1568:* 3321

Kronstadt Johannes Benckner *1553:* 2172, 2178, *1554:* 2219, *1558:* 2400; – Hans Hesz, Bader *1541:* 1513; – Wolf(gang) Hirscher *1542:* 1591, *1543:* 1654, 1661; – Christoph Lippensis *1551:* 2092

Lemberg Sebolt Aychinger *1554:* 2229; – Lenhart Hörel *1559:* 2484

Leutschau Peter Stenczel *1568:* 3340

Moldenmarkt Wolfgang Samerer *1535:* 1312

Neumarkt/M. Gregor Clipeator *1538:* 1371

Nürnberg Georg Hörel *1560:* 2590, *1561:* 2647

Ofen Wolfgang Apothecarius *1563:* 1315, *1541:* 1489; – Benedict Bachy *1539:* 1414; – Wolfgang Tubolt, Wwe. Sophia *1523:* 773; – Valteni, Apotheker *1520:* 685

Rodna Laurencius Wendler *1568:* 3336

Sächs.-Regen Johann Tyrmann *1559:* 2550

Sutschawa Valten Hantschen *1562:* 2718, Johann Rymer *1472:* 246

Wien Mathias Baccalaureus *1475:* 287a, 397

4.3 Andere Einzelpersonen

Ludwig Gritti, *1532:* 1271, *1534:* 1297

Thomas Jordanus, Arzt, *1564:* 2882

Non Nomen *1520:* 1194

Michael Olos, Angestellter d. Florentiner Kaufmanns Felix, *1515:* 600, 604

G. Reinisch *1569:* 3431, 3457

Rasson Wontemp Kaufmann Florenz, *1518:* 648

IV. SACHREGISTER

A

Ärztliches Rezept um *1501:* 401 f
Andreanum (Freibrief für die Hermannstädter Provinz, Ausweitung auf die Nationsuniversität) *1224:* 2, *1317:* 10, *1366:* 36, 39, 44, *1383:* 44, *1387:* 45
Ansiedlung, verbunden mit Steuerbefreiung, 1410:52, *1414:* 61, 68, *1470:* 215, *1506:* 467, *1508:* 488; – Behinderung durch Grundherren *1419:* 73, *1467:* 187, *1488:* 336, *1502:* 411, *1539:* 1406, *1546:* 1779, *1552:* 2135; – s. auch Schollenbindung; – Verbot für Distriktsbewohner auf grundhörigem Gebiet *1499:* 392
Arcuparius s. Bogner
Armenspital zur Heiligen Elisabeth zu B *1438:* 91, *1523:* 795, *1524:* 805, *1529:* 1111, s. provisor Mathias
Arzt (auch Doktor) aus Hst. *1560:* 2599, 2602
Aufstand der Bistritzer gegen Erbgraf Michael Szilágyi *1458:* 142; – Aufstandrecht der Bistritzer: *1474:* 266; – der Raitzen und Rumänen *1527:* 959/60, 967–69, 971, 973; s. auch Bauernaufstand
Auricampsor s. Goldscheider
Aurifaber s. Goldschmied
Aussätzigen-Spital zum Heiligen Geist in B *1512:* 554, *1529:* 1111
Azthalos (m. asztalos) d. Tischler

B

Badestube, städtische in B *1520:* 680
Bader, „Balbierer", Wundärzte (l. Barbitonsor, m. borbély) Zunftsatzungen *1553:* 2211, *1560:* 2580, *1562:* 2787, *1567:* 3191; Anforderungen für das Heer *1563:* 2485, *1566:* 3081, *1567:* 3135; – s. auch FN Barbitonsor, Hans Hesz
Banus: Befehlshaber einer ungarischen Grenzmark
Barát, (m.) Mönch
Barbitonsor s. Bader
Bauernaufstand der „Kreuzträger" (Kuruzzen) *1514:* 584–86, 593, *1515:* 595, 597–99
Beche (m. bécse), Haus der Erbgrafen in B, *1456:* 138, *1459:* 146, *1469:* 202, *1472:* 247, *1474:* 265, 269, *1475:* 278, *1488:* 339, *1494:* 378,
Beg (türkisch): Gouverneur, Fürst
Berufungsgericht B für: Distriktsorte *1477:* 297, *1478:* 302, *1539:* 1431; – für Klbg. *1397:* 45b, *1458:* 143/44, *1461:* 151, 165, *1462:* 159/60, *1463:* 162, *1466:* 180/81, *1481:* 314; – für SR *1460:* 148, *1534:* 1295, *1538:* 1369, *1539:* 1399, 1400, *1546:*

1768/69, 1771, *1548:* 1876, 1909, *1550:* 1966, 1988, 1991, 2096, *1557:* 2351, *1558:* 2398, 2450, 2462, *1559:* 2546/47, *1562:* 2768, 2770, 2789, *1564:* 2869, 2954, *1567:* 3138, 3150, 3165, 3177, *1568:* 3278, *1569:* 3388, 3413, *1570:* 3535

Berufungsgericht Hst. für Stadt und Distrikt B *1366:* 38, *1478:* 302, *1546:* 1763, *1550:* 1974; – Klbg (über B) *1397:* 45b, *1461:* 154, *1466:* 181, *1467:* 184

Berufungsgericht Sieben Stühle für Klbg. (über B, Hst.) *1467:* 184; – Nationsuniversität für B *1541:* 1484, *1543:* 1617, 1689, *1544:* 1703, *1546:* 1786, *1551:* 2025/26, *1557:* 2302, *1562:* 2786, *1563:* 2864

Bierbrauer 1560: 2583, *1569:* 3463; – s. auch Handwerker f. d. Mold.

Bíró (m.): Richter

Bodenfunde (Münzen, Gold), Anspruch des Landesherrn *1564:* 2868, 2879, 2885

Bogner (l. arcuparius) *1552:* 2128

Bojaren (r. boieri) rum. Adlige, Marm.: *1546:* 1767; – s. auch FN Bojer, Boyer

Borbély (m.) s. Bader

Bruderschaft d. Geistlichen u. Weltlichen in B *1467:* 186a

Brunnengräber, „Fontanemacher" (von r. fîntînă: Brunnen) f. d. Mold. *1560:* 2583

Buchhändler 1511: 545, *1563:* 2821

Büchsenmeister 1547: 1843, *1564:* 2965, *1565:* 2995, 3025, 3031; – s. auch Geschützmeister

C

Camerarius Cementi Kämmerer der Goldeinlösungs- und Goldausscheidungskammer, s. dort

Cementum auri: Goldausscheidung d. h. Trennung des Goldes von Silber u. a. Metallen

Chaws s. Tschausch

Chizar (m. csiszár): Schleifer, FN

Christus am Kreuz, Bruchstück einer Schilderung der Leiden *1451:* 130a

Clipeator: Schildmacher

Comes s. Graf

Concionator: Prediger (Zweitpfarrer) *1548:* 1861

Corrigiarius, corrigiator s. Riemer

Currifex s. Wagner

D

Deák (m. diák, 1. literatus, ss. Schuller) aus diaconus: Geistlicher ohne höhere Weihen, auch Absolvent einer Lateinschule; – s. FN Deák

Decurio (l.): Leutnant *1563:* 2853

Director causarum: War für die Verwaltung des Fiskalvermögens verantwortlich. *1567:* 3104

Discantor: Ursprünglich Vorsänger, dann als Cantor für die Kirchenmusik verantwortlich; in Siebb. auch Titel des Zweit- oder Drittlehrers

Doleator: s. Faßbinder, FN Binder

Dominikaner- auch Predigerorden, allgemein *1468:* 194, *1475:* 281, *1513:* 571, 573, *1517:* 626, *1518:* 646, 649; – s. auch Klöster

Dominium: Grundherrschaft, vor al-

Sachregister 1027

lem des Königs oder einer Gebietskörperschaft des Königsbodens
Drechsler, Zunftartikel *1509:* 520
Dreißigster (l. Tricesima) Zollabgabe in Höhe eines Dreißigstels des Warenwertes, *1508:* 493, *1562:* 2776, *1570:* 3547; „Windische Dreißigst" *1543:* 1694

E

Erbrecht des jüngsten Sohnes bei Siebb. Sachsen *1562:* 2786
Exactor (l.), Steuereinnehmer, *1545:* 1750, *1570:* 3524 u. a.

F

Faber (l.) s. Schmied
Falkonett, Falconet, Tarazk (m. Tarack: Haubitze), Geschütz, *1557:* 2356, *1562:* 2700, 2703
Falschgeld, geprägt in Rodna, *1528:* 1099
Falschmünzen (-r) *1548:* 1849, *1549:* 1924, *1551:* 2074, *1557:* 2341
Farkas (m.): Wolf(gang)
Faßbinder, l. doleator, m. kádár; Zunft *1546:* 1780; – s. auch FN Binder
Fazekas (m.) s. Töpfer
Feyer (m. Fehér) s. FN Weiß
Feuerbrunst B *1508:* 491
Figuli (l.) s. Töpfer
Fischerei- und Wasserrecht d. B. Distrikts *1412:* 55, *1414:* 60, *1481:* 308, 315
Fleischhauer, (l. lanius, m. mészáros) Zunft *1361:* 35, *1560:* 2569, *1561:* 2649, *1566:* 3081, *1567:* 3135, 3141, *1570:* 3525, 3529, 3603; s. auch FN Fleischer
Franziskanerorden 1501: 401d; – Provinzial s. Frater Matheus a Beltez; s. auch Kloster
Filz, schwarzer, Feketezyrth (m. veraltet, wörtlich: Feketeszőr-Schwarzhaar) *1560:* 2617
Fünfzigst-Einnahmen s. Schaffünfzigster
Funifex s. Seiler

G

Generalkapitän: Oberster Heerführer
Gerber s. Lederer
Geschworenen-Montag, Tag nach dem 1. Sonntag nach Epiphanias, an dem die neuen Ratsgeschworenen vereidigt und in ihr Amt eingeführt wurden.
Gymnasium zu B *1557:* 2319
Glocken- und Geschützgießer in B *1561:* 2660
Goldausscheidungsrecht an Wolfgang Forster u. Andreas Beuchel *1528:* 1052; – ausschließlich für Klausenburger Goldschmied *1563:* 2816, 2862; illegaler Schmelzofen *1566:* 3084, 3090, 3098
Goldeinlösung in Klbg. (statt in Fr.bach o. Offenburg) *1539:* 1421, 1427; erneute Übertragung an Nationsuniversität *1569:* 3391, 3396
Goldscheider (l. auricampsor) s. FN Gellner
Goldschmiede, Ewthwes, Zunft, *1532:* 1265/66, *1549:* 1947, *1560:* 2609,

1568: 3292; – s. auch FN Goldschmidt (l. aurifaber, m. ötvös)

Graefen, Gräfen (l. comites, m. geréb, r. greav) ursprünglich niederer Adel, Ortsvorsteher der Sachsen; in dieser Bedeutung in Nordsiebb. bis 1945 erhalten geblieben

Graf (l. comes m. gróf) a) Adelstitel, b) Oberster Würdenträger eines Adelskomitats, der Sachen auf Königsboden (comes Saxonum), der Szekler (comes Siculorum) aber auch c) der kgl. Salzkammer (comes salium), sowie der Münz- und Goldeinlösungskammer (comes minesarum); zeitweise comes perpetuus (Erbgraf) von B.

Großer Dienstag, Markttag in B nach dem Geschworenen-Montag, also nach dem 1. Sonntag nach Epiphanias; Am Dienstag fand in B auch der Wochenmarkt statt.

Groszmaytter: Oberzöllner

H

Handwerksleistungen a) bei Belagerungen *1543:* 1684, *1553:* 2194, 2199, 2200, *1564:* 2953, 1955; – b) für Festungsbauten: Ziegelbrenner *1536:* 1320, *1542:* 1562, 1570, *1570:* 3550, Maurer: *1540:* 1460, *1546:* 1783, *1550:* 1977, 1983, *1560:* 2630, *1564:* 2974, 2978, *1567:* 3153, 3158, 3166, 3171, 3231/32, *1569:* 3366, 3408, *1570:* 3513, 3563, 3585, 3611; Steinmetze *1550:* 1975, *1561:* 2667, 2974, *1568:* 3299, *1569:* 3390, 3408, 3430, *1570:* 3503, 3550, 3563, 3585, 3611; Bauleute allgemein *1559:* 2490, 2492, 2484; Steinzufuhr *1542:* 1551, *1543:* 1665; – c) in der Moldau: Steinmetze *1529:* 1142; Maurer *1546:* 1766, *1560:* 2578, 2583; *1564:* 2912, 2921; Uhrmacher *1552:* 2147; Brunnenmacher *1560:* 2583; Bierbrauer *1567:* 3185, 3187; Dachdecker *1564:* 2976; Ziegelbrenner *1570:* 2976; s. auch die einzelnen Handwerke, Zünfte

Haus der „Bistritzer Herren" (Abgeordneten) in Hst. *1552:* 2154, *1568:* 3338

Hofrichter (nss. Hofgräf) Aufseher, Verwalter auf Gutshof mit Exekutivfunktionen

Horwath (m. horvát) Kroate

Hospital, s. Spital, Armenspital

Hundertmannschaft (Kommunität) gewähltes Aufsichtsgremium für den Stadtrat; in B *1530:* 1234, *1537:* 1340

I

Interpretes (1. FN) Dolmetscher

Irger (ss.) Beutler, Handschuhmacher

Ispán (m., verdeutscht Gespan) Oberster Würdenträger (föispán l. comes) ein Komitats, später Alispán (Vizegespan): Chef der Verwaltung eines Komitats

[H] Istrigus (1.), Spielmann

Itélőmester (m. „Gerichtsmeister") für die Abwicklung der Rechtsfälle der kgl. Gerichtstafel (oberstes Gericht) verantwortlicher Beamter, *1569:* 3419

iudex curiae Richter an der kgl. Gerichtstafel; s. auch Richter

J

Jagdfalken für den Sultan *1569:* 3389, *1570:* 3516

Jahrmärkte in B a) am „Großen Dienstag i. d. Fastenzeit *1542:* 1540, s. auch Großer Dienstag; – b) Woche d. Bartholomäustages (24. August) *1542:* 1540; – Abstimmung mit den Jahrmärkten in Molde *1561:* 2678

Johanniszins, am Tage Johannis (24. Juni) fällige Abgabe *1465:* 175

K

Kádár (m.) s. Faßbinder

Kalluger (r. călugăr): Orthodoxer Mönch

Kalmár (m.): Kaufmann

Kerekes (m.) s. Wagner

Klöster a) in B: der Dominikaner („Predigermönche") zum Heiligen Kreuz *1413:* 59, *1454:* 136, *1490:* 354, *1492:* 363, 365, 368, *1501:* 399, *1504:* 434/35, 444, *1505:* 452, *1507:* 477, *1508:* 484, *1509:* 504a, 514, *1511:* 551/52, *1516:* 621, *1521:* 706–08, *1523:* 775, 777, 779, 788, *1525:* 814, *1529:* 1133, 1154, *1539:* 1417, *1553:* 2171 (*1556* Auflösung) *1565:* 3038, *1566:* 3094; – Marienkloster der Franziskaner (Oberes Kloster) *1524:* 800, *1545:* 1743; – Marienkloster der Franziskanerinnen *1525:* 833, *1547:* 1850; – b) Bauplatz für Orthodoxes Kloster zwischen Hordău und Telciu *1523:* 789, *1533:* 1277

Knese (r. cnez, m. kenéz) r. Ortsadel, Dorfältester; im Burggebiet Neuschloß *1554:* 2223

Kőműves, Kewmyes, Kewmuesz (m.) s. Maurer

Königsboden: Gebiet der Sächsischen Nationsuniversität (Universitas Saxonum in Transsylvania) das keinem Grundherren, sondern unmittelbar dem König unterstand.

Königsrichter: Vom König ernannter oberster Würdenträger eines (Gerichts-) Stuhls der Sachsen und Szekler; wurde auf Königsboden ab 1464–77 gewählt.

Kötelverő, Keotelwereo (m.) s. Seiler

Komitat (von l. comitatus: Grafschaft) zunächst Gebiet einer Königsburg, dann Gesamtheit des Adels (Universitas) dieses Gebietes, dem ein Graf (l. comes, m. ispán) vorstand; heute Verwaltungseinheit, die einem d. Regierungsbezirk vergleichbar ist.

Kommunität s. Hundertmannschaft

Kowach (m. kovács) s. Schmied

Krainik (r. crainic) r. Adliger, dem mehrere Knesen unterstanden

Kreuzigung als Todesstrafe *1558:* 2440

Kriegsgerät der B „Große Büchsen" *1528:* 1088, Kanonen *1528:* 1091

Kürschner (l. pellio, pellifex, pelliparius, m. Szücs, Zewch, Zyuch) Zunft, *1513:* 569 *1519:* 658, 673, *1558:* 2448

L

Landstände, Ständische Nationen (Ungarischer Adel, Sachsen, Szekler) *1527:* 1012, 1014, *1562:* 2794

Landzehrung, eigentlich Landesehrung: Ehrengeschenke der ss. Nationsuniversität an hohe Persönlichkeiten, um sie sich genehm zu machen *1559:* 2558, *1569:* 3371
Lanius (l.) s. Fleischhauer
Lapicida (l.): Steinmetz
Lederer, Gerber (m. timár) Zunft, *1515:* 609a, *1518:* 644a, *1520:* 681a, 862
Leineweber, Zunft, *1505:* 463
Lengyel (m.): Pole
Lepraspital s. Aussätzigen-Spital
Literatus s. Schuller
Logofet (r. logofăt) Kanzler i. d. Mold. u. Wal.
Lutifiguli s. (Ton) Töpfer

M

Marktrechtsverleihung an B nach Ofner Recht *1353:* 25
Meyttner, Maytter, Mauteinnehmer, Zöllner
Maurer (l. murarius, m. Kőműves) s. Handwerkerleistungen
Melas (gr.) s. Schwarz
Mensarius (l.) s. Tischler
Mezaros (m. mészáros) s. Fleischhauer
Minoritenorden s. Franziskaner
Monetarius (l.) Münzmeister, Münzer
Mühlen in B a) in platea cerdonum (Handwerker-Holzgasse?) *1467:* 188; – b) sog. Kretschmermühle *1475:* 287
Münzprägungen, neue, *1463:* 161, s. auch Falschmünzer, -geld
Murarius (l.): Maurer

N

Nationsuniversität der Sachsen in Siebb. (1. Universitas Saxonum in Trannssilvania): Oberstes Gremium des Sachsen auf Königsboden; – Statuten *1563:* 2850
Nyerges (m.) s. Sattler
Nyirő (m.) s. Scherer

O

Öffentliche Zeugenaufrufe 1536: 1327, *1539:* 1393, *1570:* 3561
Ofensetzer 1567: 3202, *1570:* 3598
Offizial: Vertreter des/der Grundherren für einen Ort, s. auch Hofrichter
Oláh (m.; ss. Blōch): Rumäne
Orgelbauer aus Leutschau *1568:* 3340
Orvos (m.) s. Bader
Ostaş, Oztasch, (r.): Krieger, Soldat
Ostiarius (r. ostier): Türhüter d. Mold. Woiw. *1549:* 1918

P

Palatin (us): Höchster Würdenträger d. ungarischen Reiches nach dem König
Pannirasor (l.) s. (Tuch-) Scherer
Pap (m.): Geistlicher
Patronatsrecht der Stadt B für Dürrbach, Lechnitz, Mettersdorf *1472:* 250, *1475:* 277, *1477:* 294/95, *1496:* 385, *1531:* 1249; zeitweise Ausweitung *1526:* 886
Patrone der Kirche zu SR *1548:* 1864

Pellio, Pellifex, Pelliparius (l.) s. Kürschner
Pestepidemie in B *1544:* 1732
Pfarrkirche zu B s. Stadtpfarrkirche
Popa (r.) Geistlicher
Porkoláb (m.; r. pîrcălab, aus d. Burggraf?) Kastellan
Pozthulnich (r. postelnic): Abgesandter
Präfekt (1.: praefectus): Kommandant, Burggraf
Predigermönche s. Dominikaner
Probieramt (Silberscheideanstalt) in B *1504:* 442/43
Procurator (l.) Rechts-) Anwalt, Vertreter
Provisor (l.) Sachwalter
Puschental, Gemarkungsteil in B *1550:* 1978

Q

Quinquagesima ovium s. Schaffünfzigster

R

Rechnungen, Rechnungsbücher, Bruchstücke v. städtischen, in B *1461:* 155/56, *1462:* 157, *1475:* 282, *1486:* 328, *1487:* 333, *1492:* 358, 367, *1493:* 372, *1495:* 383, *1503:* 421, *1505:* 450, *1508:* 497/98, *1510:* 537, 540, *1512:* 561, *1513:* 574, *1517:* 639, *1523:* 776
Rechnungslegung des Rates in B *1530:* 1234
Refugium in B a) f. Moldauer *1493:* 376, *1522:* 745, b) f. Adlige *1514:* 586, *1527:* 1020, *1551:* 2107

Regale (Tragbare Orgel) *1569:* 3385
Religionsgespräche 1544: 1736, *1546:* 1762, *1561:* 2639, 2676, *1562:* 2713, 2715, 2720, *1563:* 2860, *1569:* 3427, 3439/40
Richter (l. iudex, m. biró, r. jude) auch Ortsvorsteher (ss. Gräf); – s. auch iudex curiae, Königs-, Stuhlrichter; – (Ober-)Richter v. Distrikt u. Stadt B. (chronologisch): Peter Herthel (1452), Georg Eyben (1460), Thomas Hauser (1467), Johann Henrici (1487), Johann Tyrmann (1492), Petrus Rewel (1494), Michael Literatus-Schuller (1501), Paul Pellifex (1505), Wolfgang Forster (1518), Thomas Wallendorfer (1523), Andreas Beuchel (1525), Vinzenz Kürschner (1527), Martin Schneider (1528), Thomas Wallendorfcr (1530), Demetrius Kreczmer (1535), Valentin Kugler (1539), Petrus Rehner (1543), Mathias Szász-Kürschner (1546), Vinzenz Kürschner (1548), Gregor Daum (1555), Caspar Kürschner (1560)
Riemer (l. corrigiarius, corrigiator, m. Szíjgyártó, Zywgiartho) Zunft, *1515:* 614, *1558:* 2470, *1559:* 2488, *1566:* 3081
Rinder des Königs, Überwinterungsverbot *1468:* 189
Rosenwasser (Parfum) f. d. Mold. Woiw. *1561:* 2638

S

Salzkammer Weißkirch, Pachtung durch Stadt B, *1514:* 592, *1523:* 781, *1541:* 1487

Salzkammern, kgl., s. Aussteller-Register und Deesch, Görgen, Salzburg, Seck, Thorenburg
Salzquellen, freie Nutzung im Distrikt, *1471:* 231, *1492:* 360
Sammlung v. Ratsbeschlüssen für Hochzeiten u. Taufen *1532:* 1274
Sar(c)tor (l.) s. Schneider
Sattler (1. sellator, m. nyerges, szíjgyártó) Zunft *1545:* 1746, *1552:* 2128, *1559:* 2505; s. FN Sadler
Schaffünfzigster (1. Quinquagesima ovium) kgl. Abgabe d. Rumänen *1503:* 423, *1546:* 1777
Scheidewasser: verdünnte rauchende Salpetersäure zur Gold- und Silberausscheidung *1564:* 2923
Schlosser (1. serator, m. lakatos) Zunft *1547:* 1849, *1566:* 3081, *1567:* 3135
Schmiede (1. faber, m. kovács, kowach) Zunft *1502:* 410, *1521:* 704, *1551* (SR): 2096, *1561:* 2652, *1566:* 3081, *1567:* 3135
Schneider (1. sartor, m. szabó, zabo) Zunft *1361:* 35, 36
Schollenbindung, -flucht d. Grundhörigen *1556:* 2283, *1557:* 2318, 2363, *1558:* 2414, *1561:* 2761, *1564:* 2920, *1568:* 3263, 3286, *1569:* 3361, 3414, 3418; – s. auch Ansiedlung
Schul(l)er (1. literatus, m. deák, dyak, r. diac) Absolvent einer Lateinschule, Geistlicher ohne höhere Weihen, auch Schreiber
Schulrektoren in B: Mathias baccalaureus *1475:* 287a, 397; Georg Seraphin *1531:* 1254; Stephan Mensarius *1551:* 2102, NN *1564:* 2966
Schuster (1. sutor, m. varga, warga) Zunft *1455:* 137a, *1472:* 245, *1475:* 287b, *1491:* 355a, *1512:* 565a, *1515:* 609a, 610a, b, 613, *1518:* 644a, *1520:* 681a, 682, *1540:* 1476, *1564* (SR): 2954
Schwertfegerzunft 1552: 2128
Seifensiederzunft 1567: 3174
Seiler (1. funifex, kötelverő, keotelwereo) Zunft *1557:* 2349, *1560:* 2589, *1567:* 3134
Sellator (1.) s. Sattler
Senioren in B, Verzeichnis, *1528:* 1094
Separator (1.) Goldscheider, s. auch FN Gellner
Separator (1.) s. Schlosser
Siechenhaus (ss. Seiches) s. Aussätzigen-Spital
Syweges (m. süvég) Hutmacher, s. FN Huet, Hutter
Söldner der Stadt B *1501:* 401c, *1510:* 541, *1523:* 784, *1526:* 863, 887, 896, *1528:* 1091, *1529:* 1195, *1530:* 1211/12; s. auch Johann Nürnbergkensis, Paul Podwynya u. a.
Spital s. Armenspital, Aussätzigen-Spital
Stadtbefestigung B *1438:* 92, *1465:* 174, *1474:* 267, *1475:* 280, 283, *1506:* 473, *1522:* 740
Stadtpfarrkirche B zum Heiligen Nikolaus; – Stadtpfarrer: NN *1470:* 223, Fabianus doctor (†1528), Michael Teutsch(er, †1541), Michael Fleischer (†1549), Albert Kirschner (†1564), Joachim Teutsch; – Pflichten d. Plebans *1504:* 430; – Ablässe *1519:* 659, 664/65; – Altar d. Apostel Petrus u. Paulus *1499:* 393 (Ablaß); – Kapellen zum Heiligen Kreuz *1506:* 468/69, zum Erzengel Michael *1527:* 1006, *1533:* 1285; – Neubau *1533:* 1285, *1560:* 2583, 2635, *1561:* 2637; – Abtragung d.

alten Sakristei *1561:* 2656
Ständische Nationen s. Landstände
Stannarius (l.): Zinngießer
Stapelrecht f. Hst., Kronst., B, *1508:* 489, *1523:* 783
Steinmetze s. Handwerkerleistungen
Steuererlasse oder -nachlässe f. B *1459:* 147, *1471:* 232, *1474:* 267, *1508:* 492, *1519:* 668/69, *1543:* 1636 usw.
Steuerexactor s. Exactor
Steuertabellen s. Rechnungsbücher
Straßennamen in B: platea cerdonum (Handwerker- = Holzgasse?) *1467:* 188; – Ungargasse *1475:* 287, *1551:* 2033, *1560:* 2596, *1561:* 2652; – Holzgasse *1533:* 1275; – Marktplatz *1533:* 1275, 1283, *1534:* 1586, *1551:* 2117; – Postgäßchen *1534:* 1289; – Kleiner Ring *1534:* 1289
Stuhl: Gerichts- und Verwaltungseinheit der Sachsen u. Szekler; Oberster Würdenträger: Königsrichter (s. dort); Sieben (sächs.) Stühle: Hermannstädter Provinz; Drei Stühle (Szeklerland): Sepsi, Kézdi, Orbai, Zwei Stühle: Mediasch, Schelken
Stuhlrichter gewählter Zweitrichter eines (Gerichts-) Stuhles; später Bezeichnung d. Bezirksvorstehers
Sultan, „Türkischer Kaiser", s. Personenregister
Sutor (l.) s. Schuster
Szekler (m. székely, Zekel, ss. Zakel, r. secui) ständische Nation mit Teilautonomie, oberster Würdenträger: Szeklergraf (comes siculorum); ungarischer Volksstamm
Szekleraufstand 1562: 2743
Szeklergrafen: Michael fil. Salamonis de Nadasd *1412:* 57, *1414:* 64–67; – Johann u. Michael Jakzith (Jakh) *1430:* 78, *1431:* 78 a, 79; – Emericus (Bebek), Franz Csáki *1438:* 90; – Vizegraf s. Clemens Endrydi; – Rajnoldus de Rozgon *1449:* 122, 131, 133; War bis ins 15. Jh. in Personalunion oft auch Graf v. Bistritz, Kronst., u. d. Zwei Stühlen

T

Takach (m. takács) s. Weber
Tatareneinfälle 1511: 550, *1529:* 1110, *1546:* 1777/78
Tegulator (l.) Ziegelbrenner s. FN Ziegler
Textor (l.) s. Weber
Theloniator (l.) Zöllner, Mautner, s. Meyttner
Thesaurarius (l.) kgl. Schatzmeister
Thimar (m. timár) s. Riemer, Lederer
Töpfer (l. Figuli, Lutifiguli, m. Fazekas), nichtzünftiges Handwerk; – Behinderung auswärtiger T. bei Jahrmarkt in B *1568:* 3305, *1569:* 3405, 3412
Tót, Thot (m., sss. Tuth) Slowake
Trabant, Drabantus (m. darabanc, r. dorobanţ) Söldner; später Soldat, Polizist, *1549:* 1924, *1561:* 2679, s. auch Söldner
Trompeter der Stadt B *1559:* 2535
Tschausch (türk.: çavus, r. ceauşu) zu Ordnungsdiensten u. Sonderaufgaben eingesetzter türk. Beamter, *1543:* 1681, *1551:* 2071, *1563:* 2857
Türkeneinfälle und -kriege (auch erwartete) *1468:* 195, *1471:* 228, *1492:* 362, *1493:* 376, *1505:* 451,

1512: 563, *1515:* 607, *1521:* 695, 728, *1526:* 878, 885, 903, 925/26, *1539:* 1398, *1541:* 1500, *1559:* 2474
Türkenzins (Tribut) *1543:* 1651 ff.

U

Uhrmacher *1552:* 2147, 2163
Universitas Saxonum in Transsylvania s. Nationsuniversität
Urfehde nach Verurteilung in B *1530:* 1220, *1532:* 1268

V

Vasile (r.): Basilius
Vector (l.): Fuhrmann
Verkauf Hunyadiburg an B. *1464:* 168–73, *1465:* 174
Vietor (l.) s. Faßbinder
Villicus (l. sss. Hann) In B nicht überliefert; in Südsiebb. ist der Stadthann Wahlbeamter, der an 3. Rangstelle nach Richter u. Bürgermeister steht u. f. d. innere Verwaltung zuständig ist; – Dorfhann in Südsiebb.: Ortsvorsteher
Vistiernic, Vystelnik (r.) Schatzmeister d. Mold. u. Wal. Woiw. *1525:* 820, *1527:* 985 u. a.
Vlădică s. Wladika
Volah s. Oláh
Vornic, Wornyk (r.) Mold. Statthalter, *1548:* 1908
Vorstädte B, Abtragung, *1547:* 1850

W

Wagner (l. currifex, m. kerekes) Zunft *1490:* 347/48, *1561:* 2652, *1566:* 3081, *1570:* 3493
Wahl d. B. Richters durch die Gemeinde *1414:* 62
Waren f. d. Moldau: Safran *1552:* 2145; – Wägen *1552:* 2145, 2163, s. auch Rosenwasser, Handwerkerleistungen
Wasserrecht s. Fischereirecht
Weber (l. textor, m. takács) Zunft *1499:* 393, *1542:* 1607, s. auch Leineweber
Weingärten in B am Ziegels- u. Burgberg *1542:* 1586
Weißbäcker, Zunft, *1550:* 1980
Weres, Veres (m. vörös): Rot(h)
Wergeld *1541:* 1499, *1567:* 3103, *1569:* 3400
Wyster s. Vistiernic
Wladika (r. vlădică) Orthodoxer Bischof
Woiwode: a) Oberster kgl. Beamter in Siebb., b) Titel d. Fürsten d. Mold. u. Wal., c) Verbot, fortan Beamte in B zu halten *1470:* 213
Wornik s. Vornic

Z

Zabo (m. szabó) s. Schneider
Zekel s. Szekler
Zehnter auf Wein *1435:* 87a, neue Bestimmungen *1559:* 2521/22
Zewch, Zyuch (m. szücs) s. Kürschner
Ziegelbrenner (l. tegulator) s. Handwerkerleistungen
Zigeuner in B 1528: 1037, 1039, 1055,

1080; Woiw. d. B. Zigeuner: Johann *1543:* 1656

Zigeunerwoiwode, Siebb., kgl. Beamte, im Regelfalle Adlige, denen der Zigeunerzins zustand *1562:* 2728; Namen s. Ausstellerregister

Zigeunerzins für B *1538:* 1367, *1539:* 1437, *1543:* 1653, *1553:* 2167, 2208, *1555:* 2252, *1557:* 2353, *1558:* 2438, 2469, *1559:* 2501/02, *1561:* 2665, *1562:* 2746, *1563:* 2814, *1564:* 2904, *1565:* 2999, *1566:* 3058, *1567:* 3156, 3159, *1568:* 3231, *1569:* 3407, *1570:* 3553

Zimmerleute 1566: 3081, *1567:* 3155, s. auch Handwerkerleistungen

Zywgiartho (m. szíjyártó) s. Riemer, Sattler

Zollabgaben in Rodna *1412:* 54, *1414:* 63; – in Großwardein *1203:* 1, *1261:* 3, *1266:* 4, *1285:* 5a, *1297:* 8a, *1355:* 26, 27; s. auch Dreißigst-, Zwanzigstabgabe

Zollstellen 1285: 5a, *1361:* 36a, *1392:* 45a, *1412:* 54

Zinngießer (1. stannarius) Zunft *1548:* 1904

Zunftartikel, neue, *1539:* 1416, 1419, *1548:* 1874; – s. auch die einzelnen zünftigen Berufe

Zugrav, Zograph (r.): Maler

Zuwanderung mährischer Deutscher nach Rodna *1550:* 1967

Zwanzigstabgabe, Zoll in Höhe d. zwanzigsten Teiles des Warenwertes, *1502:* 415, *1505:* 460, *1506:* 466, *1518:* 651, *1522:* 747a, *1525:* 914/15, *1530:* 1215, *1540:* 1454/55, 1457, *1555:* 2249a, 2253, *1557:* 2311, *1559:* 2500, *1563:* 2807, *1564:* 2931, 2935/36, *1567:* 3116, *1569:* 3345, *1570:* 3474; – Pächter: Peter Morycz *1562:* 913, Franz Kendi *1529:* 1163; – Stadt B *1541:* 1487, *1543:* 1646, *1546:* 1791, *1549:* 1917, *1553:* 2159